조직신학 연구 방법론

로후스 레온하르트 지음 ● 장경노 옮김

기독교문서선교회

기독교문서선교회(Christian Literature Center: 약칭 CLC)는 1941년 영국 콜체스터에서 켄 아담스에 의해 시작되었으며 국제 본부는 미국의 필라델피아에 있습니다.

국제 CLC는 59개 나라에서 180개의 본부를 두고, 650여 명의 선교사가 이동도서차량 40대를 이용하여 문서 보급에 힘쓰고 있으며 이메일 주문을 통해 130여 국으로 책을 공급하고 있습니다.

한국 CLC는 청교도적 복음주의 신학과 신앙서적을 출판하는 문서선교기관으로서, 한 영혼이라도 구원되길 소망하면서 주님이 오시는 그날까지 최선을 다할 것입니다.

Grundinformation Dogmatik

Ein Lehr- und Arbeitsbuch für das Studium der Theologie
4., durchgesehene Auflage

Written by
Rochus Leonhardt

Translated by
Gyoung No Jang

Copyright © 2009, 2008, 2004, 2001 by Rochus Leonhardt
Originally published in German under the title as
Grundinformation Dogmatik
by Vandenhoeck & Ruprecht GmbH & Co. KG, Göttingen.
Translated and used by the permission of
Vandenhoeck & Ruprecht GmbH & Co. KG,
Theaterstraße 13, 37073 Göttingen, Germany

All rights reserved.

Korean Edition
Copyright © 2018, 2022 by Christian Literature Center
Seoul, Korea

추천사 1

정 홍 열 박사
아세아연합신학대학교 조직신학 교수

  신학을 전공하게 된 신입생들이 수업에서 제일 힘들어 하는 과목이 조직신학이다. 성경에 대해서 단편적으로 들어왔던 일반 신자들이 비로소 신학을 전공하게 되면서 조직적이고 체계적인 사고로 신학의 주제들을 대할 때 대부분은 힘겨워하고 이해하기 어렵다는 반응을 나타낸다.
  물론 이들을 가르치는 교수도 이런 학생을 대할 때 힘들기는 마찬가지다. 어떻게 하면 쉽고도 전체적인 신학의 지평을 보여 주고 이해시켜 줄 수 있을까 하는 고민을 심각하고도 실제적으로 하게 된다.
  로후스 레온하르트(Rochus Leonhardt) 교수가 쓴 이 책 『조직신학 연구 방법론』(Grundinformation Dogmatik)은 바로 이런 고민을 갖는 신학 입문생을 위한 조직신학 안내서다.
  독일에서는 신학 전공자를 위한 기초 수업으로 프로세미나(Proseminar)라는 과목을 열고 신학의 전체적인 출발점을 소개해 주고 정리해 준다. 이 책이 바로 이런 수업을 위해 저술되었기 때문에 비록 신학을 공부하는 환경은 독일과 우리나라가 다소 차이가 있겠지만 신학을 처음 대하는 입문자를 교육하기 위한 조직신학 안내서라는 점에서는 이 책의 필요성이 일치한다고 판단된다.

특히 이 책은 그 구성에 있어서 전반부에서 전체적인 신학의 배경이 되는 신학의 배경 역사를 소개한 후, 후반부에서는 기독교 교리의 주요 주제를 차례로 소개하기 때문에 신학입문자들이 전체 신학의 그림을 그리는 데 큰 도움을 줄 수 있을 것이라고 확신한다.

이 책을 통해 신학 공부를 시작하는 학생들이 신학 공부의 즐거움과 맛을 듬뿍 누릴 수 있을 것 같아서 설레이는 마음으로 기대해 본다.

추천사 2

김 도 훈 박사
장로회신학대학교 조직신학 교수

모든 것에서 가장 중요한 것은 기초요 기본이다. 그래서 우리는 종종 기본으로 돌아가자고 외친다. 흔히 말하듯 기초 없는 집은 모래 위에 지은 집이다. 신학 역시 이와 하등 다를 바 없다.

지금 한국 신학계는 조직신학 개론서를 여럿 가지고 있다. 이 책들은 그 나름대로 훌륭한 특징을 가지고 있다. 그러나 신학의 기초와 기본에 관한 한 이 책을 뛰어넘을 만한 개론서는 없다고 생각한다.

이 책은 조직신학의 방법을 익히고 기초를 쌓고 기본 지식을 갖추는 데 더할 나위 없이 좋은 교과서이자 자료다. 이 책은 저자가 밝히고 있는 대로 가급적 자신의 견해를 드러내지 않고 "교의학의 근본지식," "신학적 판단력을 양성하기 위해서 사전에 알아야 할 질문과 상황," 조직신학 주제에 대한 "성경적 배경, 신학적 입장, 현재의 논의 상황"을 체계적으로 잘 설명하고 있다.

사실상 신학 교육의 현장에서 조직신학의 기초를 튼실하게 할 수 있는 교재가 흔치 않아 무척 아쉬웠다. 언젠가는 이러한 책이 출판되어야 한다는 마음의 짐조차 있었다.

　이제 이 책으로 인해 마음의 부담이 한결 가벼워졌다. 좋은 교재의 책을 시의 적절하게 번역하고 출판한 장경노 목사님과 기독교문서선교회(CLC) 대표이신 박영호 목사님께 감사한다. 이 책을 동반자로 삼아 신학의 기초와 뼈대를 튼튼히 한다면 신학의 꽃과 열매가 모두에게 풍성하리라 확신한다.

추천사 3

이 준 섭 박사
호남신학대학교 역사신학 교수

    학자로서 짧은 기간(초판 2001년-2009년) 동안 제4판까지 나올 수 있도록 전문 서적을 쓴다는 것은 그리 쉬운 일이 아니다. 이는 최소한 학문성을 전제로 하여야 하고, 더 나아가 대중성을 갖추지 못하면 이루어질 수 없는 일이기 때문이다. 그러한 차원에서 이 책이 한국 신학계에 소개될 수 있다는 것은 매우 고무적인 일이다. 특히 이 책은 독일 대학생들의 학문 발전과 향상을 위해 저렴한 가격으로 출간하는 보급판인 UTB(Universität Taschenbücher) 시리즈에 속한다. 이 시리즈는 주로 입문서를 다루면서도 뛰어난 학문성을 인정받고 있어 독일 신학계의 학자들과 신학생들에게 참고 서적으로 애용되고 있다.

    『신학의 기본 지식 교의학』(Grundinformation Dogmatik)이라는 원 제목에 맞게 이 책은 교의학에 대한 기본 지식서로서 훌륭한 가치를 지니고 있다. 원 제목에다 "신학"이라는 용어를 덧붙인 이유는 신학의 공부를 위해 필수적인 요소라는 점을 강조하기 위해서다. 그러므로 이 책은 국내 신학생뿐만 아니라 학자에게도 기본적인 신학 정보를 인지하도록 도움을 줄 것이다.

우선적으로 이 책은 크게 두 부분으로 구성되어 신학적 이슈를 설명하면서 역사성과 현대성을 아우르는 장점을 갖고 있다.

첫 번째 부분에서는 교의의 발전사를 시대적으로 구분하여 다루고 있다. 이는 시대별로 교의의 발전 과정뿐만 아니라 시대적으로 다루어지는 신학적인 이슈가 무엇인지를 파악할 수 있게 한다.

두 번째 부분은 앞에서 시대별로 다룬 교의를 어떻게 현대적인 상황에 따라 받아들이고 수용할 것인지에 대한 해석의 가능성을 보여 주고 있다.

다음으로 이 책은 내용에 있어서 신학을 공부하기 위한 필수적인 요소를 간략하고 정확하게 설명을 하고 있다는 점에서 유익하다. 특히 도표를 사용하여 신학 사상의 구분이 필요한 곳에서 분명하게 인지할 수 있도록 내용을 설명하고 있다. 이것은 신학을 공부하려는 신학생뿐만 아니라 학자도 신학의 전문성에 보다 쉽게 접근하도록 돕는다.

끝으로 번역을 맡은 장경노 선생님의 노고를 기억해야 할 것 같다. 한 권의 책을 외국어에서 국어로 번역하는 일은 쉽지 않은 일이다. 번역이라는 작업은 저자의 의도성을 읽어 냄과 동시에 독일어와 국어의 차이를 극복하고 독자에게 원래의 뜻을 전하는 일이다. 그런 면에서 번역자의 혼신을 다한 수고가 느껴져 감사할 따름이다. 또한 흔쾌히 한국 신학 발전을 위해 이 책을 번역하도록 결정해 주신 기독교문서선교회(CLC) 대표 박영호 목사님께 신학자의 한사람으로서 감사를 드린다.

제4판 서문

로후스 레온하르트 박사
라이프치히대학교 조직신학 교수

2001년 제1판을 시작으로 제2판(2004)과 제3판(2008)을 거쳐 이제 제4판이 나왔다. 이번 판의 개정은 참고문헌 및 용어 해설을 보충하고 약간의 오자를 바로 잡는 것에서 그쳤기 때문에 내용상 제3판과 차이가 없다. 이 책이 판을 거듭해서 제4판까지 나왔다는 사실로 보아 이런 형식의 신학 교과서를 찾는 독자층이 계속 있다는 점은 분명하다.

어느 책이든 독자에게 계속해서 유익을 주기 위해서는 내용도 당연히 진일보해야 한다. 이러한 이유로 필자는 독자에게 이 책에서 받은 인상을 알려 주시길 진심으로 부탁드린다. 아울러 이 책의 내용에 대해서 비판적인 질문뿐만 아니라 혹 다음 판이 나올 경우 무엇을 개정하고 보충하면 좋을지에 대한 조언도 부탁드린다(연락처: *gid@rochusleonhardt.de*).

2009년 7월 함부르크

역자 서문

장 경 노 목사
한어울기독교신학연구소장

『조직신학 연구 방법론』은 조직신학 프로세미나 교재로 번역되었다. 프로세미나는 신학 각 분과를 대상으로 연구하기 위한 방법론을 배우고 적용하면서 신학적 판단력을 키우는 것을 목표로 한다.

저서와 인물 등 본문을 대상으로 하는 역사 분과(성서신학과 교회사) 프로세미나와 달리 조직신학 프로세미나는 그리스도교 신앙 자체를 대상으로 삼는다. 그리고 이 모든 신앙 요소를 현대적인 세계와 인간 이해의 지평 위에서 하나의 연관된 체계로 이해하고 서술하는 신학적 판단 능력을 배운다.

그리스도교 신앙을 현재적으로 말하기 위해서는 성서신학, 교회사, 신앙고백, 교의, 그리고 이들에 대한 역사적 해석까지 비판적으로 섭렵하는 과정을 거쳐야 한다.

따라서 조직신학 프로세미나의 본래적 의도를 성취하기 위해서는 신론이나 인간론 같은 주제 하나를 다루거나 신학자 한 사람의 저술 하나만 토의하는 것으로는 부족하다. 더 좋은 방법은 다양한 연관 속에 있는 신앙의 모든 관점을 일정 시간 동안 전체적으로 다루는 것이다.

역자는 직역하면 『교의학 근본 지식』(Grundinformation Dogmatik)이라고 할 수 있는 레온하르트 박사의 책이 조직신학 프로세미나 교재로 여러 이점을 가진다고 생각한다.

큰 장점 하나를 말한다면, 각 신앙 항목을 다루면서 초대, 중세, 근현대 주요 신학자의 견해를 직접 인용하고 있어서 생동감이 있다. 또 책 서문에서도 밝히고 있듯이 저자는 자신의 입장 표명을 최소화하고 각 신앙 항목을 두고 시대와 입장에서 비롯된 다양한 견해를 직접 보여 줌으로써 독자가 전체적인 그림을 그릴 수 있도록 돕는다.

끝으로 여러 곳에서 종교개혁 이후 로마가톨릭교회와 개신교회 간의 신앙 이해의 차이와 그 이유를 볼 수 있다는 점도 유익하다.

독서를 위해서 역자 편에서 몇 가지 이야기할 사항은 아래와 같다.

1. 이 책은 크게 두 부분으로 구성되어 있다. 1부는 신학사적 맥락을 다루고, 2부는 조직신학의 개별 주제를 서술하는데, 2부의 각 장 앞에는 언제나 '파라그라프'(§) 표시가 있다. 한편 문장 가운데나 끝에는 참고해야 할 장이나 절이 괄호 안에 제시되어 있는데, 이때 파라그라프 표시로 2부인지를 알 수 있다. 예컨대 (§ 9.1)은 2부 9장 1절(창조 안에 있는 인간)을 참고하라는 말이고, (2.1)은 1부 2장 1절(아우구스티누스의 신학)을 보라는 말이다.

2. 원어가 독일어가 아닌 본문을 인용한 경우 독일어와 대조하여 인용한 문단이 많다. 프랑스어, 이탈리아어, 중세 독일어, 영어, 라틴어를 인용하면서 저자가 독일어 해석을 병기한 것이다. 역자는 이 병기 체제를 유지하여

원어를 한글과 대조하여 인용하였다. 이때 독일어를 번역하였지만, 라틴어 원문은 한글과의 직접적인 상응을 위해 역자가 직접 번역하였다.

3. 저자는 다른 사람의 글을 인용하면서 짧은 지면에 다양한 요점을 담기 위해서 여러 곳을 생략했다. 그래서 인용문을 읽으면서 간혹 문맥이 매끄럽지 않은 부분을 만날 수 있다.

4. 인용문과 본문에는 세 가지 종류의 괄호가 있다. 인용문에 있는 ( ) 안에 있는 낱말은 본래 원문에 있는 말이다. 인용문과 본문에 등장하는 [ ]와 그 안에 있는 낱말은 저자가 첨가한 것이고, 역자가 첨가한 낱말은 〈 〉 안에 두었다.

5. 용어나 개념의 원어는 해당 낱말 뒤에 있는 ( ) 안에 표기하였고, 어느 언어에 속하는지도 표시하였다. 이탈리아어인 경우에는 (이.), 그리스어는 (그.), 라틴어는 (라.)로 되어 있고, 표시되지 않은 것은 독일어다.

6. 저자는 인용문의 출처는 해당 페이지에 간략하게만 언급하고, 완전한 출처는 책 뒤에 있는 참고문헌에서 확인하도록 서술했다. 역자도 이 방식을 따랐다.

번역이 예상외로 길어지면서 기독교문서선교회(CLC)와 대표 박영호 목사님께 불편을 끼쳐 죄송하고 끝까지 기다려 주신 것에 감사드린다.
번역할 수 있도록 기독교문서선교회와의 관계를 마련해 준 오흥명 교수님께 감사드린다. 교정을 도와준 후배 김곤 목사님, 그리고 번역 전체를 읽고 적절한 낱말과 맥락을 제안해 주신 튀빙겐의 신학 동료 김숙종 목사님께 감사드린다. 또한 김 목사님은 프랑스어 및 이탈리아어 인용문 해석을 검토해 주셨다. 교정을 도와 주고 옆에서 기다리면서 격려해 준 아내 박문희에게 감사한다. 끝으로 라틴어 번역 과정에서『라틴-한글 사전』(서울: 가톨릭대학교 출판부, 2006)을 수시로 펼쳤고 그 안에 담긴 정성을 느꼈다. 그래서 이 사전 편찬에 참여하신 고 허창덕 신부님을 비롯한 여러 분의 노고에 감사드린다.

목 · 차

추천사 1 | 정홍열 박사(아세아연합신학대학교 조직신학 교수) _5
추천사 2 | 김도훈 박사(장로회신학대학교 조직신학 교수) _7
추천사 3 | 이준섭 박사(호남신학대학교 역사신학 교수) _9
제4판 서문 _11
역자 서문 _12
머리말 _25
   I. 이 책의 구성 _25
   II. 이 책의 활용법 _30

제1부 교리·신학사적 개괄 _33

제1장 고대 교회 _34
   1. 1 헬라·로마 세계와의 충돌 _35
   1. 2 정통 신앙(Rechtgläubigkeit)을 두고 일어난 교회 내적 분쟁 _38
   1. 3 기독교 교리 규범의 확정 _44

제2장 아우구스티누스와 중세 기독교 _50
   2. 1 아우구스티누스의 신학 _50
   2. 2 로마와 비잔티움의 결별 _54
   2. 3 중세 스콜라신학 _57
      2. 3. 1 스콜라신학 초기 _59
      2. 3. 2 스콜라신학 전성기 _61
      2. 3. 3 스콜라신학 후기 _63

제3장 종교개혁과 그 이후 _66

    3. 1 유럽 기독교의 종파화 _66

    3. 2 로마가톨릭 _68

        3. 2. 1 트리엔트 공의회(1545-1563) _69

        3. 2. 2 제1차 바티칸 공의회(1869-70) _70

        3. 2. 3 제2차 바티칸 공의회(1962-1965) _70

    3. 3 성공회 _73

    3. 4 루터교회 _78

    3. 5 개혁교회 _86

    3. 6 로이엔베르크 합의신조와 교회 연합 _93

제4장 종교개혁에서 계몽주의까지 _97

    4. 1 들어가는 말 _97

    4. 2 구개신교 정통주의 _102

    4. 3 독일 루터교 경건주의 _105

    4. 4 영국의 이신론 _111

    4. 5 독일 신신학의 전제 조건, 특징, 주창자 _113

    4. 6 고트홀트 에프라임 레싱과 임마누엘 칸트 _126

        4. 6. 1 레싱과 단편 논쟁 _127

        4. 6. 2 칸트의 종교와 도덕 이해 _128

제5장 19세기 개신교신학 _142

    5. 1 프리드리히 슐라이어마허 _143

    5. 2 19세기 독일 개신교신학 학파 _147

    5. 3 제국의 자유주의 신학 _160

        5. 3. 1 알브레히트 리츨 _161

        5. 3. 2 아돌프 폰하르낙 _163

        5. 3. 3 에른스트 트뢸취 _166

제6장 20세기 개신교신학 _171

6. 1 1914/1918년 이후 신학의 새 출발 _171
    6. 1. 1 서론 _171
    6. 1. 2 종교 사회주의 _174
    6. 1. 3 루터 부흥운동 _175
    6. 1. 4 변증법적 신학 _176

6. 2 바르머(Barmer)신학 선언과 변증법적 신학 노선의 분열 _183

6. 3 전후 독일 개신교신학 _188
    6. 3. 1 비신화화의 문제점 _188
    6. 3. 2 독일 개신교 내의 '역사' 재발견 _194
    6. 3. 3 해방신학과 여성신학 _196

제2부 신학 주제의 체계적 전개 _201

제1장 종교철학적 서문 _202

§ 1. 종교 _202

1. 1 '종교' 개념의 유래와 근대적 특징 _202
    1. 1. 1 '종교'(religio)의 어원과 의미 _202
    1. 1. 2 근대적 종교 개념과 종파주의 시대 _204
    1. 1. 3 프리드리히 슐라이어마허의 종교에 대한 새로운 이해 _213

1. 2 기독교와 타종교의 관계 _218
    1. 2. 1 기독교의 절대성 주장과 에른스트 트뢸취의 문제 제기 _218
    1. 2. 2 그리스도 계시의 이름 아래 이루어진 칼 바르트의 종교 비판 _224
    1. 2. 3 현대 가톨릭에서 본 기독교회와 비기독교 종교 _227

1. 3 세속 종교 이론 _230
    1. 3. 1 19세기 종교 비판: 루트비히 포이에르바흐와 칼 마르크스 _230
    1. 3. 2 20세기 사회철학적 종교 이론: 헤르만 뤼베 _234

제2장 기초신학 _238

§ 2. 신학 _238

2. 1 신학 분과로서의 조직신학 또는 교의학 _239

2. 2 신학(조직신학 또는 교의학)의 대상 _247

2. 3 학문으로서의 신학 _253

    2. 3. 1 과제에 대한 더 정확한 이해 _253

    2. 3. 2 하위 학문으로서의 신학 - 토마스 아퀴나스 _256

    2. 3. 3 신학 진술은 학문적 가설인가? - 빌프리트 왜스트와 볼프하르트 판넨베르크 _257

    2. 3. 4 모든 학문은 학문 이전의 확신에 의존한다 - 아일러트 헤름스 _260

§ 3. 계시 _262

3. 1 성경적 증거와 관련 교의학적 문제점 _263

3. 2 계시의 포괄적 이해와 배타적 이해 _270

    3. 2. 1 포괄적 계시 이해 _270

    3. 2. 2 배타적 계시 이해 _273

    3. 2. 3 모든 자연신학을 거부한 칼 바르트 _278

3. 3 슐라이어마허의 계시 개념 변형과 현대신학적 의미 _283

§ 4. 신앙(믿음) _288

4. 1 서론 _289

4. 2 행위로서의 믿음과 믿음의 내용 _294

    4. 2. 1 고대 교회와 중세의 전통 _294

    4. 2. 2 종교개혁의 믿음 이해 _299

4. 3 신앙과 이성 _306

    4. 3. 1 계몽주의가 이해한 신앙과 이성 _306

    4. 3. 2 근현대신학이 이해한 신앙과 이성 _312

§ 5. 성경 _320

5. 1 서론 _321
5. 1. 1 경전으로서의 성경의 형성 _321
5. 1. 2 초대 교회와 중세 시대의 성경 _322

5. 2 성경의 규범적 의미 _326
5. 2. 1 종교개혁의 성경 교리 _326
5. 2. 2 로마가톨릭의 성경 교리 _331
5. 2. 3 역사-비평 방법의 관철과 이것이 개신교신학에 대해서 갖는 의미 _335

5. 3 현대신학에서 성경의 권위 _340
5. 3. 1 기독교 정경 안에 유대교 경전이 들어오다 _340
5. 3. 2 현대 개신교 안에서 종교개혁의 성경 원리 _345
5. 3. 3 현대 에큐메니칼 대화에서 이해된 성경의 권위 _347

제3장 교의학의 개별 주제 _354

§ 6. 신론 I: 신의 존재, 본질, 속성 _354

6. 1 철학적 신 존재 증명 _355
6. 1. 1 신 존재 증명의 의미와 그 유형 _355
6. 1. 2 존재론적 신 존재 증명: 캔터베리의 안셀모와 르네 데카르트 _358
6. 1. 3 토마스 아퀴나스의 우주론적 신 존재 증명 _362

6. 2 신 존재 증명의 근대적 위기와 현대적 의미 _366
6. 2. 1 신 존재 증명에 대한 임마누엘 칸트의 비판 _366
6. 2. 2 신 존재 증명에 대한 현대신학과 철학의 판단 _371

6. 3 하나님의 본질과 속성 _378
6. 3. 1 하나님 본질 규정의 출발점 - 신 인식의 난해성 _378
6. 3. 2 하나님 본질 규정의 출발점 - 하나님의 계시 _384

§ 7. 신론 II: 삼위일체 하나님 _387

7. 1 서론 _388

7. 2 삼위일체 교의의 내용 _392
    7. 2. 1 교의 형성 이전의 입장 _392
    7. 2. 2 삼위일체 안에서의 구별 _395
    7. 2. 3 아우구스티누스의 삼위일체 신학에 대한 공헌 _404

7. 3 삼위일체론에 대한 비판과 현대 삼위일체론 _409

외론(外論) 1. 기독교 초상학(Ikonographie)의 삼위일체 묘사 _415
1. 동일하게 그려진 세 인물 _416
2. 은혜의 의자 _420

§ 8. 하나님의 창조와 세계 통치 _423

8. 1 서론 _423

8. 2 기독교 창조 교리의 핵심 사상 _426
    8. 2. 1 삼위일체 하나님의 자유로운 행위로서의 창조 _426
    8. 2. 2 무 전제의 창조 _429

8. 3 창조 신앙과 자연 과학 _432

8. 4 하나님의 사역 _440

외론(外論) 2. 신정론 문제 _445
1. 문제 서술 _445
2. 신정론에 대한 라이프니츠의 해결책 _447
3. 신정 문제에 대한 기독교와 신학의 입장 _452

§ 9. 인간과 죄 _456

9. 1 창조(피조 세계) 안의 인간 _456
    9. 1. 1 비가시적 피조물(천사의 세계) _457
    9. 1. 2 가시적 세계 _461
    9. 1. 3 인간 _465

9. 2 하나님의 형상과 죄인인 인간 _468

9. 3 현대신학의 인간과 죄 이해 _479
    9. 3. 1 20세기의 신학적 인간학 _479
    9. 3. 2 현대신학의 죄론 _482

§ 10. 예수 그리스도(기독론) _490

10. 1 서론 _492

10. 2 예수 그리스도의 인격과 사역에 대한 고대 교회의 교의 _494
    10. 2. 1 성육신한 말씀(Logos)의 신성과 인성 _494
    10. 2. 2 성육신한 말씀의 구원 사역 _501

외론(外論) 3. 중세 예술에 반영된 예수 그리스도의 사역 _509

10. 3 종교개혁 신학의 기독론의 특징 _512
    10. 3. 1 그리스도의 인격에 대한 교리 _512
    10. 3. 2 그리스도의 이중적 신분에 대한 교리(비움과 높임) _516
    10. 3. 3 그리스도의 세 가지 직분에 대한 교리(선지자, 제사장, 왕) _519

10.4 현대 기독론의 문제 _523
    10. 4. 1 기독론 교의에 대한 현대적 비판 _523
    10. 4. 2 역사적 예수에 대한 질문 _527
    10. 4. 3 부활의 역사성 _535

외론(外論) 4. 로마가톨릭교회의 마리아 교리(마리아학) _540
1. 마리아, 하나님의 어머니 _541
2. 마리아의 평생 동정 _542
3. 마리아의 원죄 없는 잉태 _544
4. 마리아의 승천 _545

§ 11. 인간의 구원(구원론) _548

11. 1 성령(성령론) _549

11. 2 죄인의 칭의 _556
    11. 2. 1 아우구스티누스에서 중세 후기까지 _557
    11. 2. 2 마르틴 루터의 칭의론 _562
    11. 2. 3 트리엔트 공의회의 칭의론 _573
    11. 2. 4 칭의에 대한 공동 선언 _575

11. 3 하나님이 미리 정했다는 교리(예정론) _580

§ 12. 구원의 수단 _590

    12. 1 율법과 복음 _591

        12. 1. 1 서론 _591

        12. 1. 2 종교개혁 신학의 관점에서 본 율법과 복음 _593

        12. 1. 3 율법과 복음에 대한 20세기의 이해 _602

    12. 2 성례 _605

        12. 2. 1 성례 개념의 일반적 이해 _605

        12. 2. 2 세례 _611

        12. 2. 3 성만찬 _616

    12. 3 로마가톨릭의 성례론 개요 _627

§ 13. 교회에 대한 교리(교회론) _629

    13. 1 신약 성경과 신앙고백의 교회 이해 _629

    13. 2 종파간 교회 이해의 차이 _635

        13. 2. 1 로마가톨릭의 교회 이해 _635

        13. 2. 2 종교개혁의 교회 이해 _642

        13. 2. 3 신앙이 살아가는 공간으로서의 기독교 교회 _651

    13. 3 교회와 국가 또는 종교와 정치의 관계 _662

        13. 3. 1 고대 교회로부터 정치적 아우구스티누스주의의 종말까지 _663

        13. 3. 2 종교개혁의 신학적 관점에서 본 교회와 국가 _669

        13. 3. 3 다원주의 속의 개신교회 _676

§ 14. 마지막 일들에 대한 교리(종말론) _680

    14. 1 서론: 기독교 종말론의 성경적 배경과 그 주제 _680

    14. 2 고대 교회 종말론의 문제점과 그 안에서 내려진 근본 결정 _685

        14. 2. 1 서구 기독교 종말론의 토대를 정립한 아우구스티누스 _685

        14. 2. 2 중세 종말론의 문제점 _690

    외론(外論) 5. 중세 문학과 표현 예술에 표현된 종말론 _694

14. 2. 3 종교개혁의 종말론 _700
　　14. 3 현대 종말론의 문제점 _709
　　　　14. 3. 1 종말론과 역사 _709
　　　　14. 3. 2 종말론과 인간론 _722

제4장 윤리학 _733

§ 15. 교의학과 윤리학의 관계 _733

　　15. 1 종교개혁 이전의 기독교가 고대 덕 윤리를 비판적으로 수용하다 _733
　　　　15. 1. 1 기독교 이전의 덕 이론 계승 - 암브로시우스 _733
　　　　15. 1. 2 기독교 이전의 덕 이론에 대한 비판- 아우구스티누스 _737
　　　　15. 1. 3 교리학의 응용 학문인 윤리학 _741
　　15. 2 종교개혁과 근대의 지평에서의 신학적, 철학적 윤리학 _744
　　　　15. 2. 1 종교개혁 윤리학 안에서의 지상적 삶의 가치의 상향 조정 _744
　　　　15. 2. 2 윤리와 종교의 분리 - 크리스티안 볼프와 임마누엘 칸트 _747
　　15. 3 근현대 개신교 내에서 교의학과 윤리학의 관계 _752

참고문헌 _760
신학 용어 해설 _788
주제 색인 _828

---

* 인명은 표준 표기법을 따랐으며, 보조적으로 생전에 발음된 대로 음역에 맞추었다.
* 참고문헌은 원서에 따라 독일식으로 표시하였으나, 독자의 편의를 위해 부분적으로 형식을 수정한 경우도 있다.
* 성경 인용은 개역개정 4판을 참고하였고, 부분적인 수정이 있는 경우 언급하였다.
* 표지 그림: 알브레히트 뒤러(Albrecht Dürer), 「아담과 하와」(Adam und Eva, 동판화, 1504년 작품).

머리말

I. 이 책의 구성

교의학(Dogmatik)이란 말을 들으면 다양한 생각이 떠오른다. 흔히 확실한 타당성 여부는 제쳐두고 모든 비판적 논쟁에서 자유로울 수 밖에 없는 원리에 근거한 사유나 학문 체계를 가리킬 때 우리는 습관적으로 '교의'란 말을 쓴다. 같은 맥락에서 원리를 따르는 것을 의무로 알고 심지어 여러 타당한 비판이 있더라도 자기 교리만 옳다고 고집하는 사유와 태도를 '교조적'(dogmatisch)이라고 부르거나 '독단적'(dogmatistisch)이라고도 한다.

그러나 학문의 장인 대학에서 기독교신학을 전공하는 사람에게 교의학이란 말은 위에서 언급한 깃처럼 그렇게 교조적이거나 독단적으로 다가오지 않는다. 관례적으로 교의학은 신학의 장에서 조직신학(Systematische Theologie)의 한 분과를 일컫는 명칭이다. 교의학의 상위 영역인 조직신학에는 교의학과 더불어 종교철학(Religionsphilosophie)과 윤리학(Ethik)도 속해 있다. 조직신학은 전체적으로 기독교 신앙의 내용을 사유를 통해 해명해 나가는 작업이며 이를 통해서 기독교 신앙이 오늘을 사는 사람에게도 여전히 의미가 있다는 것을 보여 주고자 한다.

이 책은 우선 교의학의 내용을 명확하고 쉽게 서술하는 것에 역점을 두고 있지만, 이를 위해서 추가적으로 먼저 종교철학을 다루고(§ 1), 마지막에 가서 조직신학의 전반적인 스펙트럼에 대한 조망으로 윤리학을 다루었다(§ 15).

교의학은 관례적으로 먼저 기독교 교의의 근거를 해명하고 나서(1), 교의학의 개별 주제를 다룬다(2). 이와 같은 방식으로 이 책도 교의학의 핵심 주제를 양분해서 다루었다.

1. 우리는 교의학의 근거를 다루는 부분을 '서론'(Prolegomena) 또는 '기초신학'(Fundamentaltheologie)이라고 부른다.

실질(material) 교의학을 전개하기 전에 기독교 교리의 토대를 상세하게 해명할 필요성을 처음으로 절감한 자들은 근대신학자였다(§ 2-5). 상세한 교의학 서론의 필연성은 먼저 종교개혁의 결과로 16세기부터 시작된 서구 기독교의 **종파화**(Konfessionalisierung) 과정에서 생겨났다. 신학적 차이에 의해 기독교의 종파화가 시작되었는데 그 밑바탕에는 신학·계시·신앙·성경에 대한 상이한 이해가 깔려 있었다. 이러한 차이는 오늘날에도 부분적으로 존재한다.

계몽주의 이래로 사람들은 인간 이성의 이름으로 지금까지 절대 타당한 것으로 수용된 기독교 신앙의 근거에 대해 비판하기 시작했다. 성경 권위의 근거가 무엇인지 질문한 것처럼, 신학을 학문이라고 말할 수 있는지, 소위 신적 근원을 가진 것으로 간주된 계시에 권위를 부여하는 것이 옳은 것인지, 그리고 신앙이 이성적인지를 물었다. 상세한 교의학 서론도 마찬가지로 이와 같은 비판적 관점을 수용하기 위해 대두되었다.

2. 실질 교의학에서 다루는 기독교 신앙의 근본 요소는 이미 사도의 신앙고백(『사도신경』)에 들어있다.

사도신경

[1] 나는 전능하신 아버지 하나님, 천지의 창조주를 믿습니다.

[2] 나는 그의 유일하신 아들, 우리 주 예수 그리스도를 믿습니다. 그는 성령으로 잉태되어 동정녀 마리아에게서 나시고, 본디오 빌라도에게 고난을 받아 십자가에 못 박혀 죽으시고, 장사된 지 사흘 만에 죽은 자 가운데서 다시 살아나셨으며, 하늘에 오르시어 전능하신 아버지 하나님 우편에 앉아 계시다가, 거기로부터 살아 있는 자와 죽은 자를 심판하러 오십니다.

[3] 나는 성령을 믿으며, 거룩한 공교회와 성도의 교제와 죄를 용서받는 것과 몸의 부활과 영생을 믿습니다. 아멘.

모든 교의학 서술은 이 신앙고백에 포함된 진술을 주제로 삼아, 『사도신경』의 내용 순서에 따라 서술을 전개한다. 물론 상이한 특성을 가질 수도 있다. 이 책도 원칙적으로 이 방식을 따랐다.

실질 교의학은 **신론**(§ 6.7)과 **세계 창조론**(§ 8)으로 시작한다. 신론이 두 부분으로 구성된 것은 다름이 아니라 기독교의 독특한 신 이해 때문이다. 기독교 신론은 **유일신론**(Monotheismus)의 틀에 머물면서도 기독교 신 이해의 특징인 **삼위일체** 교리를 전개한다. 이 교리에 따르면 유일하신 한 하나님은 자신을 **삼위적으로**, 곧 아버지와 아들과 성령으로 드러낸다. 이러한 사정은 『사도신경』의 구조에도 이미 세 가지 항목으로 반영되어 있다.

신론을 서술한 다음에는 『사도신경』의 두 번째 항목에 해당하는 예수 그리스도의 인격과 사역을 다루는 것이 순서인데, 이 책은 그에 앞서 먼저 『사도신경』에서 직접 언급되지 않은 인간에 대해서 말한다(§ 9). 기독교 전통의 관점에서 보면 죄로 말미암아 하나님에 대한 인간의 관계가 파괴되었고 이것이 하나님이 아들을 세상에 보내는 계기가 되었다. 아버지가 아들을 보낸 것은 하나님과 인간의 관계를 회복하기 위해서다.

『사도신경』의 셋째 항목에서 맨 먼저 언급되는 것은 성령이다. 성령(Heiliger Geist)은 사람 안에 믿음, 곧 아버지가 아들을 보냈고 이로 말미암아 죄인이 확정적으로 용서받았다는 것에 대한 확신을 일으킨다. 이 용서를 통해서 하나님과 인간의 관계가 회복된다(§ 13).

또한 성령은 교회(Kirche) 안에 성도의 사귐을 일으키며(§ 13), 사람 안에서 죄 용서의 확신을 일으키기 위해 언제나 특정한 수단을 사용한다. 이 수단으로는 하나님의 화해를 받아들이라고 선포하는 복음의 설교 및 성례가 있다(§ 12). 창조 세계 전체, 특별히 인간을 향한 하나님의 사역은 마침내 완성될 것이다.

『사도신경』은 예수 그리스도의 사역을 말하면서 이미 산 자와 죽은 자의 심판을 말했다. 이것은 이 땅에 살았던 모든 인간에 대한 하나님의 심판을 말한다. 『사도신경』은 셋째 항목의 마지막 주제로 죽은 자의 부활과 영원한 삶에 대해서 말한다. 이러한 생각은 성경뿐만 아니라 성경 형성 이후 신학 전통 안에서 저술된 많은 저작 안에도 담겨 있고, 선과 악이 한 치의 양보도 없이 싸운다는 사상과 결합되어 있다. 이 싸움은 결국 하나님의 전적인 승리로 끝날 것이다. 교의학은 이 모든 것을 마지막 일들에 대한 교리인 종말론 영역에서 다룬다(§ 14).

기초신학이 독립적 영역으로 형성되는데 종교개혁과 계몽주의가 중요한 기여를 했다는 것을 위에서 언급했다. 이는 이미 종교개혁 이전부터 다양한 변화를 겪었던 교의학의 모든 개별 주제에 다양한 방식으로 영향을 미쳤다. 기독교 신앙의 내용을 학문적으로 체계화하는데 중요한 역할을 했던 이 신학사적 발전은 종교철학과 윤리학에도 영향을 끼쳤다.

초기 계몽주의 이래로 종교철학은 기독교 교파가 주장하는 진리 이해에 비판을 가하기 시작하여 이러한 비판 작업과 얽히는 가운데 스스로 형성되어 갔다(§1; 특히 §1.1). 종교개혁과 계몽주의는 윤리학이 신학의 한 분과로 자리잡도록 촉진했다(§15; 특히 §15.1).

이러한 역사적 발전이 조직신학 전반의 주제, 특별히 교의학의 내용 형성에 중요한 영향을 끼쳤기 때문에 이 책은 2부에서 교의학 내용을 조직적으로 전개하기 전에 먼저 1부에서 교회·교의·신학사적 발달 과정을 다루었다. 이 과정에서 간혹 필요한 경우마다 일반 사상사에 대해서도 살폈다.

이 책의 구성은 지금까지 이야기한 내용과 같다. 아래 표는 이 책의 구성을 도식화한 것이다.

교의학 근본 지식				
제1부	제2부: 체계적 전개			
조직신학사 개관	I 종교철학	II 기초신학	III 실질 교의학	IV 윤리학
	§1	§§2–5	§§6–14	§15
p.00–000	p.00–000	p.00–000	p.00–000	p.00–000

II. 이 책의 활용법

『교의학 근본 지식』이라는 책 제목과 『신학을 위한 교과서와 작업서』라는 부제는 이 책을 상이한 방식으로 활용할 수 있음을 말해 준다.

1. 이 책은 기독교 교의학의 근본 지식을 대상으로 삼아 중요한 주제에 대한 기본 지식을 전달하려고 한다. 따라서 이 책이 모든 것을 다 다루지는 않는다. 그럼에도 이 책은 오늘날 신학에서 이루어지는 다양한 기독교·교의학적 숙고에 깊이 참여할 수 있도록 튼튼한 토대가 되어 줄 것이다. 그리고 이 책은 일차적으로 개신교 신학생을 위해 썼다.

2. 이 책은 교의학 근본 지식에 관한 것으로 신학적 판단력을 양성하기 위해 사전에 꼭 알아야 할 질문과 상황이 무엇인지 언급하고 설명한다. 이 책은 독자적인 교의학적 구상을 전개하지 않았다. 이번 제4판에서 다룰 주제를 선별하는 작업에 필자의 신학적 관심사가 이전 판보다 더 강하게 반영되긴 했지만 필자 자신의 신학적 견해를 드러내서 말하지 않으려고 의식적으로 노력했다.

3. 이 책은 신학을 위한 교과서요 작업서다.
§§ 2-14의 내용이 전체적으로 다음과 같은 구조로 짜여있다는 점에서 교과서라는 성격이 분명해진다. 우선 다룰 주제를 전체적인 교의학적 주제의 체계 안에 위치시키고 각 절에서 다룰 쟁점에 대해 개관한다. 그 다음에 성경적 배경, 주요 신학적 견해, 현재의 논의 상황을 서술한다. 그리고 교의학의 개별 주제가 서로 다양하게 맞물려 있음을 알려 주는 참고를 위한 언급을 두었는데, 이는 이 책의 독서를 더욱 쉽게 만들어 줄 것이다.

그리고 약간 어둡게 음영 처리된 박스 안에 있는 내용 요약, 용어 해설, 색인은 읽은 것을 다시 쉬운 내용으로 복습하는 데 도움이 되도록 했다.

4. 이 책은 신학을 위한 교과서이자 **작업서다.**

이 책은 기독교 교의 연구를 시작할 수 있게 할 뿐만 아니라 혼자서 연구하는 데에도 도움이 된다. 무엇보다 각 장 끝에 나오는 더 깊고 넓은 지식을 제공하는 도서 목록, 과제 제시, 인터넷 활용 정보가 이를 위해 준비된 것이다. (일목요연하게 정리하여) 제시한 독서에 대한 제안에서 중요한 원전에 대해서도 어느 정도 알려 준다. 또한 독자에게 (주로 근현대) 잡지 논문부터 사전 논문, 성경 주석, 교의학 총론, 전문 서적에 이르기까지 신학-학문적 참고문헌을 다양하게 보여 준다.

심화 학습을 위한 참고문헌
모든 독자의 필독 대상

고급 연구를 위한 참고문헌
고급 수준에 있거나 특별히 관심이 많은 독자

과제 제시
시야를 넓히기 위한 필수 과제

인터넷 정보
인터넷 정보는 지속적으로 유지되는 인터넷 주소만 선별했다.

기타 주의 사항

① 각 장과 절마다 끝에 나오는 〈참고문헌〉에서는 제목을 짧게 축소해 놓았다. 완전한 서지 사항은 책 말미의 〈참고문헌〉 단원에서 볼 수 있다. 〈참고문헌〉 단원에서는 각 단원별 〈참고문헌〉에 축약된 제목

으로 나온 것을 이탤릭체로 표기하였다.
② 모든 약어는 지크프리트 슈베르트너(Siegfried Schwertner)의 『신학 및 인접 학문을 위한 국제 약어 목록』(Internationales Abkürzungsverzeichnis für Theologie und Grenzgebiete, Berlin-New York ^{2}1992)을 따랐다.
③ 인용문에는 밑줄로 강조된 부분이 있는데, 이 부분은 인용한 원문에서 강조한 것이다. 필자가 추가로 강조한 경우에는 따로 언급했다.
④ 외국어 본문을 인용하는 경우에는 두 언어를 대조하여 실었다. 그러나 그리스어만 예외적으로 핵심 개념만 음역해 놓았다.
⑤ 필자가 직접 외국어 인용문을 번역했거나 루터 당시 새 표준 독일어(Frühneuhochdeutusch)로 저술된 루터의 문장을 현대 독일어로 옮긴 경우 '(필자가 옮김)'으로 표시하였다. 이 경우를 제외하고 번역과 옮김은 인용을 언급할 때 축소된 제목으로, 도서 목록에서는 완전한 제목으로 제시된 간행본을 따랐다.
⑥ 성경 인용은 '성경전서 개역개정 4판'(2005)을 따랐다.
⑦ 인용문은 원본 표기 방식을 그대로 따랐다. 필자가 모든 글을 새 독일어 철자법을 따라 저술하기 때문에 이 책에는 독일어 철자법 두 가지가 공존한다.

제1부

교리·신학사적 개괄
(Hauptteil: Dogmen- und theologiegeschichtliche Orientierung)

제1장 고대 교회
제2장 아우구스티누스와 중세 기독교
제3장 종교개혁과 그 이후
제4장 종교개혁에서 계몽주의까지
제5장 19세기 개신교신학
제6장 20세기 개신교신학

참고문헌
– 기독교 저술가에 대해서는 Metzler-Lexikon christlicher Denker.
– 주요 신학 저술에 대해서는 Kanon der Theologie.

제1장

고대 교회

교회·신학사 서술에서 '고대 교회'는 관례적으로 신약시대 이후부터 약 500년에 이르는 시대를 가리킨다. 이 시대를 종종 교부 시대로도 부르는 것은 교부로 지칭된 사람들이 교회의 교리 발전에 지대한 영향을 끼쳤기 때문이다. 교부의 삶과 신학을 연구하는 분야는 교부신학이다. 이제 우리는 이 시기에 이루어진 수많은 신학적 발전 중에서 세 가지 흐름에 주목해 보자.

> 사상 최초로 총 81권으로 출판된 『교부 총서』(Bibliothek der Kirchenväter)에는 수많은 교부 저술이 독일어로 번역되어 있다. 이 작업은 1911년부터 1938년까지 이루어졌다. 프라이부르크대학교(스위스) 교부학 및 교회사 학과가 『교부 총서』의 인터넷 출판 작업을 맡아 진행 중이다. 이 인터넷 출판물은 아래 인터넷 주소에서 볼 수 있다.
> – http://unifr.ch/bkv/index.php.

1.1 헬라·로마 세계와의 충돌

기원후 첫 3세기 동안 로마 제국은 대체로 기독교가 공공 질서의 유지를 방해하고 위협한다고 생각했다. 그래서 **기독교 박해**라고 부르는 갈등이 발생했고 기독교를 비방하는 흑색선전 및 기독교의 교리에 대한 철학적 비판이 생겨났다.

이 상황에 직면해서 **변증가들**(방어자들)은 2세기 이래로 기독교 종교가 국가에 해롭고 질이 낮다는 비난을 물리치고자 노력했다. 이들은 오직 기독교만이 참된 종교라고 주장했고 헬라·로마의 신들에 대한 제의가 이성을 거스르는 우상숭배라고 비판했다.

이를 위해서 변증가들은 국가가 숭배하는 신을 멸시했다고 정죄당했던 소크라테스(Sokrates, 주전 469-399)를 증인으로 불러내기도 했다. 이 외에도 중기 플라톤철학과 스토아철학의 다양한 요소를 수용해서 기독교 교리가 이 철학의 완성임을 보여 주고자 했다(§ 15.1.1-2). 예컨대 변증가 저스틴(Justin, 약 105년에 처형당함)은 '이성의 원리(그. logos)가 세상을 주재하고 관통하고 있다'는 스토아철학 사상에 커다란 의미를 부여했다. 저스틴은 신약성경(요 1:1)에서 그리스도가 로고스로 지칭되고 있다는 것에 착안해서 지금까지 철학 안에서 단편적으로만 인식되던 진리가 이제는 그리스도인에게 완전한 형태로 드러났다고 결론을 내렸다.

> 플라톤의 가르침이 그리스도의 가르침에 낯설기 때문이 아니라, 다른 이들, 곧 스토아 철학자, 시인 역사 저술가의 가르침처럼 그〈플라톤〉의 가르침도 그리스도의 가르침과 완전히 동일하지는 않기 때문에 나는 그리스도인으로 간주되길 기도하며 힘을 다해 싸우고 있음을 고백한다. 이 사람들은 저마다 신적 로고스의 흩어진 부분에 근거해서(그. apo merous tou spermatikou theiou

logou) 이 로고스와 부합하는 것으로 보이는 것을 정확하게 말했다. 하지만 이들은 더 중요한 사안을 두고 모순되기 때문에 신뢰할 만한 지식(그, episteme)이나 무오한 깨달음을 소유했다고 볼 수 없을 것이다.

하지만 그리스도인들의 견해는 (다른) 모든 사안을 정확히 말하고 있다. 우리는 창조되지 않고 명명될 수 없는 하나님의 로고스와 하나님 [자신]을 경배하고 사랑한다. 왜냐하면 그가 우리를 위해서 또한 우리의 고난에 참여하고 구원을 이루기 위해서 인간이 되기도 하였기 때문이다.

모든 저술가들은 그들 안에 내재하는 로고스의 씨앗으로 말미암아(dia tes enouses emphytou tou logou) 진리를 희미하게만 볼 수 있었다. 어떤 것(로고스)의 씨나 부여된 능력을 가지고 그것을 모방하는 것은 그것 자체와는 다른 것이다. 이것에 참여하고 닮아가는 것은 그의 은혜로 가능하다.

―순교자 저스틴, 『제2변증』

(제2변증[부록]) 13, 2-6 (Goodspeed 88f.).

저스틴의 글에서 이미 고대 교회의 변증에 큰 영향을 끼친 특징적 요소 하나를 선명하게 볼 수 있다. 그것은 진리를 부분적으로 추구할 능력이 있지만 그리스도의 계시로 인하여 낡은 것이 된 당시 비기독교 철학에 대하여 공세적으로 벌인 논쟁이다. 고대 교회 그리스어 권의 특징적 신학은 주로 이집트 항구 도시 알렉산드리아 출신의 철학자들이 형성해 나갔다. 그리고 여기서 3세기 철학과 신학 간의 심도 있는 대화가 이루어졌고 이로 인하여 기독교와 철학적 사유의 종합이 가능해졌다.

이러한 철학과 신학의 융합은 특별히 알렉산드리아의 클레멘스(Klemens von Alexandrien, 약 150-215)와 오리게네스(Origen, 185/186- 253/254)의 저작에서 구체적으로 드러난다. 철학자 켈수스(Kelsos, 2세기)의 반기독교적인 비난의 글과 논쟁하기 위해서 오리게네스가 저술한 『켈수스에 반대하여』(그. Kata Kelsou)는 그리스어로 쓰인 변증서의 정점이었다. 오리게네스가 신학사에서 차지하는 의미는 그의 저작 『근본교의에 관하여』(그. Peri archon)가 최초의 기독교 교의학으로 인정받고 있다는 점에서도 확인된다. 이 작품의 완결판 텍스트는 약 400년경 아퀼레이아의 루피누스(Rufin von Aquileia, 410년에 사망)가 제작한 라틴어 번역본(De principiis)에 실려 있다. 하지만 이것은 오늘날 통용되는 의미의 '번역'이라고 말할 수는 없다. 라틴 변증의 정점은 아우구스티누스(Augustin)가 쓴 『하나님의 도성』(De civitate Dei)이다(413-426/427, 2.1; § 9.1.1; 9.2; § 13.3.1; § 14.2).

그러나 **변증**(Apologetik)이라는 말이 고대 교회 신학에만 국한되지는 않는다. 광의의 의미에서 변증은 다른 종교 및 세계 해석과 더불어 전개하는 가끔 논쟁적일 수 있는 대화에서 기독교 신앙을 이성적으로 해명하려는 모든 시도를 가리키는 말이다. 무엇보다 고대 교회 헬라신학의 변증 안에서 아직 그리스도의 계시에 의해서 부름받지 않은 인간 이성이 부분적으로 하나님의 참된 지식에 도달할 수 있는 제한적 능력을 소유하고 있다는 견해가 형성되었다.

이 견해는 성경 밖에서 이루어진 하나님에 대한 언급까지 포괄하는 그리스도의 계시에 대한 포괄적 이해의 근거가 되었고(§ 3.2.1), (모든 사람이 자신의 [이성-본성 혹은] 본성에 근거하여 고유하게 가진) 이성 종교(Vernunftreligion)가 모든 사람에게 고유한 것이라는 관념에 대한 이해의 근거도 되었다(비교, § 1.1.2).

고대 교회의 변증에 대한 개관
- W.-D. Hauschild), Lehrbuch der Kirchen- und Dogmengeschichte, Band 1, 120-128(=§ 3, 6-7).

📖 📖　헬레니즘과 로마 황제 시대 철학에 대한 상세한 설명
　　　 - H. Flashar(Hg.), Die Philosophie der Antike, Band 4.
　　　 - Chr. Horn u.a. (Hg.), Die Philosophie der Antike, Band 5.

1.2 정통 신앙(Rechtgläubigkeit)을 두고 일어난 교회 내적 분쟁

고대 교회 변증가들이 기독교에 적대적인 흑색선전에 맞서 논쟁했던 2세기에 기독교 공동체는 참된 기독교 신앙과 거짓 가르침의 구분 문제를 두고 중대한 결정 앞에 서게 되었다. 당시 기독교를 정체성의 위기에 빠트린 것으로 세 가지를 들 수 있다.

- 영지주의(Gnosis)
- 마르키온주의(Markionitismus)
- 몬타누스파(Montanismus)

(1) **영지주의**(*Gnosis*)는 아주 다층적인 종교 운동이었다. 이 종교 운동 안에서 유대·헬레니즘뿐만 아니라, 이란, 이집트, 기독교 사상도 중요한 역할을 했다. 이런 점에서 영지주의는 하나의 **혼합주의 현상**으로 간주될 수 있다. 이 운동의 전형적 특징은 무엇보다 반우주적인 태도, 곧 현세적이고 물질적인 세계에 대한 부정적 판단이며, 이것은 근본적으로 이원론적 세계관과 관련되어 있다. 이 세계관에 따르면 물질세계와 영의 세계는 첨예하게 대립한다. 일반적 가치를 지닌 이 존재론적 이원론이 하나님의 관념에 적용되었고 이로써 순수 영적 존재로 파악된 최고의 선한 신과 이 세상을 창조한 악하고 열등한 신 사이에 구분이 생겨났다. 신화적 사고의 도움으로 창조 자체는 우주 안에서 일어난 불행한 사건의 결과로 해석되었다.

이 사건으로 말미암아 영적 세계의 일부가 물질(그. hyle) 안에 갇히게 되었다. 악한 신의 지배에서 구속되는 것은 영혼이 물질에서 해방되는 것이었다. 이것은 오직 자기 안에 영(그. pneuma)의 세계의 불꽃을 가지고 있는 **영에 속한 사람들**(Pneumatiker)에게만 가능하고, 물질에 매여 있는 **물질적인 사람들**(Hyliker)에게는 불가능했다. 이 구속은 자신들이 영적 세계에 속해있다고 한 중보자가 전해 준 지식을 통해서 이루어진다. 이러한 지식으로 인하여 스스로에 대한 앎과 신에 대한 앎이 동시에 이루어진다.

기독교 교회가 2세기 영지주의로 인한 위기를 극복했음에도 영지주의 사상은 종교·정신사에서 지속적으로 살아남았다. 영지주의 사상은 마니교(Manichäismus)를 통해 중요한 부흥기를 맞았다. 이 종교는 창시자인 페르시아인 마니(Perser Mani, 약 216 - 약 277)의 이름을 따서 불렸다. 어거스틴도 한동안 이 종교의 신봉자였다.

(2) 2세기 기독교 문헌은 선박 상인 마르키온(Markion, 약 85 - 약 160)으로부터 시작한 운동을 언제나 영지주의에 포함시켰다. 실제로 마르키온에게서 두 종류의 신에 대한 교리와 세계의 가치를 비하하는 태도를 볼 수 있다. 하지만 마르키온에게는 영지주의의 전형적 특징인 신화적 사변이 없다. 그리고 마르키온에게 창조신은 악한 자가 아니라 정의로운 조물주였다. 그런데 이 조물주는 자기 율법을 가지고 사람들을 옭아매고 있다. 마르키온은 영지주의처럼 사람을 영적인 사람과 물질적인 사람으로 구분하지 않았다. 마르키온주의(Markionitismus)는 혼합주의적 사조가 아니었다. 그것은 기독교가 자기의 참된 본질을 벗어나 변질되었다는 당시 현실 이해를 토대로 교회의 참된 본질을 회복하려고 했던 **교회 내적 개혁운동**이었다.

마르키온이 우선적으로 주장한 구체적인 개혁 조치는 나중에 구약성경으로 불릴 책 속에 포함된 유대적 유산으로부터 기독교를 완전히 분리하는 것이었다. 이 주장의 근거는 예수 그리스도가 복음으로 말미암아 사람들을 율법의 통치에서 해방시켰는데 이 율법이 구약성경에 들었다는 것이었다. 더 나아가 마르키온은 나중에 신약성경이라고 불릴 저술에서 유대화하는 요소를 정화하는 작업을 착수했다. 마르키온은 이 목표를 위해서 스스로의 관점에서 교정한 누가복음과 역시 개정한 바울의 편지 열 개로 구성된 경전을 만들었다. 그는 이 경전에 반명제(Antithesen)도 추가하였는데, 여기에 유대교와 기독교 전통에서 유래한 서로 상치되는 인용구절이 대조되어 있다.

(3) 프리기아(Phrygien)의 선지자 몬타누스(Montanus, 180년경에 사망)의 이름을 따서 부르는 몬타누스파(Montanismus)라는 종교운동은 세계 종말이 임박했다는 인식에서 출발했고 이러한 예상에 맞게 철저하고 윤리적인 엄격주의 생활방식을 주장했다. 이 운동은 소유·성욕·결혼을 포기하고, 금식하며, 순교할 각오를 요구했다.

이 운동의 엄격주의는 당시 교회가 제도화되고 기독교가 로마제국의 역사 현실에 적응·정착되는 경향에 대한 비판적 질문과도 결부되어 있었다. 몬타누스파는 이러한 변화 속에서 교회가 원시 기독교의 이상과 가치를 상실했다고 보았고, 하나님이 성령을 통해서 각 기독교인에게 성경을 전권적으로 해석할 수 있는 능력을 준다고 말함으로써 성령의 의미를 강조했다.

몬타누스가 죽고 그와 함께 사역했던 여선지자 프리스킬라(Priscilla)와 막시밀라(Maximilla)가 죽은 후에 곧 하늘의 예루살렘이 내려올 것이라는 기대의 열광은 누그러지고 윤리적 성향이 강화되었다. 북아프리카의 교부 테르툴리아누스(Tertullian)가 이 종교로 개종했다는 사실은 몬타누스파의 윤리적 엄격주의가 당시에 얼마나 매력적이었는지를 알려 준다(아래 참조).

> **2세기 기독교의 위기 1**
>
> 1. 위기 초래:
>   (1) 영지주의
>   (2) 마르키온의 개혁 시도
>   (3) 몬타누스파
> 2. 정통과 이단을 구분하는 구속력 있는 기준 정착으로 극복
> 3. 정통 신앙인:
>   (1) 두 부분으로 이루어진 **성경**에 근거해 있고 (2) **신앙 규칙**에 요약되어 있으며 (3) 제도로서의 **교회** 안에서 언제나 신실하게 전래된 (4) **사도의 가르침**을 보존하는 자.

앞서 언급한 종교적 사조가 던진 질문은 기독교 신앙의 핵심을 찌르는 것이었다. 이들 사조와 논쟁하는 가운데 약 200년경에는 올바른 기독교 신앙이 무엇인지에 대한 뚜렷한 견해가 세워졌고 이로써 기독교의 참된 신앙(정통)과 그릇된 신앙(이설)을 분간할 도구가 만들어졌다. 이는 사도의 가르침을 종합한 것으로 이해된 신앙 규칙(라. Regula fidei), 두 부분으로 이루어진 기독교 성경의 확정, 그리고 사도적 전승의 유일한 전권적 소유자인 교회라는 기관이었다.

신앙 규칙과 정경인 성경과 교회의 조직은 창조주와 구원자 하나님이 동일하다는 신앙의 틀 안에 정착되어 갔다. 창조주와 구원자의 동일성에 대한 고수는 영지주의의 우주에 대한 적대감과 존재론과 형이상학에 근거한 모든 형태의 이원론에 대한 거부를 뜻했다(§ 8.2.2). 교회는 이 흐름 안에서 마르키온의 견해를 거부하고 옛 언약을 담은 책을 정경으로 삼아 유대교의 유산을 보존했다(§ 5.1.1; § 5.3.1). 선지자적 관점에서 제도로서의 교회를 비판했던 몬타누스파에 대항하고, '성경의 권위'를 확고하게 견지하면서도 이단적이었던 여러 집단들에 맞서서 교회라는 제도가 갖는 구원할

권한과 성경 해석 권위를 강조했다.

  이러한 교회의 권한 주장은 오직 교회만이 성경에 보존된 사도적 전승의 합법적 관리인이라는 견해에 근거되어 있었다. 이 주장은 훗날 근대 신학사에서 격렬한 토론 주제가 되었다(§ 5.2; § 5.3.3). 리옹의 이레네오(Irenäus von Lyon, 약 135-202)와 로마의 히폴리토스(Hippolyt von Rom, 약 170-235) 외에 누구보다 먼저 언급해야 할 사람은 퀸투스 셉티미우스 플로렌스 테르툴리아누스([Quintus Septimus Florens] Tertullinan⟨us⟩, 155/160- 약 230)다. 테르툴리아누스가 몬타누스파로 개종(207)하기 전에 쓴 저술은 2세기 교회가 당면한 위기를 위에서 언급한 방식으로 극복하는 데 기여했다.

그러나 신앙 규칙이 있고, 이것에 근거해서 확실하게 믿을 수 있다. 오직 한 하나님만 있고, 만물보다 먼저 나온 말씀을 통해서 무에서 전체를 만들어 낸 세계의 창조자 외에 어떤 것도 없다.	Regula est autem fidei [...] illa scilicet qua creditur. Vnum omnino Deum esse nec alium praeter mundi conditiorem qui uniuesa de nihilo produxerit per uerbum primo omnium emissum. Id uerbum Filium eius appellatum
이 말씀은 하나님의 이름 안에서 그의 아들로 일컬음을 받았고, 이스라엘 선조에게 다양하게 나타났으며, 예언자에게 말했고, 끝으로 하나님 아버지의 영과 능력으로 동정녀 마리아 안으로 들어와 그의 태 안에서 육체가 되었으며, 그에게서 태어나 예수 그리스도로 살았다.	in nomine Dei uarie uisum a patriarchis, in prophetis semper auditum, postremo delatum ex spiritu patris Dei et uirtute in uirginem Mariam, carnem factum in utero eius et ex ea natum egisse Iesum Christum.
그 이후 하늘나라의 새 법과 약속을 선포했으며, 능력을 행했고, 십자가에 못 박혔으며, 삼 일 만에 다시 살아났고, 하늘에 올리워 하나님 우편에 앉았다. ⟨자신⟩을 대리할 힘으로 신자를 인도할 성령을 보냈다.	Exinde praedicasse nouam legem et nouam promissionem regni caelorum, uirtutes fecisse, crucifixum, tertia die resurrexisse, in caelos ereptum sedisse ad dexteram Patris, misisse uicariam uim spiritus sancti qui credentes agat, uenturum cum claritate,
그리고 성도를 모아 영원한 생명과 하늘의 약속을 누리게 하고 불경한 자를 영원	ad sumendos sanctos in uitae aeternae et promissorum caelestium fructum et ad

한 불로 심판하기 위해서 영광 중에 올 것이다. 이것은 육체의 회복과 함께 성도와 불경건한 자가 부활한 이후의 〈일이다.〉 […]

그러나 그들[이단들]은 성경을 따라 행하라고 권고하는가?

[오히려 실제로] 그들은 성경으로 〈그 행실을〉 덮을 뿐이다. 그들의 이같은 몰염치는 즉시 어떤 이들을 자극한다. […] 그러므로 우리는 그들을 어떤 성경 토론에도 참여할 수 없게 함으로써 이렇듯 극히 강고한 입장을 가로막을 것이다. […]

기독교 교리와 신앙의 진리가 확실한 곳에는 성경과 [성경]의 해석과 모든 기독교 전통에 담긴 진리가 있을 것이다. […]

이와 같이 신앙의 모체와 근원인 사도의 교회와 일치하는 모든 교리는 명백히 진리로 간주해야 한다. 교회가 사도로부터, 사도가 그리스도부터, 그리스도가 하나님으로부터 받은 것은 의심할 여지없이 유지된다. 그러나 하나님과 그리스도의 사도와 교회의 진리에 반하는 모든 허위적 교리에 대해서는 미리 판단해야만 한다.

profanos iudicandos igni perpetuo, facta utriusque partis resuscitatione cum carnis restitutione.[…]

Sed ipsi de scripturis agunt, et de scripturis saudent? […]

Scripturas obtendunt, et hac sua audacia statim quosdam mouent. […] Hunc igitur potissimum gradum obstruimus non admittendi eos ad ullam de scripturis disputationem. […]

Vbi einm apparuerit esse ueritatem disciplinae et fidei christianae, illic erit ueritas scripturarum et expositionum et omnium traditionum christianorum. […]

constat perinde omnem doctrinam, quae cum illis ecclesiis apostolicis matricibus et originalibus fidei conspiret, ueritati deputandam, id sine dubio tenentem, quod ecclesiae ab apostolis, apostoli a Christo, Christus a Deo accepit; omnem uero doctrinam de mendacio praeiudicandam, quae sapiat contra ueritatem ecclesiarum et apostolorum Christi et Dei

테르툴리아누스, 『이단을 향한 이의 제기』(De praescriptione haereticorvm), 13(1-16줄); 14(35줄); 15(3, 4, 6-8줄); 19(8-11줄); 21(11-17줄) (**CChrSL** 1, 197-199, 201-203).

✦ CChrSL = 『기독교 라틴 전집』(Corpus Christianorum, Series Latina, [CChrSL])

2세기 기독교의 위기와 그 극복
- K.-W. Tröger, Das christentum im 2. Jahrhundert, 116-128.
- C. Andresen/A.M. Ritter, Die Anfänge christlicher Lehrenentwicklung, 56-91.

📖 📖 마르키온의 가르침에 대한 고전적 저술
　　　－ A. v. Harnack, Marcion.

1.3 기독교 교리 규범의 확정

　1.2단원의 끝에 있는 인용문의 서두에서 테르툴리아누스가 언급한 신앙 규칙은 어떤 확정된 신앙고백이 아니다. 테르툴리아누스의 판단에 의하면 이것은 하나님 자신에 근거하고 교회 안에 신실하게 보존된 사도의 선포를 자유롭게 요약한 것이다. 오늘날까지 사용되는 신앙고백은 근원이 다르다. 예컨대『사도신경』(Das Apostolische Glaubensbekenntnis)은 성인 세례 지망자들(Katechumenen)의 신앙 교육을 목적으로 로마 공동체 내에서 생겨난 것으로 추정되는『로마 신경』(Romanum)에서 유래하였다. 신앙고백의 세 항목이 세례 지망자에게 질문 형식으로 제시되었다.

　　당신은 하나님, … 아버지를 믿습니까?
　　당신은 예수 그리스도를 믿습니까?
　　당신은 성령을 믿습니까?

　그러면 세례 지망자들은 각 질문에 '나는 믿습니다'로 답한다. 후에 이 신앙고백은 세례 지망자를 위한 내적 통일성을 지닌 본문이 되었다.『로마 신경』은 여러 차례의 변형과 삽입을 거치면서 서구 기독교가 오늘날까지 폭넓게 인정하는『사도신경』(Apostolicum)으로 발전했다.『사도신경』본문은 중세 초기(5-10세기)에 와서야 완결되었고 서구 교회 전체에 수용되었다.
　『사도신경』이라는 이름에 이미 드러나 있는 것처럼 이 신앙고백서 안에는 사도들이 전해 준 복음을 충실하게 재현하고 있다는 확신이 담겨 있다. 루피누스는 그의 『사도신경 주석』(Commentarius in Symbolum Apostolorum, 약 404)에서 심지어는 열두 사도 각자가 이 『사도신경』에 한 마디씩 보탠 것이라고 말하기도 했다. 이 성담(Legende)의 영향으로 중세신학은 자주 『사도신경』을 열두 부분으로 나누어 생각했다.

그런데 『사도신경』은 고대 기독교 세계의 그리스어 사용권에서는 높은 위상을 차지하지 못했다. 이 지역에서 더 중요했던 것은 이른바 『콘스탄티노플 신경』(Konstantinopolitanisches Glaubensbekenntnis)이었다. 삼위일체 교의의 확정을 보증하는 이 신앙고백은 예수라는 인물의 신학적 의미를 두고 벌어진 고대 교회 논쟁의 중요한 결과물이었다. 이것은 2, 3세기까지도 아주 상이하게 규정된 예수와 하나님의 관계, (또 성령과) 하나님의 관계가 해명되었음을 말해 준다(§ 7.2).

이 신학적인 핵심 문제를 구속력 있게 해명해야 할 필요성은 흔히 콘스탄티누스의 전환(Konstantische Wende)으로 불린 4세기 변화 이후에 교회가 처한 상황에서 비롯되었다. 이 변화로 억압당해 온 신앙운동이었던 기독교가 먼저 국가의 관용을 받는 종교가 되었고(311/313), 그 다음에는 특권을 누리는 종교(324), 그리고 최종적으로는 국가를 지탱하는 국가 종교가 되었다(380, § 13.3.1).

교회가 로마 제국과 결합되면서 교회의 교리적 일치는 정치적 안정을 보장하는 중요 요인이 되었고, 황제는 논쟁 중인 신학 사안의 해명에 〈참여할〉 권한을 가진다고 스스로 생각했다. 신학 논쟁을 종결짓기 위해서 무엇보다 유용한 기구는 공의회였다. 이것은 (사도행전 15장에 나오는 사도회의 [Apostelkonzil]의 모범을 따라서) 가능한 여러 권역의 교회에서 온 교회 성직자가 모여 보편적 구속력을 지니는 신학적 결정을 내리는 것이었다.

> **고대 교의 형성**
>
> 1. 삼위일체 교리(325/381)는 하나님에 대한 예수(그리고 성령)의 관계를 다룬다(§ 7.2).
> 2. 기독론의 교리(451, 553, 680년에 더 정확히 규정됨)는 역사적 예수 안에서 신성과 인성의 관계를 다룬다(§ 10.2).

콘스탄티누스 1세(Konstantin I., 유일 통치:324-337)가 소집한 니케아 공의회(Konzil von Nizäa)는 위에 언급한 삼위일체 문제에 대한 해결책을 만들었지만, 제국의 동쪽에서는 이를 두고 의견이 극도로 갈렸다. 이것은 니케아 공의회에서 작성된 신조를 열렬하게 옹호했던 아타나시우스(Athanasius, 약 298-373)가 그의 주교좌인 알렉산드리아에서 모두 다섯 차례나 쫓겨나 유배를 갔다는 역사적 사실을 보아도 분명해진다.

아타나시우스는 325년에 도출된 『니케아 신경』에 대한 자신의 신념을 정치적으로 관철시킬 수 없었고 그래서 로마 제국의 정치와 교회의 통일에 대한 훼방자로 여겨졌다. 그래도 결국 카파도키아의 세 주교가 『니케아 신경』을 특별히 신학적으로 해석한 것에 근거해서 희망했던 합의에 도달했다. 이 세 주교는 카이사레아의 바실리오(Basillius von Caesarea, 약 330-379), 나지안주스의 그레고리오(Gregor von Nazianz, 약 329-390), 니사의 그레고리오(Gregor von Nyssa, 약 340-395)였다.

『니케아-콘스탄티노플 신경』(Nicaeno-Constantinopolitanum)으로도 알려진 『콘스탄티노플 신경』의 본문이 최초로 확인된 것이 5세기지만, 17세기 이래로는 이 본문을 언제나 테오도시우스(Theodosius, 통치 379-394/5) 황제가 소집한 콘스탄티노플 공의회(Konzil von Konstantinopel, 381)와 관련시켰다(§ 7.2.2). 결정적으로 그리스 사유에 의해 형성된 이 신앙고백은 로마 서쪽의 라틴신학에도 광범위하게 수용되었다. 그럼에도 서구신학은 자신의 고유성을 토대로 아주 일찍부터 삼위일체 교리에 대한 자신만의 강조점을 갖게 되었다(참조, §7.2.3; 외론[外論] 1; §11.1의 '그리고 아들로부터'[filioque]).

> 서구 기독교에서는 『사도신경』과 『니케아-콘스탄티노플 신경』 외에 이른바 『아타나시우스 신경』(Athanasianum)이 고대 교회의 세 번째 권위 있는 신앙고백으로 받아들여졌다. 그런데 이 신앙고백이 라틴어로만 전승되고 있다는 것을 생각하면 이것이 실제로 아타나시우스에게서 유래되었을 가능성은 없다.
> 이 신앙고백은 서방 교회의 전형적인 특징인 '그리고 아들로부터'[filioque]를 가르치고 있고 또 아우구스티누스 신학의 영향을 받은 것이 명백하다. 따라서 이 신앙고백은 600년 이전에는 결코 생겨나지 않았을 것이다. 이 신앙고백은 스콜라신학 전성기 이후에는 다른 신앙고백 두 가지와 함께 편찬되었다. 그리고 루터교회도 16세기에 자신의 신앙고백을 작성하면서 이 신앙고백을 고대 교회의 세 가지 신앙고백(symbola) 중 하나로 인정했다(3.4. 낱말 **'심볼룸'**[Symbolum]은 3세기경부터 제국 서쪽에서 신앙고백을 가리키는 용어로 사용되었다).

예수의 신학적 의미를 두고 고대 교회에서 벌어진 논쟁의 두 번째 중요한 결과는 431년 에베소 공의회(Konzil von Ephesus)에서 준비되고 칼케돈 공의회(Konzil von Chalkedon, 451)에서 확정된 기독론 교의다. 이 공의회가 통과시킨 교리 문장(Lehrformel)은 역사적 예수 안의 신성과 인성의 관계를 설명하려는 시도였다(§10.2.1). 이 기독론 교의는 콘스탄티노플에서 열린 두 번의 공의회(553, 680)에서 더 분명하게 규정되었다.

그런데 칼케돈의 교의는 『니케아-콘스탄티노플 신경』과 달리 동방 교회에서 지지를 얻지 못했다(2.2). 서방 교회는 칼케돈 공의회의 결론을 긍정하고 받아들였다. 고대 교회의 기독론은 서양 사유의 독특한 질문 방식과 맞물려 우선은 중세(§ 10.2.2)에서 그리고 다른 방식이긴 하지만 종교개혁 신학 안에서 발전했다(§ 10.3).

동·서방의 기독론

1. **동방**: 기독론 교리의 발전 과정이 약 700년경에 완료되었다
(다마스쿠스의 요한, "지식의 샘"[pege gnoseos], 제3부).
2. **서방**: 기독론은 중세(§ 10.2.2)와 종교개혁 신학에서도
계속 발전했다(§ 10.3).

헬라적 특징을 지닌 고대 기독론의 고전적 형태는 다마스쿠스의 요한(Johannes Damascenus)의 저술, 특히 그의 주저 『지식의 샘』(Pege gnoseos)에서 볼 수 있다. 요한은 이 책의 세 번째 부분에서 정통 신앙에 대해서 자세하게 설명한다. 그는 여기서 의식적으로 자신의 명확한 입장을 피하고 그 대신 교회의 정통 교리를 전체적으로 조망하려고 했다. 그는 이를 위해서 성경과 교회 전통을 설명·해석했던 주요 헬라 교부의 글을 인용했고 이를 전체 맥락 가운데 조직적으로 통합시켰다.

다마스쿠스의 요한이 서술한 교리를 이해하기 위해서는 그가 이른바 부정신학(apophatische Theologie)을 수용했다는 것을 중요하게 고려해야 한다. 하나님은 인간 오성으로 파악할 수 없다는 통찰에서 출발하는 이 신학방법론은 동방 교회 사유의 특징을 보여 준다.

이 방법론은 특히 500년경 어떤 알려지지 않은 사람이 쓴 저작 가운데 그 근거를 두고 있다. 이 저자는 아테네 출신으로 바울의 제자였던 위 디오니시오스 아레오파기테스(Dionysios vom Areopag)로 알려진 사람이었다

(행 17:34의 "아레오바고 관리 디오누시오").

위 디오니시오스 아레오파기테스가 썼고 신플라톤주의의 영향을 상당히 많이 받은 이 저작은 요하네스 스코투스 에리우게나(Johannes Scotus Eriugena, 약 810-약 877)가 라틴어로 번역하고 부분적으로 주석하면서 부정신학의 전통이 서구 사유 안으로 들어오게 되었다(§ 6.3.1). 바울의 제자라는 이유로 중세에 높이 추앙받았던 디오니시오스의 신플라톤주의적 위계질서의 원리(Hierachienlehre)는 서방 교회의 천사론(§ 9.1.1) 및 교회론(§ 13.2.1)에도 영향을 미쳤다.

📖　　삼위일체와 기독론 교의가 수립되는 과정에 대한 사실적 기술
- A. M. Ritter, Dogma und Lehre in der Alten Kirche.
- 이외에도 § 7.2와 § 10.2.2의 끝부분에 나오는 자료를 참조하라.

📖📖　『사도신경』, 『니케아-콘스탄티노플 신경』의 형성에 대한 최근 연구 현황
- Chr. Markschies, Art. Apostolicum (RGG^4 1).
- W.-D. Hauschild, Art. Nicäno-Konstantinopolitanisches Glaubens-bekenntnis (TRE 24).

📖📖　다마스쿠스의 요한의 가르침에 대한 개관
- K. Wessel, Dogma und Lehre in der Orthodoxen Kirche, 318-325.

👓　　『아타나시우스 신경』의 본문과 친숙해지고. 이를 위해서 다음을 참고하시오.
- BSLK 28-30; Unser Glaube, Nr. 3f.

제2장

아우구스티누스와 중세 기독교

1장에서 여러 차례 동·서방 교회에서 상이하게 전개된 발전과 신학적인 특징을 살펴보았다. 로마의 두 지역 사이의 언어 차이와 문화적 특수성은 이미 고대 교회의 교리 영역에서도 드러났다. 동·서방의 정치가 단절된 채 전개되었던 것처럼 교회 역시 서방 교회와 동방 교회, 로마와 비잔티움으로 분열되었다. 이 분열은 1054년 이후로 결정적인 것이 되었고 오늘까지 지속되고 있다(2.2). 고대에서 중세로 넘어가는 문턱에서 중요한 역할을 수행한 사람은 가장 저명한 라틴 교부인 아우구스티누스(354-430)였다.

2.1 아우구스티누스의 신학

이미 3세기부터 헬라신학과 라틴신학에 차이가 드러났다. 라틴적 사유의 특성 형성에 큰 기여를 한 것은 북아프리카 교회였다. 일찍이 테르툴리아누스의 신학과 카르타고의 키프리아누스(Cyprian von Karthago, 258년 처형당함) 신학이 선명하게 보여 준 것처럼 서방신학은 무엇보다 기독교적 실존과 교회의 실천이라는 문제에 관심을 두었다(참조, 1.2). 따라서 고대의 교의 형성 배후에서 작용했던 철학적 사변은 서방신학 안에서 별로 중요한 역할을 하지 않았다.

동방 사유의 맞은편에서 서방신학의 전형적 특성을 맨 먼저 주체적이고 완숙한 형태로 드러낸 사람은 아우렐리우스 아우구스티누스(Aurelius Augustinus, 354-430)였다. 아우구스티누스는 그리스어를 아주 조금 알았던지 아니면 전혀 몰랐을 것이다. 이 단편적 사실도 동방의 철학적 사변이 서방신학의 형성에 중요한 역할을 하지 않았다는 결론을 지지한다. 역으로 아우구스티누스의 사상도 동방신학과 교회에 전혀 중요한 역할을 하지 못했다.

서방신학의 관심이 기독교적 실존과 교회의 실천에 쏠려 있었다는 것에서 아우구스티누스가 결정적으로 기여했던 주요 교의 주제가 무엇인지 추측할 수 있다. 아우구스티누스가 다루었던 주제는 중세를 넘어 서구신학에도 지대한 영향을 끼쳤다.

① 아우구스티누스는 신앙행위(Glaubensakt)와 신앙내용(Glaubensinhalt)의 관계를 획기적인 방식으로 규명함으로써 신앙내용에 대한 지식과 이 지식의 구원적 의미를 신뢰하는 것을 구분했다. 이 구분은 이 주제와 관련한 미래적 논의의 근간이 되었다(§ 4.2.1).
② 전래된 삼위일체 교리의 문구를 인간 경험의 실제와 관련시켰다(§ 7.2.3). '그리고 아들로부터'(filioque)는 삼위일체에 대한 그의 신학적 숙고의 후속문제 중 하나였다(§ 9.2).
③ (원)죄론을 다룰 때에는 하나님 건너편에 홀로 서 있는 인간의 소외 상태를 강조했다(§ 9.2).

④ **은혜론과 예정론**을 다루면서 인간은 스스로의 힘으로 하나님이 자기에게 오도록 할 수 없고 하나님의 구원 의지를 결코 파악할 수 없다는 점을 단호히 말했다(§ 11.2.1; 11.3).

펠라기우스 논쟁(411-418) 직후에 아우구스티누스의 죄론과 은혜론이 교의화되면서 서방 교회의 전형적 질문에서 자라난 일련의 신학적 교리가 일반적 구속력을 갖게 되었지만, 서구에만 국한되었다. 아우구스티누스의 은총론을 중세 및 근대신학에 전달한 주요 중재자는 북아프리카 주교였던 루스페의 풀겐티우스(Fulgentius von Ruspe, 약 467-533)였다.

⑤ **교회론과 성례론**에서는 제도를 매개로 주어지는 구원이 그것을 받아들이는 자에게는 분명히 실제로 객관적으로 적용되지만(§ 12.2.1), 하나님이 실제로 선택한 자를 구체적으로 확인하는 것은 불가능하다고 강조했다. 이로써 신학적 대상인 교회와 사회적 대상인 교회의 구분이 생겨났고, 이러한 구분은 이후에 종교개혁의 교회론 안으로 수용되었다(§ 13.2.2).

⑥ 아우구스티누스는 그의 **정치 윤리**(politische Ethik)에서 내세 지향적 기독교 실존과 현세 지향적 지상 국가 사이에 있는 결코 간과할 수 없는 거리를 단호하게 말했고, 이로써 근대까지 기독교 정치 이론 형성에 결정적인 영향을 끼쳤다(§ 13.3).

⑦ 아우구스티누스 신학은 서구의 종말론 형성과 관련하여 구개신교 정통주의 신학에 이르기까지 커다란 영향을 끼쳤다(§ 15.1.2)

⑧ 끝으로, 아우구스티누스는 신학적 입장에서 고대의 덕이론(Tugendlehre)을 비판함으로써 서구 기독교의 윤리학 형성에 결정적으로 공헌했다(§ 15.1.2).

> **아우구스티누스 신학**
>
> 1. 서방신학의 독립적이고 전형적인 특징을 아주 완숙한 형태로 드러낸 첫 번째 본보기다.
> 2. 신학사에서 기독교 교리의 다양한 영역에 커다란 영향을 끼친 혁신적인 신학이다(신앙, 삼위일체, 죄, 은혜, 선택, 교회와 정치 윤리, 성례, 종말).

위에 언급한 주제에 대한 아우구스티누스의 구체적인 기여가 무엇인지는 제시된 2부의 여러 단원을 읽으면 알 수 있다. 그러나 해당 단원에 나오는 정보 이상으로 아우구스티누스의 사유 전체를 파악하기 위해서는 이와 관련된 교의·신학 저술을 살펴야 한다.

📖 아우구스티누스에 대한 개괄적 서술
- W.-D. Hauschild, Lehrbuch der Kirchen- und Dogemengeschichte, Band 1, 209-260(= §5), bes. 219-243.
- E. Mühlenberg, Vom Augustin bis Anselm von Canterbury, 406-463.

📖📖 최초로 철학적 관점에서 (신학 비평적 목적으로) 아우구스티누스의 사상을 전체적으로 기술
- K. Flasch, Augustin.

🖱 아우구스티누스와 아우구스티누스 연구 현황에 대한 다량의 정보 제공
- http://www.augustinus.de/.

2.2 로마와 비잔티움의 결별

이미 4세기부터 로마와 콘스탄티노플의 주교들은 기독교 세계 내의 우열을 가리고자 격돌했다. 이 대립은 게르만족 대이동의 혼란 이후 새롭게 구성된 서구 교회 내에 로마의 영향력이 커지면서 더욱 거세졌다. 동서는 9세기 이래로 발칸반도의 여러 민족을 기독교화하는 문제로 절박하게 다투었는데 이것이 지속적인 충돌 요인이 되었다.

이러한 혼란은 또한 로마 주교들의 권리 주장으로 더 심해졌다. 특히 그레고리오 개혁(Die gregorianische Reform)의 결과로 교황권이 강화되면서 로마 교회 주교들은 갈수록 자신만이 교회의 내적 단일성을 형성하고 보장할 수 있는 지상 교회의 유일한 정점이라고 더 강력하게 주장했다(§ 13.2.1). 이러한 권리 주장은 이탈리아 중남부로 팽창하는 로마 교회의 정책에서도 볼 수 있다. 처음엔 북게르만족에게 초점이 맞추어졌던 팽창 사업이 부분적으로 콘스탄틴노플 대주교의 통치 지역으로도 확장되었다.

로마 교회와 비잔티움 교회의 유대 관계는 이미 칼케돈 공의회 결의가 관철되면서 빚어진 분쟁으로 인해 단절되고 9세기에 한차례 더 끊어지기도 했지만, 이러한 단절이 오래 가지는 않았다. 그러나 교회권력과 정치권력에 대한 동서방의 이해의 차이가 고조되다가 11세기에 이르러서는 지속적인 분열을 초래할 상황이 조성되었다. 결국 1054년에 동서 교회의 분열이 일어났다.

동서 교회는 서로 신학과 의식(儀式)이 여러 측면에서 달랐기 때문에 분열이 일어났다. 예컨대 1053년 불가리아 대주교 아크리다의 레온(Leon von Achrida, 약 1037- 약1056)이 로마 교회를 비판했을 때, 그리고 1054년 7월 16일에 로마 교황의 사절인 훔베르트 실바 칸디다(Humbert von Silva Candida, 약 1010-1061)가 동방 교회를 향해서 날린 파문장도 이 문제들과 관련되었다. 구체적으로 로마 교회는 성찬식에서 이교적으로 간주되는 발효되지 않은 떡을 사용하고, 토요일에 금식하고, 금식 기간의 예배에서 할렐루야(Halleluja)를 삭제했는데, 동방 교회는 이를 문제 삼았다.

한편 서방 교회의 훔베르트는 동방 교회가 신앙고백(『콘스탄티노플 신경』)에서 필리오퀘(filioque, '그리고 아들로부터')를 뺐고 이로써 사도의 권위를 승계한 로마 주교가 수호하는 믿음을 위배했다며 그 책임을 물었다(§ 7.2.2-3; § 11.1). 훔베르트의 파면장은 명시적으로 동방 교회 전체가 아니라 콘스탄티노플 대주교 미하엘 케룰라리우스(Michael Kerullarius, 1059년 사망)를 향한 것이었다.

그럼에도 미하엘에 의해서 1053년 7월 24일에 소집된 주교회의(Synode)는 이 파면장을 동방 교회 전체에 대한 것으로 이해했다. 그러나 이 주교회의가 훔베르트와 그의 사절단을 교황의 사절단으로 간주하지 않았기 때문에 공식적으로 로마 교회 전체를 단죄하지 않고 그의 사절단만을 단죄했다. 돌아보면 동서 교회의 유대가 결정적으로 붕괴된 것은 지금 언급한 사건들과 관련이 있다.

그 이후 13세기와 15세기 사이에 연합하려는 다양한 시도가 있었고, 현대에 와서 1965년 12월 7일에는 1054년의 상호 파문이 교황 바오로 6세(Papst Paul VI., 재임: 1963-1978)와 콘스탄틴노플 대주교 아테나고라스 1세(Athenagoras I., 재임:1948-1972)에 의해서 거두어졌지만, 동서 교회의 유대는 오늘까지도 회복되지 않고 있다.

> 5세기 이후 동방 교회들은 더 이상 하나의 통일적 단일체로 간주될 수 없다. '동방 교회들'이라는 용어를 밝혀 보면 다음과 같다.
>
> (1) 먼저 **협의로** 삼위일체 교의(325/381)뿐 아니라 에베소 공의회(431),

칼케돈 공의회(451), 콘스탄티노플 공의회(553)의 결의를 수용한 교회 공동체를 말한다. 이들은 또한 성상**숭배**(Bilderanbetung)가 아닌 성상**존경**(Bilderverehrung)을 허용한 니케아 공의회(787)의 결론을 받아들인다. 이 교회들은 종파를 다루는 연구에서 종종 단수로 취급되어 정교회로 불린다.

(2) **광의**로는 381년 이후의 교리 발전을 수용하지 않는 기독교 공동체도 이 동방 교회에 속한다. 이러한 공동체 중 하나인 동시리아-페르시아 교회(die ostsyrisch-persische Kirche)는 에베소 공의회(431)에서 결의된 콘스탄티노플의 대주교 네스토리우스(Nestorius, 약 450 사망)에 대한 단죄에 반대했다(§ 10.2.1).

이와 달리 아르메니아 교회(die armenische Kirche), 서시리아(야콥) 교회(die westsyrische[jakobitische] Kirche), 콥트(이집트) 교회(die koptische[ägyptische] Kirche), 그리고 에티오피아 교회는 에베소 공의회(431)의 결정을 인정하면서도 칼케돈 교리는 수용하지 않았다. 이 교회 중 일부는 스스로를 **정통**으로 규정한다. 이 교회들을 단수로 사용하는 정교회와 용어상으로 구분할 필요가 있어서 이들을 **칼케돈 이전의 교회**(vorchalkedonensisch) 또는 **비칼케돈 교회**(nichtchalkedonensisch)로, 때로는 단순하게 **근동국가교회들**(orientalische Nationalkirchen)이라고 부른다.

> **동·서의 분열**
>
> 1. **계기**: 1054년, 콘스탄티노플의 대주교와 로마 교황 사절이 서로를 정죄(파면)했다.
> 2. **원인**: 동서 로마가 서로에게 소원해졌고, 교회와 권력에 대한 정치적 입장의 차이가 갈수록 커졌다.
> 3. 가장 중요한 신학 논쟁은 '그리고 아들로부터'(filioque)였다(§ 11.1).

📖 1054년에 있었던 교회 분열과 그 원인에 대한 서술
- H.-D. Döpmann, Die Ostkirchen, 130-134.
- K. Wessel, Dogma und Lehre in der Orthodoxen Kirche, 348-369.

📖📖 광의적 의미의 동방 교회 역사와 현재 상황에 대한 개관
- F. v. Lilienfeld, Art. Orthodoxe Kirchen(TRE 25).
- E. Bryner, Die Ostkirchen vom 18. bis zum 20. Jahrhundert.

2.3 중세 스콜라신학

스콜라학(Scholastik)이라는 낱말은 상급 학교에서 가르치는 학자를 일컫는 라틴어 낱말 '스콜라스티쿠스'(scholasticus)에서 나왔다. 아주 일반적으로 이 용어는 중세의 서구 철학 및 신학을 총칭한다. 철학과 신학은 처음엔 수도원 학교에서 행해졌고, 차츰 도시의 주교좌 부속학교에서 이루어지다가 최종적으로 대학에 자리를 잡았다. 그러나 좀 더 구체적인 의미에서 스콜라학이라는 개념은 숙고된 철학적 방법론에 근거해서 전래된 기독교 신앙의 내용을 충분히 명백하게 이성적으로 서술하고자 하는 시도를 가리킨다.

11세기가 되어서야 이 과제에 광범위하게 착수하였기 때문에 그 전 시기인 5세기부터 11세기 중반까지는 흔히 스콜라학의 준비 및 설립기로 불린다. 스콜라학을 대표하는 최초의 인물은 캔터베리의 안셀모(Anselm von Canterbury, 약 1033-1109)와 피에르 아벨라르(Petrus Abaelard, 1079-1142)다.

> 스콜라학의 준비와 설립기에 우선적으로 중요한 일은 게르만족 대이동의 혼란기에 고대가 물려준 교양을 정리·유지·전수하는 것과 고대 교회의 유산을 돌보고 가공하는 것이었다.

이를 위해서 중요한 역할을 수행한 사람으로는 특히 아니키우스 만리우스 세베리누스 보에티우스(Anicius Manlius Severinus Boethius, 480-524), 카시오도르(Cassiodor, 약 485-약 580), 세비야의 이시도르(Isidor von Sevilla, 약 560-636), 교황 그레고르 1세(Papst Gregor I., 재임 590-604)였다. 이 학자들 외에도 아일랜드, 스코틀랜드, 영국의 수도원이 중요한 역할을 감당했다. 당시에 이 지역은 유럽대륙과 달리 게르만족 대이동의 정치적 혼란을 덜 겪었다.

7세기 말 이후 캔터베리(Canterbury)와 요크(York)에 있는 주교좌성당학교가 신학의 중심지가 되었다. 중세 초기 영국에서 번영한 학문은 베다 베네라빌리스(Beda Venerabilis, 673-735) 등을 통해 프랑스에도 영향을 끼쳤다. 프랑스에서는 800년경 카롤루스 왕조의 부흥과 맞물려 게르만족 대이동 이후의 상황에 처한 유럽 대륙에 의미 있는 첫 번째 문화적 비약이 이루어졌다.

영국 학자인 알퀸(Alkuin, 약 730-804)이 파울루수 디아코누스(Paulus Diaconus, 약 720-약 799)와 테오둘프 오를레앙스(Theodulf von Orleans, 750/760-821)가 활약했던 카롤루스 1세 마그누스의 아헨궁정학교(Aachener Hofschule Karls des Großen)에서 가장 위대하고 영향력 있는 인물이었다는 사실은 우연이 아니었다.

얼마 지나지 않아 카롤루스 2세 칼부스(Karl II., der Kahle, 통치기간: 843-877) 때에도 신학은 또 한 번의 번영기를 맞았다. 이 시기의 신학적 논의는 동방 교회의 사유와 비판적으로 논쟁하는 형태였는데, 아우구스티누스의 신학적 유산이나 성만찬에서의 그리스도의 현존에 대한 해석을 둘러싼 논쟁으로 구체화되었다. 이 과정에 참여한 사람 중에서 먼저 언급해야 할 사람들은 다음과 같다.

라바누스 마우루스(Rabanus Maurus, 약 780-856), 요한네스 스코투스 에리우게나(Johannes Scotus Eriugena, 1.3), 파스카시우스 라드베르투스(Paschasius Radbertus, 약 790-약 856), 코르비의 라트람누스(Ratramnus von Corbie, 약 800-약 868), 끝으로 작센 백작의 아들이며 수도사였던 고트샬크(Gottschalk, 약 806-866)다.

카롤루스 왕조의 쇠퇴와 북게르만족이나 헝가리인의 침입으로 정치적 혼란이 가중되어 정신·문화적 삶의 양식이 무너졌다가 오토 왕국(Ottonisches Reich)의 번영기 때에야 회복될 수 있었다.

이 새로운 정신·문화적 상승은 무엇보다도 신학적 토론 문화로 표현되었다. 예컨대 투르의 베렌가리우스(Berengar von Tours, 약 1005-1088)와 벡의 란프란크(Lanfranc von Bec, 약 1010-1089)는 9세기의 행해졌던 첫 번째 성만찬 논쟁에 다시 착수함으로써 변화의 조짐을 보여 주었다.

투르의 베렌가리우스의 제자였고 1063년 이래로 베렌가리우스의 후계자가 된 사람은 캔터베리의 안셀모(Anselm von Canterbury, 약 1033-1109)였다. 그는 벡수도원 원장을 거쳐, 캔터베리의 대주교가 되었다. 안셀모는 스콜라신학의 아버지로 불린다. 그러나 이것은 관례상 중세를 초기, 전성기, 후기로 나누는 것처럼 논란의 여지는 있다.

2.3.1 스콜라신학 초기

기독교 신앙의 내용을 이성적으로 증명하려는 스콜라 사유를 아주 철저히 한 사람은 안셀모였다. 안셀모는 방법적으로 성경 계시를 배제하고 기독교 신앙의 근거를 오직 이성으로만 설명하고자 했다. 이러한 방식은 중세 후기에는 자주 시도되지 않았다. 그는 신의 존재(§ 6.1.2)와 그리스도 안에서의 하나님의 성육신(§ 10.2.2)도 사유 필연적인(denknotwendig) 것임을 보여 주고자 했다.

이 시도는 기독교 근본교리를 이성적으로 확인하려는 이해를 추구하는 신앙(라. *fides* querens intellectum)이었고, 이성적 방식으로 한 번 획득된 논거들은 기독교 교리들의 명백성을 위한 반박될 수가 없는 근거들이 되었다 (라. rationes *necessariae*).

상이하며 언뜻 보기에 부분적으로 모순되는 성경과 신학 전통의 진술을 대조하는 스콜라신학 방법론의 전형을 맨 먼저 보여 준 것은 아벨라르의 저서 『긍정과 부정』(Sic et non)이었다. 아벨라르는 상당한 권위를 가진 진술도 모순될 수 있음을 보여 주는 사례 156개를 이 책에 모았다. 이로써 근거 있는 신학적 진술을 하기 위해서는 권위에 의지하는 것 외에도 전래된 교리 자료를 어떻게 다루어야 할지 비판적인 해명도 따로 필요하다는 것을 분명하게 보여 주었다.

스콜라신학의 주요 인물

1. **초기 스콜라신학(11/12세기)**
   캔터베리의 안셀모, 피에르 아벨라르, 페트루스 롬바르두스
2. **중기 스콜라신학(13세기)**
   알베르투스, 토마스 아퀴나스, 보나벤투라
3. **후기 스콜라신학(14/15세기)**
   둔스 스코투스, 오컴의 윌리엄, 가브리엘 비엘

주요 교리 자료를 검토하고 통합적으로 편집하는 작업을 한 걸음 더 추진한 사람은 페투르스 롬바르두스(Petrus Lombardus)였다. 그는 이것을 자신의 저서 『네 권의 명제집』(Sententiarum Libri Quatuor, 약 1150년)에서 행했다. 이 책의 가치는 성경과 교부의 저서에서 유래한 중요 진술들을 능숙하게 종합·편찬한 데에 있다.

이 책은 신학적 독창성의 측면에서 논란의 여지가 있고 아주 높은 평가

를 받기는 어렵지만, 중세시대의 표준교과서가 되었다. 신학 수업에 종사하는 모든 교수들은 '명제의 스승'(라. Magister sententiarum)이라고 불린 이 신학자의 작품을 주석해야만 했다. 이렇게 생겨난 **문장들에 대한 주석 작업**에 중세신학 작업의 중요한 성과들이 쌓여갔다.

주석서는 자주 주어진 텍스트의 주석에 만족하지 않고 이 텍스트에서 생겨난 질문을 더 깊이 다루고자 노력하였다. 이런 식으로 사람들은 페트루스 롬바르두스를 읽을 때 접할 수 없었던 주제들도 다루고 해석할 수 있었다. 결과적으로 이러한 명제 주석 작업은 사람들이 스스로 고유의 신학적 입장을 드러낼 수 있는 계기가 되었다.

2.3.2 스콜라신학 전성기

12세기에 라틴 서구는 기독교 생성 이전의 철학자인 아리스토텔레스 (Aristoteles, 주전 384-322)의 전 작품을 접하고 그의 철학을 대학 학문 활동에 받아들였다. 이것은 중세 사유에 있어 매우 의미심장한 발전이었다. 아리스토텔레스는 당시일 내에 신학자들이 지나칠 수 없는 **최고의 철학자** (der Philosoph)가 되었다. 이로써 기독교신학은 그 자체로 완결되어 아주 높은 지적 수준을 가진 한 사유체제와 대면하게 되었는데, 이 안에는 기독교신학과의 소화 과정에서 여러 문제를 야기할 전제들이 들어 있었다.

이제 아리스토텔레스는 하나님·세상·사람을 기독교와는 다른 방식으로 이해할 수 있는 하나의 시도로 읽혔다. 그러다가 13세기가 되어서는 기독교가 아리스토텔레스를 수용하는 것이 타당한지를 두고 열띤 논쟁이 벌어졌다. 예를 들어 보나벤투라(Bonaventura, 1221-1274) 같은 프란체스코 수도원 출신의 신학자는 이 이교도 철학자의 학설에 대해서 우선 유보적인 태도를 취했다.

이와 달리 도미니크 수도원의 신학자들은 기독교신학과 아리스토텔레스의 철학을 실제적으로 종합하려는 고난도의 작업에 착수했다. 이런 시도가 가장 인상 깊게 드러난 작품이 토마스 아퀴나스(Thoma von Aquin, 약 1224-1274)가 1267년부터 1273년까지 집필한 『신학대전』(Summa Theologiae)이다(§ 2.2; 2.3.2; § 4.2.1; § 6.1.3). 이 작품은 형식적 측면에서 대전이라는 문학 장르의 절정에 이르렀다.

> **신학대전**
> 1. 세 부분으로 이루어진 토마스의 미완성 주저
>   (1) 하나님과 그의 창조
>   (2) 사람이 하나님께로 돌아오는 것은 피조물인 사람에게 주어진 사명을 실현하는 것이다.
>   (3) 그리스도는 사람에게 허락된 하나님에게로 가는 길
> 2. 먼저 언급되는 것: 거룩한 교리(sacra doctrina)의 대상과 학문적 성격에 대한 서론(§ 2.2;2.3.2)

이전에 종종 중세의 첫 번째 대전이라고 부른 생 빅토르의 위그(Hugo von St. Victor, 1097-1141)의 저작 『기독교 신앙의 신비에 대하여』(De sacramentis christianae fidei, 약 1130-1137, § 9.2)에서는 성경과 교부의 인용구절을 주석하지 않고 그 대신 신학을 독자적이고 체계적으로 기획하려는 의도가 분명하게 드러났다. 토마스는 중세의 논쟁 형식을 따라 개별 항목을 서술한 신학대전에서 이러한 추구를 광범위하고 높은 수준으로 실현했다.

내용 측면에서 보면 토마스의 작품은 기독교적 아리스토텔레스주의의 정점으로 간주될 수 있다. 이미 그의 스승인 알베르투스는 아리스토텔레스의 저술을 여러 권 주석했다. 그러나 토마스는 여기서 한 걸음 더 나아가 아리스토텔레스의 사유의 단초를 축소하지 않고 기독교 교리 작업에 수용하고자 시도했다. 이 과정에서 디오뉘시오스 아레오파기타를 통해서

알려진 신플라톤주의 철학 역시 중요한 역할을 감당했다.

하지만 토마스의 『신학대전』에 대한 평가는 14세기까지도 전반적으로 엇갈렸다. 근현대 로마가톨릭 안에서 토마스가 오늘날까지 차지하는 괄목할 만한 의미는 무엇보다 교황 비오 5세(Papst Pius V, 재임: 1565-1572)가 1567년에 토마스를 공식적으로 교회의 신학자(라. doctor eccesiae)로 추앙한 데서 기인했다.

2.3.3 스콜라신학 후기

그러나 토마스가 시도한 아리스토텔레스주의와 기독교의 종합, 철학과 신학의 종합은 실현되지 않았다. 이미 토마스 사후(1277) 3년이 되자 파리에서는 아리스토텔레스 철학의 급진적 노선이 일어나서 기독교적 사유와 철학적 사유를 결합하는 모든 시도는 신학이 아리스토텔레스 철학을 부당하게 사유화하는 것이라고 비판했다. 이 노선은 결국 단죄당한다. 이 사건 후에는 아리스토텔레스를 적극적으로 연구하는 시도는 무엇이든 심판을 받았다.

그리고 1277년 이 노선에 쏟아진 비난 중 많은 것은 토마스에게도 해당된다고 생각되었다. 이제 사람들은 14세기 이래로 철학과 신학을 종합하려던 중세 전성기의 이성에서 돌아섰다. 프란체스코 수도회의 신학자들이 이러한 경향을 결정적으로 이끌어냈다. 이를 위해서 특히 아우구스티누스를 근거로 삼았다.

하나님이 사람에 의해 좌우될 수 없음을 강조하기 위해서 예컨대 둔스 스코투스(Duns Scotus, 약1265-1308)와 오컴의 윌리엄(Wilhelm Ockam, 약 1288-1348/1349)은 절대적인 하나님의 능력을 강조했다(라. Potentia Dei absoluta). 이들의 견해를 따르면 하나님이 비록 세계와 역사 속의 사역에서 자신을 특정한 형태로 구체화했지만(이와 관련하여 현실화된 하나님의 능력 [potentia Dei ordinata]을 말한다), 하나님의 행위 방식은 항상 우연적이며 그의 의지 규정(Setzung)에서 기인한다. 그런데 이 규정은 〈하나님 원했다면 이미 현실화된 것과는〉 다른 형태를 가졌을 수도 있었다.

이로써 모든 세계 현실이 하나님 의지(라. voluntas)의 우연적 규정에 의존한다는 것이 강조되었다. 주의주의(Voluntarismus)라는 말은 중세 후기의 이와 같은 경향의 철학 및 신학을 가리킨다.

가브리엘 비엘(Gabriel Biel)의 명제 주석을 거쳐서 오컴의 윌리엄의 신학을 접한 루터는 주의주의가 은혜론 영역에서 일으킨 여러 결과에 고무되어 그 시대의 신학적 흐름에 단호하게 저항하였다.

루터에 의하면 하나님은 그의 무한한 힘에 근거해서 자신을 향한 단 한 번의 참된 사랑의 행위 때문에 성령의 은사를 주지 않고도 한 사람을 구원할 수 있다. 이와 같은 확언으로부터, 사제직을 수행하는 어떤 자들은 하나님을 사랑하도록 사람들에게 요청하고 이것을 할 수 있도록 사람들을 격려해야 한다는 결론을 내렸다. 이와 같은 한 행위가 있는 곳에서 하나님은 은혜 베풀기를 멈추지 않을 것이다(§ 11.2.1).

📖　토마스 아퀴나스의 『신학대전』의 논리 구조를 살피는 것이 좋다. 『신학대전』의 라틴어판과 독일어 번역판에 대한 정보는 O. H. Pesch, Thomas von Aquin, 404-407을 보라.

🖥　토마스의 라틴어판 저작
　　- http://www.unav.es/filosofia/alarcon/amicis/ctopera.html.

📖📖　스콜라 사상을 전반적으로 다룬 책
　　- M. A. Schmidt, Die Zeit der Scholastik.
　　- K. Flasch, Das philosophische Denken im Mittelalter.

📖 📖 광범위한 문헌을 다양하게 언급한 책
- P. Schulthess/R. Imbach, Die Philosophie im lateinischen Mittelalter.

📖 📖 중세신학과 철학의 개별 관점을 다룬 책
- Mittelalter, 132–177(von Augustin bis Alkuin).
- J. L. Scherb, Anselms philosophische Theologie(zum Programm Anselms).
- R. Leonhardt, Glück als Vollendung des Menschens, 66–96(zur Aristoteles Rezeption).
- J. P. Torrell, Magister Thomas (zu Thomas von Aquin).

제3장

종교개혁과 그 이후

3.1 유럽 기독교의 종파화

종교개혁 시대의 교회사적 사건을 묘사하지 않고 종교개혁이 유럽 기독교에 대하여 갖는 특별한 의미에 주목해 보자. 종교개혁으로 촉발된 유럽 기독교의 종파화로 동일한 지리·문화적 영역에서 다양한 형태의 종파가 생겨나 경쟁하면서 자리를 잡아 갔다.

동·서방 교회의 분열(2.2.)과 비교하면 종교개혁은 새로운 성질의 분리를 일으킨 것이다. 종교개혁은 기독교 교의학을 자극하여 교회의 본질과 과업, 형태와 구조에 관해서 숙고하게 했다. 따라서 종교개혁 이후에야 비로소 교회에 대한 명확한 교의학적 견해가 생겨났다(교회론, §13.2).

각기 자기 고유성을 지닌 다양한 기독교 종파의 모습은 무엇보다 특정 신앙고백 문서에 자취를 남겼다. 에큐메니칼 대화는 오늘까지도 각 종파 교회의 자기 이해에 결정적인 의미를 지니는 이 문서와 관련하여 진행된다. 이제 아래 도표에서 볼 수 있는 서구 기독교의 중요한 종파가 이룩해 놓은 중요한 신앙고백들의 토대가 무엇인지 잠시 알아보자.

동서로마의 언어적 차이와 단절된 정치적 발전에 상응하여 동서 교회는 신학의 영역에서 지속적으로 소원해졌고 돌이킬 수 없는 교회 분열을 초래했다.

정(동방) 교회들 (2.2)	서방 교회 (아우구스티누스 신학이 중요한 의미를 지님) (2.1)			
	종교개혁의 결과로 16세기에 4개의 상이한 교회 교리형태가 형성되었다.			
	↓	↓	↓	↓
		종교개혁 교회		
로마가톨릭 교회 (3.2)	성공회교회 (3.2)	루터교회 (3.4.)	개혁교회 (3.5.)	

📖 개신교 역사의 아주 중요한 단계, 개신교의 종파, 지역적 특성
- F. W. Graf, Der Protestantismus, 31–60.

📖 유럽 기독교의 종파화 과정 약술
- G. Seebaß, Geschichte des Christentums III, 93–276.

📖 📖 종교개혁 시초부터 종파화 시대까지 상술
- J. Rogge, Anfänge der Reformation.
- R. Mau, Evangelische Bewegung und frühe Reformation.
- H. Kirchner, Reformationsgeschichte von 1532 bis 1555–1556.
- E. Koch, Das konfessionelle Zeitalter.

3.2 로마가톨릭

오늘날까지도 로마가톨릭교회는 자신만이 유일하고 참된 교회이며 11세기와 16세기에 이 교회에서 다른 모든 교회가 떨어져 나갔다고 생각한다(§ 13.2.1; § 13.2.3). 하지만 중세의 가톨릭 보편신앙(die mittelalterliche Katholizität)과 근현대의 로마가톨릭 사이에는 커다란 차이가 있다. 중세 교회가 전혀 상이한 신학적 견해와 교회의 삶의 양식을 통합한 반면에 근현대 가톨릭의 정체성은 우선적으로 자신을 종교개혁과 이로부터 유래한 신교교회와 구별하는 과정에서 생겨났다.

로마가톨릭주의는 신교로부터의 분리와 이와 연관된 자기 교리적 토대의 확장을 맨 처음 트리엔트 공의회(1545-1563)에서 실행했고, 이 후 이것을 제1, 2차 바티칸 공의회에서 구체화하고 심화시켰다(1869/70;1962-1965).

> 이미 고대 교회 시대부터 공의회는 교회의 교리 결정을 공식화하는데 결정적인 역할을 했다(1.3). 공의회성(Konziliarität)은 교회의 협의와 결정을 성령에 의한 것으로 파악함으로써 하나님에 의해 이루어졌다는 권위를 부여하는 것을 뜻한다.
> 칼케돈의 동방 교회는 이러한 신적 권위가 최초 일곱 공의회의 결정 배후에 있다고 본다. 그래서 이 공의회만이 **에큐메니칼**, 곧 전체 교회에 구속력을 갖는다는 것이다. 그러나 로마가톨릭은 신적 권위 부여와 에큐메니칼 성격이 이 일곱 개의 공의회에만 국한되지 않고 9세기부터 16세기 초까지 열렸던 공의회 열 개에도 해당한다고 본다. 더 나아가 이것은 트린엔트 종교회의와 제2차 바티칸 공의회까지도 유효하다. 따라서 로마가톨릭은 공의회가 에큐메니칼 성격을 갖는다고 인정한다.

하지만 종교개혁 전통에 서 있는 종파들은 공의회 결정에 대한 과도한 신학적 평가를 거부하면서, 공의회는 신학적 진리 추구를 위해서 만든 제도일 뿐이라고 생각한다. 따라서 여기에도 결코 오류가 없을 수 없다. 그럼에도 종교개혁 교회 역시 4, 5세기에 개최된 공의회, 곧 삼위일체와 양성론에 관한 공의회의 결정을 권위 있는 것으로 받아들인다.

이제부터 마지막에 열린 세 공의회의 핵심 내용을 근거로 근현대 가톨릭주의의 특징을 살펴보자.

3. 2. 1 트리엔트 공의회(1545-1563)

가톨릭의 광범위한 교회 갱신이라는 커다란 맥락에 속하는 트리엔트 공의회의 결정으로 말미암아 교황 교회는 최종적으로 종교개혁적 흐름과 거리를 두었고 이로써 동시에 자신의 고유한 종파적 성격을 규정했다. 이 과정에서 **성경, 전통, 교회 교직의 상호관계**에 대한 구속력 있는 교리가 공식화되었는데, 이것은 신앙을 매개하는 모든 종류의 수단에 대한 성경의 우위성을 주장했던 루터를 겨냥한 것이었다(§ 5.2.2).

또한 공의회는 종교개혁 시대에 신학적 차이의 핵심 쟁점이었던 **칭의론**에 대해 입장을 표명했는데, 이것은 중요한 의미를 가진다. 칭의론에 대한 트리엔트 공의회의 결정은 가톨릭교회가 이 주제에 대하여 교직의 권위를 가지고 내린 최초의 입장이었다. 20세기에 로마가톨릭과 루터교회 사이에서 이루어진 의견 일치 노력은 여전히 트리엔트 공의회가 칭의 교령을 통해서 확언한 종교개혁 교리에 대한 단죄와 관련하여 이루어졌다(§ 11.2.3). 끝으로 트리엔트 종교회의는 종교개혁자들이 비판했던 가톨릭 **성례론**을 변호했다.

일곱 성례를 고수하였고(§ 12.3), 종교개혁자들이 강력하게 비난했던 **미사성제론**(Messopferlehre)도 문서로 확정하였다. 이 교리에 따르면 교회는 성체 성사 〈성만찬〉에서 예수 그리스도의 십자가 희생을 피 흘리지 않는 방식으로 반복, 곧 현재화하고 이로써 십자가에서 획득한 은혜를 신자에게 전달한다(§ 12.2.3).

3. 2. 2 제1차 바티칸 공의회(1869-70)

트리엔트 종교회의가 종교개혁과의 결별을 의미했다면 제1차 바티칸 공의회는 계몽주의와의 결별을 뜻했다. 이것은 구체적으로 인간 이성의 통찰이라는 척도를 가지고 성경 및 모든 신학·교의적 진술을 비판적으로 검토해야 한다는 요구와의 결별이었다.

공의회는 이러한 요구에 대항하여 신앙의 진리를 강조했다. 이성의 지식 외에도 그것보다 더 광범위한 지식이 있다. 예컨대 사람과 세상의 근원과 목적을 알려 주는 진리가 그러한 것이다. 이러한 진리는 인간이 스스로 얻을 수 없고 오직 신적 계시에 근거해서만 접근이 가능하다(§ 4.3.2).

그런데 그리스도 사건에서 정점에 도달한 신적 계시의 내용은 교황을 수장으로 하는 로마가톨릭교회 안에 유일하게 보호·전승되었다. 따라서 교황의 오류 없는 교직의 책무는 교의와 삶에 대한 구체적인 질문과 관련해서 계시의 권위를 관철해야 한다(§ 13.2.1).

3. 2. 3 제2차 바티칸 공의회(1962-1965)

교황 요한 23세(Papst Johannes XXIII., 재위:1958-1963)에 의해서 개회된 후 1963년에 바오로 6세(Paul VI)가 속개하고 종결시켰던 제2차 바티칸 공의회는 트리엔트 공의회 및 제1차 바티칸 공의회와 달리 로마가톨릭교회가 어떤 정신적 흐름에서 스스로를 분리하려는 것이 아니었다. 오히려 이 공의회는 로마가톨릭교회를 현대의 발전상에 접목하려는 시도였다.

이러한 의도대로 제2차 바티칸 공의회는 그 준비 과정에서 교황이 행한 언술의 뜻을 따라서 처음부터 갱신(이. aggiornamento)이라는 중심개념 아래 진행되었다. 이 공의회는 4개의 규칙(Konstitutionen), 9개의 교령(Dekrete), 3개의 선언(Deklarationen)까지 총16개의 문서를 통과시켰다.

개신교 종파와의 관계와 관련해서 중요한 것은 먼저 성경, 전통, 교회 교직의 상호관계에 대해 새롭게 내린 규정이다. 성경이 교회의 교의 형성보다 우위에 있음을 두드러지게 강조했다. 그러나 동시에 하나님 말씀에 대한 섬김으로 이해된 교직의 해석상 최고 권위(Interpretation des Lehramtes)도 고수했다(§ 5.3.3).

또한 이 공의회는 처음으로 로마가톨릭의 관점에서 교회의 본질을 광범위하게 규정하려고 했다. 교회 규칙(Kirchenkonstitution)인 『인류의 빛』(lumen gentium)은 전체적으로 '제1차 바티칸 공의회의 언급처럼 참된 기독교 교의는 현재까지도 유일하게 로마가톨릭의 교황 교회에만 진실하게 전수된다는 주장에 머물렀다(그러나 강조점의 변화에 대해서, § 13.2.1).

하지만 동시에 교회 개념을 보편화함으로써 다른 종파, 종교, 세계관까지도 모든 인간을 구원으로 이끄는 하나님의 섭리의 틀 안으로 확고하게 들여왔다. 따라서 로마가톨릭과 다른 기독교 종파 및 비기독교 종교와의 관계를 생각할 때, 사람들은 '가톨릭 신자가 아닌 사람은 구원에서 궁극적으로 제외되었다'고 더 이상 생각하지 않게 되었다(§ 1.2.3; § 12.2.3).

> **로마가톨릭**
>
> 1. 가톨릭의 개혁과 트리엔트 공의회(1545-1563) 이후로 가톨릭은 하나의 종파로 간주된다.
> 2. 현대 가톨릭과 관련하여 제1, 2차 바티칸 공의회가 획기적인 의미를 갖는다.
> 3. **제1차 바티칸 공의회(1869/70)**: 교회 내 교황제도를 강화하고 계몽주의를 비판적으로 다루었다.
> 4. **제2차 바티칸 공의회(1962-1965)**: 교회 갱신(aggiornamento)을 시도하고 현대와의 접촉을 추구했다.

📖 트리엔트 공의회에서 제1차 바티칸 공의회까지 근현대 가톨릭 역사 개관
- W.-D. Hauschild, Lehrbuch der Kirchen- und Dogmengeschichte, Band 2, 475-560(=§ 16).

📖 제2차 바티칸 공의회 준비, 진행, 결과 보고
- G. Alberigo, Das zweite Vatikanische Konzil.

📖📖 계몽주의 시기부터 현재까지의 로마가톨릭의 신학적 발전을 서술
- W. Dantine/E. Hultsch, Lehre und Dogmenentwicklung im römischen Katholizismus.
- H. Kirchner, Die römisch-katholische Kirche.

🖥 바티칸 인터넷 홈페이지: 로마가톨릭 관련 다양한 정보
- http://www.vatican.va/index.htm.

3.3 성공회

왕이었던 헨리 8세(Heinrich VIII., 통치:1507-1547)는 자신이 영국 교회를 완전히 통치하고 로마 교황에게 영국 교회의 법적 자주성을 관철하는 일에 힘을 쏟았다. 이런 상황에서 성공회가 시작되었다.

교황이 헨리와 아라곤의 캐서린(Katharina von Aragon) 사이의 혼인 파기를 거부하자 헨리는 성직자들에게 자신을 영국 교회의 통치권자와 수장으로 인정하도록 했다. 이를 위한 교회의 법적 통치권 양도는 1534년 의회가 수장령(Act of Supremacy)을 승인함으로써 확정되었다. 그러나 헨리 8세가 죽었을 때 겨우 열 살이었던 그의 후계자 에드워드 6세(Eduard VI., 통치기간: 1547-1553)의 통치 시대가 되어서야 영국 종교개혁의 신학적 토대를 위한 더욱 확고한 단초들이 주어졌다.

영국 종교개혁의 지도적인 인물은 1533년 이래로 캔터버리의 대주교였던 토머스 크랜머(Thomas Cranmer, 1489-1556)였다. 1552년에 교회의 공식 교의 규범으로 출판된 『42조항』(42 Artikel)은 이 크랜머에게서 유래한 것이다. 크랜머는 『공동 기도서』(Book of Common Prayer)의 첫 두 판(1549/1552)의 형성에도 결정적인 영향을 끼쳤다. 이 『공동 기도서』는 내용상 철저히 종교개혁 신학에 근거한 예배 규범(Gottesdienstordnung)을 포함하고 있다.

예컨대 1552년 판의 성찬예식은 개혁교회의 견해에 영향을 크게 받아 형성되었다. 그러나 형식적 측면에서 볼 때 예식은 전체적으로 뚜렷하게 가톨릭 교리를 모범으로 삼는다. 이러한 가톨릭 지향성은 주교 중심의 교회 구조에서도 확인할 수 있다. 이러한 태도를 생각할 때 영국 국교회는 이미 16세기에 자신을 대륙의 신교와 로마가톨릭 사이에서 중도(라. via media)를 추구하는 고유한 종파로 이해했다는 것이 분명해진다(아래를 보시오).

종교개혁의 흐름은 마리아 튜더(Maria Tudor, 통치:1553-1558)의 통치기에 일어난 가톨릭의 반격으로 타격을 입었지만 영국 국가교회는 엘리자베스 1세(Elisabeth I., 통치:1558-1603)의 시대가 되어서 견고해졌다. 『공동 기도서』의 1552년 판은 1559년에 규범적 예배 원리로 격상된 후 1662년에 또 한 번의 개정을 거쳐 영국 국교회 예배의 공식적 토대가 되었고 오늘날에도 사용된다. 1660년부터 영국 교회가 법적으로 의존하고 있는 영국 의회는 20세기 후반에 들어 교회가 어느 정도는 기존과 다른 예배 형식도 사용하도록 하고 또 예식의 구체적 형성에도 더 많은 자유를 허락했다.

영국 국교회 교의의 토대로 통용되었고 오늘날에도 사용되는 것은 1563년에 나온 『39조항』이다. 이것은 매튜 파커(Matthew Parker, 1504-1575)가 크랜머의 『42조항』을 개정한 것으로, 1571년에 엘리자베스 1세에 의해 모든 목회자가 따라야 할 규범으로 제도화되었다. 『39조항』은 대체로 루터신학의 영향을 받았다. 예컨대 어느 부분에서는 『아우크스부르크 신앙고백서』(Confesio Augustana)를 거의 글자 그대로 따르고 있다(3.4). 하지만 예정론(§ 11.3)과 성만찬 이해(§ 12.2.3)와 관련해서는 개혁교회의 영향을 받았다.

> **성공회**
> 1. 영국 국가교회로부터 생겨났고, 대영제국의 전 영역에 보급되었다.
> 2. 교리적 측면에서는 개신교 개혁교회로부터 큰 영향을 받았고 (3.5), 예전과 교회의 구조적 측면에서는 오히려 가톨릭 전통의 영향 아래 있다.
> 3. **특징**: 아주 다양한 신앙의 형태와 신학적 흐름이 한 교회 안에 공존한다(영. comprehensiveness).

위의 언급처럼 개신교와 로마가톨릭 사이에서 중도(via media)를 추구하는 자세가 영국 국교회의 특징이었다. 그런데 이 중도의 추구가 17세기 들어 위기에 직면하게 되었다. 이런 상황은 한편으로는 개혁교회 전통을 추구하는 청교도주의에 의해서 일어났다. 청교도주의자는 영국 국왕을 수장으로 하는 국가교회의 구조, 주교제도, 획일적인 의식(儀式) 준수를 비판했다. 이 충돌은 1642년과 1660년에 정점에 달했던 군주 체제와 의회 간 권력 투쟁과 얽혀서 진행되었다.

다른 한편으로는 찰스 2세(Charles II., 통치: 1660-1685)와 제임스 2세(James II., 통치: 1685-1688)의 통치시기에 영국 국교회를 **재 가톨릭화**하려는 흐름 때문이었다. 그러나 이 시도는 신교도 오라녜의 윌리엄 3세(Wilhelm III van Oranje, 통치: 1689-1702)가 권력을 장악함으로써 끝이 났다. 1689년에 이르러 공포된 관용 정책(Tolerance-Act)으로 비국교도의 종교 활동이 가능해졌지만, 예외적으로 가톨릭 교도의 종교 활동은 1829년까지 금지되었다.

18세기의 복음주의 신앙 부흥운동(die evangelikale Erweckungsbewegung)과 19세기의 이른바 옥스퍼드운동(die sog. Oxford-Bewegung)으로 인하여 성공회는 다시 새로운 도전에 직면했다. 감리교(der Methodismus)가 독립하고, 예컨대 존 헨리 뉴먼(John Henry Neuman, 1801-1890)같은 저명한 지도급 인사가 로마가톨릭으로 개종하자 국교 내에서 분열이 생겨났다. 이로 인하여 영국 국교회 내에서 형성된 긴장은 영국 가톨릭(Anglokatholizismus), 복음주의(evangelikal), 자유주의(liberal)의 여러 당파를 형성하면서 구체화되었다.

영국 가톨릭은 이전에는 **고교회**(High Church)로 불렸고 초대 교회로부터 있던 교회의 연속성을 강조한다. 복음주의는 이전에는 저교회(Low Church)로 불렸고 지속적인 교회 갱신과 기독교적 삶의 성화를 강조했으며 감리교와 긴밀히 관련되어 있다.

끝으로 자유주의는 이전에는 열린 교회(Broad Church)로 불렸고 현대에 개방적인 것이 특징이다. 영국 교회는 이와 같은 상이한 경향을 통합하는 방법을 알고 있고, 이 포괄성이 이 교회의 중요한 특징을 이룬다.

20세기가 되자 이전에 대영제국의 통치하에 있었던 수많은 식민지가 독립했다. 성공회가 이들 나라에서 더 이상 존속할 수 없게 되면서 성공회 조직의 단일성, 곧 성공회교회의 연합(Anglican Communion)에 대한 질문이 일어났다. 영국 국교의 단일성은 캔터베리 대주교에게서 어느 정도 구현되어 왔다(2003년 2월 27일 이래로 104번째 대주교는 Rowan Williams[1950년생]이다.)

캔터베리의 대주교는 교회 간 유대 강화를 목적으로 1867년 이래로 대략 십 년마다 한 번씩 램버스 회의(Lambethkonferenz)를 소집한다. 램버스라는 이름은 캔터베리 대주교좌가 있는 런던 소재지인 램버스 궁전의 이름에서 따왔다. 가장 최근의 회의는 1998년 7월 18일과 8월 9일 사이에 열렸고, 다음 회의는 2008년 7월 16일부터 8월 4일까지 열기로 계획되었다.

1888년에 열린 제3차 램버스 회의에서 채택된 이른바 **램버스의 네 주춧돌**(Lambeth Quadriliteral) 결의문은 영국 국교회가 가톨릭과 신교 사이에서 신학적 자기 이해를 추구하는 것을 분명하게 보여 준다. 영국 국교회가 교회의 재통합을 위한 토대로 간주하는 것은 다음과 같다.

(a) 구원을 위해 꼭 필요한 모든 것을 성경에서 얻을 수 있다는 신념에 대한 일치
(b) 『사도신경』과 『니케아-콘스탄티노플 신경』에 요약되어 있는 믿음에 대한 공유
(c) 세례와 성만찬이 그리스도에 의해서 제정된 성례임을 인정하는 것
(d) 역사적 주교직.

마지막에 언급된 주교직은 대륙의 신교 입장에 반하여 교회 일치를 위한 필수 요소로 고수되었다. 그러나 로마가톨릭교회의 입장에 반하여 획일적인 주교직 조직형태는 분명하게 거부되었다(§ 13.2.2).

이 회의의 견해에 따르면 아래 항목이 하나님의 도우심으로 교회의 재통합을 추구할 수 있는 토대를 제공한다.	[I]n the opinion of this Conference, the following articles suply a basis on which approach may be by God's blessing made towards home reunion:
a) **신구약성경**. 이것은 구원에 절대적으로 필요한 모든 것을 담고 있으며, 믿음에 대한 질문과 관련해서 규범과 최종 판단 근거가 된다.	a) The Holy Scriptures of the Old and New Testaments, as "containing all things necessary to salvation" and as being the rule and ultimate standard of faith.
b) 세례식을 위한 신앙고백인 『**사도신경**』과 기독교 신앙의 충분한 서술인 『**니케아 신경**』	b) The Apostles' Creed, als the baptismal symbol; and the Nicene Creed, as the sufficient statement of the Christian faith.
c) 그리스도가 친히 제정한 두 성례인 **세례와 성만찬**. 이는 항상 그리스도의 제정의 말씀과 이를 통해 규정된 요소와 함께 베풀어진다.	c) The two sacraments ordained by Christ himself - Baptism and the Supper of the Lord - ministered with unfailing use of Christ's words of institution, and of the elements ordained by him
d) **역사적 주교직**. 주교직을 관리하는 방법론과 관련해서 생각할 때, 주교직의 형태는 하나님에 의해 하나님의 교회 일치를 향하여 부름받는 국가와 민족의 다양한 필요와 조화되어야 한다.	d) The historic episcopate, locally adapted in the methods of its administration to the varying needs of the nations and peoples called of God into the unity of his Church.

1988 램버스 성공회 주교회의
(Lambeth Conference of Anglican Bishops 1888), 결정11
(영어 본문:http://www.lambethconference.org/resolutions/1888/1888-11.cfm).

📖 📖 현재까지 성공회의 교회·신학사적 발전
- W. R. Ward, Kirchgengeschichte Großbritanniens vom 17. bis zum 20. Jahrhundert.
- G. Gaßmann, Die Lehrentwicklung im Anglikanismus.

📖 📖　성공회 연합(Anglikanische Kirchengemeinschaft)에 대한 정보
　　　 – http://www.anglicancommunion.org/.

3. 4 루터교회

마틴 루터(Martin Luther, 1483-1546)에게서 유래하고 그의 사상에 의해 결정된 새로운 신학적 입장에 따르면, 하나님은 사람에게 죄를 돌리지 않고 스스로의 힘으로 구원에 기여해야만 한다는 강박에서 해방함으로써 사람을 의롭게 한다(§ 11.2). 이러한 신학적 입장은 당시 교회의 교의 및 실천에 대한 비판으로 이어졌다.

루터의 개혁 프로그램은 신학적으로 확고했고, 1517년 면죄부 논쟁과 1518년 루터를 상대로 시작된 이단자 재판을 거치면서 그 폭발력이 드러났다. 1521년에 파면된 루터는 같은 해 황제 카를 5세(Karl V, 통치: 1519-1556)에 의해서 제국 차원에서도 파면되었지만(보름스 칙령[das Wormser Edikt, 1521), 주로 설교자와 평신도가 주도한 신교 운동은 여러 도시와 지역의 귀족 계층의 후원을 받으면서 조직되었다.

종교개혁 운동이 성공적이었던 지역에서는 무엇보다 교회 구조의 강력한 변화뿐만 아니라 교육에서도 변화가 일어났다. 그럼에도 1521년의 보름스 칙령은 여전히 종교개혁을 원칙적으로 금하는 제국의 법적 토대가 되었다.

따라서 1529년 이래로 **프로테스탄트**로 일컬어진 루터교 신도들은 20년대 후반에 들어 자신의 신학적 입장을 정중하게 해명함으로 이단이라는 비난에서 자신을 변호할 필요를 느꼈다. 이러한 상황에서 가톨릭 교도와의 타협을 통해서 교회의 단일성을 보존하겠다는 희망도 중요하게 작용했다.

아우크스부르크 제국의회(das Reichstag von Augsburg)가 열렸던 1530년은 루터교 신앙고백 형성이 처음으로 정점에 도달한 해였고, 이 작업은 그로부터 50년 후에 『루터교 신조서』(Konkordienbuch, 1580)의 출판으로 완결되었다. 이제는 역사적 전개를 묘사하는 대신에 『루터교 신조서』에 포함된 신앙고백 문서의 주요 내용을 네 가지 관점에서 간추려 봄으로써 루터교 교리의 특징을 명료하게 알아보자.

(1) 루터교 신앙고백은 **고대 교회와의 연속성**을 강조한다.

『루터교 신조서』의 서문 다음에는 고대 교회의 세 가지 신앙고백들인 『사도신경』, 『니케아-콘스탄티노플 신경』, 『아타나시우스 신경』이 나온다(1.3). 16세기의 루터 추종자들은 루터교 신앙고백들을 의식적으로 고대 교회의 전통의 지평에서 다룸으로써 종교개혁이 새로운 교회를 창립하려는 시도가 아니었음을 분명히 했다. 이들은 오히려 이 신앙고백의 교리가 순수 기독교적인 것을 숙고하고 당시 교회의 기형적 발전을 수정하는 것이라고 이해했다.

(2) 『루터교 신조서』의 특징은 **루터의 신학을 모범으로** 삼는 데 있다.

이와 같은 루터의 종교개혁적 통찰에 대한 애착은 특히 그의 『교리문답』(1529)이 루터교 신앙고백집에 수록되었다는 점에서 잘 드러난다. 『소요리문답』(Der kleine Katechismus)[1]은 오늘까지도 『아우크스부르크 신앙고백서』(Confessio Augustana)와 더불어 세계 루터교회의 아주 중요한 신앙고백서로 인정받고 수백 년 동안 루터교의 교리와 설교에 중요한 영향

---

[1] 『소요리문답』(Der kleine Katechismus)의 출처: 『우리의 신앙』(Unser Glaube), 527-578(481-564항); 『루터교회 신앙고백서』Bekenntnisschriften der evangelisch-lutherischen Kirche[BSLK]), 499-542.

을 끼쳐 왔다. 이『소요리문답』과 나란히 집필된『대요리문답』(der große Katechismus)²은 기독교 실존의 신앙과 삶을 평이하게 서술하려는 대표적 시도였다. 이를 위해서 루터는 무엇보다도 교리문답의 5개 대목을 사용한다.

① 십계명   ②『사도신경』
③ 주기도문   ④ 세례와 관련된 성경의 주요본문
⑤ 성만찬

후기 루터도 여전히 자신의『소요리문답』을 높이 평가했고,『대요리문답』도 루터가 자신의 신학을 요약한 것들 가운데 최고의 작품으로 간주된다. 교리문답서 라틴어 본문을 루터가 번역한 것이 아니기에 독일어 본문이 결정적으로 중요하다.

(3)『루터교 신조서』의 본문에는 **종교개혁 운동과 가톨릭 교도 사이의 신학 논쟁**이 반영되어 있다.

이 논쟁에서 한편으로는 상호 이해를 위한 노력이 중요한 역할을 했다. 루터교의 핵심적 신앙고백서는 필리프 멜란히톤(Philipp Melanchthon, 1497-1560)이 전체적으로 구상한『아우크스부르크 신앙고백서』(Confessio Augustana, 1530)다.³ 이 신앙고백서는 제1부(항목 1-21)에서 루터교의 교리가 성경 및 로마 교회를 포함한 교회와 완전히 일치한다는 점을 강조하면

---

2 『대요리문답』(der große Katechismus)의 출처:『우리의 신앙』, 579-770(565-870항);『루터교회 신앙고백서』(BSLK), 543-733.

3 『아우크스부르크 신앙고백서』(Confessio Augustana)의 출처:『우리의 신앙』, 49-119(5-79항);『루터교회 신앙고백서』(BSLK), 31-137.

서 종교개혁의 극좌인 열광주의자와 거리를 두었다. 제2부(항목 22-28)는 교회의 삶 속에서 보편적이지 않은 것으로 비판받아 온 폐해를 척결해야 한다고 요구한다.

황제와 가톨릭 교도가 『아우크스부르크 신앙고백서』를 반박(confutatio)하자, 개신교도는 이에 대해 『아우크스부르크 신앙고백서를 위한 변증서』(Apologia Confessionis Augustanae)⁴로 응답했다. 이 변증서 역시 결정적으로 멜란히톤이 집필했다. 황제는 확실하게 개신교도가 논박당했다고 보고 추가적인 논쟁을 허락하지 않고 이 변증서도 받아들이지 않았다.

그럼에도 이 저술은 루터교 안에서 널리 수용되었고, 특히 이 책의 4항목에서 심도 있게 다룬 칭의론 때문에 중요한 영향력을 행사했다. 황제에게 증정된 『아우크스부르크 신앙고백서』는 라틴어뿐만 아니라 독일어로도 집필되었는데, 원본이 독일어다. 『아우크스부르크 신앙고백서를 위한 변증서』는 생성 역사가 아주 복잡하다. 결정적인 텍스트는 멜란히톤이 제국의회(Reichstag) 이후에 다시 심도 있게 다듬었던 (여러 판본으로 전래된) 라틴어 본문이다.

---

4 『아우크스부르크 신앙고백서를 위한 변증서』(Apologia Confessionis Augustanae)의 출처: 『우리의 신앙』, 121-437(80-359항); 『루터교회 신앙고백서』(BSLK), 139-404.

> **루터교 신앙고백**
>
> 1. 1580년 『루터교 신조서』에 종합 수록되었다.
> 2. 고대 교회의 전통을 계승했다(고대 교회의 세 가지 신앙고백을 수용).
> 3. 루터의 종교개혁적 견해를 따랐다(『소요리문답』, 『대요리문답』).
> 4. 가톨릭 교도와 논쟁한다(『아우크스부르크 신앙고백서』, 『아우크스부르크 신앙고백서를 위한 변증서』, 『슈말칼덴 조항』).
> 5. 루터파의 종파적 정체성을 설명하고 자신을 개혁파와 구별한다 (『합의 문구』).

다른 한편으로, 종교개혁 운동은 가톨릭 교도와 거리를 두어야 할 처지에 놓였다. 아우크스부르크 제국의회는 타협에 이르지 못했다. 황제는 제국의회를 종료하면서 보름스 칙령(das Wormser Edikt)이 유효하다고 재차 확인했다.

이후 여러 신교 계층은 보름스 칙령의 강제적 실행을 막기 위해 군사적 방어 연합체를 구축했는데, 이것이 바로 슈말칼덴 연합(Schmalkaldischer Bund, 1531)이다. 이것은 제국 내에서 무력을 사용해서 종교개혁 운동을 수호하고 확장하려는 시도였다. 1536년 교황 바오로 3세(Paul III., 재위: 1534-1549)는 이 종교적 문제의 해결을 모색하기 위해서 그 이듬해인 1537년에 만투아(Mantua)에 공의회를 소집하면서 독일 신교도도 초대했다. 그러나 연합 구성원들은 슈말칼덴(Schmalkalden)에서 회의를 열어 (1537년 2월) 교황의 심판자적 역할을 인정하지 않겠다는 표시로 공의회의 불참을 결정했다. 이러한 개신교의 결정 외에 다른 이유까지 겹치는 바람에 예정된 공의회는 결국 열리지 못했다.

슈말칼덴 회합 준비 과정에서 루터는 후에 『슈말칼덴 조항』(Schmalkaldener Artikel)이라고 부르게 되는 글을 작성했는데, 이것은 루터 사후에야 규범적 신앙고백서의 지위를 얻게 되었다(Schmalkaldener Artikel[5]). 이 강령에서 가톨릭에 대한 비난이 중요한 역할을 한다. 특히 로마가톨릭의 미사성제론(3.2.1; § 12.2.3)과 교황권(§ 13.2.2)에 대한 비난이 그렇다.

하지만 슈말칼덴 회의의 주요 저작은 멜란히톤이 쓴 『교황의 권력과 통치에 대하여』(De potestate ac primatu papae)[6]라는 소책자다. 이 책은 교황직의 신적 제정, 세상 권력에 대한 교황의 지배권, 구원을 위해서는 반드시 교황에게 복종해야만 한다는 주장이 성경과 교회사적 관점에서 근거 없는 것이라고 반박했다. 이 저작은 슈말칼덴에서 교황직에 대한 교리적 언급을 하지 않는 『아우크스부르크 신앙고백서』나 『아우크스부르크 신앙고백서를 위한 변증서』와 더불어 루터교 교리규범(Lehrnorm)으로 확정되었다.

『슈말칼덴 조항』은 루터가 저술했고 니콜라우스 젤네커(Nikolaus Selnecker, 1530-1592)가 번역하였다. 이에 비해 멜란히톤이 쓴 소책자의 결정적인 본문은 라틴어로 쓰였다.

(4) 끝으로 『루터교 신조서』 본문은 루터교 종파의 정체성을 해명하고 가톨릭 교도뿐만 아니라 개혁파교회 신도와도 거리를 두려는 시도였다.

개혁파 운동은 처음부터 단일한 현상이 아니었다. 벌써 1520년대부터 울리히 츠빙글리(Ulrich Zwingli, 1484-1531)의 활약에 힘입어 비텐베르크(Wittenberg) 다음으로 취리히(Zürich)가 종교개혁의 두 번째 거점지로 자리 잡아갔다. 또한 제네바(Geneva)에서는 장 칼뱅(Johannes Calvins, 1509-1564)

---

5 『슈말칼덴 조항』(Schmalkaldener Artikel)의 출처: 『우리의 신앙』, 439-500(360-462항); 『루터교회 신앙고백서』(BSLK), 405-468.
6 『교황의 권력과 통치에 대하여』(De potestate ac primatu papae)의 출처: 『우리의 신앙』, 501-526(463-480항); 『루터교회 신앙고백서』(BSLK), 469-498.

의 사역에서 개신교의 독특한 형태가 하나 형성되어 유럽에 폭넓게 영향력을 행사했다.

츠빙글리와 칼뱅의 후계자들인 하인리히 불링어(Heinrich Bullinger, 1504-1575)와 테오도르 베자(Theodor Beza, 1519-1605)의 때에는 취리히와 제네바의 종교개혁이 결합되었고 독일 루터교와의 견해 차이도 굳어졌다.

1530년 이래 신앙고백 형성에 결정적인 역할을 감당했던 멜란히톤이 1535년경부터는 여러 문제를 두고 루터와 분명한 견해 차이를 드러냈다. 따라서 루터 사후에 독일 개신교 내에서 루터가 차지하는 신학적 권위와 관련하여 분쟁이 일어났다. 아우크스부르크 임시조치(Ausburger Interim, 1548)로 독일 개신교가 생존 위기에 직면하면서 정체성에 대한 질문이 아주 날카롭게 대두된 것이다.

루터파 내의 분쟁은 나중에 순수 루터주의자(Gnesiolutheraner)로 불린 당파와 루터와 다른 견해를 견지한 멜란히톤 추종자(Philippisten) 사이에서 발생한 여러 교리 논쟁에서 드러났다. 멜란히톤 추종자들은 여러 문제에서 개혁파의 견해가 더 적절하다고 생각해서 그쪽으로 기울었기에 사람들은 이들을 은밀한 칼뱅주의자(Kryptokalvinisten)라고 불렀다. 이와 같이 루터교 내의 논쟁은 루터교회와 개혁교회 간의 차이와 결부되었다.

교리적 타협은 1570년대에 성사되었다. 조직적으로 이 결과를 이끌어내는 데에 기여한 사람은 야콥 안드레아에(Jakob Andreae, 1528-1590), 마틴 켐니츠(Matin Chemnitz, 1522-1586), 니콜라우스 젤네커(Nikolaus Selnecker) 그리고 다비드 퀴트로이스(David Chyträus, 1531-1600)였다. 이 화해의 결과로 12항목으로 구성된 『합의 문구』(Konkordienformel[(Formular Concordiae])[7]가

---

7 『합의 문구』(Formular Concordiae)의 출처: 『루터교회 신앙고백서』(BSLK), 735-

작성되었고, 사람들은 이것이 『아우크스부르크 신앙고백』을 1530년 이후 신학 논쟁의 맥락에서 적합하게 해설하고 있다고 생각했다.

이 타협안은 내용상 유사하게 구성된 두 부분으로 이루어져 있다. 전체 내용을 포함하고 있지 않은 첫째 부분인 '개요'(*Epitome*, Unser Glaube, 771-844[871-1033항])는 짧은 요약의 글이고, 두 번째 부분인 '전체 해설'(*Solida declaratio*)은 상세한 해설이다. 독일어 원본을 주로 켐니츠와 젤네커가 라틴어로 번역했다.

> 이 외에도 『합의 문구』에는 성경의 권위(개괄적 개념, 규칙, 규범)를 서술한 '서론'과 기독론과 관련된 성경과 교부들의 인용글귀들(Catalogus Testimoniorum)을 모아둔 '부록'이 있다.
> 1580년에는 지금까지 위에서 언급했던 모든 신앙고백서를 하나로 엮은 『루터교 신조서』가 나왔다. 그런데 모든 루터교회가 『루터교 신조서』 전체를 교리규범으로 사용한 적이 없었고 오늘날에도 마찬가지다. 독일도 마찬가지다. 따라서 루터교의 신학적 단일성은 『루터교 신조서』를 중요하게 다루지 않는 주교회까지 포괄하는 방식으로 유지될 수 있었다.
> 달리 말하면 1577/1580년 이후에 루터교는 『루터교 신조서』를 따르지 않지만 이 책의 문장들에 반대하지 않는 서술들도 포괄함으로써 자신의 신학적 단일성을 유지하고 있다.

루터교는 『합의 문구』에서 열광주의자와 당시 종교개혁 운동에 등을 돌린 로마가톨릭에 대해서 거듭 거부의사를 밝혔다(3.2.1.). 또한 신교 개혁파와의 차이도 재차 확인했고, 자기들과 상이한 개혁파의 교리를 단호

1135.

하게 배척했다. 특히 성만찬에 대한 교리(FC 7; § 12.2.3), 기독론(FC 8; § 10.3.1), 예정론(FC 11; § 11.3)이 그랬다.

- 『루터교 신조서』의 생성과 그 안에 수록된 각 문서의 주요 내용에 대해서 아래 책을 통해 알아보시오.
  - F. Krüger, Aufbau, Ziel und Eigenart der einzelnen Bekenntnisse des Konkordienbuches.

- 아우크스부르크 제국 회의의 전개과정을 서술
  - R. Mau, Evangelische Bewegung und frühe Reformation, 213–227.

- 1530년부터 1580년까지 루터교의 신앙고백 형성과정을 서술
  - B. Lohse, Dogma und Bekenntnis in der Reformation, 64–164.

- 『아우크스부르크 신앙고백서를 위한 변증서』의 형성 역사
  - Chr. Peters, Apologia Confesionis Augustanae.

- 루터파가 오늘날 세계적으로 어떻게 조직되어 있는지 루터교 세계연합(Lutheran World Federation)의 홈페이지에서 알 수 있다.
  - http://www.lutheranworld.org/.

3. 5 개혁교회

루터파와 달리 개혁파 안에는 『루터교 신조서』와 견줄 만한 규범적 신앙고백서의 편집이 없었다. 그 주된 이유는 신앙고백서의 가치에 대한 상이한 이해에 있다. 한편으로 개혁교회의 구성원은 신앙고백서가 신앙의 유일한 규범인 성경을 정당하게 이해하기 위한 열쇠라는 점에서 일치한다. 루터교회 관점에서 보면 이러한 신앙고백서의 이해로부터 교회의 교리가 신앙고백서의 진술에 지속적으로 결속되어야 할 당위성이 도출될

수 있고, 그렇다면 신앙고백서는 그 생성의 역사적 상황에 제한되지 않고 지속적으로 효력을 미칠 것이다.

그러나 개혁교회는 이에 대해서 다른 견해를 갖고 있다. 개혁교회의 관점에서 신앙고백서는 인간이 신앙과 진실한 성경 해석을 특정 상황 속에서 구속력 있게 표현한 것이기에 그 효력은 의심의 여지없이 이 형성과정의 국가문화적 상황에 국한된다. 이러한 이해 때문에 루터교회와 달리 개혁교회 안에서는 종교개혁 이후 수백 년 동안에도 내용이 아주 다양한 수많은 신앙고백 문서가 생겨났다. 이러한 특성 때문에 다양성을 갖게 되었는데, 다음에 제시한 대로 16세기에 집필된 다섯 개의 중요 문서를 설명할 것이다.

(1) 갈리아 신앙고백서(Confessio Gallicana)[8]

1530년대에 행해진 국가 차원의 핍박에도 불구하고 프랑스에서는 대략 1540년대 이후로 칼뱅의 영향 아래 신교 신앙공동체인 위그노파(Hugenotten)가 힘을 얻고 있었다. 내적인 신학의 차이에 직면하여 신교의 모든 신앙공동체 대표는 1559년 5월 파리 교외에 있는 제르맹(Germain)성에 모였다. 이들은 자신들의 단결과 종파적 정체성을 강화하기 위해서 40항목으로 된 『푸아 신앙고백』(Cofession de foy, 갈리아 신앙고백)을 의결했는데, 이것이 『교회 규범』(Discipline Eccléslastique)의 첫걸음이 되었다.[9]

이『갈리아 신앙고백』의 본문은 칼뱅이 쓰고, 그의 제자 앙뚜완느 샹디

---

8 『갈리아 신앙고백서』(Confessio Gallicana)의 출처:『개혁파 신앙고백서』(Reformierte Bekenntnisschriften), 107-123;『개혁교회 신앙고백서』(Bekenntnisschriften der reformierten Kirche [BSRK], 221-232.

9 『교회 규범』(Discipline Ecclésiastique)의 출처:『개신교 신앙고백』(Evangelische Bekenntnisse), 제2권, 195-205.

외(Antonie Chandieu, 1534-1591)가 약간만 수정한 초안에서 시작되었다. 이 신앙고백은 제3장에서 종교개혁이 지지하는 정경 목록(Kanonliste)을 처음으로 언급했다. 이와 달리 루터파 신앙고백은 성경 저서의 범위를 정확하게 확정하는 것을 전혀 시도하지 않았다(§ 5.1.1).

> **개혁파 신앙고백**
> 1. 시대를 초월할 만큼 구속력을 지닌 교리규범(Lehrnorm)은 없고, 오직 상황의 제약을 받는 신앙 증언들만 있다.
> 2. 신학적 진술이 다양하다.
> 3. 신앙고백 형성과정이 완결되지 않았다.
> 4. 교회적 삶의 구체화에 대한 질문을 상세하게 다룬다.

(2) 벨기에 신앙고백서(die Confessio Belgica, 1561)[10]

카를 5세(Karl V)가 루터파 신앙공동체를 철저히 무력으로 제압했기에 네덜란드의 종교개혁은 대략 1550년까지 지하조직적인 삶의 수준에 머물렀다. 그러나 그 이후로 북부 지역에서는 재세례파 공동체가 힘을 얻어 갔고, 남부 지역은 이와 달리 프랑스 칼뱅주의의 영향을 받았다.

칼뱅의 제자 귀도 드브레(Guy de Bray, 1522-1567)는 1561년 필립 2세(Philipp II., 통치 1556-1598)에게 헌정할 신앙고백을 저술했는데, 이 신앙고백은 광범위하게 『갈리아 신앙고백서』에 의존한다. 그런데 이 신앙고백서는 이단과 반국가적 음모의 혐의로부터 네덜란드 개혁파 신도를 변호할 목적으로 저술되었기 때문에 가톨릭을 비난하는 지나친 언급은 삼갔다.

이 저술은 아주 짧은 시일 안에 네덜란드 신교의 교리적 토대로 확고

---

10 『벨기에 신앙고백서』(die Confessio Belgica, 1561)의 출처: 『개혁파 신앙고백서와 교회규범』(Reformierte Bekenntnisschriften und Kirchenordnungen), 155-174; 『개혁교회 신앙고백서』(BSRK), 233-249.

하게 자리를 잡았고, 북부 지역이 독립한 이후에는 네덜란드 공화국에서 사회적으로 점점 더 주도적으로 되어가는 칼뱅주의 안에서 중심적 역할을 감당했다.

17세기 초에 네덜란드의 칼뱅주의 내부에서 예정론에 대한 논쟁이 일어났다. 도르트레히트 국가주교회의(Dordrechter Nationalsynode, 1618/1619)에서 은혜로 말미암아 선택받는다는 견해에 근거해서 칼뱅의 교리가 관철되었다(§ 11.3). 이 교회 회의는 또한 『벨기에 신앙고백서』의 공식적 라틴어 본문도 통과시켰다.

(3) 스코틀랜드 신앙고백서(Confessio Scotica, 1560)[11]

독립 왕국이었던 스코틀랜드에서 처음에 성과를 거의 거두지 못했던 종교개혁 운동이 1550년경 이후로 귀족의 움직임과 연대했다. 이들은 가톨릭인 스튜어트(Stuart) 왕실이 추진하고 주교들이 후원하는 친프랑스 입장에 반대했다. 존 낙스(John Knox, 1514-1672)는 칼뱅의 제자로서 1559년 이후 이곳의 종교개혁을 이끌다가 총 25항목을 포괄하는 스코트랜드 개혁주의 신앙고백 형성에 결정적인 역할을 맡았다. 이『스코틀랜드 신앙고백서』는 의회에서 의결되었고 1581년에 재확인되었다.

그러나 17세기 후반부터 관심이 『웨스트민스터 신앙고백서』(Westminster Confession, 1647)로 쏠리면서 이 신앙고백서의 가치는 반감되었다. 『웨스트민스터 신앙고백서』는 영국에서 반성공회적이고 친장로교적 성향을 띤 의회가 통치하던 시기에 스코틀랜드가 참여하는 공동 작업을 통해서 완성

---

11 『스코틀랜드 신앙고백서』(Confessio Scotica, 1560)의 출처: 『개혁파 신앙고백서』(Re-formierte Bekenntnisschriften), 124-150; 『개혁교회 신앙고백서』(BSRK), 249-265.

되었다. 하지만 이 신앙고백은 국가교회가 복원되고 관용 헌장(Tolerance-Act)이 선언된 이후에는 스코틀랜드에서만 공적 효력을 발휘할 수 있었다.

> 교회 생활의 조직적인 재구성은 녹스에게서 비롯된 예배 규범(Gottesdienstordnung, 1564)과 교회헌법강령(Kirchenverfassungsprogramm, 1561)에 의해서 이루어졌다. 교회헌법강령은 1578년 이래로 현존하는 (주교)제도에 반하여 실행되었다. 주교제도 중심의 교회헌법은 폐지되고, 교회의 구조는 칼뱅의 제네바 교회헌법(Les Ordonnances ecclesiastiques, 1541년 판)에 의거하는 네 직분 구조(Vierämterstruktur)로 대체되었다(§ 13.2.2).
> 이와 같이 영국에서 존속해 온 주교적 교회 구조와 다른 것이 생겨났기 때문에 영국과 스코틀랜드의 왕이었던 찰스 1세(Charles I., 통치: 1625-1649)는 이 차이를 없애고자 했다. 이 시도는 결국 1638/1639년에 유혈 분쟁으로 이어졌고, 왕의 군대가 스코틀랜드에 패하고 말았다. 이것이 원인이 되어 영국에서 청교도의 봉기가 일어났다.

(4) 하이델베르크 교리문답서(Heidelberger Katechismus, 1563)[12]

약 1560년 이후로 칼뱅의 신학이 독일 제국에서도 영향을 미쳤다. 1555년 체결된 아우크스부르크 종교평화조약(Augsburger Religionsfriede)으로 제국 내에서는 로마가톨릭과 더불어 루터파만이 합법적인 종교로 인정되었다. 이로 말미암아 『아우크스부르크 신앙고백서』의 규정에 따라 개혁파 신앙이 가능한 지역의 범위가 제한되었다.

이러한 상황은 독일 개혁파 신학의 특성에서도 드러났다. 독일의 개혁

---

12 『하이델베르크 교리문답서』(Heidelberger Katechismus)의 출처: 『개혁파 신앙고백서』(Reformierte Bekenntnisschriften), 151-186; 『개혁교회 신앙고백서』(BSRK), 682-719.

파 신학은 칼뱅, 츠빙글리 뿐 아니라 멜란히톤에 의해서도 형성되었다. 이 양상은 또한『하이델베르크 교리문답서』에서도 볼 수 있다. 이 교리문답의 사전 작업은 멜란히톤의 제자로서 하이델베르크의 신학 교수였던 자카리아스 우르시누스(Zacharias Ursinus, 1534-1584)에 의해서 이루어졌고, 그후 개혁파의 신앙고백으로 전향한 선제후 프리드리히 3세(Kurfürst Friedrich III., 통치. 1559-1576)의 영도 아래 신학자 전문위원회에서 완성되었다.

이 교리문답은 처음엔 쿠어팔츠(Kurpfalz)의 새 교회법(Kirchenordnung)의 일부였으나 나중에는 완전히 독자적으로 인쇄되었는데, 오늘까지 독일 개혁파에서 중요한 의미를 지닌다.

이 교리문답서는 129개의 질의 응답으로 구성되어 있고 수많은 성경 구절을 인용한다. 질의 응답은 크게 세 가지 큰 주제로 나뉜다.

① 인간의 고통에 대하여(3-11 질문)
② 인간의 구원에 대하여(12-85 질문)
③ 감사에 대하여(86-129 질문)

이렇게 주제를 전개하는 순서는 종교개혁의 개혁파가 가르쳤던 율법과 복음 교리의 전개 순서와 같다(§ 12.1.2). 성찬 교리에서는 개혁교회가 자신을 루터 교회와 가톨릭교회 양자로부터 구분하려는 시도가 분명히 드러난다(78, 79 질의응답: 그리스도의 실재 현존[Realpräsenz]과 편재[Ubiquität]에 대한 반박; 80 질의 응답: 미사성제론에 대한 비판, § 12.2.3).

(5) 제2헬베틱 신앙고백서(Confessio Helvetica posterior, 1562)[13]

하인리히 불링어(Heinrich Bullinger)가 자신의 신학을 증언하는 형식으로 쓴 이 저술은 1566년 이후에야 교회의 주목을 받기 시작했다. 먼저 선제후 프리드리히 3세(Kurfürst Friedrich III)는 이 신앙고백서를 가지고 개혁교회의 교리가 성경과 고대 교회의 신앙고백들과 일치한다는 것을 증명하려 했다.

개혁주의 신앙으로 개종한 선제후가 아우크스부르크 종교 분쟁의 평화 조약(Ausgsburger Religionsfrieden)에서 배제될 위기에 처해 있었기 때문에 이 시도는 아주 절실했었다. 또한 내용이 매우 포괄적인 이 신앙고백서는 스위스에서 츠빙글리 개혁파와 칼뱅 개혁파 사이의 통합을 보여주는 한 사례가 되었고 동시에 개혁주의의 범지역적인 신앙고백서라는 역할을 감당했다.

이미 1549년에 출판된 『티구리누스 합의』(Consensus Tigurinus, 취리히 합의)를 보면 칼뱅과 불링어의 타협으로 성만찬 교리에 합의가 이루어진 것을 알 수 있다. 그리고 이 합의는 『제2헬베틱 신앙고백서』가 계승하였다. 루터교의 그리스도 실재 현존설(Realpräsenzlehre)과 가톨릭의 화체설(Transsubstantiationslehre)을 같은 비중으로 거부했다. 이로써 종교개혁 전통 내부의 여러 흐름 사이에 차이가 강화되었다.

『제2헬베틱 신앙고백서』에서 교회론(17-28항)이 전체 분량의 거의 절반을 차지하고 있다는 사실은 개혁교회의 신앙고백과 루터교회의 신앙고백

---

13 『제2헬베틱 신앙고백서』(Confessio Helvetica posterior)의 출처: 『개혁파 신앙고백서』(Reformierte Bekenntnisschriften), 187-220; 『개혁교회 신앙고백서』(BSRK), 170-221.

사이의 전형적인 차이를 보여 준다. 개혁주의 신교에서 기독교 공동체의 형성이라는 주제는 규범적 교리의 한 구성 요소가 되었다.

이미 위그노파의 신앙고백(Cofession de foy)이 교회론(Discipline Ecclésiastique)을 위한 첫걸음이 되었고, 『스코틀랜드 신앙고백서』는 교회의 삶을 조직적으로 새롭게 형성하는 상황에서 생겨났으며, 『하이델베르크 교리문답서』는 본래 쿠어팔츠(Kurpfalz) 교회법의 한 부분이었다. 그리고 『제2헬베틱 신앙고백서』를 통해서 교회법의 근본 질문이 확고하게 자리를 잡았다. 여기에 개혁교회 교회론의 독특한 특성이 반영되어 있다(§ 13.2.2).

📖📖 주요 개혁파 신앙고백서의 생성과 그 중심 신학 명제를 다룸
– J. Rohls, Theologie reformierter Bekenntnisschriften.

📖 개혁파 신앙고백의 발달 과정을 초기부터 17세기 중반까지 서술
– W. Neuser, Dogma und Bekenntnis in der Reformation.

🖱 개혁파의 세계적 조직에 대해서는 개혁교회 세계연합(World Alliance of Reformed Churches)의 홈페이지 참조
– http://www.warc.jalb.de/.

3.6 로이엔베르크 합의신조와 교회 연합

1973년 3월 16일 바젤(Basel) 근처 로이엔베르크(Leuenberg)에서 『로이엔베르크 합의신조』(Leuenberger Konkordie)[14]가 통과되어 1974년 10월 1일부

---

14 『로이엔베르크 합의신조』((Leuenberger Konkordie)의 출처: 『개혁파 신앙고백서』 (Reformierte Bekenntnisschriften), 246–258.

터 발효되었다. 광범위한 사전 작업을 거친 합의신조로 16세기에 루터교회와 개혁교회 사이에 생겨난 교리적 차이가 정리되었다(3.4). 이 과정에서 450년 전에 기독론(§ 10.31), 예정론(§ 11.3), 성만찬론(§ 12.2.3)을 두고 서로를 향해 쏟아냈던 비난이 현재의 관점에서 더 이상 교회의 분열을 정당화할 수 없다는 것을 확인했다.

이 회의에 참여한 교회들은 이 신조와 복음에 대한 공동 이해를 바탕으로 설교와 성만찬의 사귐이라는 의미에서 서로에게 완전한 교회적 사귐을 허락했다. 그렇지만 이 사귐은 조직적 통합을 포함하지는 않는다. 이 완전한 교회의 사귐은 『아우크스부르크 신앙고백서』 7을 재수용함으로써 이루어졌다. 그에 따르면 교회 일치의 필수사항은 모두에게 동일한 예배와 교회법이 아니라 복음과 성례 집행에 대한 올바른 교리에 동의하는 것이다(§ 13.2.2).

> 이 합의문은 서문에서 『아우크스부르크 신앙고백서』의 핵심 진술을 수용하면서 다음과 같이 선언한다.
>
> 따라서 종교개혁의 관점에서 교회의 참된 일치를 위해서는 복음에 대한 올바른 교리와 성례의 올바른 집행에 관한 일치가 필요하며, 이것으로 충분하다.(『로이엔베르크 합의신조』 2).
>
> 제1장은 종교개혁 시대 이후로 서명한 교회(Unterzeichnerkirchen) 간의 변화된 관계를 서술한다. 이와 관련하여 합의문 제2장은 복음을 하나님의 자유로운 은총, 곧 칭의의 소식으로 받아드리는 것이 복음에 대한 공동 이해의 토대임을 말하고(『로이엔베르크 합의신조』 7-12), 이것을 선포, 세례, 성찬과 관련해서 해석한다(『로이엔베르크 합의신조』 13-16).

제3장은 오늘날 상호 인정하는 교회가 내놓은 교리에는 비난할 것이 더 이상 없기 때문에, 성찬, 예수 그리스도, 은혜에 의한 선택의 교리와 관련하여 지금까지 지속된 비난이 극복되었다고 선언한다(『로이엔베르크 합의신조』 17-28). 제4장은 『로이엔베르크 합의신조』의 핵심인 교회의 연합에 대한 해설과 실행을 다룬다. 이 장은 다음과 같이 확인한다.

이 합의신조가 의미하는 교회 연합은, 다양한 형태의 신앙고백을 가진 교회가 복음에 대한 일치된 이해에 근거해서 서로에게 말씀과 성례의 사귐을 허락하고 세상을 위한 증거와 봉사를 위해서 최대한의 결속을 추구한다.(『로이엔베르크 합의신조』 29).

이 교회 연합은 설교단과 성찬을 함께 나누는 연합의 형태를 띠며, 목사 안수의 상호 인정과 성찬만 공동 참여의 가능성(성만찬을 거행할 때 돌아가면서 집례를 맡는 것)을 담고 있다.

『로이엔베르크 합의신조』는 이 합의에 서명한 교회로 이루어진 **로이엔베르크교회 연합**(*Leuenberger Kirchengemeinschaft*)의 신학적 토대다. 이 연합체는 **유럽교회 연합**(*Gemeinschaft Evangelischer Kirchen in Europa*)으로도 불린다(GEKE). 이 연합체는 루터교회, 개혁교회, 연합교회(unierte), 감리교회, 후스파 교회에 속한 104개의 교회, 이와 유사한 종교개혁 이전의 발도파(Waldenser) 교회와 보헤미아 형제단(Böhmische Brüder) 교회로 구성된 연합체다. 이 교회 연합에는 또한 이전에 독일 이주민의 교회에서 생겨난 5개의 남아메리카 교회도 속해 있다.

『로이엔베르크 합의신조』로 세워진 개신교 교회의 단일성과 연합은 교리에 대한 공동의 신학적 토의를 통해서 구체화되고 심화된다. 대략 6년마다 이 교회 연합의 총회가 열린다. 총회는 앞으로 해야 할 일의 범위를 결정하고, 새롭게 토의해야 할 교리적 주제를 확정하며, 실행위원회를 선출한다. 이 실행위원회가 다음 총회의 개최까지 모든 업무를 책임지는데, 의장단이 이 실행위원회를 이끈다. 로이엔베르크 교회 연합은 지금까지 여섯 번의 총회를 개최했는데, 맨 마지막 총회는 2006년 9월 12일부터 18일까지 부다페스트(Budapest)에서 열렸다.

로이엔베르크 교회 연합이 최근에 내놓은 아주 중요한 업적 가운데 하나는 빈(Wien, 1994.3.3-10)에서 열린 제4차 총회가 통과시킨『예수 그리스도의 교회에 대한 연구』(Die Kirche Jesu Christi)다. 이것은 교회의 본질과 과업에 대하여 유럽 개신교가 처음으로 공동 참여를 통해 자신의 입장을 내놓았다는 점에서 중요한 의미를 지닌다.

> **로이엔베르크 교회 연합**
> 1. 종교개혁의 전통을 잇는, 또는 종교개혁 이전의 흐름에 속한 104개의 교회로 이루어진 교회 연합
> 2. **신학적 토대**: 1973년에 성사된『로이엔베르크 합의신조』. 이로써 종교개혁 시대에 있었던 루터파와 개혁파 사이의 교리적 차이가 극복되었다.
> 3. **이 교회 연합이 이루어낸 신학 작업의 주요 업적**: 유럽 개신교가 교회론에 대하여 처음으로 공동 입장을 표명한 것이다.

 로이엔베르크 교회 연합의 특징과 사역에 대한 정보
— http://www.leuenberg.net.

제4장
종교개혁에서 계몽주의까지

📖📖 구개신교 정통주의에서 계몽주의 신학까지 신학사적 발전
   – G. Hornig, Lehre und Bekenntnis im Protestantismus, 71–146.

👓 4절(종교개혁에서 계몽주의까지)의 독서와 병행해서, 르네상스와 휴머니즘에서 후기 계몽주의까지의 교회·신학사적 발달에 대해서 알아보시오. 이를 위해서 간략하게 서술된 아래 책을 활용하시오.
   – A. Beutel, Aufklärung und Deutschland.

4.1 들어가는 말

기독교 종파화가 진행되던 근대 초기에 유럽의 사상 영역에서는 계몽주의에 대응하고 대략 17세기 중엽 이후부터 신학사에 점차적으로 커다란 영향을 끼칠 중대한 흐름이 몇 가지 생겨났다.

이는 먼저 르네상스(Renaissance)와 인본주의(Humanismus)의 형태로 드러났다. 이 경향의 근본적 특징은 철저한 현세지향성과 관련된 인간의 세계 통치에 대한 관심에서 볼 수 있고, 이 관심은 기독교 이전 고대 철학의 권

위를 모범으로 삼는 삶의 태도로 촉진되었다.

우리는 이런 삶의 태도를 보여 주는 고전적 표현을 이탈리아 인본주의자 조반니 피코 델라 미란돌라(Giovanni Pico della Mirandola, 1463-1494)의 연설문 "인간의 존엄성에 대한 연설"(Oratio de hominis dignitate, 1486 작성, 1496 첫 인쇄)에서 볼 수 있다. 이 연설문은 실제로는 행해지지 않았던 900개의 논제에 대한 공개 논쟁(Conclusiones philosophicae, cabalisticae et theologicae)의 개회사로 작성되었다.

그는 여기서 인간 운명의 개방성을 주장했고, 이 맥락에서 짐승의 존재 수준과 신과 유사한(quasi-götlich) 존재 수준 사이에서 행해지는 인간의 자유로운 선택을 강조했다. 교황 인노첸시오 8세(Innozenz VIII., 재임 1484-1492)는 처음에는 13개를, 나중에는 모든 논제를 이단적이라고 단죄했다.

인간 중심주의에서 비롯된, 중세 스콜라신학에 대한 비판적 태도는 르네상스-인본주의(Renaissancehumanismus)와 종교개혁 운동을 결합시켰다. 그런데 르네상스와 인본주의가 확고하게 드러낸 의구심은 본질적으로 인간의 지적 관심을 규정하는 교회와 교리에 대한 것이었다. 가치가 상향 조정된 인간 이성은 트리엔트 공의회 이후의 가톨릭과 종교개혁 종파들 내에서 통용되는 권위와 이 권위에 근거한 신앙적 확신에 비판적으로 맞서기 시작했다.

[하나님께서 아담에게 말씀하신다.] 우리는 너에게 어떤 확정된 장소, 특징적인 외형, 특별한 재능을 부여하지 않았다. 그것은 장소와 외형, 그리고 네가 분명히 원하는 재능을 너의 욕구와 결정에 따라서 갖고 소유하도록 하기 위해서다. 다른 나머지 피조물에게 규정된 본질은 우리가 정해 놓은 법칙에 따라	Nec certam sedem nec propriam faciem nec munus ullum peculiare tibi dedimus, o Adam, ut, quam sedem, quam faciem, quae munera tute optaveris, ea pro voto, pro tua sententia habeas et possideas. Definita ceteris natura intra praescriptas a nobis leges coercetur.

유지된다. 너는 어떠한 한계에도 속박되지 않았다.

내가 너를 너의 자유 의지의 권한에 맡겼으니 이것을 따라서 너를 위해서 너의 본질을 규정해야 한다. 내가 너를 세상 한 가운데 세워 놓은 것은, 네가 그곳에서 세상에 무엇이 있는지 더 수월하게 볼 수 있도록 하기 위해서다.

우리는 너를 천상의 존재나 지상의 존재로 만들지 않았고, 죽어야 할 존재나 불멸의 존재로도 만들지 않았다. 그것은 네가 마치 너 자신의 의지적이고 명예로운 도공과 조각가가 되어 네가 원하는 형태로 너 자신을 빚을 수 있도록 하기 위함이다.

너는 어리석기 그지없는 아주 열등한 존재로 타락할 수도 있고 네 영혼의 결정에 따라 신성하기 그지없는 더 고상한 존재로 다시 태어날 수도 있다.

Tu nullis angustiis coercitus pro tuo arbitrio, in cuius manu te posui, tibi illam praefinies. Medium te mundi posui, ut circumspiceres inde commodius, quicquid est in mundo.

Nec te caelestem neque terrenum neque mortalem neque immortalem fecimus, un tui ipsius quasi arbitrarius honorariusque plastes et ficor, in quam malueris tu te formam effingas.

Poteris in inferiora, quae sunt bruta, degenerare, poteris in superiora, quae sunt divina, es tui animi sententia regenerari.

조반니 피코 델라 미란돌라 (Giovanni Pico della Mirandola), '인간의 존엄성에 대한 연설'(Oratio de hominis dignitate), 8.

르네상스-인본주의에서 생겨난 활력은 근대 초기 자연과학, 국가 이론, 철학 영역에서 변혁과 상황 인식의 전환을 가능케 할 중요한 근거가 되어주었고 이러한 영역의 변화는 나중에 계몽주의 흐름 속으로 합류했다.

이러한 일련의 사태는 교회와 교리가 진리를 독점하는 현실에서 벗어나려는 경향과 관련되어 있어서 장기적으로 신학사에서 중요한 의미를 갖게 되었다. 지금 언급한 시대 변혁에 관해서는 여기서 따로 서술하지 않고, 제4단원 끝에 가서야 당시 상황 인식의 새로운 전환을 주창했던 주요 인물과 그 주요저작을 연대순으로 나열하겠다.

이제 르네 데카르트(René Descartes, 1596-1650)가 어떻게 근대 철학의 토대를 설정하고 있는지 잠깐 살펴보자. 데카르트의 사유에는 전통적 확실성을 비판하는 근대 사유의 전형적인 태도뿐만 아니라 인간 이성의 포괄적이고 철저한 사용을 통해서 의심의 여지없이 사물의 본질을 참되게 통찰할 수 있다는 근대 특유의 주장도 드러나 있다.

근대 철학의 아버지로 불린 데카르트에게는 모든 지식이 우선 근본적으로 불확실한 것이었다. 지식의 확실성에 동의하지 않은 이러한 거부는 철저한 방법론적 회의를 통과한 후에야 끝날 수 있다. 만약 이 회의가 결국 더 이상 의심할 수 없을 만큼 명백히 보증된 지식으로 이끌어 준다면 그럴 것이다.

나는, '전에 옳다고 생각했던 것들 중에서 의심하지 않아도 될 만한 것은 전혀 없다'고 고백하도록 강요받는다. 이것은 사색의 결핍이나 경박함에 기인하는 것이 아니라 건전하고 심사 숙고된 이유에 근거한다. 따라서 만일 어떤 확실한 것을 찾고자 한다면, 나는 명백하고 확실하게 드러난 거짓 못지않게 이들〈지금까지 옳다고 여겨왔던 것들〉에 대한 동의도 보류해야만 한다.	[C]ogor fateri nihil esse ex iis, quae olim vera putabam, de quo non liceat dubitare, idque non per inconsiderantiam vel levitatem, sed propter validas et meditatas rationes, ideoque etiam ab iisdem, non minus quam ab aperte falsis accurate deinceps assensionem esse cohibendam, si quid certi velim invenire.

데카르트, 『제일철학에 대한 숙고』(Meditationes de prima philosophia) I 10) (Adam/Tannery, 제7권, 21, 22).

철저한 방법론적 회의를 통과하면서 데카르트 안에서는 결국 자기에 대한 확실성, 곧 자기 존재와 진리의 인식능력을 확인하는 것이 그 밖의 모든 것에 대한 확실성의 전제로서 고양되었다.

모든 것을 충분하게 그리고 그 이상으로	Adeo ut omnibus satis superque pensitatis
숙고했기 때문에 결론적으로 단언할 수	denique statuendum sit hoc pronuntiatum:
있다. '나는 있다, 나는 존재한다'라는 명	ego sum, ego existo, quoties a me pofertur vel
제는 내가 이 문장을 소리 내어 말하고	mente concipitur, necessario esse verum.
정신으로 포착할 때마다 필연적으로 참	
이다.	

데카르트, 『제일철학에 대한 숙고』 II 3)
(Adam/Tannery, 제7권, 25).

여기서 주체에 대한 확실성이 객체의 실상을 참된 것으로 간주하기 위한 전제로 강조되고 있는데, 이것은 후에 계몽주의로 귀결되는 근대 사유의 전형적인 특징이다.

그런데 데카르트에게는 철저한 방법론적 회의를 통해서 획득한 주체의 확실성에 대한 진리는 여전히 신 관념의 실재성과 결부되어 있었다. 이 양자의 상관성을 데카르트는 위에서 인용했던, 1641년에 나온 그의 저서 『제일철학에 대한 숙고』(Meditationes de prima philosophia)에서 신 존재 증명 과정에서 다루었다.

우리는 자기 존재를 확신하는 구도자의 사유에서 철학적으로 무한 실체의 관념으로 규정되는 신 관념도 볼 수 있다. 그런데 이 무한 실체의 관념은 어떤 유한 실체에 의해서도 만들어질 수 없다. 오히려 이 무한 실체의 관념은 유한 실체보다 앞서 있어야 한다. 이로부터 유한한 실체로서 사유하는 나 자신의 확실성과 진리파악 능력이 무한 실체인 신의 존재에 의존되어 있음을 알 수 있다.

만약 신이 실제로 존재하지 않는다	[T]otaque vis argumenti in eo est, quod
면, 자연의 한 부분인 나는 신 관념을	agnoscam fieri non posse, ut existamtalis
자기 안에 간직한 자로서 존재할 수	naturae qualis sum, nempe ideam

없다는 것을 알고 있다. 여기에 논증의 위력이 있다. 말하건대, 내 안에 관념으로 들어있는 바로 그 신이, 파악할 수는 없고 다만 특정 방식의 사유 과정을 통해 도달할 수 있는, 저 모든 완전한 것을 소유하고 있다.

Dei in me habens, inquam, ille idem, cuisus idea in me est, hoc est habens omnes illas perfectiones, quas ego non comprehendere, sed quocumque modo attingere cogitatione possum.

데카르트, 『제일철학에 대한 숙고』 III 38 (Adam/Tannery, 제7권, 51, 52).

여기서 우리는, 데가르트가 자신의 철학적 세계 구성을 위한 부동의 출발점인 신 존재 증명을 갖은 형태의 신앙적 전제에 의존하지 않고 오직 이성적으로 증명하고자 했다는 것에 주목해야 한다. 하지만 이러한 형태의 신 존재 증명 가능성은 18세기 후기 칸트에 의해서 더 이상 설득력 없는 것으로 판명된다(4.6.2; § 6.1.2; § 6.2.1).

4.2 구개신교 정통주의

교회의 교리를 구속력 있게 체계적으로 서술하려는 의도는 루터교의 『합의 문구』뿐만 아니라(3.4) 개혁교회의 『제2헬베틱 신앙고백』이 갖는 전형적인 특징이다(3.5). 여기서 우리는 신앙고백의 각 주제에 속하는 가능한 모든 개별적 관점을 사려 깊게 다룸으로써 개신교 신앙고백의 진술을 완전하게 보존하려는 의도를 볼 수 있다.

종교개혁의 두 종파 안에서 일어난 이러한 시도 안에서 신학이 구개신교 정통주의(die altprotestantische Orthodoxie)로 전환하는 과정이 뚜렷하게 드러난다. 구개신교 정통주의라는 용어는 종교개혁 말기부터 신학적 계몽주의 등장 이전까지 개신교신학(1580-1740)을 가리킨다. 여기서 우리는 루터파 정통주의와 개혁파 정통주의를 구분할 수도 있지만, 그 당시 전체적 상황을 살펴볼 때 개신교 스콜라신학이 형성되었다고 말할 수 있다.

신학자들은 성경적 토대 위에서 종교개혁 신학과 신앙고백서의 내용을 아주 체계적이며 광범위하게 서술하였다. 이 과정에서 사람들은 종종 개신교의 다른 종파의 빗나간 견해를 비난하며 그것과 거리를 두고, 자기 종파의 교리를 보편타당한 것으로 말했다(루터교회와 개혁교회의 교리적 차이에 대해서는 3.4-3.6에서 언급했다).

이 시기에 아리스토텔레스의 논리학과 형이상학이 다시 수용되어 철학과 신학의 결합이 가능해졌고, 이러한 철학과 신학의 결합은 근대 학문성의 표준에 맞게 이루어졌다. 그러나 전체적으로 볼 때 구개신교 정통주의는 유럽정신사에서 거의 동시대에 일어난 변혁과 새로운 상황인식에 거부의 태도를 취했고, 개신교신학이 계몽주의적 사유를 수용하는 과정에 별로 기여하지 못했다.

> 루터교회와 개혁교회 정통주의의 주요 인물과 이들의 주요 저술을 제4절 끝 부분에서 나열하겠다. 거기서는 또 근대 초기 자연과학, 국가 이론, 철학에서 새로운 상황인식을 주도했던 사람들과 과도기 신학(Übergangstheologie), 신학적 볼프주의(Wolffianismus), 신신학(Neologie)의 대표자(4.5)도 볼 수 있다.

성경은 교회의 교리와 실천을 위한 유일하고 절대적인 구속력을 지닌 토대였기에 이 성경의 권위를 단호하게 고수하는 것이 정통주의 교리 체계의 근간이 되었다. 성경은 하나님의 영감으로 된 것이기에 하나님 말씀과 동일한 것으로 간주되었다.

이 맥락에서 성경 본문은 축자적으로 성령의 작품으로 이해되었다. 성경에 대한 이론 작업이 하나의 상세한 교리로 확대되어 갔고 그 정점에서 축자 영감설이 형성되었다. 이 일련의 작업은 결정적으로 루터신학의 교리 서술 분야에서 이루어졌다. 사람들은 성경의 개별 낱말(라. verba)을 성령(라. spiritus sanctus)이 성경의 인간 저자에게 준 것임을 전제했다(§ 5.2.1).

이러한 성경 이해 속에서 신학적 교리는 성경의 근거 위에서 형성되었는데, 이러한 자세는 종교개혁의 전통과 일치했다. 또한 성경을 근본으로 삼는 자세는 전통에 큰 가치를 부여하는 가톨릭의 신학적 성향에 대한 반대였고, 근대 사유에서 점차 더 당연시되는, 진리의 확신을 주체의 확실성에 결부시키는 경향에 대한 반대이기도 했다(데카르트에 대한 언급, 4.1).

그러나 정통주의는 여러 이유로 위기에 빠졌다.

첫째, 정통주의는 모든 주관적 종교심에 앞서 객관적으로 주어졌다고 생각되는 교리의 진리성에 관심을 가졌는데, 이러한 태도는 점점 더 삶의 현실과 동떨어진 교조주의로 이해되어 갔다.

경건주의 편에서 일어난 이의제기가 이러한 이해에 일조했다(4.3).

둘째, 스스로 영국의 이신론(4.4) 안에서 종파신학의 진리주장에 대한 비판을 성경의 권위에 대한 비판과 결합시켰다.

이 성경의 권위에 대한 비판이 독일 신신학(die deutsche Neologie)에 의해서 가속화되고 완결됨으로써 결국 성경과 하나님 말씀이 동일하다는 사상은 최종적으로 파기되었다(§ 5.2.3). 개신교신학에서 철학적 합리주의가 관철되어 계몽주의가 신신학 안으로 수용되기 시작했고, 이로 인하여 교회 안에 전래되어온 몇몇 교리에 대한 비판이 일어났다. 이 비판은 특히 삼위일체론, 기독론, (원)죄론에 대한 것이었다(원죄론에 대한 계몽주의 신학의 비판, § 9.3.2).

> **구개신교 정통주의**
>
> 1. 종교개혁 이후로부터 계몽주의 도래 이전까지 이루어진 개신교신학을 일컫는 말
> 2. **전형적 특징**: 학문성을 주장하면서 루터신학 또는 개혁신학을 체계적으로 서술함
> 3. 성경은 신적 영감에 의해서 이루어진, 교회의 교리와 실천의 토대
>   (이 영감설은 루터신학에 의해서 보강됨)

📖 구개신교 정통주의의 전개과정과 주요 인물을 개관하는 데 도움을 주는 책
- J. Wallmann, Lutherische Orthodoxie(RGG⁴ 6).
- Th. Kaufmann, Reformierte Orthodoxie (RGG⁴ 6).
- W.-D. Hauschild, Lehrbuch der Kirchen-und Dogmengeschichte, Band 2, 433-451(=§15, 11-13).
- U.G. Leinsle, Einführung in die scholastische Theologie, 283-306.

4.3 독일 루터교 경건주의

'경건주의'(Pietimus)라는 말은 '경건하다'를 뜻하는 라틴어 '피우스'(pius)를 차용한 말로, 본래 스스로를 공교회(Amtkirche)와 구별하려는 성향을 가진 기독교인들이 지나치게 경건한 체하는 생활 태도를 비난할 때 사용되었다. 이 낱말로 일컬어진 다층위적인 운동이 1670년경에 루터교회와 개혁교회 안에서 생겨났다.

경건주의 발생 배후에는 당시 개신교회의 상황에 대한 극심한 불만족이 자리했다. 종교개혁으로 고무된 기독교의 광범위한 갱신이 교회의 **교리** 영역에서는 완성되었지만, 이 기독교 정신이 **삶** 속으로 온전히 스며들지는 않았다. 첫 번째 종교개혁이 습관적 기독교(Gewohnheitschristentum)로 끝났으므로

진정한 갱신을 위해서는 또 하나의 종교개혁이 필요한 실정이었다. 당시에 이미 기독교의 존립이 군주의 교회 권력에 의해서 제도적으로 보장되고 있었고 기독교의 교리는 구개신교 정통주의 신학자들에 의해서 올바르게 관리되고 있었다. 그러나 거기엔 기독교 사랑의 정신이 없었다.

독일 루터교회 안에서 경건주의의 토대를 놓은 사람은 필립 야콥 스페너(Philipp Jakob Spener, 1635-1705)였다. 그는 전체 교회 안에 경건한 자로 구성되는 작은 교회를 만드는 일을 중요하게 생각했다(라. ecclesiola in ecclesia). 그것은 이 작은 교회(ecclesiola)가 전체 교회의 개혁을 전개할 추진자와 원동력이 되어야 하기 때문이었다. 여기서 언급되는 경건주의는 공교회에서 자신을 격리하는 분리적 성향이 아닌 교회 안에 통합된 경건주의다.

스페너는 1675년에 쓴 『경건한 바람』(Pia Desideria)에서 교회 개혁에 대한 자신의 사상을 소개했다(Spener는 1678년에 이 저술을 라틴어로 번역 출간하였다). 이 책에서 그는 먼저 타락한 교회의 삶에 대해 한탄했다. 세속권력은 교회를 돌봐야 할 의무를 망각했고, 교회의 여러 지체는 믿음을 피상적인 것으로 만들어 버렸으며, 설교자에게는 살아있는 믿음이 없다. 따라서 스페너는 삶의 여정에서 예수님의 사랑의 계명을 실제로 실행하는 예수의 참된 제자의 수가 극히 적다고 보았다.

그러나 모든 것보다 가장 근심스러운 것은 이것이다. 곧 말씀의 직무를 수행하는 많은 사람의 삶에 신앙의 열매가 없다는 〈현실〉이 그들에게 신앙이 없음을 아주 분명하게 보여 주고 있다는 점이다. [...]	Illud vero omnium tristissimum est, quod multorum, qui verbi ministero funguntur, vita fructibus fidei destituta satis manifeste arguit, ipsa eos fide destitui: [...]

그들은 하나님 영의 작용 없이 오직 학문적인 방식으로, 다른 학문 영역을 완성하고 거기서 진보를 이루고자 하는 사람들처럼 열심히 연구해서, 성경의 교리를 인식 속에 확실한 진리로 찍어 넣는다. 동의 가운데 다른 사람에게 설명하며 그 나름대로 힘껏 다른 사람들에게 제시한다. 하지만 하늘의 빛 자체, 신앙의 진리, 생명과는 아주 멀다. [...]
지극히 사랑하는 우리 구원자가 오래 전에 이것을 전해 주었다. **'너희가 서로 사랑하면 이로써 모든 사람이 너희가 내 제자인줄 알리라'**(요한 13:35). 여기에 사랑이, 좀 더 자세히 말하자면 공개적으로 자신을 드러내는 사랑이 표지로 세워졌다.
이 특성에 근거해서 우리가 판단할 때 이 이름〈그리스도인〉을 자랑하는 많은 자 중에서 겨우 작은 수의 사람만이 그리스도의 참된 제자라는 것을 발견한다면, 얼마나 난처한 일인가?

Cum ex scriptura, vel mera hujus litera, absque spiritus divini operatione, humani studii industria, qua alii alias literas excolunt & ex iis proficiunt, doctrinam veritates quidem cerebro impresserint, eam assensu aliquo amplectantur, & pro captu suo aliis proponant, ab ipsa vero luce caelesti & fidei veritate vitaque longissime absint. [...]

Dilectissimus Salvator noster gnorisma hoc dudum tradidit joh 13,35. *Ex hoc cognoscent omnes, quod discipuli mei, sitis, si Charitatem inter vos habueritis mutuam.* Hinc Charitas indicium constituitur, & quidem talis charitas, quae se publice exserat [...]

Ex hoc charactere si judicemus, quam difficile fuerit, in frequenti eorum, qui nomine hoc gloriantur, caetu etiam exiguum numerum verorum discipulorum Christi reperire?

스페너, 『경건한 바람』
32.6-9, 12, 15-17/33.6-8, 11, 13-16; 54.1-5, 7-9/55.1-4, 6-8.

스페너는 서술을 더 전개하면서 묘사했던 폐해의 극복에 대한 기대와 이에 상응하는 교회의 더 나은 상태에 대한 희망을 서술했다. 스페너는 어떻게 이러한 기대를 할 수 있는 지에 관해서 성경의 약속을 근거로 설명했다. 예컨대 로마서 11:25-26과 요한계시록 18-19장의 이야기가 그 근거가 되었다. 스페너는 이 약속에서 하나님이 예고한 것이 실현되는 과정에 그리스도인이 참여하도록 요청해야 할 필요성을 끌어냈다.
이러한 이해는 기독교의 세계 형성의 윤리를 위한 기초가 되었고(§14.3.1),

이와 관련된 종교적 적극성(Aktivismus)은 헤르만 프랑케(Hermann Francke, 1663-1727)에 의해 성립된 할레 경건주의를 결정짓는 특성이 되었다.
할레의 경건주의는 그리스도인이 교화되고 종교적으로 거듭남으로써 하나님 질서의 회복이라는 세계 개혁(Weltverbesserung)을 도모하는 것을 목표로 삼았다. 이 종교적 적극성은 나중에 종교 사회주의(Religiöser Sozialismus) 안에서 사회 민주주의(Sozialdemokratie)의 사회정치적 야심과 결합되었다(6.1.2).

스페너의 강령서(Programmschrift)는 교회를 구체적으로 개혁하기 위한 여섯 가지 방법을 제안했다.

(1) 개인독서를 더욱 강화하고 독서그룹들을 만들어서 성경연구를 강화시킨다.
(2) 이에 걸맞게 공동체 안에서 평신도들이 참여할 수 있도록 한다.
(3) 기독교적 삶 전체에 관련하여 믿음의 한 열매인 이웃사랑의 실천이 중심이 되게 한다.
(4) 이와 달리 개신교 종파들 간의 교리적 논쟁은 제한적이고 소극적으로 행해져야 한다.
(5) 더 나아가서, 성직자 양성(신학 수업)의 목표는 교리적 박학다식이 아니라 일차적으로 개인의 경건 형성에 맞춰야한다.
(6) 끝으로, 지적 가르침이 아니라 성도의 실존적 신앙심을 고양하기 위해서 있는 설교자는 이러한 신학 수업에서 도움을 받아야 한다.

스페너에 의해서 시작된 이 경건주의 추종자들은 자신의 운동을 교회 안으로 통합하기 위해서 노력했지만, 당시 정통주의에 의해 형성된 개신교의 종교문화와 충돌할 수밖에 없었다. 참된 교회 교리에 무관심할 뿐 아니라, 특히 성경읽기 모임을 만들고, 공동체 안에서 평신도가 더 폭넓게 참여해야 한다고 요구하는 경건주의자를 보면서, 사람들은 이들이 교회적 삶의 확고한 틀을 약화시킨다는 혐의를 품게 되었다.

전체적으로 보면, 구개신교 정통주의가 추구했던 객관주의(Objektivismus)보다는 개인의 신앙 확신을 이끌어내어 강화하고 실천적으로 확증하는 일에 관심을 가졌던 경건주의가 주체의 확신을 추구하는 근대 사유에 더 가까이 서 있었다.

하지만 경건주의의 중심에는 이성에 대한 확신(Vernuftheit)이 아니라 신앙으로 말미암는 확신(Glaubensheit)이 서 있었다. 이것이 경건주의 운동과 계몽주의로 귀결하는 근대 사유를 결정적으로 갈라놓는 차이였다. 따라서 위에서 언급한 경건주의와 정통주의의 차이에도 불구하고 계몽주의와 싸워야할 상황에 놓이면 경건주의는 조건 없이 정통주의와 연대할 수 있었다.

독일 경건주의

1. 스페너에 의해서 설립됨(『경건한 바람』, 1675)
2. **핵심 관심사**: 기독교 정신을 교회와 사회의 삶 전반에 관철하는 것 (종교개혁의 완성)
3. **방법**: 각 사람의 신앙을 육성하고 기독교의 이웃사랑을 광범위하게 실천함
4. **적대적 관계**: 교리를 우선하는 정통주의, 이성을 과도하게 평가하는 계몽주의

프로이센에서 경건주의와 계몽주의의 충돌을 보여 주는 한 예로 1723년에 철학자 크리스티안 볼프(Christian Wolff, 1679-1754)가 프로이센에서 추방당한 사건을 들 수 있다.

볼프는 1706년 이래로 할레 대학의 수학 교수였으며 1715년부터는 물리학도 가르쳤다. 그는 정확한 학문 수단을 활용해서 이성적으로 논쟁의 여지가 전혀 없이 종교적 진술을 할 수 있는 토대를 목표로 삼았다. 독일 형이상학(Deutsche Metaphysik)으로 알려진 볼프의 저술 『하나님, 세상 그리고 인간 영혼에 대한 이성적 생각들』(Vernünfftige Gedancken Von GOTT, Der Welt und der Seele des Menschen, 1723)은 신학적인 논거를 제시할 수 있도록 준비시키는 철학적 입문서였다. 볼프는 이 시도가 신학에 도움이 될 것이라고 생각했다.

그러나 대학의 경건주의 계통 신학자들, 예컨대 아우구스트 헤르만 프랑케(August Hermann Francke)와 요아힘 랑에(Joachim Lange, 1670-1744)는 이런 볼프의 시도는 이성을 과도하게 확장해서 사용하는 것으로 신학 영역에서 결코 허용되어서는 안 된다고 생각했다. 오랫동안 슬그머니 타오르던 갈등이 공개적으로 표출될 날이 다가왔다.

1721년 7월 12일은 랑에(Lange)가 대학 부총장직에 취임하는 날이었는데 볼프가 대학 축제 연설을 맡았다. 이 연설에서 볼프는 비기독교적 민족들 역시 올바른 도덕 원칙에 따라 살 수 있다고 말했고 그 예로 중국인의 실천 철학을 들었다. 볼프는 기독교 신앙이 덕행을 향한 동기를 강화하는 측면이 있지만, 선의 내용을 규정하는 일은 신앙에 의존하지 않고도 가능하다고 생각했다(§ 15.2.2)

이 견해의 표방으로 볼프는 경건주의자로부터 공개적으로 믿음의 적대자로 불리고 무신론자라는 혐의를 받게 되었다. 프리드리히 빌헬름 1세(Friedrich Wilhelm I., 통치:1713-1740)는 직접 볼프에게 48시간 안에 프러시아를 떠나야 한다고 명령했다. 그 후 볼프는 헤센 지역 마르부르크(Marburg)에서 활동하다가 친계몽주의 성향인 왕 프리드리히 2세(Friedrich II., 통치 1740-1786)가 즉위한 이후에야 할레로 돌아올 수 있었다.

📖　　경건주의 생성 배경, 주요 흐름, 영향에 대한 개관
　　　　- W.-D. Hauschild, Lehrbuch der Kirchen- und
　　　　　Dogmengeschichte, Band 2, 680-720(=18.6-13).

📖 📖　경건주의 상세
　　　　- E. Hirsch, Geschichte der neuen evangelischen Theologie, Band
　　　　　2, 91-317(=Kapitel 20-23).
　　　　- P. Schicketanz, Der Pietismus von 1675 bis 1800.

📖 📖　경건주의와 계몽주의 철학 사이의 갈등을 1723년에 프로이센에서 추방당한 볼프를 예로 들어 서술
　　　　- C. Hinrichs, Preußentum und Pietismus, 388-441.
　　　　- A. Beutel, Causa Wolffiana.

4. 4 영국의 이신론

이신론은 계몽주의 이전 또는 그 초기의 정신사적 흐름에 속하는 지적 운동으로 17세기 말부터 18세기 중엽까지 영국에서 중요한 역할을 하면서 유럽 대륙의 종교적 사유에도 영향을 끼쳤다. 종교개혁으로 생겨난 상이한 종파들의 공존은 잦은 유혈충돌을 일으켰다.

이 현실 앞에서 이신론은 충돌을 일으키는 종파의 특정 교리와 달리 모든 개별 종파에게 공통적이어서 분쟁의 요소가 없는 종교적 토대를 추구했는데, 그것은 자연 종교(eine natürliche Religion)였다. 자연적으로 모든 사람들에게 주어진 이 자연 종교가 사람들의 평화로운 공존의 삶을 보장해 줄 것이다. 이성의 합리성이 사람의 본질에 속하기 때문에 모든 사람은 이성적 숙고를 통해서 자연 종교 원리가 타당하다는 것을 체득할 수 있을 것이라는 말이다.

자연 종교의 개념 형성에 커다란 기여를 한 선구자는 체버리의 허버트(Herbert von Cherbury, 1583-1648)이였다. 이신론의 중요 인물로는 존

로크(J. Locke, 1632-1704), 존 톨런드(John Toland, 1670-1722) 그리고 매튜 틴들(Matthew Tindal, 1657-1733)을 들 수 있다(자연 종교라는 이신론적 구상의 구체적 발전 과정, § 1.1.2).

> **영국 이신론**
> 1. 17세기 말부터 18세기 중엽까지 영국에서 일어난 지적 운동
> 2. **주요 관심사**: 인간의 종교성이 종파적이며 개별적인 방식으로 형성되는데, 이것의 근저에 놓여있는 자연 종교의 (재)구성
> 3. 성경을 포함한 모든 외적 권위와 거리를 둠

정치 이론의 관점에서 보면 근대 초기에 국가이론 영역에서 자연법 전통이 생겨났다. 자연법 전통의 학자로는 휴고 그로티우스(Hugo Grotius, 1483-1645), 토머스 홉스(Thomas Hobbes, 1588-1679), 자무엘 푸펜도르프(Samuel von Pufendorf, 1632-1694), 존 로크(John Locke, 1632-1704)를 들 수 있다(본 단원 끝의 개관을 위한 도표 참조).

이신론은 이것과 동시대에 생겨난 종교철학적 현상으로 이해할 수 있다. 사람들은 기독교 종파 사이에서 벌어진 전쟁을 목격하면서 종교적 신념이 정치적 평화를 보장할 수 있는 것이 아니라 오히려 더 위태롭게 한다는 것을 경험했다. 이러한 판단에 근거해서 모든 사람이 동일하게 당위적인 것으로 파악할 수 있고, 또 종교적 규정에 의존하지 않는 자연법 개념이 정치적 평화를 위한 종교 이전(vorreligiös)의 토대가 되었다.

이신론은 충돌을 일으키는 종파 간의 다양한 교리와 무관하게 윤리를 세우기 위해서 이성적으로 명백한 종교적 토대에 관심을 가졌다. 그리고 이 관심은 기독교 교리 중에서 이성으로 이해될 수 없는 모든 관점을 논의에서 배제시키는 경향과 아주 자연스럽게 결합되었다. 인간이 내적으로 그 유효성을 충분히 확신할 수 없는, 외부에서 주어진 권위나 행위원리에 대한 의무는 의

심을 받게 되었다. 이러한 이유로 이신론자는 종교와 관련해서 자유사상가(Freidenker)라고도 불렸다.

이 낱말은 앤서니 콜린스(Anthony Collins, 1676-1729)가 쓴 『자유로운 사유에 대한 담론』(Discourse of Free-Thinking, 1713)에서 유래했다. 사유를 위한 자유가 요구되었고, 이 자유는 성경의 권위에 대한 비판적 태도에서도 드러났다(§ 5.2.3).

이제 성경적 권위는 자연적 이성 종교의 원칙과 조화되는 성경적 진술에만 국한하여 인정되었다. 이러한 흐름은 부분적으로 복음서에 있는 기적의 이야기뿐 아니라 예수의 부활 전승의 사실성에 대하여 철저한 비판을 가져왔다. 예컨대 기적에 대해서는 토머스 울스턴(Thomas Woolston, 1699-1732)의 『우리 주의 기적에 대한 담론』(Discourses on the Miracles of our Saviour, 1727-30)이 출판되었고, 예수의 부활의 전승에 대해서는 피터 아넷(Peter Annet, 1693-1769)의 『예수의 부활』(The Resurrection of Jesus, 1744)이 나왔다.

> 영국 이신론의 전개 과정과 주요 인물에 대한 유용한 개관
> - E. Hirsch, Gesichte der neueren evangelischen Theologie, Band 1, 244-344(=Kapitel 12-15).
> - H. Graf Reventlow, Freidenkertum(Deismus) und Apologetik, 185-214.

4. 5 독일 신신학의 전제 조건, 특징, 주창자

신학사 서술에서 신신학(Neologie, 새 교리)이라는 낱말은 독일 계몽주의 전통에 서 있는 개신교신학을 가리키는 말이다. 데카르트와 스피노자(B. Spinoza, 1632-1677)가 그 토대를 놓았고, 독일에서 고트프리트 빌헬름 라이프니츠(Gottfried Wilhelm Leibniz, 1646-1716)와 볼프(4.3)가 주창했던 철

학적 합리주의(Rationalismus)가 독일 개신교신학 안에서 관철되었다. 이것이 결정적 계기가 되어서 신신학은 성공할 수 있었다. 이러한 맥락에서 신신학은 정통주의와의 철저한 결별이었다.

이성지향적인 **철학**적 계몽주의가 당시 개신교**신학** 안에서 확고한 기반을 얻을 수 있었던 것은 특별히 **독일** 계몽주의 철학이 교회 및 종교와 전체적으로 긍정적 관계를 맺고 있었기 때문이다.

프랑스 계몽주의의 사정은 이와 달랐다. 프랑스에서 이성은, 먼저 편협한 독단주의적 형태로 윤리적 진보를 방해하며 지적·윤리적으로 부패한 자로 낙인찍힌 교회의 지배로부터 사람들을 해방시키는 일에 사용되었다. 프랑스 계몽주의에서 이 경향을 따랐던 중요한 대표자는 영국 이신론(4.4)의 영향을 강하게 받은 작가이자 철학자인 볼테르(Voltaire는 필명이고 본명은 Francois-Marie Arouet, 1694-1778)였다.

나중에는 교회와 기독교를 비판하는 경향을 넘어서는 극단적 종교 비판론도 생겨났는데, 이 비판론에 따르면 오직 **철저한 무신론자**만이 인간의 행복과 덕을 보장할 수 있다. 이와 같이 극단적으로 종교를 배척하는 경향을 띤 주요 대표자는 쥘리앵 오프루아 드라메트리(Julien Offray de La Mettrie, 1709-1751)과 폴 앙리 디트리히 돌바크(Paul-Henri Thiry d'Holbach, 1723-1789)였다. 이 사람이 쓴 『자연의 체계』(Système de la nature, 1770)는 프랑스 유물론의 성경이라고 불렀다.

볼테르와 더불어 프랑스 계몽주의에서 영향력이 가장 막강했던 인물은 철학자 장자크 루소(Jean Jacques Rousseau, 1712-1778)였다. 루소는 칼뱅주의의 도시 제네바에서 태어났고, 가톨릭으로 개종한 후 다시 개혁주의 신앙으로 돌아왔다. 루소는 무신론으로 귀결되는 급진적인 종교 비판을 거부하고, 초자연적 계시에서 유래하는 모든 요소와는 무관한 이성 종교를 창안했다.

철학적 합리주의가 개신교신학 안에 수용됨으로써 대략 1740년경에 신신학(Neologie)이 출현할 수 있었다. 그런데 이 철학적 합리주의의 수용은 다양한 형태로 이루어졌다.

① 성경 계시에 근거한 신학적 진술을 하기 위해서는 이성·철학적으로 보증된 토대가 필요하다. 그런데 이미 루터교 정통주의에 의해서 이 이성·철학적인 토대를 긍정적으로 평가할 수 있는 발판이 마련되었다.

이 점을 우리는 정통 루터교의 예나(Jena)파를 대표하는 가장 중요한 인물 요한네스 무조이스(Johannes Musäus, 1613-1681)에게서 확인할 수 있다. 1668년까지도 무조이스는 영국 이신론의 선구자였던 체버리의 허버트(Herbert von Cherbury)를 대항하여 썼던 자신의 저서 『구원을 위해서 불충분한 자연의 빛에 대하여』(De luminis naturea insufficientia ad salutem)에서 이성은 구원에 필요한 하나님의 지식을 제공하는 일에 무능하다고 주장했다.
허버트는 그 후 11년이 지나 쓴 『신학입문』(Introductio in theologiam)에서 인간 이성의 지식에 근거한 신론을 계발했고, 이것을 기독교 진리 인식의 전 단계로 이해했다. 이러한 견해는 포괄적 계시 이해가 무엇인지를 보여 준다(§ 3.2.1).

② 이성·철학적 토대가 긍정된 이후에 과도기 신학(Übergangstheologie)이 등장했다. 과도기 신학은 스스로를 정통주의나 경건주의와 철저하게 구별하지 않으면서 신학적인 측면에서 광범위하게 크리스티안 볼프 철학을 수용할 준비를 했다.

이 흐름의 결정적인 대표자는 요한 프란츠 부도이스(Johann Franz Buddeus, 1667-1729)였다. 그는 비록 볼프의 철학을 비판적 입장에서 연구했지만 무조이스를 본받아서 철학적 신론이 신학에 유용하다는 점을 고수했다.

부도이스의 사위인 요한 게오르크 발히(Johann Georg Walch, 1693-1775) 역시 장인의 신학 노선을 따랐다. 그의 가장 잘 알려진 업적은 루터의 저서를 24권으로 출판한 것이다. 더 나아가 그는 개신교 내의 차이점을 논쟁이 아닌 다른 관점에서 고찰함으로써 커다란 기여를 했다.

신학적 인식에서 철학적 이성의 가치가 높이 평가되었고, 이로부터 계시에 근거한 진술이 이성적 통찰과 상치되어서는 안 된다는 원리가 생겨났다. 이 원리로 인하여 신적 영감에 대한 정통 교리가 약화되었다. 이러한 경향은 일찍이 크리스토프 마태우스 파프(Christoph Matthäus Pfaff, 1686-1760)에게서도 찾아볼 수 있다(4.2; §5.2.3).

③ 과도기 신학은 기독교 신앙의 주관적 확신에 관심을 가졌고 이 점에서 경건주의에 인접해 있었다. 그러나 신학적 볼프주의(der theologische Wolffianismus)는 기독교 교리가 주관적 신앙 경험에 의존하지 않고도 그 합리성과 명백성이 입증될 수 있는 사유 체계라고 이해했다. 이러한 이해는 실제로 정통주의가 주장했던 객관주의로의 회귀였다. 그러나 이 회귀는 정통주의의 근거였던 아리스토텔레스(4.2)가 아닌 볼프 철학의 재수용을 통해서, 그리고 인간 이성의 이름으로 성경의 권위가 이미 상대화된 조건하에서 일어났다.

개신교신학 내에서 이 학파의 전형적인 인물은 프랑케적(Franckescher) 특징의 경건주의 전통에 서 있는 할레의 신학 교수 지그문트 야콥 바움가르텐(Siegmund Jakob Baumgarten, 1706-1757)이었다. 요한 잘로모 젬러(Johann

Salomo Semler, 1725-1791)가 1759-1760년에 세 권으로 출판한 바움가르텐의 유고 『개신교 신앙 교리』(Evangelische Glaubenslehre)는 학문적 관점에서 독일어로 저술된 최고의 교의학으로 여겨진다.

영국의 이신론과 반이신론 문헌을 독일에 알리는데 결정적인 공헌을 했던 바움가르텐은 그의 신학에서 경건주의의 구원 성취(Heilserlangung)에 대한 관심을 경건주의자가 격렬하게 대항하여 싸웠던 볼프 철학의 주지주의 및 합리주의에 대한 관심과 결합시켰다. 요아힘 랑에(Joahim Lange)는 이것을 보고 경악했다(4.3). 이 맥락에서 바움가르텐의 개종 이해는 중요한 의미를 갖는다. 그는 개종(Bekehrung)을 오성이 교육받는 과정에서 생겨나는 결과로 이해했다. 이러한 교육의 한 부분이 설교였다. 신신학 시대에 설교는 널리 백성을 교육하는 것으로 이해되었다.

전체적으로 신학적 볼프주의는 볼프가 심사숙고하여 도달한 통찰에서 시작한다. 곧 이성에 근거한 신(神) 지식은 계시에 근거한 신학적 진술을 위한 철학적 예비학(Propädeutik)으로서 결코 계시의 진리에 의해 폐기되지 않고 오히려 더욱 굳건해지고 심화된다는 통찰이다. 이 지점에서 이성과 계시를 적합하게 연관시킬 원칙에 대한 질문이 생기는 것은 당연하다.

이 문제와 관련하여 신학적 볼프주의자는 상이한 선택을 했다. 예컨대 튀빙겐 철학교수였던 이스라엘 고트립 칸츠(Israel Gottlieb(『라,Theophilus] Canz, 1690-1753)는 계시에 근거한 진리가 반이성적(widervernünftig)이지는 않지만, 초이성적(ubervernünftig)이리고 보았다. 그는 이와 같은 이성과 계시에 대한 이해가 라이프니츠-볼프 철학이 신학에 기여한 중요한 통찰이라고 주장했다.

이에 반해 요한 로렌츠 슈미트(Johann Lorenz Schmidt, 1702-1749)는 자신의 베르트하임 성경(Wertheimer Bibel, 1735)에서 성경 본문을 현대적 방식으로 석의함으로써 성경 진술이 인간 이성과 완전하게 조화될 수 있음을 증명하려고 했다. 바움가르텐처럼 영국 이신론에 아주 익숙했던 슈미트는 이 사상적 맹아로 인해 신학적 합리주의의 선구자가 되었다(Tindal, Christianity as Old as the Creation가 1741년에 독일어로 출판되었다. 오늘까지도 이 책의 유일한 독일어 번역본은 Schmidt의 것이다).

슈미트는 요하힘 랑에에게서 자극받은 사람들에 의해서 결국 종교를 조롱한 혐의로 제국자문회의(Reichshofrat)에 고소당했고, 실제로 구류되었으나 얼마 되지 않아 빠져나올 수 있었다.

> **신신학의 전제들**
> 1. 정통주의 안에서 신에 대한 철학적 지식이 긍정적으로 평가되었다.
> 2. 과도기 신학에 의해서 볼프 사상의 신학적 수용이 준비되었다.
> 3. 신학적 볼프주의 안에서 철학적 합리주의가 수용되었다.

당시 프랑스 철학에 깊은 영향을 받았던 통치자 프리드리히 2세(Friedrich II.)는 계몽주의 이념에 개방적이었고 어떤 정치 수단도 이 이념의 전파를 방해할 수 없었다. 따라서 그가 프로시아의 왕으로 즉위한 1740년은 독일신학사에서 한 가지 중요한 전기(轉機)가 되었다. 이 계기로 신신학이 관철되었고, 이로 인하여 정통주의 교리 체제의 전제와 교리의 구체적인 내용은 광범위한 비판을 피할 수 없게 되었다. 신학적 상황이 총체적으로 바뀌었다.

정통주의 교리 체계의 핵심적 전제는 영감된 것으로 간주하는 성경(Bibel)의 권위를 고수하는 것이었고, 이러한 성경의 권위는 성경(Heilige Schrift)과 하나님 말씀의 동일성에 근거되어 있었다. 그러나 이 영감교리(Inspirationsdogma)는 이미 영국 이신론의 성경 비판을 통해서, 이제는 과도기 신학에 의해서 와해되었다(Christoph Mattäus Pfaff, 위 단락 참고).

신신학은 이러한 변화에 기여했고, 비판적 성경 연구는 마침내 일반적으로 동의할 수 있는 개신교 성경 해석의 토대가 되었다. 이로써 18세기에 이르러 최종적으로 관철된 역사-비평 방법론의 사전 작업이 이루어졌다

(5.2; §5.2.3. 역사-비평방법론의 준비 과정에서 생겨난 부담스런 문제점에 대해서는 §5.3을 보시오).

역사-비평방법론은 성경에 대한 한 가지 특수한 이해와 뗄 수 없이 얽혀 있었다. 곧 성경의 저술은 상이한 종교사적 상황에서 생겨났고 인간에게 기원을 둔 역사적 문서라는 이해와 결부된 것이다. 이러한 성경 이해가 정착되자 고대 교회의 교의(1.3)와 종교개혁의 신앙고백(3.4/3.5) 교리가 성경에 근거한다는 사실이 문제가 되었고, 이러한 교리의 효력에 대해서도 의문이 제기되었다.

볼프 철학의 특성을 가진 합리주의의 관철은 개신교신학 안에서 거침없이 이성을 사용하도록 촉진했고, 성경·교의·신앙고백에 대한 비판을 유발하여 결국은 구정통주의 신학의 토대를 무너뜨렸다. 신신학의 주요 대표자는 교회 내에서도 지도적 위치에 있었다. 이것은 특히 이 운동이 기독교나 교회와 우호적인 관계를 맺고 있었기 때문에 가능했다.

전체적으로 신신학의 관심사는 계몽주의의 상황에서 기독교 신앙의 중요성을 입증하는 것이었고, 이것은 결국 경건주의 운동(4.3)이 그랬던 것처럼 신앙이 개인의 기독교적 삶에 차지하는 의미를 밝히는 것이었다. 신신학은 계시의 내용을 이성적으로 파악함으로써 사람들이 이성적이고 책임감 있는 신앙에 이를 수 있다고 판단했다.

전래된 교의학에는 빈이성적인 가르침뿐만 아니라 실제와는 상관없는 사변에 의해서 지배받는 요소가 있다. 이런 것들은 이제 계시의 이성적 파악으로 대체되어야 한다. 이 이성적이고 책임감 있는 신앙이 사람을 도덕적으로 모범적이고 행복한 삶으로 이끌어 줄 것이다.

방금 위에서 개략적으로 서술된 신신학의 의도는 1748년에 출판되어 베스트셀러가 되었던 요한 요아힘 슈팔딩(Johann Joachim Spalding, 1714-1804)의 저서 『인간의 규정』(Die Bestimmung des Menschen, 1794,

제13판)에 반영되어 있다. 슈팔딩은 베를린 대성당의 수석 신부(Berliner Propst)이며 종교국 최고 평정관(Oberkonsistorialrat)이었다. 그는 자기 논지에 충실하게 사람들에게 도덕적이며 행복한 삶을 교육하는 것이 교회 설교의 직무라고 확정적으로 말했다. 슈팔딩은 그의 후기 저서 『종교, 인간의 일』(Religion, eine Angelegenheit, 1797)에서 자신의 근본적인 의도를 다시금 종합적으로 서술했다.

> **신신학의 특징**
> 1. 정통주의 영감 교리에 대한 비판과 개신교신학 안에서 역사-비평적 성경 해석을 요구
> 2. 교회의 교의와 종교개혁의 진술이 성경에 근거되어 있다는 사실과 그 효력에 대한 문제제기
> 3. 계몽주의 지평에서 삶에 대한 기독교 신앙의 유의미성을 제시하는 것에 대한 관심

Ⓐ 각자가 스스로 삶의 의미를 해명하려고 한다면, 자기 안에서 도덕적 삶에 근거해서 행복한 삶을 살고자 하는 욕구를 발견한다.

사려 깊은 사람은 홀로 확고하고 신뢰할 만한 것을 자기 안에서, 곧 인간 본질의 변하지 않는 속성과 기관(Einrichtung)에서 찾아내야만 한다. […] 우리가 이것이 무엇이냐고 진지하게 물을 때, 맨 먼저 우리와 마주치면서 의식되는 것이 있는데, 논쟁의 여지없이 이것은 행복하고자 하는 욕구다. […] 이와 같이 우리는 인간 본성의 근원적 구조로 말미암아 행복을 추구하도록 만들어졌다. 우리는 분명히 여러 종류의 만족 중에서 특별히 한 가지 형태의 만족을 의식한다. 내가 생각하기에 이 만족은 사유의 능력을 지닌 한 특정한 종(種)에서 찾을 수 있고, 사유를 따라 행해진 특정 행위 때문에 우리 자신에게서도

느낄 수 있는 긍정과 희열이라는 유쾌한 감정이다. […]
이것은 도덕성, 곧 정의로운 것과 불의한 것 사이에서 결코 흐트러질 수 없
는 차이에 대한 위대한 근본 감정이다. […] 우리들의 관심사는 무엇보다도
인간의 도덕적 품성의 토대를 놓고 강화하고 고양하는 데 있다. 그리고 이
와 일치하여 우리 자신을 보존하고 즐거운 삶을 향유하는 것이다.

―슈팔딩, 『종교, 인간의 일』(Religion, eine Angelegenheit des Menschen),
제1장 (Kristische Ausgabe, I 5,13.23-14.1; 14.25f; 14.30f.-15.1; 15.4-6;
16.13f., 21-24; 17.7-10; 22.30-23.4).

ⓑ 도덕적 행위의 동기(ⓐ)와 행복을 느낄 수 있는 능력(ⓑ)을 강화시켜주
는 종교는 인간에게 흥미로운 것이다.

신을 아는 지식과 신을 경배하는 일은 이성적 본질로 살아가는 사람 안에 있
는 크고 근원적인 근본 욕구와 결합되어 있다. 이 양자가 철저하게 결합되어
있다는 사실이 사람에게 분명해지기만 하면, 신을 아는 지식과 신을 경배하는
일이 사유하는 존재인 사람에게 반드시 흥미로운 것이 될 것이다. 만약 사람
이 삶의 다양한 측면을 알아간다면 그렇게 될 것이다.
삶의 다양한 것 중에서 도덕적 감정에 가장 큰 영향을 끼치는 것은 순수한
종교적 사고방식이다. 이것으로 말미암아 **도덕적 감정이 더 쉽게 일어날 수
있고ⓐ, 행복을 향한 갈망은 더 큰 활기와 안정감을 얻는다ⓑ**. 그래서 인류
의 유일하고 존엄한 목표 달성을 위해 더 많은 후원과 도움을 제공한다.

ⓐ 우리 사람의 본성을 만든 자가 우리에게 이 본성 안에 깊숙이 새겨진
법과 의무에 대한 의식도 주었다는 생각은 확실히 영혼의 기운을 북
돋아준다. 왜냐하면 이로 말미암아 덕에 대한 당위성(Verbindlichkeit zur

Tugend)이 곧 최고 명령자의 실제적이며 불가침의 법이 되기 때문이다.

ⓑ [우리의 행복 정도에 대해서 생각하면] 우리가 우리 자신을 언제나 전적으로 불확실한 기대에 맡기는 것과, 그렇지 않고, 지성과 의도를 가지고 움직이면서 모든 것을 하나로 통합하고 다스리는 선한 힘의 인도 가운데 거하는 것의 차이는 아주 크다.

—슈팔딩, 『종교, 인간의 일』, 제1장

(Kristische Ausgabe, I 5, 25, 14-16, 18-20, 23-29; 26.14-17, 19-22; 41.8, 10-14).

신신학은 특별히 고대 교회의 교의(Dogmen)와 종교개혁의 신앙고백 위에서 확립된 교회 교리가 성경에 근거하고 있는지를 문제 삼았다.

이것을 처음으로 비중 있게 다룬 사람은 라이프치히 신학자 요한 아우구스트 에르네스티(Johann August Ernesti, 1707-1781)였다. 이 문제를 제외하고는 신학적으로 아주 보수적이었던 그는 그리스도의 삼중 사역(선지자, 제사장, 왕)의 교리를 비판했다(§ 10.3.3). 전래된 기독론은 전반적으로 신신학이 선호했던 교의 비판의 대상이 되었다.

예를 들어 바움가르텐의 제자로서 프랑크푸르트(오더)에서 가르쳤던 요한 고틀립 묄너(Johann Gottlieb Töllner, 1724-1774)는 325년과 381년에 하나의 형태로 확정된 삼위일체 교의가 기독교 신앙에 배타적인 의미를 갖는다는 주장을 상대화했고(§ 7.3), 또 대리적인 의미로 이해된, 하나님의 법에 대한 그리스도의 적극적 복종이 구속의 힘을 갖는다는 전통적 교리를 부정했다. 더 나아가 그리스도가 십자가에서 사람들의 죄의 대가를 대리적 방식으로 충분히 치렀다는 전래의 교리 내용을 심각하게 변형시켰다(§ 10.4.1).

이러한 교의 비판은 성경에 대한 새로운 이해에 근거하고 있었다. 묄너는 성경과 하나님 말씀의 직접적 동일성을 부정했고, 이렇게 이해된 성경의 비판적 해석이 교의 비판의 토대가 되었다. 이로써 이미 파프에 의해서 약화된 정통주의 영감론은 될뿐, 그와 동시대에 활약했던 젬러에 의해서 최종적으로 종말을 맞았다.

교의적 기독론에 대한 신신학의 비판은 그리스도의 속죄**사역**(Erlösungswerk)에만 국한되지 않고, 신이면서 인간인 구원자의 **인격**적 단일성(die gottmenschliche Personeinheit des Erlösers)으로도 확장되었다. 예컨대 요한 프리드리히 빌헬름 예루살렘(Johann Friedrich Wilhelm Jerusalem, 1709-1789)은 그리스도의 신성을 부정하고 예수의 특수성의 내용을 그의 윤리적 삶의 태도로 축소시켰다.

이런 과정을 거치면서 하나님과의 온전한 관계를 보여 주는 원형과 참된 도덕의 모범으로 간주된 사람 예수에 대한 관심이 생겨났고, 역사적 예수를 묻는 질문의 한 뿌리가 되었다. 역사적 예수의 질문이 신학적으로 어떤 의미를 갖는지는 근동학자이며 함부르크 김나지움 선생이었던 헤르만 사무엘 라이마루스(Hermann Samuel Reimarus, 1694-1768)가 행한 복음서 비평을 통해서 분명하게 드러났다. 이러한 관심은 근현대 기독론 형성에도 영향을 미쳤다 (6.1.;§10.4.2-3).

전래된 기독론의 구성 요소에 대한 비판, 특별히 교의학적 속죄론에 대한 비판을 고트헬프 사무엘 슈타인바르트(Gotthelf Samuel Steinbart, 1738-1809)도 공유했다. 이런 맥락에서 그는 전통적 기독론이 전제한 인간상(Menschenbild)과도 결별했다. 구체적으로 말하면 그는 교회가 고수해 온 원죄론을 부정했다.

이미 할레대학교 철학 교수였던 요한 아우구스트 에버하르트(Johann August Eberhard, 1739-1809)는 성경에 대한 해석에 근거해서 원죄 교의를 거절했다. 원죄 교의를 부정하는 것으로 시작한 그는 도덕적으로 살았던 이방인도 영원한 지옥 형벌을 당한다는 교리에 대한 비판을 거쳐 최종적으로 만인구원론

(Allerlösung)을 주장하기에 이른다(§ 14.2.1).

비평적 성경 해석의 토대 위에서 신학적 계몽주의가 그 근거의 타당성을 물었던 교회의 교리 대부분이 종교개혁 신앙고백서에 수용되어 내려왔다. 따라서 신앙고백서에 대한 성직자의 맹세를 그만두라는 요구가 생겨났는데, 이것은 당연한 논리적 귀결이었다.

신앙고백서의 권위에 대한 논쟁은 베를린의 설교가였던 프리드리히 게르마누스 뤼트케(Friedrich Germanus Lüdke, 1730-1792)가 촉발했다. 뤼트케는 일찍이 그의 저서 『그릇된 종교적 열정에 대하여』(Vom falschen Religionseifer, 1767)에서 자신이 목격했던 시대의 경향, 곧 16세기 신앙고백의 진술에 대한 동의를 참된 신앙의 시금석으로 고수하는 경향을 비판했다.

뤼트케는 이러한 경향에 반하여 신앙고백 내용 가운데 적지 않은 부분이 신신학의 비판을 통해서 비성경적인 것으로 판명된 사실을 상기시키면서 신앙의 질문에 대해서 관용의 자세를 취할 것을 요청했다(Über Toleranz und Gewissensfreiheit, 1774). 뤼트케는 신앙과 삶을 획일적으로 규정하려는 교회로부터의 자유, 곧 개신교가 이해한 기독교 자유의 이상은 계몽주의 상황에서는 관용의 정신으로 형성된 신앙 양심의 자율을 통해서 실현될 수 있다고 보았다.

신신학의 주요 인물들

1. **슈팔딩, 슈타인바르트**: 도덕적이며 행복한 삶의 길로서의 기독교 신앙
2. **툴너, 젬러**: 영감론에 대한 비판
3. **젬러**: 종교와 신학의 구별
4. **뤼트케**: 신앙고백을 의무적으로 하는 것을 비판
5. **에버하르트, 슈타인바르트**: 원죄론에 대한 비판
6. **에르네스티, 툴너, 예루살렘**: 삼위일체 교의와 교의적 기독론에 대한 비판
7. **에버하르트**: 지옥 형벌의 영원성에 대한 비판

영향사적으로 보면 독일 신신학의 가장 중요한 인물은 1752년부터 할레대학교에서 가르쳤던 신학자 젬러다. 그의 주요 업적은 위에서 언급했던 것처럼 정통주의 영감론을 문제시하는데 기여한 것 외에도 그가 목적의식을 가지고 추진했던 신학과 종교의 구별에서 찾을 수 있다. 그의 이해에 따르면 신학은 신앙고백서 안에 문서화되고 교회적으로 확정되어 국가로부터 그 효력을 보증받는 한 특정 형태의 교리였다. 젬러는 이것을 역사-사회적, 공적 종교라고도 불렀다. 그는 이 종교 형태의 필연성에 대해서 어떤 의심도 없었다. 따라서 그는 신신학이 그렇게 중요하게 생각했던 교의 비판에는 소극적이었다.

젬러는 경건주의 이후로 언제나 다시 표출되었던 종교적 개인주의(Individualismus)도 정당하게 평가하고자 했다. 이 종교적 개인주의는 계몽주의 시대에는 이성적으로 책임질 수 있는 신앙에 대한 관심과 결합되었다. 그러므로 그는 교회의 교리 형태인 신학과 각 개별 그리스도인의 개인적 신앙의 확신인 종교를 구별했다.

그는 후자를 사적 종교(Die private Religion)라고도 불렀는데(§ 1.1.2), 이 사적 종교에서 중요한 것은 공적 종교와의 일치가 아니라 개인적 신앙의 확신을 관철하는 것이다. 그런데 젬러가 생각한 사적인 종교는 역사적 제약을 지닌 성경 및 교리와 같은 보조물로부터 자유로우면서 기독교의 핵심 사항에 근거하는 윤리적인 신앙과 일치한다.

> 그는 먼저 유일신 신앙을, 더 나아가 용서하는 하나님의 사랑에 대한 예수님의 가르침이 하나님의 전권으로 말미암았다는 신앙을 기독교의 핵심 사항에 포함시켰다. 이에 대한 의식은 우리의 윤리성을 강화한다. 끝으로 예수님의 가르침에서 유래한 동력은 성령에 의해서 그리스도인 안에 작용한다는 확신도 여기에 포함시켰다.

젬러는 이 신앙을 윤리적 종교라고도 불렀고, 인류 발전에서 일반적이며 불가변적인 이 윤리 종교가 여러 교회와 종파가 고수하는 부분적이며 가변적인 교리보다 더 크게 관철될 것이라고 생각했다. 그는 이 윤리 종교의 성취 과정을 기독교의 완성 과정으로 이해했다. 이 과정에서 인류가 역사에서 완전해질 수 있다는 계몽주의적 사상이 기독교 발전 과정에 적용되었다.

📖 📖 프랑스 계몽주의의 주요 흐름과 루소의 사상
  – E. Hirsch, Geschichte der neueren evangelischen Theologie, Band 3, 58–143(=Kapitel 28 und 29).

📖 독일 계몽주의 신학의 연구 현황을 개략적으로 서술
  – K. Nowak, Vernünftiges Christentum?

📖 📖 과도기 신학(Übergangstheologie)에서 신신학까지 독일어권에서 이루어진 신학 발전
  – E. Hirsch, Geschichte der neueren evangelischen Theologie, Band 2, 318–438(=Kapitel 24 und 25); Band 4,3–119(= Kapitel 36–38).

📖 📖 독일 신신학에 대하여 아주 광범위하게 서술
  – K. Aner, Die Theologie der Lessingszeit.

4. 6 고트홀트 에프라임 레싱과 임마누엘 칸트

종교개혁에서 시작해서 계몽주의에 이르는 신학사를 다루는 자리에서 신학자 아닌 고트홀트 에프라임 레싱(1729-1781)과 임마누엘 칸트(1724-1804)를 언급해야 한다. 그것은 이들이 18세기 후반의 주요 인물로서 각각 상이한 방식으로 독일 개신교의 신학적 담론 형성에 결정적인 영향을 끼쳤기 때문이다.

4.6.1 레싱과 단편 논쟁

신신학의 관심은 성경의 신적 계시의 증언을 18세기의 사유와 표상의 세계 내의 실제 삶에 유의미하게 번역하는 것이었다. 이러한 추구는 교의 전승의 상당 부분에서 드러난 불합리와 현실 감각 결여에 대한 비판과 뗄 수 없이 결합되어 있었다. 신신학자들은 자기 관점에서 이성적으로 책임질 수 있는 신앙과 모순되어 보이는 성경 구절의 가치를 상대화했다.

라이마루스는(4.5) 그의 저서 『이성적으로 신을 경배하는 자들을 위한 변명 또는 변호서』(Apologie oder Schutzschrift für die vernünftigen Verehrer Gottes)에서 신신학보다 더욱 거세게 교의와 성경을 비판했다. 그런데 이 저작은 1972년이 돼서야 전체적으로 출판되었고, 18세기 당시에는 그 내용 중 일부만이 레싱에 의해 발췌되어 『한 익명의 사람이 쓴 단편들』 (Fragmente eines Unbekannten)로 인쇄되었다.

이 책이 이른바 단편 논쟁(Fragmentenstreit, 1777-1779)을 일으킨 장본인이다. 이신론 정신에 입각한 라이마루스의 텍스트는 신신학이 지금까지 근본적으로 의심해 보지 않았던 전제, 곧 성경이 이성적 기독교의 토대로 간주될 수 있다는 전제를 반박했다. 이를 통해서 그는 개신교신학 내에서 역사-비평 방법론이 관철되는 데에 기여했다(§ 5.2.3).

그는 수많은 성경적 맥락에 들어있는 모순과 이와 관련되어 있어서 신뢰할 수 없는 것을 부각시켰는데, 이것은 무엇보다도 성경적이고 교회적인 예수상(像)을 폭넓게 비판하기 위한 것이다(§ 10.4.2; 10.4.3).

라이마루스는 '성경적 증언이 믿을 만한 것인가'의 질문은 아주 상세하게 다루었지만, 레싱 자신은 이 질문을 중요하게 생각하지 않았다. 그것은 기독교의 진리 여부가 결코 이 질문의 답변에 의존하지 않는다는 판단 때문이었다. 성경의 보도가 할 수 있는 가장 큰 기여는 **역사적 확실성을 입증**

하는 것이다. 그런데 기독교가 진리임을 현재적으로 보증하기 위해서 필요한 것은 역사적 증언에 전혀 의존하지 않고도 기독교 교리가 이성적임을 통찰하는 것이다(§ 4.3.1).

따라서 신신학과 다른 입장에 서 있는 레싱에게 성경은 이성적 기독교의 근본 토대가 아니고, 단지 인간성 양육이라는 목적이 달성될 때까지 일시적으로 필요한 것이었다. 성경 없이도 기독교적인 종교성이 실제로 가능하다.

근대의 진보 이해가 천년설의 부흥에 뿌리내리고 있음을(§ 14.3.1) 보여주기도 하는 그의 저서 『인류의 양육』(Die Erziehung des Menschengeschlechts, 1780)에서 레싱은 이성적이며 윤리 지향적인 인류 종교가 보편적으로 확장되는 것이야말로 신이 섭리하는 역사의 내적 목표라고 보았다. 그는 이러한 이해 속에서 젬러처럼 인류에게 완전을 지향할 능력이 있다는 사상을 받아들였고 기독교 역사를 완성을 향하는 과정으로 해석했다.

> **고트홀트 에프라임 레싱**
> 1. 라이마루스가 저술한 『한 익명의 사람이 쓴 단편들』을 익명으로 출판했고, 이성적 기독교의 토대인 성경에 대한 비판을 소개했다.
> 2. 레싱에 의하면 기독교가 진리인지는 성경 본문에 대한 신뢰 여부가 아니라 그 가르침이 이성적인가에 달려 있다.
> 3. **역사의 목표**: 윤리 지향적인 인류 종교의 보편적 확장
>   (기독교 역사=완성을 향하는 과정)

4.6.2 칸트의 종교와 도덕 이해

칸트가 계몽주의에서 차지하는 탁월한 의의는 그가 이 정신사적 흐름에 대한 정의를 내렸다는 점에서도 분명하게 드러난다. 이 정의는 자주 인용되었고 오늘날까지 잘 알려져 있다.

> 계몽주의란 사람들이 자기에게 책임이 있는 미성숙에서 떠나는 것이다. **미성숙**은 다른 이의 감독 없이는 자신의 이성을 사용할 수 없는 무능력이다. 그 원인이 지적 능력의 결핍이 아니라, 다른 이의 감독 없이 자기 능력을 스스로 사용하려는 결심과 용기의 결핍에 있다면, 이것은 사람 **자신의 책임이다**. 담대하게 알아라(Sapere aude!)! 네 자신의 이성을 사용할 용기를 내라. 이것이 계몽주의의 좌우명이다.
>
> —임마누엘 칸트, 『계몽주의란 무엇인가?』(Was ist Aufklärung?)
> (Akademie-Textausgabe VIII35,1–8).

칸트는 자율 이성의 사용을 고무하면서 동시에 인간 이성의 한계를 밝혔는데, 이것이 그가 철학에 기여한 실제적인 업적이다. 이 분야와 관련된 그의 획기적인 저작은 『순수 이성 비판』(Kritik der reinen Vernunft)이다.[1]

칸트는 합리주의 형이상학을 전체적으로 비판했고, 이 과정에서 철학적 신 존재 증명이 불가능하다는 것이 철저하게 드러났다. 이것 때문에 칸트의 이성 비판은 계몽주의 시대 신학에서 커다란 의미를 갖게 되었다(§ 6.2.1).

> 철학적 신(神) 지식이 인간 구원에 어떤 기여도 할 수 없다는 주장은 종교개혁 신학의 한 전형적 특징이었다. 그럼에도 불구하고 칸트 이전 사람들은 그리스도 계시에 대한 믿음 없이도 인간 이성으로 이해할 수 있는 하나님의 자기 계시(Selbstkundgabe)가 있으며, 모든 사람은 창조물 또는 양심의 증거를 통해서 이것에 접근할 수 있다는 신념을 결코 의심하지 않았다.

---

1 『순수 이성 비판』의 통례적 약어는 KrV이고, 1781년에 나온 제1판은 A로, 1787년의 제2판은 B로 표시한다.

구개신교 정통주의 이후에는 복음주의 진영도 이성-철학적 신(神) 지식을 계시 신앙의 준비 단계로 간주함으로써 그 가치를 인정했다(§ 3.2.1; Musäus [4.5]). 영국 이신론(4.4) 및 당시 철학적 합리주의(Christian Wolff)의 영향을 받았던 신신학은 한걸음 더 나아가서 이성적 신(神) 지식을 계시에 근거한 신학적 진술을 위한 철학적 예비학으로 여겼다. 그러나 칸트의 이성 비판으로 당시 신학적 교리 형성의 한 중요한 지주가 무너졌다.

그러나 신 존재 증명의 비판에서 칸트가 의도한 것은 신 개념의 근본적 해체가 아니었다. 그는 이론-철학적 신(神) 지식의 가능성을 부정하면서도 하나님의 존재를 인정할 수밖에 없는 윤리적 필연성을 더 힘차게 강조했다. 그는 이 필연성을 모든 사람들이 타당한 윤리적 행위를 요구받고 있다는 것에서 도출했다(§ 6.2.1). 이러한 종교와 윤리의 긴밀한 결합은 어느 측면에서는 신신학의 관심사와 닮았다(4.5).

앞서 언급했던 경건주의(4.3)가 다른 외적 조건에서 그랬던 것처럼, 신신학의 주된 관심사는 신앙이 기독교적 삶의 실천에 대해 갖는 의미에 집중되어 있었다. 칸트는 그의 책『이성의 한계 안에서의 종교』(Die Religion innerhalb der Grenzen der bloßen Religion, 1793, § 4.3.1)에서 역사적 조건에서 생겨난 교의를 중심으로 형성된 **교회 신앙**(*Kirchenglauben*)과 윤리에서 출발한 순수한 **종교 신앙**(*Religionsglauben*)을 구별했다. 이 구별 역시 이성적 기독교를 추구하는 신신학의 관심사를 상기시킨다.

하지만 칸트와 신신학의 차이는 성경의 권위에 대한 견해에서 드러난다. 칸트는 인간의 윤리 의식만이 이성 종교의 최종적 토대라고 생각했다. 이 윤리 의식이 성경 본문의 현재적 의미를 판단할 수 있는 기준이 된다. 이 견해에서 성경의 권위는 철저하게 상대화되었다는 것을 알 수 있다. 또 이 지점에서 칸트가 레싱과 연결되어 있음도 알 수 있다. 그에 따르면 인류의 윤리적 발전은 교회 신앙을 벗어나서 오직 순수 종교적 신앙이 다스리는 형태로 옮겨가는 것이고, 이러한 이행이 하나님 나라로 향하는 접근이었다(§ 14,3,1). 이 견해는 레싱의 양육 개념과 유사하다.

임마누엘 칸트

1. 독일 계몽주의 철학의 정점
2. 이성적 형이상학, 곧 철학적 신 존재 증명의 비판
3. 윤리를 통해서 신 개념을 유효한 것으로 되찾음
4. 더 이상 성경의 권위가 아닌 인간의 윤리적 의식에서 출발한 이성 종교에 대한 서술

칸트의 이론 이성과 실천 이성 그리고 그의 종교철학을 개략적으로 서술
- J. Rohls, Protestantische Theologie der Neuzeit, Band 1, 225-237. 281-287.

레싱과 칸트가 개신교 신학사에서 갖는 의미
- E. Hirsch, Geschichte der neuen evangelischen Theologie, Band 4, 120-165(=Kapitel39); Band 4, 271-329(=Kapitel 42 a-1).

칸트에 대한 방대한 정보
- http://web.uni-marburg.de/kant//webseitn/homepage.htm.

학술 협회가 펴낸 칸트 저작 전집
- http://www.bbaw.de/bbaw/Forschung/Forschungsprojekte/kant/de/Ueberblick.

학술판 전자책 전체 본문
- http://www.ikp.uni-bonn.de/kant/.

132 조직신학 연구 방법론

〈도표 1〉 4.10에서 4.6까지 개혁됐던 정신사적 맥락에서 중요한 인물들과 그들의 주저들(연대순으로)

♣ 밑줄 그어진 사람과 저작은 개혁주의에 속한다.

자연과학	국가론	철학	루터/개혁 정통주의	년도
코페르니쿠스 (N. Kopernikus, 473-1543), 『천체의 운행에 대하여』 (De Revolutionibus Orbium Coelestium)				1543
케플러(J. Kepler, 1571-1630), 『새로운 천문학』 (Astronomia Nova)				1609
			후터(L. Hutter, 1563-1616), 『신학 주요 개념 개요』 (Compendium locorum theologicorum)	1609
			케커만(B. Keckermann, 1571-1609), 『신학의 체계』(Systema SS. theologiae)	1611
			게르하르트(J. Gerhard, 1582-1637), 『신학의 주제』(Loci theologici)	1610-1622

자연과학	국가론	철학	루터/개혁 정통주의	년도
			알스테드(J. H. Alsted, 1588–1638), 『스콜라신학 교수법』(Theologia scholastica didactica)	1618
	그로티우스 (H. Grotius, 1583–1645), 『전쟁과 평화의 법』(De jure belli ac pacis)			1625
			볼레프(J. Wolleb, 1586–1629), 『기독교신학 개요』(Christianane theologiae compendium)	1626
				1632
갈릴레이(G. Galilei, 1564–1642), 『두 개의 주요 우주 체계에 대한 대화』(Dialogo sopra I due massimi sistemi)		데카르트(R. Descartes, 1596–1650), 『방법서설』(Discours de la méthode)		1637

자연과학	국가론	철학	루터/개혁 정통주의	년도
		데카르트(R. Descartes, 1596–1650), 『제일철학에 대한 숙고』(Meditationes de prima philosophia)		1641
			보에티우스(G. Voetius, 1589–1676), 『선별 신학 강론 1–5부』(Selecarum disputationum theologicarum partes I–V)	1648 –1669
	홉스(Th. Hobbes, 1588–1679), 『국가』(Leviathan)			1651
			칼로프(A. Calov, 1612–1686), 『신학 주제의 체계』(Systema locorum theologicorum)	1655 –1677
			코케이우스(J. Coccejus, 1603–1669), 『성경에서 도출한 신학요점 반복』(Summa theologiae ex sacris scripturis repetita)	1662

자연과학	국가론	철학	루터/개혁 정통주의	년도
			쾨니히(J. F. König, 1619-1664), 『긍정신학 강연』(Theologia positiva acroamatica)	1664
			무조이스(J. Musäus, 1613-1681), 『구원을 위해서 불충분한 자연의 빛에 대하여』(De luminis naturae insufficientia ad salutem)	1668
	푸펜도르프(S. Pufendorf, 1632-1694), 『자연과 인종에 대한 법, 여덟 권』(De jure naturae et gertium libri octo)			1672, ³1688
		독일 루터교 경건주의의 전성기 – 4.3		1675 –1723
		스피노자(B. Spinoza, 1632-1677), 『수학적 방법으로 논증된 윤리학』(Ethica more geometrico demonstrata)		1677

자연과학	국가론	철학	루터/개혁 정통주의	년도
			무조이스(J. Musäus), 『신학입문』 (Introductio in theologiam)	1679
			크벤쉬테트(A. Quenstedt, 1617–1688), 『강의를 위한 논쟁신학』(Theologia didactico-polemica)	1685
뉴턴(I. Newton, 1643–1727), 『자연철학의 수학적 원리』(Philosophiae Naturalis Principia Mathematica)				1687
	로크(J. Locke, 1632–1704), 『정부에 관한 두 논문』 (Two Treatises of Gouvernment)	로크(Locke, John), 『인간 오성에 대한 소론』(An Essay concerning Humane Understanding)		1690
영국 이신론의 전성기 – 4.4				1690 –1750

철학	루터/개혁 정통주의	과도기 신학/신학적 볼프주의	신신학	년도
	하이데거(J. H. Heidegger, 1633–1698), 『신학전집』(Corpus theologiae)			1700
라이프니츠(G. W. Leibniz, 1646–1716), 『신(新) 인간오성론』(Nouveaux essais sur l'entendement humain)				1704
				1719
		파프(Ch. M. Pfaff, 1686–1760), 『교의와 윤리신학의 구조』(Constitutiones theologiae dogmaticae et moralis) – § 5.2.3		1719, 『1751
볼프(Ch. Wolff, 1679–1754), 『하나님, 세상 그리고 인간 영혼에 대한 이성적 생각』(Vernünfftige Gedanken Von Gott, Der Welt und der Seele des Menschen)		부데우스(J. F. Buddeus, 1667–1729), 『교의신학 강의』(Institutiones theologiae dogmaticae)		1723

철학	루터/개혁 정통주의	과도기 신학/신학적 볼프주의	신신학	년도
		부데우스(J. F. Buddeus), 『볼프 철학에 대한 생각』 (Bedenken über die Wolffianische Philosophie)		1724
		칸츠(I. G. Th. Canz, 1690–1753), 『신학을 위한 라이프니츠와 볼프의 철학의 활용』 (Philosophiae Leibnitianae et Wolffianae usus in theologia)		1728–1737
	뢰셔(V. E. Löscher, 1673–1749), 『너희는 어디로 몰려가는가?』 (Quo ruitis?)	슈미트(Schmidt, Johann Lorenz 1702–1749), 『베르트하임 성경』(Wertheimer Bibel)		1735
		프로이센 왕 프리드리히 2세 즉위와 신신학의 출현 – 4.5		1740
			슈팔딩(J. J. Spalding, 1714–1804), 『인간의 규정』 (Die Bestimmung des Menschen)	1748, [13]1794

철학	루터/개혁 정통주의	과도기 신학/ 신학적 볼프주의	신학적 볼프주의	신신학	년도
		모스하임(J. L. Mosheim, 대략 1693–1755), 『고대 및 근대 교회사 강의』(Institutiones historiae ecclesiaticae antiquae et recentioris) – § 2.1			1755
신학적 불포주의			신신학		
바움가르텐(G. J. Baumgarten, 1706–1757), 『개신교 신앙 교리』(Evangelische Glaubenslehre)					1759/1760
			뤼트케(F. G. Lüdke, 1730–1792), 『그릇된 종교적 열정에 대하여』(Vom falschen Religionseifer)		1767
			퇼너(J. G. Töllner, 1724–1774), 『예수 그리스도의 적극적인 복종에 대한 연구』(Der Thätige Gehorsam Jesu Christi untersucht) – § 10.4.1		1768
			퇼너(J. G. Töllner), 『성경의 신적 영감』(Die göttliche Eingebung der heiligen Schrift) – § 5.2.3)		1771
			젬러(J. S. Semler, 1725–1791), 『경건의 자유로운 연구에 대한 논문』(Abhandlung von freier Untersuchung des Canon) –§ 5.2.3		1771–1775

	신신학	
신학적 불포주의	에버하르트(J. A. Eberhard, 1739–1809), 『소크라테스를 위한 새로운 변명 또는 이방인의 복에 대한 교리 연구』(Neue Apologie des Sokrates, oder Untersuchung der Lehre von der Seligkeit der Heiden) –§ 9.2;9.3.2	1772 –1778
	슈팔딩(J. J. Spalding), 『설교직의 유용성과 촉진에 대하여』(Über did Nutzbarkeit des Predigtamtes und deren Beförderung)	1773
	에르네스티(J. A. Ernesti, 1707–1781), 『신학 소논문』(Opuscula theologia). 이 논문에 들어 있는 『그리스도의 삼중 직분에 대하여』(De officio Christi triplici) – § 10.3.3	1773, ²1792
	레싱(G. E. Lessing, 1729–1781) 『단편 논쟁』(Fragmentenstreit) – 4.6.1	1774 –1779
	뤼트케(F. G. Lüdke), 『관용과 양심의 자유에 대하여』(Über Toleranz und Gewissensfreiheit)	1774
	젬러(J. S. Semler), 『기독교 교리의 자유로운 배움을 위한 지침, 더 자유로운 신학 행태의 시도』(Institutio ad doctrinam christianam liberaliter discendum, Versuch einer freieren theologischen Lehrart)	1774 /1777
	슈타인바르트(Steinbart, Gotthelf Samuel 1738–1809), 『순수철학 또는 기독교 행복론의 체계』(System der reinen Philosophie oder Glückseligkeitslehre des Christentums) –§ 9.3.2; § 10.4.1	1778, ⁴1794

제4장 종교개혁에서 계몽주의까지

신학적 별포주의	신신학	
칸트의 인식론, 윤리, 종교철학 주저 출판 – 4.6.2		1781 –1793
	젬러(J. S. Semler), 『역사적·사회적·윤리적 종교에 대하여』(Über historische, geselschaftliche und moralische Religion) – § 1.1.2	1786
	가블러(Johann Philipp Gabler 1753-1826), 『성경신학과 교의신학의 철저한 차이와 양자의 경계 구분에 대한 연설』(Oratio de iusto discrimine theologiae biblicae et dogmaticae regudisque utriusque finibus) –§ 5.2.3	1787
	슈팔딩(Spalding, Johann Joachim 1714-1804), 『종교, 인간의 일』(Religion, eine Angelegenheit des Menschen)	1797, ⁴1806
슐라이어마허(F. D. E. Schleiermacher, 1768-1834)의 종교철학과 교의학 주저 출판		1799 –1831

제5장
19세기 개신교신학

📖   **19, 20세기 개신교 신학사 주요 문헌**
     – Grundtexte der neuerer evangelischen Theologie.

📖   **19세기 교회사**
     – M. Friedrich, Kirche im gesellschaftlichen Umbruch.

📖📖   **신학사적 맥락을 고려한 계몽주의 말에서 제1차 세계대전까지 독일 교회의 역사적 발전**
     – K. Nowak, Geschichte des Christentums, 15–204.

👓   제5장을 읽으면서, 동시에 아래 책을 활용하여 19세기 신학사적 발전상을 알아보십시오.
     – G. Hornig, Lehre und Bekenntnis im Protestantismus, 147–220.

5.1 프리드리히 슐라이어마허

프리드리히 다니엘 에른스트 슐라이어마허(Friedrich Daniel Ernst Schleiermacher, 1768-1834)의 저작은 오늘날에도 중요하며, 그 중요성이 신학에만 국한되지 않는다. 오늘날 다른 영역의 논의, 예컨대 해석학, 교육학, 미학 영역에서도 방대하고 수많은 주제를 포괄하는 그의 저작이 주목을 받고 있다. 하지만 그가 지속적으로 영향력을 발휘하는 영역은 특별히 신학이다.

그가 현대 개신교신학 최초의 고전적 대표자로 여겨지는 것은 그가 근대의식의 조건인 유럽 계몽주의 지평에서 개신교신학을 새롭게 정립했기 때문이다. 그가 차지하는 역사적 의미는 그가 19세기 교부로 일컬어졌다는 것뿐만 아니라, 20세기 초에 변증법적 신학이 슐라이어마허 사상의 근본 개념을 맹렬히 비판했다는 것, 20세기 후반 이래로 독일 개신교 안에서 다시 슐라이어마허 사상의 계승이 이루어지고 있다는 것에서도 분명하다.

슐라이어마허는 독일 초기 낭만주의의 커다란 영향 아래 종교 개념을 새롭게 규정함으로써 새로운 방식의 신학적 사유를 시작했다.

그는 1799년에 익명으로 출판했던 자신의 첫 저서인 『종교에 대하여, 종교를 경멸하는 사람들 안에 있는 교양인들을 향한 연설』(Über die Religion Reden an die Gebildeten unter ihren Verächtern[1], § 1.1.3)에서 이 새로운 종교 개념을 진술했다. 이 책에서 슐라이어마허는 우주에 대한 직관(Anschauung)에서 비롯되는 주체 중심적이며 개인적인 감정 경험(subjektiv-individuelles Gefühlsleben)으로 이해된 종교의 본질을 말했고, 이 종교가 자립적이라는 것을 철학적 세계 해석(형이상학)과 윤리에 대항하여 주장했다.

---

[1] 제2판 1806, 제3판 1821, 제4판 1831.

슐라이어마허에 따르면 인간의 종교성은 결코 숨길 수 없을 정도로 다원적이고, 오직 역사의 구체적 표현들, 곧 실제 종교들 안에서만 실현된다. 이신론(4.4) 이후 근대 종교 이론은 역사적 조건에서 생겨난 모든 특수성으로부터 정화된 이성 종교를 탐구하고 이것을 보편타당한 것으로 서술하고자 했다. 그러나 슐라이어마허는 이러한 경향에 반대하여 기독교를 경멸하는 교양인에게 바로 이 실제 종교가 종교적 본질을 상이하게 표현하고 있음을 알라고 요구했다.

프리드리히 슐라이어마허

1. 새로운 형태의 개신교신학을 주창함
2. 1799: 독일 초기 낭만주의 정신을 따라서 종교 개념을 새롭게 규정함(§ 1.1.3)
3. 1821/22, 1830/31: 교의학의 교리적 요소를 기독교 신앙의 표현이라고 해석

슐라이어마허에 의하면 종교는 본질적으로 감정의 경험이기에 종교에 딸린 모든 교의학적 진술은 이차적이며 파생된 의미를 갖는다. 이 통찰은 구개신교 정통주의가 추구했던 객관주의가 결정적으로 극복되었음을 보여 준다. 또한 이 통찰로 인하여 슐라이어마허가 기독교의 경건한 자의식이라고 불렀던 주체 중심적이며 개인적인 종교 경험이 교리 형성의 원리로 세워졌다.

자신의 신학 주저인 『개신교회 원리를 따라서 상호연관적으로 서술한 기독교 신앙』(Der christliche Glaube nach den Grundsätzen der evangelischen Kirche im Zusammenhange dargestellt)[2]의 초판에서 슐라이어마허가 행한 일관된 해석에 따르면, 전래된 개신교의 조항들은 〈다른 것이 아니라〉 개신교

2　종종 이 책 이름을 줄여서 『신앙론』(Glaubenslehre)이라고도 부른다. 초판은 1821/1822년에, 2판은 1830/1831년에 출간되었다.

회가 이해한 기독교의 틀 안에서 육성된 종교 경험들이 표현된 것이다. 그는 이 새로운 방법론에 따라서 전래된 교의학의 상당히 많은 항목을 재평가하고 변형했는데, 어떤 부분과 관련해서는 그 정도가 아주 심했다. 이러한 교의학 내용의 변형은 이 책의 2부에서 부분적으로 다루어진다.

제2판의 구성 단위인 조항들(Paragraphen)의 순서를 그대로 따르고 있는 아래의 도표는 『신앙론』의 내용 구성을 명료하게 보여 준다. 이 표에서 굵은 글자로 인쇄한 부분은 슐라이어마허의 신학적 주저와 관련된 진술이 이 책 『조직신학 연구 방법론』 어느 장에 나오는지를 가리킨다.

　　신앙론 기획의 근거와 실행에 대해 대략적으로 개관
　　　– J. Rohls, Protestantische Theologie der Neuzeit, Band 1, 394–408.
　　　– H. Fischer, Friedrich Schleiermacher, 97–117.

　　슐라이어마허의 생애와 작품을 상세하게 서술
　　　– E. Hirsch, Geschichte der neuern evangelischen Teologie, Band 4, 490–582(=Kapitel 46); Band 5, 281–364(= Kapitel 51).
　　　– K. Nowak, Schleiermacher.

　　국제 슐라이어마허 협회(die Internationalle Schleiermacher-Gesellschaft)가 관심 있는 모든 사람이 활용할 수 있도록 마련한 슐라이어마허 학술 포럼
　　　– http://anu.theologie.uni-halle.de/ST/SF.

슐라이어마허, 『신앙론』의 구조

서론(§§ 1–31) 설명(§ 1)	

1장: 교의학이란 무엇인가에 대한 설명 (§§2–19)
서론(§ 2)
윤리학에서 빌려온 명제
   (§§ 3–6) – § 6.2.2의 과제제시
종교철학에서 빌려온 명제
   (§§ 7–10) – § 3.3
변증학에서 빌려온 명제(§§11–14)
교의학과 신앙(Frömmigkeit)의 관계
   (§§ 15–19)
	2장: 교의학의 방법론에 대하여 (§§ 20–31)
	서론(§ 20)
	교의학의 재료 선별에 대하여
	   (§§ 21–26)
	교의학의 형성에 대하여
	   (§§ 27–31)

신앙론 제1부: 경건한 자의식(§§ 32–61)			신앙론 제2부: 죄(비의욕)와 은혜(의욕)의 대립 가운데 있는 경건한 자의식(§§ 62–169)		
서론(§§ 32–35) § 6.2.2의 과제 제시			서론 (§§ 62–64)		서론(§§ 86–90)
인간	창조, 보존 (§§ 36–49) § 8.3		인간	죄(§§ 65–74)	은혜(기독론, 구원론, 중생, 성화, §§ 91–112) 6.2
하나님	영원·편재·전능·전지 (§§ 50–56)		세상	악(§§ 75–78) § 14.3.2	교회론, 종말론 (§§ 113–163)
세상	세상과 인간의 근원적 완전성(§§ 57–61)		하나님	거룩, 정의 (§§ 79–85)	사랑, 지혜 (§§ 164–169)
결론: 삼위일체론(§§ 170–172) – § 7.3					

5. 2 19세기 독일 개신교신학 학파

19세기에 이르러 경건주의, 계몽주의, 슐라이어마허의 신학적 유산이 다양하게 수용·발전·변형되면서 독일 개신교신학 안에서 상이한 흐름이 생겨났다. 이 자리에서는 이 발달 과정의 다양성을 충분히 다룰 수는 없고, 다만 주요한 흐름의 특성과 핵심 인물을 살펴보자.

> 점차 교회(들)는 사회 전반에 대하여 그 가치를 상실했고 이와 결부되어 세계관이 다원화되었다. 이 같은 상황에서 당시 19세기 신학이 전개되었다. 세계관의 다원화에 특히 중요한 것은 자연과학이 내놓은 주장이었다. 자연과학은 과학적으로 보증된 토대 위에서 실재를 포괄적으로 해석하고 또 인간의 규범적인 삶이 무엇인지 말함으로써 지금까지 의미의 창조자(Sinnstifter) 역할을 담당했던 종교와 철학을 대신할 수 있다고 주장했다.
> 이 주장은 자연과학 발전에 근거하고 있었을 뿐만 아니라 종교 자체와 특별히 기독교에 대한 철저한 비판에서 생겨났다. 이 종교 비판은 다비드 프리드리히 슈트라우스(David Friedrich Strauß, 1808-1874)의 극단적 **성경 비판**을 통해서 더욱 강화되었다. 페르디난트 크리스티안 바우어(Ferdinand Christian Baur, 1792-1860)의 제자였던 그는 두 권으로 이루어진 자신의 저서 『비판적 연구를 통해서 구성된 예수의 생애』(Das Leben Jesu, kritisch bearbeitet, 1835/1836)에서 예수에 대한 신약성경의 보도가 신화이며 완전히 비역사적인 고대 종교의식의 소산임을 증명하고자 했다(§ 10.4.3).
> 신학에서 활용된 역사-비평적 연구 방식을 통해서 슈트라우스는 바우어와 달리 교회 및 기독교 신앙과 완전히 결별한다. 무신론적 물질주의와 다윈의 진화론의 영향을 받은 그의 후기 저작 『옛 신앙과 새 신앙』(Der alte und neue Glaube, 1872)은 기독교에 대한 거부를 뜻했다.

종교 비판과 관련하여 성경 비판 외에도 중요한 것은 루트비히 포이에르바흐(Luwig Feuerbach, 1804-1872)가 주도적으로 전개했던 철학적 **종교 비판**이었다. 이 종교 비판은 칼 마르크스(Karl Marx, 1818-1883)에 의해 수용된 후 혁명적 사회비판 이론으로 확대 발전되었다(§1.3.1).

자연과학이 세계관 형성에 커다란 권위를 발휘한다는 점을 공공연하게 보여준 사건은 **유물론 논쟁**(Materialismusstreit)이었다. 1854년 괴팅겐 생리학자 루돌프 바그너(Rudolf Wagner, 1805-1864)는 독일 자연과학자 협회의 제31차 회의에서 기독교적 종교의 의미, 곧 영혼 불멸에 대한 가정이 자연과학 연구의 토대라고 변호했다.

그 후 1856년에 칼 포크트(Carl Vogt, 1817-1895)는 자신의 동료 교수 바그너(R. Wagner)를 겨냥해서 『맹신과 과학』(Köhlerglaube und Wissenschaft)이라는 논박서를 썼다. 그는 모든 사유와 의식의 내용이 근본적으로 뇌 활동에 의존한다는 점을 들어 혼 현상의 독립성을 부정했다(신학적 관점에서 영혼의 불멸성에 대한 질문, §14.3.2).

물질주의는 맨 먼저 루트비히 뷔히너(Ludwig Büchner, 1829-1899)의 책 『힘과 물질』(Kraft und Stoff, 1855)에 의해서 커다란 영향력을 끼치는 세계관이 되었다. 이 책은 당대 가장 많이 읽히는 통속 과학 작품 중 하나였으며 다음 세기가 시작되기 전까지 20판 이상 인쇄되었다.

가볍게 볼 수 없는 또 하나의 책은 예나의 생물학자요 자연철학자였던 에른스트 헤켈(Ernst Haeckel, 1834-1919)이 쓴 『세계의 수수께끼』(Die Welträtsel, 1899)였다. 다윈의 진화론을 계승하는 이 책에서 범신론적 요소도 볼 수 있다.

> **19세기 독일 개신교**
>
> 1. 수많은 상이한 신학적 흐름이 있었다.
> 2. **정신사적 틀**: 기독교 종파 교회가 의미를 상실하고, 종교 비판과 유물론이 자연과학적 토대에 근거한 세계관으로 정착되었다.

칸트는 그의 저서 『이성의 한계 내에서 종교』에서 종교와 윤리의 동일성을 토대로 1793년 순수 합리주의자(*reine Rationalisten*)와 초자연주의자(*Supernaturalisten*)를 구별했다.

> (인간 주체와 관련해서) 종교는 우리의 모든 의무를 신의 계명으로 아는 것이다. 신의 계명을 나의 의무로 인정하기 위해서 먼저 신의 계명이 무엇인지 알아야만 한다면, 이러한 종교는 계시(또는 계시가 필요한) 종교다. 이에 반하여 내가 어떤 의무를 신의 계명으로 인정하기 전에 먼저 의무가 무엇인지를 알아야만 한다면, 이 종교는 자연 종교다. 오직 자연 종교만이 윤리-필연적인 의무라고 선언하는 자는 (신앙의 문제와 관련하여) 합리주의자로도 불릴 수 있다.
>
> 만약 이 사람이 모든 초자연적인 신적 계시의 실재를 부정한다면 그는 자연주의자다. 만약 그가 초자연적인 신적 계시를 용인하면서도 이것을 알고 실제로 수용하는 것이 종교를 위해서 필연적이지는 않다고 주장한다면, 이 사람은 **순수 합리주의자**라고 불릴 수 있을 것이다. 그러나 만약 그가 계시에 대한 믿음을 일반 종교에 필연적인 것으로 여긴다면, 이 사람은 믿음의 문제에 있어서 **초자연주의자로** 불릴 수 있을 것이다.
>
> ─칸트, 『이성의 한계 안에서의 종교』
>
> (Akademie-Textausgabe, 제6권, 153.28f; 154.1-9; 155.1-4).

이 구분 가운데 언급된 (순수) 합리주의자는 신신학을 계승하면서도 뛰어넘는 신학적 흐름을 형성하는데, 이 흐름은 18세기 말에 생겨나서 19세기 초반에 커다란 영향을 끼쳤다. 이 흐름은 성경·신학적 전통을 인간 이성과의 아무 마찰 없이 조화시키고자 했고, 이를 위한 수단으로 기독교가 이성의 심판대 앞에서 자기 전승과 자신을 철저하게 비판하는 것이 필요했다. 이런 형태로 종교 비판을 수행했던 중요한 인물은 요한 하인리히 티프트룽크(Johann Heinrich Tieftrunk, 1759-1837, §1.3.1)였다.

합리주의를 주창하는 학문의 중심지였던 할레에서 1810년 이래로 율리우스 아우구스트 루트비히 벡샤이더(Julius August Ludwig Wegscheider, 1771-1849)가 가르쳤다. 그의 책 『기독교 교의신학에 대한 강론』(Institutiones theologiae christianae dogmaticae, 1815년에 초판, 1844년에는 8판)은 가장 중요한 합리주의 교의학 교과서가 되었다.

> **19세기 독일 개신교 신학 학파(I)**
> 1. **합리주의**: 인간 이성의 심판대 앞에서 (기독교) 종교의 광범위한 (자기) 비판
> 2. **초자연주의**: 성경이 갖는 계시적 특성을 고수함

합리주의와 달리 **초자연주의**(Super- oder Supranaturalismus)는 성경 진술이 인간 이성의 인식 범위를 넘어서는 곳에서도 계시로서의 성격을 지닌다고 주장했다. (구) 튀빙겐 학파의 창시자요 칸트와 동시대에 살았던 고틀로프 크리스티안 슈토르(Gottlob Christian Storr, 1746-1805)는 이성적으로 얻어진 지식이 경험 가능한 대상과 관련된 경우에만 학문적으로 확실한 것으로 간주할 수 있다는 칸트의 견해를 따랐다.

그러면서도 만약 이성이 경험의 범위를 넘어서 있는 신적 계시의 진리

여부를 자기 판단 기준으로 결정한다면, 이것은 이성이 자기 한계를 무시하는 행위라고 생각했다. 또한 그는 자신의 저작을 통해서 신적 계시를 증언한다는 성경 저자의 주장을 정당하다고 생각했기 때문에 성경을 권위 있는 계시 문서로 인정하는 것이 이성적이라고 생각했다.

1800년부터 라이프치히대학교에서 가르친 루터파 요한 아우구스트 하인리히 티트만(Johann August Heinrich Tittmann, 1773-1831)은 이러한 성경 이해와 결합되어 있는 합리주의에 대한 비판을 강화했는데, 그것은 그가 합리주의를 경향상 무신론적이라고 보았기 때문이다(『초자연주의, 합리주의 그리고 무신론』[Supernaturalismus, Rationalismus und Atheismus], 1816).

초자연주의는 19세기 중반까지 그 세력이 막강했고, 예컨대 요한 토비아스 베크(Johann Tobias Beck, 1804-1878) 같은 사람이 대표한 슈바벤 성경주의(der schwäbische Biblizismus)를 통해서 19세기 후반에는 성경신학에 영향을 끼쳤다. 당시 성경신학자로는 예컨대 마르틴 켈러(Martin Kähler, 1835-1912), 아우구스트 헤르만 크레머(August Hermann Cremer, 1834-1903), 아돌프 슐라터(Adolf Schlatter, 1852-1938) 등이 있었다.

그런데 이 초자연주의는 부분적으로 **부흥신학**의 성경주의와 결합되었다. 이 신학 배후에는 초국가·초종파적인 특성을 지닌 아주 다양한 형태의 신앙 부흥운동이 있었는데 독일 개신교 부흥운동의 대표자들과 관련하여 생각해 보면 경건주의 전통을 이었다(4.3). 이 운동이 신학은 성경 비평을 거부하고 성경의 권위를 무비판적으로 수용했고, 계몽주의에 비판적이었다.

이 신학 사조는 사람들이 성경의 권위를 인정하는 것을 이성의 적합한 사용의 결과가 아니라 복음을 들음으로써 생겨난 회심의 결과로 이해했다. 이러한 견해 속에서 종교를 형이상학이나 윤리와 독립시켜 그 본질을 감정의 경험으로 파악한 슐라이어마허의 종교 규정이 긍정적인 평가를 받았다(5.1; § 1.1.3).

이러한 경향은 특히 요한 아우구스트 네안더(Johann August Neander, 1789-1850)에게서 보인다. 괴팅겐(Göttingen) 출신 유대인이었던 네안더는 슐라이어마허의 저작을 읽고 기독교로 개종하여 세례를 받았다. 네안더는 가슴(라. pectus)에서 일어난 감정(Empfindung des Herzens)이 하나님과의 관계의 근원이라고 강조했고, 이 때문에 그의 신학은 가슴신학(Pektoraltheologie)로 불린다.

부흥신학의 가장 중요한 인물은 프리드리히 아우구스트 고트로이 톨룩(Friedrich August Gottreu Tholuck, 1799-1877)이다. 그는 네안더의 제자로서 모라비아 경건주의(Herrnhuter Pietismus)로부터 깊이 영향을 받았던 사람이다. 톨룩은 할레의 합리주의자들의 저항을 막을 목적으로 그곳으로 부름 받아서 1826년부터 가르쳤다. 그의 가장 유명한 저작은 무명으로 출판된 서간체 소설『죄와 화해자에 대한 교리, 또는 회의하는 자의 참된 봉헌』(Die Lehre von der Sünde und vom Versöhner oder Die wahre Weihe des Zweiflers, 1823에 제1판, 1871년에 제9판)이다. 이 책에서 그는 인간이 죄를 극복할 수 없고, 신적 화해 사역의 필연성에 대한 깨달음이 참된 신앙의 전제라는 확신을 드러냈다.

이 생각과 맞물려 기독교의 전통적인 죄론이 신학적 주제로 복원되었는데, 근대신학 안에서 죄론이 처했던 운명에 거스르는 것이었다. 이러한 죄론의 회복은 아주 특별하게 톨룩의 제자 율리우스 뮐러(Julius Müller, 1801-1878)의 교의학 주저『죄에 대한 기독교 교리』(Die christliche Lehre von der Sünde, 1839-1844)에 반영되었다.

> **19세기 독일 개신교 신학 학파(II)**
> 3. **부흥신학**: 성경 비판을 거부하고, 가슴의 감정이 하나님과의 관계의 원천이라고 보면서 전통적 죄론을 회복
> 4. **사변신학**(Spekulative Theologie): 초자연·성경주의와 합리주의를 중재하고, 헤겔 사상을 근간으로 기독교 교의를 철학적으로 해석

슐라이어마허와 더불어 베를린대학교에서 철학을 가르쳤던 게오르크 빌헬름 프리드리히 헤겔(Georg Wilhelm Friedrich Hegel, 1770-1831)은, 종교를 감정의 경험과 주관적 신앙의식(Glaubensbewusstsein)으로 특징지으면서 종교를 철학에서 분리하는 경향에 대항하였다. 헤겔에 따르면 기독교의 핵심 교리는 철학적 이성으로 완전하게 숙고할 수 있다. 따라서 그는 기독교 신앙의 교의(Dogmen)를 개념으로 이루어진 지식의 형태로 전환하고자 노력했다.

헤겔 사상을 모범으로 삼는 사변신학(Spekulative Theologie)의 주요 대표자는 칼 다우프(Carl Daub, 1765-1836)와 필립 콘라트 마르하이네케(Philipp Konrad Marheinecke, 1780-1846)였다. 사변신학은 철학적 신해석으로 기독교의 전통 교리를 보존하려고 함으로써 초자연주의-성경주의와 합리주의를 화해시키고자 했다. 이 과정에서 초자연주의와 성경주의가 부정하는 성경의 역사적 제약성, 그리고 합리주의가 인정하지 않는 인간 이성의 한계 및 그로 인한 하나님에 대한 인간 지식의 불완전성(Gebrochenheit)을 숙고하였다.

신 관념에서 출발한 사변신학에서 종교는 인간정신(Geist) 안에서의 하나님의 자기 계시로 이해되었고, 이 계시는 전체적으로 세 단계의 과정을 거친다. 곧 자기에게 머물던 하나님이 자기와의 구별의 과정을 거친 후 자신과의 구분을 해소하는 단계에 이른다. 이 3단계 모델이 삼위일체 교리

및 기독론 교의와 결합되었다(1.3; § 7; § 9). 그러니까 사변신학 안에서 이루어진 기독교 신앙의 해석은 고대 교회의 교의에 대한 철학적 변호였다.

사변신학이 헤겔을 따랐다면, **중재신학**(Vermittlungstheologie)의 주요 인물은 슐라이어마허를 계승했다. 이들 역시 기독교를 근대성과 결합하기 위해서 지식과 신앙의 화해를 추구했다. 이 중재의 목적이 무엇인지는 『신학적 연구와 비판』(Theologische Studien und Kritiken, 제1호[1828])의 서문에서 알 수 있다. 이 잡지는 중재신학자의 기관지였고 칼 크리스티안 울만(Carl Christian Ullmann, 1796-1865)과 프리드리히 빌헬름 움브라이트(Friedrich Wilhelm Umbreit, 1795-1860)가 발행했다.

이 신학적 흐름에 속한 또 다른 인물들로는 빌헬름 마르틴 레베레히트 드베테(Wilhelm Martin Leberecht de Wette, 1780-1849), 프리드리히 뤼케(Friedrich Lücke, 1791-1855), 칼 엠마누엘 니치(Carl Emmanuel Nitzsch, 1787-1876) 그리고 아우구스트 트베스텐(August Twesten, 1798-1876)이 있었다.

중재신학자는 종파주의(Konfessionalismus)에 대해 비판적이었다. 루터교회와 개혁교회의 종파주의가 각각 자신의 신앙고백의 가치를 고수하려고 했다면, 슐라이어마허를 따르는 중재신학은 개신교 교회의 공통점을 강조했다. 이로써 중재신학은 경건주의와 계몽주의 이래 개신교 내부에서 이루어졌던, 교리적 차이를 상대화하려는 흐름에 합류했다.

이 과정에서 개신교 두 종파의 공통적인 **개신교 원리**(*Prinzip des Prptestantismus*)와 두 전통 안에서 각각 상이하게 형성된 **구체적 교리 형태**(*Ausformungen der Lehre in Luthertum und reformierter Tradition*)가 구별되었다.

이삭 아우구스트 도르너(Isaak August Dorner, 1809-1884)는 자신의 저서 『동일한 원리의 실질적인 면과 형식적인 면의 내적 연관성에 의거한 우리 교회의 원리』(Das Prinzip unserer Kirche nach dem inneren Verhältniß der materialen und formalen Seite desselben zueinander, 1841)에서 드베테와 트베스

텐의 사전 작업을 계승하면서 개신교 원리의 두 가지 측면을 구별했다. 개신교 원리의 형식적(formal) 측면은 비판적 해석에 열려있으면서도 성경의 규범적 권위를 인정하는 자세이고, 원리의 실질적(material) 측면은 그리스도에 대한 믿음으로 성령에 의해서 생겨나는 칭의의 경험이었다.

> **19세기 독일 개신교 신학 학파(III)**
> 5. **중재신학**: 지식과 신앙의 화해 지점을 찾고 슐라이어마허를 모범으로 삼아 개신교 원리를 추구하기 위해서 개신교 내의 교리적 차이를 상대화시킴

19세기 개신교 신학사에 독특한 인물은 상당히 사변적인 사상을 지닌 리하르트 로테(Richard Rothe, 1799-1867)였다. 그의 사변신학이 인간의 경건한 자의식에 근거한다는 점에서 그가 슐라이어마허를 모범으로 따랐음을 알 수 있다. 이것 때문에 로테는 종종 중재신학자로 분류되었다. 그의 주저로는 『신학적 윤리』(Theologische Ethik, 1845-1848에 제1판, 1869-1871에 제2판)를 꼽을 수 있다.

기독교와 문화의 화해를 추구했던 로테는 교회가 기독교의 윤리적 가치에 의해 형성된 국가 안으로 수렴되고 해체되는 과정을 거쳐서 비로소 기독교적인 것이 실현된다고 생각했다. 이 사상에서 그의 중재신학의 특징이 드러난다. 로테는 이러한 생각을 이미 1837년에 그의 저서 『기독교회와 그 규범의 기원』(Die Anfänge der Christlichen Kirche und ihrer Auffassung)에서 전개했다. 이 생각은 자유주의 신학과 문화 개신교주의(Kulturprotestantismus)에 영향을 끼쳤다 (5.3).

교회의 삶이 윤리적 국가의 정치의 삶 속으로 해체되는 것을 세계사적 구원의 과정으로 보는 입장은 하나님 나라를 실현 가능한 역사적 목표로 삼는 전통에

서 있다(§ 14.3.1). 그러나 현대 종말론은 이러한 견해에 맞서서 기독교 신앙의 삶의 공간으로서 교회(들)의 제도적 자립성을 고수했고, 이를 위해서 기독교 신앙을 오직 교회의 삶에만 결합시킨다는 다양한 비판을 감수해야만 했다.
오늘날 종교와 세계관은 다원화되고 있다. 이러한 상황은 제도적 측면에서 소홀하게 다루어졌던, 상이한 종교와 세계관의 근본 가정을 숙고하도록 요구한다(§ 13.3.3).

19세기에는 개신교뿐만 아니라 가톨릭 안에서도 교회의 본질·과제·형태·질서 그리고 교회와 국가의 관계에 대한 집중적인 성찰이 이루어졌다. 가톨릭 튀빙겐 학파의 중심인물인 요한 아담 묄러(Johann Adam Möhler, 1796-1838)는 『신앙고백 또는 가톨릭과 개신교의 공식적 신앙고백서에 의거한 둘 사이의 교의적 차이에 대한 진술』(Symbolik oder Darstellung der dogmatischen Gegensätze der Katholiken und Protestanten nach ihren öffentlichen Bekenntnisschriften, 1832)을 저술함으로써 가톨릭교회의 자기 이해에 커다란 공헌을 했다(§ 13.2.1). 그는 가톨릭이 개신교보다 더 우월한 종교라고 서술했다. 그것은 개신교가 기독교 신앙의 본질이요 보편인 하나님을 기준으로 삼지 않고, 이것을 인간의 주관적 자의의 제물로 바친다고 생각했기 때문이다.

바우어는 이 같은 묄러의 견해에 반대하면서 자신의 책 『원리와 두 중심 교리에 따른 가톨릭과 개신교의 차이』(Der Gegensatz des Katholicismus und Protestantismus nach den Principien und Hauptdogmen der beiden Lehrbegriffe, 1833/1834)에서 특별히 방금 언급한 묄러 박사의 책을 유심히 살피고 결론을 내린다. 개신교의 중요한 원리로서 주관성(Subjektivität)과 성숙성(Mündigkeit)은 발전된 기독교 정신의 표현이다. 이로써 개신교는 가톨릭보다 더 현대적인 단계에 접어들었다.

1826년 튀빙겐대학교에 초빙된 바우어는 '성숙'이라는 생각을 남의 권위에 의해 규제받지 않는 자유로운 연구 및 비판의 필요성과 결합시켰다. 바우어는 역사학의 법칙을 신학 영역에 가차 없이 관철시킴으로써 자신이 내세운 주장을 정직하게 따랐다. 이신론, 신신학, 계몽주의의 사전 작업 이후(4.4-4.6) 개신교신학에서 역사-비평적 방법론이 정착되도록 결정적인 공헌을 한 사람이 바로 바우어였다(§5.2.3; §5.3).

바우어를 위시한 튀빙겐 학자 집단은 튀빙겐 학파로 일컬어지며, 특히 에두아르트 젤러(Eduard Zeller, 1814-1908)와 알베르트 슈베글러(Albert Schwegler, 1819-1857)가 여기에 속했다. 바우어의 가장 저명한 제자는 알브레히트 리츨(Albrecht Ritschl)이었다(5.3.1).

19세기 독일 개신교 안에서 교회라는 신학 주제는 종파적 신학이 되살아난 상황 속에서 다루어졌다. 1817년 종교개혁 기념일에 한 사건이 계기가 되어 이 종파적인 사유 방식이 다시 표출되었다. 같은 해 왕 프리드리히 빌헬름 3세(Friedrich Wilhelms III., 통치:1797-1840)의 독려로 프로이센에서 교회 연합이 완성되었다. 이것은 루터교 신자와 개혁교회 신자 사이에서 이루어진 성만찬의 공유를 중심으로 하는 행정적 연합이었다. 중재신학의 핵심 인물은 이러한 교회 연합을 환영했다.

같은 해 킬(Kiel)의 목사였던 클라우스 하름스(Claus Harms, 1778-1855)는 면죄부에 대한 루터의 95조 반박문(95 Ablassthesen)을 동시대 사람들에게 적절한 형식으로 번역 출판했다. 그는 이 저작에서 교회 연합의 대변인들이 종파 간 교리적 차이를 가볍게 생각하고 합리주의가 신학을 지배하는 현실을 비판했다.

이것이 계기가 되어 루터교의 특징을 지닌 종파신학(konfessionelle Theologie)이 시작되었고, 이 신학을 지칭하는 낱말인 신루터파

(Neuluthertum)가 통용되었다. 그런데 이 신학은 보수적 경향을 띠었기 때문에 복원신학(Repristinationstheologie)이라고도 불렸다. 이 종파주의(신루터파)는 여러 면에서 부흥운동과 결합되어 있었다.

종파주의도 부흥운동처럼 역사-비평적 성경 해석에 적대적이었고, 루터교 신앙고백서에서 볼 수 있는 것처럼 인간의 죄악과 하나님 은혜에 대한 의존성을 강조하는 부흥운동의 관점을 공유했다(§ 9.2; § 11.2). 영향력이 아주 적었던 개혁교회 성향의 종파주의에 비해 루터파의 종파주의는 대학 및 교회 지도부 안에서 거대 권력이 되었다.

루터 종파 내에서 중요하고 신학적으로도 혁신적인 학파가 에를랑겐(Erlangen)대학교에 형성되었다. 에를랑겐 경험신학(Erlanger Erfahrungstheologie)의 학자로는 요한 크리스티안 콘라트 호프만(Johann Christian Konrad von Hofmann, 1810-1877), 아돌프 고틀리프 크리스토프 하를레스(Adolf Gottlieb Christoph von Harleß, 1806-1879), 고트프리트 토마시우스(Gottfried Thomasius, 1802-1875) 등이 있었다.

이 경험신학에서 루터교 신앙고백서에 서술된 구원 사건(Heilstatsachen)이 객관적 효력을 지닌다는 확신은 주관적 믿음의 경험 이해와 결합되었다. 이 신학 학파는 또한 신학의 핵심 주제인 기독론에서 정통 교리의 구성 요소에서는 볼 수 없는 단호한 변경을 실행했다. 이에 대한 한 예는 화해의 사건을 설명하면서 중요한 대리적 속죄 개념을 포기한 호프만에서 볼 수 있다(§ 10.2.2).

> **19세기 독일 개신교 신학 학파(IV)**
>
> 6. **종파주의**: 종파적 루터교가 되살아남(합리주의 및 교회 연합과 대립). 에를랑겐 신학에서 경험신학적 자산이 축적되고 기독론이 새롭게 다루어짐. 교회론을 루터신학의 현재적 주제로 발견함

교회론에 대한 루터 종파주의의 관심은 노이엔데텔스아우(Neuendettelsau)의 목사였던 빌헬름 뢰헤(Wilhelm Löhe, 1808-1872)와 멕클렌부르크(Mecklenburg)의 신학자였던 테오도르 프리드리히 데틀로프 클리포트(Theodor Friedrich Dethlof Kliefoth, 1810-1895)에게서 아주 분명하게 드러났다. 클리포트는 1844년 이래로 슈베린(Schwerin)의 주교회 감독과 본당 설교자로 재직했다.

그는 자신의 책 『교리사 입문』(Einleitung in die Dogmengeschichte, 1839)에서 고대와 중세 교회의 신학은 새 생명의 근거인 그리스도에 대한 교리(삼위일체/기독론, 2.1), 죄와 새 생명 그 자체인 은혜에 대한 교리(신학적 인간학, 2.1)를 형성하는데 중점을 두었고, 종교개혁의 관심은 이 새로운 삶을 얻고 완성하는 것에 집중되었다(구원론, §11, 특히 §11.2.2)는 것을 찾아 냈다.

그는 교회에서 드러나는 새 생명의 사귐에 대한 연구를 현 시대의 과제로 간주했다. 이와 관련하여 그의 관심은 그 존재와 성직 구조(Ämterstruktur)가 직접 그리스도의 제정에서 기원하는 가시적인 교회에 있었다(§ 13.2.2).

📖 　독일 제국 창건 이전, 19세기 독일 개신교의 아주 중요한 신학 사조 개관
　　　- M. Jung, Der Protestantismus in Deutschland von 1815-1870, 41-63.

📖 📖 　계몽주의 끝에서 19세기 후반까지 녹일 성신사의 신학직, 비신학적 발전
　　　- E, Hirch, Geschichte der neuern evangelischen Theologie, Band 5, 3-281, 364-626(=Kapitel 47-50; 52-55).

5.3 제국의 자유주의 신학

20세기가 돼서야 통용되기 시작한 **신학적 자유주의**(theologischer Liberalismus) 또는 **자유신학**(Liberale Theologie)이라는 말은 아주 불확실한 개념이다. 이 낱말은 19세기 개신교신학 안에서 형성된 상이한 흐름의 특징을 표현하기 위해서 사용되었다. 이 낱말은 먼저 전통적 교의 및 신앙고백에서 자유로운 기독교를 설파하면서 합리주의에 근접했던 신학 사조를 말하는 것이었다.

이 사조가 출현하기 바로 전에 젬러가 독일 신신학의 지평에서 더 자유로운 형태의 신학을 주창했다. 젬러는 1774년에 『더 **자유로운** 신학 형태의 시도』(Versuch einer freieren theologischen Lehrart, 1777)의 전신인 라틴어 책 한권을 출판했는데, 그것은 『기독교 교리의 자유로운 배움을 위한 강론』(Institutio ad doctrinam christianam liberaliter discendam)이었다. 여기에 처음으로 '자유로운'(liberal)이라는 표제어가 등장했다.

신학적 자유주의의 특성을 보여 주는 **자유신학**(freie Theologie)이라는 표제어는 나중에 헤겔 및 사변신학을 뒤따르는 신학 사조가 자기를 명명하기 위해서 사용했다. 이 사조는 종교와 기독교를 숙고하면서 외적인 교리적 권위에 의해서 결정되는 모든 규정을 거부했다.

취리히의 조직신학자 알로이스 엠마누엘 비더만(Alois Emmanuel Biedermann, 1819-1885)은 의도적으로 이와 같은 형태의 신학을 예고했다. 그는 『투쟁과 평화 가운데 있는 자유신학 또는 철학과 기독교』(Die freie Theologie oder Philosophie und Christentum in Streit und Frieden, 1844)를 저술했다. 더 나아가 표제어 **자유신학**(Liberale Theologie)은 1870년 이래로 독일에서 크게 영향을 끼쳤던 어떤 사조와 관련하여 쓰인 것이다.

이 사조는 19세기에 이루어진 역사적 방법론을 성경과 신학적 전통에 철저히 적용하면서 종교와 기독교에 대한 이해를 추구했다. 이 사조는 종교개혁 신학을 계몽주의에 의해서 형성된 현대 문화 안으로 번역하고 이것과 구조적으로 결합시키려고 했다. 이 시도의 배후에는 문화를 긍정하는 낙천주의적 근본 태도가 있기 때문에 우리는 이 사조를 **문화 개신교주의**(Kulturprotestantismus)라고도 부른다. 이제부터 이 사조의 중요한 세 가지 입장을 개관해 보자.

5.3.1 알브레히트 리츨

알브레히트 베냐민 리츨(Albrecht Benajmin Ritschl, 1822-1889)은 1846년에 본(Bonn)대학교에서 사강사로 시작해서 나중에 교수가 되었고 1864년 이래로 괴팅겐대학교 교수로 재직했다. 리츨은 슐라이어마허 이후 가장 유력한 개신교 교의신학자였고, 제1차 세계대전까지는 리츨 학파(Ritschl-Schule)가 신학의 영토를 결정했다. 이 학파의 가장 저명한 인물은 빌헬름 헤르만(Wilhelm Herrmann, 1846-1922)이었고, 헤르만의 제자 중에는 칼 바르트(Karl Barth, 1886-1968)와 루돌프 불트만(Rudolf Bultmann, 1884-1976)도 있었다(6.1.4;6.3.1).

기독교 신앙과 현대 문화생활을 결합하는 것에 관심을 가졌다는 점에서 리츨은 문화 기독교의 실질적인 창설자로 간주된다. 동시대의 학문은 과학적으로 보증된 토대 위에서 실제에 대한 포괄적인 해석과 규범적인 삶의 모범을 제공함으로써 지금까지 의미 창조자의 역할을 해왔던 종교와 철학을 대체할 수 있다고 주장했다. 그러나 리츨은 이러한 견해를 거부했다. 그의 이런 태도는 기독교 신앙과 문화를 결합시키려는 그의 관심사와 결합되어 있었다.

그는 신칸트주의를 수용하면서 기독교 신앙과 이성·학문적 지식을 단호하게 구분할 것을 요구했다. 리츨에 의하면 종교적 앎은 독립된 가치 판단들 안에서 움직인다. 그러나 학문적인 앎에서는 가치 판단들이 이 앎을 동반하거나 인도한다(§ 4.3.2.).

이 구분은 리츨이 실천적 믿음 안에 있는 종교적 확신과 이론적 신(神) 지식을 구분한 것과 맥을 같이 한다. 칸트를 따르고 루터를 의지하면서 전통적으로 추구된 신 존재 증명의 전형적인 방식을 거부했다. 곧 종교적 신 개념을 제일원인 또는 필연적 존재라는 형이상학적 관념에 결합시키는 것을 비판했다.

리츨이 주창한 문화 기독교의 특징은 하나님 나라의 개념을 높이 평가하고 기독교 신앙의 윤리적 측면을 강조한 것이다. 리츨은 지금까지 개신교신학이 기독교의 특성 중 구원의 측면을 강조해 왔는데 이제는 그 윤리적 사명에도 동일한 관심을 쏟아야 한다고 요구했다.

> 기독교 구원의 특성과 관계된 모든 것은 가장 엄밀한 연구의 대상이 되었었다. […] 그러나 이러한 연구에서 하나님 나라라는 이념 아래서 숙고해야 할 기독교의 윤리적 이해는 소홀히 다루어졌다. 말하자면, 기독교는 하나의 중심을 도는 원둘레가 아니라, 두 구심점에 의해서 그 질서가 유지되는 타원에 비유될 수 있다. […]
> 다시 말하자면, 기독교는 유일신적이며 정신과 윤리에서 완성된 종교다. 이 종교는 사람을 구원하고 하나님 나라를 세우는 그 창시자의 삶에 근거하고 있으며, 하나님의 자녀됨의 자유가 그 핵심이다. 이 종교는 인류를 윤리적 공동체로 조직할 수 있는 사랑의 행위를 위한 동력을 그 안에 간직하고 있다. 지복(至福)은 하나님의 자녀됨과 하나님 나라에 근거되어 있다.
>
> —리츨, 『기독교 교리』(Die christliche Lehre), 11.13 이하.

하나님 나라의 의미를 해석하는 일은 경건주의(4.3)와 함께 시작되었고, 계몽주의, 특히 레싱과 칸트에 의해서 더 진척되었다(4.6). 이 진척된 하나님 나라의 의미 해석을 따랐던 리츨은 성경적 사상인 하나님 나라를 인류가 윤리적 발전을 통해서 역사 내재적으로 도달해야 할 목표로 이해했다. 사람들은 사랑의 정신으로 자신의 직업을 책임 있게 수행함으로써 이 목표 달성에 기여할 수 있고 기여해야만 한다(§ 14.3.1). 리츨은 자신의 사상을 전개하면서 부분적으로 고전 교의학을 비판하기도 했다. 교회의 전통적인 원죄론의 거부가 이런 경향을 보여 준다(§ 9.3.2).

알브레히트 리츨
1. 슐라이어마허 이후 최고의 개신교 교의학자, 문화 기독교의 창설자
2. 기독교 신앙과 이성·학문적 지식을 철저히 구분
3. 기독교 신앙의 윤리적 의미를 강조하고 하나님 나라 개념을 높이 평가함

5. 3. 2 아돌프 폰하르낙

리츨의 가장 뛰어난 제자는 1888년 프러시아 개신교 최고 관리 위원회(Oberkirchenrat)의 저항에도 불구하고 베를린에 초빙된 교회사가 아돌프 폰하르낙(Adolf von Harnack, 1851-1930)이었다. 그의 주저는 1886년부터 1890년까지 세 권으로 출판된 『교리사 교과서』(Lehrbuch der Dogmengeschichte, 1931년, 5판)다. 1889년에 하르낙은 그의 수강생들을 위해서 『교리사 개요』(Grundriß der Dogmengeschichte)를 발행했는데 이 개요서는 구조와 핵심 진술에 있어 그의 교과서와 일치한다.

일찍이 하르낙의 스승 리츨은 기독교 신앙을 전통 형이상학에서 이루어진 이론적 신(神) 지식과 구분했다. 하르낙은 기독교신학과 형이상학의 결합에 대한 비판을 교리사 전 영역으로 확장했고, 그리스와 헬레니즘의 형이상학 지평에서 그 개념을 활용하면서 발전한 고대 교의를 **기독교의 헬라화**(Hellenisierung des Christentums)라고 불렀다.

하르낙은 이 시기에 예수의 선포가 타 사상의 과도한 영향을 받아 변질되어 갔다고 판단했고 이 과정을 부정적으로 평가했다. 하르낙의 판단에 의하면 법처럼 작용했던 고대의 교의가 차지한 자리를 인간 주체의 신앙적 확신으로 대체할 수 있었던 것이 종교개혁이었다. 하지만 결과적으로 종교개혁자들이 고대 교의를 적합한 복음의 표현으로 간주했기 때문에 고대 교의가 지속되었다. 그 이후로 개신교 안에서는 교의의 효력과 관련하여 심각한 혼란이 생겼다.

하르낙은 교의에서 자유롭고 교리적이지 않은 기독교를 지지했다. 그는 1899/1900년 겨울 학기에 약 600여 명의 베를린대학교 수강생 앞에서 기독교라는 종교에 대한 자신의 견해를 요약했다. 이 강의에서 그는 교회의 교의나 신앙고백 그리고 십자가와 부활이라는 성경적 복음에 근거하지 않고 오직 역사적으로 재구성한 예수의 가르침을 토대로 삼아 기독교의 본질을 규정했다.

그는 이 예수의 가르침이 가장 종교적이며 따라서 시대를 초월하는 타당한 진리라고 보았고, 따라서 기독교 신앙의 실제 근거인 예수의 복음을 아들의 존재와 사역에 대한 교의학적 교리와 분리했다. 여기서 현대의 기독론 교의에 대한 비판이 분명하게 드러났다(§ 10.4.1).

1891년/1892년에 일어난 『사도신경』 논쟁(Apostolikumsstreit)과 관련하여 하르낙은 교리에서 자유로운 기독교를 지지했고, 이것이 교회의 정치적 파장을 일으켰다. 이 논쟁은 1871년 이래로 독일 교회에서 재차 촉발되었던, 예배 중에 『사도신경』을 사용하는 것과 관련된 문제였다.

『사도신경』을 비판했던 자유주의자에게 걸림돌이 된 것은 동정녀 탄생과 그리스도의 지옥 순례에 대한 항목이었다(외론[外論] 3, §10.3.2). 그러나 보수주의 대변자들은 『사도신경』이 교회 성직자에게 법적 구속력을 갖는다고 주장했다.

뷔르텐베르크 목사 크리스토프 슈렘프(Christoph Schrempf, 1860-1944)는 1891년의 세례 예식에서 『사도신경』의 고백을 거부했고, 이 일로 연금의 보장도 받지 못하고 즉각 해고당했다. 이 사건의 계기로 공개적으로 격렬한 논쟁이 일어났다.

이 논쟁에 참여하면서 쓴 『사도신경』(Das Apostolische Glaubens-bekenntnis, 1892에 1판, 1896에 27판)에서 하르낙은 『사도신경』의 일부 항목이 거부감을 일으킨다는 것을 확인하면서도 그것을 폐지해서는 안 된다고 충고했다. 그러면서 시대에 적합한 신앙고백이 작성되기까지는 교회 예전에서 『사도신경』의 사용 여부를 성직자에게 위임하자고 제안했다.

아돌프 폰하르낙

1. **고대 교회의 교의 형성**: 그리스 철학에 의한 예수 선포의 변질(기독교의 헬라화)
2. **기독교 신앙의 출발점**: 예수의 선포
3. **『사도신경』 논쟁에 대한 중재적 입장**: 『사도신경』 폐지는 반대하면서 예전 중 사용 여부는 성직자 임의에 맡기자고 제안

5.3.3 에른스트 트뢸취

예수의 본래적 선포에 대한 순수 역사적 연구에서 기독교의 현재적 의미를 밝힐 수 있다는 하르낙의 견해에 종교사 학파(*Religionsgeschtliche Schule*)가 의심을 품었다.

> '종교사 학파'라는 말은 괴팅겐(Göttingen)에 주요 본거지를 두었던 한 무리의 독일 개신교 신학자를 가리키는 말이다. 이들은 주로 언어학·해석학·역사학적 방법으로 또 경우에 따라서는 고고학적 방식으로 연구했다.
> 처음엔 리츨의 영향 아래 있던 이들은 점차 성경을 대하는 리츨의 태도가 독선적이라고 생각했다. 특히 성경적 개념인 하나님 나라를 인류의 윤리적 발전 과정에서 도달할 세계 내재적 목표로 본 그의 해석에 의문을 품었다.
> 종교사 학파 회원들은 철저한 역사주의(radikaler Historismus)를 옹호하면서 성경 본문과 초대 교회 문헌을 보편적인 정신 문화사의 맥락에서 고찰했다. 이들은 중간기 문헌의 광범위한 고찰을 통해서 기독교의 태동에 영향을 끼친 유대·바벨론·페르시아·헬레니즘의 영향을 증명해 냈다.
> 긴 안목으로 볼 때 이러한 관점은 비기독교 종교에 대한 연구를 강화시켰다. 자신들의 연구 결과를 대중화하기 위해서 적극적으로 노력한 것도 이 학파의 특징 중 하나다.

에른스트 트뢸취

1. 종교사 학파의 체계를 세운 사람
2. 역사적 사유를 향한 신학의 철저한 자기 개방이 기독교의 절대성의 증명을 불가능하게 한다.
3. 구개신교와 신개신교의 구분

종교사 학파의 체계를 세운 사람으로 간주되는 에른스트 트뢸취(Ernst Troeltsch, 1865-1923)는 신학자와 문화철학자로서 하이델베르크와 베를린에서 가르쳤다. 그는 1903년 그의 저서 『기독교 본질은 무엇인가?』(Was heißt, Wesen des Christentums?)에서 기독교 본질에 대한 하르낙의 강의 내용을 비판적으로 심도 있게 다루었다.

트뢸치는 예수가 선포한 것을 역사적으로 재구성함으로써 시대적 한계를 초월할 수 있는 종교의 진리를 도출할 수 있다는 견해에 반박했다. 그에 따르면 본질은 과학의 영역에서 중립적으로 확정할 수 있는 어떤 사실이 아니다. 본질의 규정 과정에서는 역사적 지식 및 특정 가치에 대한 개인적 확신이 항상 결합되기 마련이다.

이러한 통찰의 연장선상에서 트뢸치는 1902년에 처음으로 신학이 역사학문에 철저하게 개방되어 있음으로 기독교의 절대성을 증명하려는 모든 시도는 실패한 것이라는 견해를 내놓았다.

역사 방법론을 철저하게 따르는 역사적 고찰은 교의에만 근거해서 주장되는 기독교의 절대성을 필연적으로 상대화할 수밖에 없다(§ 1.2.1).

> 그럼 이러한 상황에서 기독교는 자신의 문화적 의미와 교회의 현재적 선포를 어떻게 책임 있게 지속할 수 있을까?

이것이 트뢸치를 평생 따라다녔던 질문이었다.

트뢸치는 문화와 관련된 기독교의 의미에 대해서 그리고 종교개혁과 근대의 관계에 대해서 방대하고 획기적인 연구 결과를 내놓았다. 이와 관련하여 다음의 저서가 중요하다.

『개신교와 현대』(Protestantisches Christentum und Neuzeit, 1906/1909/ 1922)

『현대세계 형성과 관련된 개신교의 의미』(Die Bedeutung des Protestan-tismus für die Entstehung der modernen Welt, 1906/1911)

『루터와 현대세계』(Luther und die moderne Welt, 1908)

『르네상스와 종교개혁』(Renaissance und Reformation, 1912/1913)

이 저서에서 트뢸치는 두 가지를 확인했다.

첫째, 16세기 종교개혁에 의해 성립된 개신교가 근본적으로 지향한 것은 여러 면에서 근현대 문화의 경향과 완전히 일치한다.
둘째, 그러나 종교개혁과 계몽주의 사이에 전개된 개신교는 양면적 인 것을 보여 준다.

16세기 종파주의의 결과로 정착한 구개신교의 교회는 현대 문화보다 중세의 일원론적 문화(Einheitskultur)에 더 가까이 서 있다. 그래서 개신교가 가지고 있는 근현대 문화를 지시하는 요소가 발달할 수 없었다. 그러나 이후에 신개신교주의(Neuprotestantismus)가 종교개혁 사상을 계몽주의에 의해 다시 살아난 열광주의자의 이상 및 인본주의 운동과 결합시킴으로써 비로소 개신교와 현대 세계의 결합이 가능해졌다.

> 개신교는 [...] 단순히 초기 원시 기독교의 갱신이거나 신약성경이 말하는 것의 회복이 아니라 태동하는 근대의 개인주의적 성향에 본질적으로 일치하는 새로운 것의 형성이다. 마치 르네상스가 예술 및 정치와 경제 영역에서, 계몽주의가 학문 영역에서 개인의 해방을 뜻하는 것처럼, [기독교는] 종교 영역에서 개인의 해방을 의미한다.

그럼에도 불구하고 개신교는 우선적으로 새로운 형태를 가진 하나의 좁고 차가운 교회 형태(Kirchentum)가 되었다. 이 새로운 교회는 하나의 새롭고 거센 독단주의에 사로잡혀 있고, 교리에 대한 질문과 관련해서 무엇을 강요하며, 서적과 교육제도를 종교적 감시에 묶어 두고, 독단적으로 일치를 강요하며, 이교 재판을 행한다. 이 점을 생각하면 초기의 구개신교적 사유와 현재의 종교적 감정 및 추구 사이에는 커다란 차이가 있다.

─트뢸취,『루터와 현대 세계』, KGA 8, 62 이하, 65.

이 모든 것을 종합하면 개신교는 그 핵심에서 가톨릭 구조의 극복이고, 이것은 분명히 근대 세계의 거대하고 발전적인 근본 지향과 종교적으로 상응하면서 일어났다. […] 그러나 다른 측면에서 보면 개신교의 현대 세계에 대한 모든 친화력과 연관성은 좁은 범위 안에 제약되어 있고 개신교에 의해 태동된 종파적 문화가 현대의 문화 형태보다는 중세적 형태에 더 가깝다는 것 역시 분명하다.

─트뢸취,『기독교 신교와 현대』, KGA 7, 131.

구개신교는 보편 사제직과 원리적으로 심정적 내면화를 지향했음에도 불구하고 교회적 삶의 측면에서 철저하게 초자연주의의 문화 범주에 속한다. […]
그런데 교회가 문화 전체를 형성해 간다는 이상(die Idee der kirchlichen Gesamtkultur)을 상실하게 되자 비로소 신개신교주의는 역사-언어학적 비판이 제기하는 양심의 요구, 국가의 간섭을 배제하고 협의적인 방식으로 이루어지는 교회 공동체의 형성, 그리고 개인의 내적 확신과 깨달음으로서의 계시론을 진정한 개신교 원리로 말할 수 있었다. 이에 반해 구개신교는 이 모든 것을 한편으로는 자연주의로 다른 한편으로는 광신주의, 열광주의,

이단으로 규정했다.

—트뢸취, 『개신교가 현대 세계의 형성에 갖는 의미』, KGA 8, 226 이하.

📖 제국 내의 신학사적 발전 개관
- M. Jung, Der Protestantismus in Deutschland von 1870-1945, 49-64.

📖📖 빌헬름 2세 시대의 개신교신학 역사 상술
- E. Lessing, Geschichte der deutschsprachigen evangelischen Theologie, Band 1.

🖱 종교사 학파에 대한 자료
- http://www.gwdg.de/~aoezen/Archiv_RGS/index.htm.

제6장
20세기 개신교신학

📖 📖 신학사적 맥락을 탁월하게 고려하면서 1918년부터 1945년까지 독일의 교회사적 발전 개관
– K. Nowak, Geschichte des Christentums, 205-288.

6.1 1914/1918년 이후 신학의 새 출발

6.1.1 서론

제1차 세계대전이 일어나고 그 이후에 독일 세국 및 그에 속한 개별 국가의 군주제가 종식되었다. 이러한 시대 상황은 독일 개신교회와 신학에 아주 중대한 전환점이었다.

군주의 교회 통치권이 붕괴된 상황에서 제도로서의 **교회**는 원초적으로 사회의 중요한 구성 요소인 자신의 존속 여부를 염려했다. 그런데 이러한 염려는

1920년대 중반 이후로 교회가 새로운 자의식을 획득하면서 곧 해결되었다. 교회의 사람들은 국가로부터 자유롭게 된 이러한 상황을 본래적 교회로 돌아가고 그러한 교회를 건설할 기회로 여겼다.

국가 교회 이후의 조건에서 개신교회의 고유한 것을 사회 전 영역에 보급하려는 희망이 민족 교회(Volkskirche)라는 개념과 결합되었다. 민족 교회라는 말을 처음 사용한 사람은 개신교 신학자 아르투르 티티우스(Arthur Titius, 1864-1936)였다. 그는 이 개념을 1918년 이후 중립적인 세계관을 가진 국가 안에서 교회의 특별한 지위를 보존하고자 정치적 토론의 장으로 들여 왔다.

교회의 새로운 자의식을 확실히 보여 주는 문서는 당시 쿠어마르크(kurmärkisch) 교구의 총감독(Generalsuperintendent)이었던 오토 디벨리우스(Otto Dibelius, 1880-1967)가 1926년에 펴낸 『교회의 세기』(Das Jahrhundert der Kirche)다. 이 책은 출판 직후 베스트셀러가 되었다.

신학은 당시 정신생활을 지배했던 깊은 위기의식의 영향 아래서 이루어졌다. 세계대전을 겪은 사람들은 그 속에서 시민 문화와 가치 질서의 붕괴를 거듭 경험하였고, 문화적 낙관주의는 지배적인 비관주의로 바뀌었다. 오스발트 슈펭글러(Oswald Spengler, 1880-1936)는 그의 문화철학적 주저 『서구의 몰락. 세계사의 형태론에 대한 개요』(Der Untergang des Abendlandes. Umrisse einer Morphologie der Weltgeschichte, 1918/1922)에서 근본적으로 비관적인 삶의 태도를 매우 주의 깊게 보여 주었다.

이러한 일반적인 위기의식이 개신교신학 안에서는 몰락한 시민 시대와 결부되어 있는 문화 개신교신학에 대한 전반적인 거부로 표출되었다. 튀링엔(Türinngen) 루터교 신학자 프리드리히 고가르텐(Friedrich Gogarten, 1887-1967)은 1920년에 『시대들 사이에서』(Zwischen den Zeiten)라는 선언문을 출판했는데, 여기서 그는 이러한 위기의식 속에서 자라난 신세대 신학자들이 문화 기독교의 주창자들을 향해 품었던 거부감을 비교할 수 없을 만큼 선명하게 서술했다. 고가르텐의 이 텍스트는 처음에는 당시 신학적 자유주의의 주 기관지였던 잡지 『기독교 세계』에 실렸다.

> 우리가 시대들 사이에 서 있는 것은 우리 세대의 운명이다. 오늘날 우리는 종말을 고했던 전 시대에 속하지 않는다. […]
> 오늘날 지구를 둘러보면 해체되지 않은 삶의 형태가 하나도 없다.
> 너희들은 우리에게 모든 것과 개별적인 것 안에서 사람의 작품만을 보도록 가르치지 않았는가? […]
> 이제 우리는 결론을 내린다. 형태와 관계없이 사람의 작품인 모든 것은 생겨날 뿐만 아니라 다시 사라진다. […]
> 따라서 우리는 슈펭글러의 책을 환호한다. […] 이 책은 그렇게 섬세하고 총명한 문화가 자신의 지혜로 자기 안에 있는 구더기를 발견하고 발전과 문화에 대한 신뢰가 최후의 일격을 당하고 무너진 곳에 그 〈사멸의〉 시간이 왔음을 증명한다.
> 　　　―고가르텐, 『시대들 사이에서』(Zwischen den Zeiten), 95, 97-99.

젊은 세대가 자기 스승의 신학을 거부하는 것이 개신교신학에서 혁명으로 일컬어졌는데, 이는 성냥한 것이나. 이러한 과정을 거치면서 바이마르 공화국 시기의 독일 개신교 안에서 상이하고 새로운 움직임이 시작되었다. 이제부터 이러한 운동의 특징을 간략하게 살펴보자.

6.1.2 종교 사회주의

종교 사회주의는 19세기에서 20세기로 넘어가는 시기에 스위스에서 일어난 운동으로 그 근거지는 본래 독일이었다. 뷔르템베르크(Württemberg) 목사 크리스토프 프리드리히 블룸하르트(Christoph Friedrich Blumhardt, 1842-1919)는 1899년에 사민당(die Sozialdemokratische Partei)에 입당했는데 이 일로 목사직을 잃고 말았다. 그는 예수가 선포한 하나님 나라와 사회주의 혁명을 결합했다.

실제로 당시 사민당은 그리스도가 남겨둔 새로운 세계의 성취를 위해서 참여해야 할 과업을 인식했다. 그런데 블룸하르트는 리츨처럼 하나님 나라가 인류의 윤리적 발전을 통해서 역사 내재적으로 도달해야 할 목표로 생각하지 않았다. 그는 하나님 나라를 하나의 피안적인 것으로 알았다.

그럼에도 이 종말에 이루어질 갱신은 현존하는 사회 제 관계를 혁명적으로 변화시키는 일과 더불어 일어난다. 블룸하르트에 따르면 이러한 세계 변혁에 협력할 책임이 그리스도인에게 있다.

하나님 나라의 실현에 그리스도인이 협력해야 한다는 이 실천적 이해는 지금까지 사회에 동화되어 그것과 차이가 없었던 교회에 대한 비판과 결합되었고, 스위스 목사 헤르만 쿠터(Hermann Kutter, 1863-1931)와 레온하르트 라가츠(Leonhard Ragaz, 1868-1945)에게 영향을 주었다. 또한 스위스 출신으로 변증법적 신학의 대표적 선전자들(Propagonisten)도 처음엔 종교 사회주의 영향 아래 있었다(6.1.4).

이 운동이 독일에도 퍼져 나갔지만 바이마르 시대의 개신교 안에서는 실질적인 역할을 하지 못했다. 독일에서 가장 저명한 종교 사회주의 이론가는 초기의 파울 틸리히(der frühe Paul Tillich, 1886-1965)였다. 그가 1919년에서 1923년 사이에 출판한 수많은 글은 기독교와 사회주의의 관계에 집중되어 있다.

> **종교 사회주의와 루터 부흥운동**
> 1. **종교 사회주의**: 사민당이 요구한 것처럼 하나님 나라의 임박한 도래에 대한 기대가 사회 변화에 대한 희망과 결합한다.
> 2. **루터 부흥운동**: 종교개혁 신학의 현실적 의미는 인간적 척도를 따랐던 도덕성이 가진 위기를 진단하고 극복하는 데에 있다.

6.1.3 루터 부흥운동

종교 사회주의는 시민사회를 지탱하는 경제 구조의 극복을 주창함으로써 시민사회 및 이것과 결부된 자유주의적 문화 개신교와 분명하게 결별했다. 이와 달리 루터 부흥운동은 기독교와 현대의 화해를 지향하는 문화 개신교에 대한 비판의 근거를 종교개혁자의 신학에서 발견했다.

루터신학을 재발견하고 현대화하는 데 크게 기여한 사람은 베를린의 교부신학자와 종교개혁사가였던 칼 홀(Karl Holl, 1866-1926)이었다. 그는 청년 루터의 신학을 학문적으로 확고하고 역사-언어학적으로 정확하게 재구성했고, 이 토대 위에서 종교개혁 신학의 현대적 의미를 부각시켰다. 이것이 그의 공헌이다.

이로써 그는 당대에 프리드리히 하인리히 수소 데니플레(Friedrich Heinrich Suso Denifle, 1844-1905)와 하르트만 그리자르(Hartmann Grisar, 1845-1932)와 같이 루터를 비난했던 가톨릭 사람들에게 맞섰다. 그는 또한 종교개혁 신학과 현대 세계의 직접적 연관성을 부정했던 에른스트 트뢸치의 루터 해석(5.3.3)에도 이의를 제기했다.

계몽주의의 역사적 낙관주의에 크게 영향을 받았던 문화 개신교의 견해에 의하면 인간의 윤리성과 기독교의 종교성은 원칙적으로 서로 상응한다. 그러나 홀은 루터의 사유 중심에는 하나님이 있고 인간은 이 하나님의 윤리적 요구 때문에 반드시 실패할 수밖에 없다는 점을 분명하게 보여 주었다. 홀은 이러한 실패의 경험이 인류의 윤리성에 대한 전통적 견해가 1918년 시민 문화의 붕괴 앞에서 당면한 위기와 유사하다고 보았다.

그러나 칭의론은 동시에 이 위기로부터 탈출할 길을 제시한다(§ 11.2.2.). 루터에 의하면 죄에 예속되어 있는 인간이 바로 하나님이 받아들인 자다. 그리고 순수하게 은혜로부터 일어난 이 죄 용서가 비로소 인간 도덕성의 위기를 극복한다. 하나님의 무조건적인 요구 앞에서 모든 인간적 척도와 자명성이 무의미하다는 것을 양심으로 자각하는 것이야말로 종교의 자기 감정(Selbstgefühl)을 회복하고 기독교의 도덕성을 갱신할 수 있는 전제 조건이다.

6.1.4 변증법적 신학

'위기의 신학' 또는 '하나님 말씀의 신학'으로 일컬어지는 변증법적 신학은 1918년 이후 독일 개신교 안에서 신학의 길을 가장 성공적이며 효과적으로 모색했던 흐름이었다. 제1차 세계대전 이후 개신교신학을 일반적으로 채색했던 위기의식이 이 신학 흐름 안에서 가장 포괄적으로 표현되었다.

초기 변증법적 신학의 주요 인물로는 6.1.1에서 이미 언급했던 고가르텐 외에도 에밀 브루너(Emil Brunner, 1889-1966), 루돌프 불트만(Rudolf Bultmann), 에두아르트 투르나이젠(Eduard Thurneysen, 1888-1977), 칼 바르트(Karl Barth)가 있었다. 이 운동의 기관지 역할은 한 것은 『시대들 사이에서』(Zwischen den Zeiten)라는 잡지였다. 이 잡지 이름은 고가르텐이 기획한 글의 제목에서 따왔고(6.1.1), 1923년부터 1933년까지 뮌헨 크리스티안카이저출판사(Christian-Kaiser-Verlag)가 발행했다.

변증법적 신학은 하나님을 전반적으로 새롭게 이해하고자 했다. 인간의 필요에 맞추어 하나님을 재단했다는 비난을 받았던 자유주의의 문화 개신교를 거부하면서 인간의 관심과 기대와는 철저히 다른 성경적인 계시의 하나님을 강조했다.

시민 문화와 그것과 더불어 기형적으로 형성된 기독교를 비판한 변증법적 신학은 누구보다도 덴마크 철학자 죄렌 키에르케고르(Søren Kierkegaard, 1813-1855)와 독일 철학자 프리드리히 니체(Friedrich Nietzsche, 1844-1900)를 따랐다. 지금까지 간략하게 묘사했던 초기 변증법적 신학의 근본 관심사와 자유주의 신학에 대한 거부는 아래 불트만의 인용문에서 선명하게 드러난다.

> 신학의 대상은 하나님이다. 그리고 자유주의 신학을 질책하는 것은 이 신학이 하나님이 아닌 사람을 다루었기 때문이다. 하나님은 인간에 대한 철저한 부정과 무효화(Aufhebung)를 뜻한다. 따라서 하나님을 대상으로 하는 신학의 내용은 오직 십자가의 말(그, logos tou staurou)뿐이다. 그런데 이것은 사람에게 〈불쾌감을 유발하는 사건〉인 스칸달론(Skandalon)이다. 따라서 자유주의 신학에 대한 질책은 그가 이 스칸달론에서 벗어났거나 이것을 약화시키려 했기 때문이다.
>
> —불트만, 『자유주의 신학』(Die liberale Theologie), 2.

가장 지속적으로 철저하게 변증법적 신학을 주장한 사람은 인생 초창기에 종교 사회주의(6.1.2)의 영향 아래 있었던 바르트였다. 제1차 세계대전의 발발은 이 스위스 목사의 신학 형성에 결정적으로 중대한 사건이 되었다. 바르트는 자신이 19세기 신학과 결별한 것은 저명한 자유주의 신학자들이 황제 빌헬름 2세(통치: 1888-1918)의 전쟁 정책에 동의한 것을 보고 혼란에 빠진 상황에서 직접적으로 비롯되었다고 회고했다.

1914년 여름 독일에서 전반적으로 지배적이었던 열광적 전쟁 분위기는 수많은 지식인도 사로잡았다. 이러한 상황에서 93명의 학자가 1914년 10월 4일에 프랑크푸르트 신문에 실릴 '문화 세계에게'(An die Kulturwelt)라는 선언에 서명했다. 이 선언문은 전쟁발발에 대한 독일의 책임을 부정하고, 독일 민족의 생존을 지키기 위해서 강요된 것이라며 전쟁을 정당화했다.

이 선언의 서명자 중에는 당대 저명한 신학자 13명도 들어 있었고, 바르트의 신학적 스승도 끼어 있었다. 이를 보고 바르트는 경악했다. 그는 이 신학자들에게 전쟁 이데올로기에 대항하여 저항할 능력이 없다는 사실을 깨닫고 자유주의 문화 기독교의 신학적 실행 능력을 근본적으로 의심했다.

이외에도 바르트는 자신의 신학적 전환을 독일 사민당이 세계대전에 직면하여 취한 태도와도 관련지었다. 당시 사민당의 제국의회 교섭단체는 1914년 8월 4일에 전쟁을 위한 신용 대출과 지속적인 전쟁을 위해서 정쟁 중지 선언에 동의하고 다른 정당과의 이념적 논쟁과 제국의회에 대항하는 정치적 선전 활동을 포기했다.

바르트는 이와 같은 사민당의 행동을 실패로 평가했다. 바르트 자신은 1915년 2월 1일에 스위스 사회민주당에 입당했다.

> 드디어 세계 대전의 발발이 전환을 가져왔다. 이것은 나에게 구체적으로 두 가지 신뢰에 대한 상실을 뜻했다. 하나는, 독일에 있는 모든 신학적 대가들의 가르침에 대한 신뢰의 상실이었다. 내가 볼 때 이들은 전쟁 이데올로기 앞에서 실패했고, 이로 인해 이들은 나에게 회복할 수 없는 웃음거리가 되었다. 다음에는 사회주의에 대한 신뢰의 상실이었다. 나는 굳건한 신뢰 속에서 사회주의가 전쟁 이데올로기로부터 벗어날 수 있기를 교회보다 훨씬 더 크게 기대했다. 그러나 경악스럽게도 나는 모든 나라 안에서 사회주의가 내 기대와는 정반대로 하는 것을 보았다.
>
> ─바르트, 『자서전적 서술』(Autobiographische Skizze), 296.

바르트의 신학적 전환은 1922년(실제로는 이미 1921년 말)에 출판된 로마서 주석 개정판(제1판은 1919년에 출판됨)에 구체적으로 드러나 있다. 그의 로마서 주석은 신학사에 거대한 영향을 끼쳤다. 바르트는 이 책에서 풍부한 비유와 역설적 개념을 활용하여 하나님과 사람 사이의 어찌할 수 없는 차이, 곧 사람 편에서가 아닌 오직 '하나님의 창조적 말씀에 의해서만 극복할 수 있는 차이를 부각시켰다.

> 바르트의 로마서 3:28 주석에서 인용:
> 성경 구절: 그러므로 사람이 의롭다 하심을 얻는 것은 율법의 행위에 있지 않고 믿음으로 되는 줄 우리가 인정하노라.
> 바르트의 번역: 왜냐하면 우리는 인간이 율법 행위의 고려 없이 하나님의 신실함에 의해 의롭다고 선언되는 것을 믿기 때문이다.
>
> 하나님이 무엇이며 또 무엇을 하는가의 문제는 인간적 존재 및 행위와는 다른 것이다. 이곳과 저곳 사이에는 죽음의 선이 그어져 있어서 결코 건널 수 없다. 이 죽음의 선은 분명 생명의 선이며 시작으로서의 끝이고 긍정으로서의 부정이다. […]
> 그렇다. 죽어야 할 것은 영생을, 썩어 가는 것은 썩지 않는 것을 입어야 만 한다. 그러나 이 새로운 것을 입는 것이 하나님이 창조적 말씀에 의해서 일어나기 때문에 죽어가는 것이 죽음에서, 썩어지는 것이 썩어짐에서, 그리고 세계는 그의 시간·물질·인간성에서 **꺼내지고 분리되었다**(entnommen). 그럴지라도 이 〈분리로〉 말미암아 죽음과 썩어짐과 이 세상이 높아지거나 긍정되거나 신성화되지는 않았다.
>
> —바르트, 『로마서주석』(Der Römerbrief), 86.

바르트는 1922년 『신학의 과제로서 하나님 말씀』(Das Wort Gottes als Aufgabe der Theologie)라는 제목으로 행한 강연에서 자신이 어떤 방법으로 신학적 논증을 전개하는지 말했다.

바르트는 하나님과 인간 사이의 결코 극복할 수 없는 차이 앞에서 인간이 하나님을 말할 수 있는 가능한 방법이 모두 세 가지라고 생각했고 이중에서 변증법적 방법을 선호했다. 이 방법의 핵심은 하나님에 대해서 말하는 전체 과정에서 인간의 말이 지닌 간접적·파편적·임시적인 성격을 견지하는 데에 있다.

> 여기서 [변증법적 방법에서] 하나님에 대한 생각을 적극적으로 전개하는 것과 인간 및 모든 인간적인 것에 대한 비판을 처음부터 진지하게 받아들인다. 그러나 우리는 이 두 가지를 서로 무관하게 행해서는 안 되고 오직 이 둘의 공통적 전제, […] 곧 중심에 서있는 진리를 지속적으로 고려하면서 행해야만 한다. […] 진짜 변증가(der echte Dialektiker)는 이 중심이 불가해하고 명백하지 않다는 것을 안다. […] 그래서 유일하게 남는 것은 두 가지 것, 곧 긍정과 부정을 **서로 연관**시키는 것이다. […] 예컨대 피조 세계 안에 있는 하나님의 영광을 말하고자 할 때, 우리는 로마서 8장의 내용을 기억하면서 하나님의 완전한 숨어계심을 최대한 강조하지 않고는 계속 말할 수 없다. […] 하나님의 형상인 인간을 말하고자 할 때, 우리가 아는 인간은 타락한 존재라는 경고를 확실히 받아들이지 않고는 결코 지속적으로 말할 수 없다. […] 죄를 말하고자 할 때, 만약 죄 용서를 받지 않았더라면 우리가 죄를 알 수 없었다는 것을 지적하지 않고는 이것을 말할 수 없다.
>
> —바르트, 『신학의 과제로서 하나님 말씀』, 212.

바르트는 초기에 확고하게 강조했던 하나님과 인간 사이의 차이(죽음의 선)를 어떤 측면에서는 원칙적으로 후기에도 고수했다. 이러한 신학적 자세는 예컨대 슐라이어마허 이래 신학 사유의 핵심 개념으로 정착한 종교 개념에 대한 비판에서 분명히 드러났다(§ 1.2.2).

그는 인간의 작품으로 평가 절하된 종교에 맞서 그 근원이 하나님에게 소급되는 계시를 세웠다. 이 계시로 말미암아 종교 안에서 발육된 인간의 기대와 욕구가 진실로 무너졌다. 예수 그리스도 안에서 인간의 모든 임의적 처분에서 자유로운 하나님의 계시는 모든 인간적인 것에 대한 심판임이 분명하다.

하지만 그리스도의 사건은 동시에 하나님이 인간을 위해서 행한 것을 중재(Vermittlung)하기 위한 것이다. 원숙한 바르트는 이후에 이 중재 사상을 그의 신학 주저인 『교회 교의학』(Die Kirchliche Dogmatik=KD, 1932-1967)에서 기독론적 관점으로 모든 교의학적 소재를 종합하는 방식으로 펼쳐 나갔다. 이 저작은 통틀어 약 10,000페이지에 이를 만큼 방대하면서도 완결되지 않은 채 12권으로 이루어져 있다.

그는 그리스도의 계시로 말미암아 하나님의 지식을 추구하는 인간의 모든 노력이 오류로 드러났으므로 모든 형태의 자연신학뿐만 아니라 그리스도의 지식에 근거하지 않은 인간론을 단호하게 거부했다(§ 3.2.3; § 9.3.1).

또한 그는 루터교 안에서 통용되는 율법과 복음의 구별을 거부했는데 이것도 그의 신학의 그리스도 중심주의(Christozentrismus) 관점에서 이해할 수 있다(§ 12.1.3). 바르트는 『바르머신학 선언』(Barmer Theologische Eklärung, 6.2)의 지평에서 기독론을 중심으로 하는 신학을 재삼 확인했고 첨예화했다. 그러나 이러한 경향이 바르트가 후에 기독교 밖에서 주어진 진리의 지식을 기독교적 관점에서 인정하는 것을 방해하지는 않았다.

> **변증법적 신학**
>
> - 1918년 이후 독일 개신교 내에서 이루어진 가장 중요한 신학적 방향 전환
> - 인간의 흥미와 기대 앞에서 성경에 계시된 하나님의 전적인 상이성을 강조
> - 무엇보다 키에르케고르와 니체의 사상에 접목하면서 문화, 교회, 기독교에 대해 비판

📖 바이마르 공화국 시대 신학사적 발달 개관
   - M. Jung, Der Protestantismus in Deutschland von 1870-1945, 133-142.

📖📖 빌헬름 2세 시대의 개신교신학 역사
   - E.Lessing, Geschichte der deutschsprachigen evangelischen Theologie, Band 2, 21-452.

🖱 『문화의 세계에게』(An die Kulturwelt) 선언 본문 제공
   - http:europa.clio-online.de/2006/Article=63.

📖📖 바르트 사상
   - E. Busch, Die große Leidenschaft.

📖 바르트 신학적 주저술의 구조
   - E. Jüngel, Barth, 261-267.

6.2 바르머(Barmer)신학 선언과 변증법적 신학 노선의 분열

바르트신학에서 하나님과 인간 사이의 중재는 오직 기독론을 통해서 이루어지며 그리스도 안에서 자신을 나타낸 하나님에게서 시작된다. 그런데 바르트의 초기 동지들이었던 고가르텐, 불트만(6.3.1), 브루너에게는 그리스도의 복음이 어떻게 인간 각자의 현재 상황과 관련될 수 있는지의 질문이 갈수록 중요해졌다. 이들은 이 질문을 상이한 방법으로 다루었다.

이들의 사상적 맹아의 공통점은 초기 변증법적 신학이 강조한 하나님과 인간의 차이에만 머물지 않고 복음의 선포에 인간이 반응할 수 있음을 강조한 것이다. 이러한 강조점의 차이로 이들과 바르트 사이에 차이가 생겨났는데 이것을 극명하게 보여 준 사람이 브루너였다.

브루너는 1929년에 신학의 또 다른 과제로 신학적 논쟁술(eristische Theologie)을 강조했다. 브루너에 따르면 이 신학 분과는 복음을 선포하면서 기독교 신앙 밖에 있는 사람의 자기 및 세계 이해가 왜곡되어 있음을 드러내는 것을 목표로 한다. 이 목표에 도달하기 위해서 우리는 비기독교적 자기 및 세계 이해를 고려해야 한다.

또한 이 비기독교적 이해 속에는 복음에 응답할 수 있는 가능성, 곧 접촉점(Anknüpfungspunkt)이 있다는 것이 전제되어야 한다.

> 논쟁신학의 가장 본질적인 과제는 인간은 오직 신앙 안에서 자신을 바르게 이해하고, 오직 하나님 말씀에서 지금까지 은밀하게 찾아 왔던 것을 얻으며, 왜곡된 방식으로 추구해 왔던 인간의 본질적인 것이 될 수 있음을 보여 주는 것이다. […]
> 그래서 논쟁가들(Eristiker)은 탁월한 직관으로 다름 아닌 인간 안에서 신적 선포와 만남이 가능한 접촉점에서 이야기를 시작했다. 이 접촉점은 바로

> **하나님에 대한 인간의 질문**이다. […] 복음은 하나님에 대해서 아무 것도 알지 못하거나 어떤 것도 갖지 않은 인간을 향하지 않는다. […] 그러나 복음의 관점에서 인간의 모든 지식은 무지하며 올바른 파악이 아니고 유익하지 않게 보인다.
> 그럼에도 다시 복음의 관점에서 생각해 보면 인간의 삶과 사유와 자기 이해는 **전체**적으로 하나님에 대한 이 **불확실한** 지식 안에 담겨있고 가라앉아 있다. 따라서 삶이 어떤 형태로 드러나든지 그것은 본질적으로 하나님을 향한 질문이다. […] 하나님에 대한 이 불명확성이 접촉점이다.
> 만약 인간이 하나님에 대해 **질문할 수 없다면**, 인간을 위한 구원은 없을 것이다. 만약 그렇다면 하나님 말씀이 인간에게 도달할 수 없을 것이다. 만약 인간이 하나님에 대해서 질문해서는 안 되는 존재라면 그에게는 구원이 필요 없을 것이다. 그렇다면 인간은 그 말〈해답〉을 자기 자신 안에 가지고 있을 것이다.
>
> ―브루너, 『신학의 또 다른 과제』, 260-262.

여기서 접촉점이라는 말은 실제로 슐라이어마허를 다시 추종하고 있음을 보여 준다(5.1). 슐라이어마허는 자신의 주저인 신앙론에서 하나님의 은혜를 논하면서 믿음을 창조하는 하나님 말씀을 수용할 능력이 인간에게 있음을 말하기 위해 이 낱말을 사용했다.

복음에 응답할 수 있는 이러한 능력은 하나님과의 교제를 향한 인간의 갈망에서 비롯된다. 이 갈망이 하나님의 은혜가 인간을 만날 수 있는 접촉점이다. 브루너는 하나님에 대한 인간의 질문을 그리스도의 계시와 긍정적으로 관련시켰다. 그러나 바르트의 신학적 관점에서 브루너의 이러한 시도는 초기 변증법적 신학의 통찰 이전으로 퇴보한 것이었고 문화 기독교적 오류의 반복이었다.

[은혜가 인간에 의해 수용되기 위해서는 인간에게 활기찬 수용 능력이 필요하고, 이 능력의 근원은] 아직도 완전히 소멸되지 않은 하나님과의 교제를 향한 갈망에 있다. 이 갈망 역시 인간 본질의 근원적 완전성에 속한다. 이것이 모든 신적 은혜 작용을 위한 첫 번째 접촉점이라고 주장함으로써 우리는 회심 사건 속에 있는 인간을 무생물과 비슷한 존재로 만들어 버리고 인간의 본질에 적합하지 않은 전적인 수동성을 배제해야만 한다.

그러나 이것만으로는 우리의 기독교 자의식 안에 있으면서 이미 그리스도 안에 있는 하나님의 은혜에서 기인한 것이 무엇인지 확정할 수 없다.

―슐라이어마허, 『신앙론』, 제2권, 206 (KGA I 13.2, 190.19-27).

변증법적 신학의 분열은 신학적 원인뿐만 아니라 교회정치에 대한 입장 차이에서도 비롯되었다. 당시에 형성된 '독일 그리스도인들의 신앙운동'(Glaubensbewegung Deutsche Christen)은 사상적으로 국가사회주의독일노동당(NSDAP)에 근접해 있었고, 아돌프 히틀러(Adolf Hitler, 1889-1945)는 한때 이 신앙운동을 이용해서 자신의 교회-정치적 목표를 실현하고자 했다. 변증법적 신학의 분열을 야기한 교회-정치적인 견해 차이는 당시 교회의 투쟁 과정에서 있었던 이 운동에 대한 상이한 평가에서 비롯되었다.

당시 '독일 기독교인'(Die Deutschen Christen)은 국가 사회주의자의 권력 장악을 신적 섭리행위의 표현으로 받아들이면서 신교의 주교회(die evangelischen Landeskirchen)를 이데올로기와 제도적 차원에서 획일적으로 통합하고자 노력했다. 이들의 핵심 요구사항 중 하나는 유대인의 피가 섞인 기독교인을 교회의 관직에서 파면하는 것이었다.

이들의 주장은 1933년에 일시적으로 교회 내부에서 관철되었고, 그 후 독일 기독교 지도자들은 민족·국가적 슬로건을 부분적으로 수용하고 이것을 종교적 입장에서 칭송하기도 했다.

예컨대 고가르텐, 파울 알트하우스(Paul Althaus, 1888-1966), 에마누엘 히어쉬(Emanuel Hirsch, 1888-1972) 같은 일련의 루터교 신학자는 '독일 기독교인'의 목표에 전적으로 동조했다. 이에 반해 바르트는 이 '독일 기독교인'의 행위를 기독교 선포와 국가 사회주의적 세계관 및 정치의 혼합으로 진단하고 이에 격렬하게 저항했다.

바르트의 이러한 반대는 그의 신학적 입장과 일치한다. 그는 '독일 기독교인'의 사상적 경향을 계몽주의 신학과 신학적 자유주의가 이 특정 시대에 자연스럽게 구체화된 것으로 이해했다. 18, 19세기의 신학 안에서 기독교와 근대 정신을 결합하려는 노력이 점증하면서 교회의 선포에서 인간의 권위가 그리스도의 계시의 자리를 차지하고 점점 더 결정적인 것이 되었다.

바르트는 인간의 권위를 표준으로 삼는 경향성을 **자연신학**의 불가피한 귀결로 보았다. 자연신학은 그리스도의 계시 외에도 인간의 이성적 본질에 의해서 참된 하나님의 지식을 얻을 수 있는 또 하나의 원천이 있다는 신념을 뜻한다(§ 3.1; 3.2.3). 결정적으로 바르트신학의 영향을 받아 1934년에 작성된 『바르머신학 선언』(Barmer Theologische Erklärung)은 '독일 기독교인'과의 신학적 논쟁 과정에 아주 중요하고 커다란 영향을 끼쳤다(§ 3.2.3; 12.1.3).

선언문에 드러난 것처럼 바르트는 이 선언의 의미를 자연신학으로부터 교회를 철저하게 정화시킨 것에서 찾았다.

변증법적 신학 노선의 분열

1. **고가르텐, 브루너, 불트만**: 그리스도의 복음과 현재적 상황을 중재하려는 관심으로 인해 바르트에게서 멀어짐
2. **바르트**: 당시 교회의 투쟁과정에서 자신의 신학적 입장과 교회-정치적 입장을 결합시킴

증명할 수 있을 정도로 정확하게 '독일 기독교인'이 원하고 행했던 것은 이미 전 세계 교회가 인정하고 추종했던 계몽주의와 경건주의의 노선에서, 그리고 슐라이어마허, 리하르트 로테(Richard Rothe), 리츨이 추구한 노선의 연장선상에서 이루어졌다. '독일 기독교인'의 행위와 유사한 수 많은 사례는 영국과 미국, 홀란드와 스위스, 그리고 덴마크와 스칸디나비아(Skandinavien)에도 있었다. [⋯]
만약 『바르머신학 선언』에서 성경이 증언하는 것처럼 예수 그리스도가 우리가 삶과 죽음 가운데서 신뢰하고 복종해야 할 하나님의 유일한 말씀으로 명명되었다면, 만약 교회의 선포에서 이 하나님의 유일한 말씀 외에도 또 하나의 다른 원천이 있다는 가르침이 거짓된 것으로 추방되었다면, 만약 (이 선언문 마지막 문장에서) '예수 그리스도가 유일한 하나님 말씀'이라는 진실한 가르침을 인정하고 예수 그리스도외에 다른 원천이 있다는 가르침을 포기하는 것이 독일 개신교회를 위한 필수적인 신학적 토대로 선언되었다면, 그렇다면 우리는 '가련한 독일 기독교인'과 독일 교회의 현재 상황을 훨씬 넘어서서 한 가지를 확인한다.
만약 이 확인이 신중하게 이루어졌다면, 이 확인이 구체적으로 의미하는 바는 현재 논쟁 중인 새로운 신학뿐만 아니라 모든 형태의 자연신학에서 교회를 정화시키는 것이다. '독일 기독교인'은 자연신학의 전(全) 발전 과정의 마지막 단계에 서 있었고 사람들은 이 신학의 발전을 전체적으로 거부함으로써 '독일 기독교인'에게 대항했다.

-바르트, 『교회 교의학』 II/1, 196 이하(§ 26.2).

성경에 근거한 여섯 개의 바르머 명제에는 각각 무엇을 추방한다는 언급이 하나씩 딸려 있다(예외: 제5명제는 추방에 관한 언급이 두 개). 우리는 이 여섯 명제가 당시 교회의 투쟁을 보여 주는 가장 중요한 신학적 문서라고 간주할 수 있다. 1945년 이후 독일 개신교협의회 회원 교회들은 이 바르머 선언을 분명하게 신앙고백의 한 토대로 받아들였다. 하지만 이 문서가 신앙고백적 성격을 갖는지에 대해서는 의견이 분분하다.

아래 책을 활용하여 바르머 선언의 형성 배경과 신학적 결실을 알아보시오.
- C. Nicolaisen, Barmen.

『바르머신학 선언』의 본문

- Evangelische Bekenntnisse, Band 2, 253-279.
- Reformierte Bekenntnisschriften, 239-245.
- http://ekd.de/bekenntnisse/142.html.

6.3 전후 독일 개신교신학

6.3.1 비신화화의 문제점

1945년의 의미심장한 정치적 전환이 독일 개신교신학에 끼친 영향은 1918년의 시대적 단절이 남긴 흔적과 비교하면 현저하게 적었다. 그 당시 신학은 변증법적 신학 노선의 분열로 야기된 다음과 같은 양자택일에 직면했다.

① **첫째 가능성**은 신학을 성경에 증언된 하나님의 계시를 오직 그리스도 중심적으로 파악하는 과정으로 이해하고, 복음의 수용을 위해서 전제된 인간학적 고려 자체를 기독교적인 것을 시대 정신에 매각하는 행위라고 폄하하는 것이다. 바르트는 이러한 근본적 생각에 시종일관 충실했다.

② 신학의 **둘째 가능성**은 그리스도의 복음을 전개하는 과정에서 신학을 인간이 각자 처해있는 현재적 상황과 관련시키는 것이다. 신학과 전쟁 이후의 상황을 관련시킬 수 있는 가능한 방식 중 하나로 초기에 가장 자주 거론된 것은 복음에 대한 실존적 해석이었다. 이것은 불트만에게서 비롯되었고 복음의 비신화화라는 토대 위에서 이루어졌다.

불트만은 기독교의 복음이 인간에게 도달하고 또 인간이 그것을 이해하기 위해서는 인간은 언제나 먼저 기독교의 선포에 대한 선이해(Vorverständnis)를 갖고 있어야 한다는 것을 전제했다. 만약 인간이 기독교 선포에 대해 어떤 이해도 갖지 못한다면 그 선포는 인간의 실존 과정에 전혀 중요한 것이 아닐 것이다.

기독교의 선포에 대한 인간의 선이해가 거짓되고 불경스러운 것으로 판명되고 폐기되기 위해서라도 인간은 복음에 대한 선이해를 가져야 한다. 계시로 인하여 인간의 선이해가 의심스럽게 되는 순간에 복음에 근거하지 않은 인간의 자기 이해가 언제나 늘 의심스러운 것이었다는 사실이 폭로된다. 인간은 믿음을 갖기 이전에도 자기 이해가 이미 한결같이 의심스러운 것임을 안다.

불트만은 신앙 밖에서 이루어진 인간의 자기 이해가 이미 한결같이 의심스럽다는 점을 더 상세히 설명하기 위해서 마르틴 하이데거(Martin Heidegger, 1889-1976)가 그의 미완성의 주저 『존재와 시간』(Sein und Zeit, 1927)에서 이룩한 실존철학을 활용했다.

하이데거의 존재 분석(Daseinsanalyse)에 따르면 다른 모든 존재와 달리 인간 존재의 본질은 단순히 존재하는 데에 있지 않고 실존의 완성(Existenzvollzug)에 있다. 이렇게 규정된 인간 존재의 근본적 특징으로는 **피투**

성(*Geworfenheit*), 결코 빠져나갈 수 없는 존재의 역사적 제약, 그리고 자신의 존재 가능성에 대한 **기도**(*Entwurf*), 곧 자유가 있다.

인간은 일상의 현존에서 자기 자신을 이해하되 그 자신이 될 수 있는 것으로부터가 아니라 자신이 관계를 맺고 있는 것들로부터 이해한다. 인간은 **비본래적으로** 실존하고 자신의 실존을 붙들기보다는 자신의 세계에 **예속된다**.

마침내 죽음에 대한 태도가 인간에게 그의 **본래적** 실존을 깨닫도록 한다. 죽음은 사람 앞에 항상 가능한 것으로 있기 때문에 인간 현존재를 근본적으로 결정한다. 따라서 하이데거는 인간의 현존재를 **죽음으로의 존재**라고 불렀다.

일상적 현존재는 죽음을 피해감으로써 틀림없이 죽음의 가능성을 숨기고자 한다. 그러나 이 죽음의 가능성을 견뎌내야 한다. 죽음에 대한 본질적 태도를 하이데거는 '**앞으로 달려감**'(*Vorlaufen*)이라고 불렀다. 현존재 전체를 선취하고 죽음을 향하는 존재를 받아들이는 곳에서 본래적 자기 존재(Selbstsein)를 선택하는 **결의**(*Entschlossenheit*)가 가능하다.

하이데거는 자유에 의해서 구성된 현존재가 결의를 통해서 죽음을 향해 앞으로 달려감으로써 자신의 본래성을 획득한다고 말했다. 그런데 불트만은 이 인간 실존에 대한 철학적 이해 속에 신앙에 대한 한 가지 지식이 내포되어 있다고 생각했다. 그것은 근원적인 복종을 위해서 자기 본래적인 것을 향한 결의를 거절할 수 있는 가능성에 대한 인식이었다.

철학적 관점에서 보면 이 가능성은 상실되었고 무의미한 것이다. 그러나 계시는 바로 이 관점 뒤에 숨어 있는 인간의 불경한 자기 이해에 대항하고 있다.

철학에서 다루어진 인간의 본래성에 대한 질문이 바로 기독교의 선포가 자기 일을 시작해야 할 지점이다. 기독교의 선포는 이 지점에서 인간 실존에 대한 철학적 이해 자체를 반대함으로써 자신의 일을 시작한다.

> 철학은 실제로 신앙에 대해서 안다. 철학이 현존재의 자유를 앎으로 신앙에 대해서 안다. 그것은 철학이 현존재의 자유를 앎으로 본질적으로 이 자유에 깃들어 있는 불확실성을 알기 때문이다. 만약 철학이 현존재가 자신을 받아들이는 자유의 결의를 안다면, 철학은 이 결의를 거절할 수 있는 또 하나의 가능성을 안다.
> 그러나 철학이 어떻게 신앙을 알 수 있는가? […]
> 그 안에서 실제로 화해가 일어나는 종말론적 사건으로서의 **신앙은 근원적 창조로**, 곧 상실되고 무의미하게 된 신앙의 가능성인 근원적 복종으로 인도한다. 철학이 알고 있는 이 가능성은 기독교 신앙 안에서 실현되었다.
> —불트만, 『자연신학의 문제점』(Das Problem der natürlichen Theologie), 310 이하.

자기가 되고자 하면서도 자기를 잃어 버린 인간을 움직이는 인간의 본래성에 대한 질문이 하나님 말씀이 〈인간을 만나는〉 접목점이다. 자기 본래에 대한 질문이 하나님을 저항하는 인간을 압박하고 하나님 말씀이 저항으로서 인간에게 다가온다면 하나님을 향한 인간의 저항이 인간을 저항하는 하나님을 위한 접촉점이다. 저항해 오는 은혜의 말씀을 위한 **접촉점은 인간의 죄**다.

—불트만, 『접목과 반항』(Anknüpfung und Widerspruch), 120.

불트만에 의하면 기독교 선포를 인간 실존의 철학적 이해와 비판적으로 접목시키기 위해서 필요한 것은 신약성경의 복음을 인간의 실존 이해와 관련시키는 작업이었다. 그래서 그는 신약성경에 나오는 신화적 개념을 실존적으로 해석해야 한다고 주장했다.

1941년 6월 4일 알피어스바흐(Alpirsbach)에서 열린 복음주의신학협회(Gesellschaft für Evangelische Theologie) 모임에서 불트만은 『신약성경과 신화』(Neues Testament und Mythologie)라는 주제로 강연했다. 그는 여기서 비신화화에 대한 자신의 기본적 생각을 선명하게 진술했다. 불트만의 이러한 시도는 제2차 세계대전 이후 교회와 신학에 관심이 있는 사람들 가운데서 격렬한 논쟁을 불러 일으켰다.

비신화화를 구상한 불트만에게 중요한 것은 성경에 나오지만 현대인이 더 이상 받아드릴 수 없는 신화적 표현 방식에서 근현대 상황에서도 여전히 적합한 신약성경의 복음을 분리하는 것이었다.

그가 보기에 그리스도의 선포의 실제적인 핵심은 오늘날에도 복음의 약속처럼 사람이 자기 자신으로부터 해방되는 것이었다. 이것은 인간 현존재의 본래성을 자신의 힘으로 실현해야 한다는 강압으로부터 해방되는 것을 뜻한다(신약성경의 내용을 비신화함으로써 실존적으로 해석하고자 한 불트만의 시도가 기독론 영역에서 낳은 결과들, §10.4.2).

신약성경의 세계상은 신화적이다. […] 이 신화적 세계상에 걸맞게 신약성경 선포의 실제적 내용인 구원 사건이 서술되었다.
[…] 오늘날 기독교의 선포가 사람들에게 이 신화적 세계를 참된 것으로 인정하라고 요구할 수 있겠는가?
이것은 무의미하고 불가능하다. […] 사람이 전기와 빛, 라디오를 사용하고, 병에 걸린 경우에는 의학과 병원이 제공하는 수단을 사용하면서 동시에 신

약성경에 나오는 귀신과 기적의 세계를 믿을 수 있을까?

[…] 따라서 오늘날 신약성경의 선포가 유효한 것이 되기 위해서는 이 선포를 비신화화하는 것 외에 다른 길이 없다. 철학은 **인간이 자기 본래성을 아는 지식을 통해서 자기 본래적인 것이 될 수 있다고 말한다.** […] 그러나 신약성경에 의하면 인간은 그렇게 될 수 있는 실제적 가능성을 잃어버렸다. 심지어 인간의 본래성에 대한 지식마저도 인간이 본래적인 될 수 있다는 주장과 결합되면서 왜곡되었다.

[…] 이러한 인간의 상황은 신약성경 언어로 표현하면 인간이 죄인이라는 말이다. 그것은 **이 자립성이 죄이고** 하나님에 대한 반란이기 때문이다. 인간이 이 자립성에 완전히 매몰되어 있다면 인간의 본래적 삶은 **오직 이러한 자기 자신으로부터 해방된 자에게만** 실제적으로 가능하다. 바로 이것을 신약성경의 선포가 말한다. 이것이 바로 그리스도 사건의 의미다.

[…] 그리스도 사건은 바울의 언어로는 속죄다. […] 이것이 신약성경을 철학과 구분하고 기독교 신앙을 자연주의적 존재 이해와 구분하는 결정적인 것이다. **신약성경은 말하고 기독교 신앙이 아는 것은 하나님의 행위다. 비로소 이 하나님의 행위가 헌신과 믿음, 사랑과 인간의 본질적 삶을 가능케 한다.**

―불트만, 『신약성경과 신화』, 15 이하, 18, 22, 37-40.

불트만의 비신화화의 구상

1. 불트만은 기독교의 복음을 인간의 실존 이해와 관련시켰다.
2. 인간의 실존 이해를 밝혀준 것은 하이데거의 철학이다.
3. 성경이 증언하는 그리스도의 계시를 현재적 인간 실존 이해와 관련시키기 위해서는 비신화화 작업을 통한 신약성경의 선포 내용을 실존적으로 해석하는 것이 필요하다.

6.3.2 독일 개신교 내의 '역사' 재발견

자유주의 성향이었던 문화 개신교가 역사 비판의 제반 수단을 활용하여 기독교 신앙의 요소 중에서 학문적으로 논란의 여지가 없는 것을 찾으려고 했다. 초기 변증법적 신학은 이 시도에 대해서도 비판을 가했다. 이러한 문화 개신교의 구상은 오직 역사적으로 재구성된 예수의 가르침에만 근거해서 기독교의 본질을 규정하려고 했던 하르낙의 시도에서도 드러났다(5.3.2).

> 자유주의 신학의 특징은 본질적으로 당시 지배적이었던 **역사에 대한 관심**에 의해서 형성되었다. 역사에 대한 관심을 고조시킨 것이 자유주의 신학의 커다란 공헌이다. […]
> 역사-비평적 신학의 길이 어디로 이끌어 갔는가?
> 초기에 역사-비평의 길을 이끌었던 힘은 비판을 거쳐서 교의학의 부담에서 자유롭고 신앙의 근거가 될 수 있는 참된 예수상을 파악할 수 있다는 신념이었다. 그런데 얼마 지나지 않아 이 신념이 망상이라는 것이 명백해졌다. 역사를 다루는 학문은 결코 신앙의 토대가 될 어떤 결과에 도달할 수 없다. **역사적 학문의 모든 결과는 상대적 가치를 지닐 뿐이다.**[…]
> 이 비평의 길 끝에서 사람들이 '이렇게 형편없던 것은 지금까지 없었다'라고 말한다면 자유주의 신학의 결정적 매력(Charisma)이 부정된 것이다. 그렇지만 역사-비평적 신학이 내놓은 결과는 신앙을 위해서 여전히 쓸모가 있다.
> ─불트만, 『자유주의 신학』(Die liberale Theologie), 2 이하.

여기서 불트만이 견지한 관점에 따르면 역사적 연구는 학문적으로 의미가 있을지라도 신앙의 정립(Glaubensbegründung)을 위해서는 사소한 것일 뿐이다. 이러한 이해가 낳은 결과 중 하나는 불트만이 주장했던 것처럼 부활 이전의 역사적 예수는 신학적으로 의미가 없다는 견해였다.

그런데 부활 이전의 예수에 대한 질문을 거부하는 신학적 자세를 비판한 사람은 바로 불트만의 제자 에른스트 케제만(Ernst Käsemann, 1906-1998)이었다. 이로써 역사적 예수에 대한 질문을 두고서 두 번째 승부가 시작되었다(§ 10.4.2).

신약학이 역사적 예수가 갖는 신학적 의미를 재발견했던 것과 비슷하게 판넨베르크(Wolfhart Pannenberg, 1928-2014)는 역사가 기독교신학에서 차지하는 중요성을 훨씬 더 근본적으로 주장했다.

> 역사는 가장 광활한 기독교신학의 지평이다. 모든 신학적 질문과 대답은 오직 하나님이 인류와, 인류를 통해서 전체 피조 세계와 더불어 공유하고 있는 역사라는 틀 안에서만, 그리고 세계 이전에 감추어져 있다가 예수 그리스도에게서 이미 분명하게 드러난 미래를 염두에 둘 때에만 의미가 있다.
> ―판넨베르크, 『구원사건과 역사』(Heilsgeschehen und Geschichte), 22.

판넨베르크가 이와 같이 생각했던 것은 신앙의 근거를 역사적 지식을 통해 학문적 방식으로 분명히 찾아 내려는 관심 때문이었다. 그는 바르트가 기독교 신앙을 가능케 하는 구원사적 사건, 특히 예수의 부활을 역사학의 비판적 접근에 맡기는 것을 거부함으로써 신학이 학문적 담론과의 연결점을 상실하게 되었다고 생각했다. 또한 불트만은 그리스도 복음의 유효 범위를 인간의 개인적 실존에만 국한했는데 이것은 계시 사건을 보편 역사의 틀 안에 설정하고 있는 성경적 증언과 일치하지 않는다고 보았다. 두 신학자의 견해에 대한 비판과 같은 맥락에서 판넨베르크는 신앙에 의존하지 않고도 역사의 계시적 특성(Offenbarungsqualität)을 파악할 수 있다고 주장했고 이를 증명하고자 했다. 여기서 그의 논증의 상세한 부분은 우리의 관심사가 아니다.

판넨베르크의 신학에서 그의 기본적 생각에 걸맞게 신학의 앎의 과정에서 이성의 지위가 확실하게 상향 조정되었다는 점이 중요하다. 그는 신학적 진술에 학문 이론에서 거론되는 가설의 지위(Status von Hypothesen)를 부여해야 하고(§ 2.3.3), 신학은 기독교 신앙 내용이 진리임을 이성적으로 충분히 납득할 수 있도록 증명해야 한다고 힘차게 주장했다(§ 4.3.2).

그의 이러한 생각이 낳은 결과 중에는 기독교 창조 신앙과 자연과학적 지식을 건설적으로 결합시키려는 관심(§ 8.3)과 부활 사건의 역사적 실제성에 대한 주장(§ 10.4.3)도 있다.

> **역사의 재발견**
> 1. **불트만**: 역사 연구는 기독교 신앙을 세우는 데에 무의미하다.
> 2. **케제만**: 부활 이전의 예수에 대한 역사적 재질문은 신학적으로 중요하다(§ 10.4.2).
> 3. **판넨베르크**: 역사는 계시적 특성을 갖는다.

6.3.3 해방신학과 여성신학

신마르크스주의의 영감을 받은 1960년대의 시대 정신 안에서 자본주의적으로 주조된 독일 사회에 대한 비판이 다양한 형태로 일어났다. 이러한 비판은 당시 신학에서도 나타났고 개신교에만 국한되지 않았다.

정치신학의 기초를 놓은 사람은 요한 밥티스트 메츠(Johann Baptist Metz, 1928년생)였다. 그는 제2차 바티칸 공의회 이후 독일어권에서 가장 저명하고 큰 영향력을 끼친 가톨릭 신학자였다. 메츠는 그의 구상을 보여 주는 저서 『세상의 신학에 대하여』(Zur Theologie der Welt, 1968)에서 정치신학의 기초를 놓았다. 그는 사회를 형성할 수 있는 기독교 신앙의 힘을 실제화하고 그가 심각한 것으로 진단했던 신앙의 **사유화** 경향을 극복해야 한다고 말하면서 정치신학의 관심사를 글로 표현했다.

메츠의 이러한 사상적 단초는 『희망의 신학』(Theologie der Hoffnung, 1964)의 저자인 위르겐 몰트만(Jürgen Moltmann, 1926년생)에 의해 수용되었고 개신교 쪽에서 되살아난 미래 종말론과 결합되었다. 몰트만에 따르면 하나님 나라의 도래에 대한 기독교의 희망은 세계를 변혁적으로 형성할 수 있는 동력을 방출한다(§ 14.3.1). 신학은 이 기독교의 희망에 의해서 사회 비판적인 참여를 배우고 이로써 정치적인 것이 된다.

메츠는 이러한 기독교의 희망이 사회적 책임을 받아들이도록 우리를 인도한다고 생각했다.

> 정치신학의 이야기는 현재 이루어지는 신학에서 예수의 종말론적 복음과 사회·정치적 현실이 서로 연관되어 진행한다는 의식을 일깨운다. 정치신학은 예수가 선포한 구원은 비록 자연·우주적 의미에서는 그렇지 않지만, 사회·정치적 의미에서는 지속적으로 세계와 관련되어 있다. 예수의 선포는 사회인 이 세계와 그 역사적 과정을 비판적으로 해방하는 것이다.
> 성경적 전통에 서 있는 종말론적 약속, 곧 자유·평화·정의·화해는 사유화될 수 없다. 이것들은 언제나 새롭게 사회적 책임을 지도록 강제한다.
> —메츠, 『세상의 신학에 내하어』(Zur Theologie der Welt), 105.

몰트만과 메츠의 종말론과 정치신학은 대체로 가톨릭 신학자가 추진한 해방신학의 형성에 중요한 역할을 했다. 해방신학이라는 이름은 페루 사람 구스타보 구티에레즈(Gustavo Gutierrez, 1928년생)가 쓴 책 『해방의 신학』(Theologia de la Liberacion, 1972)과 관련되어 있다. 이 책의 독일어 번역이 1973년에 『해방신학』(Theologie der Befreiung)이라는 이름으로 출판되었다.

거의 비슷한 시기에 서유럽의 문화적 지평에서 벗어난 자립적인 신학이 아시아, 아프리카, 북아메리카(민권운동)에 등장했다. 이처럼 마르크스주의에 크게 영향을 받았던 해방신학도 상황신학(kontextuelle Theologie)이었다.

해방신학은 대중적 빈곤에 처해 있는 제3세계의 사회·경제적 상황에 근거하고 이 현실에 의해서 그 정체가 결정되었다. 이같이 상황에 근거한 신학적 자세는 구티에레즈 안에서 정치 사회적 구체화에 대한 언급이 결여되어 있는 몰트만의 희망신학에 대한 비판과 결합되었다.

해방신학은 착취와 불의로 형성된 사회의 현실을 경험하고 1959년 쿠바 혁명의 정치적 순풍을 받으면서 가난한 자를 선택하는 것(Option für die Armen)을 자신의 신학 원리로 세웠다. 예수가 사역과 선포에서 우선적으로 죄인, 권리를 박탈당한 사람, 가난한 자를 찾았기 때문에 교회 역시 가난한 자의 편에 서서 불의를 당한 사람을 편듦으로써 기독교적 실천을 구체화할 것을 요구받는다.

가난한 자의 선택이라는 모토는 1968년 8월 24일부터 9월 6일까지 콜롬비아의 메델린(Medellín)에서 열렸던 제2차 라틴아메리카 주교단 총회에서 핵심적 역할을 했다.

여러 측면에서 확실히 라틴아메리카의 해방신학을 계승하는 여성신학은 북아메리카에서 기원했고 결정적으로 가톨릭에 기반을 둔 흐름이다. 메리 데일리(Mary Daly, 1928년생)와 로즈메리 래드포드 류터(Rosemary Radford Ruether, 1936년생)를 읽어 보면 이 점이 분명해진다. 여성신학은 특별히 여성적 관점을 중요하게 고려함으로써 형성된 하나의 상황신학이다.

북아메리카의 여성신학은 1970년대 이후 독일 교회 실천의 장에서 그리고 1980년대부터는 대학 학문의 장에서도 점점 더 비중 있게 수용되었다. 독일 여성신학의 주요 인물로는 엘리자베트 몰트만-벤델(Elisabeth Moltmann-Wendel, 1926년생), 도로테 죌레(Dorothee Sölle, 1929-2003), 하이데 괴트너-아벤트로트(Heide Göttner-Abendroth, 1941년생), 수자네 하이네(Susanne Heine, 1942년생), 크리스타 물라크(Christa Mulack, 1943년생)가 있다.

다양한 형태를 띠고 부분적으로 내부 논쟁이 심도 있게 전개되고 있기 때문에 여성신학의 일반적 성격을 엄밀하게 말하는 것은 쉽지 않다. 하지만 모든 여성신학 주창자들이 하나같이 기독교와 교회 안에서 가부장적 가치가 지배하는 현실 상황에 비판적이다.

여성신학자에 의하면 이 가부장적 현실 상황에서 사회 전반적으로 확인되는 여성 차별이 신이 인가한 불가침의 것이라는 억지가 생겨난다. 그런데 여성신학자들은 이러한 폐해를 야기하는 편견은 현존하는 교회의 틀과 성경-신학적 전통의 지평에서 극복될 수 있는가의 질문에는 서로 다르게 답한다.

예컨대 수자네 하이네(Susanne Heine)와 헬렌 쉉엘-쉬트라우만(Helen Schüngel-Straumann, 1940년생. §9.3.2)은 여성신학의 관심사를 전통신학의 문제들과 결합하고자 노력했다. 이와 달리 현대 모계사회 연구(die moderne Matriarchatsforschung)의 창시자인 괴트너-아벤트로트는 파괴적인 가부장제에 의해 주조된 기독교의 지배적인 문화를 극복하기 위해서 다른 대안을 제시했다. 그는 기독교 이전에 형성되었던 인도 게르만 신화에서 모권 위주의 삶의 층위를 확인하고서 이후에 배척당했던 이런 모권 위주의 삶의 형태에서 대안을 찾고자 했다.

해방신학

1. **상황**: 1) 자본주의에 비판적인 시대 정신,
   2) 서구 유럽에서의 정치신학(메츠, 몰트만),
   3) 쿠바에서의 사회주의 혁명
2. **특징**: 상황화(제3세계의 집단적 가난에 근거함)
3. 가난한 사람들을 위한 선택(사회적 약자의 편에 서는 기독교적 실천을 요구함)

📖 　여성신학의 최근 입문서(부록: CD-Rom)

💻 　- I. Leicht/C.Rakel/S. Rieger-Goertz(Hg.), Arbeitsbuch
　　　feministische Theologie.

📖📖 　여성신학의 쟁점과 방향을 뛰어나게 조망
　　　- S. Heine, Wiederbelebung der Göttinnen?

📖📖 　전후 신학적 발전
　　　- E. Lessing, Geschichte der deutschsprachigen evangelischen
　　　　Theologie, Band 3(die deutsche Theologie zwischen 1945 und 1965).
　　　- J. Rohls, Protestantische Theologie der Neuzeit, Band 2, 677-
　　　　842(die Entwicklung seit 1968, nicht auf Deutschland beschränkt).

📖 　오늘날 주도적인 조직신학자의 자화상
　　　- Chr. Hennig/K. Lehmkühler(Hg), Systematische Theologie der
　　　　Gegenwart in Selbstdarstellungen.

👓 　20세기 말 독일 개신교의 주도적인 신학자에 대해서 아래 책을 활용하여
　　알아보시오.
　　　- H. Fischer, Protestantische Theologie, 207-271.

제2부

신학 주제의 체계적 전개
(Hauptteil: Systematische Entfaltung)

제1장 종교철학적 서문
제2장 기초신학
제3장 교의학의 개별 주제
제4장 윤리학

제1장

종교철학적 서문

§1. 종교

1.1 '종교' 개념의 유래와 근대적 특징

1.1.1 '종교'(religio)의 어원과 의미

독일어 '종교'(Religion)라는 말은 라틴어 '렐리기오'(religio)에서 왔다. 이 낱말은 이미 기독교 생성 이전에 로마의 제의 영역에서 새롭게 만들어진 용어다. 고전 그리스어에는 이것과 아주 동일한 의미를 담고 있는 낱말이 없다. '렐리기오'(religio)는 라틴 교부 시대 이래로 기독교 저술가가 사용했다.

'종교'의 정확한 의미는 아직 완전히 밝혀지지 않았다. 종교(religio)의 의미를 아직까지도 확정적으로 말할 수 없는 이유 중 하나는 이 낱말의 어원을 설명하는 서로 다른 두 시도가 있기 때문이다.

첫 번째 가능한 설명은 기독교 생성 이전에 살았던 로마의 정치가요 철학자인 마르쿠스 툴리우스 키케로(Marcus Tullius Ciecero, 106-43 v.Chr)에 기인하고, 두 번째 가능한 설명은 라틴 교부 락탄티우스(Lucius Cae[ci]lius Firmianus Lactantius, 약 250-약 325)에게서 유래했다. 키케로는 '종교'라는 말이 '다시 읽다,' '정확히 주목하다'를 뜻하는 라틴어 '렐레게레'(relegere)에서 나왔다고 보았고, 기독교도 락탄티우스는 '뒤로 묶다'를 뜻하는 '렐리가레'(religare)가 '종교'의 어원이라고 주장했다.

| [이 사람들은] 신들의 숭배에 속한 모든 것을 다시금 주의 깊게 생각도 하고 읽기도 했다. 이들은 '다시 읽는다'는 말에 근거해서 '종교적'[문자 그대로 번역하면: 또 다시 읽는 자들]이라고 불리었다. | [...] qui [...] omnia quae ad cultum deorum pertinerent diligenter retractarent et tamquam relegrent, [ii] sund dicti religisosi ex relegando |

키케로, 『신들의 본질에 대하여』(De natura deorum) II 72(ed, Gigon 150).

| 우리는 우리의 창조주 하나님에게 정의롭고 빚진 복종을 드리고 오직 그를 인정하고 따라야 하는 조건 하에서 태어났다. 우리는 이 경외의 밧줄에 의해서 하나님을 향한 의무를 갖게 되었고 그에게 당겨져 묶였다. 종교라는 말이 이에서 자기 이름을 얻었지, 키케로가 해석한 것처럼 '다시 읽는다'에서 온 것이 아니다. | Hac [...] condicione gignimur ut generanti nos Deo iusta et debita obsequia praebeamus, hunc solum nouerimus, hunc sequamur. Hoc uniculo pietatis obstricti Deo et religati sumus: unde ipsa *religio* nomen accepit, non ut Cicero interpretatus est, a *relegendo*. |

락탄티우스, 『하나님의 규정』(Institutiones divinae) IV 28.2 이하 『기독교 문헌』(Sources chretiennes 377, 232.6-11).

따라서 '종교'라는 말은 어원적으로 신에 대한 성실한 숭배를 가리키기 위해서 사용되었고(키케로) 여기에 기독교 전통은 '사람이 창조주에 대한 외경심으로 말미암아 하나님에 대한 경배의 의무를 진다'(락탄티우스)고 덧붙임으로써 앞선 종교의 의미를 보충하였다. 라틴 서구 기독교신학은 종교라는 말을 이러한 의미로 사용했고 미신(라. Superstitio)으로 점철된 타종교인의 제의 행위와 비교하면서 기독교가 참 종교(라. Religio vera)임을 강조했다.

그러나 중요한 것은 '종교'라는 말이 기독교 이전 고대 로마 시대뿐만 아니라 라틴 기독교 전통에서도 인간의 신에 대한 관계와 연관된 내적 자세와 외적 실행을 총체적으로 가리키는 상위 개념 또는 집합 개념이 아니었다는 점이다. 종교라는 말은 오히려 신 또는 신들에 대한 생각이나 행위와 관련된 표현과 같은 영역에 속해 있었다. 이 표현에 속하는 것은 예컨대 경외 또는 경건(라. pietas), 신에 대한 숭배(라. cultus) 또는 제물(라. sacrificium)이 있다.

1.1.2 근대적 종교 개념과 종파주의 시대

오늘날 우리는 종교라는 말을 인간의 신에 대한 관계와 관련된 상이한 형태를 가리키는 집합명사로 사용하고 있는데 이러한 용법은 근대에 와서 비로소 나타난 것이다. 이렇게 이해된 종교 개념은 유럽 기독교의 종파화로 빚어진 폭력적인 분쟁을 배경으로 생겨났다(3).

이 종교 분쟁 과정에서 결코 극복될 수 없을 것으로 경험된 **차이**는 서로가 기독교 신앙의 상이한 형태의 근저에 놓인 **공통분모**를 받아들임으로써 상쇄되고 누그러졌다. 사람들은 이 신앙의 공통분모와 윤리적 확신의 보편적 구성 요소를 모든 사람에게 동일하게 적용되는 신관계의 내용으로 이해했고 이것을 종교라고 불렀다.

그런데 모든 사람은 자신의 사적 문화적 특성에 구애받지 않고 오직 사람됨, 곧 그의 본질에 근거해서 이 종교를 소유하기 때문에 이 종교를 **자연종교**(라. *religio naturalis*)라고 불렀다.

> ### 자연 종교
>
> 1. **정의**: 인간(이성)의 본질에 근거하여 지속되는 종교와 윤리적 이해
> 2. **의미**: 실제 종교가 근거하고 있는 초자연적 계시를 문제 삼았다.
> 3. **역사적 장소**: 근대에 들어 영국의 이신론에서 첫 호황을 누렸다.

우리가 오늘날 일반적인 의미로 사용하는 종교 개념은 사람들이 종파 전쟁이 남긴 치명적인 결과를 반성하고 이것을 개념적 측면에서 극복하고자 시도했던 **반성개념**(*Reflexionsbegriff*)이다.
이것은 근대적 특징을 지니고 있으며 종파주의 이후에 나온 것이다. [종교개혁이 야기한 유럽 기독교의 종파화로 말미암아] 제한적이긴 하지만 단일한 중세의 구조와 비교하면 근본적으로 새로운 상황이 주어졌다. 지금까지 알려지지 않았던 차이에 대한 의식이 그 시대의 정신을 결정했다. 종파적 차이가 의사소통의 형식으로는 지속적으로 해결될 수 없었기 때문에 유럽에서는 유혈 충돌이 수없이 일어났다. […]
추측할 수 있는 것처럼 현대의 종교 개념은 본질적으로 이러한 상황과 관련되어 있다. [이 개념을 가지고] 사람들은 종파적 다툼에서 자유롭고 기독교 보편적인 관점, 더 나아가 인간의 보편적인 관점을 명명하고 추론하고자 노력했다. 〈이 노력의 결과로 다음의〉 구호가 나왔다. '종파적 결속 너머에 그것을 능가하는 종교적 결속이 있다.'

―군터 벤츠(Gunther Wenz), 『종교』(Religion), 91, 94.

인간의 종교성은 때론 서로 대립적인 형태들로도 구체화되는데, 당시 사람들은 이 모든 형태의 토대에 있는 종교적 진술의 핵심 요소를 수집할 수 있다고 생각했다. 이러한 사상이 당시 자연 종교라는 개념의 배후에 깔

려 있었다. 현실적으로 주어진 실제 종교의 근저에 있는 인간의 보편적인 관점을 드러내기 위해서는 자연 종교의 내용적 진술과 그것의 윤리적 함의가 모든 사람에게 자연적인 방식으로 이해될 수 있는 것이어야 한다. 그리고 이성의 소유가 인간 본질의 특징이기 때문에 이 종교·윤리적 원리는 이성적으로 선명하게 이해될 수 있어야만 했다.

당시 종교적 교리는 하나님의 초자연적 계시의 결과라고 주장되었고 따라서 비록 이성에 의해서 파악될 수 없더라도 그것을 믿는 것은 당연한 것이었다. 그러나 종교적 원리는 이성적이어야만 한다는 요구로 인하여 이성으로 파악될 수 없는 모든 종교적 교리에 대해서 전반적으로 과격한 비판이 일어났다. 이로써 자연 종교의 개념은 자연적 인간 이성과 이 이성의 척도를 무효화하고 인간에게 **믿음** 안에서 순응하라고 요구하는 초자연적 계시(§ 3, 특히 § 3.2)와의 관계를 문제삼았다(§ 4, 특히 § 4.4).

자연 종교 개념은 근대에 들어 먼저 영국의 이신론에서 호황을 누렸다 (4.4). 일찍이 체버리의 허버트(Herbert von Cherbury)는 그의 저서 『진리에 대하여』(De veritate, 1619년에 저술, 1624년에 인쇄)에서 모든 사람들이 또렷하게 이해할 수 있는 참된 종교의 일반 원칙 5가지를 간명하게 서술했다.

참된 종교에 대한 허버트(Herbert)의 일반 원리(라. notitiae communes verae religionis)는 다음과 같다.

① 최고의 한 존재가 있다.
② 이 최고 존재를 경배해야 한다.
③ 이러한 경배는 우선적으로 경외심과 결합되어 있는 도덕적 삶에서 드러난다.
④ 부정 행위를 범한 것에 대해서 회개해야 한다.
⑤ 사람들은 이생 이후에 상이나 벌을 받는다.

그러나 자연·이성적 종교와 실제·계시적 종교의 충돌은 드디어 17세기부터 18세기 중엽까지 영국의 지적 분위기를 결정했던 이신론 논쟁에서 벌어졌다. 이제부터 이 논쟁의 두 가지 중요한 입장을 살펴보자.

(1) 이성과 계시의 조화를 추구했던 존 로크(John Locke)의 종교철학적 입장
(2) 계시를 비판하면서 이성 종교를 높이 평가한 틴들의 입장

(1) 로크의 종교철학 주저 『기독교의 합리성』(The Reasonableness of Christianity, 1695)의 목적은 책 제목이 말하고 있는 것처럼 성경적 기독교의 합리성을 증명하는 것이었다.

먼저 로크는 자연-인간적 이성이 초자연 계시의 도움이 없어도 원칙적으로 신과 인간의 의무에 대한 적합한 지식에 도달할 수 있다는 것에서 논의를 시작한다. 그러나 그는 동시에 이성이 이러한 능력을 결코 단 한 번도 사용하지 않았다는 것을 분명히 했다. 자연 종교와 이로부터 생겨나는 윤리적 근본 원리는 실제 종교에 의해서 더욱 어둡게 되었다.

영국 이신론

1. **선구자**: 체버리의 허버트 – 참된 종교의 다섯 가지 보편 원리를 주장(1619/1624)
2. **중도적 성향의 대표 인물**: 로크 – 계시는 자연 종교의 적합한 이해를 위해서 있는 촉매제
3. **고전적 대표자**: 틴달 – 계시의 내용은 자연 종교를 넘어 서지 않는다.

비록 자연의 작품이 자신의 모든 부분에서 하나님의 존재를 충분히 증거 해도 세상은 자신의 이성을 적게 사용함으로써 결국 하나님을 보지 못했다. 심지어

Though the Works of Nature, in every part of them, sufficiently Evidence a Deity; Yet the World made so little use of their Reason, that they saw him not; Where even by the

는 하나님의 영향 때문에 그를 쉽게 발견할 수 있는 곳에서도 보지 못했다. […]

참된 하나님에 대한 어두움과 무지의 상황에서는 부도덕과 미신이 세상을 억눌렀다. 또한 이성에게서 어떤 도움을 받지도 기대하지도 못했다. 이성은 들려질 수 없었고 이 일〈하나님〉과 전혀 관계가 없다고 간주되었다. 제사장들은 모든 곳에서 자신의 지배권을 견고히 하기 위해서 어떤 형태로든 종교와 관련되지 못하도록 이성을 배제했다.

모든 것의 창조주인 한 하나님에 대한 지식 외에도 인류에게는 그들의 **의무에 대한 명확한 지식도** 결여되었다. […] 제사장들은 인류에게 **덕**을 가르치는 것을 자신의 직무로 삼지 않았다. 사람들이 관습과 의식을 열심히 준수하고, 그 축일, 의식, 종교의 장난 거리를 신중하게 행할 경우, 경건한 부족〈제사장〉은 신들이 만족했고 더 이상 원하지 않는다는 확신을 주었다.

[…] 자연 종교는 전체적으로 어느 한 곳에서도 자연 이성의 힘에 의해 돌봄을 받지 못했다.

impressions of himself he was easy to be found […]

In this state of Darkness and Ignorance of the true God, Vice and Superstition held the World. Nor could any help be had or hoped for from Reason; which could not be heard, and was judged to have nothing to do in the case: The Priests every where, to secure their Empire, having excluded Reason form having any thing to do in Religion.

Next to the Knowledge of one God; Maker of all things; A clear knowledge of their Duty was wanting to Mankind. […] The Priests made it not their business to teach them Virtue. If they were diligent in their Observations and Ceremonies; Punctual in their Feasts and Solemnities, and the tricks of Religion; The holy Tribe assured them, the Gods were pleased; and they looked no farther. […]

Natural Religion in its full extent, was no where […] taken care of by the force of Natural Reason.

로크, 『기독교의 합리성』(The Reasonableness of Christianity) 14장,
256 이하; 264 이하
(ed. Higgins-Biddle 143.6-9, 15-20; 147.5f., 10-15; 148.3-5).

이와 같이 이성이 명백하게 무능력하기 때문에 자연 종교는 신약성경 계시의 도움에 의존한다. 예수의 선포를 통해서 인류는 참된 하나님의 지식과 윤리적 의무에 대한 완전한 앎으로 인도되었다. 로크에 의하면 예수의 선포가 갖는 신적 권위는 그가 행한 기적에서 비롯되었다. 로크는 이 기적을 의심의 여지 없이 보증된 사실이라고 생각했다.

앞의 언급처럼 이성과 계시를 조화시키려는 관심은 로크가 계시의 진리를 이성과 완전히 결합될 수 있는 것으로 서술한 대목에서 분명히 드러난다. 이성에게는 그 자신이 지닌 능력 때문에 가능한 인식의 길이 있었다. 그러나 그는 게을렀고 실제 종교로 인해 시선을 빼앗겨 버림으로써 그 길을 갈 수 없었다. 이 상황에서 계시는 이성이 이 인식의 길을 갈 수 있도록 재촉하는 촉매제 역할을 한다.

세상은 이 빛이 필요했고 그[예수]에게서 이 빛을 받았다. 〈이 빛은 내용은 다음과 같다〉 오직 한 하나님이 있다. 그는 영원하고 보이지 않는다. 보이는 어떤 대상과 같지 않고 그런 것으로 묘사될 수도 없다. 우리 구원자가 오기 전에 인류가 자신을 위한 확실한 규정으로 의지할 만한 법이 어디에 있었던가? […] 그와 같은 도덕법을 예수 그리스도가 우리에게 신약성경을 통해 주었다. 그러나 계시를 통해 […] 그 가르침의 진실성과 규범적 성격이 우리 앞에 놓여 그의 사역의 증거에 의해서 확증되고 있다. 그는 하나님이 보냈다. 그의 기적이 이를 보여 주었다. […] 그것(그의 가르침)들이 들려지고 숙고되자마자 그것이 이성과 일치한다는 것이 알려졌다. 그리고 그와 같은 것은 결코 부정될 수 없다. 각 사람은 처음에 다른 은 진리가 이성과 일치한다는 것을 목격할 수 있다. 이 진리를 우연히 만나는 것은 어려운 일일 것이고 스스로 찾아내는 것은 그 능력 밖의 일일 것이다.	This Light the World needed, and this Light it received from him: That there is but One God, and he Eternal, Invisible; Not like to any visible Objects, nor to be represented by them. Where was there any such Code, that Mankind might have recourse to, as their unerring Rule, before our Saviour's time? […] Such a Law of Morality, Jesus Christ hath given us in the New Testament; But by […] Revelation. […] But the truth and obligation of its Precepts have their force, and are put past doubt to us, by the evidence of his Mission. He was sent by God: His Miracles shew it. […] Though as soon as they are heard and considered, they are found to be agreeable to Reason; And such as can by no means be contradicted. Every one may observe a great many truths which he receives at first from others, and readily assents to, consonant to reason; which he would have found it hard, and perhaps beyond his strength to have discovered himself.

로크, 『기독교의 합리성』(The Reasonableness of Christianity) 14장, 261 (ed. Higgins-Biddle 145.27-30; 153.5-7, 10-12, 14-16; 149.5-10).

(2) 틴들이 쓴 『기독교는 창조만큼이나 오래되었다』(Christianity as old as the Creation, 1730)는 두 사람의 대화 형식으로 이루어진 미완성 작품이다.

합리주의의 경전으로 일컬어지기도 했던 이 책에서 틴들은 이성의 지식에 근거하는 자연 종교는 그 자체로 인간이 하나님과 자신의 윤리적 의무에 대해서 알아야 할 모든 내용을 포괄하고 있다고 누차 강조했다.

계시로 인한 종교도 이것과 동일한 내용을 담고 있는데, 단지 이것을 자연 종교와는 다른 방식으로 알려줄 뿐이다. 그래서 틴들은 기독교 계시 교리에 항상 등장하는 다음의 원리에 저항했다. 곧 이성에 근거한 자연적 신(神)지식은 인간 죄의 영향 때문에 초자연 계시에 근거한 신(神)지식에 의해서 내용상 보충되든지 대체되어야만 한다는 원리에 대항했다(§ 3.2). 그는 기독교 계시가 이미 항상 있어 왔던 자연 종교의 내용을 회복시킨다고 보았다. 바로 여기서 틴들은 기독교 계시의 의미를 찾았다. 그렇다면 기독교는 창조만큼이나 오래되었다.

만일 하나님이 언제나 모든 사람이 그의 진리를 아는데 이르기를[딤전 2:4] 원했다면, 그리고 그의 무한한 자애로 인하여 사람이 무엇을 알도록 계획했다면, 언제든 그의 무한한 지혜와 힘은 인류가 이것을 알도록 돕기 위해서 충분한 수단을 발견할 수 없었을까? […] 만일 사람이 하나님의 뜻을 발견하고자 진실하게 노력한다면 자연이나 이성의 법이 있다는 것을 이해하게 될 것임을 나는 너희에게 보여 주고자 한다. 이 법이 이와 같이 불리는 것은 이 법이 모든 이성적 피조물에게 공통적이며 자연스러운 것이기 때문이다.	If God, at all Time, was willing all Men should come to the Knowledge of his Truth; cou'd not his infinite Wisdom and Power, at all Times, find sufficient Means, for making Mankind capable of knowing, what his infinite Goodness design'd they shou'd know? […] I shall attempt to shew You, That Men, if they sincerely endeavour to discover the Will of God, will perceive, that there's a Law of Nature, or Reason; which ist so call'd, as being a Law, which is common, or natural, to all rational Creatures;

그리고 이 법은 이 법의 제정자처럼 전적으로 완전하고 영원하고 불변한다. 그리고 복음이 의도한 바는 이 법을 변형하거나 그 가치를 끌어내리는 것이 아니고 이 법과 섞여 있는 미신의 짐에서 사람을 해방하는 것이다. 그래서 **참된 기독교**는 어제의 종교가 아니다. 그것은 하나님이 최초에 명령한 것이고 아직도 지속적으로 그리스도인에게 명령하는 것이다.

and That this Law, like its Author, is absolutely perfect, eternal, and unchangeable; and That the Design of the Gospel was not toad to, or take from this Law; but to free Men from that Load of Superstition, which had been mix'd with it: So that TRUE CHRISTIANITY is not a Religion of Yesterday, but what God, at the Beginning, dictated, and still continues to dictate to Christians, as well as Others.

틴들, 『기독교는 창조만큼이나 오래되었다』 4.8(1장).

계몽주의 시대에 독일어권에서 생겨난 신신학 역시 종교의 개념을 활용해서, 실제로는 오직 단편적인 것에 불과한 신앙의 확신이 계시에 의거해서 보편타당한 진리를 말할 수 있다는 주장을 상대화시켰다(4.5).

예컨대 젬러는 성경과 계시를 구분함으로써 이러한 보편적 진리 주장을 상대화시켰고(§ 5.2.3) 이로써 종교의 두 가지 형태를 구분했다.

① 한 쪽에는 공적 종교(öffentliche Religion)가 있다. 이 종교는 신약성경의 증언과 교의, 그리고 국가로부터 보호받는 한 특정 교회와 종파 안에서 유효한 신앙고백에 근거한다. 이 공적 종교 안에서 사람들은 기독교를 그 역사적 근거로부터 이해하기 때문에 이 종교는 **역사적 종교**라고도 불린다.

② 다른 쪽에는 사적 종교(private Religion)가 있다. 이 종교의 본질은 역사-사회적 종교의 원리와 확연히 구별되는 각 개인의 종교적 확신에 있다. 젬러는 이 종교가 기독교의 전승 요소 뒤에 놓여 있는 보편적인 윤리-정신적 진리를 추구한다고 보았고 여기서 이 종교의 독특성을 보았다. 따라서 이 종교는 윤리적 종교로도 불린다.

이 두 종교 형태에 따라서 젬러는 그리스도인을 두 종류로 구분하고 윤리적 종교의 추종자가 종교적으로 더 성숙한 자라고 판단했다. 그러나 젬러가 반대한 것은 공적 종교 자체가 아니라 역사적 종교가 사적 종교에 가하는 통제였다.

역사적-사회적 종교와 윤리적-사적 종교

1. 젬러는 이 둘을 구분했다(1786)
2. **명제**: 역사적으로 전래된 기독교(성경, 교의, 신앙고백)의 배후에 보편적인 윤리적 진리가 있다.
3. **결과**: 그리스도인을 역사적 종교의 추종자와 윤리적 종교의 추종자로 양분했다.

그리스도의 외적 역사에 대한 이야기는 [⋯] 그리스도인이 되는 것을 목표로 하는 수업에서 항상 우선적으로 다루어진다. 만약 이 역사에 머물러 있으면 우리는 또 하나의 새로운 역사 종교를 장려하는 것이다.

[⋯] 하지만 같은 시기에 더 지성적이고 더 품위 있는 그리스도인도 있었다. [⋯] 이들은 각 그리스도인이 내적으로 자유롭게 적용할 수 있고 또 윤리적 완성을 촉진할 수 있는 윤리적 종교 또는 보편적 진리를 진실되게 추천한다. 이것은 단지 예수의 외적 역사가 아니라 그의 전체 역사에서 비롯된 거대하고 지속적인 결과다. [⋯] 이 두 부류의 그리스도인은 이전부터 함께 있었다. 그리고 이 두 부류의 그리스도인을 하나의 동일한 앎과 숙련의 수준으로 고양하는 것은 불가능하다.

우리는 다음을 인정해야 한다. 기독교 종교의 내용에 대한 확고한 역사적 척도는 오직 초보자, 역량이 더욱 부족한 사람을 위한 것이다. 그리고 윤리적 종교가 갖는 개별 내용의 총합에 대한 하나님의 일반 규정은 사실 없다. 이는 모든 그리스도인을 위한 것이다.

이미 외적으로 결속되어 있는 수많은 그리스도인을 위한 공적·사회적 종교를 총합하고 세우는 일은 인간적 또는 교회적 규정 때문에 언제나 한계가 있다. 아주 많은 그리스도인이 종교를 전반적으로 알지 못한 채, 사려 없이 성경 내용에 대한 역사적 믿음에서 벌써부터 윤리적 행복을 기대할지라도 말이다.

―젬러, 『역사적, 사회적, 윤리적 종교에 대하여』(Über historische, geselschaftliche und moralische Religion), 142-144(§ 51); 151(§ 52).

1.1.3 프리드리히 슐라이어마허의 종교에 대한 새로운 이해

18세기 말 기독교 종교철학은 어려운 상황에 처해 있었다. 이러한 상황은 먼저 칸트가 구체적으로 그의 저서 『순수 이성 비판』에서 행했던 전통적 형이상학의 해체(Destruktion)와 관계된다(4.6.2).

칸트 이전까지 근대 종교 이론은 당연하게 이성―철학적 신 존재 증명이 가능하다고 생각했는데 칸트의 형이상학 비판에 의해서 그 근거를 상실했다. 비록 칸트가 윤리적 근거를 위해서 신 개념에 요청(Postulat)이라는 중요한 지위를 부여했더라도 말이다(§ 6.2.1).

독일 초기 낭만주의에 크게 영향을 받았던 슐라이어마허의 종교 이론은 이와 같은 문제 상황과 관련되어 있었다(5.1). 슐라이어마허는 자신의 저서 『종교에 대하여』(Über die Religion)에서 종교를 형이상학과 분리했다. 그는 또한 윤리와의 관계 속에서 종교의 근거를 찾고자 했던 칸트의 방식과도 거리를 두었다.

그 대신 종교의 본질을 직관과 감정(Anschauung und Gefühl)에서 찾았다. 그의 관심사는 〈인간의 능동성의 표현인〉 인식과 행위(형이상학과 윤리)와는 전혀 다른 〈인간의 수동성의 표현인〉 종교의 특성을 부각시키는 데 있었다.

[종교는] 형이상학처럼 우주(Universum)를 그 본성에 따라서 규정 또는 설명하려고 열망하지 않는다. 종교는 윤리처럼 자유의 힘과 인간의 신적 의지(die göttliche Willkür des Menschen)에 의해서 그것〈우주〉을 지속적으로 형성하고 완결하고자 열망하지 않는다.

종교의 본질은 사유나 행위가 아니라 직관과 감정이다. 종교는 우주를 직관하고, 자신을 드러내고 행동하는 우주를 경건한 마음으로 은밀히 듣고자 한다. 종교는 어린아이처럼 수동적인 자세로 우주가 직접적인 영향으로 자신을 붙잡고 채울 수 있도록 맡기는 것이다.

—슐라이어마허, 『종교에 대하여』(Über die Religion), 50: 2. Rede
(KGA I 2, 211,29-36).

> **슐라이어마허의 종교 이해**
> 1. 종교를 형이상학이나 윤리와 구별했다.
> 2. 종교를 무한한 것에 대한 직관과 감정, 또는 무한한 것에 대한 감각과 호기심으로 규정했다.
> 3. 종교가 필연적으로 갖는 다원적 성격을 강조했다.
> 4. 종교 개념과 신 개념을 구분했다.
> 5. 자연 종교 개념에 대하여 비판했다.

슐라이어마허가 말하는 우주에 대한 직관은 이 직관에 붙들린 사람 안에 필연적으로 한 가지 특정한 근본적 기분인 감정을 일으킨다. 여기서 직관과 감정은 구체적으로 개별적이며 유한한 것과 무한한 것의 관계에 대한 것이다. 오늘날의 말로 표현하자면 이것은 가능한 무한 앞에 서 있는 실제적인 것에게 주어지는 의미에 관한 것이다. 그래서 슐라이어마허는 종교를 무한한 것에 대한 감각과 호기심이라고 특징지었다(KGA I 2, 212,32).

무한한 것은 〈인간〉 관찰자의 유한성 때문에 자신을 유한하게 표현할 수 밖에 없는데, 슐라이어마허는 이 표현이 우주의 행위로 인한 계시의 결과라고 규정함으로써 계시 개념을 변형시켰다(§ 3.3).

> 우주는 끊임없이 행위하며 모든 순간 자신을 우리에게 드러낸다. 우주가 지어내는 각 형태는 우리를 향한 우주의 행위다. 이처럼 각 개별적인 것을 전체의 한 부분으로, 그리고 각 제한적인 것을 무한의 한 진술로 받아들이는 것이 종교다.
> ─슐라이어마허, 『종교에 대하여』, 56: 2.Rede (KGA I 2, 214.9-11, 13-15).

우주는 무한한 반면 종교적 관찰자는 유한하기 때문에 슐라이어마허에 의하면 종교적 관점은 무한하다. 다원주의(*Pluralismus*)는 종교 자체와 함께 주어졌다.

> 각자는, 자기 [종교]가 전체의 한 부분이며, 종교적으로 자신을 자극한 동일한 대상들에 대해서 다양한 견해들이 있으며, 이것들이 자신의 것과 완전히 다르면서도 동일하게 경건하다는 것을 알아야한다. 또 종교의 다른 요소들로부터 직관과 감정이 흘러나오는데 그것을 〈파악할 수 있는〉 감각이 자신에게 어쩌면 완전히 결여되어 있을 수 있다는 것을 알아야 한다.
> ─슐라이어마허, 『종교에 대하여』, 62 이하:
> 2.Rede (KGA I 2, 216.38-217.3).

슐라이어마허의 초기 종교 이론과 관련해서 두 가지 중요한 관점을 더 언급해야한다. 먼저 종교의 개념을 신 개념과 **구별**한 것이 중요하다. 그는 신 개념이 종교의 필연적 개념이라고 생각하지 않았다. 신(神) 관념, 곧 세계 건너편에 있는 창설자와 통치자에 대한 가정은 단지 주어진 종교 경험을 해석하기 위한 하나의 가능한 방식일 뿐이다.

이제 곧 최상의 [신이라는 개념], 최상의 존재라는 개념, 자유와 이성으로 우주를 다스리는 우주의 정신이라는 개념을 살펴보자. 하지만 종교는 이 개념에도 의존하지 않는다. 종교를 가진다는 것은 우주를 직관하는 것이다. 너희 종교의 가치는 너희가 우주를 직관하는 방식과 우주의 행위 속에서 찾아낸 원리에 근거한다. [⋯] 따라서 종교에서 신 개념은 너희가 생각하는 것만큼 상위적인 것이 아니다.

—슐라이어마허, 『종교에 대하여』, 126.130: 2.Rede
(KGA I 2, 244.8-14; 245.33f.).

또 하나 중요한 것은 계몽주의의 아주 중요한 개념인 **자연 종교**에 대한 비판이다. 슐라이어마허는 이 자연 종교를 비역사적인 가정이라고 판단했다. 자연 종교 안에는 철학적 방식의 언급과 윤리적 방식의 언급이 포함되어 있어서 형이상학과 윤리가 구분되어 있지 않다. 또한 자연 종교에서는 무한에 대한 보편타당한 진술이 아니라 유한한 진술이 되고자 하는 종교의 고유한 특성이 감추어져 있다.

슐라이어마허의 이 같은 비판으로 이신론 이후 논의되었던 자연 종교와 실제 종교의 관계에 대한 질문은 흥미 없는 것이 되었다. 다양한 실제 종교의 상호 관계에 대한 질문이 자연 종교와 실제 종교의 관계에 대한 질문을 대체한 것이다(1.2).

너희는 현존하는 특정한 종교적 현상을 실제 종교라고 부른다. 이미 오래전부터 이 이름으로 불린 종교 현상은 극도로 증오의 대상이었다. 이 실제 종교와 달리 너희는 [⋯] 자연 종교를 언제나 쉽게 관용했고 심지어는 경의를 가지고 그것에 대해서 말했다. [⋯] 자연 종교라는 것은 일반적으로 아주 많이 닳았고 많은 철학적 방식과 윤리적 방식의 언급을 갖고 있기 때문에 종교의 고유한

성격을 미미하게 드러낸다. […]

[더 정확히 관찰한다면] 너희는 바로 이 실제 종교야말로 무한한 종교가 자신을 유한하게 드러내는 특정 형태라는 것을 알게 될 것이다. […] 너희는 또한 이 실제 종교 안에서만 종교적 소질이 참되고 개별적인 방식으로 형성되는 것이 가능하다는 것을 알게 될 것이다.

─슐라이어마허, 『종교에 대하여』, 242 이하, 248 이하; 2. Rede
(KGA I 2, 296.24-29, 37-40; 298.38-40; 299.3f.).

📖 📖 고대 로마 이후 주요 저자가 종교라는 개념을 사용한 방식
- E. Feil, Religio, 39-49(zu Cicero), 60-64(zu Lactantius).
- E. Feil, Religio, Dritter Band, 189-205(zu Hebert von Cherbury).

📖 📖 영국 이신론, 프랑스 계몽주의, 독일 신신학의 종교 이론과 관련한 의미
- U. Barth, Aufgekärter Protestantismus, 201-224; Gott als Projekt der Vernunft, 127-144, 145-171.

📖 당시 신학사·사회사적 맥락에서 슐라이어마허가 취한 사상적 단초 개관
- U. Barth, Aufgeklärter Protestantismus, 259-289.

👓 울리히 바르트는 자신의 종교철학적 단초에서 분명하게 슐라이어마허를 계승하고 있다(Aufgeklärter Protestantismus, 287, Anm. 80). 아래 언급된 책을 활용해서 바르트의 탁월한 독자적 시도를 알아 보시오.
- U. Barth, Religion in der Moderne, 4-27.

👓 헤겔이 슐라이어마허의 종교 이해에 대한 대안적 이론을 내놓았다. 아래 책을 활용해 헤겔 종교철학의 핵심을 알아 보시오.
- G. Wenz, Religion, 166-212.

1.2 기독교와 타종교의 관계

1.2.1 기독교의 절대성 주장과 이에 대한 에른스트 트뢸취의 문제 제기

고대 교회가 자기 변증을 시작한 이래로(1.1) 기독교 신학자들은 그리스도의 계시가 최종적으로 유효하다는 믿음을 기독교가 다른 종교보다 더 우월하다는 주장과 결합하려고 노력했다(기독교의 우월성에 대한 주장이 지닌 교회론적 함의, §13.2.3). 이들은 성경의 증언을 계승했고(특히 행 4:12; 요 14:6; § 3.1), 무엇보다 먼저 유대교와 로마의 국가 종교에 대해서 비판적이었다.

중세 중기부터 기독교 사상의 지평에는 이슬람이 더 자주 등장했다. 근대가 진행되면서 유럽 기독교의 단일성은 종파화의 문제로 인해 무너졌고 새로운 지역이 발견되면서 유럽의 경험적 지평은 갈수록 넓어졌다. 사람들은 비기독교적 문화가 상당히 많다는 것을 쉽게 알게 되었다.

이런 상황에서도 기독교 종교의 우월성에 대한 신념이 곧바로 의문시되지는 않았지만, 역사적 사유가 정착할 수 있는 역사적 조건이 실제로 형성되었다. 역사적 사유는 계몽주의에 의해 관철되고 발전하다가 19세기 후반에 그 정점에 도달했다.

내적으로 아주 다양하게 경험된 기독교는 이제는 그 자체 안에서 이루어지는 담론에서도 여러 종교·문화적 현상 중 하나로 보이기 시작했다. 따라서 기독교가 다른 종교보다 더 우월하다는 가정, 곧 사람은 오직 그리스도를 통해서만 구원에 이를 수 있다는 주장은 현저하게 자명성을 상실했다.

기독교가 구원에 대한 독점적 권한을 갖고 있다는 주장이 자명하지 않다는 의식에서 기독교의 절대성에 대한 의심이 생겨났다. 절대성(Absolutheit)이라는 말은 19세기 중반에 기독교가 다른 종교에 비해서 우월하다는 생각 속에서 처음 사용되었다. 19세기 중반부터 이루어진 기독교의 절대성에 대한 토론 과정에서 기독교와 다른 종교의 관계에 대한 반성적 연구가 시작되었고 오늘날에도 다른 개념을 활용하면서 지속된다(20세기에 대해서, § 1.2.2.와 § 1.2.3.에서 다루어진 사상).

> **기독교의 절대성**
> 1. 오직 그리스도를 믿음으로 구원을 얻을 수 있다는 견해는 그 근원이 신약성경에 있고, 고대 교회가 변증을 시작한 이후 주장되었다.
> 2. 자명한 것으로 여겨진 이 가정은 계몽주의 이후 확고하게 된 역사적 사유에 의해 흔들렸다.

절대성 질문을 두고 트뢸취는 흥미로운 입장을 폈다. 트뢸취는 저서『기독교의 절대성과 종교사』(Die Absolutheit des Christentums und die Religionsgeschichte, 1판 1902, 2판 1912)에서 역사적 사유를 전제할 때 기독교의 절대성을 주장하는 것이 가능한지, 가능하다면 어떤 관점에서 그런지를 연구했다. 이 과정에서 맨 먼저 분명해진 것은 각 가치 체계의 자명한 타당성은 역사적 사유 방식에 의해서 불가피하게 상대화된다는 통찰이었다.

> 18세기 이래 거대하고 지배적인 것으로 발전한 현대 세계가 하나의 고유한 문화 유형을 뜻한다는 견해는 모두가 인정할 수 있다. […] 이 새로운 세계의 중요한 근본 특징 중 하나는 인간사(事)에 대한 철저히 역사적인 관점의 개발이다. 이것[역사적 관점]은 원리적으로 새로운 것이다. 이것은 삶의 지평이 뒤로는 과거까지 이르고 옆으로는 현재라는 폭 전체를 뒤덮을 만큼 확장되면서 생겨난 결과다. 이로 인하여 각각의 지배적인 문화 유형과 가치 체계가 자명하게 타당하다는 원초적이고 단순한 신뢰가 흔들린다. 그래서 이제 이것은 역사적 객체 중 하나가 된다. […]
> —트뢸취,『기독교의 절대성』(Die Absolutheit des Christentums),
> KGA 5, 112 이하(제1장).

지금까지 아주 타당하게 받아들인 것을 상대적인 것으로 바라보는 태도가 삶의 모든 영역에 미쳤고 종교적 신념도 예외가 아니었다. 이 사태를 진지하게 받아들인다면 기독교의 절대성을 증명하려는 모든 시도는 역사적 사유의 지평에서 좌절되었다는 것을 알 수 있다.

트뢸취는 기독교 절대성을 정초하는 세 가지 상이한 방식을 구분하였다.

(1) **순진하게 주장한 절대성**은 예수의 하나님에 대한 확신과 이 확신이 믿는 자를 구원하고 자유롭게 하는 영향력에 근거하고 있다.

(2) **인위적(변증적)으로 주장한 절대성**은 기독교의 우월함이 논증의 방법으로 증명될 수 있다는 신학 이론의 결과다. 절대성을 주장하는 이 방식은 가톨릭 교리 체계에서 첫 번째 정점에 도달했다. 여기서는 진리에 대한 교회의 독점권에 근거해서 오직 기독교만이 구원의 권한을 가지고 있다는 주장이 보장되었다(§ 1.2.3; § 13.2.1). 이 방식의 두 번째 정점은 구개신교 정통주의다. 여기서는 성경 영감설이 오직 기독교만이 구원의 권한을 가지고 있다는 주장을 보장하였다(4.2; § 5.2.1).

(3) 트뢸취가 특히 비판적으로 다루었던 것은 **진화론적 관점에서 주장한 절대성이다**. 이 절대성은 실제 종교와 관련하여 역사적으로 파악된 다양한 것에서 뽑아낸 종교의 일반 개념에 근거해서 이 종교 개념이 오직 기독교 안에서 완벽하게 실현되었음을 보여 준다. 따라서 기독교는 종교사에서 최종적이고 번복할 수 없는 정점으로 간주되어야 한다.

> **절대성에 대한 트뢸취의 저술에서(Ⅰ)**
> 1. 단순한, 인위적(변증적)인, 진화론적 절대성을 구분
> 2. **주 관심사**: 진화론적 절대성에 대한 비판

기독교를 절대적 종교라고 결론짓는 관점은 역사적 사유 방식과 역사적 수단에 의해 불가능하다.

[…] 역사(Historie)는 발생하는 사건의 내용과 순서를 도출할 수 있는 일반 개념을 전혀 알지 못한다. 다만 구체적이고, 개별적이고, 매번 전체 맥락에 의해서 제약되고, 본질적으로 도출될 수 없고, 순수 실제적인 현상만을 알 뿐이다. […] 역사는, 실제적이며 법칙에 따르는 일반적인 것 자체에서 보편 타당한 가치가 산출되는 것을 보여 주는 어떤 발전 과정도 알지 못한다.

끝으로 역사는 진실로 각 순간에 오직 특정하고, 제약되고, 그래서 개별적인 현상만 산출되는 상황 안에서 일반 개념이 완벽하게 실현될 수 있다는 것을 전혀 알지 못한다. 따라서 오늘날 상당히 많은 신학자는 […] 역사철학적 사유로 인하여 기독교를 절대적 종교로 증명하려는 시도를 포기할 수밖에 없다는 사실을 인정한다.

―트뢸취,『기독교의 절대성』,
KGA 5, 137, 140, 158(제2장).

그러나 트뢸취는 이 연구 결과에서 가치와 규범의 전적인 상대주의를 끌어내는 것에 대항했다. 그의 견해에 따르면 이러한 상대주의는 결코 철저한 역사적 사유와 필연적으로 결합되지 않는다. 오히려 트뢸취는 가치와 규범이 비록 언제나 개인적이고 역사적 제약을 받는 옷을 두르고 있더라도 역사 안에서 완전하고 뚜렷하게 드러날 수 있다고 확신했다.

바로 이 점 때문에 역사(Geschichte) 자체는 사람에게 역사 안에서 나타난

가치에 대해서 개인적인 입장을 표명하도록 요구한다. 정신의 발전은 역사를 만들고 그래서 문화를 형성할 수 있을 만큼 극도로 발전하였다.

누구든지 이것을 체험적으로 살펴보는 자는 비교하고 평가하라는 요청을 받고 있음을 안다. 평가와 그 결과로 내려지는 등급 결정은 불가피하게 삶의 근간을 이루고 있는 척도를 따르기 마련이다. 그런데 이 척도는 어느 특정 역사적 상황에 의해 이미 형성되었기 때문에 개인적인 척도일 수밖에 없다.

> 역사는 […] 규범을 배제하지 않는다. 오히려 역사의 근본적 사역은 바로 규범의 창조이고 이것을 통합하려는 노력이다. […] 상대주의와 절대주의와 관련하여 이것이냐 저것이냐의 문제가 아니라, 이 둘의 혼합이, 상대적인 것에서 벗어나 절대를 향하는 것이 역사의 문제다.
> […] 이와 같이 역사(Historie) 자체에서 이 역사와 관련하여 항상 추가적으로 생각해 봐야 할, 역사철학적으로 요약하고 등급을 매기는 과제가 생겨난다. […]
> 우리는 삶의 운동 자체에서 조망과 동참을 통해서 생겨나는, 거대한 역사적 근본 흐름에 대한 적응이 곧 [이 과정에서 활용해야 할 척도]라고 이해한다.
> […] 이와 같은 척도는 분명 개인적 확신의 문제이며 최종적으로 주관적이다. 대결 구도에 있는 역사적 가치 가운데 이루어져야 할 선택을 위한 척도는 결코 다른 성질을 가진 것이 아니다.
>
> —트뢸취, 『기독교의 절대성』, KGA 5, 170 이하, 176 이하(제3장).

> **절대성에 대한 트뢸취의 저술에서 (Ⅱ)**
> 1. 철저한 역사적 사유 방식은 필연적으로 가치를 상대화하지 않고, 가치에 대해서 개인적 입장을 표명하도록 요구한다.
> 2. 기독교에 대해서 절대성 대신에 최고의 타당성을 말할 수 있는데, 그것은 선지자적 구원 종교인 기독교가 신과의 인격적 관계에 최고의 가치를 두기 때문이다.

트뢸취는 여러 종교의 상이한 가치 형태를 비교하면서 선지자적 구원 종교로 특징지을 수 있는 기독교 안에서 인격주의(Personalismus) 사상이 가장 강하게 드러난다는 것을 보여 주었다. 기독교에서 하나님과 인간은 자연 현상의 결속에서 풀려나 있고, 사람은 세상을 윤리적으로 형성하라는 하나님의 요구를 받고 이 과업이 자기에게 위임되었음을 안다.

트뢸취는 기독교를 통해서 역사적 현실로 들어온 이 〈인격주의〉 사상이 역사 초월적인 의미를 가진다고 주장했고 기독교가 **최고로 타당하다**(von einer Höchsgeltung des Christentums)는 것을 충분한 근거를 갖고 말할 수 있다고 생각했다. 그럼으로 학문적·역사적 연구는 믿음의 확신을 파괴하지 않고, 여러 역사적 상황에서 실현된 기독교 종교성의 각 형태는 상대적 성격을 지닌다는 지식으로 이끈다.

> 실제로 기독교는 거대 종교 중에서 인격주의적인 종교심이 가장 탁월하고 집약적으로 계시된 종교다. [⋯] 오직 기독교만이 자연 종교의 조건과 제약에서 완전히 벗어나 있다. 그리고 끝없이 고귀하며 다른 모든 것을 비로소 야기하고 형성하는 인격적인 삶이 〈가능한〉 고차원적인 세계를 제공한다.
>
> —트뢸취, 『기독교의 절대성』, KGA 5, 195(제4장).

기독교는 인격주의적인 구원의 종교로서 우리가 아는 한 가장 높고 논리정연하게 발달한 종교적 삶의 세계다. 이 종교의 진실한 삶에 속하는 것은 사유 가능한 앞날의 모든 발달 과정에서도 살아남을 것이고, 그와 같은 발달 과정에 포함되면서도 결코 폐지되지는 않을 것이다. [⋯] 따라서 이렇게 생겨난 절대성은 다름 아닌 최고의 타당성이고 완전한 진리를 향하도록 자신을 설정했다는 확신이다.

—트뢸취, 『기독교의 절대성』, KGA 5, 199 이하(제5장).

최고의 종교는 아주 자유롭고 내밀한 절대성을 주장한다. [⋯] 그런데 학문적 고찰이 이 유일성을 더 광범위한 관계 속의 특별한 형태라고 가르친다면 이를 통해서 절대성을 주장하는 순진함의 빗장은 깨어질 것이다. 학문적 고찰은 기독교의 발전 과정에서 처음 주어진 개별적이고 역사적인 형태를 최종적인 것으로 보지 않고 항상 새롭게 일어나는 역사적·개별적인 형태의 시작점으로 본다.

—트뢸취, 『기독교의 절대성』, KGA 5, 228(제6장).

1.2.2 그리스도 계시의 이름 아래 이루어진 칼 바르트(Karl Barth)의 종교 비판

바르트신학의 전형적인 특징은 사람이 아니라 하나님과 사람 사이의 간격을 강조한 데에 있고, 이 간격은 오직 그리스도 안에 있는 하나님에 의해서만 극복될 것이다. 이 점을 고려할 때 바르트가 하나님을 알기 위한 인간의 노력과 그리스도 안에서 드러난 하나님의 계시 사이의 어떤 연관성도 인정하지 않는 것은 당연하다.

우리는 이 양자의 연관을 부정하는 경향을 바르트신학의 주저 두 곳에서 분명히 확인할 수 있다. 곧 종교를 무신론자의 관심사로 단정하면서 종교를 깎아내리는 곳에서(『교회 교의학』 I/2, 1938, §17) 그리고 그리스도의 계시 외에도 신(神) 지식을 획득할 수 있는 또 다른 근원이 있다는 견해를 맹렬하게 부정하는 곳에서 확인할 수 있다(『교회 교의학』 II/1, 1940, §26; 우리 책 §3.2.3).

이 신랄한 비판은 인간의 주관성과 기독교 신앙의 관계에 대한 바르트의 견해에도 기인한다. 바르트는 경건주의 이래로 개신교신학이 신앙의 이해에서 강조한 인간의 주관성이 곧 '독일 기독교인들'이 추구한 신학의 최종적 근거라고 생각했다(6.2).

종교 이론의 관점에서 흥미로운 것은 바르트가 자기 사유의 전제 위에서 계시-신학적 관점을 가지고 종교 비판을 전개했다는 점이다. 근대신학적 사유의 핵심개념이었던 종교라는 범주는 바르트가 보기에 사람과 하나님의 관계를 적절히 드러내는 데 적합하지 않을 뿐 아니라 이 일 자체를 그르친다. 이 일은 오직 인간 종교에 대해 절대 우위에 있는 신적 계시에 근거해서만 가능하다.

> 계시와 종교를 종합해서 체계화하려는 시도는 언제나 처음부터 결정적인 오해였다. [...] 사람의 종교를 신적 계시와 동일선상에서 그와 동일한 의미로 받아드릴 수 있는 상황이라면[...] 이것은 이미 종교로부터, 계시가 아닌 사람으로부터 시유히겠디는 생각과 의도를 보여 주는 것이다.
>
> [...] 계시를 반드시 종교와 비교하고 조화시키기 원한다면 이것은 이미 종교를 계시로 오해한 것이다. 종교가 무엇인지를 알기 위해서 이것에 대한 처음이자 마지막 말을 계시에서, 오직 계시에서만 듣고자 하는 곳에서 계시를 이해할 수 있다.
>
> ―바르트, 『교회 교의학 I/2』, 320 이하(§17.1).

종교에 대한 처음과 마지막 말을 계시가 선언한다는 이러한 인식은 먼저 종교의 본질이 죄와 불신앙이라는 것을 강조한다. 사람은 비로소 믿음에서 종교의 본질이 죄와 불신앙이라는 것을 깨닫는다.

> 종교는 신에 대한 **불신**이다. 종교는 사람의 일이다. 여기서 우리는 서슴없이 더 말해야 한다. 종교는 무신론자의 일이다. […] 이 문장은 모든 종교에 대한 신적 계시의 판결이다. […] 인간 스스로 하나님을 알려는 시도가 헛되다는 사실이 전제되고 확증되어야 인간에게 계시가 일어난다. […] 인간의 종교 자체가 계시에 대한 반항이라는 사실이 계시에 의해서 그리고 계시에 대한 믿음에 의해서 폭로된다. […]
> 계시는 이미 있었고 활용되어 온 인간의 종교에 결합하지 않고, 앞서 종교가 계시에 반항한 것처럼 종교에 저항한다. 앞서 종교가 계시를 폐지한 것처럼 계시도 종교를 폐지한다.
> ―바르트, 『교회 교의학 I/2』, 327-329(§ 17.2).

그러나 이러한 결론 앞에서 기독교가 참된 종교라고 주저 없이 말할 수 없다. 따라서 바르트는 이 참된 종교라는 명칭을 오직 반실제적으로(kontrafaktisch), 곧 종교개혁의 구원론이 죄인의 칭의를 말하는 그런 의미로 사용할 수 있다고 생각했다(§ 11.2.2). 죄인과 종교는 하나님에 의해서 의롭게 된다. 비록 그 의와 진리가 죄인과 종교의 노력을 통한 결과로 간주될 수 없더라도 죄인과 종교는 의롭고 진리인 것처럼 받아들여진다.

> 어떤 종교도 참되지 않다. 〈그러나〉 하나의 종교는 인간의 칭의와 아주 똑같은 방식으로 참 종교가 **될 수 있다**. 이 사건은 자기 자신의 본질과 존재에서가 아니라 오직 외부로부터 주어진다. […] 칭의된 죄인이 있는 것과 똑같이 하나

의 참된 종교가 있다. 이 유비를 단호하고 철저하게 붙잡는다면 […], 우리는
기독교가 유일한 참된 종교라고 말하기를 주저할 이유가 없다.

-바르트, 『교회 교의학 I/2』, 356 이하(§ 17.3).

바르트의 종교 비판

1. 항상 사람의 관심에 의해서 유지된 종교에 대항하여 하나님에게서 시작하는 (그리스도) 계시를 주창했다.
2. 종교는 계시 신앙의 관점에서 신에 대한 부정과 불신으로 간주되었다.
3. 참된 종교는 오직 죄인의 칭의와 유사한 의미 속에 있다.

1.2.3 현대 가톨릭에서 본 기독교회와 비기독교 종교

가톨릭이 기독교와 다른 종교의 관계에 대한 질문을 교회론의 한 주제로 다루는 것은(§ 13.2.3) 가톨릭의 교회 이해와 관련이 있다. 가톨릭의 견해에 따르면 제도와 성직 계급으로 구성된 로마가톨릭교회만이 하나님에 대한 참된 경외가 가능한 곳이다. 따라서 가톨릭은 자신과 기독교의 다른 종파의 관계를 다루는 방식처럼 자신과 비기독교 종교의 관계를 다루는데 이는 논리적으로 자명한 것이다.

이 두 가지 문제와 관련해서 교직이 선포한 규범적 문서는 교회에 관한 교의 규칙인 『인류의 빛』(Lumen gentium)에서 유래했다. 이 문서는 1964년 11월 21일 제2차 바티칸 공의회(Das 2. Vatikanische Konzil)에서 통과되었다.

이 규칙의 주요한 통찰은 전체적으로 가톨릭 신학자 칼 라너(Karl Rahner, 1094-1984)에게서 기인했다. 그는 특히 **익명의 기독교**(anonymes Christentum)라는 개념에서 유일 타당성에 대한 기독교의 주장을 교회 밖에서 비기독교적으로 심지어는 비종교적으로 주어진 진리의 확신에 대한 긍정적 평가와 결합시킬 가능성을 찾았다.

한편으로는 진리가 오직 그리스도 안에서 완전한 형태로 계시되었고 오직 로마가톨릭교회 안에서만 현재까지 순수하게 전래된 것같이, 다른 한편으로는 기독교 다른 종파, 종교, 세계관도 모든 사람을 구원으로 이끌기 원하는 하나님의 섭리 작용의 틀 안에서 발전되어 왔다. 이 같이 전체를 바라보는 관점에서 아래의 인용문은 비기독교적 종교뿐 아니라 진리를 추구하는 비유신론적이고 비종교적인 형태도 로마가톨릭 안에서 이미 실현된 단일한 하나님의 백성에 속하도록 정해졌다고 말한다.

그러므로 모든 사람은 전 피조 세계의 평화를 예표하고 후원하는 보편적이며 단일한 이 하나님의 백성에 속하도록 부름을 받는다. 가톨릭 신자, 그리스도를 믿는 다른 신자, 최종적으로 하나님의 은혜로 말미암아 구원으로 부름 받은 모든 사람이 이 하나님의 백성에 다양한 형태로 속해 있거나 속하도록 정해졌다.	Ad hanc igitur catholicam Populi Dei unitatem, quae pacem universalem praesigmat et promovet, omnes vocantur homines, ad eamque variis modis pertinent vel ordinantur sive fideles catholici, sive alii credentes in Christo, sive denique omnes universaliter homines, gratia Dei ad salutem vocati

제2바티칸 공의회, 규칙 『인류의 빛』, 제2장 13항목(DH 4135; NR 416).

- DH = 『신앙고백, 신앙과 삶에 대한 결정에 대한 개요』
  (Enchiridion Symbolorum definitionum et declarationum de rebus fidei et morum).
- NR = 『선포된 교리 문서 안에서의 교회의 신앙』
  (Der Glaube der Kirche in den Urkunden der Lerhrverkündiung [NR]).

아래 인용된 글은 로마가톨릭과 기독교 다른 종파 사이의 관계를 서술한다(DH 4136-4139; § 13.2.3).

끝으로 아직 복음을 받지 않은 사람들은 다양한 방식으로 하나님의 백성에 속하도록 정해졌다. 당연히 먼저 언약과 약속이 주어졌던 그 민족, 그리스도가 육체를 따라 그 안에 태어났던 민족. […]	Ii tandem qui Evangelium nondum acceperunt, ad Populum Dei diversis rationibus ordinantur. In primis quidem populus ille cui data fuerunt testamenta et promissa et ex quo Christus ortus est secundum carmen[…]

| 그러나 구원의 결정은 또한 창조주를 시인하는 자를 포함하며, 이들 중에 특히 회교도를 포함한다. […] 그리고 그림자와 형상에서 알지 못하는 신을 찾는 자, 이와 같은 자에게 하나님은 멀리 있지 않다. […] 왜냐하면 자기 잘못 없이 그리스도의 복음과 그의 교회를 알지 못하면서도 순전한 마음으로 하나님을 찾고 양심의 명령에 의해서 알려진 그의 뜻을 은혜의 작용 가운데 행위로 성취하고자 노력하는 자는 영원한 구원에 도달할 수 있기 때문이다. […] | Sed propositum salutis et eos amplectitur, qui Creatorem agnoscunt, inter quos imprimis Musulmanos […] Neque ab aliis, qui in umbris et imaginibus Deum ignotum quaerunt, ab huiusmodi Deus ipse longe est […] Qui enim Evangelium Christi Eiusque Ecclesiam sine culpa ignorantes, Deum tamen sincero corde quaerunt, Eiusque voluntatem per conscientiae dictamen agnitam, operibus adimplere, sub gratiae influxu, conantur, aeternam salutem consequi possunt. […] |
| 신적 섭리는 또한 자기 잘못 없이 아직 분명하게 하나님을 알지 못하고 신적 은혜가 없어서 올바른 삶을 살려고 애쓰지 않는 자에게도 구원을 위한 필수적인 도움을 거절하지 않는다. 그것은 교회가 이들에게서 발견되는 모든 부분적인 선과 진리를 복음을 위한 준비 과정처럼 간주하기 때문이다. | Nec divina Providentia auxilia ad salutem necessaria denegat his qui sine culpa ad expressam agnitionem Dei nondum pervenerunt et rectam vitam non sine divina gratia assequi nituntur. Quidquid enim boni et veri apud illos invenitur, ab Ecclesia tamquam praeparatio evangelica aestimatur. |

제2바티칸 공의회, 규칙 『인류의 빛』, 제2장 16항목 (DH 4140).

📖 위 §1.2.1과 §1.2.2에서 묘사했던 트뢸취와 바르트의 개념을 다룬 책
— R. Bernhardt, Der Absolutheitsanspruch des Christentums, 128–173.

📖📖 종교를 아주 간략하게 개관
— M. Hutter, Die Weltreligion.

📖📖 전지구화로 말미암아 오래전에 기독교적 양식으로 형성된 유럽 안으로 비기독교적 종교가 빠르게 유입되고 있다. 마르부르크(Marburg) 조직신학자 한스-마틴 바르트(Hans-Martin Barth)는 이 현상에 주목하면서 2001년에 개신교 교의학을 서술했다. 그의 기획 속에서 이해된 신학 개념이 무엇인지를 아래 부분이 설명한다.
— H.-M. Barth, Dogmatik, 37–65, bes. 58–64.

◎ 아래 저서를 활용하여 라너의 입장을 알아보시오.
 - K. Rahner, Das Christentum und die nichtchristlichen Religionen.
 - ders, Der eine Jesus und die Universalität des Heils.
 - ders, Über die Heilsbedeutung der nichtchristlichen Religionen.

◎ 발생한 모든 종교를 철저하게 동급으로 취급하려는 시도는 다원론적 종교신학의 표현으로 영미권에서 일어났다. 이 신학에 따르면 다양한 종교는 동일한 초월적 하나님을 상이하게 인식하고 개념화한 데서 생겨났다. 이 이해와 관련된 힉(John Hick)의 입장과 오그든(S. M. Ogden)의 비판을 알아보시오.
 - J. Hick, An Interpretation of Religion.
 - S. M. Ogden, Gibt es nur eine wahre Religion oder mehere?

1.3 세속 종교 이론

1.3.1 19세기 종교 비판: 루트비히 포이에르바흐와 칼 마르크스

오늘날 종교 비판(Religionskritik)은 일반적으로 종교를 인정하지 않는 사람이 현존하는 종교에 가하는 비판을 말한다. 그러나 이 낱말의 초기 역사에서 이것은 종교 안에서 이루어진 비판과 관계했고 이성의 토론장에서 기독교 전승과 종교에 대한 자기비판을 뜻했다.

이렇게 후자의 의미로 종교 비판이라는 말을 처음 사용한 사람은 개신교신학자 티프트룽크였다. 그는 1792년부터 할레대학교에서 가르쳤고 종교 비판과 관련된 다음의 책을 썼다. 『특별히 기독교를 중심으로 종교와 모든 종교적 교의학에 대한 비판의 시도』(Versuch einer Kritik der Religion und aller religiösen Dogmatik, mit besonderer Rücksicht auf das Christentum, 1790), 『종교 비판의 원리에 따른 신교 교리에 대한 평가』(Censur des christlichen protestantischen Lehrbegriffs nach den Principien der Religionskritk, 제3권, 1791-1795).

칸트의 비판철학을 적극적으로 추종했던 티프트룽크는 종교의 질문에서 한 치의 양보도 없이 이성을 관철시키고자 했다. 이러한 시도 속에서 그는 기독교 종교의 내용을 인간 이성의 자율성에 적합하도록 다시 서술하는 것에 관심을 가졌다. 티프트룽크의 기본 생각은(4.6.2) 영국 이신론 이래 알려진 경향처럼 이성으로 확실하게 이해된 원리에 근거하는 자연 종교를 추구하는 전통에 서 있었다(§ 1.1.2).

티프트룽크는 신학사에서 신학적 합리주의(theologischer Rationalismus)의 주창자로 여겨진다(5.2). 또한 그의 작품은 당시 이성 종교를 철학의 토대에서 전개했던 탁월한 구상과 견줄 수 있는 신학적 시도였다. 철학의 토대 위에 이성 종교를 정립하려고 했던 시도로는 요한 고트립 피히테(Jonann Gottlieb Fichte, 1762-1814)의 『모든 계시에 대한 비판의 시도』(Versuch einer Kritik aller Offenbarung, 1792)와 칸트의 『이성의 한계 내에서 종교』를 들 수 있다. 이 책에서 칸트는 종교적 신앙(Religionsglauben)과 교회 신앙(Kirchenglauben)을 구별했다(§ 4.3.1).

초기의 종교 비판은 자기비판을 통해서 기독교를 정화하는 것을 뜻했다. 그러나 기독교의 극복(*Überwindung*)를 목표로 하는 종교 비판의 형태가 점차적으로 먼저 프랑스 계몽주의(4.5)부터 시작하여 19세기 이래로는 독일에도 정착되었다(5.2).

이 사상의 단초는 헤겔의 제자들이 분열하는 상황에서 나왔다. 이 분열은 헤겔 종교철학에 대한 상이한 해석에서 비롯되었고 이로부터 생겨난 다양한 견해는 독일 3월 혁명 전기(der deutsche Vormärz) 시기에 각각 대립적인 정치적 선택과 결합되었다. 철학사적 의미가 크지 않은 헤겔 좌파와 헤겔 우파라는 말이 이 대립을 가리킨다.

포이에르바흐는 자기 스승인 헤겔에 대한 비판에서 종교 비판의 기본 개념을 발전시켰다. 헤겔이 사람 안의 신(神) 의식을 신의 자의식으로 해석했다면 포이에르바흐는 그의 저서 『기독교의 본질』(Das Wesen des Christentums, 1841)에서 인간의 신(神) 의식을 인간 본질의 이상적인 투사(Projektion)로 이해했다.

> **종교 비판**
>
> 1. **티프트룽크**: 종교 비판은 기독교의 자기 정화를 목표로 이성의 토론장에서 전개되는 종교 내적 비판이다.
> 2. **헤겔 좌파**: **포이에르바흐**(1841), **마르크스**(1844) – 종교 비판은 기독교의 진리 주장을 해체함으로써 기독교를 극복할 수 있는 논거다.

종교, 적어도 기독교라는 종교는 **인간이 자신에 대해 취하는 태도**다. 더 정확히 말하면 자기 (주관적인) 본질을 대하면서도 〈이것을 자기가 아닌〉 다른 것의 본질로 대하는 태도이다. 신적 본질은 다른 것이 아니라 인간의 본질이다.
더 구체적으로 신적 본질은 정화되고, 개별 인간의 제약에서 자유롭게 되어 객관화된 인간의 본질이다. 그것은 인간이 자기와 다른 어떤 존재의 본질로서 직관하고 숭배한 본질, 곧 자기의 본질이다. 따라서 신의 본질 규정은 모두 인간에 대한 본질 규정이다.

―포이에르바흐, 『기독교의 본질』(Das Wesen des Christentums), 48 이하.

포이에르바흐는 인간이 자신의 개체성을 극복할 수 있고 또 극복해야 한다는 것을 부정하지 않으면서도 이러한 인간적 고양이 신의 본질을 구성하는 종교적 방식으로 이루어지는 것을 비판했다. 그것은 신을 사랑하라는 종교적인 요구 때문에 다른 사람을 사랑하라는 실제적인 요구에서 벗어나기 때문이다.

종교는 자신의 내용이 인간적인 것임을 의식하지 못하고 오히려 인간적인 것에 대적한다. 어쨌든 종교는 그 자신의 내용이 인간적인 것임을 **시인**하지 않는다. 그러므로 신(神) 의식이 곧 인간 종(Gattung)의 의식이라는 점을 공개적으로 고백하고 시인하는 것이 역사의 필연적 전환점이 된다. 인간은 자기 개체성의 한계를 넘어설 수 있고 또 넘어서야 하지만 그와 같은 방식으로는 인간 종의 **본질을 긍정적으로** 할 수 없다는 점을 고백하고 시인해야 한다. […] 따라서 종교에 대한 우리의 자세는 **단지 부정적이지 않고 비판적이다.** […] 사람을 향한 사랑은 결코 파생된 것이 되어서는 안 된다. […] 인간 본질이 인간에게 **최고의** 본질이라면 인간의 최고의 법, 제일의 법은 실제로 인간의 인간에 대한 사랑이어야만 한다.

—포이에르바흐, 『기독교의 본질』, 443 이하.

    칼 마르크스는 특히 그의 책 『헤겔 법철학에 대한 비판』(Kritik der Hegel'schen Rechtsphilosophie, 1844) 서문에서 포이에르바흐의 종교 비판을 수용했고 이것을 광범위한 사회 비판으로 확대 발전시켰다. 포이에르바흐는 자기 내용이 인간적인 것임을 인정하지 않는 종교의 실상을 비판했는데 마르크스는 이러한 종교적 실상이 비인간화된 사회관계에서 기인한다고 생각했다. 따라서 혁명적인 변혁을 추구하기 위해서 먼저 존속하는 제반 관계를 비판해야만 했고 이것을 위해 선행해야 할 것이 종교 비판이었다.
    사회 제반 상황의 이데올로기적 지주 중 하나인 종교는 마르크스의 표현처럼 눈물 골짜기를 우상화(Heiligenschein eines Jammerthales)하면서 보수적이며 복고적인 정치 질서에 복무한다.

    독일에서는 **종교 비판**이 본질적으로 완료되었다. 이 종교 비판은 모든 것을 비판하기 위한 전제 조건이다. […] 대중의 **망상**적인 행복인 종교를 폐기하는 것이 대중의 **실제적인** 행복을 위해서 요청된다. 대중의 상태에 대한 환상을 포기하라는 요청은 **환상을 필요로 하는 상태**를 포기하라는 것이다. 그래서 종교 비판은 본질적으로 종교가 **우상화**한 **눈물 골짜기**(Jammerthal)에 대한 비판이다. [⋯] 따라서 **피안적인 진리 추구**가 사라진 이후에 **차안의 진리**를 정착시키는 것이 **역사의 과제**다. 거룩한 외형 안에서 인간이 스스로 자기 자신을 소외시키는 것이 폭로된 이후에 역사에 복무해야 할 철학의 과제는 세속적인 형태 안에서 일어나는 인간의 자기 소외를 폭로하는 것이다. 이로써 하늘에 대한 비판은 땅에 대한 비판으로, 종교에 대한 비판은 법에 대한 비판으로, 신학에 대한 비판은 정치에 대한 비판으로 전환된다.

종교 비판은 인간이 인간에게 최고의 존재라는 가르침으로 완결된다. 그래서 인간의 존엄성을 실추시키고 인간을 포기하고 노예로 만들며 경멸하는 모든 관계 규정을 전복하라는 정언 명령으로 끝난다.

—마르크스,『헤겔 법철학에 대한 비판』

(MEGA I 2, 170.5f.; 171.5-9, 18-25; 177.19-23).

1.3.2 20세기 사회철학적 종교 이론: 헤르만 뤼베

19세기에 사회학은 경험의 토대 위에서 현대 사회의 구조·기능·발전의 연관성을 연구하는 독자적인 학문으로 정착했다. 이 과정에서 사회학은 초창기부터 종교의 사회문화적인 의미도 주제로 다루었다. 이와 관련된 구상이 아주 많고 다양하기에 그것의 의의를 이 책에서 포괄적으로 논할 수 없다. 여기서는 일반적인 개관을 대신하여 철학과 사회학의 경계에서 생겨난 사회철학적인 입장 하나를 짧게 소개하고자 한다. 그것은 취리히 철학자 헤르만 뤼베(Hermann Lübbe, 1926생)의 종교 이론이다.

뤼베는 자신의 책『계몽주의 이후의 종교』(Religion nach der Aufklärung,

1986)에서 유럽 계몽주의 상황에서 실제로 종교가 근대 이전에 누리던 지위를 상실했다는 상황 인식에서 논의를 시작한다. 현대 자연과학은 기독교 창조신학의 지배적인 주장에서 해방되었다(§ 8.3). 뤼베는 인간의 종교적인 입장이 시민의 권리나 사회적 관계의 영역에서 어떤 본질적인 의미를 더 이상 갖지 않고 사람들이 자기 종교와 맺는 관계는 더 이상 무조건적인 동의를 뜻하지 않는다고 말한다. 이와 같은 전적인 동의는 이미 시간의 흐름 속에서 깨졌다.

이러한 현실에서 급진적 종교 비판(§ 1.3.1.)의 주창자들은 종교가 조만간 사라질 것이라는 가정을 도출했다. 그러나 이러한 예언과 상반되는 부정할 수 없는 사실이 있다. 그것은 계몽주의 이후의 상황에 적응한 종교가 현 시대의 조건에서도 많은 사람에게 중요한 역할을 한다는 점이다. 뤼베는 종교적 실천이 위의 언급처럼 삶의 제 영역이 종교로부터 독립해 가는 과정에 의해서 영향을 받지 않는 삶의 상황과 관련되어 있다는 결론에 도달한다.

> 극단적인 종교 비판에 따르면 종교는 환상이 아니라 실제로 사회정치 및 지적 독립 과정에서 극복될 수 있는 삶의 빈곤을 보상해 주겠다는 거짓 시도이고, 따라서 종교의 필요성을 뒷받침하던 전근대적이고 전계몽주의적인 근거가 사라지면 종교 자체도 사라질 것이다. [...]
> 그러나 이 이론을 따르지 않고 이와 상반된 다음의 명제에서 출발한다면 종교적 삶의 실재에 더 가까이 다가갈 수 있을 것이다.
> 곧 인간에게는 지식 및 정치 영역에서 이루어진 계몽주의의 기획과 삶의 영역이 독립하는 경향과 원리적으로 전혀 관계없는 삶의 사실이 있다. 종교라는 것은 인간이 이러한 삶의 사실과 관계를 맺는 문화 형식이다.
> 　　　　　-뤼베, 『계몽주의 이후의 종교』, 144 이하.

이러한 삶의 사실이 있으므로 종교는 계몽주의 이후에도 필요하다. 뤼베에 의하면 이러한 삶의 사실은 사람의 행위로 야기되거나 변경될 수 없는 것으로 사람이 결정할 수 없는 것의 총합이다. 인간 실존이라는 단순한 사실이 여기에 속한다.

이 외에도 한 개인에게 그 자신이 선택하지 않은 특성을 언제나 앞서서 부여하는 삶의 모든 사건들도 여기에 포함된다. 뤼베는 이러한 실상을 두고 인간의 우연성(Kontingenz) 또는 슐라이어마허(§ 1.1.3)의 개념을 따라서 인간의 절대적 의존성(schlechthinnige Abhängigkeiten)을 말했다. 종교는 이러한 우연성의 문제를 다루고 해결해 가는 경험이라고 말할 수 있다.

여기서 우연성의 문제는 스스로 결정할 수 없는 것을 변경이나 폐지하는 것이 아니라 절대 의존성을 인정함으로써 해결된다.

> 우리는 다양한 능력으로 실제 현실을 바꾸고 그것과 관계한다. 그러나 이러한 능력으로도 우연성을 의미로 바꿀 수 없는 경우가 있는데, 그곳이 종교의 실제적인 삶의 자리다. 짧게 말하면 종교의 삶에서 우리가 관계하는 우연성은 행위의 의미로 전환되는 것을 원리적으로 거부하는 그러한 우연성이다.
> —뤼베, 『계몽주의 이후의 종교』, 154.

> 어느 누구도 자신의 실존이 스스로의 동의에 의해서 주어졌다고 생각하지 않는다. […] 존재의 우연성에는 수많은 삶의 사건이 속해 있다. 이 사건은 우리가 책임 있게 행한 어떤 의미 부여 행위의 결과가 아니고 의미 부여를 위한 우리의 결정에서 완전히 자유롭다. 이 사건에 의해서 더 이상 되물을 수 없는 우리 정체성의 여러 요소가 이미 결정되었다.
> —뤼베, 『계몽주의 이후의 종교』, 158 이하.

우연성을 극복하는 길은 우연성을 인정하는 것이다. […] 이것은 우리의 절대적 의존성을 인정하는 행위 속에서도 바뀌지 않고 이 의존 관계에서 우리가 우리 자신을 바꾼다.

—뤼베, 『계몽주의 이후의 종교』, 166 이하.

> **헤르만 뤼베의 종교 이론(1986)**
> 1. 종교적 실제는 계몽주의 이래로 〈삶의 제반 영역이〉 종교로부터 독립하는 과정에서 다루어지지 않았던 삶의 사건과 관계한다.
> 2. 종교의 본질은 사람이 자신의 행위로 바꿀 수 없고 스스로 결정할 수 없는 것과 맺는 관계다.
> 3. 종교는 우연을 능숙하게 다루는 것이다.

다음 글을 활용하여 현대 종교 비판의 주요 주창자와 특징을 알아 보시오.
– R. Konersmann, Religionskritik(HWP 8).

종교사회학의 결정적인 시도와 문제 제기에 대한 개관
– V. Krech, Religionssoziologie.

슐라이어마허에서 현재에 이르기까지 총 30개의 근현대 종교 이론 개관
– Kompendium Religionstheorie.

제2장

기초신학

§ 2. 신학

신학은 기독교의 토대·역사·내용·현재적인 형태를 연구하는 학문이다. 그러나 그 시초부터 15세기까지 신학은 대체로 오늘날 조직신학의 교의학 및 윤리학과 거의 동일했다. 신학은 근대에 와서야 각각 특별한 문제를 다루는 개별 분과로 분화되었고 이러한 과정은 주로 16세기부터 19세기까지 이루어졌다.

이 장에서 우리는 광의적 의미의 전체 신학을 염두에 두면서 기독교 교의학의 중심 문제를 개관해 보자. 이 책 서문에서 언급한 조직신학의 구조를 바탕으로 개별 분과로 이루어진 신학의 경전 안에서 교의학의 과제(§ 2.1) 및 대상(§ 2.2)과 교의학(조직신학)의 학문적 지위(Wissenschaftsstatus, § 2.3)를 생각해 보자.

2.1 신학 분과로서의 조직신학 또는 교의학

> 교회의 기능으로서 조직신학은 성경 증언을 토대로 교회-역사적 전통의 지평 위에서 그 핵심 내용에 따르고(교의학) 그 실천의 행동원리에 따라서(윤리학) 계시에 근거한 기독교 신앙을 다룬다. 학문적 방식으로, 곧 방법적인 측면에서 조직신학은 근거를 제시하고, 비판적인 자세로, 그리고 조직적 방식으로, 곧 내용을 하나의 명확하고 잘 구성된 전체로 생각하면서 전개하고, 각 상황과 관련시킨다. 이렇게 함으로써 기독교의 진리를 하나의 현재적 진리로 책임 있게 제시한다.
>
> —헤르만 피셔(Hermann Fischer), 『개신교신학』, 305.

위에 인용된 조직신학에 대한 피셔(1933년생)의 정의는 조직신학의 고유한 문제 제기가 무엇인지 명료하게 보여 주고자 한다. 피셔에 따르면 조직신학의 특징은 기독교 진리를 연관성 있게 전개하고 책임 있게 하나의 현재적 진리로 말하는 데 있다. 이 과제를 신앙의 핵심 내용과 관련해서 수행하는 것이 교의학이고, 기독교 신앙에서 생겨나는 실천적인 행위의 원리와 관련해서 수행하는 것이 윤리학이다(§ 15).

위 인용문은 조직신학의 구조 자체뿐만 아니라 어느 영역이 조직신학 작업과 연관되어 있는지도 언급한다. 교회의 기능인 조직신학은 '성경적 증언을 토대로 교회-역사적 전통의 지평 위에서' 이루어진다. 이 언급은 조직신학과 독일어권 신학부에서 중요하게 취급되는 다른 신학 분과와의 관계를 말한다. 곧 신구약학(성경적 증언을 토대로)과의 관계, 교회사와의 관계(교회-역사적 전통의 지평 위에서), 그리고 실천신학과의 관계(교회의 기능으로서)를 말하고 있다.

여기서 언급된 신학 개별 분과의 상호 관계 및 전체로서 신학의 내적 구성에 대한 질문은 보통 신학 백과사전이라는 제목 하에서 다루어진다.

> 신학 백과사전(Theologische Enzyklopädie)이라는 낱말은 신학에서 다루어지는 지식 전체를 서술한다는 의미로 사용되지 않는다. 비록 이 낱말 백과사전은 한 학문 분과의 전체 지식(분과 백과사전) 또는 모든 학문의 전체 지식(보편 백과사전)을 지칭할 수 있다. 하지만 여기서 이 낱말은 **신학의 내적 단일성과 구조에 대한 서술**을 가리킨다.
> 무엇이 모든 신학 분과의 공통된 대상인가?(단일성).
> 어떻게 개별 신학 분과들이 이 대상의 연구과정에서 서로 관련되는가?(구조).

슐라이어마허의 『신학 수업에 대한 간결한 서술』(Darstellung des theologischen Studiums, 1811 초판, 1830 재판)은 개신교 내에서 시도된 가장 중요한 신학 백과사전으로 간주되고 오늘날까지도 논의된다. 이 작품은 슐라이어마허가 할레와 베를린에서 했던 강의에서 생겨났다.

이에 대한 그의 신학 개념에서 중요한 것은 신학의 개별 분과가 그 자체로는 하나의 일관된 전체로 융합하지 않는다는 점이다. 개별 신학 분과는 구체적인 종교인 기독교와 관련되어야 하고 이 관계에서 주어진 교회 지도라는 과업을 통해서 비로소 그 단일성을 획득한다.

> § 1. 우리가 여기서 항상 신학을 이해했던 그러한 의미에서 신학은 그 개별 분과가 모두 특정한 하나의 신앙, 곧 하나의 특정 형태의 신(神) 의식과 관련됨으로써 전체를 이루는 하나의 실제 학문이다. 그러므로 기독교신학은 기독교와 관련됨으로써 생겨난다. […]
> § 3. 신학은 한 교회에 속해 있는 모든 사람의 것이 아니다. 그리고 신학이 〈어떤〉사람들의 것이라면 그것은 그들이 교회에 속해 있기 때문이 아

니라 교회 지도(Kirchenleitung)에 참여하기 때문이다. 따라서 교회 지도자와 대중 사이의 대조와 신학의 등장은 상호의존적이다. […]

§ 5. 따라서 기독교신학은 교회를 지도하는데 필요한 학문적 지식과 기법의 총체다. 이것들을 소유하고 활용하지 않고는 그리스도의 교회를 조화롭게 인도하고 지도하는 것이 불가능하다. […]

§ 6. 만약 이와 같은 지식이 교회 지도라는 목적과 관계없이 획득되고 소유된다면 이러한 지식은 신학적 성격을 잃고 그 내용적 관점에서 속해 있는 학문에 귀속되고 만다.

—슐라이어마허, 『신학 수업에 대한 간결한 서술』, 서론
(KGA I 6, 325.2-7; 327.3-7; 328.6-9, 14-17).

슐라이어마허에 따르면 신학의 다양한 개별 분과 안에서 획득한 지식은 교회 지도라는 동일한 기능에 관련되면서 학문으로서 신학의 통일성이 생겨난다. 교회 지도와 관련되지 않으면 이 지식은 『신학 수업에 대한 간결한 서술』 §6장이 두드러지게 언급하고 있는 것처럼 더 이상 신학적 성격을 지닐 수 없다.

20세기에 와서는 신학 개념에 대한 슐라이어마허의 구상과 다른 새로운 시도가 이루어졌다. 그것은 신학의 모든 개별 분과가 갖는 **공통** 대상을 언급함으로써 신학의 기능적 측면이 아니라 내용적 관점에서 신학 분과의 통일성의 근거를 설명하려는 시도였다.

신학은 유일하고 아주 단순한 것, 다수가 아닌 하나인 하나님 말씀과 관계한다. 따라서 신학은 하나의 불가분의 전체다. 신학의 근본 구조는 이루어진 선포에서 시작해서 이루어질 선포로 움직여 가는 것에 의해 주어진다. 이에 상응하여 신학의 과제는 한편으로는 일어난 선포에 초점을 맞춘다. 이 역사적 방향은 세

가지를 지향하면서 이루어진다. 〈곧〉 임시적 선포를 증언하는 구약성경, 최종적 선포를 증언하는 신약성경, 후속적 선포를 증언하는 교회사를 향한다.

다른 한편으로 신학은 이루어지는 선포에 초점을 맞출 수도 있는데 이러한 조직적이며 규범적인 과제는 두 가지를 향하여 이루어진다. 〈곧〉 선포되어야 할 것(교의학)과 선포의 과정(실천신학)을 향한다.

—에벨링, 『토의 논제들』(Diskussionsthesen), 448.

신학의 내적 구성과 관련해 게르하르트 에벨링(Gerhard Ebeling, 1912-2001)이 제안한 신학의 정의에 의하면 모든 신학 개별 분과의 공통 대상은 하나님 말씀이다. 신학의 단일한 대상 규정으로부터 특정한 신학 분과의 역할 분담을 보여 주는 신학의 구조가 생긴다. 성경신학과 교회사는 상이한 방식으로 **선포된** 말씀에 집중한다. 교의학과 실천신학은 **선포할 말씀**이나 선포의 과정을 연구한다.

그런데 오늘날 독일 대학 개신교 학부에서 이루어지는 실제적 연구와 수업을 보면, 에벨링이 서술한 신학적 역할 분담이 철저하게 통용되는 것은 결코 아니다. 우리는 상이한 신학적 개별 분과가 함께 있다고 말하기보다는 오히려 결합되지 않은 채 나란히 있다고 말해야 할 것이다.

예컨대 성경신학에서 획득한 지식이 교의학이나 실천신학을 연구하는 과정에 아무런 도움도 되지 않는다는 것을 신학생도 경험한다. 이러한 결과는 성경신학과 교회사가 철저한 역사성을 강조하기 때문에 빚어졌다.

> 이러한 역사화는 위에서 언급한 신학 분과와 교의학의 관계 문제와 관련하여 무엇을 뜻하는가?
>
> 에벨링에 따르면 선포된 하나님 말씀을 연구하는 분과는 신구약 본문과 교회사의 문헌을 먼저 과거의 역사적 문서로 연구한다.

① 역사적인 방식의 성경 연구를 통해서 사람들은 아주 상이한 성경 본문 안에는 저자가 살았던 동시대의 언어와 사유 세계로부터 크게 영향을 받은 다양한 형태의 신앙 경험이 자리한다는 것을 분명히 알게 되었다. 개신교 신학 안에서 역사-비평적 성경연구 방법은 사실에 부합한 성경 해석을 위해 인정받는 토대로서 일반화되었다(§ 5.2.3; 4.5).

② 성경 본문이 기독교회(들)의 역사 속에서 어떤 영향을 끼치며 어떻게 해석되어 왔는가의 문제는 교회사의 연구 대상이다. 교회사는 역사적으로 상이하게 형성된 기독교의 삶과 사유가 지닌 시간적 제약성을 부각시키고 중요한 교회·신학적 결정과 특별한 정치적 상황 및 권력 지향 사이에서 이루어지는 상호 작용에 관심을 환기시킨다.

성경 해석이 교의학에서 독립한 것처럼 교회사는 계몽주의 시대에 신학에서 분리되었다. 근대 교회사 서술의 아버지로 간주되는 사람은 신학자 요한 로렌츠 모스하임(Johann Lorenz Mosheim, 대략 1693-1755)이다. 과도기 신학자로 분류되는 모스하임은 처음에는 헬름쉬테트(Helmstedt)에서 그 다음에는 괴팅겐에서 가르쳤다.

신학 백과사전

1. **대상**: 신학 분과의 내적인 연관성
2. **현재 상황**: 성경학과 역사학이 철저하게 역사화 되어가면서 조직신학의 본질적인 것, 전통의 현재적 의미를 묻는 질문이 배제되었다.
3. **결과**: 역사 분과와 조직 규범적 분과(조직신학/실천신학)가 상호 연관 없이 병렬적으로 서게 되었다.

역사적 관점에서 진행되는 성경 및 교회사 문헌에 대한 연구가 결과적으로 도달한 대상은 단일하지 않고 다양하다. 이 결과는 성경신학과 교회사가 철저하게 역사적인 방식으로 연구를 진행한다면 이 두 신학 분과는 에벨링의 주장처럼 신학 전체가 관계해야 하는 단일한 하나님 말씀을 만날 수 없다는 것을 뜻한다. 이 역사적 신학 분과에게는 교의학이 하나님의 유일한 말씀으로 간주된 것을 교의적으로 확정하려는 모든 주장을 비판할 수 있는 기능이 부여된다.

이와 같이 성경신학은 본문의 진술을 조화시키고 경솔하게 곡해하는 것을 경고하고, 교회사는 어느 한 시대의 기독교의 삶과 사유가 마치 참된 신앙과 완전히 일치되는 것처럼 절대화하는 경향에 대항한다. 철저한 역사적 접근 방식을 통해서 성경신학과 교회사는 또한 비신학적 인근 학문 분야와 적극적으로 학문적인 대화를 할 수 있게 되었다. 예컨대 동양학(Orientalistik), 고대학(Altertumswissenschaft), 세속사(Profangeschichte)와 대화할 수 있다.

성경신학과 교회사의 철저한 역사화로 인하여 이 두 분과와 교의학 사이에 불가피하게 문제가 발생한다. 역사적 신학 분과가 신앙 핵심 내용의 근거가 되는 과거를 묻는다면, 교의학은 이 신앙 핵심 내용을 서술하면서 기독교 진리를 현재적인 진리로 변증하고자 한다. 이러한 이유로 교의학은 순수 역사의 영역에만 머물 수 없다. 교의학은 자신의 업무 규정에 따라 역사적 신학 분과가 여러 측면에서 금기 사항으로 간주해 온 바로 그러한 질문을 던져야 한다. 교의학은 역사적 다양성 속에서 무엇이 참이고 유효하며 따라서 오늘날에도 의미가 있고 구속력을 가질 수 있는지를 물어야 한다.

기독교의 모든 역사적 현상을 철저하게 역사적인 방식으로 상대화시키는 자세를 비판해야 할 기능이 본질적으로 현재에 관심을 갖는 교의학에게 부여된다. 이미 위에서 인용한 에벨링의 서술이 이러한 역사학과 교의학의 차이를 암시한다. 성경학과 교회사가 역사적 지향을 갖는 반면에 교의학, 윤리학, 실천신학은 조직적이고 규범적인 과제를 맡는다. 아래 인용문은 다시금 이 두 접근 방식의 차이를 분명하게 보여 준다.

> 역사적인 학문은 특정 역사적 형태로만 존재하는, 그래서 오직 역사적인 방식으로만 연구할 수 있는 대상에만 몰두한다. […] 그러나 조직적인 방식의 학문은 이와 아주 다른 질문을 좇는다. 이러한 학문은 해석해야 할 역사적 증언에서 시작하지 않고, 각각 현재에 가장 적절하고 적합한 형태로 표현되어야 할 현재적인 문제 연관(Problemzusammenhang)에서 시작한다. […]
> 『순수 이성 비판』 서문에서 우리는 선험적 종합 판단이 존재한다는 칸트의 유명한 주장을 볼 수 있다. […] 역사적 방식으로 사유하는 철학자는 칸트의 주장을 곧이듣고 맹신한다. 그는 이 주장의 사실성을 의심하지 않고 오직 그것이 뜻하는 것을 파악하고자 노력한다. […]
> 그러나 조직적으로 사유하는 철학자는 아주 다르게 접근한다. […] 조직적 사유 방식은 칸트를 독실하게 보존하려는 역사적 분위기로부터 냉혹하리만큼 현재의 조직적 논쟁의 영역으로 이끌어 간다. 그리고 '칸트는 논리와 수학을 불충분하게 알고 있었고, 이것들에 대한 오늘날의 이해의 수준에 도달하지 못했다'고 딱 잘라 수상하는 것을 부끄러워하지 않는다.
> ─자이퍼트(H. Seiffert), 『역사적/조직적』 (Historisch/systematisch), 140 이하.

역사적인 것과 조직적인 것을 구별하는 원리를 성경학·교회사와 조직신학·실천신학의 관계에 적용한다면, 위의 언급처럼 신학 분과의 상호 협력이라는 관점에서 볼 때 신학 분과가 서로 연관 없이 병렬적으로 서 있는 상황에서 다양한 문제가 생긴다.

ⓐ 조직신학의 작업이 **성경 증언을 토대로 교회-역사적 전통의 지평 위**에서 이루어진다 하더라도(피서) 단지 전통의 권위를 언급하는 것만으론 기독교 신앙의 현재적 유의미성의 근거를 밝힐 수 없다. 그러므로 교의학은 여기서 한걸음 더 나아가서 자신이 어떤 기준을 따라서 전통과 교류하는지 명확하게 설명해야 한다.

ⓑ 조직신학이 원리적으로 그의 역사적인 인접 분과의 통찰에 의존한다 하더라도 성경 및 신학 전통의 문헌에 대한 역사 비판적인 상세한 연구 결과를 포괄적으로 수용하라고 조직신학에게 강요할 수는 없다. 특히 문헌에 대한 해석적 토론의 전망이 갈수록 불확실해져 가는 상황에서는 더욱 더 그렇다.

ⓒ 조직신학이 문헌 해석과 관련된 연구 내용을 통일하려는 시도는 역사적 학문의 고유 권한을 침해할 수 있으므로 이러한 시도를 포기해야 한다.

📖　인간사를 철저하게 역사적 관점에서 파악하는 자세가 현대 기독교에 의미하는 바가 무엇인지 본보기가 될 만한 방식으로 논의한 사람은 에른스트 트뢸치(Ernst Troeltsch)다(§ 1.2.1). 트뢸치는 성경신학과 교회사의 역사적 이해가 기독교신학에 구체적으로 무엇을 의미하는지 특히 아래 저서에서 숙고했다.
　　－ E. Troeltsch, Ueber historische und dogmatische Methode in der Theologie.

📖📖　아일러트 헤름스(Eilert Herms)의 신학 이해를 따르면서 신학 백과사전의 새로운 시도를 제시
　　－ K. Stock, Die Theorie der christlichen Gewissheit.

👓 슐라이어마허의 신학 백과사전 체계 안에서 개별 신학 분과의 상호 연관성을 더 자세히 알아보시오. 이를 위해서 『신학 수업에 대한 간결한 서술』 외에 아래 책을 활용하시오.
- H.-J. Birkner, Schleiermachers 'Kurze Darstellung' als theologisches Reformprogramm.

2.2 신학(조직신학 또는 교의학)의 대상

기독교 신앙 안에서 교의학의 대상이 무엇인가라는 질문에 결정적인 의미를 갖는 것은 신학이라는 낱말의 뜻이다. 고전 그리스어의 관례에 따라 액면 그대로 번역하면 신학(Theologie)은 신(그. theos)에 대한 교리다. 신학이라는 말은 예컨대 생(Leben)에 대한 교리를 뜻하는 생물학(Biologie)과 유사한 의미를 갖는다. 그렇다면 신학은 신을 대상으로 삼아서 전개하는 인간의 지적인 추구다.

여기서 중요한 것은 신학적인 숙고로 얻어진 지식이 일반적으로 명백하고 따라서 학문적이라고 주장된다는 점이다. 고대 시대의 이해에서 이런 주장을 아주 정당하게 할 수 있었던 주체는 바로 **철학**이었다. 따라서 신에 대한 학문적 교리로서 신학은 먼저 신의 근원적 원리의 성격을 묻는 **철학**의 한 분과였다.

기독교 사유는 고대 교회의 변증 이래로 고대의 철학적 신학을 계승했다. 예컨대 아우구스티누스는 신플라톤주의의 철학이 원칙적으로 기독교 교리와 일치한다는 견해를 피력했다(2.1).

그러면서도 기독교신학은 고대 철학적 신학의 근거인 이성의 지도 아래서 얻어진 학문적 지식 외에 또 하나의 참된 신(神) 지식의 근원이 있다고 주장했는데 이것이 바로 신적 계시였다.

계시에 대한 진술은 인간의 이성 능력을 넘어가기 때문에 신앙으로만 받아들일 수 있고 신에 대한 철학적 지식을 능가한다. 성경에 들어있고 신앙고백에 요약되었고 교회 교의 안에서 자세히 설명되었고 신학적 전통 안에서 보존되고 심화된 이 계시가 하나님의 구원 의지를 알고자 하는 신학의 토대다.

이에 비하여 철학적 신학이 언급할 수 있는 올바른 지식의 범위는 하나님의 존재와 본질에 국한된다. 처음부터 기독교 사유를 이끈 것은 하나님의 구원 의지에 대한 앎이었다. 위에서 피셔는 신학을 정의하면서 '조직신학이 계시에 근거한 기독교 신앙을 [⋯] 생각하면서 전개하고 이것을 현재 상황에 적응시킨다, 곧 각 상황과 관련시킨다'고 말했는데, 이 문장 배후에 앎에 대한 추구가 놓여 있다.

신학의 대상

1. 기독교적 의미에서 신학은
(1) 인간이 진술한 하나님에 대한 교리로서
(2) 인간의 구원을 목적으로 하나님에게서 기인한 계시에 근거하고
(3) 이로 인해 정립된 하나님에 대한 인간의 올바른 관계를 주제로 삼는다.

신적 계시가 성경, 신앙고백, 교의, 신학적 전승 안에서 문자적으로 표현되었고 이 하나님의 계시 안에 조직신학(그리고 교의학)이 확고하게 서 있는 상황을 아래 도표가 또렷하게 보여 준다.

```
┌─────────────┐
│  하나님의 계시  │
└─────────────┘
       ↓
┌──────────────────────────────────────────────────────────────┐
│ 성경에 증언되었고 →  신앙고백서에 요약되었고  → 신학사에 전승되었고 │
│                    교의 안에서 자세히 해설되었고                    │
│         ↘              ↓              ↙                    │
│         조직신학 안에서 동시대적 문제제기를 고려하면서               │
│         내용의 명백함을 주장하는 방식으로 서술된다.                  │
└──────────────────────────────────────────────────────────────┘
```

기독교적 관점에서 철학적 신학의 원천인 인간의 합리성도 하나님이 인간에게 허락한 하나의 인식 능력으로 이해되기 때문에 사람들은 이성적 신(神) 지식에 도달하는 인간의 능력을 하나님의 일반적 또는 자연적 계시의 표현으로 규정했다.

사람이 이 자연 계시를 파악할 수 있다는 신념으로부터 자연(이성) 종교(라. religio naturalis, §1.2.1) 또는 자연신학(라. theologia naturalis)이 생겨났다. 기독교 신학사에서 참된 하나님의 지식과 관련하여 자연신학이 갖는 의미를 두고 다양한 논쟁이 벌어졌다(§3. 특히 §3.2.).

하나님의 참된 지식에 도달할 수 있는 원천이 두 가지라는 신념으로부터 생겨난 기독교신학의 고전적 형태는 토마스에게서 볼 수 있다. 자신의 신학적 주저 첫 장에서 토마스는 인간의 구원을 위해서는 철학적 신(神) 지식에 계시에 근거한 하나님의 교리가 추가되어야 한다고 말했다. 이로써 그는 자신이 **거룩한 교리**(라. sacra doctrina)라고 불렀던 하나님에 대한 기독교 교리가 왜 필연적인지를 밝혔다.

| 인간의 구원을 위해서는 인간 이성으로 탐구하는 철학적 학문 외에도 신적 계시 | [N]ecessarium fuit ad humanam salutem, esse doctrinam quandam secundum |

에 근거한 어떤 교리가 필연적으로 있어야만 했다. 그것은 첫째로, 하나님이 사람에게 규정한 목적이 이성의 인식 능력을 넘어서기 때문이다. 이사야 64:4을 따르면 이렇다.

'하나님! 당신 외에는 어떤 눈도 당신께서 당신을 사랑하는 자들을 위해서 마련하신 것을 보지 못했습니다.'

그러나 인간 자신의 의지와 행위의 목표는 인간에게 사전에 이미 알려져 있어야만 한다. 따라서 인간의 구원을 위해서 인간 이성을 넘어서는 신적 계시에 의해서 여러 가지 것이 알려져야 했다.

revelationem divinam, praeter philosophicas disciplinas, quae ratione humana investigantur. Primo quidem, quia homo ordinatur a Deo ad quemdam finem qui comprehensionem rationis excedit, secundum illud Isai. 64:

"Oculus non vidit Deus, absque te, quae praeparasti diligentibus te."

Finem autem oportet esse praecognitum hominibus, qui suas intentiones et actiones debent ordinare in finem. Unde necessarium fuit homini ad salutem, quod ei nota fierent quaedam per revelationem divinam, quae rationem humanam excedunt.

토마스, 『신학대전』(Summa Theologiae) I 1.1 corp. art. (하나님의 존재와 본질, 5).

토마스의 전개처럼 성경의 계시 증언에 근거한 하나님에 대한 기독교적 교리는 이성 인식에 근거해서 철학적 도상에서 이미 도달한 하나님의 본질에 대한 통찰을 수용하면서도 능가한다. 기독교의 하나님 교리는 철학적 신학과 동일하게 하나님을 대상으로 한다.

신이 이 학문의 대상이다. […] 그래서 거룩한 교리의 모든 것은 하나님과의 관계에서 다루어진다. 이것이 하나님 자신에 관한 것이거나 근원과 목적으로서의 하나님과 관계하기 때문이다. 이로부터 하나님이 참으로 이 학문의 대상이라는 결론에 이른다.

Deus est subjectum hujus scientiae. […] Omnia autem tractantur in sacra doctrina sub ratione Dei: vel quia sunt ipse Deus; vel quia habent ordinem ad Deum, ut ad principium et finem. Unde sequitur quod Deus vere sit subjectum hujus scientiae.

토마스, 『신학대전』(Summa Theologiae) I 1.7 corp. art. (하나님의 존재와 본질, 20 f.).

|제2부| 제2장 기초신학   251

종교개혁 신학에서 신학의 대상 규정과 관련하여 주도적인 역할을 했던 요소는 구원의 의미(Heilsbedeutung)였다. 구체적으로 신학은 죄짓고 상실되어 구원이 절실한 인간을 의롭게 하는 하나님을 다루기 때문에 더 이상 하나님만을 신학의 유일한 대상으로 간주할 수 없었다. 따라서 루터와 칼뱅에게는 하나님, 그리고 인간이 타원의 두 중심처럼 신학의 대상이 되었다.

| 하나님과 인간에 대한 지식은 거룩한 신적 지혜, 본래적 의미에서 신학적 지혜다. 결국 하나님과 인간에 대한 지식이 의롭게 하는 하나님과 죄인인 인간과 관련되는 것처럼, 본래적 의미에서 죄인이며 타락한 인간과 의롭게 하는 하나님 곧 구원자가 신학의 대상이다. | Cognitio dei et hominis est sapientia divina et proprie theologica. Et ita cognitio dei et hominis, ut referatur tandem ad deum iustificantem et hominem peccatorem, ut proprie sit subiectum Theologiae homo reus et perditus et deus iustificans vel salvator |

루터 『시편 51편 해설』(Enaratio Psalmi LI)
(WA 40 II, 327.11f.; 328.1f.).

♦ **WA** = 마틴 루터의 저작들, 바이마르 판(Weimarer Ausgabe).

| 마침내 참되고 확고한 것으로 간주될 수 있어야 할 우리 지혜의 총합은 두 부분, 신(神) 지식과 우리 자신에 대한 지식으로 구성되어 있다. | TOTA fere sapientiae nostrae summa, quae vera demum ac solida sapientia censeri debeat, duabus partibus constat, Dei cognitione et nostri |

칼뱅, 『기독교 강요』, I 1,1
(Weber I/ Opera selecta III 31.6–9).

♦ **Weber** = 오토 베버(Otto Weber)가 출판한 『기독교강요』(Institutio Christiannae Religionis[Unterricht in der christlichen Religion]).
♦ **Opera selecta** = 『장 칼뱅 선집』(Opera selecta).

하나님의 의미를 〈주로〉 인간의 구원과 관련해서만 묻는 일에 신학의 시선이 고정되면서 신학의 대상 규정에 변화가 일어나 광범위한 결과가 초래되었다. 이 결과 중 몇 가지 중요한 것을 열거해 보자.

① 구원의 질문에 대한 관심과 이로 인한 신학적 대상의 변화는 루터에게서 철학적 신학과 기독교신학을 결합시키는 경향에 대한 비판으로 나타났다(§ 3.2.2). 이 비판으로 인하여 사람들은 이성적 신 존재 증명의 가능성과 그 신학적 가치를 더 이상 적극적으로 주장할 수 없게 되었다(§ 6.2.2). 이러한 소극적인 태도가 개신교 신정통주의의 대체적인 특징이었다.

② 처음부터 인간의 구원과 상관없이 전개되어 온 이성철학적인 하나님의 교리가 비판을 받았다. 신앙의 이해와 관련해서 루터가 제기한 비판 역시 이러한 맥락에서 이루어졌다. 그는 오직 그리스도 사건의 구원하는 힘과 그리스도 안에서 구체화 된 사람에 대한 하나님의 긍휼을 신뢰하지 않은 모든 신앙의 형태를 비판했다. 이 하나님의 긍휼은 언제나 무조건적이기 때문에 선행하는 인간의 공로에 의존하지 않고 선한 행실에 의해서 보완될 수도 없다(§ 4.2.2).

종교개혁자가 구원의 질문에 집중해서 기독교의 신학을 전개했기 때문에 개신교의 신학적 관심은 지속적으로 인간의 하나님과의 관계에 맞추어졌다. 따라서 교의신학의 대상은 더 이상 하나님 자체(an sich)가 아니라 인간의 하나님과의 관계라고 말해야 한다.

불트만은 하나님에 대해서 말하는 것은 언제든지 인간이 자기 자신에 대해서 말하는 것과 같다고 확언하면서 인간의 하나님과의 관계가 신학의 대상임을 강조했다.

'하나님을 말하는 것'을 '하나님에 관하여 말하는 것'으로 이해한다면 이 말은 아무런 의미가 없다. 그것은 하나님에 관하여 말하는 그 순간에 이미 그 대상인 하나님을 잃어 버리기 때문이다. 하나님이란 개념을 전체적으로 사유하면 이것은 모든 것을 결정하는 실재로서 전능자를 뜻한다. 따라서 이런 의미에서의 하나님 개념은 결코 〈다음과 같은 경우에는〉 사유할 수 없다.

만약 내가 하나님에 관하여 이야기하고, 하나님을 정보 수집이 가능한 한 대상처럼 바라보고, 하나님의 질문 앞에 중립적으로 설 수 있다는 입장을 취하고, 하나님의 실재와 본질을 숙고한 이후에 이것을 거절하거나 또는 명백해 보이는 경우에 수용할 수 있는 〈경우라면 말이다.〉 [⋯]

학문적 문장 곧 일반적 진리로 하나님에 관해서 말하는 것은 그 말의 의미가 일반적인 진리 안에 포함되어 있는 문장으로 말하는 것을 뜻한다. 말하는 자의 구체적인 상황이 고려되지 않은 방식으로 말함으로써 말하는 자는 자기 실존의 실제적 현실 밖에 서게 되고 이로써 하나님 밖에 서서 하나님이 아닌 다른 모든 것도 말하게 된다. [⋯] 그러므로 사람이 하나님을 말하고자 한다면 **자기 자신으로부터** 말해야만 한다는 것은 자명하다.

—불트만, 『하나님을 말한다는 것은 무엇을 뜻하는가?』
(Welchen Sinn hat es, von Gott zu reden), 26-28.

2.3 학문으로서의 신학

2.3.1 과제에 대한 더 정확한 이해

§ 2.1에서 인용한 신학에 대한 피셔의 정의를 보면, 조직신학은 기독교 신앙의 핵심 내용과 실천의 행동 원리를 '학문적 방식으로' 개진한다. 그러면서 '학문적인 방법'이 무엇을 뜻하는지 부연 설명한다. 학문적 방법은 '방법론적으로 내용의 근거를 밝히고, 비판적으로 접근하고, 조직적으로는 명확하고 잘 구성된 전체가 될 수 있도록 사고하고 전개하는 방식'이다.

① 명확하고 잘 구성된 전체가 되도록 조직적으로 사고하는 것

이 문구는 먼저 학문적 서술이 하나의 통일된 대상과 관계한다고 말한다. 모든 개별 언급은 하나인 전체를 목표로 삼아야 한다.

② 명확하고 잘 구성된 하나의 전체가 생겨나려면 모든 개별 진술이 확인 가능한 하나의 맥락 안에 함께 있으면서 상충되지 말아야 한다. 따라서 신학 작업은 **방법론**에 근거해서 이루어져야 하고 조직신학이 어떤 방식으로 개별 진술에 이르는지를 해명해야 한다.

③ 하나의 명확하고 잘 구성된 전체를 조직적으로 전개하기 위해서 조직신학은 방법론적으로는 **근거**를 제시하고 **비판적인 자세**를 취해야 하고 또한 전체 맥락에서 개별 진술의 적절성을 어떻게 검사할 수 있는지도 언급해야 한다.

§ 2.2에서 언급된 것에 의거하여 아래 사항을 확정적으로 말할 수 있다.

ⓐ 실제로 (교의)신학의 진술은 하나의 단일한 대상 영역과 관계한다. 만약 하나님이 자신을 사람에게 계시했고 사람과 관계를 맺고 있다면 신학의 대상은 하나님, 하나님의 계시다. 이 계시는 성경에 기록되었고, 나중에 신앙고백 안에 요약되었으며, 교의로 자세하게 서술되었고, 신학사적으로 현재까지 전승되었다(§ 2.2의 도표).

ⓑ 이 신학 지식들은 확인할 수 있는 하나의 맥락 안에 모여 있다. 기독교 신앙의 내용이 체계적으로 서술된다면 이를 통해서 교의학의 개별 진술이 서로 관련되고 연결되어 있다는 것과 이것이 어떤 방식으

로 이루어졌는지가 명확하게 드러난다.

하지만 논쟁의 여지가 많은 실제적인 문제는 아래와 같다.

어느 수준까지 (교의)신학적 진술의 적합성을 검토할 수 있는가?

다른 말로 하면 어떻게 이 검토 작업이 정확하게 이루어지도록 통제할 수 있는가?

위에서 언급한 신학의 대상을 고려할 때 이 질문에서 다음과 같은 긴장 관계가 생겨난다. 신학적 진술의 확인 가능성이 만일 모든 시대, 모든 사람이 신앙에 의존하지 않고 신학적 진술의 적합성을 확인할 수 있다는 것을 뜻한다면, 여기서 전제된 신학은 불트만의 말처럼 말하는 자의 구체적 상황 및 말하는 자와 하나님과의 관계를 간과하는 순수 자연신학이 될 것이다.

그러나 다른 한편으로, 만약 신학적 진술을 확인하는 것이 하나님을 모든 것을 결정하는 실재로 인정하는 조건에서만 비로소 가능하다면, 여기서는 모든 사람이 일반적으로 받아들일 수 없는 신앙의 진술이 신학적 논증의 최종 전제로 고양될 것이다.

학문으로서의 신학?

1. **논쟁의 여지가 없는 척도**: 신학의 진술은 하나의 통일된 대상 영역과 관계하고, 확인할 수 있는 하나의 맥락 안에 더불어 있어야 한다.
2. **논쟁적인 척도**: 신앙과 무관하게 신학적 진술을 검증해야 한다.

이제부터 신학의 학문성에 대한 네 가지 상이한 견해를 알아보자. 첫 번째 입장은 이미 13세기에 형성된 것이고 나머지 세 견해는 오늘날 개신교 신학에서 생겨났다.

2.3.2 하위 학문으로서의 신학 – 토마스 아퀴나스

신학대전 두 번째 항목에서 토마스는 거룩한 교리가 학문으로 간주될 수 있는지를 말한다.

거룩한 교리를 학문이라고 단언할 수 있다. 그러나 학문에는 두 가지 형태가 있음을 알아야 한다.	[D]icendum sacram doctrinam scientiam esse. Sed sciendum est quod duplex est scientiarum genus.
지성의 자연적 빛으로 알려진 원리에서 생겨나는 학문이 있는데 산술, 기하학, 그리고 그와 유사한 것들이 있다.	Quaedam enim sunt, quae procedunt ex principiis notis lumine naturali intellectus, sicut arithmetica geometria et hujusmodi.
그러나 고차원적 학문의 빛에 의해 알려진 원리에서 생겨나는 학문도 있다. 원근법이 기하학에 근거해서 알려진 원리로부터 생겨나고 음악이 산술에 근거해서 알려진 원리에서 생겨나듯이 말이다.	Quaedam vero sunt, quae procedunt ex principiis notis lumine superioris scientiae: sicut perspectiva procedit ex principiis notificatis per geometriam, et musica ex principiis per arthmeticam notis.
이와 같은 형태로서 거룩한 교리는 학문이다. 왜냐하면 〈거룩한 교리는〉 하나님과 축복받은 자들에게 분명히 속해 있는 고차원적 학문의 빛에 의해 알려진 원리에서 생겨나기 때문이다. 그러므로 음악이 산술에서 자기에게 전래된 원리를 신뢰하는 것처럼, 이와 같이 거룩한 교리도 하나님에 의해서 계시된 원리를 신뢰한다.	Et hoc modo sacra doctrina est scientia, quia procedit ex principiis notis lumine superioris scientiae, quae scilicet est Dei et beatorum. Unde, sicut musica credit principia sibi tradita ab arithmetico, ita sacra doctrina credit principia revelata a Deo.

토마스, 『신학대전』 I 1.2 corp. art.
(하나님의 존재와 본질, 8).

여기서 토마스는 신학의 전제를 신앙과 무관하게 검토할 것을 염두에 두지 않고서도 신학의 학문적 성격을 주장할 수 있음을 분명히 보여 주고 있다. 비록 신학의 원리가 모든 시대 모든 사람에게 분명하게 이해되지 않는다는 것을 인정하면서도 이 원리의 적합성이 인간의 지적 추구인 신학 안에서가 아닌 하나님과 축복받은 자들에 대한 앎(im Wissen Gottes und der Seligen)에서 보증된다고 말한다.

그러나 이로 말미암아 신학이 다른 학문과 두드러지게 구별되지는 않는다. 그것은 세상의 여러 학문도 자신의 원리를 다른 곳에서 빌려오기 때문이다. 예컨대 음악은 자기 원리를 산술에서 빌려온다.

그런데 여기서 이루어진 음악과 신학의 비교를 오늘의 관점에서 생각하면 둘 사이에 확연한 차이를 확인할 수 있다. 음악가는 수학자에게 조언을 구함으로써 자신이 받아들인 원리 자체를 검사할 수 있지만 신학의 경우에는 이것이 불가능하다. 따라서 기독교 계시가 진리라는 확신인 신앙은 토마스에게는 실제로 교의·신학적 논증을 위해서 확실하게 전제된 토대였다.

토마스 당시에는 하나님에 의해서 계시된 원리를 원칙적으로 의심하는 일이 실제로 불가능했기 때문에 토마스의 이러한 견해는 아무런 문제도 일으키지 않았다. 그러나 늦어도 계몽주의 이래로 상황이 바뀌었다. 신학의 학문성에 대한 최근의 논의는 토마스가 의심의 여지없이 확실하다고 전제한 것이 오늘날의 명확한 일반적 판단 기준에 의거해서 어느 정도 검증될 수 있는가라는 질문을 맴돈다.

2.3.3 신학 진술은 학문적 가설인가?
― 빌프리트 왜스트와 볼프하르트 판넨베르크

빌프리트 왜스트(Wilfried Joest, 1914-1995)는 신학과 학문의 관계를 그의 『기초신학』 마지막 장에서 다룬다.

> 신학은, 그 사유 전개 과정이 옳은지 검토해야 한다는 요구를 특정한 전제를 설명하는 신학의 말미에서 충족시킬 수 있고 충족시켜야 한다. 그러나 신학은

신학의 전제를 인정하지 않는 판단 기준에 따라 진행되는 일반적 논의의 장에서 신학의 근본 전제의 타당성을 증명하라는 요구에는 응할 수 없다. […]
신학자는 그리스도 안에서 드러난 하나님의 계시를 전개하면서 형성한 각 문장을 임시적인 것으로, 미래적 확증을 위해서 그렇게 표현한 것으로 이해할 수 있고, 이로써 대화와 수정을 향해 열려 있을 수 있다. 그러나 신학자는 자신이 해석하는 문장을 통해서 지속적으로 증언해야 할 것, 곧 하나님이 그리스도 안에서 자신을 드러냈다는 진리 자체를 임시적이고 불확실한 것처럼 다룰 수는 없다. 그리고 신학자는 예수 그리스도가 모든 시간을 통틀어 살아있는 주로서 확인되었다는 신뢰 속에서 임시적인 문장을 감히 내놓을 수 있다.
신학자는 이 신뢰를 더 나은 반론의 근거가 주어질 때 단념하고 포기할 수 있는 그러한 가설로 이해할 수 없다. 이로써 신학적 문장이 사실에 적합한지 해명하기 위해서 필요한 최종적 척도가 주어졌다. 또한 신학적 문장을 상호적으로 수정해 나가야 할 대화의 토대가 주어졌다.

—왜스트, 『기초신학』 252 이하.

위에서 언급된 문제에 주목하면서 왜스트의 입장을 살피면 그가 모든 신학적 문장의 근본 전제를 신앙과 무관한 방식으로 검사하는 것을 거절하고 있음을 확인할 수 있다. 왜스트에 따르면 신학의 근본 전제에서 시작하는 교의학의 모든 사유 과정에 대한 검사는 반드시 필요하지만 신학의 근본 전제 자체에는 해당되지 않는다. 왜스트는 이 전제에 대한 동의가 가설처럼 단순히 일반·학문적 정밀 검사라는 처분에 맡겨질 수 없는 신뢰에 근거한다고 보았다.
이러한 입장에 비판적 거리를 두었던 판넨베르크는 신학의 학문성과 진리 주장을 확고하게 하기 위해서 왜스트가 거절했던 개인의 신앙과 무관하게 진행되는 모든 신학적 언술에 대한 검사를 허용했다. 따라서 그는 자신이 이해한 신앙 개념(§ 4.3.2)에 근거해서 각 사람의 신앙에 대한 주관적 확신과 신앙 내용의 진리성(der Wahrheitsanspruch der Glaubensinhalte)을 구별했다. 이 입장은 § 2.3.1.에서 언급된 신학적 대상의 불일치 문제를 극복하기 위한 시도로 해석할 수 있다.

여기서 신자는 자기 확신이 진실하다는 것을 불확실한 것으로 만들지 않으면서도 신앙의 확신과 무관하게 신앙 내용 자체의 진리 여부를 물을 수 있게 되었다. 그러나 이렇게 함으로써 그리스도 안에서 하나님이 자기를 계시했다는 진리 자체가 가설의 수준에 처하게 되었다. 하나님의 자기 계시가 진리라는 것은 처음부터 전제되지 않고 이론의 여지 가운데 숙고되고 명확한 것으로 전개되어야 한다.

교의학적 진술과 이것을 통해 서술되는 기독교 교리에 학문 이론상의 가설이라는 지위를 부여하는 것을 전혀 이상하게 받아들일 일은 아니다. 이 두 경우는 자명하지 않고 또 논리적으로 반드시 자명한 문장으로부터 도출될 필요가 없는 문장과 관련되어 있다. 이것들은 형식적 측면에서 보면 참이거나 거짓이 될 수 있는 주장이다. 그래서 이 주장이 옳고 참인지를 묻는 것은 아주 의미 있는 일이며 이것의 진리 여부는 주장 자체와 함께 아직 주어지지 않은 조건에 의존되어 있다. 이 주장은 그 조건이 옳다면 참이다.

이 조건을 의심할 수 있는 시점까지는 이 주장의 진리 타당성은 광의적 의미에서 가설적이다. 하지만 이것은 결코 이와 같은 주장을 내놓는 자가 그 진리성을 불확실한 것으로 취급한다는 의미가 아니다. 만약 그렇다면 이것은 신앙의 진술이 지니는 성격에 실제적으로 상충될 것이다. 또한 이것은 주장의 논리적 구조 자체와도 모순된다.

우리는 하나의 주장을 내세움으로써 그 말한 것을 진리로 받아들일 것을

요구한다. 그러나 청자와 독자가 이 주장이 정말로 옳은지 질문하는 것 역
시 주장의 논리적 구조에 속한다. […] 신학적 숙고의 지평에서 우리는 신
앙적 진술, 신학적 문장, 여기 주장된 실재에 대한 논란도 함께 생각한다.
이 점에서 신학적 숙고는 신앙고백적 진술과 다르다.

―판넨베르크, 『조직신학』 1.66-69.

2.3.4 모든 학문은 학문 이전의 확신에 의존한다 – 아일러트 헤름스

왜스트와 판넨베르크 두 사람의 입장은 신앙을 고려하지 않는 신학적 진술에 대한 검증이 가능한가, 이러한 검증을 시도해야만 하는가에 대한 질문에서 갈린다. 이 질문이 신학의 학문성에 대한 질문과 결합되어 있으므로 여기에는 학문에 대한 특정 이해가 전제되어 있다. 여기서 전제된 학문은 종교와 세계관이 내세운 입장의 합리성을 검증하는 중립적인 검증 기관으로 간주되었다.

그러나 독일의 튀빙겐대학교 조직신학자 아일러트 헤름스(1940년생)는 이러한 학문 이해가 고대부터 근대 초기까지만 국한하여 통용되었다는 것을 강조했다. 그에 의하면 인간에 의해 좌우될 수 없고 인간에게 이미 주어져 있는 특정 종교 및 세계관적 입장 안에 학문의 합리성을 검사할 수 있는 척도가 놓여 있기 때문에 학문은 더 이상 종교와 세계관의 입장을 검증할 수 있는 기관일 수 없다.

헤름스에 의하면 이 통찰이 오늘날 학문 이해를 결정한다. 헤름스의 이러한 관점은 그의 계시 이해와 관련되어 있다(§ 3.3.). 이 같은 헤름스의 논증의 틀 안에서는 신앙 의존적인 신학과 합리성을 주장하는 학문이 서로 대립한다는 전통적인 입장은 근거를 잃는다. 학문이 어느 세계관에 뿌리

박고 있는 사실을 부정하면서 세계 해석에 대한 특별한 능력을 주장하려고 한다면 이에 대해 신학은 반기를 들게 된다.

고대처럼 근대 초기의 학문 이해는 학문이 행위와 확신의 구성적 연관을 위한 (für) 근거를 제공할 수 있다는 신념 안에서 유지되었다. 이에 반하여 오늘날의 학문 이해는, 학문이 오직 확신과 행위의 구성적 연관에서만(aus) 파악될 수 있고 이 연관의 〈구체적〉 상황 안에서만 이해되어야만 한다는 통찰에 근거되어 있다. […]

학문이 구성되는 과정과 〈이 과정을 수행하는〉 주체에 대한 숙고로부터 다음의 통찰이 나온다. 곧 학문이 삶 속에서 확신과 행위를 연관시키는 데에 어떠한 기여를 할 수 있는 것은 바로 학문 자체가 먼저 그 삶의 상황 안에서 형성되었고 작용하기 때문이라는 통찰이다. […]

기독교 신앙은 윤리적 지향을 가진 자기 확신(Selbstgewissheit)의 한 사례다. 이 자기 확신은 삶에 대한 전통적 해석과 만나는 삶의 경험을 통해서 사람이 스스로 결정할 수 없는 방식으로 각 사람 안에서 자란다. 그리고 바로 이러한 의미에서 계시(Offenbarung)로 말미암아 자란다고 말할 수 있다. 이처럼 학문 이전에 형성된 자기 확신은 행위를 가능케 하기 위해서 절대적으로 필요한 토대다. […]

이러한 의미에서의 신앙 이해, 그리고 이와 결합된 신학 이해는 전통적 학문 이해에 결정적으로 반한다. […] 이 반대는 중점적으로 사람의 행위를 가능하게 하는 확신의 근거를 제공할 수 있다는 학문의 주장에 맞추어져 있다. 곧 행위 가능성, 능력, 덕의 토대를 형성하고 근거 짓고 보장할 수 있는 힘이라는 주장에 집중되어 있다. […]

[이러한 학문의 주장 앞에서] 신학은 태연히 인간의 자기 확신은 학문보다 앞서 있고 학문을 넘어서는, 자신과 삶의 경험 안에 확고하게 세워져 있고

성숙한다는 사실을 보여 줄 수 있다.

—헤름스,『오늘날 학문의 자기 이해』
(Das Selbstverständnis der Wissenschaften heute), 359, 376, 382, 385.

📖 📖 신학 백과사전이 지닌 문제점(2.1)과 신학의 학문성에 대한 질문을 각기 다양한 방식으로 결합시킨 책
- F. Mildenberger, Biblische Dogmatik, Band 1, 32-35.
- W. Pannenberg, Wissenschaftstheorie und Theologie.
판넨베르크의 방대한 저술을 쉽게 읽을 수 있도록 도움을 주는 책
- G. Wenz, Wolfhart Pannenbergs Systematische Theologie, 19-37, bes. 23ff.

§ 3. 계시

기독교 종교는(§ 1) 학문적 신학의 전체 주제다(§ 2). 조직신학 안에 자리잡은 교의학(서론 참조)은 개념을 사용하여 기독교 종교의 내용을 해명한다. 이 종교적 내용의 근원은 하나님에게로 거슬러 올라가는 자기 선포, 곧 **계시**다. 하나님으로부터 나오는 계시가 교의학에서 다루어지는 종교적 통찰의 토대를 이루기 때문에 계시에 대한 교리는 기초신학의 핵심적 주제다. 기초신학의 다른 주제인 신앙과 성경에 대한 교리는 이 계시 교리에 의존되어 있다. **신앙**은 하나님의 계시에 대한 인간적 응답이고(§ 4), **성경**은 기록의 형태로서 하나님의 계시를 결정적으로 반영하고 있는 문서다(§ 5).

계시

1. 성경에는 계시를 가리키는 통일된 표현이 없다.
2. 세상과 사람을 향한 하나님의 행위는 창조와 역사(구약성경) 속에서 드러났고 예수 그리스도에게서 정점에 이르렀다(신약성경).

3.1 성경적 증언과 관련 교의학적 문제점

성경에는 신학 전문 용어인 계시를 가리키는 단일한 표현이 없으며 세계와 사람을 위한 하나님의 행위가 다양한 방식으로 이야기된다. 구약성경의 증언에 의하면 야훼는 자신을 역사의 주인으로 알린다(신 26:5-9). 처음에 야훼는 모든 백성 중에서 단지 이스라엘만 선택하고 그와 계약을 맺는다(창 17장). 야훼는 자신이 하나님임을 그의 역사적 행위에서 증명할 것이다(출 3:14). 하나님인 야훼는 자기 백성이 사랑 안에서(신 6:5) 자신을 유일한 하나님으로(신 6:4) 인정하기를 바란다.

구약성경은 또한 아직은 아니지만 미래의 시점에 주어질 하나님의 계시에 대해서도 말한다. 야훼는 미래에 역사적 행위를 통해서 모든 백성에게 자신의 영광을 드러내 보일 것이고(사 40:5) 지금까지는 이스라엘에 국한되어 있었던 구원의 관심을 땅 끝까지 넓힐 것이다(사 49:6). 세상 종말을 폭로하는 예언으로 채색된 구약의 묵시록에서 이러한 사상은 하나님에 의해 도래할 역사의 종말 이후에 하나님의 통치가 광범위하게 실현될 것이라는 사상으로 이어진다.

신약성경을 보면 구약성경에서 시작된 하나님의 자기 선포가 예수 그리스도에게서 어떤 것에 의해서도 능가될 수 없을 정도로 그 정점에 도달했다. 히브리서 1:1-2은 말한다.

> 옛적에 선지자들을 통하여 여러 부분과 여러 모양으로 우리 조상들에게 말씀하신 하나님이 이 모든 날 마지막에는 아들을 통하여 우리에게 말씀하셨으니 이 아들을 만유의 상속자로 세우시고 또 그로 말미암아 모든 세계를 지으셨느니라(히 1:1-2).

구약성경에 나와 있는 수많은 기대와 약속이 예수 그리스도 안에서 성취되었다고 본다(예, 사 7:14; 마 1:23; 슥 9:9; 마 21:5). 그래서 신약성경에 따르면 하나님의 구원에 이르는 길은 오직 그리스도를 통해서 가능하다(행 4:12; 요 14:6). 구원이 아니면 멸망이라는 각 사람의 결정적인 운명은 그 삶이 그리스도에 대한 신앙의 신뢰에 의해서 결정되는지 여부에 달려 있다. 이 신뢰는 예수 그리스도의 사역과 십자가와 부활이라는 사건 안에서 미래적으로 고대했던 광범위한 하나님의 통치가 이미 시작되었다는 것과 관련된다.

구약성경의 신앙역사에서 시작하여 후에 그리스도에게서 정점에 도달한 하나님의 자기 알림을 보도하는 성경의 증언이 아주 다양하며, 이 때문에 교의학이 숙고해야 할 여러 문제가 생겨난다.

① 첫 번째 문제는 구약과 신약의 관계다.

이미 보았듯이 신약성경 및 기독교적 관점에서 보면 구약성경의 계시 증언은 예수 그리스도 안에서 최종적으로 자신을 알린 바로 그 하나님이 준 선행 계시로 이해할 수 있다.

하지만 역사-비평적 성경 연구는 그리스도를 근간으로 구약성경을 해석하는 것이 구약성경의 본래적 진술 의도에 적합하지 않음을 보여 주었다. 따라서 그리스도의 계시와 구약성경의 계시 증언의 관계가 중요한 문제가 된다. 이 문제는 성경에 대한 교리의 장에서 비로소 해명될 수 있다(§ 5, 특히 § 5.3.1).

② 이 장에서 폭넓게 다룰 두 번째 교의학적 문제는 그리스도와 관계 없이 이루어진 하나님에 대한 진술도 진리인가라는 것이다.

질문은 이렇다.

그리스도에게 의존하지 않고도 참된 신(神) 지식이 가능한가?

신학사에서 이 질문에 다양한 답이 제시되었는데 이 다양성은 무엇보다도 성경적 증언의 다의성에 기인했다. 한편으로 기독교적 이해에 따르면 구원에 이르는 길은 오직 그리스도를 통해서만 가능하다(행 4:12; 요 14:6).

구원은 오직 그리스도를 통해서만 가능하다는 이 확언으로부터 기독교가 다른 종교들보다 우월하다는 주장이 생겨났고(§1.2.1) 구원에 이를 수 있다는 희망은 그리스도의 교회에 소속하는 것과 결부되었다(§13.2.3).

> **비기독교적 하나님 진술도 진리인가?**
> 1. **한편으로는**: 그리스도에 대한 신앙은 참된 하나님에 대한 교리의 유일한 토대로 간주된다.
> 2. **다른 한편으로는**:
>   (1) 이스라엘의 신(神) 지식이 진리임이 인정되었다.
>   (2) 유대-기독교적 계시 영역 밖에도 하나님의 자기증언이 있다고 주장되었다.

그러나 다른 한편으로 신약성경은 이스라엘 민족에게 주어진 하나님 계시도 진리라고 강조한다. 예수 그리스도 안에서 자기를 계시한 하나님은 히브리서 1장에 의하면 "옛적에 선지자들을 통하여 여러 부분과 여러 모양으로 우리 조상들에게 말씀하신" 바로 그 하나님이다.

신약성경과 이스라엘의 신앙 증언의 적극적인 결합을 분명하게 보여 주는 것은 아브라함이라는 인물이다. 아브라함이 비록 그리스도의 계시를 받지는 못했지만 신약성경 안에서 바로 그리스도인의 신앙의 아버지로 여겨진다(갈 3장; 롬 4장). 아브라함은 첫 언약의 탁월한 믿음의 증인에 속하며(히 11장), 성경은 그가 이삭, 야곱, 모든 선지자와 더불어 하나님의 나라에 있다고 말한다(눅 13:28).

기독교만이 유일한 구원의 능력(exklusive Heilskompetenz)을 가진다는 신약성경의 주장은 하나님이 오직 그리스도 안에서만 자신을 비로소 계시하셨음을 뜻하지는 않는다. 참된 신(神) 지식은 이미 이스라엘 안에 있으며 그리스도 사건에 의해서 추월당한 이후에도 여전히 진리로 남아있다.

이스라엘의 하나님에 대한 지식에 부여된 진리의 성격을 이방인의 신(神) 지식에도 확대 적용할 수 있을까?

신약성경에는 일반적 하나님의 계시에 대해서, 곧 그리스도의 계시뿐 아니라 구약성경 신앙의 역사 밖에서 주어진 하나님의 자기 선포를 말하는 듯한 구절이 있다. 이 맥락과 관련하여 무엇보다 로마서 1:19-32이 중요한 의미를 지닌다. 이 본문이 역사 속에서 끼친 엄청난 영향은 기독교 신학사에서 성경외적인 하나님 계시의 가능성에 대한 논쟁이 얼마나 뜨겁게 이루어졌는지를 보여 준다. 이 본문에서 바울 사도는 두 가지를 확인한다.

Ⓐ 모든 사람에게 항상 열려있는 참된 하나님의 계시가 있다.
이것은 창조의 작품을 통한 계시다. 로마서 1:19 이하는 말한다.

> 이는 하나님을 알 만한 것이 그들 속에 보임이라 하나님께서 이를 그들에게 보이셨느니라 창세로부터 그의 보이지 아니하는 것들 곧 그의 영원하신 능력과 신성이 그가 만드신 만물에 분명히 보여 알려졌나니(롬 1:19).

이 견해에 따르면 모든 사람은 실제적이고 올바른 하나님 지식을 갖고 있다. 각 사람은 그리스도의 계시에 의존하지 않고도 창조에서 하나님을 진실하게 알 수 있는 상태에 있다.

ⓑ 사람들은 실제로 주어진 하나님 지식에서 하나님을 하나님으로 인정하고 경배해야 한다는 결론을 이끌어 내지 못했다.

사람들이 발뺌할 수 없는 책임이 여기에 있다. 로마서 1:21은 말한다.

> 하나님을 알되 하나님을 영화롭게도 아니하며 감사하지도 아니하고 오히려 그 생각이 허망하여지며 미련한 마음이 어두워졌나니(롬 1:21).

사람들은 하나님의 불멸의 영광을 한 형상을 덧없는 사람의 형상과 맞바꾸었다(롬 1:23). 하나님의 진리를 거짓말로 바꾸고 창조자가 아닌 피조물을 숭배했다(롬 1:25). 일반적인 방식으로 접근 가능한 하나님의 창조 계시를 통해서 사람들에게 하나님을 참되게 경배할 기회가 열렸는데 사람들은 이 기회를 사용하지 않고 내버려 두었다.

그러므로 그리스도에 의해서 비로소 창조 세계를 통한 하나님의 계시의 역할이 무엇인지 드러났다. 그것은 용서받을 수 없는 인간의 죄와 그리스도의 계시 안에서 드러난 은혜에 의지해야 할 필연성을 분명하게 보여 주는 것이었다.

> 교의학은 성경이 말하는 계시역사 밖에서 창조 세계를 통해 전달된 하나님의 자기 선포를 전통적으로 보편 계시 또는 **자연** 계시라고 불렀다(라. revelatio generalis/naturalis). 이에 비하여 그리스도의 계시 자체는 특별 계시 또는 초자연적 계시로 간주되었다(라. revelatio specialis/supernaturalis).
> 사람들이 보편(자연) 계시를 통해서 얻은 하나님 지식은 초자연적 신학 또는 계시된 신학(라. theologia supernaturalis/revelata)과 대조 속에서 자연신학이라고 일컬어졌다(라. theologia naturalis). 여기서 초자연적 또는 계시신학은 특별히 기독교적 신에 대한 교리를 말한다.

> **유대-기독교적 계시 밖에서 주어진 하나님의 자기 선포?**
> 1. 로마서 1:19-32
> 2. 로마서 2:12-16
> 3. 사도행전 14:8-18
> 4. 사도행전 17:16-34

그리스도의 계시와 구약성경의 신앙 역사 밖에서 주어진 다양한 형태의 하나님 지식에 대해서 신학사에서 내려진 판단의 방향은 일반적으로 바울이 로마서 1장에서 확인했던 두 가지 관점 중 어느 것을 더 강조하느냐에 따라서 결정되었다.

ⓐ 창조 세계에서 하나님을 알 수 있다는 점이 강조되면 사람들은 이와 동시에 어떤 형태로든 창조 계시와 그리스도의 계시의 연속성을 주장했다. 그리스도의 계시는 바울의 말처럼 모든 사람들이 이미 가지고 있는 하나님 지식과 결합할 수 있다.
이러한 견해로부터 그리스도의 계시가 성경 밖에서 이루어진 하나님 진술도 포함한다는 포괄적 계시 이해가 생겼다.

ⓑ 이와 반대로 사람들이 창조 계시를 오해하고 업신여기고 오용했다는 것이 전면에 부각되면 사람들은 창조 계시와 그리스도의 계시의 차이를 강조했다. 사람들이 그리스도와 관계없이 하나님에 관하여 아는 것은 바울의 판단에 의거하면 항상 거짓되고 인간의 죄에 의해서 결정된 지식이기 때문에 그리스도의 계시로 말미암아 극복되어야만 한다.
이러한 견해로부터 성경 밖에서 이루어진 하나님 진술을 제외시키는 그리스도의 계시 이해가 생겨났다.

아래 도표는 방금 말한 계시 이해의 두 형태를 선명하게 보여 준다.

▶ 포괄적 계시 이해

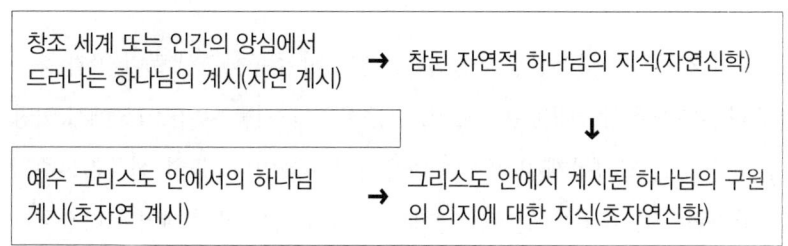

▶ 배타적 계시 이해

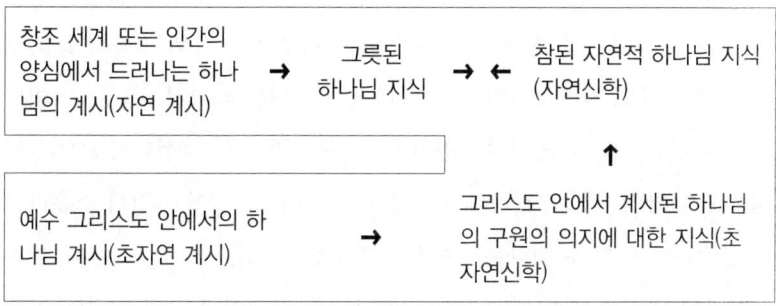

이제부터 성경 밖에 있는 하나님에 대한 진술이 어떻게 이해되고 있는지 두 가지 입장을 신학사의 사례를 통해서 구체적으로 살펴보자.

📖　위에 언급한 성경 구절의 영향사
- U. Wilckens, Der Brief an die Römer, 116-121(zu Röm 1,18-32); 138-142(zu Röm 2,12-16).
- R. Pesch, Die Apostelgeschichte, 60ff(zu Act 14,8-20); 142-144(zu Act 17,16-34).

3.2. 계시의 포괄적 이해와 배타적 이해

3.2.1 포괄적 계시 이해

초기 기독교는 구약성경의 일신론을 철저히 추종하면서 로마 국가 종교의 다신론과 우상숭배를 논박했고, 이를 위한 근거를 로마서 1장에서 이방 종교 세계를 날카롭게 비판했던 바울에게서 찾았다. 또한 신플라톤주의 철학처럼 고대 후기에 일어난 철학도 여러 곳에서 이방 제의의 다신론을 비판했다.

그러나 다신론을 비판했던 두 흐름인 기독교와 고대 후기 철학은 자연스러운 동맹 관계가 결코 아니어서 어떤 경우에는 서로 격렬하게 다투었다. 그럼에도 기독교 신학자들은 다신론에 대한 철학적 비판에 경의를 표하는 것을 꺼리지 않았다. 이러한 기독교 신학자들은 철학자도 이성적 사유로 이방의 헛된 우상숭배에서 벗어나 그리스도인이 온전히 소유하고 있는 진리에 이를 수 있다는 가능성을 인정했다(1.1).

이로써 이성적 지식에 근거하는 하나님의 교리인 철학적 신학이 기독교 진리 이해의 토대로 수용되었다. 그러나 하나님의 존재와 유일성에 대한 통찰을 주는 철학적 신학은 비로소 그리스도 안에서 드러난 하나님의 구원 의지를 알려 주기에는 불충분하다. 이러한 이유로 초자연적 계시가 필수적이다.

하지만 철학적 신학은 이런 제약에도 불구하고 초자연적인 그리스도의 계시를 수용할 수 있도록 준비할 수 있었다. 인간 이성이 항상 제한적일지라도 하나님의 참된 지식에 도달할 능력을 지니고 있다는 견해가 고대 교회 신학에서 형성되어 오래도록 중세 사유에 지대한 영향을 끼쳤다. 이러한 추세에 거슬려 종교개혁 신학은 먼저 이성·철학적 신(神) 지식이 기독교 신앙에 전혀 쓸모없다고 자주 강조했다. 이 이해에 일치해서 자연신학 역시 진리를 향하는 여정의 한 지점이 아니라 그것의 거침돌로 이해되었다(§ 3.2.2).

그러나 구개신교 정통주의(die altprotestantische Orthodoxie)에 이르러서 또다시 계시 신앙을 준비하는 자연적 신(神) 지식의 긍정적인 역할이 인정되었다(무조이스에 대한 언급, 4.5). 하지만 은혜를 입지 않은 자연적 인간의 광범위한 죄성 때문에 자연적 신(神) 지식의 신학적 가치는 중세 사유에서 받았던 가치보다는 낮게 평가되었다.

진리를 향한 도상의 한 지점으로서 자연신학

1. 유대교, 초기 기독교, 고대 후기의 철학은 하나같이 로마 국가 종교의 다신론과 우상숭배를 비판했다.
2. 따라서 고대 교회 신학은 신플라톤주의 철학적 신학을 기독교의 하나님 교리와 접촉점으로 받아들였다.
3. 로마가톨릭은 구개신교 정통주의도 수용한 자연신학에 대한 이해를 오늘까지 따른다.

유럽 계몽주의는 자연 종교와 실제 종교(die positive Religion)의 관계를 문제 삼았던 것과 동일한 관점에서 자연 계시와 초자연 계시의 관련성을 숙고했다. 계몽주의는 중세신학과는 대조적이고 구개신교 정통주의와는 다른 입장에서 자연 계시에 근거한 이성 종교를 초자연적 계시의 내용보다 우선시했다.

인간 이성이 확인할 수 있는 자연 계시가 자연적 이성 종교의 토대로 받아들여졌고, 이에 반해 실제 종교의 토대인 초자연적 계시는 그 내용이 이성 종교의 원리와 일치하는 경우에만 가치를 인정받았다(§ 1.1.2).

확실히 **로마가톨릭**은 고대 교회 및 중세 전통과 연속선상에 서 있었고 오늘날에도 그렇다. 이 주제와 관계있는 중요한 문서는 제1차 바티칸 공의회가 1870년 4월 24일에 통과시킨 가톨릭 신앙에 대한 교의 규칙 (Konstitution) 『하나님의 아들』(Dei Filius)이다. 여기서 자연 계시와 초자연 계시의 차이뿐만 아니라 '인간 이성의 자연적 빛으로 피조물에서' 하나님을 확실히 알 수 있다는 주장이 공식 교리로 세워졌고 이 견해를 반대하는 적대자들은 파문을 당했다.

그 후 제2차 바티칸 공의회는 1965년 11월 18일에 신적 계시에 대한 교의 규칙인 '하나님의 말씀'(Dei Verbum)을 통과시켰다. 여기서 공의회는 인간의 자연적 신 지식에 관해 1870년에 확정된 결정적인 진술들을 반복했다.

아래 글에서 강조 처리된 부분은 『하나님의 아들』에서 따온 글이다.

거룩한 공의회는 **인간 이성의 자연의 빛으로 피조물에서 만물의 근원과 목적인 하나님을 확실히 알 수 있음을** 선포한다 (비교. 롬 1:20).
그러나 공의회는 **모든 사람이 신적인 것과 관련하여 그 자체로는 인간 이성에 알려지지 않는 것을 현 인류의 조건에서도 쉽고도 아주 확실하게 어떤 오류의 섞임도 없이 이해할 수 있는 것**은 그의 계시의 덕분이라고 가르친다.

Confitetur Sacra Synodus, *Deum, rerum omnium principium et finem, naturali humanae rationis lumine e rebus creatis certo cognosci posse*(cf. Rm 1,20);
eius vero revelationi tribuendum esse docet, *ut ea, quae in rebus divinis humanae rationi per se impervia non sunt, in praesenti quoque generis humani conditione ab omnibus expedite, firma certitudine et nullo admixto errore cognosci possint.*

제2차 바티칸 공의회 규칙, 『하나님 말씀』, 제1장 6항 (DH 4206; NR 82);
『하나님의 아들』 제2장과 비교(DH 3004f., 3026; NR 27-29, 45).

위의 인용문에서는 먼저 로마서 1장 20절에 주목하면서 만물의 근원과 목적인 하나님을 알 수 있는 인간 이성의 능력이 부각되었다. 공의회는 그 다음에 이미 자연 이성에 의해서 알려진 하나님의 진리가 왜 추가적인 계시에 의해서 알려져야 하는지 그 이유를 설명한다. 그것은 하나님의 유일성과 세상의 창조주라는 교리가 오직 인간 이성의 통찰에만 주어진 것이 아니라 성경 안에도 전승되었기 때문이었다.

여기서 하나님의 교리가 추가적인 계시에 의해서 알려진 것은 인간 이성이 그것을 더 쉽게 파악하도록 돕기 위해서라는 논거가 제시된다. 이 논거에 의거하면 인간 이성의 능력은 신적 계시에 의해서 더 상승되었다. 그러나 자연적 인간 이성은 보충될 필요가 있다는 견해로부터, 확실성을 주장하는 이성이 초자연적으로 계시된 신앙의 가르침에 종족되어야 한다는 요구가 생겨났다. (4.4).

3.2.2 배타적 계시 이해

이미 언급한 것처럼 종교개혁 신학은 중세의 전통과 오늘날의 로마가톨릭처럼 인간의 진리 파악 능력을 긍정적으로 평가하지 않았다. 종교개혁 신학은 창조 세계 안에 하나님의 보이지 않는 본질을 알 수 있는 가능성(롬 1:20), 이방인도 포함해서 모든 사람의 마음에 기록된 율법의 요구, 양심이 사람들에게 이것을 증언하고 있다는 것을 부정하지 않았다(롬 2:15).

이와 같이 종교개혁 신학은 그리스도의 계시 밖에서 이루어진 하나님의 자기 선포를 세내로 알았으면서도, 이성을 통해 자연 계시로부터 얻는 하나님의 지식을 허위에서 진리로 향하는 도상의 한 지점으로 간주하지 않고 허위 또는 그것의 한 변형으로 받아들였다. 이러한 견해는 포괄적 계시 이해와 큰 차이가 있다. 특히 루터는 철학적 신학을 우상숭배의 극복이 아닌 우상숭배의 변종 가운데 하나로 이해했다.

> **자연신학은 진리의 도상의 걸림돌**
>
> 1. 철학적 신학은 결코 우상숭배의 극복이 아니라 그것의 한 변형일 뿐이다.
> 2. 그리스도의 계시 밖에도 하나님의 자기 선포가 있다. 그러나 인간의 죄 때문에 이성적 하나님 교리는 기독교신학의 접촉점으로 적합하지 않다.

요나 1:5 전반부 주석에서 인용:

사공이 두려워하여 각각 자기의 신을 부르고…

이성의 자연적인 빛은 하나님이 선하고 은혜로우며 긍휼이 많고 온유하다고 생각하는 데까지 나갈 수 있다. 이것은 하나의 거대한 빛이다. 그러나 이 빛에는 두 가지 중요한 것이 결여되어 있다.
첫째로 그[이성]는, 하나님이 자기를 위해서 돕고 주며 행한다는 것을 알고 또 그렇게 하기에 능하다는 것을 믿는다. 하지만 하나님이 이것을 자기에게 행하기를 원하고 기꺼이 하고자 한다는 것을 믿을 수는 없다. 그래서 이성은 하나님을 끝까지 바라보지 않는다. 그것은 이성이 [하나님의] 능력을 믿고 알지만 그의 의지를 의심하기 때문이다.
둘째로, 이성은 하나님이 있다는 것을 안다. 그러나 여기서 참 하나님으로 불리는 이가 누구며 무엇인지는 모른다. 이성은 하나님과 술래잡기 놀이나 하고 쓸데없는 실책을 범하고 항상 핵심을 벗어난다. 그래서 이성이 하나님이라고 말한 것은 하나님이 아니고

so weyt reicht das naturlich liecht der vernunfft, das sie Gott fur eynen gütigen, gnedigen, barmhertzigen, milden achtet; das ist eyn gross liecht. Aber es feylet noch an zwey grossen stucken.

Das erst, sie gleubt wohl, das Gott solchs vermunge und wisse zuthun, zu helffen und zugeben. Aber das er wolle oder willig sey, solchs an yhr auch zu thun, das kann sie nicht; darumb bleybt sie nicht feste auff yhrem synn. Denn die macht gleubt sie und kennet sie, aber am willen zweyffelt sie […]

Das ander: Sie [die Verunft] weys, das Gott ist. Aber wer oder wilcher es sey, der da recht Gott heyst, das weys sie nicht. […] Also spielt auch die vernufft der blinden kue mit Gott und thut eytel feyl griffe und schlecht ymer neben hin, das sie das Gott heysst das nicht Gott ist,

다시금 그가 하나님이 아니라고 말한 것 은 하나님이다. 그러므로 하나님이 존재한다는 것을 아는 것과 하나님이 누구 또는 무엇인지를 아는 지식 사이에는 커다란 차이가 있다.
첫 번째 지식은 자연이 알고 이것은 모든 사람의 마음에 쓰여 있다. 두 번째 지식은 오직 성령이 가르쳐준다.

und widderumb nicht Gott heysst das Gott ist [...] Darumb ists gar eyn gros unterscheyd, wissen das eyn Gott ist, und wissen was odder wer Gott ist.

Das erste weys die natur und ist ynn allen hertzen geschrieben. Das ander leret alleine der heylige geyst.

루터, 『선지자 요나』(Der Prophet Jona) (WA 19, 206.12-18, 31-33; 207.3-13).

이성의 자연의 빛은 사람에게 하나님의 존재에 대해서, 그리고 부분적으로 그의 본질에 대해서 올바르게 말할 수 있는 능력을 부여하지만 그리스도가 주는 성령 없이는 참된 신뢰 속에서 유지될 수 있는 하나님과의 관계가 불가능하다.

이성은 스스로 하나님과의 관계를 형성하고자 시도하지만 죄에 붙잡혀 있기 때문에 실패한다(종교개혁 신학의 죄 이해, §9.2). 이성은 하나님과 술래잡기 놀이를 한다. 달리 말하면 이성은 거짓을 하나님이라고 단정한다.

그럼 인간 이성의 도움으로 추론된 하나님과 그리스도 안에서 계시되고 성경이 가르치는 하나님 사이의 차이는 무엇인가?

루터에 따르면 자연 지식으로 얻은 하나님의 상(像)은 사람들로 하여금 보답 받기 위해서 하나님에게 제시할 만한 자신의 선한 행실을 신뢰하도록 한다. 곧 사람이 자기 선한 행위 때문에 상을 받거나 악한 행위 때문에 벌을 받는다고 생각하도록 한다. 이에 반하여 루터는 그의 칭의론에서 인간의 행위와 공로에 의존하지 않는 하나님의 은혜를 강조했다. 그리고 로마서 1:20에서 언급된 자연적 하나님 지식과 구원의 수단으로 이해된 율법주의 사이의 직접적 연관성을 밝히면서 이에 대항했다(§11.2.2).

요나 1:5 전반부 주석에서 인용:

사공들이 두려워하여 각각 자기의 신을 부르고

교황의 추종자와 성직자는 하나님에 대해서 다음과 같은 망상을 가지고 있다. 그들은 하나님이 선한 행실에 의해서 움직이며 그것에 만족하는 자라고 생각한다.	Die papisten und geystlichen […] haben solchen wahn von Gott, das sie meynen, Gott sey eyn solcher, der sich lasse mit guten wercken bewegen odder benügen.
그러나 의롭고 유일하고 참된 하나님은 사람이 공로가 아니라 순수한 마음과 진실한 믿음으로 섬겨야 할 자다. 그는 그의 은혜와 소유를 행위와 공로를 보지 않고 순순히 거저 주고 선사한다. 그러나 이들〈교황의 추종자와 성직자〉은 이것을 믿지 않는다. 그러므로 이들은 하나님을 알지 못하고 넘어지며 핵심에 접근하지 못한다.	[Dagegen gilt nach Luther] der rechte, eynige, wahrhafftiger Gott ist der, dem man nicht mit wercken sondern mit rechtem glauben von reynem hertzen dienet, der seyne gnade und güter lauter umbsonst on werck und verdienst gibt und schenkt; das gleuben sie nicht. Darumb kennen sie yhn auch nicht und mussen feylen und neben hin schlahen.

루터, 『선지자 요나』
(WA 19, 207.14-16, 26-30.

20세기 루터교신학은 종교개혁의 유산을 상이하게 계승했다. 20세기 루터교신학은 한편으로 언제나 그리스도 계시의 절대성을 강조하는 데 관심을 가졌다. 그래서 인간의 자연적 신(神) 지식이 참된 하나님을 저버린 죄의 결과라고 낙인을 찍었다.

그러나 다른 한편에서는 신약성경을 따르고 루터의 견해에 의지하며 동시에 바르트의 신학과 거리를 두면서 인간의 자연적 하나님 지식이 비록 죄로 말미암아 왜곡되었더라도 여전히 하나님의 자기 선포와 관련되어 있다는 것을 고수했다.

만일 그렇지 않다면 그리스도의 계시의 진리가 인간에게 알려졌을 때 인간은 이전부터 지녀온 하나님에 대한 자연적 지식이 하나님을 떠난 삶의 결과임을 알 수 없을 것이다. 알트하우스는 이 두 가지 관심사를 고수하고자 원계시(Ur-Offenbarung)라는 개념을 도입했다.

> 우리는 성경이 증언하고 이전 교의학이 보편 계시라고 일컬었던 그리스도 이전 그리고 그리스도 밖에서 주어진 하나님의 자기 증언을 원계시(Ur-Offenbarung)로 부른다. […] 신학이 원계시를 가르쳐야만 하는 필연적 근거는 구원사적 계시가 언제나 이 원계시와 관련되어 있다는 것 때문이다. […] 원계시는 수용 과정에서 범죄한 인류에 의해서 언제나 오해받고 손상되었다. 비로소 하나님에 대한 성경의 증언의 빛 아래서 이 원계시는 다시 분명하고 순수하게 이해되었다. 그러나 이 빛 안에서 우리가 본 것은 이전부터 우리 삶의 실제를 비춰 온 하나님의 빛이다. […] 자연신학이라는 개념은 죄에도 불구하고 원 계시에 근거해서 상대적으로 온전하게 유지된, 이성의 힘으로 자연적 인간에게 가능한 하나님의 지식을 일컫는다. […]
> 따라서 이 개념은 우리가 원계시라고 가르치는 것 역시 하나님의 실제적인 지식으로 주장할 수 있음을 뜻한다. 〈그러나〉 이러한 견해는 우리 개신교도에게는 인간의 철저한 죄 때문에 금지되어 있다. 우리는 원 계시의 교리에서 하나님이 사람에게 자신을 증언했다는 것을 말했다. 하지만 사람이 이것으로 무엇을 만들있는지는 말하지 않았다.[…]
> 원계시에서 생겨난 자연적 인간이 가진 하나님 지식은 죄인인 사람의 지식이기 때문에 결코 중립적이지 않다. 경험된 원계시는 항상 이미 우상숭배로 또는 스스로 만든 구원의 교리로 왜곡되었거나 아니면 복음에 대한 신앙 안에서 실현되었다.
>
> ―알트하우스, 『교의학 개설』(Grundriß der Dogmatik), 19, 23, 29 이하 (§§ 3–5).

3. 2. 3 모든 자연신학을 거부한 칼 바르트

지금까지 개략한 자연신학에 대한 입장은 모두 그리스도의 계시 밖에도 하나님의 자기 선포가 있고 사람들이 이것을 피조 세계와(롬 1장) 양심의 증거에서(롬 2장) 항상 변형되고 왜곡된 형태로라도 경험할 수 있다는 것을 전제한다. 이에 반하여 종교를 불신앙으로 특징지었던 바르트는 하나님이 오직 그리스도 안에서만 자신을 계시했으며 따라서 그리스도 외에는 추가적으로 계시의 다른 근원이 없다고 아주 확고하게 말했다.

따라서 바르트에 의하면 그리스도의 계시에 의존하지 않고 하나님에 관해서 얻은 지식 곧 자연신학은 원칙적으로 불가능하다. 그런데도 만약 신학이 이러한 가능성을 주장한다면 신학은 불가피하게 자기 본연의 대상을 놓치고 하나님을 완전히 저버린 인간의 변호인으로 자처하게 되는 셈이다. 자연신학에 대한 바르트의 이러한 입장은 철저하게 기독론적 지향을 지닌 그의 인간론과 상응한다(§ 9.3.1).

> 자연신학은 예수 그리스도 안의 하나님 계시 없이도 인간이 어떤 형태로든지 하나님과 연결되어 있다는 교리다. 자연신학은 하나님과의 자립적인 결합에 근거하여 가능하고 실제적인 하나님 지식을 전개하고 이 지식이 하나님, 세계, 인간 사이의 전체 관계에 미치는 결과를 진술한다. 이것은 인간이 그 자체로만 있는 그러한 영역에서 […] 생겨나는 필연적인 시도다. (우리는 이 영역이 어떤 성격을 지니는지, 이것이 실제인지 아니면 환상인지 물을 수 있다.)
>
> 이 영역은 인간이 하나님 앞에서 자기 자신을 신뢰함으로써 생겨나고 지속되며 하나님이 지금 실제로 알려지지 않았기 때문에 인간은 자신을 현실적으로 하나님과 동일시한다.
>
> 하나님의 은혜에서 벗어난 인간에게 하나님은 인간이 최고의 존재로 생각

하면서 스스로의 힘으로 찾고 선택하고 만들 수 있고 또 인간이 스스로 될 수 있는 것의 총합이다. 바로 이것이 인간이 자연신학을 통해서 해명하려고 하는 것이다. 인간이 이럴 수밖에 없는 것은 인간 존재의 자기 해석과 자기 정당화가 이 영역에서 이루어지기 때문이다.

[그러나 기독교적 관점에서] 인간은 자기 자신을 예수 그리스도 안에서 오직 그 안에서만 찾는다. 인간이 하나님을 예수 그리스도 안에서 오직 그 안에서 발견하는 것처럼 말이다. 〈주어가 없는〉 자립적 술어의 자립적 지지대와 같이 그 자체로만 있는 인류와 인간의 삶은 예수 그리스도의 계시에 의해 이제 사라질 수밖에 없는 운명에 처한 모호한 개념이 되어 버렸다. [⋯] 스스로 자립할 수 있는 인간은 없다. 오직 예수 그리스도의 죽음과 부활의 목적이었던 인간, 〈예수 그리스도가〉 그 문제를 떠맡아 주었던 인간만이 있을 뿐이다.

[따라서] 기독교 선포는 자연신학이 무엇을 뜻하든지 그것이 제공하는 것을 **활용**할 수 없다. 기독교 선포는 전적으로 예수 그리스도 안에 있는 인간의 참된 실존을 설명해야 할 과제를 위해서 부름 받았기 때문에 인간의 자기 해석인 자연신학을 위해서는 한 치의 공간과 시간도 할애할 수 없다.

—바르트, 『교회 교의학』 II/1, 189, 167, 188(§ 26.2).

앞에서 포괄적 계시 이해와 배타적 계시 이해에 도움을 주고자 간략한 도표를 사용한 것처럼 바르트의 계시 이해를 도표로 표현하면 아래와 같다.

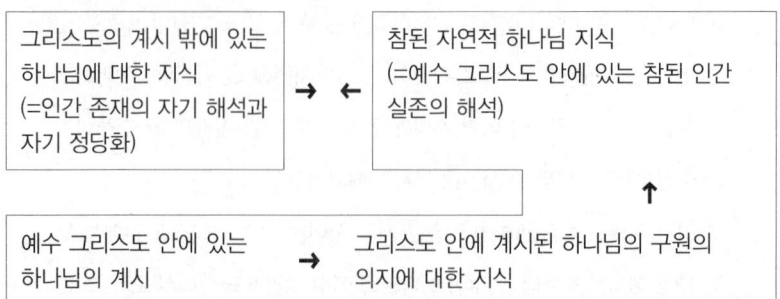

바르트의 계시 이해는 §3.2.1과 §3.2.2에서 소개한 견해와 다르다. 그는 그리스도의 계시에 붙들리지 않고 그 자체로 있는 인간의 실제는 신학적 의미가 전혀 없다고 말한다. 여기서 바르트의 계시 이해의 특징을 볼 수 있다.

그리스도를 기점으로 하나님과 인간에 대해서 언급할 수 있는 것은 인간이 그리스도 계시 밖에서 하나님에 대해 알며 알고 있다고 생각하는 것을 긍정할 수도 부정할 수도 없다. 그것은 자연신학이 전혀 신적 계시에 근거하지 않기 때문이다. 자연신학은 하나님에 관한 참된 지식뿐만 아니라 그릇된 지식도 세울 수 없다. 그것은 단지 인간 존재의 자기 해석과 정당화의 표현일 뿐이다. 자립적인 인간의 소산인 자연신학은 예수 그리스도의 계시로 말미암아 실체 없이 모호한 것(Abstraktion)이 되어버렸다.

자연신학의 모든 형태를 극도로 단호하게 거부하는 바르트의 태도는 제1차 세계대전의 경험에서 야기된 문화 기독교의 위기와 독일-기독교신학(die deutsch-christliche Theologie)이 국가 사회주의(Nationalsozialismus)에 동조했던 역사적 맥락에서 이해될 수 있다.

자연신학에 대한 신학적 거부가 가장 극명하게 드러난 것은 1943년에 이루어진 『바르머신학 선언』(Barmer Theologische Erklärung)이다(6.2). 이 선언문에 드러나는 그리스도 중심주의(Christozentrismus)는 또한 루터신학이 전통적으로 견지했던 복음과 율법의 구분을 거부한다(§12.1.3).

계시를 철저하게 그리스도 중심으로 이해하면서도 바르트는 삶과 세상에 대한 비기독교적 해석에서도 긍정적인 신학적 의미를 찾을 수 있었다. 그가 기독교 밖의 진리를 포용적 자세로 만날 수 있었던 것은 그의 기독론 때문이다. 그리스도 안에서 육체가 된 하나님은 실제로 그의 창조 세계인 세계 전체의 주인이기 때문에 세상 어느 영역도 그리스도의 포섭하는 영향력에서 제외되지 않는다. 따라서 철저한 무신론의 상황에서도 하나님이 사람을 자신의 진리의 증인으로 만들 수 있음을 신뢰할 수 있다.

이것은 사람이 하나님의 진리를 알지 못하는 경우에도 가능하다. 그러나 바르트는 교회의 형태로 조직된 기독교 밖에서 진리의 말(wahre Worte)을 일으킬 수 있는 하나님의 가능성을 누차 강조하면서도 그 이상 더 나가지 않았기 때문에, 그에게서 이러한 가능성의 구체적인 사례를 찾을 수 없다.

자연신학 –인간의 자기 칭의

1. 『교회 교의학』 II/1, 1940 (§ 26): 그리스도의 계시 밖에서 얻은 하나님에 대한 지식은 인간의 자기 칭의의 표현이므로 신학적으로 가치가 없다.
2. 『교회 교의학』 IV/3, 1959(§ 69): 기독교 밖에도 그리스도의 진리에 대한 증언이 있을 수 있다(빛의 교리[Lichterlehre]).

예수 그리스도가 하나님의 유일한 말이라는 것은 성경과 교회와 세계에 나름의 방식대로 주목할 만한 다른 말이 없거나, 그 나름대로 다른 밝은 빛이 없거나, 그 나름대로 실제적인 다른 계시가 없다는 것을 뜻하지 않는다. […]
우리는 이것이 예수 그리스도로 불린 하나님의 유일한 말씀과 진리의 말들(wahre Worte)인 다른 모든 말 사이의 관계 문제와 관련하여 뜻하는 바를 해명해야만 한다.
[이 진리의 말들의 근거는] 사람으로 하여금 자신을 위해서 복무하게 하며, 이것을 할 수 있도록 능하게 만들고, 이 복무 안에서 말하도록 하는 예수 그리스도의 능력에 있다. 이것은 사람의 그와 같은 능력으로는 결코 할 수 없다. […] 하나님이 예수 그리스도로 말미암아 자신과 화해시킨 세계에는 하나님이 세상에 넘겨버려서 하나님의 통치에서 벗어나 있는 세속적인 것은 전혀 없다.
인간적인 관점에서 보고 말하자면, 심지어 세상이 순수하게 세상적인 것이 되고 자기를 절대화하고 위험하게도 철저히 무신론에 가까워지는 것처럼 보이는 경우라 해도 마찬가지다.

—바르트, 『교회 교의학』 IV/3, 107, 122, 132 이하(§ 69.2).

📖 📖 지금까지 다룬 문제의 요점을 탁월하게 제시하고 어떤 면에서는 이를 능가하는 책
- W. Joest, Fundamentaltheologie, 27–101(§§ 2–4).

📖 자연신학 개념의 역사 서술
- H.-J. Birkner, Natürliche Theologie und Offenbarungstheologie.

👓 바르트와 알트하우스가 자연신학과 관련된 성경 구절을 어떻게 다루고 있는지 다음 글을 읽으면서 비교해 보시오.
- K. Barth, Kirchliche Dogmatik II/1, 107–139(§26.1).
- P. Althaus, Die Christliche Wahrheit, 37–50(§ 4), bes. 38–41.

바르트의 소위 빛의 교리(Lichterlehre)를 더 정확히 알기 위해서 다음 글을 참고하시오.
- K. Barth, Kirchliche Dogmatik IV-3, 122-188(§ 69.2).

바르트의 빛의 교리를 오늘의 신학 주제로 다룬 책
Th. Gundlach, Kulturprotestantismus nach Karl Barth.

3. 3 슐라이어마허의 계시 개념 변형과 현대신학적 의미

모든 형태의 자연신학을 단호히 거부한 바르트의 신학적 태도는 이미 말한 것처럼 제1차 세계대전의 경험에서 야기된 문화 기독교의 위기와 '독일 기독교인'(Die Deutschen Christen)의 신학이 국가 사회주의에 동조했다는 역사적 맥락에서 이해할 수 있다. 바르트는 독일 기독교인의 신학(die Theologie der Deutschen Christen)이 경건주의에서 시작된 신학 흐름의 당연한 결과라고 판단했다. 이 신학 흐름에서 기독교 신앙의 인간적 주관성이 갈수록 강조되었고 또 바르트의 말을 빌리면 기독교 신앙이 인간의 주관적 필요와 관심사에 맞게 재단되었다(6.2).

바르트는 이러한 신학 흐름의 가장 중요한 대표자를 슐라이어마허로 단정했다. 따라서 이 신학적 전통에 대한 바르트의 거부는 슐라이어마허가 자기 신학의 핵심적인 것으로 내세웠던 종교 개념의 근본 원리에 대한 비판으로 구체화되었다.

바르트는 신적 계시의 이름으로 인간의 종교 개념을 무신론적 인간의 일로 폄하했다(§ 1.1.3). 그러나 바르트는 최종적으로 이 종교 개념을 자신의 계시신학 이론 안으로 편입하는 것을 완전히 포기할 수는 없었다(§ 1.2.2).

바르트가 이 두 개념을 연관시킨 것처럼 슐라이어마허도 그의 종교 이해에 근거한 신학적 시도에서 계시 개념에 몰두했고 이 개념을 의미심장하게 변형시켰다. 슐라이어마허는 자연 종교와 실제 종교의 관계를 문제시했던 계몽주의가 자연 계시와 초자연 계시의 관계를 새롭게 정립한 상황 속에서 자극을 받아 계시 개념을 다루기 시작했다(§ 1.1.2).

> 전통적으로 인간 이성이 확인할 수 있는 자연 계시가 자연(이성) 종교의 토대로 간주된 것에 반해 초자연 계시는 실제 종교의 토대로 간주되었다. 초자연 계시는 인간 이성의 파악 능력을 넘어서고 따라서 신앙으로만 받아들일 수 있는 신학적 진술을 포함하였다. 예컨대 기독교 삼위일체 교리가 그렇다(§ 7). 또한 그 효력이 한 특정 문화 영역에만 한정되어 있는 신학적 진술도 초자연적 계시의 내용에 포함되었다. 예컨대 유대 제사법이 그렇다.
>
> 중세신학과는 대조적인 입장을 취하고 구개신교 정통주의와는 거리를 두었던 계몽주의는 경향적으로 자연 계시에 근거한 이성 종교를 초자연 계시의 내용보다 더 중요하게 여겼다. 이러한 태도는 상이한 방식으로 구체화되었다.
>
> 예컨대 로크는 초자연 계시가 자연적 이성 종교의 완성을 위해서 결코 포기할 수 없는 촉매제(Katalysator)라고 생각했다(§ 1.1.2). 칸트는 역사적으로 필연적인 초자연 계시가 이성적 신앙의 실현을 위해서는 원리적으로 불필요한 보조 수단이라고 평가했다(§ 4.3.1).

계몽주의에서는 자연 계시와 초자연 계시의 관계가 새롭게 규정되었는데, 게오르크 하만(Johann Georg Hamann, 1730-1788)은 칸트의 이성 이해를 비판하면서 이러한 흐름에 맞섰다. 이와 관련하여 회복된 계시 개념을 이어서 발전시킨 사람은 프리드리히 하인리히 야코비(Friedrich Heinrich Jacobi, 1743-1819)였다.

> [야코비에 따르면] 계시는 더 이상 초이성적인 지식의 전달이 아니라 […] 모든 인식과 행위에 선행하는 근원적인 이해 사건(Erschließungsgeschehen)이다. 이로 인해서 비로소 사유와 행위 자체를 파악할 수 있다. […] 계시는 사유와 행위가 자신의 목표를 이성적으로 추구할 수 있는 지평을 열어 주는 사건이다.
>
> ─벤츠, 『계시』(Offenbarung), 30 이하.

초기 슐라이어마허는 종교 경험에 본질적으로 속해 있는 수동적 체험을 계시의 결과로 규정함으로써 방금 언급한 야코비의 견해를 계승했다. 슐라이어마허는 우주가 매순간 자신을 인간에게 계시한다는(§ 1.1.3) 통찰에 근거해서 계시 개념을 다양한 종교적 관점을 포괄하는 개념으로 확대했다.

이러한 계시 개념의 변화는 지금까지 다루었던 계시의 이해와는 다른 영역에서 일어났다. 지금까지의 계시 이해에 따르면 그리스도에게 의존하지 않는 신에 대한 모든 진술은 그리스도의 계시에 의해서 비판을 받았고(§ 3.2.2) 낡거나(§ 3.2.1) 신학적으로 무가치한 것으로 이해되었다(§ 3.2.3).

그러나 종교에 대한 새로운 통찰로 계시는 여러 종교 또는 모든 종교에 공통된 것으로 이해되었다. 이러한 계시 이해는 슐라이어마허가 종교철학에서 차용한 관점을 전개하는 그의 『신앙론』(Glaubenslehre) 서론에도 나타난다. 계시에 대한 슐라이어마허의 규정에 따르면 계시는 한 종교 공동체의 토대가 되는 근원적 사건으로서 이전 역사의 맥락에서 도출되지 않고 근원적으로 하나님에게서 기인한다.

각 종교 공동체의 하나님 지식은 확실히 그 공동체의 관점의 틀 안에서 형성되어 간다. 이와 같이 하나님 지식은 각각 상이한 종교적 관점에서 결정될 수밖에 없기 때문에 어떤 종교 공동체도 자신의 토대가 된 계시를 절대적 진리로 주장할 수 없다고 슐라이어마허는 말한다.

『종교론』과 달리『신앙론』은 계시를 더 이상 한 개인이 아닌 한 종교 공동체와 관련시키고 계시의 근원을 우주가 아닌 한 종교 공동체의 근거가 되는 사건에서 찾는다. 이러한 변화는 슐라이어마허의 신앙론이 기독교 신앙 공동체와 그 근원인 그리스도를 대상으로 삼기 때문이다.

한 종교 공동체의 토대를 이루는 사건은 그 공동체 안에서 거룩한 감정의 개별적인 내용을 일으키지만 그 사건 자체는 이전 역사의 맥락에서는 설명할 수 없다. [우리는 계시]라는 개념이 한 종교 공동체의 토대가 되었던 사건이 갖는 근원성이라고 말할 수 있다. 이러한 근원적 사건이 신적 원인에 의해서 일어났다는 점에 대해서는 더 이상의 설명이 필요 없다.

—슐라이어마허,『신앙론』, 제1권, 70: § 10. 추신(Zusatz, 追伸)

(KGA I 13.1, 90.9-15).

그래서 결국 추가적으로 말해야 한다. 만약 어느 한 신앙 형태가 자기에게 주어진 신적 전달은 순수하고 온전한 진리이지만 다른 신앙 형태의 신적 전달에는 오류가 있다고 주장하면서 자신의 계시 개념을 다른 신앙 형태와 대립적으로 사용하는 것은 결코 가능하지 않다. 〈만약 완전한 진리가 있다면〉 이 진리에는 하나님이 자기 자신에게 무엇인지에 대한 하나님의 고지(告知)가 포함되어야 할 것이다. […]

그러나 우리에게 유효한 하나님에 대한 고지는 오직 우리와 관계하는 하나님만이 할 수 있다. 그리고 〈이렇게 밖에〉 하나님을 알 수 없는 것은 우리가 인간 이하의 존재이기 때문이 아니고(nicht eine untermenschliche Unwissenheit über Gott), 이것은 하나님과의 관계에서 인간이 처해있는 한계의 본질이다.

—슐라이어마허,『신앙론』, 제1권, 73 (KGA I 13.1, 92.17-23: 92.29-93.1).

기독교 내에서 기독교의 절대성이 의문시되는 시기에 일어났던 슐라이어마허의 계시 개념의 변형은(§ 1.2.1) 오늘날에도 신학자들의 계시 이해에 영감을 주고 있다. 예컨대 헤름스는 계시를 오직 기독교신학의 범주로만 생각하지 않는다. 그에 따르면 계시는 인간의 확신과 행위의 선택을 비로소 가능하게 해주는, 수동적으로 경험되는 이해 사건(Erschließungsgeschehen)이다. 이 이해 사건에서 확립되고 주어지는 인간의 확신과 특정 행위 방식이 계시의 내용에 포함되기 때문에 이 근원적 이해 사건은 어느 특정 종교의 성격을 갖게 된다.

헤름스는 계시 개념을 이렇게 해석함으로써 자신이 슐라이어마허를 계승하고 있다고 생각한다. 이러한 계시 개념의 이해는 전반적으로 그의 기독교 교의학에 대한 이해를 결정했을 뿐만 아니라 신학의 학문성을 규정하는 데에도 영향을 끼쳤다(§ 2.3.3).

> **슐라이어마허의 계시 이해**
> 1. **배경**: 계몽주의가 자연적 계시와 초자연적 계시의 관계를 새로 정립
> 2. **슐라이어머허**: 계시 개념을 종교적 관점의 다양성과 관련하여 확장
> 3. 인간의 하나님 지식은 어느 특정한 관점을 갖고 있기 때문에 어떤 종교도 진리를 배타적으로 주장할 수 없다.

세상에서 뭔가를 할 수 있는 인간의 힘은 오직 우리 인간을 완진히 능가하고 모든 실재 위에 있는 세계 창조의 힘에 참여함으로써만 존재한다. 그런데 이러한 참여는 인간에게 허락된 것이고 인간이 철저히 수동적으로 받아들인 것이다. 종교란 인간이 이 사실을 알고 만나는 것이다. […]

우리는 세상과 뗄 수 없는 사람(Personsein)이 실재와 관계되는 사건을 일상적으로 […] 계시라고 부른다. 이 계시 사건은 인간 자신이 철저하게 포함되어 있다고 경험하는 그러한 모든 이해 사건 안에서 일어난다.

우리는 순수하게 수동적으로 경험된 이해 사건을 종교적 계시라고 부른다. 이 이해 사건 안에서 인간의 가능한 행위의 여지 또한 철저하게 수동적으로 주어진다는 사실이 [···] 파악되고 이로써 인간 삶의 한 가지 종교적 형태는 특유한 대상 및 실재와 관련된다. 다시 말하면 우리는 한 특정한 내용에 의해서 부각되는 이해사건의 부류를 종교적 계시라고 부른다(구체적으로: 인간의 힘이 그를 능가하는 근원적 힘에 수동적으로 참여한다).

-헤름스, 『계시』(Offenbarung), 180, 182.

슐라이어마허의 계시 이해(와 이것이 종교 간의 대화에 갖는 의미)
- H.-J. Birkner, 'Offenbarung' in Schleiermachers Glaubenslehre.
- A. von Scheliha, Der Islam im Kontext der christlichen Religion, 59-66.

헤름스의 계시 개념에 의해서 형성된 교의학에 대한 이해를 알아 보시오. 다음 자료를 참고하시오.
- E. Herms, Dogmatik (RGG⁴ 2).

§ 4. 신앙(믿음)

기독교 입장을 따르면 하나님은 최종적으로 예수 그리스도 안에서 사람들에게 그 자신을 계시했다. 기독교 교의학에서 신의 계시에 대한 인간의 응답으로 이해되는 신앙은 구원론에 속한다. 구원론이란 성령으로 말미암아 인간이 구원을 받아들이는 것에 대한 교리를 말한다(§ 11). 신앙에 대한 교리는 특히 아래 두 가지 이유로 기초신학의 주제가 되었다.

ⓐ 종교개혁 시대의 신학 논쟁은 신앙 이해와 관련된 종파 간의 차이를

분명하게 보여 주었다. 이 같은 이유로 신앙의 개념에 대한 해설은 여러 측면에서 기독교 신앙의 실질적 내용보다 앞서 다루어졌다(§ 4.2).

ⓑ 근대 사유의 역사적 흐름 속에서 곧 **계몽주의**의 영향 속에서 전래된 계시 이해에 대해서 이성적 비판이 일어난 것과 유사한 맥락에서(§ 3.3) 사람들은 기독교 신앙이 과연 이성적인지를 물었다. 이로써 기독교 신앙과 인간 이성의 관계를 묻는 질문이 기초신학의 주제가 되었다(§ 4.3).

4.1 서론

독일어 '믿음'(Glaube)이라는 명사와 이에 속하는 '믿다'(glauben)라는 동사는 다양한 의미로 사용되는데 그 두 가지 근본적 의미는 아래와 같다.

(1) 만약 한 사람이 자기가 문을 닫았다고 믿지만 확실하게 기억할 수 없어서 이것을 정확하게 알 수 없는 경우를 가정한다면 여기서 동사 믿는다는 **정확하게 알지 못한다는** 뜻으로 사용된다. 이 맥락에서 믿음이라는 명사는 **불완전한 지식 형태**를 뜻한다. 여기서 믿는 것이 얼마나 확실한가의 문제와 관련하여 다음과 같은 중요한 질문이 생긴다.

믿음이 지식으로 바뀔 수 있는가?
이것이 가능하다면 어떻게 그럴 수 있는가?

이 질문의 요점은 믿고 있는 것을 얼마만큼 확인할 수 있는가이다.

(2) 이와 달리 만약 한 사람이 다른 한 사람과 관련해서 그가 한없이 신실하다고 믿는 경우라면, 이 상황에서 믿음은 상대방의 신실에 대한 신뢰를 뜻한다. 이 맥락에서 믿음은 인격적인 신뢰 관계다. 그런데 이러한 신뢰 관계의 결정적인 특징은 상대방의 신실함을 우선적으로 확인할 수 없다는 것이다.

특히 이 두 번째 경우에 사용된 믿음의 의미가 성경의 수많은 곳에 등장하고 믿음에 대한 신학적 개념에 지대한 영향을 끼쳤다. 아브라함이 믿음의 조상으로 인정되었다는 것에 대해서는 이미 위에서 언급했다. 이에 대한 핵심 근거 구절은 바울이 여러 차례 인용했던 창세기 구절이다(창 15:6; 롬 4:3, 9; 갈 3:6).

> 아브람이 여호와를 믿으니 여호와께서 이를 그의 의로 여기시고(창 15:6; 롬 4:3, 9; 갈 3:6).

창세기 15장의 문맥에서 아브람(아브라함)의 믿음이 무엇을 뜻하는지 알 수 있다. 그의 믿음은 창세기 12:1-3에서 표현된 하나님의 약속과 관련하여 하나님의 신실함을 신뢰하는 것이었다. 그런데 이 하나님의 신실함은 분명 미래의 어느 시점에서야 비로소 증명될 수 있는 것이었다.

사람들의 일반적인 기대에 따라 생각하면 우리는 아브라함의 믿음이 비이성적이었다고도 볼 수 있을 것이다. 왜냐하면 아브람에게 수많은 자손을 주겠다는 하나님의 약속은 사래(사라)에게 지금까지 자녀가 없고 또한 벌써 아브라함이 고령이라는 상황에서 전혀 그럴듯하게 보이지 않았기 때문이다(창 18:10-13).

> **성경의 신앙 (I)**
> 1. 하나님과 관련된 경우 거의 전적으로 인격적 신뢰를 가리킨다.
> 2. 신앙의 토대는 하나님의 신실에 대한 경험이다(출 14:31).
> 3. 신앙은 모든 개연적인 것에 반할 수도 있다(창 15:6).

이사야 7:9에서 선지자는 위협의 상황에 처한 아하스 왕에게 하나님을 믿으라고 다음과 같이 호소한다.

만일 너희가 굳게 믿지 아니하면 너희는 굳게 서지 못하리라(사 7:9).

여기서 믿는 것은 하나님의 신실을 지속적으로 신뢰하는 것으로 이해되었다. 현재의 위험한 상황 속에서 흔들린 신뢰가 다시 확고하게 되어야만 했다(사 28:16).

그런데 성경이 말하는 하나님의 신실함을 신뢰하는 믿음은 언제나 현실 가능한 모든 것과 상반되지는 않고 사람들의 특정한 경험을 그 근거로 가질 수도 있다. 출애굽기 14:31에서 믿음은 이스라엘이 경험한 구원에 대한 응답으로 묘사되고 믿음의 범위가 하나님의 전권 대리자인 모세에게까지 확장된다.

백성이 여호와를 경외하며 여호와와 그의 종 모세를 믿었더라(출 14:31).

믿음에 대해서는 신약성경이 구약성경보다는 훨씬 자주 이야기한다. 믿음은 신약성경에서 우선적으로 예수와의 만남에서 생겨나는 사람과 하나님 사이의 새로운 관계를 가리킨다. 공관복음은 예수가 사람에게 온 것을 하나님이 가까이 다가온 사건으로 묘사한다.

예수는 사람을 개별적으로 만나면서 그들 안에 신뢰를 일으켰고, 이러한 신뢰는 창세기 15:6에서 확인할 수 있는 것처럼 하나님의 신실함에 대한 신뢰였다. 예수가 사람 안에 일으킨 신뢰에 대한 탁월한 예는 가버나움의 이방 백부장 이야기다. 백부장은 예수에게 이렇게 말했다(마 8:8).

> 다만 말씀으로만 하옵소서 그러면 내 하인이 낫겠사옵나이다(마 8:8).

예수는 자신의 권세에 대한 이 사람의 신뢰를 이렇게 평가했다.

> 이스라엘 중 아무에게서도 이만한 믿음을 보지 못하였노라(마 8:10).

이 맥락에서 중요한 것은 이와 같은 믿음은 기적에 의해서 생기는 것이 아니라 그보다 먼저 생긴다는 점이다(막 6:5). 이것은 치유 사건(막 5:34)뿐만 아니라 종종 이것과 관련되어 있는 죄 용서 사건에도 해당된다(막 2:1-12).

바울 서신에서도 이러한 신뢰의 믿음이 나오는데(고후 1:9), 이 신뢰는 항상 예수 그리스도의 죽음과 부활이 지니는 구원의 의미와 관련된다. 예컨대 데살로니가전서 4:14은 이렇게 말한다.

> 우리가 예수께서 죽으셨다가 다시 살아나심을 믿을진대 이와 같이 예수 안에서 자는 자들도 하나님이 그와 함께 데리고 오시리라(살전 4:14).

이 이해에 따르면 하나님의 신실함에 대한 신뢰는 하나님이 예수 그리스도를 통해서 인간의 죄로 말미암아 파괴된 자신과 사람의 관계를 원칙적으로 이미 다시 회복했다는 것에 근거한다. 죄 용서는 모든 사람에게 새로운 시작을 위한 기회이며, 사람은 오로지 이 기회를 활용해야 한다. 따라서 기독교 믿음이 무엇인가를 이해하기 위한 결정적인 기준점은 하나님의 결정적인 구원 행위가 이미 그리스도 안에서 일어났다는 확신이다.

기독교가 이해하는 믿음은 언제나 어떤 것에서(von etwas her) 시작되며 또한 어떤 것으로(auf etwas hin), 구체적으로는 죽음과 모든 악에 대한 하나님의 포괄적인 승리로 향한다. 그런데 이 미래의 승리를 확고히 기대할 수 있는 것은 죽음과 악에 대한 하나님의 승리가 이미 그리스도의 사건에서 시작되었기 때문이다(§ 14.1). 예컨대 고린도전서 6:14은 이렇게 말한다.

> 하나님이 주를 다시 살리셨고 또한 그의 권능으로 우리를 다시 살리시리라 (고전 6:14).

성경의 신앙 (II)

– **그리스도 사건의 지평에서**: 신앙은 예수 그리스도의 죽음과 부활이 지닌 구원의 의미에 대한 신뢰다.

기독교의 믿음은 한 특정한 역사적 사건인 나사렛 예수의 운명에 집중되어 있고 여기에서 두 가지 문제가 생겨난다. 이 문제가 무엇인지 여기서는 언급만 하고 다음 단락에서 자세하게 논하자.

① 그리스도 사건의 구원의 의미에 대한 인간적인 **신뢰**는 이 신뢰가 관계하는 신약성경의 **내용**에 대한 지식과 어떤 연관이 있는가?(§ 4.2).

② 신약성경은 나사렛 예수의 인격과 그 의미를 말해 주는 과거의 사건을 다루고 있다. 그러면 이 신약성경의 내용은 어느 정도까지 구원을 위한 **현재적 신뢰**의 토대로 간주될 수 있는가?(§ 4.3).

📖 성경의 믿음 이해에 대한 철저한 서술과 심화 참고문헌
  - K. Haacker, Glaube II(TRE 13).

📖📖 구약성경의 믿음 이해와 예수가 견지한 믿음의 입장에서 바울과 요한의 믿음 이해를 비판
  - M. Buber, Zwei Glaubensweisen.
  부버와의 비판적인 논쟁
  - G. Ebeling, Zwei Glaubensweisen?

4.2 행위로서의 믿음과 믿음의 내용

4.2.1 고대 교회와 중세의 전통

한 사람이 성경을 읽으면서 신약성경이 말하는 예수 그리스도 사건의 의미를 연구하더라도 이것을 통해 자동적으로 믿음이 시작되지는 않는다. 또한 심도 있게 성경을 읽음으로써 그 안에서 서술된 신앙의 사건을 아주 정확하게 알더라도 독자는 이 지식 자체만으로는 자신에게도 유의미한 하나님의 결정적인 구원 행위를 알 수 없다.

성경의 복음 앞에서 중립적인 자세를 취할 수 있다. 그런데 이와 같이 중립을 고수하는 지식은 신약성경의 맥락에서 믿음이 아니다. 성경적인 믿음은 그리스도 안에서 계시된 인간을 향한 하나님의 화해 제안에 전존재를 걸고 참여하는 것을 뜻한다. 그러나 만약 우리가 무엇에 우리 자신을 맡기고 있는지 이에 대한 확실한 지식이 없다면 신뢰의 맡김〈응답〉은 불가능할 것이다. 신뢰의 대상이 무엇인지 말할 수 없는 상황에서 어떤 것을 막연하게 신뢰할 수는 없기 때문이다.

신학사에서 이 신앙의 두 가지 관점, 곧 신앙 내용에 대한 지식과 이 내

용의 구원 의미에 대한 신뢰가 다양한 용어의 도움으로 구별되었다. 이것들 중에 아주 중요한 것은 신앙 내용과 그것의 인격적 수용 사이의 구분으로 아우구스티누스에게서 유래한 것이다.

진실로 우리는 믿는 자의 신앙이 한 가르침을 통해서 이 동일한 것을 믿는 사람의 마음에 새겨졌다고 말한다. 그러나 **믿음의 대상**과 **이 대상을 믿는 신앙**은 서로 다르다. 왜냐하면 전자는 있고, 있었고, 앞으로 있으리라고 말할 수 있는 것 안에 있는 반면, 후자는 믿는 자의 영혼 안에 있고, 오직 그것을 소유한 자에게만 보일 수 있기 때문이다.	Ex una sane doctrina impressam fidem credentium cordibus singulorum qui hoc idem credunt uerissme dicimus, sed aliud sunt *ea quae creduntur*, aliud *fides qua creduntur*. illa quippe in rebus sunt quaeuel esse uel fuisse uel futura esse dicunturö haec autem in animo credentis est, ei tantum conspicua cuius est.

아우구스티누스, 『삼위일체에 대하여』 13.2.5
(CChrSL, 50A, 386:26–32 줄, 밑줄 친 부분은 저자에게서 기인함).

아우구스티누스는 모든 신자에게 동일하고 유일한 기독교의 믿음이 동시에 어떻게 인격적인 방식으로 각 그리스도인에게 오는지를 숙고했다. 이 과정에서 그는 모든 신자에게 실제로 공통적인 대상으로 규정된 믿음의 내용(대상으로서의 믿음, 라. ea quae creduntur)과 이 내용을 각각 개별적으로 수용하는 믿음의 행위를 구분했고 이러한 수용을 명확하게 **믿음**이라고 칭했다(신뢰로서의 믿음, 라. fides qua creduntur).

그런데 중세에는 그리스도인의 개인적인 수용을 고려하지 않고도 믿음의 대상에 대한 순수한 지식 자체도 관례적으로 **믿음**이라고 불렀다. 사람들은 아우구스티누스의 견해에만 머물지 않고 대상으로서의 믿음(라. *fides quae creditur*) 또는 기독교 교리 내용을 수용하는 획득된 믿음(라. fides acquisita)을 말했다. 또한 믿음은 성경 역사 지식과 관련되어 있어서 종종 **역사적 믿음** (라. fides historica)이라는 라틴어 표현도 등장했다.

이와 같이 행위인 믿음과 대상인 믿음이 구별되었고 이로 인하여 이후에 중세신학에서 상세하게 토론될 다양한 질문이 생겨났다.

① 먼저 해명이 필요한 질문은 성령에 의해서 은혜로 생겨난 하나님과의 인격적 관계인 참 믿음과 믿음의 내용을 동의하는 지식 사이의 관계였다.

믿음의 내용을 동의하는 지식은 아직 형성되지 않은 믿음(라. fides informis)으로 간주되었다. 그것은 이러한 의미로 믿는 자는 자신이 믿는 내용이 확실하다는 것을 인정하지만 이 수준에서는 아직도 성령이 부어주는 사랑에 의해서 인도받는 삶을 살 수 없기 때문이다. 따라서 아직 형성되지 않은 믿음은 하나님을 향한 사랑 안에서 비로소 하나님의 사랑에 의해서 온전히 실현되고 형성되는 믿음이 되어야 한다(라. fides caritate formata). 사람들은 또한 성령이 부어준(라. infusio) 사랑에 근거하는 믿음을 부어진 믿음이라고 부르기도 했다(라. fides infusa).

② 두 번째 질문은 근거가 충분한 신뢰를 소유하기 위해서 신앙 내용 중 어떤 지식을 소유해야 하는지의 문제였다.

신뢰인 믿음은 자신이 지향하는 대상을 가져야만 한다. 그러나 그 믿음의 정도는 믿음의 대상에 대한 지식의 양이나 신학적 교육의 정도에도 의존하지 않는다. 결론적으로 모든 신자가 신학자가 될 수는 없다. 사람은 펼쳐진(밝혀진) 믿음과 싸여있는(내포된) 믿음을 구분함으로써 이 문제를 해결하고자 했다(라. fides explicita[명백한 믿음]과 fides implicita[내포된 믿음]). 밝혀진 믿음은 신자 스스로 상세하며 정확하게 아는 것에 대한 신뢰로 이해되었다.

기독교의 믿음을 위해서 필수적으로 가져야 할 최소한의 지식은 무엇보다도 『사도신경』의 조항, 십계명, 주기도문이었다. 밝혀진 믿음과 달리 내포된 믿음은 개인이 직접적으로 알지는 못하지만 옳은 것으로 받아들인 믿음의 진술에 대한 신뢰를 가리켰다.

이와 관련하여 믿음에 대한 진술이 옳다는 것을 보증하는 기관은 최종적으로 교황을 정점으로 하는 교회였다. 중세의 이해에 따르면 오류에 대처하고 교회의 믿음의 단일성을 확고히 하기 위해서 규범적인 방식으로 신앙고백의 진술을 표현해야 할 과제는 교황의 권한에 속했다. 토마스는 그의 신학 주저의 한 곳에서 믿음을 다루면서 이러한 견해를 분명하게 표현했다.

형성되지 않은 믿음(fides informis)
1. 신앙 내용에 동의하는 지식으로 아직 성령이 선사한 사랑(caritas)으로 형성되지 않은 상태
2. 사랑에 의해 기독교 신앙의 본질적 실제에 도달함(fides caritate formata)

내포된 믿음(fides implicita)
1. 세부적으로 알지 못하는 신앙의 요소를 전승해 주는 교회 전통이 확실하다는 것에 대한 신뢰
2. 알게 된 신앙 요소의 내용에 대한 신뢰는 '명백한 믿음'(fides explicita)이라고 불렸다.

생겨나는 오류를 피하기 위해서 새로운 신경 출간이 필요하다. 그러므로 신경의 출간은 견고한 믿음 안에서 모든 사람이 고수하도록 하기 위해서 믿음에 속한 것이 무엇인지를 최종적으로 결정할 수 있	[N]ova editio symboli est ad vitandum insurgentes errores. Ad illius ergo auctoritatem pertinet editio symboli ad cujus auctoritatem pertinet finaliter determinare ea quae sund fidei, ut ab omnibus inconcussa

는 자의 권한에 속해 있다. 그러므로 이것 fide teneantur. Hoc autem pertinet ad
은 교황의 권한에 속한다. […] 그 이유는 auctoritatem Summi Pontificis […] Et hujus
전체 교회의 믿음은 하나이어야만 하기 ratio est quia una fides debet esse totius
때문이다. […] Ecclesiae […]
만약 믿음과 관련하여 생겨난 신앙의 질
문이 전체 교회를 감독하는 자에 의해서
확정될 수 없다면, 이것〈하나의 믿음〉이
보존될 수 없을 것이다. 그래서 그의 결정
은 전체 교회에 의해서 굳건하게 고수되
어야 한다. 따라서 새로운 신경의 출간은
오직 교황의 권한에 속한다.

토마스, 『신학대전』 II -II 1, 10 corp. art. (Glaube als Tugend).

이 권한 위임과 관련하여 가톨릭 교직이 진리의 독점권을 갖는다는 주장은 오늘날에도 영향을 끼친다.

첫째로, 이 영향력은 교회내적으로는 교리와 관련하여 교황에게 부여된 통치권에서 드러났다. 이 교황의 권위는 1870년에 교황의 판단이 무오하다는 견해가 교의로 세워지면서 더욱 보강되었다(3.2.2).

둘째로, 이 영향력은 에큐메니칼 대화와 종교 간의 대화에서 기독교 신앙이 왜곡 없이 보존되는 곳은 오직 제도와 성직 계급으로 이루어진 로마 가톨릭교회뿐이라는 주장으로 나타났다(§ 1.2.3; § 13.2.1).

셋째로, 현대 흐름과의 논쟁에서는 이성의 확실성에 대한 주장이 기독교 신앙의 가르침에 종속되어야 한다는 요구로 나타났다(§ 4.3.2).

4.2.2 종교개혁의 믿음 이해

종교개혁 신학은 위에서 서술했던 대상인 믿음과 행위인 믿음의 관계에 대해서 더 이상 숙고하지 않았다. 『대요리 문답』의 제1계명에 대한 해석의 여러 유명한 표현이 보여 주듯이 루터는 믿음의 결정적인 특징을 신뢰라고 생각했다. 따라서 믿음의 개념과 관련한 스콜라적 구별은 그 가치를 잃게 되었고 후에는 기독교 믿음의 적절한 서술에 해로운 것으로 평가되기도 했다.

하나의 신을 갖는다는 것은 다른 것이 아니라 온 마음으로 그를 신뢰하고 믿는다는 것을 뜻한다. 종종 말했던 것처럼 오직 마음의 믿음과 **신뢰**가 하나님과 우상을 만들고 조성한다. […] 이 두 가지 신뢰와 하나님은 하나의 줄로 결합되어 있기 때문이다. 어떤 것에 게든지 이미 네 영혼의 신뢰를 두고 너의 마음을 고정시켰다면 그것은 결코 의심의 여지없이 너의 신이다.	Deum habere nihil aliud sit quam illi ex toto corde fidere et credere. Quemadmodum saepenumero a me dictum est solam cordis fidem atque *fiduciam* et Deum et idolum aeque facere et constituere. […] Siquidem haec duo, fides et deus, una copula conjungenda sunt. Jam in quacunque re animi tui *fiduciam* et cor fixum habueris, haec haud dubie Deus tuus est.

루터, 『대요리문답』 제1부
(Unser Glaube 595f.[587 항]/BSLK 560.16-21, 25-29.

믿음이 신뢰라는 것을 부각하면서 루터는 전통적으로 획득된 믿음(fides acquisita)으로 칭해진 기독교 교리 내용의 수용을 결코 믿음이나 참된 믿음의 준비 단계로 이해해서는 안 된다고 강조했다. 오직 하나님만이 친히 성령으로 말미암아 참된 믿음을 일으키기 때문에 다른 모든 형태로 생겨난 사람과 하나님의 관계는 불신이고 죄이다.

획득된 믿음은 부어진 믿음이 없이는 아무것도 아니지만, 부어진 믿음은 획득된 믿음이 없어도 모든 것이다.	Fides acquisita sine infusa nihil est, infusa sine acquisita omnia est.
먼저 모든 사람이 거짓말쟁이고[시편 116:11] 모든 사람이 온통 공허하게 살고 있다는 것[시편 39:6]을 확인할 수 있다. 따라서 하나님의 은혜 밖에 있는 모든 종류의 행위는 죄다. 그러나 획득된 믿음은 [스콜라신학자가] 말하는 것처럼 인간의 힘으로 얻어진 태도 또는 행위다. 따라서 이것 자체는 허망하고 거짓되다.	Probatur primo: Quia omnis homo mendax et universa vanitas omnis homo vivens. Quare omnis generis opus extra gratiam Dei peccatum est. Sed Fides acquisita est habitus vel actus, ut dicunt, humanis viribus paratus. Quare ipse vanus et mendax est

루터, 『파기』(Resolutio) (WA 6, 89.27-32).

    루터는 1520년에 저술한 위의 인용문 『파기』에서 여전히 참된 믿음을 지칭하기 위해서 부어진 믿음이라는 개념을 사용했지만, 그 이후에는 믿음과 관련하여 활용된 중세의 용어를 완전히 거절했다. 부어진 믿음(fides infusa)과 하나님의 사랑으로 형성된 믿음(fides caritate formata)도 마찬가지였다.

    더 나아가 루터는 사랑에 의해서 완숙됨으로써 믿음이 완전하게 된다는 스콜라신학의 교리가 복음을 변질시킨다고 비판했다. 루터가 볼 때 스콜라신학이 갈라디아서 5:6에 근거해서 전개한 이 같은 믿음의 이해는 기독교의 믿음이 온전해지기 위해서는 사랑의 행위로 보충되어야 한다는 것을 뜻했다.

    그러나 이 같은 이해는 죄인이 오직 믿음으로 의롭게 된다는 그의 칭의론과 모순된다(§ 11.2.2). 칭의론에 따르면 참된 믿음은 그리스도 사건에서 드러난 구원 힘을 온전히 신뢰함으로써 인간이 그리스도를 붙잡는 것이므로 루터는 그리스도를 붙잡는 믿음이라는 말을 썼다(라. fides apprehensiva Christi).

> **종교개혁의 믿음 이해**
>
> 1. **획득된 믿음(라. fiedes acquisita)을 거절함**: 하나님의 은혜의 선물인 신앙은 결코 인간이 획득할 수 없는 것이다.
> 2. **형성되지 않은 믿음을 거절함**: 개인의 신앙적 확신은 대리할 수 없다.
> 3. 신앙은 그리스도 안에서 보증된 은혜를 붙잡는 것으로 이해된다(그리스도를 붙잡는 믿음).

갈라디아 2:4 이하의 주석에서 인용:

이는 가만히 들어온 거짓 형제들 때문이라 그들이 가만히 들어온 것은 그리스도 예수 안에서 우리가 가진 자유를 엿보고 우리를 종으로 삼고자 함이로되 그들에게 우리가 한시도 복종하지 아니하였으니 이는 복음의 진리가 항상 너희 가운데 있게 하려 함이라(갈 2:4-5).

우리의 궤변가들[스콜라신학자들]이 바로 이것을 가르쳤다. 그리스도를 믿어야만 한다. 믿음은 구원의 토대다. 그러나 만약 믿음이 사랑에 의해서 형성되지 않으면 의롭게 할 수 없다. [그러나] 의롭게 하는 것은 사랑을 포괄하는 믿음이 아니라 그리스도를 붙잡고 그에 의해서 마련되는 믿음이다. 만약 믿음이 확실하고 확고하기 위해서는 분명 그리스도 외에는 그 어떤 것도 붙잡아서는 안 된다.	Sophistae nostri idem docuerunt Quod scilicet in Christum sit credendum fidemque esse fundamentum salutis, sed eam non iustificare, nisi formata sit charitate. [...] Ea enim fides, quae apprehendit Christum filium Dei et eo ornatur, non quae includit charitatem, iustificat. Nam fidem, si certa et firma esse debet, nihil apprehendere opportet quam solum Christum

루터, 『대 갈라디아서 주석』(Großer Galaterkommentar) (Galaterbriefauslegung [Kleinknecht], 66f./ WA 40 I, 164.15-17; 165.13-16.

4. 그들[스콜라신학자들]은 더 나아가 성령에 의해서 부어진 믿음도 만약 사랑에	4. Imo docent, neque infusam spiritu Sancto fidem iustificare, nisi formata sit Caritate.

의해서 형성되지 않는다면 의롭게 할 수 없다고 가르친다. [⋯]

8. 그러나 바울은 믿음에 의한 칭의를 풍부하게 다루고 있기 때문에 그 스스로는 이러한 믿음에 대해서 어떤 것도 말할 필요성을 갖지 않았다. (내가 말해보자면) 획득된 믿음, 부어진 믿음, 형성되지 않은 믿음, 형성된 믿음, 밝혀진 믿음, 내포된 믿음, 일반적 믿음, 특별한 믿음, 〈이런 것들 말이다.〉

10. 따라서 그는 필경 다른 어떤 믿음에 대해서 곧 우리 안에서 죽음과 죄와 율법에 거슬러 그리스도를 유효하게 만드는 믿음을 말하고 있다.

12. 그리고 이것은 (우리가 말하는 것처럼) 우리의 죄를 위해서 죽고 우리의 의를 위해서 다시 살아난 그리스도를 붙잡는 믿음이다.

8. Cum vero Paulus prolixe tribuit iustificationem fidei, necesse est ipsum de istis fidebus(ut sic dicam) acquisita, infusa, informi, formata, explicita, implicita, generali speciali nihil dicere.

10. Oportet igitur de alia fide quandam eum loqui, quae faciat Christum in nobis efficacem contra mortem, peccatum et legem.
[⋯]

12. Haec est autem fides apprehensiva(ut dicimus) Christi, pro peccatis nostris morientis, et pro iustitia nostra resurgentis

루터, 『논쟁의 주제들』(Propositiones disputatae) (WA 39 I, 45.1f., 11-13, 16f., 21f.).

종교개혁자들은 내포된 믿음(fides implicita)이라는 개념도 분명하게 거절했다. 믿음은 사람이 한 인격 상대와 맺는 **직접적인 관계**, 곧 하나님에 대한 무조건적인 신뢰로 이해되기 때문에 사람은 교회 또는 다른 기관으로 하여금 자신을 대리하게 할 수 없다(믿음에 대한 이 이해가 교회론과 관련해서 빚은 결과들, §13.2.2).

결국 자기가 가지고 있는 믿음에 대하여 해명해야 할 의무는 전적으로 각 그리스도인 자신에게 있다. 따라서 칼뱅의 분명한 강조처럼 믿음에는 신자 각 사람이 가지고 있는 지식도 포함된다. 그런데 이 지식(라. cognitio)은 믿음의 전제가 아니라 성령에 의해서 선사된 믿음의 결과다.

[내포된 믿음이라는 개념]은 참된 믿음을 파묻을 뿐 아니라 그것을 철저히 파괴한다.	[C]ommentum hoc veram fidem non modo sepelit, sed penitus destruit.
만일 사람이 아무 것도 모르면서 자신의 판단을 맹목적으로 교회에 종속시키기만 한다면 이것이 믿는 것인가?	Hoccine credere est, nihil intelligere, modo sensum tuum obedienter Ecclesiae submittas?
믿음은 무지가 아니라 지식 위에 서 있다. […] 우리가 구원에 이를 수 있는 것은 교회가 규정한 것을 진리로 인정할 준비 때문이 아니라 그리스도를 통해 성사된 화해에 근거해서 하나님이 우리에게 자비로운 아버지라는 것을 알기 때문이다.	Non in ignoratione, sed in cognitione sita est fides […] Nec enim ex eo salutem consequimur, […] quod parati sumus pro vero amplecti quicquid Ecclesia praescripserit […] sed quando Deum agnoscimus nobis esse propitium Patrem, reconciliatione per Christum facta:
곧 그리스도가 참으로 의와 거룩함과 생명이 되기 위해서 우리에게 주어졌다는 것을 알기 때문이다.	Christum vero in iustitiam, sanctificationem, et vitam nobis esse datum.

칼뱅, 『기독교강요』 III 2.2 (Weber 342/Opera selecta IV 10.9-19).

그러나 이후에 종교개혁 신학이 전개되면서 형성되지 않은 믿음(fides informis)은 믿음의 확립 과정에 대한 분석과 관련해서 제한적으로나마 긍정적인 의미를 되찾았다. 구개신교 정통주의는 믿음이 확립되는 과정을 세 단계로 구분했다.

① 먼저 교회의 선포에 근거해서 예수 그리스도의 복음에 대한 **지식**(라. notitia)이 주어진다.
② 그 다음에는 청자가 이 복음의 소식을 일반적인 진리로 **동의**할 뿐만 아니라(라. assensus generalis) 구체적으로 자신과 상관된 것으로 **동의**한다(라. assensus specialis).
③ 끝으로 성령에 의해서 일어난 **신뢰**로 이르고, 이 신뢰의 힘으로 복음과 복음의 수용이 삶에 가져올 결과를 자신의 것으로 받아들인다.

'피두키아'(fiducia)는 이러한 신뢰를 표현하는 낱말이었다. 이 낱말은 이미 위에서 인용했던 루터의 『대요리 문답』의 라틴어 번역본에 강조되어 등장한다.

구개신교 정통주의의 신앙 이해

– 신앙은 각 사람 안에서 세 단계의 과정을 거쳐 확립된다.
1. 지식(notitia) ➡ 2. 동의(assensus) ➡ 3. 신뢰(fiducia)

대상인 믿음(fides quae)과 신뢰인 믿음(fides qua)의 구분과 관련하여 아래와 같은 것을 생각해 볼 수 있다. 먼저 사람이 동의해야 할 것은 믿음의 내용이다. 그래서 한편으로는 복음을 진리로 인정하는 동의(assensus)는 아직도 내용의 영역에 속한다. 그러나 다른 한편으로 복음의 구원 소식이 유의미함을 의식한다는 것은 이미 행위로서의 믿음이 지닌 전형적인 특징이며 나중에 신뢰 안에서 완성될 신뢰의 태도를 전제한다.

이처럼 동의는 둘 사이에 있기 때문에 기독교의 믿음 내용을 진리로 인정하는 일반적인 동의와 이것이 자신에게 유의미함을 인정하는 특별한 동의로 나뉠 수 있다. 지식(notitia)과 동의(assensus)가 두말할 나위 없이 기독교 믿음에 속하지만 믿음의 결정적인 요소는 구원의 소식을 확신 있게 붙들게 하는 신뢰(faducia)다.

- 아래 도표는 방금 서술한 믿음의 요소의 연관성을 선명하게 보여 줄 것이다.

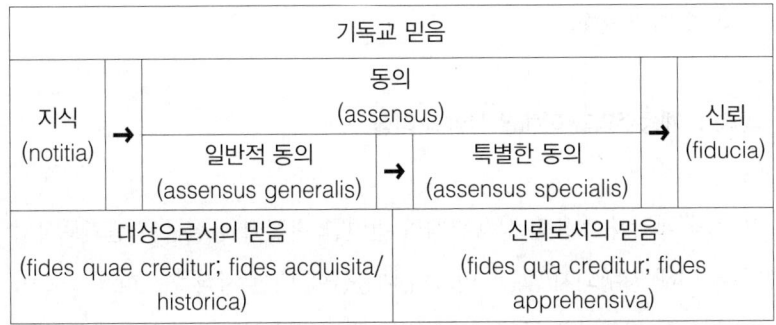

📖 믿음에 대한 종교개혁가의 이해를 상세하게 서술
  - M. Seils, Glaube, 21-90(Luther), 149-181(Calvin).

📖📖 최근에 종교개혁의 지평 위에서 믿음 개념을 서술
  - W. Härle, Dogmatik, 55-71.
  - E. Jüngel, Glaube(RGG⁴ 3).
  - J.-M. Barth, Dogmatik, 69-84.

👓 루터교 신앙고백서가 어디서 어떤 의미로 믿음에 대해서 언급하고 있는지 알아 보시오. 이를 위해 낱말 색인을 활용하시오.
  - BSLK 1160-1218; Unser Glaube 858-928.

4. 3 신앙과 이성

4. 3. 1 계몽주의가 이해한 신앙과 이성

믿음의 행위와 내용의 상호관계와 관련한 결정적인 질문은 신뢰로서의 믿음에 의해 지탱되지 않는, 믿음의 내용들에 대한 지식을 신학적으로 어떻게 평가할 것인가의 문제다. 이 질문에 대해서 상이하게 주어질 답변과 상관없이, 신앙의 내용들은 중세의 사유에서뿐만 아니라 종교개혁의 신학에서도 신뢰로서의 믿음을 위한 전적으로 보증된 토대로 간주되었다.

당시 사람들은 성경에 보도된 사건이 충실하게 전승되어 왔고 후에 교회의 교리 안에서 사실 적합하게 해석되었다고 전제했다. 그러나 근대 사유의 역사가 진행되면서 이 전제는 의심받기 시작했다(§ 4.4-4.6).

이미 근대 초기 자연과학은 세계의 인식 문제와 관련하여 행사된 성경적 권위의 토대를 흔들면서 창조 신앙과 자연과학의 관계에 대하여 토론했다(§ 8.3). 영국에서 이신론이 등장한 이후로 유럽 사유에서는 오직 이성으로 확인할 수 있는 신앙의 진리만을 규범적으로 인정해야 한다는 근본적인 요구가 대두되었고, 이로 인하여 종국에는 성경 전승의 진정성에 대한 의심이 광범위하게 일어났다. 그러면서 성경 증언과 무관하게 이성이 스스로 연역해 낼 수 있는 기독교의 교리만이 신뢰할 만한 것으로 다루어졌다.

이러한 기준에 따라 이루어진 비판적 확인 작업을 통해서 전통적으로 신앙의 내용으로 간주된 많은 것이 불확실하다는 것을 알았기 때문에 계몽주의는 기독교 신앙과 인간 이성의 관계를 새롭게 규정하고자 했다.

> **신앙과 이성의 관계**
> 1. **중세/종교개혁**: 성경 보도의 전승은 믿을 수 있고 그 해석은 사건에 적합하다.
> 2. **근대/계몽주의**: 인간 이성이 성경 보도와 기독교 교리 내용을 판단할 척도가 된다.
> 3. **결과**: 기독교 신앙과 자율 이성 간의 관계가 새롭게 규정된다.

이성의 이름으로 전개된 비판은 먼저 인간의 일반적 경험 지평을 벗어나는 성경 진술에 초점을 맞추었다. 이것은 무엇보다도 기적 이야기였고 특히 부활 사건이 진리인지가 관심의 대상이 되었다(§10.4.3).

또한 사람들은 성경 안에는 불일치하며 모순된 진술이 아주 많음을 알게 되었고 로마가톨릭이냐 아니면 개신교냐는 성향의 문제를 떠나서 교회의 교리가 모두 성경 증언에 대한 사실 적합한 해석은 아니라는 것을 확실히 알았다. 이러한 비판은 무엇보다 역사적 예수와 기독론적 교의의 관계에 쏟아졌다.

성경의 권위를 따르는 기독교의 진리 주장과 이성의 권위를 따르는 계몽된 진리 의식의 관계가 새롭게 규정되었음을 보여 주는 고전적 텍스트는 레싱이 쓴 『정신과 힘의 증명에 관하여』(Über den Beweis des Geistes und der Kraft)라는 소책자다. 이 책의 핵심 토대는 다른 사람을 통해서 전승된 보도와 스스로 획득한 확신 사이의 구별이다.

성경적 보도를 포함하는 첫 번째 부류의 것은 우연적인 역사의 진리이며 따라서 역사적으로 확실하다. 그러나 이러한 확신은 보편타당한 진리를 표현하는 데에 결코 충분한 토대가 될 수 없다. '필연적 이성의 진리'는 자신의 통찰에 근거해야 하고 현재에 합리적으로 확인할 수 있어야 한다. 따라서 기독교의 진리는 성경의 권위가 아니라 오직 해당 교리의 합리성에 근거해서 주장할 수 있다.

1777년 가을에 익명으로 출판된 이 책은 단편 논쟁이라는 사건과 관련되어 있다(4.6.1). 하노버 김나지움 교장(Lyceumsdirektor)이었던 요한 다니엘 슈만(Johann Daniel Schumann, 1714-1787)은 『한 익명의 사람이 쓴 단편들』(Fragmente des Ungenannten)을 반박하기 위해서 『기독교 종교가 진리임을 보여 주는 증거의 명확함에 대하여』(Über die Evidenz der Beweise für die Wahrheit der christlichen Religion)라는 논문을 썼다. 이 논문의 출간 연도가 1778년으로 인쇄되어 있지만 실제는 1777년 9월에 출간되었다.

레싱은 이 논문에 답하고자 자신의 책을 썼다. 이 책 제목은 『내 말과 내 전도함이 설득력 있는 지혜의 말로 하지 아니하고 다만 성령의 나타나심과 능력으로 하여』이며 고린도전서 2:4과 관련이 있다. 일찍이 오리게네스도 그의 변증서 『켈수스에 반대하며』(Gegen Kelsos, 248)에서 이 본문을 인용하여 그리스도에게서 성취된 예언과 그가 행한 기적이 기독교 진리의 우월성을 보여 준다고 논증했다. 레싱은 이 본문에 해당하는 오리게네스의 글귀를 자기 책머리에 모토로 삼았다.

내가 직접 겪은 성취된 예언과 내가 역사로만 알거나 다른 사람이 겪었다고 주장하는 성취된 예언은 서로 다르다.
내 눈으로 보고 내 자신이 종종 확인할 수 있는 기적과 내가 단지 역사로만 알거나 다른 사람이 보고 확인했다고 주장하는 기적은 서로 다르다. […]
만일 내가 그리스도가 살았던 시대에 살았더라면 나는 아주 오래 전에 두각을 나타내고 기적을 행했던 한 사람에 대해 커다란 신뢰를 얻었을 것이고 그래서 나는 기꺼이 나의 지성을 그의 지성에 복종시킬 수 있었을 것이다. […]
[하지만] 적게는 16세기 많게는 18세기 이전의 사람들이 아주 강렬한 경험의 계기로 믿었던 이해할 수 없는 진리를 믿을 만한 근거가 거의 없는 오늘

날에 그들처럼 강렬하게 믿으라고 나에게 강요할 수 있단 말인가? […]
우연한 역사적 진리는 결코 필연적인 이성적 진리의 증거가 될 수 없다. […]
이것, 이것이 내가 자주 그렇게 진지하게 뛰어넘고자 노력해 왔지만 결코 건너갈 수 없는 나를 괴롭히는 커다란 도랑이다. […]
나는 그리스도에게서 예언이 성취되었음을 결코 부인하지 않는다. 나는 그리스도에 의해서 기적이 일어났음을 결코 부인하지 않는다. 다만 이러한 기적이 나로 하여금 다른 출처를 가진 그리스도에 대한 교리를 믿도록 강요할 수 있고, 강요할 권한이 있다는 것을 부정할 뿐이다.

—레싱, 『정신과 힘의 증명에 대하여』, 439.10-16, 19, 23-26;
441.9-13, 37; 443.35-37; 444.4-7, 11-13.

레싱과 칸트의 신앙과 이성 이해

1. **레싱**: 전래된 역사적 진리(기적, 계시 등)는 현재적 신앙의 토대가 될 수 없다.
2. **칸트**: 이론적으로 증명될 수 없는 신, 자유, 영혼 불멸은 실천 이성의 요청으로 받아들여야 한다.
3. 실천 이성의 자율에서 생겨난 순수한 종교적 신앙이 교회의 신앙을 극복한다.

독일 계몽주의의 지평에서 이루어진 신앙의 새로운 개념 정립이 칸트에게서 시작되었다. 칸트는 먼저 자신의 책 『순수 이성 비판』에서 전통적인 형이상학을 전체적으로 해체했다(4.6.2). 이 과정에서 이성이 신의 존재, 인간의 자유, 영혼의 불멸을 이론 철학적으로 아는 일에는 불충분하다는 것이 드러났다.

그런데 이성의 한계에 대한 인식을 통해서 요청해야 할 신, 자유, 영혼 불멸이 필연적으로 갖는 실천 철학적 의미를 알게 되었다. 칸트는 이러한 생각을 『실천 이성 비판』(Kritik der praktischen Vernunft, 1788)에서 전개했다

(§ 6.2.1). 순수 이론 이성은 자기비판으로 경험 가능한 대상들에 국한해서만 신뢰할 만한 지식을 획득할 수 있음을 알았다.

따라서 신, 자유, 영혼 불멸은 순수 이론 이성의 관할 사항이 아니다. 이것을 깨닫지 못한 곳에서 이론 이성은 무비판적으로 행동한다. 이러한 통찰에서 순수 실천 이성 또는 윤리는 도덕성의 숙고를 위해서 포기할 수 없는 요소인 인간의 자유를 실제적으로 가정할 권리를 이끌어 낸다. 이 가정에서 시작하는 윤리적 실천에 대한 철학적 연구는 윤리와 종교의 차이를 고수하면서도(§ 15.2.2) 신의 존재, 인간의 자유, 영혼의 불멸을 가정하는 믿음이 이성의 실천적 사용을 위해서 중요하다는 것을 보여 주었다.

> 만약 내가 과도한 것을 알리는 이론 이성의 월권을 빼앗지 않는다면 나는 내 이성을 필연적이며 실천적으로 사용하기 위해서 필요한 신, 자유, 불멸을 한시도 가정할 수 없다. 이론 이성은 과도한 것에 도달하기 위해서 원리를 활용하는데, 실제 이들 원리는 오직 가능한 경험의 대상에만 관계한다.
> 그런데 만약 이 원리들이 경험적 대상이 아닌 어떤 것에 적용된다면 이 원리들은 실제로 이것을 언제든지 현상으로 바꾸어 놓고 이로써 순수 이성의 모든 실천적 확장이 불가능하다고 선언해 버린다. 따라서 나는 신앙에게 자리를 만들어 주기 위해서 지식을 폐기해야만 한다.
> —칸트, 『순수 이성 비판』, B XXX(Akademie-Textausgabe III 18.33-19.6).

위 인용문에서 언급된 신앙은 전통적으로 교회가 전승한 신앙 내용이 참되다고 인정하는 것은 아니다. 칸트에게 있어 신앙은 이론 이성 영역에서 증명될 수 없는 것에 대한 가정이었다. 이러한 가정은 실천 이성의 자율과 모순되지 않고, 이 실천 이성은 이 가정이 도덕성을 촉진한다고 인식한다. 여기에 칸트가 이해한 신앙의 결정적인 특징이 있다.

(신앙은 어떤 명령도 내리지 않는다.) 따라서 우리는 신앙의 진술을 믿어야 할 어떤 것으로 이해하지 않는다. 이것은 증명할 수 없고 오직 믿을 수만 있는 것이지만 실천적(윤리적) 목적을 위해서 가정할 수 있고 타당한 것으로 이해할 수 있다.

만약 내가 이러한 윤리적 고려 없이 신앙을 단지 이론적으로 참되다는 의미에서 받아들인다면, 예컨대 다른 사람의 증언에서 기인한 것을 참되다고 인정하는 그런 의미에서 신앙을 받아들인다면 [⋯] 이와 같은 신앙은 사람을 더 낫게 만들 수도 없고 그러한 자를 증명할 수도 없기 때문에 결코 종교의 한 부분이 될 수 없다.

—칸트, 『학과들 사이의 논쟁』(Der Streit der Facultäten)

(Akademie-Textausgabe VII 42.3-9, 11-13).

교회에 의해서 전승된 신앙은 항상 이성의 자율이 아니라 다른 사람의 증언에 근거한다. 이와 대조적으로 **종교적 신앙**(Religionsglaube)은, 젬러의 윤리적 종교(§ 1.1.2)나 레싱의 필연적 이성 진리(§ 1.1.2)와 유사하게, 하나님의 계명으로 이해된 윤리 원칙을 역사 제약적인 매개 수단에서 분리해 내는 것을 목표로 삼았다.

레싱이 이미 그의 책 『인류의 양육』에서 이성에 적합하고 윤리 지향적인 인류 종교를 보편적으로 보급하는 것이 신의 섭리로 움직이는 역사의 목적이라고 말했던 것처럼(4.6.1) 칸트노 _ㄱ의 서서 『이성의 힌계 안에서의 종교』에서 인류의 윤리적 발달을 교회 신앙에서 벗어나 오직 순수한 종교적 신앙에 의해서 다스려지는 상태로 향하는 점진적 전환이라고 서술했다. 칸트는 이 발전 과정이 하나님 나라로 접근하는 것이라고 이해했다(§ 14.3.1).

결국 이것[종교]은 역사에 근거한 모든 결정 요인에서 그리고 역사에 근거하고 선을 장려하기 위해서 교회 신앙을 도구삼아 사람들을 결속시켰던 모든 조상(彫像)에서 점진적으로 풀려날 것이다. 그리고 하나님이 모든 것 안에 모든 것이 될 수 있도록 결국에는 순수 이성 종교가 모든 것을 통치하게 될 것인데 [고린도 전서 15:28], [이것은 피할 수 없다].

거룩한 전승이라는 기준선과 제때에 선한 봉사를 감당했던 그 장식품, 조상(彫像), 계율은 시간이 지나면 불필요해지고 결국 족쇄가 될 것이다.

-칸트, 『이성의 한계 안에서의 종교』
(Akademie-Textausgabe VI 121.13-18, 20-22).

4. 3. 2 근현대신학이 이해한 신앙과 이성

계몽주의 이래로 학문의 발전을 주도한 것은 이성의 자율 사상이었다. 그래서 기독교 신앙이 종교적으로 규정한 세계상은 점차 포괄적으로 반학문적이고 비이성적인 것으로 파악되었다. 칸트의 이해와 달리 그 이후의 근대 학문은 이성을 더 이상 종교의 정화 수단이 아닌 비종교적 세계상을 확립하는 도구로 이해했다. 이 과정에서 생겨난 종교에 적대적인 태도가 19세기 이래로 종교적 신앙과 이성적 학문의 관계 형태를 결정했고 오늘날까지도 영향을 끼치고 있다.

신학은 이러한 상황에서 야기된 도전에 저항했는데 그 방식은 일률적이지 않았다. 이제부터 신앙에 도전하는 이성에 신학적으로 대응하는 세 가지 입장을 살펴보자. 두 가지 입장은 개신교의 대응이었고 나머지 하나는 로마가톨릭의 것이었다.

> **신신학의 신앙과 이성에 대한 이해**
>
> 1. **출발점**: 19세기에 이성은 더 이상 종교적 신앙의 정화가 아닌 현대 학문과 연대해서 종교적 신앙을 극복하려고 했다.
> 2. **이에 대한 신신학의 대응**:
>   (1) 신앙과 학문을 구별하거나(리츨)
>   (2) 이성 앞에서 신앙의 내용을 증명하거나(판넨베르크)
>   (3) 이성지식에 대한 신앙 교리의 우위를 주장했다(가톨릭).

(1) **기독교 신앙과 이성·학문적 지식을 철저하게 구별해야 한다**는 입장을 보여 주는 것은 리츨의 신앙 이해다(5.3.1).

그는 종교의 본질이 존재와 사건에 대한 보편타당한 판단에 있지 않다고 보았다. 이것을 목적으로 하는 것은 철학과 자연과학의 지식이다. 비록 학문과 종교 지식이 동일한 세상을 앎의 대상으로 하지만 인식 방법에서는 서로 다르다. 종교적으로 아는 것이 자립적 가치 판단 안에서 움직이는 것에 반하여 학문적으로 아는 것은 가치 판단에 의해서 단지 동반되거나 이끌린다.

> 종교 지식은 세상에 대한 사람의 위치와 관련되고 유쾌와 불쾌의 감정을 일으키는 자립적인 가치 판단 안에서 움직인다. 이러한 감정의 경험 속에서 사람은 하나님의 도움으로 실현된 세상에 대한 통치를 즐기거나 이 목적을 위해서 필요한 하나님의 도움의 결핍으로 고통당한다. […] 학문적인 앎은 관찰로 얻는 중립적 지식에 대한 가치 판단에 의해서 동반되거나 이끌린다.
>
> —리츨, 『기독교 교의』(Der christliche Lehre), 195, 197.

그래서 종교 지식과 신앙은 사람이 세계의 실재에서 전체적으로 경험하는 상황과 관련된다. 신앙과 합리·학문적인 지식의 충돌은 한편으로 학문 지식이 세계 실재 전체를 종교 경험보다 객관적으로 더 우월하게 서술하려고 하기 때문에 생긴다. 그러나 여기서 리츨은 종교와 학문 사이의 어떤 대립도 보지 않는다. 오히려 그는 광범위한 세계 해석을 제공할 수 있다고 주장하는 학문 근저에 종교적 형태의 어떤 추동력이 있다고 진단했다. 리츨이 기독교 사유의 입장에서 유물론을 비판하면서 분명히 보여 준 것처럼 여기서 진짜 중요한 것은 숙고되지 않은 종교성과 스스로를 명확히 파악하고 있는 종교성 사이의 관계 문제다.

> 종교와 철학의 혼합이나 충돌은 언제나 철학이 자기만의 방식으로 전체적인 세계관을 생산해 낼 수 있다고 주장하는데서 [생겨난다]. 그런데 이 주장에는 종교적 성격의 동기가 있다. [⋯]
> 우리는 유물론적 세계 형성 이론이 제공하는 여러 요소들로 이루어진 견해들(Verknüpfungen)을 보면 거기에 상상력이 과도하게 많이 사용되었다는 것을 알 수 있으며, 이것과 가장 유사한 예가 이교의 우주론이다. 이로써 이 영역에서는 학문 지식의 방법론이 아니라 혼란스럽고 자신을 불명확하게 파악하고 있는 어떤 종교적 충동이 지배하고 있음이 증명된다.
>
> — 리츨, 『기독교 교의』, 197, 199.

리츨은 객관적인 세계 지식이 아니라 필연적으로 주관적인 세계 해석을 지향하는 믿음 이해를 루터가 강조한 신뢰로서의 믿음과 긴밀하게 결합시켰다(§ 4.2.2). 루터가 말한 신뢰로서의 믿음 이해에서 세계와 하나님에 대한 지식은 신앙의 내용을 객관적 사실로 단순히 인정하는 것을 뜻하지 않고, 그 신앙내용이 신자를 위해서 지니는 종교적 가치와 관계한다.

리츨은 루터의 신앙 이해를 수용함으로써 방금 묘사한 것처럼 신앙 지식과 이성 지식을 구분했고, 또한 특정 사실 관계가 사람을 위해서 갖는 의미와 관계없이도 이것을 참이라고 인정하는 것이 신앙의 필수 요소 중 하나라고 주장했던 당시 신학자들을 비판했다. 그는 이러한 요구가 위선을 행하도록 하고 지성의 희생(sacrificium intellectus)을 요구한다며 거절했다.

> 계시의 권위에 근거해서 지성으로 하여금 이해하기 어려운 진리에 동의하도록 강요하는 것은 강압적인 의지다. 이 의지가 지성에 끼친 영향은 전혀 허상이다. 그리고 이것에 맞춰 세워진 규정은 위선 곧 거짓된 꾸밈으로 이끌어간다. […] 따라서 이와 같은 행동은 기독교 종교에 무가치하다. 이에 반해 삶에서 지복과 도움을 얻고자 하나님과 그리스도를 향하는 신뢰의 의지는 하나님과 그리스도가 사람을 위하여 갖는 가치로 말미암아 결정된 것이다.
> 이것을 루터가 발견했고 이 발견의 일반적 의미는 신앙이 가치 판단 안에서 움직인다는 데 있다. 신앙 또는 종교적 앎은 직접적인 가치 판단 안에서 지속된다는 루터의 이 발견에서 우리는 가능한 모든 등급에 속해 있는 지식 또는 세계 지식과 정반대되는 것을 찾게 되었다. 이 발견으로 우리는 신앙을 지성의 희생으로 보는 해석을 가치 없는 것으로 거절할 수 있다.
>
> —리츨, 『내포된 신앙』(Fides implicita), 67 이하.

(2) 역사 비평의 요구도 수용하면서 기독교 신앙의 내용이 진실임을 증명해야 한다고 대표적으로 주장하는 것은 판넨베르크의 신앙 이해다(6.3.2).

그의 신앙 이해는 신학의 진술이 가정적 성격을 갖는다는 그의 견해와 상응한다(§ 2.3.3).

그는 1961년에 계시 교리의 테제에서 하나님의 자기 계시가 담긴 성경에 전승된 역사적 사건, 곧 예수의 부활에까지 이르는 이스라엘의 역사를 전적으로 역사적 지식의 대상으로 간주될 수 있다고 주장했다. 그는 이와 같은 의미에서 예수 부활의 역사성도 이야기한다(§ 10.4.3).

계시 사건에 대한 역사적 지식은 오늘날에도 기독교 신앙이 진리임을 확고하게 주장할 수 있을 만큼 충분히 신뢰할 만하다. 이러한 견해는 1972년에 출판된 그의 첫 『사도신경』 해설서에도 드러난다. 그는 이 책에서 리츨과 확연하게 다른 입장에서 믿음의 대상과 특정 사실을 참인 것으로 인정하는 것이 기독교 신앙을 위해 갖는 의미를 강조했다.

> 하나님을 계시한 사건과 이 사건을 알리는 선포는 사람들이 자기에게서 가질 수 없는 것을 알려 준다. 그런데 이러한 사건 역시 실제로 변화시키는(überführende) 힘을 지닌다. 이 사건이 본래적으로 속해 있는 역사적 연관 속에서 그 자체로 이해되는 곳에서 이 사건은 자기 고유의 말인 사건으로서의 말을 한다.
> 하나님은 이 사건으로서의 말을 통해 자신을 하나님으로 증명했다. […이로부터 귀결된다] 우리는 이스라엘과 예수 그리스도의 역사에서 하나님의 계시를 찾기 위해 미리부터 신앙을 전제할 필요가 전혀 없다. 오히려 이 사건들을 자연스럽게 경험하면서 비로소 참된 신앙이 깨어난다. […]
> 참된 신앙은 신뢰 자체를 기뻐하는 맹목적인 복(blinde Vertrauensseligkeit)이 아니다. 그리스도인은 하나님이 예수의 운명을 통해서 계시되었다는 것에 근거해서 자기의 신뢰와 생명과 미래를 감행한다. […] 이 전제는 그리스도인에게 최대한 확실해야 한다. […] 따라서 역사 안에서 자신의 신성을 증명하는 하나님의 계시에 대한 지식이 신앙의 토대이어야 한다.
>
> ─판넨베르크, 『교의학적 테제』(Dogmatische Thesen), 100 이하.

근현대신학(die neuere Theologie)에서는 종종 신뢰라는 개인적 행위와 사실에 대한 순수한 동의를 대립시켰다. 이것은 신앙이 이것저것을 사실로 인정하는 것이 아니고 그 핵심이 신뢰라는 점에서 타당하다. […] 그러나 이와 같은 신뢰는 또한 어떤 것을 사실로 인정하는 것을 포함한다.
신뢰는 이런 사실 인정과 분리될 수 없고 이것 없이는 지속될 수 없다. [⋯]
『사도신경』이 말하는 이른바 그런 사건들을 통해서 하나님은 자신이 〈그 신
앙의〉 하나님이라는 것을 증명한다. 그래서 만약 이러한 사건들이 없다면 기
독교 신앙이 지시하는 그 하나님의 실재를 가질 수 없다.

—판넨베르크,『사도신경』(Das Glaubensbekenntnis), 14 이하, 18.

(3) 로마가톨릭은 전통적으로 이성이 주장하는 확실성은 기독교 신앙의 교리에 종속되어야 한다고 선전해 왔다.

이와 같은 의미에서 제1차 바티칸 공의회는『하나님의 아들』(Dei Filius)이라는 규칙 제4장에서 계시된 진리가 이성의 파악 능력을 넘어섬을 강조했다.

따라서 이성(라. ratio)은 결코 계시 내용의 적합성에 대한 결정을 내릴 수 없고 단지 이것을 제한적으로 탐구하고 해석할 수 있다. 그럼에도 계시의 진리가 합리적 지식과 결코 모순되지 않기 때문에 신앙과 이성의 불일치를 주장하는 것은 그릇되었다.

이는 또한 가톨릭교회가 동일하게 합의하는 것처럼 원리뿐 아니라 대상에서도 서로 다른 이중의 지식 영역이 있음을 견지했고 견지한다. 왜냐하면 원리를 두고 생각할 때 우리는 한 영역에서는 자연 이성으로 또 한 영역에서는 신이 선사한 신앙에 의해서 알기 때문이다. 또 대상을 두고 생각하면 자연 이성이 도달할 수 있는 것 외에도 우리에게는 하나님의 계시 없이는 인식할 수 없는 하나님 안에 숨겨진 신비가 제시되어 있다. 우리	Hoc quoque perpetuus Ecclesiae catholicae consensus tenuit et tenet, duplicem esse ordinem cognitionis non solum principio, sed obiecto etiam distinctum: principio quidem, quia in altero naturali ratione, in altero fide divina cognoscimus; obiecto autem, quia praeter ea, ad quae naturalis ratio pertingere postest, credenda nobis proponuntur mysteria in Deo abscondita, quae, nisi revelata divinitus, innotescere non possunt. [⋯]

는 이것을 믿어야만 한다. […]
그러나 비록 신앙이 이성 위에 있더라도 신앙과 이성 사이에 결코 어떤 불일치도 있을 수 없다. 그것은 신비를 계시하고 신앙을 부어 준 바로 그 하나님이 사람의 정신 안에 이성의 빛을 넣어 주었기 때문이다.

Verum etsi fides sit supra rationem, nulla tamen umquam inter fidem et rationem vera dissensio esse potest: cum idem Deus, qui mysteria revelat et fidem infundit, animo humano rationis lumen indiderit.

제1차 바티칸 공의회, 규칙 『하나님의 아들』, 제4장 (DH 3015-3017; NR 38-40).

1998년 교황 요한 바오로 2세(Papst Johannes Paul II)가 펴낸 『신앙과 이성』(Fides et ratio)이라는 교서는 신앙과 이성이 궁극적으로 모순되지 않는다는 사상을 잇고 있다.

이 교서는 근대 사유의 전형적인 특징 중 하나인 신앙과 이성의 분리가 신앙의 설득력과 이성의 위엄을 손상시킨다는 점을 강조했다. 이러한 이유로 요한 바오로 2세는 이 분리를 힘차게 극복하자고 권면했다.

계시가 아무런 역할을 하지 않을 때 이성은 우회의 길을 갔고 최종 목표를 알아채지 못하는 위험에 처하게 된다. […] 신앙이 허약한 이성보다 더 많은 것을 가진다는 생각은 그릇된 것이다.
오히려 신앙은 자체로만 있으면 신화와 미신이 될 큰 위험에 빠진다. […]
따라서 신앙과 철학은 긴밀한 연합을 되찾아야 한다는 중대하고 확고한 나의 충고를 결코 무분별한 것으로 봐서는 안 된다. 이 긴밀한 연합에서 이 둘은 상대편의 자율을 지켜 주면서 자신의 본질에 충실할 수 있다.

Ratio, Revelatione nudata, devia itinera decucurrit, quae eandem in discrimen inferunt haud cernendi ultimam metam. […] Fallax est cogitare fidem, coram infirma ratione, plus posse;
ipsa, contra, in grave periculum incidit ne in fabulum ac superstitionem evadat. […]
Ne importuna igitur videatur gravis firmaque Nostra compellatio, ut fides et philosophia artam illam coniunctionem redintegrent, quae eas congruas efficiat earum naturae, autonomia vicissim servata.

요한 바오로 2세, 교서 『신앙과 이성』 (Fides et ratio), 42, 48번.

칸트의 사상에서 일어난 종교와 윤리의 결합을 서술
- U. Barth, Gott als Projekt der Vernunft, 263-307.

리츨이 루터의 종교개혁과 맺고 있는 관계를 연구
- U. Barth, Aufgeklärter Protestantismus, 125-146.

교황의 교서 『신앙과 이성』의 독일어 텍스트와 이 교서에 대한 오늘날의 견해는 '신학과 교회를 위한 뮌스터 포럼'(das Münsteraner Forum für Theologie und Kirche)에서 얻을 수 있다.
- http://www.muenster.de/~angergun/fides-et-ratio.html.

판넨베르크의 신앙과 역사의 관계 이해가 어떻게 바뀌었는지 알아 보시오. 판넨베르크는 1961년에 쓴 계시에 대한 테제와 비교하면서 자신의 이해가 어떻게 바뀌었는지 조직신학 제1권(1988)에서 서술하고 있습니다.
- W. Pannenberg, Systematische Theologie, Band 1, 257-281, bes. 266ff.

신앙과 이성의 관계를 언급하고 있는 소논문
- E. Heintel, U. Dierse, Glauben und Wissen(HWP3).

§ 5. 성경

성경(라. scriptura sacra)은 신구약으로 이루어진 책(Bibel) 안에 통합된 문서다. 기독교의 견해에 따르면 성경에는 그리스도 사건에서 정점(§ 3)에 이른 하나님의 계시가 결정적인 방식으로 기록되어 있다. 그래서 성경은 교의학에 본질적인 의미가 있다. 성경이 기초신학의 한 가지 주제가 된 것은 무엇보다 다음의 두 가지 이유에서다.

- 종교개혁 과정에서 성경이 기독교 신앙에 대해 갖는 근본적인 의미를 규정하는 문제가 논쟁이 되었다. 그 이래로 성경의 권위와 교회의 권위의 관계, 성경의 권위와 교리의 권위의 관계는 오늘날까지도 완전히 해결되지 않고 논쟁 중이다(§ 5.2). 종교개혁 당시 이 문제로 야기된 대립은 오늘날에는 부분적인 문제가 되었다(§ 5.3.3).

- 계몽주의에 고무되어 생겨난 성경의 역사비평적 연구는 19세기 개신교 안에서 관철되어 더 이상 번복할 수 없게 되었다. 이 시기 이후에는 성경 전체가 그리스도를 정점으로 하는 하나님의 계시를 통일되게 증거한다는 고전적 입장이 거부되고 성경 내용의 다양성과 불일치 같은 인간적인 면모가 강조되었다.

따라서 현대 해석학이 성취해 놓은 견해에 직면하여 어떤 방식으로 성경이 계시의 통일된 증거라는 입장을 고수할 수 있는지에 대해서 의견이 분분하다((§ 5.3.1; § 5.3.2).

방금 언급한 문제를 다루기 전에 먼저 경전으로서 성경의 형성 과정을 알아보고 또 고대와 중세 시대가 어떻게 성경의 권위를 이해하고 성경을 해석했는지를 살펴보자.

5.1 서론

5.1.1 경전으로서의 성경의 형성

구약성경 본문이 수집되고 경전이 되어가는 과정은 주전 6세기부터 주후 2세기까지 이루어졌다. 이 고유한 역사를 재구성하는 것은 어렵고 세부적으로 매우 복잡하다. 초기부터 기독교신학에서 중요한 역할을 했던 것은 유대교 경전을 그리스어로 번역한 칠십인역(Septuaginta, LXX)이었다. 이 칠십인역에는 나중에 유대교 히브리어 경전이 수용하지 않은 문서도 포함되었다.

이 문서를 어느 수준까지 기독교 성경의 구성 요소로 받아들여야 할지를 두고 로마가톨릭교회, 루터교회, 개혁교회의 견해가 갈린다. 가톨릭교회는 이 문서를 외경(Apokryphen)이라는 이름으로 명시적으로 수용했다. 그러나 『갈리아 신앙고백서』(1559)를 시작으로 경전의 범위를 신앙고백적인 차원에서 정확하게 확정했던 개혁교회 전통은 이 문서를 명시적으로 거절했다(3.5).

이와 달리 루터교회는 오늘날까지도 경전의 범위를 최종적으로 확정할 생각이 전혀 없다. (3.4). 따라서 루터교회 안에서 이 문서가 경전이 아닌 것으로 취급되지는 않지만 교회의 실전석 측면에서 아주 작은 역할만 할 뿐이다.

초기 기독교는 처음부터 유대교의 성경인 칠십인역의 권위를 고백했고 이것을 그리스도 안에서 드러난 구원의 사전 통보(Vorankündigung)로 해석했다. 두 부분으로 이루어진 경전 형성의 첫 단계는 예수 전승을 확정하고 사도의 편지를 수집하는 과정이었고 주후 50/60년경에 이루어졌다. 대략 150년 이후에는 기독교 문서의 범위를 규범적으로 확정하려는 경향이 나타났고 이러한 발전 과정은 특히 마르키온이 만든 경전에 자극을 받아 가속화되었다(1.2).

교회는 구약성경(LXX)을 고수하기로 결정했고 갈라디아서 1:6 이하에 대한 마르키온의 해석과 거리를 두고서 신약성경의 여러 복음서를 규범적인 것으로 확정했다. 또한 아직 그 수가 결정되지 않은 사도의 서신도 경전에 포함시켰다. 두 부분으로 구성된 경전의 범위는 4세기에 와서야 최종적으로 확정되었다.

367년에 알렉산드리아의 아타나시우스가 처음으로 신약성경 27권을 모두 언급했다. 그리고 알렉산드리아에서 경전(kanon)이라는 말이 처음으로 성경 텍스트를 지칭하는 데 사용되었다. 서방에서는 382년에 어느 로마 공의회에서 로마의 주교 다마수스(Damasus, 재위:366-384)의 지도 아래 성경 본문의 목록이 통과된 것 같다. 이 경전의 신약 부분은 나열 순서가 다르긴 하지만 아타나시우스의 경전과 일치한다.

> **성경의 형성**
>
> 1. 초기 그리스도인의 성경은 유대교 성경의 그리스어 번역본이었으며, 그리스도 사건에 대한 약속으로 이해되었다.
> 2. 논쟁의 여지가 분분한 마르키온의 경전 편찬에 자극되어 초대 기독교는 특정 문서에 경전의 지위를 부여했고 최종적으로 두 부분으로 이루어진 경전을 확정했다.
> 3. 경전의 범위는 4세기에 최종적으로 확정되었다(367/382).

5.1.2 초대 교회와 중세 시대의 성경

두 부분으로 구성된 성경을 확정한 것은 교회가 신적 저작권을 근거로 경전의 모든 문서가 갖는 특별한 권위를 고백한 것을 뜻한다. 교회의 관점에서 성경 본문의 저자는 자신의 충동으로 증언하지 않았고 하나님의 성령에게서 자극을 받았다.

> 예언은 언제든지 사람의 뜻으로 낸 것이 아니요 오직 성령의 감동하심을
> 받은 사람들이 하나님께 받아 말한 것임이라(벧후 1:21).

베드로후서 1:21에 따르면 성경 본문의 실제 저자는 하나님 자신이며 이 하나님이 특정 사람에게 영적 재능으로 영감을 주어서 자신의 계시를 확정하고 다른 사람에게 전달할 수 있도록 만들었다. 이러한 영적 재능에서 생겨난 책 자체는 하나님에 의해 영감되었다고 간주되었다. 디모데후서 3:16은 분명하게 신적 영감에 의해서 기록된 책에 대해서 말한다(그. graphe theopneustos).

> 모든 성경은 하나님의 감동으로 된 것으로 교훈과 책망과 바르게 함과 의
> 로 교육하기에 유익하니(딤후 3:16).

성경에 신적 권위가 있으므로 성경 해석이 신학 작업의 핵심 과제가 되었다. 성경 해석이 그리스도에 대한 신앙고백의 지평 위에서 이루어졌기 때문에 구약성경에 대한 해석은 성경 전체의 내적 통일성이 증명될 수 있도록 낱말 자체의 순수 의미를 넘어서야 했다.

제사, 할례, 음식 등에 관한 구약성경의 법규는 고차원적·정신적·종교적 의미로 승화되어 해석되었다. 이것들은 예컨대 죄의식과 마음의 할례에 대한 하나님의 요구로 해석되었다. 바나바서신(약 130년)은 이러한 정신적인 해석이야말로 구약성경이 실제로 의도한 의미라고 주장하기도 했다.

이러한 관점에서 사람들은 유대인이 성경을 역사적으로만 이해하면서 근본적인 실수를 저지른다고 비난했다. 성경 본문을 문자·역사적 의미와 영적 의미로 구분하는 것이 성경이 다중적인 의미를 갖는다는 학설의 토대를 이루었다.

> **성경의 권위와 해석**
>
> 1. 경전 본문은 영감된 것으로 곧 하나님의 영에 의해서 허가된 것으로 간주되었다.
> 2. 성경 전체가 그리스도에 대한 통일된 증거라고 해석해기 위해서 구약의 수많은 본문이 문자적 의미를 넘어서는 방식으로 해석되었다.
> 3. 중세에 와서 성경 본문이 상이한 의미(의미의 영역)를 갖는다는 이론이 생겨났다.

오리게네스의 업적을 수용한 수도승 요한네스 캇시아누스(Johnannes Cassianus, 대략 360-435, §11.2.1는) 성경 해석의 네 가지 방법을 구별하여 제시했다.

Ⓐ 먼저 성경 보도 배후에 깔려있는 ① **역사적 사건들**을 묻는다.
Ⓑ 이것 외에도 세 가지 종류의 **영적(geistlich) 의미**가 있다. 따라서 문자적 의미를 너머서 성경 본문의 영적 의미를 물어야 한다. 캇시아누스는 성경의 영적 의미를 세 가지로 구분했는데, 이것은 성경에서 믿음, 사랑, 소망을 길어 올려야 한다는 어거스틴의 교훈과 유사하다. 캇시아누스는 성경의 영적 의미를 기독교 교리에 관련하는 ② **우의적 의미**, 도덕적 행위에 관련하는 ③ **윤리적 또는 비유적 의미**, 종말론적 완성과 관련된 ④ **신비적 의미**로 구별했다. 아래 도표는 다양한 의미의 구별을 종합적으로 보여 준다.

아우구스티누스:	우리는 성경에서 길어낸다		
	믿음	사랑	소망(을)

⬇ ⬇ ⬇

캇시아누스:	(a) 역사적 해석	(b) 세 가지 영적 해석		
		(1) 우의적 해석	(2) 윤리적 해석	(3) 신비적 해석

⬇ ⬇ ⬇ ⬇

13세기 형성된 사중적인 성경 의미에 대한 격언	Littera gesta docet, **문자**는 일어난 사건을 가르쳐 준다.	quid credas allegoria; **우의적 의미**는 무엇을 믿어야 할까를 말해줌	moralis, quid agas, **윤리적 의미**는 무엇을 해야 할지를 말해줌	quo tendas anagogia. **신비적 의미**는 무엇을 지향해야 할지를 말해준다

⬇ ⬇ ⬇ ⬇

예: 예루살렘	이스라엘 도시	교회의 표상	영혼의 표상	하늘 영광의 표상

📖 정경 형성 과정과 그 배경에 대한 개관
- B. Lang, Die Biebel, 15–40.
- W.-D. Hauschild, Lehrbuch der Kirchen- und Dogmengeschichte, Band 1, 75–77.

👓 성경 가운데 어떤 책이 포함되었는지, 그 순서를 비교해 보시오.
- 타나흐(Tanach: 히브리어 구약성경에 해당하는 유대교 성경)와 루터 성경의 구약성경을 비교해 보시오.
- 루터 성경의 신구약과 로마가톨릭의 성경을 비교하시오.
- 경우에 따라서는 성경학(성서학, Bibelkunde)과 신구약 입문서를 참고하여 비교해 보고, 이를 통해 드러난 차이의 원인이 어디에 있는지 탐구해 보시오.

5.2 성경의 규범적 의미

5.2.1 종교개혁의 성경 교리

고대 교회 이래로 사람들은 교회의 교리와 실천이 그 기준이 되는 성경적 진술과 일치하는지를 지속적으로 물었다. 한편에서는 교회 안에 전승된 사도적 **전통**(Tradition)이 일찍부터 성경을 적합하게 해석하기 위한 열쇠로 고려되었다(테르툴리아누스에 대한 언급, 1.2). 다른 한편에서는 교회 내적인 논쟁을 하면서 주장의 근거로 성경을 제시하기 시작했는데 그것은 항상 **전통**을 비판하기 위해서였다.

루터는 교회의 마땅한 선포 내용이 **오직 성경에 의해서**(라. sola scriptura) 결정된다고 주장하면서 교회의 교리와 실천에 대한 성경의 비판 기능을 매우 강조했다. 이로써 종교개혁 과정에서 교회와 성경의 관계에 대한 질문은 그때까지 알지 못했던 폭발력을 드러냈다. '오직 성경으로'라는 주장으로 루터는 성경의 권위에 대한 전통적 교리를 두 측면에서 극단화했다.

(1) 구원에 필요한 모든 것이 성경에 있다.

루터는 집중적인 성경연구를 통해서 아주 개인적으로 이러한 통찰에 이르렀다. 루터는 신학적 측면에서 그리스도가 성경의 유일한 내용임을 확신했다. 달리 말하면 성경이 최종적이며 결정적으로 말하는 것은 인간을 부르는 하나님이다.

성경은 죄인임에도 불구하고 그리스도를 통해서 은혜로 받아들여진 것을 믿고 신뢰하도록 인간을 부르는 하나님을 이야기한다. 성경이 선포하는 것이 구원에 결정적인 의미를 갖기 때문에 성경 자체가 실제로 말하도록 하고 신학 논쟁에서 성경을 최종적 권위와 규범적 판결 기구로 인정하고 인간의 모든 해석을 성경에 종속시키는 것이 중요하다.

만약 교부들의 발언이 서로 상충되면 이 질문을 끝낼 재판관은 누구인가? 여기서 성경이 재판장으로서 반드시 판결을 내려야만 한다. 그러나 만약 우리가 교부들의 모든 해석 앞에서 성경에게 최고 자리를 허락하지 않는다면 이 같은 일은 불가능하다. 이것이 뜻하는 바는 다음과 같다. 성경은 그 자체로 가장 확실하고 용이하며 명료하다. 성경은 그 자신의 해석자로서 모든 사람의 모든 진술을 검사하고 판단하고 명석하게 설명한다. [⋯]	[Q]uo iudice finietur quaestio, si patrum dicta sibi pugnaverint. Oportet enim scriptura iudice hic sententiam ferre, quod fieri non potest, nisi scripturae dederimus principem locum in omnibus quae tribuuntur patribus, hoc est, ut sit ipsa per sese certissima, facillima, apertissima, sui ipsius interpres, omnium omina probans, iudicans et illuminans [⋯]
그러므로 신적 언어 외에는 그리스도인에게 또 다른 최고 원리가 있어서는 안 된다. 모든 사람의 말은 이것〈신적인 언어〉에서 이끌어낸 결론이고, 그래서 거꾸로 저곳〈신적인 언어〉으로 돌려보내 그것에 의해서 확인받도록 해야 한다.	Sint ergo Christianorum prima principia non nisi verba divina, omnium autem hominum verba conclusiones hinc eductae et rursus illuc reducendae et probandae.

루터, 『모든 원리에 대한 주장』(Assertio omnium articulorum) (WA 7, 97.19-24; 98.4-6/**LDStA** 1, 78.29f.; 80.1-4, 23-25).

LDStA = 『라틴-독일어 학생판』(Lateinisch-Deutsche Studienausgabe [LDStA]).

(2) 성경의 권위는 그 명백성에 근거한다.

루터는 성경 전체의 의도가 너무 분명하기 때문에 다른 기관에 의한 추가적인 해석이나 지속적인 발전이 필요하지 않다고 보았다. 그러나 이것이 성경에 이해하기 어려운 구절이 전혀 없음을 뜻하지 않는다.

루터는 성경에 난해한 구절이 있지만 성경의 근본 문제와 중심이 되는 예수 그리스도의 복음이 분명하기 때문에 낱말의 의미와 문법적 맥락을 적절히 고려한다면 이 중심에서 다른 모든 것을 이해할 수 있다고 보았다.

나는 명료하지도 않고 숨겨진 의미가 있는 구절이 성경에 많이 있음을 확실히 인정한다. 이런 구절은 관계된 사건이 탁월해서가 아니라 낱말과 문법에 대한 무지 때문에 〈생겨난다.〉 하지만 이런 구절은 성경에 있는 모든 사건을 아는 일을 방해하지 않는다.

하나님의 아들인 그리스도가 사람이 되었고 하나님이 삼위로 있으면서 하나이며 그리스도가 우리를 위해서 고난받았고 영원히 통치할 것이라는 저 최고의 신비가 이미 드러났는데 성경 속에 또 어떤 신성한 것이 숨겨져 있을 수 있겠는가?

만약 사건이 빛 가운데 있다면, 사건의 수많은 면모가 동시에 빛 가운데 있다면, 사건의 한 면모가 어둠 가운데 있다고 해서 전혀 문제가 되지 않는다.

골목에 서 있는 사람들이 우물을 볼 수 없다고 해서 누가 공공 우물이 빛 가운데 있지 않다고 말할 수 있을까? 시장에 있는 모든 사람이 우물을 보기 때문에 그렇게 말할 수는 없다.

Hoc sane fateor, esse multa loca in scripturis obscura et abstrusa, non ob maiestatem rerum, sed ob ignorantiam vocabulorum et grammaticae, sed quae nihil impediant scientiam omnium rerum in scripturis.

Quid enim potest in scripturis augustius latere reliquum, post quam [...] illud summum mysterium proditum est, Christum filium Dei factum hominem, Esse Deum trinum et unum, Christum pro nobis passum et regnaturum aeternaliter? [...]

Iam nihil refert, si res sit in luce, an aliquid eius signum sit in tenebris, cum interim multa alia eiusdem signa sint in luce.

Quis dicet fontem publicum non esse in luce, quod hi qui in angiporto sunt, illum non vident, cum omnes qui sunt in foro videant?

루터, 『노예 의지』(De servo arbitrio)
(WA 18, 606.22-28, 35-39/LDStA 1, 234.23-30; 236.8-11).

루터는 성경의 권위가 그 명확성에 근거하고 성경의 중심이 그리스도의 복음이라는 이 견해에 근거해서 확인된 중심으로부터 성경 개별 본문의 신학적 적합성을 판단할 수 있었다.

판단해야 할 것은 그리스도 사건을 하나님의 순수한 은혜의 행위로 가르치는 여부와 그 정도였다. 따라서 그의 '성경이 원리'(Schriftprinzip)라는 사상에는 성경을 비판할 가능성도 포함되어 있었고 이러한 비판은 전승된 경전의 범위와 배열 순서에 대해서도 가해질 수 있었다(§ 5.1의 끝에 있는 과제 제시 참고).

모든 책을 판단할 수 있는 참된 시금석은 그 책이 그리스도에 열중하고 있는지를 보는 것이다. 그것은 성경의 모든 책이 그리스도를 증거하고(롬 3:22 이하) 바울이 그리스도 외에는 어떤 것도 알려고 하지 않았기 때문이다(고전 2:2).	Auch ist das der rechte prufesteyn alle bucher zu tadelln, wenn man sihet, ob sie Christum treyben, odder nit, Syntemal alle schrifft Christum zeyget Ro.3. unnd Paulus nichts denn Christum wissen will. 1.Cor.2.
그리스도를 가르치지 않는 것은 비록 베드로나 바울이 가르친다 하더라도 사도적인 것이 아니다. 반대로 그리스도를 선포하는 것은 설령 유다, 한나, 빌라도, 헤롯이 가르쳐도 사도적인 것이다.	Was Christum nicht leret, das ist nicht Apostolisch, wens gleich Petrus odder Paulus leret, Widerumb, was Christum predigt, das ist Apostolisch, wens gleych Judas, Annas, Pilatus und Herodes thett.

루터, 『야고보와 유다서 서문』(Vorrede auf die Episteln Sanct Jacobi und Judas)

(**Luther deutsch** 5, 63/WA DB 7, 384.26-31.

◆ **Luther deutsch** = 『루터 독일어판』(Luther deutsch).
  현대를 위해서 새롭게 선별한 루터 저작들(1957-1974) -역주.

그리스도를 거스리면서 성경을 주장하는 것이 적대자들에게는 가능할지라도, 우리는 성경을 거스르면서 그리스도를 주장한다.	49. Quod si adversarii scripturam urserint contra Christum, urgemus Christum contra Scripturam.

루터, 『논쟁되는 주제』(Propositiones disputatae) (WA 39 I, 47.19f.).

성경이 명확하다는 루터의 주장은 성경이 다중적인 의미를 갖는다는 교리에 대한 명백한 비판이었다. 성경의 의미가 다중적이라는 견해를 따르면 일어난 사건을 보도하는 성경의 문자적 의미는 신학적인 관점에선 전반적으로 무의미하다. 그러나 루터는 바로 이 단순한 문자적인 의미가 성경의 중심부를 파악하는 결정적인 것이라고 가르쳤다.

그런데 성경의 문자적 의미에 대한 연구는 동시에 해석 과정에서 성경 저자의 언어 및 사유 세계를 상세하게 고려한다는 것을 뜻한다. 루터의 이러한 요구는 근(현)대 성경 해석에 거대한 동력을 주었다(§ 5.2.3).

성경에 대한 종교개혁의 관점은 루터와 칼뱅처럼 하나님 말씀은 본래 구전되었다는 점을 강조한다. 초기의 구전의 말씀에 비하면 차후에 문자로 고정된 말씀은 이차적이다. 그러나 두 사람이 똑같이 강조해서 말한 것처럼 하나님 말씀이 망각이나 고의적 날조로 손상되는 것을 막기 위해서 문자로 고정되는 과정이 반드시 필요했다. 그럼에도 복음의 근원적인 형태는 구전의 말씀이었고 그리스도는 이 근원적인 말씀을 전파하도록 사도들에게 성령을 주고 고무했다.

후기 종교개혁 신학은 성경의 영감 과정을 성경의 **문자화 과정**과 관련시켰고 이로 말미암아 하나님 말씀이 그 문자의 형태와 동일시되었다. 이것은 성경의 권위를 확고하게 하기 위해서 성경을 거의 신격화한 것이었다.

이런 과정을 거쳐 신교의 구정통주의 안에서 소위 문자적 영감이라는 교리가 형성되었다. 이 교리를 따르는 사람들은 하나님이 히브리어 모음 표기까지 포함해서 성경을 상세히 받아쓰도록 했다고 생각했고(4.2) 성경 형성 과정에 인간도 참여한 것을 기어코 인정하지 않고자 했다.

이러한 태도 배후에는 성경을 인간이 수행하는 모든 형태의 신학을 위해서 유일하고 전적으로 타당한 토대로 확립하려는 관심이 작용했다. 성경 본문과 하나님 말씀을 동일시하는 경향은 성경 본문의 비판적 연구에 대한 거부로도 이어졌다. 따라서 계몽주의와 함께 시작된 성경 비판은 문자적인 영감설을 거부하는 것도 포함했다(§ 5.3).

> **종교개혁 성경 교리의 근본 관점**
> 1. 인간의 신앙과 구원에 필요한 것은 성경의 문자적 의미(Wortlaut)에서 완전하고 명백하게 얻을 수 있다.
> 2. 처음엔 구전으로 전승된 예수 그리스도의 복음이 성경 전체의 핵심 관심사다. 따라서 이것이 성경의 모든 세부적인 것에 대한 비판적인 척도가 된다.

5.2.2 로마가톨릭의 성경 교리

종교개혁 시기의 논쟁 이래로 로마가톨릭교회는 성경의 올바른 이해를 위해서는 교회의 위임을 받은 권위 있는 해석이 필요하다고 분명하게 강조했다. 가톨릭 견해에 따르면 이 같은 권한은 성경이 규범적으로 어떻게 해석되어야 하는지를 최종적으로 결정할 수 있는 교회의 교직(das kirchliche Lehramt)에 주어졌다. 성경 경전이 이미 교회의 작품이고 따라서 성경 해석은 교회의 권위와 분리될 수 없다는 것이 이러한 기구의 필요성을 보여 주었다.

로마가톨릭의 이러한 견해는 또한 성경이 명확하다는 루터의 견해를 부정함으로써 보강되었다. 성경의 적지 않은 곳에서 다의성의 문제가 대두되기 때문에 로마가톨릭은 사실에 맞게 판단하는 교회의 해석 전통을 포기할 수 없었다. 가톨릭교회는 **오직 성경으로** 교회의 교리를 규정해야한다는 종교개혁의 주장에 맞서 성경은 **교회와 전통**에 의해서 보충될 필요가 있다고 주장했다.

그런데 전통이라는 말은 가톨릭 관점에서 두 가지 의미로 사용되기 때문에 여기서 이것을 살펴보는 것은 중요하다.

(1) 먼저 전통은 성경과 나란히 있으면서 성경과 동일하게 근원적인 **구전된 전통**을 일컫는다.

이런 의미의 전통 개념은 사도들이 자기들에게 전해진 그리스도의 교리를 구두로 전달했다는 생각에서 시작한다. 이 이해에 또한 구전 전통이 성경 본문에 확정된 문자적 전승에 의존하지 않고 오늘날까지 교회 안에 전수된다는 주장이 추가되었다. 결국 여기서 전제된 것은 그리스도에 의해서 허가되었지만 내용상 성경의 내용을 넘어서는 교회가 언제든지 활용할 수 있는 전승의 존재다.

(2) 전통은 또한 성경을 추종하면서 성경을 기준으로 삼는 **해석 전통**을 뜻한다.

이러한 이해에 따르면 전통은 모든 사람이 쉽게 알 수 없는 성경의 참된 의미를 밝히는데 필요한 보조 기능이다. 이를 위해서 교회의 교직은 부적합한 해석 전통에서 적합한 것을 구별해 내는 과제를 맡는다.

전통에 대한 이러한 이중적 규정에서 로마가톨릭은 루터교의 교리와 다르다.

두 번째 의미의 전통 개념은 성경의 명확성에 대한 종교개혁의 교리를 부정하고 교회가 공식적으로 인정하는 해석이 필요하다는 견해를 고수한다.

첫 번째 의미의 전통 개념은 구원을 위해 필요한 모든 것이 성경에 다 들어있다는 종교개혁의 교리에 대항한다.

그렇다면 구원을 위해서는 언제나 그리스도에게서 직접적으로 기인한 계시가 필요하지만, 앞서 서술한 전통적 이해에 따르면 이런 진리 전부가 이미 성경에 포함된 것은 아닌 것이다. 이러한 상황에서 구원을 위해서 필수적이지만 성경에 포함되지 않은 전통이 무엇인지 결정해야만 하는데 이 과제 역시 교회 교직의 일이다.

> **로마가톨릭의 성경 교리**
>
> 1. **근본 입장**: 성경은 교회가 부여하는 권위를 필요로 하며 교회 전통에 의해서 보충되고 해석되어야 한다.
> 2. **전통에 대한 이중 개념**:
>   (1) 성경과 동일하게 근원적인 전통(교회 교리 안에 보존됨)
>   (2) 성경을 뒤따르는 해석의 전통. 이 전통이 성경에 적합한지는 교직이 판단한다.

트리엔트 공의회가 1546년 4월 8일 4차 회의에서 통과시킨 맨 앞의 두 교의 교령은 성경과 동일하게 근원적인 구전 전통이 수용되었음을 분명하게 보여 준다. '복음의 진리는 기록된 책과 기록되지 않은 전승 안에(라. in libris scriptis et sine scripto traditionibis) 들어 있다'는 언급이 이것을 분명하게 드러낸다. 다른 한편으로 교회와 전통에 비판적인 성경 해석에 반대하여 교회 교직(교회의 어머니)이 독점적인 해석권을 갖는다는 것과 교부들이 서로 일치한다는 것을 누차 강조했다(라. consensus patrum).

성령 안에서 합법적으로 모인 지극히 거룩하고 그리스도의 전체 교회를 대표하는 부편적인 트리엔트 공의회는 [⋯] 이 [복음의] 진리와 교리가 기록된 책과 기록되지 않은 전통 안에 포함되어 있다는 것을 확실히 안다. 이 전통은 사도가 그리스도 자신의 입에서 받았거나 성령의 받아쓰게 함을 통해서 사도 자신에 의해서 마치 손에서 손으로 전해지는 것처럼 전달되어 우리에게도 이르렀다. 공의회는 정통 교부의 모범을	Sacrosancta oecumenica et generalis Tridentina Synodus, in Spiritu Sancto legitime congregata, [⋯] perspiciensque, hanc veritatem et disciplinam contineri in libris scriptis et sine scripto traditionibus, quae ab ipsius Christi ore ab Apostolis acceptae, aut ab ipsis Apostolis Spiritu Sancto dictante quasi per manus traditae ad nos usque pervenerunt, orthodoxorum Patrum exempla secuta, omnes libros tam Veteris quam Novi Testamenti, cum

따르며 하나님이 동일한 저자인 신구약성경의 모든 책과 더불어 그리스도 또는 성령의 말씀에서 받아썼고 지속적인 계승을 거쳐 가톨릭교회에 보존된 신앙과 도덕과 관련된 전통 자체를 동일한 경견의 감정과 경외심을 가지고 받아들이고 이것에 경의를 표한다.

utriusque unus Deus sit auctor, nec non traditiones ipsas, tum ad fidem, tum ad mores pertinentes, tamquam vel oretenus a Christo, vel a Spiritu Sancto dictatas et continua successione in Ecclesia catholica conservatas, pari pietatis affectu ac reverentia suscipit et veneratur

트리엔트 공의회, 『거룩한 책과 전통의 수용에 대한 교령』
(Dekret über die Annahme der heiligen Bücher und der Überlieferungen)
(DH 1501; NR 87f.).

이외에도 [공의회는] 주제넘게 행하는 사람을 제어하기 위해서 〈이것을〉 결정한다. 이는 어느 누구도 자기 지혜에 의지하여 신앙과 기독교 교리 체계에 속하는 도덕의 문제와 관련하여 성경을 자신의 견해에 따라 감히 왜곡하지 못하도록 하기 위함이다.
거룩한 어머니인 교회가 견지해 온 의미를 거스르거나 교부 자신의 하나된 일치에 반하여 성경 자체를 해석하지 못하도록 하기 위함이다.

Praeterea ad coercenda petulantia ingenia decernit, ut nemo, suae prudentiae innixus, in rebus fidei et morum, ad aedificationem doctrinae christianae pertinentium, sacram Scripturam ad suos sensus contorquens, contra eum sensum, quem tenuit et tenet sancta mater Ecclesia, […] aut etiam contra unanimem consensum Patrum ipsam Scripturam interpretari audeat.

트리엔트 공의회, 『성경 불가타 판과 성경 해석 방식에 대한 교령』
(Dekret über die Vulgata-Ausgabe der Bibel und die Auslegungsweise der Heiligen Schrift)
(DH 1507; NR 93).

5.2.3 역사-비평 방법의 관철과 이것이 개신교신학에 대해서 갖는 의미

성경의 낱말과 문법에 대한 무지를 극복함으로써 성경의 명확성을 증명하려는 루터의 노력에 고무되어(5.2.1의 노예 의지 인용문 참조), 정통주의 이후 개신교의 성경 교리 발전 과정에서 성경 저자의 언어·사상세계에 대한 관심이 자라났다. 이로부터 현대의 역사-비평적 성경 해석이 중요한 동력을 얻었다.

이것을 고려하면 계몽주의와 더불어 시작된 성경의 역사-비평적 연구는 어떤 측면에서는 종교개혁의 통찰에 기인했다. 그러나 이러한 연관은 단지 일면적일 뿐이다. 왜냐하면 철저한 역사적 연구는 위에서 언급했던 구개신교 정통주의 안에서 일어난 성경의 신성화와는 정반대로 성경을 완전히 탈신성화했기 때문이다.

성경 속의 책은 더 이상 신적 계시의 직접적인 표현이 아니라 우선적으로 인간적 기원을 지닌 역사적 문서로 다루어지고 분석되었다. 이 상황에서 성경의 모든 책은 최종적으로 단 하나의 사건인 그리스도를 다양한 방식으로 표현한다는, 루터가 결코 의심하지 않았던 전제를 포기하였다. 역사-비평적 성경 해석은 성경 저작 속에 있는 다양한 신학적 구상을 부각시켰다. 따라서 이제는 더 이상 하나의 유일한 사건을 말하는 하나의 책이 아니라 여러 사건을 말하는 여러 책이 있을 뿐이다.

이와 같은 성경 해석 방식은 계몽주의의 생성과 관련되어 관철되었다. 성경 권위에 대한 비판적 자세는 이미 영국 이신론에서 나타났다. 과도기 신학 이래로 독일에서도 정통적 영감론이 점차 의문시되었다(4.4와 4.5). 여전히 과도기 신학자로 분류되는 파프는 축자 영감론과 필연적으로 결합되어 있는 견해, 곧 성경은 그 모든 진술에 있어서 전혀 오류가 없다는 견해를 이미 더 이상 주장하지 않았고, 신신학에 속한 퇼러와 젬러는 성경과 하나님 말씀을 구분했다.

이로 인하여 요한 필립 가블러(Johann Philipp Gabler, 1753-1826)가 목적지향적으로 요구했던 성경신학과 교의신학의 구분이 이루어졌고, 사람들은 성경적 근거를 가지고 교회의 교리 진술을 비판했다. 이 일련의 과정에서 굉장한 폭발력을 발산한 것은 라이마루스에게서 기인했고 레싱이 출판한 『한 익명의 사람이 쓴 단편들』이었다.

> **성경의 권위와 역사적 비판**
> 1. 계몽주의 이전의 성경 해석은 성경을 단일한 하나님 말씀으로 이해했다.
> 2. 역사적 비판은 기독교 종교와 그 성경적 근거를 하나의 순수 역사적인 현상으로 이해하는 것을 목표로 삼았다.

젬러는 구개신교 정통주의가 고수해 왔던 성경이 하나님 말씀과 동일하다는 견해를 폐기했다. 성경은 내용적으로 전혀 단일하지 않은, 계시에 대한 인간적 증언으로 간주되었다. 이로써 성경을 중심으로 형성된 교회 교리도 그리스도인에 대한 절대적 구속력을 상실했다. 지금까지 교회 교리에 대한 그리스도인의 동의는 구원을 위해서 중요한 의미를 지녔는데, 이제는 그 구원의 의미가 상대화되었다.

이로 인하여 기독교 신앙의 다양성이 강조되었고 이것과의 연관 속에서 개인의 경건이 강화되었다. 이 과정에서 젬러의 역사-사회적 종교와 윤리-개인적 종교의 구분이 중요한 역할을 했다(§ 1.1.2).

가블러는 1787년 3월 30일에 알트도르프(Altdorf)대학교에서 교수 취임 강연을 하면서 성경신학과 교의신학을 방법론적으로 철저히 구분해야 한다고 주장했다. 그의 강연 주제는 『성경신학과 교의신학의 철저한 차이와 양자의 경계 구분에 대한 연설』(Oratio de iusto discrimine theologiae biblicae et dogmaticae regundisque utriusque finibus)이었다. 가블러의 목표는 성경 본문을 비-교의학적으로 각 역사적 맥락에서 중립적으로 연구하고 이것에 근거하여 성경신학을 이룩하는 것이었다. 그는 이 성경신학적 진술이 교리 형성에 확고한 토대가 될 수 있다고 생각했다.

가블러가 이 계획을 실현하지는 못했지만 성경 해석과 교의학을 구분해야만 한다는 그의 주장은 성경 해석이 자립적이고 순수하게 역사적 방법을 따르면서 교의학의 규정에서 자유로워야 한다는 의식을 지속적으로 강화시켰다.

레싱이 출판한 『한 익명의 사람이 쓴 단편들』(4.6)이라는 책에서 라이마루스는 성경 안의 불일치를 입증하면서, 특히 예수의 생애·선포·부활에 대한 성경적 보도는 역사적으로 신뢰할 수 없는 것이라고 주장했다. 이와 관련하여 그가 부활절 이전의 예수의 선포와 부활절 이후의 그리스도에 대한 선포의 차이를 보여 주고(§ 10.4.2) 부활의 역사성을 부정했다는 것이 중요하다(§ 10.4.3).

역사-비평 방법의 생성

1. 문자적 의미를 중시한 루터에 의해서 성경 저자의 언어 및 사유 세계에 대한 관심이 자극되었다.
2. 이신론, 신신학, 계몽주의 철학은 성경을 두고 무엇이 이성적으로 시대 초월적인 진리인가를 물었다.
3. 본문의 출처 및 〈지금까지의〉 성향에 비판적인 신약성경에 대한 접근 방식이 19세기 역사-비평적인 연구를 관철시켰다.

역사-비평적 방법론을 최종적으로 정착시키도록 기여한 사람은 바우어와 슈트라우스였다(5.2). 지금까지 모든 시도가 성경 속의 책을 비판적으로 다루면서 거기서 영원한 진리를 찾으려고 했다면 바우어는 기독교 종교와 신약성경의 전제를 순수 역사적으로 파악하는 것을 목표로 삼았다.

철저한 연구를 토대로 쓴 논문『고린도 교회 안에서의 그리스도파, 바울 노선의 기독교와 베드로 노선의 기독교의 대립』(Die Christusparthei in der korinthischen Gemeinde, der Gegensatz des paulinischen und petrinischen Christenthums 〈…〉, 1831)에서 바우어는 초기 기독교 안에 내적 갈등으로 형성된 불일치를 보여 주었다. 그는 이 과정에서 율법에 충실한 분파적인 유대 기독교(베드로 노선)와 율법 비판적이고 보편적인 이방 기독교(바울 노선) 사이의 근본 대립에 주목했다.

바우어에 따르면 이 대립이 초기 기독교 발달 과정에 중요한 영향을 미치고 촉진시켰으며 초기 가톨릭(Frühkatholizismus)에 이르러 처음으로 화해되었다. 바우어는 이듬해에도 문헌·경향에 대한 비판을 통해서 신약성경에 접근하는 방식을 계속 진척시켰고 1831년에 정리한 생각을 가지고 기독교 역사와 교리 발전에 대한 전체 그림을 아주 인상적으로 그렸다.

이와 관련된 바우어의 견해는 이미 19세기에 부분적으로 진부한 것이 되었지만 이 학문적 방법론은 여전히 개신교 성경신학의 안내자의 역할을 했다.

바우어의 제자인 슈트라우스는 급진적인 기독교 비판자가 되었다. 이 사실은 역사적 방법론이 기독교 종교의 본질을 더 정확하게 파악하기 위한 토대로서 기능할 뿐만 아니라 기독교 진리 주장을 와해시키는 도구로도 사용되었고 사용될 수 있다는 것을 보여 주었다(§ 10.4.3).

역사–비평 방법론의 결과에 직면하여 성경을 모든 신학적인 판단을 위한 규범적인 척도로 인정하는 것은 불가능했다. 그 이유는 아래와 같다.

①성경의 개별적인 진술 자체는 다른 것이 아니라 역사의 제약을 받는 인간이 하나님에 대해 숙고한 결과물이며 역사 과정에서 비로소 경전

이라는 효력을 얻었다.

② 성경 안에서 일치하지 않는 개별 진술이 상당히 많다. 따라서 예수 그리스도의 복음이 전적으로 성경 전체의 중심이라고 간주할 수 없다.

이 두 통찰은 오늘날 개신교 신학자로 하여금 루터교의 성경 원리를 다시금 숙고하도록 강제하고 있다(§ 5.3.2). 특히 ①에서 언급된 성경에 대한 새로운 이해는 가톨릭과 종교개혁 사이에서 성경의 권위 문제로 일어난 논쟁을 완화시켰다(§ 5.3.3.).

이러한 성경이해로 말미암아 성경 본문 형성의 근본적 전제들, 곧 특정 시대와 결부되어 있어 〈오늘날〉 새로운 관점에서 더 이상 경험적으로 확인할 수 없는 전제들을 기독교 신앙의 입장에서 비판적으로 숙고하는 것도 가능해졌다. 이에 대한 많은 사례 중 하나는 여성신학이 비판한 것처럼 여러 성경 본문에 전제된 가부장 사회의 제관계다(§ 9.3.2의 언급).

②에서 언급한 성경 연구의 결과는 특히 § 2.1과 § 3.1에서 이미 언급했던 것처럼 신구약 전체를 포괄하는 성경신학이 직면한 문제를 명백히 보여준다. 이것은 구약성경이 기독교 신앙에 갖는 의미에 대한 질문이다(5.3.1).

> 아래 자료를 활용하여 루터교 신앙고백서의 성경 교리를 알아보시오.
> - BSLK 767-769/Unser Glaube Nr.871.833-838.
> - H. G. Pöhlmann, Schrift und Wort Gottes.

> 위에서 언급했던 트리엔트 공의회의 교령의 결과를 짧게 요약
> - W.-D. Hauschild, Lehrbuch der Kirchen- und Dogmengeschichte, Band 2, 498ff.
>
> 이 문서의 생성 및 해석과 관련된 질문에 대해서 섬세하게 개관
> - H. Jedin, Geschichte des Konzils von Trient, Band 2, 42-82.

📖　가블러의 알트도르프대학교 취임 강연이 역사-비평 연구 방법의 정착에
　　　 대해 갖는 의미
　　　 - R. Leonhardt, Skeptizismus und Protestantismus, 203-225.

📖　경건주의 이후 신교 구정통주의의 성경 원리(Schriftprinzip)의 폐기 과정
　　　 - U. Barth, Aufgeklärter Protestantismus, 167-199.

📖📖　종교개혁의 성경 원리에서 역사-비평적 방법으로의 변천 과정
　　　 - J. Lauster, Prinzip und Methode.

📖　역사-비평적 연구가 갖는 체계-신학적 의미는 다양하게 평가되었다. 20세
　　　 기 후반기 독일 개신교신학에 결정적인 의미를 지니는 아래의 입장을 알아
　　　 보시오.
　　　 - G. Ebeling, Die Bedeutung der historisch-kritischen Methode.
　　　 - E. Käsemann, Begründet der neutestamentliche Kanon die
　　　 　Einheit der Kirche?
　　　 - W. Pannenberg, Die Krise des Schriftprinzips.

5. 3 현대신학에서 성경의 권위

5. 3. 1 기독교 정경 안에 유대교 경전이 들어오다

　구약성경에 대한 역사-비평적 연구를 통해서 성경 전승 중 상당히 많은 본문이 비기독교적인 전통에서 유래한 것이 분명히 드러났다. 만일 본문 자체에서 알아낼 수 있는 의도가 근본적으로 본문 해석을 주도해야 한다면 구약성경 안에 있는 기독교 이전의 계시 증언은 그리스도의 사건을 통해서가 아니라 그 자체에서 이해되어야 한다. 따라서 현대의 구약 해석은 기독교신학이 구약성경을 교의학적으로 남용하는 것을 반대한다.

구약성경 본문의 역사적인 진술 의도와 그리스도의 사건을 통한 본문 해석이 서로 다르다는 것은 계몽주의 이전에도 알고 있었다. 그 당시에는 성경이 다중적인 의미를 가진다는 교리에 근거해서 구약성경의 저작을 순수 문자적인 의미를 넘어서 영적으로 해석함으로써 이 문제를 해결했다(§ 5.1.2). 그러나 이러한 해결책은 계몽주의 시대에 와서는 더 이상 가능하지 않았다. 역사비평적 연구가 성경 본문의 문자·역사적인 의미를 자신의 토대로 삼았기에 영적 해석이라는 해결책은 잘못된 시도였다.

방금 서술한 문제 상황은 현대신학 안에서 다양한 방식으로 다루어졌다. 이제 이 문제를 극복하기 위해서 시도된 두 가지 방법을 알아 보자.

(1) 경전에서 구약성경을 제외시키기

이 시도에서는 구약성경 자체가 비기독교적인 저작의 모음이며 기독교가 거리를 두었던 종교인 유대교의 경전이라는 점을 진지하게 고려하였다.

복음의 순수성에 대한 염려로 이미 고대 교회 시대에(마르키온, 1.2) 구약성경을 포기하고 기독교 경전에서 제외시키려는 시도가 일어났으나 실패했다. 구약성경을 기독교 성경 안으로 받아들이고 둘의 내용적 차이를 영적 해석을 통해서 극복하려는 노력은 이러한 돌발 상황에 대한 응답으로 이해될 수 있다.

역사비평적 연구를 바탕으로 구약성경의 정경성에 대한 질문이 새롭게 생겨났고, 19세기 초에 슐라이어마허는 기독교 경전 안에서 구약성경이 신약성경과 동일한 효력을 갖는 것이 타당한지를 물었다. 그는 만약 구약성경이 동일한 효력을 갖는다면 기독교는 결국 계속되는 유대교의 한 흐름으로 이해될 것을 우려했다.

20세기 초에 특히 하르낙은 단행본 『마르키온』(Markion)에서 현대 개신교가 여전히 구약성경의 정경성을 고수하는 것을 격렬하게 비판했다.

> 2세기에 구약성경을 포기한 것은 오류였다. 〈따라서〉 제도 교회(die große Kirche)가 이것을 거절한 것은 옳았다. 16세기에 구약성경을 간직하는 것은 종교개혁이 그때까지 피할 수 없는 운명이었다. 그러나 19세기 이래로 개신교 안에서 구약성경을 여전히 경전의 성격을 띤 문서로 보존하는 것은 종교와 교회가 마비되어 나타난 결과이다.
> —하르낙, 『마르키온』(Markion), 217.

20세기 후반 독일어권 개신교 안에서 구약성경이 기독교 신앙에 대해서 갖는 효력이 타당한지를 물었던 중요한 학자는 팔크 바그너(Falk Wagner, 1939-1998)였다. 바그너(F. Wagner)에 따르면 히브리어 성경 속의 책은 확실히 초기 기독교의 형성을 위한 역사적 조건 중 하나인 것이 사실이지만 예수의 아버지를 구약성경의 하나님과 동일시함으로써 기독교 사유는 구약성경의 하나님과 연관될 수밖에 없었고 이로 인하여 기독교의 하나님 개념의 고유성 자체가 억압되었다.

> 구약성경의 정경성을 고수함으로써 기독교 근본 사상이 갖고 있는 특유하게 새롭고 고유한 면을 해명하기보다는 오히려 왜곡한다. 따라서 체계적인 관점에서 볼 때 구약성경의 정경성을 고수하는 것은 문제가 된다. 유대교와 기독교는 삼위일체라는 신 개념뿐만 아니라 기독론에서도 차이가 있다. […]
> 그런데 기독교신학은 예수 그리스도의 아버지를 항상 반복해서 구약성경의 하나님인 야훼와 관련시키길 원한다. 이로 인해 기독교신학은 삼위일체

의 신 개념과 기독론이 지향하는 특유하게 새롭고 혁명적인 요소를 해명할 기회를 스스로 빼앗고 있다.

—바그너(F. Wagner), 『사탄도 성경을 인용한다』
(Auch der Teufel zitiert die Bibel), 251 이하.

하지만 이러한 목소리를 내는 사람은 극히 소수다. 일반적으로 구약과 신약의 차이를 강조하는 사람은 적고, 아래 인용 글에서 볼 수 있는 것처럼 많은 이들은 구약과 신약이 기독교 경전 안에서 상호 귀속(Zugehörigkeit)되어 있음을 강조한다.

(2) 구약성경을 정경으로 해석

구약을 정경의 관점에서 해석함으로써 구약과 관련된 문제를 해결하려는 사람은 그 자체로 미완성인 구약성경의 이야기가 신약 안에서 더 넓게 전개되었다는 전제에서 출발한다. 이것은 실제 성경 전체가 근본적으로 하나의 동일한 사건인 그리스도와 그 안에서 우리를 만나는 하나님을 말한다는 것을 의미한다.

이 입장에 따르면 구약은 신약과는 방식이 다를지라도 이미 그리스도를 언급하고 있다. 따라서 구약은 두 부분으로 이루어진 기독교 경전을 위해서 포기할 수 없는 요소다. 이 입장을 탁월하게 전개한 구약 학자는 헤르만 슈피커만(Hermann Spieckermann, 1950년생)이다.

> 신구약성경은 각각 고유한 방식으로 예수 그리스도를 증언한다. 구약성경은 이것을 예수 그리스도를 직접 언급하지 않는 방식으로 증언한다. 신구약성경이 하나의 동일한 진리를 증언한다는 것을 알 수 있는 인식 근거는 신약성경에 있다. […]

그리스도에 대한 직접적인 증언을 담고 있는 신약성경은 유대인의 성경인 칠십인역(LXX)에 대한 지식과 활용 없이는 자신의 복음을 전할 수 없다. […] 근원에 가까운 증인의 다양한 목소리로 구성된 합창 속의 유일한 진리가 만약 다양한 형태의 저술로 이루어진 앙상블 속에 존재하는 유일한 성경에 의해 보호받지 못했더라면, 구약성경의 저술도 신약성경의 저술과 더불어 경전이 되지 않았을 것이다. […]

계몽주의 이래 역사-비평적 방법론은 성경에 대한 학문적 해석 도구로서 지속적으로 강화·정착되면서 성경 증언의 진리 주장이 상대화되고 때로는 폐기되었다. […] 성경 해석은 이질적이고 고집스런(eigensinnig) 본문을 알기 위해서 역사-비평적 방법론을 지속적으로 활용하면서 신학적으로 새롭게 숙고해야 한다. 다양한 방식으로 성경 증언이 진실하고 타당하다는 것을 학문적으로 책임 있게 전달할 수 있는 그러한 해석만을 정당하게 신학적 해석으로 부를 수 있다. […]

경전에 대한 학문인 구약신학이 자기 외부의 인식 근거를 부정할 수 없듯이 자신에게 위탁된 구약 증언의 다양성을 축소할 수도 없다. […] 구약신학과 관련하여 마소라 경전 외에도 칠십인역인 그리스어 경전이 아주 중요한 의미를 지닌다. […]

만약 [구약신학의 서술이] 신구약의 단일한 주제 그리고 이것과 함께 세워지는 성경 본문의 진리성과 규범성의 주장을 토대로 삼지 않는다면 자신의 과제를 그르칠 것이다.

—슈피커만, 『구약성경의 타당성』(Die Verbindlichkeit des Alten Testaments), 47-51.

슈피커만은 구약성경의 올바른 해석을 위해서 그 외부에 진리의 인식 근거가 있어야 한다는 견해를 지지했다. 이것은 신약성경이 직접적으로 증언하는 그리스도다. 신약성경에 있는 그리스도에 대한 증언이 구약성경과 결속되어 있기 때문에 '유대인의 성경인 칠십인역에 대한 지식과 활용 없이는' 그리스도의 복음을 전달할 수 없다.

여기서 신구약성경 두 권의 책이 기독교 경전이 되었다는 사실 자체가 양자가 상호 귀속되어 있음을 주장하는 결정적인 논거로 제시되었다.

우리는 이 논거에서 '다양한 형태의 저술로 이루어진 앙상블 안에 있는 유일한 성경'을 통해 '유일한 진리'를 관철시키려는 저자의 의도를 볼 수 있다. 그런데 이와 같이 확립된 성경 본문의 진리성과 규범성은 역사-비평적인 연구로 인하여 전반적으로 상실될 수 있다.

그래서 슈피커만은 기독교신학으로 자칭하는 구약성경신학이 상호 귀속된 신구약성경의 진리성과 규범성을 토대로 삼아 작업하기를 기대한다.

5.3.2 현대 개신교 안에서 종교개혁의 성경 원리

역사-비평적 성경 연구가 가져온 결과 앞에서 신루터신학(die neuere lutherische Theologie)은 성경과 하나님 말씀을 직접 동일시하는 입장과 거리를 두었다. 성경의 권위는 더 이상 신교 구정통주의 주장처럼 문자 형태로 있는 성경 자체가 아니라 성경 배후에 있고 이것이 말하는 계시 사건과 관련되었다. 사례 하나를 통해서 이 입장을 더 자세히 알아 보자.

슈피커만이 성경신학적인 관점에서 그랬던 것처럼 빌프리트 헤를레 (Wilfried Härle, 1941년생)는 성경의 권위와 관련하여 먼저 경전 형성의 의미를 강조했다.

> 경전 형성의 목표는, 계시의 증거가 신앙고백에 요약된 것처럼, 이 계시의 증거를 가능한 순수하게 간직한 저작을 모아 정리함으로써 기독교 신앙의 왜곡

을 막는 것이었다. 그러므로 이것이 개별 저작을 경전의 구성 요소로 만드는 내용적인 특징이다.

—헤를레, 『교의학』, 113.

이 견해에 의하면 성경 저작은 그 자체로 하나님의 계시와 동일하지 않다. 성경 저작이 '계시의 증거를 가능한 순수하게 보존하고 있다'는 점에서 '경전의 구성 요소의 자질'을 갖는다. 이와 같이 성경의 권위를 계시의 증언과 결합함으로써 역사-비평적인 해석이 성취한 성경의 탈신격화를 포기하지 않으면서 기독교 신앙에 대한 성경의 규범적인 가치를 고수할 수 있었다.

> 성경 자체는 예수 그리스도 안에서 일어난 하나님의 자기 해명(Selbsterschließung)과 상관없는 하나님의 두 번째 계시가 아니다. […] 그러나 성경의 적극적인 측면 역시 중요하다. 성경은 예수 그리스도 안에서 일어난 하나님의 자기 계시를 **증언하기 때문에**, 그리고 **이 조건에서** 권위를 갖는다. 그렇다. 성경은 그리스도의 계시의 권위에 **참여한다**.
> [이 견해에 의하면 성경적 저작들이 영감되었다는 말은] 한 사람이 그리스도의 계시 안에서 열린 실재이해에 붙들렸고 이로 말미암아 그의 말과 글이 본질적으로 결정되었음을 뜻한다.

—헤를레, 『교의학』, 119, 122 이하.

성경은 계시의 순수한 증거로 인정되었고, 그리스도를 증언하는 성경의 권위는 그 시대 제약적인 표현 형태가 아니라 증언 내용 자체에 근거한다. 이 이해 속에서 그리스도에 대한 증언 내용은 문자로 이루어진 성경 본문을 전적으로 비판할 수 있는 척도가 된다. 이런 입장을 취하는 헤를레는 성경의 중심을 토대로 삼아 성경을 비판했던 루터의 입장을 확실히 계승하고 있다(§ 5.2.1).

> 성경, 더 구체적으로 성경의 저작은 성경의 중심에 의해서 비판된 **대상과 수신자가** 된다. 이러한 성경 비판의 원리를 **실제로 적용한 본보기**는 역시 루터였다. [...] 성경의 권위가 그리스도의 계시로부터 도출되기 때문에 그리스도가 추구한 것이 성경 및 그 저작의 개별 언급이 그에게 적합한지를 측정할 수 있는 **비판적인 척도**가 된다.
>
> – 헤를레, 『교의학』, 138 이하.

5.3.3 오늘날 에큐메니칼 대화에서 이해된 성경의 권위

로마가톨릭과 루터교의 성경 이해를 서술한 § 5.2에서 양자의 차이점 두 가지가 분명하게 드러났다. 가톨릭 편에서는 다음과 같이 가르쳤다.

(1) 성경은 교직에 의해서 관리되고 사도 시대에서 유래한 구전 전통에 의해 보충될 필요가 있다.
(2) 성경은 교회로부터 그 권위를 인정받을 필요가 있다.
(3) 성경은 기록으로 전해진 해석 전통에 의해서 해석되어야 하는데 이 해석 전통이 적절한지를 결정하는 것은 교직이다.

그런데 20세기에 와서 가톨릭은 성경이 보충되어야 한다는 주장을 포기했고, 가톨릭과 루터교는 성경의 권위를 인정하고 그렇게 성경을 해석해야 할 필요성에 대화를 통해서 접근했다. 이로써 성경에 대한 커다란 타협 가능성이 열렸다.

① 트리엔트 공의회는 '복음의 진리와 교리가 기록된 책과 기록되지 않은 전통(in libris scriptis et sine scripto traditionibus) 안에 담겨 있다'고 선언했다. 그런데 1950년 이래로 로마가톨릭은 이 표현을 더 이상 성경 증언이 **내용적인 측면**에서 보충되어야 한다는 의미로 이해하지 않는다.

이제 사람들은 자주 이 표현이 '유일한 내용인 복음의 진리와 교리가 기록과 구전이라는 다른 방식으로 전승되었음을 뜻하는 것으로 해석한다. 이 견해를 따르면 기록되지 않은 전통은 성경의 증언에 포함되지 않은 그 어떤 것도 가르치지 않는다. 다시 말하면 하나님의 구원 계시는 성경에 완전하게 담겨있으므로 교회의 모든 규범적 결정은 이 성경을 기준으로 삼아야 한다.

② 성경적 표현이 명확하다는 견해에 대한 부정이 성경은 교회에 의해 권위를 인정받고 해석되어야 한다는 교리의 토대가 되어 지속되었다. 그런데 가톨릭교회가 현대 해석 방법에 문호를 개방하기 시작했고 이러한 경향은 1960년대 이래로 더 강화되었다. 이로써 성경의 문자적 해석이 커다란 의미를 얻었다.

그러나 늘 그랬던 것처럼 로마가톨릭은 성경적 표현의 신학적 의미는 교직이 일괄되게 규정하는 교회의 선포에 의해서 비로소 드러난다고 강조했다. 더 나아가 성경 안의 책은 오직 교회 안에서 그리고 교회가 실행했던 정경화 사건에 근거해서 성경이라는 권위를 얻는다고 말했다. 이것은 성경에 근거해서 교회를 비판할 가능성을 모두 부정하는 것이었다.

이에 반해 종교개혁의 신학 전통은 성경이 교회라는 장에서 생겨나 그 안에서 정경으로 형성되었다는 것을 전적으로 인정하면서도 교회가 성경의 권위를 인정한 사건보다 성경 내용의 핵심인 그리스도의 계시 자체가 원리적으로 우위에 있다고 말했다. 결과적으로 이러한 관점은 성경의 이름으로 교회를 비판할 수 있는 가능성을 지키려는 관심과 결부되어 있다.

성경의 문제를 두고 가톨릭이 종교개혁 신학과 타협점을 모색한 데에는 구체적인 이유가 있었다. 트리엔트 공의회와 제1차 바티칸 공의회의 결정을 정리하고 보충했던 제2차 바티칸 공의회는 『하나님 말씀』(Dei Verbum, §3.2.1) 교의 규칙에서 성경-전통-교직의 관계를 역사-비평적인 연구의 통찰을 고려하면서 이전과는 다르게 규정했다.

여기서 성경과 전통의 불가분의 연관성을 재확인했다. 이것은 위 (1)에서 언급한 '성경은 교직이 관리하고 있고 사도 시대에서 유래한 구전 전통에 의해 보충될 필요가 있다'는 주제와 관련하여 중요한 의미를 지닌다. 이 재확인을 통해서 교회의 교리 형성이 성경을 배제할 수 없고 반드시 성경을 모범으로 삼아야 한다는 점이 적어도 간접적으로나마 표현되었다.

비록 여전히 논쟁의 여지가 있는 트리엔트 공의회의 표현을 재차 반복하고 있지만 『하나님 말씀』(Dei Verbum §3.2.1)의 한 부분에서는 교회의 모든 선포의 방향을 제시해야 할 성경의 역할을 분명하게 강조했다.

성경권위와 관련한 에큐메니칼 대화의 진척

1. 오늘날 로마가톨릭교회는 교회 교리에 대한 성경의 우위성을 강조한다.
2. 개신교 루터신학은 교회가 성경 형성과 관련하여 갖는 의미를 인정한다.
3. 성경이 교회의 교리를 비판하는 기능에 대해서는 아직까지 구체적인 결과가 없다.

그러므로 거룩한 전통과 성경은 서로 밀접하게 결합되어 교류한다. 그것은 이 둘이 동일하고 거룩한 수원에서 흘러나와 어느 방식으로든 한 줄기가 되어 동일한 목적지로 향하기 때문이다.

Sacra Traditio ergo et Sacra Scriptura arcte inter se connectuntur atque communicant. Nam ambae, ex eadem divina scaturigine promanantes, in unum quodammodo coalescunt et in eundem finem tendunt.

즉 성경은 성령이 숨을 내쉬는 과정에서	Etenim Sacra Scriptura est locutio Dei
문자로 기록되었다는 점에서 하나님 말	quatenus divino afflante Spiritu scripto
씀이다. 그리고 거룩한 전통은 그리스도	consignatur; Sacra autem Ttraditio verbum
주와 성령이 사도에게 위탁한 하나님 말	Dei, a Christo Domino et a Spiritu Sancto
씀을 그 후계자들에게 온전하게 전달해	Apostolis concreditum, successoribus eorum
준다. […]	integre transmittit […]
이로부터 교회가 모든 계시에 대한 확실	quo fit ut Ecclesia certitudinem suam de
성을 오직 성경을 통해서만 길어 올리는	omnibus revelatis non per solam Sacram
것은 아니라는 결론에 이른다. 따라서 이	Scripturam hauriat. Quapropter utraque pari
둘〈전통과 성경〉을 동일한 경건의 감정과	pietatis affectu ac reverentia suscipienda et
경외심으로 받아들이고 이것들에 경의를	veneranda est.
표해야만 한다.	

제2차 바티칸 공의회, 규칙『하나님 말씀』, 2장, 9항
(DH 4212; NR 148).

따라서 교회의 모든 선포는 기독교 종교	Omnis ergo praedicatio ecclesiastica sicut ipsa
자체가 그래야 하는 것처럼 성경에 의해	religio christiana Sacra Scriptura nutriatur et
양육되고 인도되어야한다.	regatur oportet.

제2차 바티칸 공의회, 규칙『하나님 말씀』 6장, 21항
(DH 4228; NR 154).

위 (2)에서 다룬 '성경은 교회로부터 그 권위를 인정받을 필요가 있다'는 주제와 관련하여 공의회에서 이루어진 결정은 개신교 관점에서 볼 때 그리 명확하지 않다. 하나님 말씀과 성경에 대한 규범적 해석은 오직 교회 교직의 권한이라고 선언하면서도 동시에 교직은 하나님 말씀 위에 있지 않고 이 말씀을 섬기는 자라는 것을 언급했다.

이로써 학문적 해석이 교회의 신학적 판단과 관련하여 갖는 가치가 인정되었다.

기록된 하나님 말씀 또는 전통을 합법적으로 해석할 수 있는 임무는 오직 운동력 있는 교회 교직에게 위탁해야만 하고 이 전권은 예수 그리스도의 이름으로 행사되어야 한다.
교직은 참으로 하나님 말씀 위에 있지 않고 오직 전례된 것만을 가르침으로써 이것을 섬긴다. 신적 위탁에 근거하고 또 돕는 성령에 의지해서 이것을 경건하게 듣고 거룩하게 지키고 신실하게 설명해야한다.
그리고 하나님으로부터 계시된 것으로 믿도록 제시되어야할 모든 것을 이 하나의 믿음의 유산에서 길어 올림으로써 〈교직은 하나님 말씀을 섬긴다.〉

Munus autem authentice interpretandi verbum Dei scriptum vel traditum soli vivo Ecclesiae Magisterio concreditum est, cuius auctoritas in nomine Iesu Christi exercetur. Quod quidem Magisterium non supra verbum Dei est, sed eidem ministrat, docens nonnisi quod traditum est, quatenus illud, ex divino mandato et Spiritu Sancto assistente, pie audit, sancte custodit et fideliter exponit, ac ea omnia ex hoc uno fidei deposito haurit quae tamquam divinitus revelata credenda proponit

제2차 바티칸 공의회, 규칙 『하나님 말씀』, 2장, 10항
(DH 4214; NR 149).

그러나 하나님은 성경에서 사람들을 통해서 사람들의 관습에 따라 말했다. 따라서 성경의 해석자들은 하나님 자신이 우리에게 무엇을 알려 주길 원했는지를 자세히 알기 위해서 저자들이 실제로 무엇을 알리려고 의도했는지 그리고 하나님이 그들의 말을 통해서 무엇을 드러내기를 기뻐했는지를 부지런히 추적해야만 한다. [...] 성경 해석자의 임무는 성경의 의미를 더욱 온전히 알고 진술할 수 있도록 수고하며 기여하는 것이다. 이 학문적 연구 결과의 토

Cum autem Deus in Sacra Scriptura per homines more hominum locutus sit, interpres Sacrae Scripturae, ut perspiciat, quid Ipse nobiscum communicare voluerit, attente investigare debet, quid hagiographi reapse significare intenderint et eorum verbis manifestare Deo placuerit [ ]

Exegetarum autem est [...] adlaborare ad Sacrae Scripturae sensum penitius intelligendum et exponendum, ut quasi praeparato studio,

대 위에서 교회의 판단력이 성숙되어야 한다. 하지만 성경 해석에 관한 모든 것은 최종적으로 하나님 말씀을 보존하고 해석하라는 신성한 위탁과 직무를 수행하고 있는 교회의 판단 아래 있다.

iudicium Ecclesiae maturetur. Cuncta enim haec, de ratione interpretandi Scripturam, Ecclesiae iudicio ultime subsunt, quae verbi Dei servandi et interpretandi divino fungitur mandato et ministerio.

제2차 바티칸 공의회, 규칙 『하나님 말씀』, 3장, 12항
(DH 4217; NR 151).

제2차 바티칸 공의회가 진술했던 성경-전통-교직의 상호 관계 문제는 독일 신구교 신학자로 구성된 에큐메니칼 연구 단체 안에서 경전으로서의 성경과 그 규범적 해석에 대한 교리적 질문을 일으켰다. 1986년에 시작된 이 대화의 결실로 1992년에는 공동 선언(Gemeinsame Erklärung)이 도출되었다. 이 공동 선언은 일련의 합의점을 확인하고 여전히 남아있는 차이점이 무엇인지를 구체적으로 언급했다.

> 교회의 장에서 오랜 전승 과정을 거쳐 생겨나 경전이 된 성경 역시 하나의 전통 형태라고 말할 수 있다. 곧 성경은 구약성경의 저작 안에 그 토대가 있는 사도적 선포의 변함없고 결정적인 형태이다. 누가 이렇게 말하더라도 이것은 성경의 중요성에 대한 개신교의 이해와 [상반되지 않는다.]
> [다른 한편으로] 누군가 모든 교회 전통은 성경에서 그 효력의 척도를 얻었다고 말하더라도 이것이 로마-가톨릭의 성경 이해와 [상반되지 않는다.] 성경의 권위와 해석에 관한 질문을 두고 종교개혁적인 입장과 로마-가톨릭 입장 사이에 오늘날에도 극복할 수 없는 종파적인 차이가 여전히 존재할까? 한편으로 이 질문은 문자적으로 해석해야 할 성경의 비판 기능을 교회 교직이 행하는 교리적인 진술에도 적용하는 것을 인정하느냐 아니면 부정하느냐의 문제와 결정적으로 관련되고, 또 한편으로는 교회의 선포 책임을 맡은 교직의 기능을 성경 해석과 관련해서도 인정할 것인가 부정할 것인가

의 문제와 결부되어 있다.

—공동 선언, 『구속력 있는 증거 I』(Verbindliches Zeugnis I)에서, 388, 396.

📖📖 성경 해석학의 근본 문제와 주요 흐름
- M. Oeming, Biblische Hermeneutik

🖥 성경 해석을 다루는 서적을 지속적으로 소개할 목적으로 M. 외밍(Oeming)이 종합해 놓은 성경 해석학 도서 목록
- http://www.rzuser.uni-heidelberg.de/~dr6/hermeneutik.html.

📖 위기에 처한 성경 원리(Schriftprinzip)를 새롭게 구성하려는 현 시대의 시도를 비판적 시각에서 정리
- R. Leonhardt, Skeptizismus und Protestantismus, 143-277, bes. 233-275.

📖📖 5.3.3.에서 인용한 〈공동〉 선언은 1986년 시작된 '구속력 있는 증거'(verbindliches Zeugnis)라는 기획을 잠정적으로 완결했던 연구 분과의 최종 보고서로 차후에 보충되었다.
- Abschließender Bericht, in: Verbindliches Zeugnis III, 288-389.

제3장

교의학의 개별 주제

§ 6. 신론 I: 신의 존재, 본질, 속성

기독교 관점에서 하나님의 존재·본질·속성에 대한 진술은 하나님이 자신을 삼위일체(아버지, 아들, 성령)로 계시하면서 사람들과 관계를 맺은 사실과 무관하게 전개될 수 없다.

이러한 이유로 하나님과 사람의 관계를 도외시하고 서술되는 신에 대한 일반 교리는 '말하는 자의 구체적인 상황을 고려하지 않는다'는 비난을 받을 수 있다(불트만. § 2.2.에 언급된 인용글 참고). 따라서 § 7에서 다룰 삼위일체 하나님의 교리보다 먼저 하나님의 일반 교리를 다루는 방식은 자연스럽게 보이지 않아서 설명이 필요하다.

일반 신론과 삼위일체 교리는 오래도록 따로 분리되어 있었다. 거기에는 여러 이유가 있었다. 18세기까지 사람들은 줄곧 그리스도 〈계시〉에 의존하지 않고 철학적 이성의 도움, 곧 자연 계시에 근거해서(§ 3.2) 하나님에 대한 참된 진술에 도달할 수 있다고 가정했다. 그리고 이성에 근거해 도달한 하나님에 대한 진술은 하나님의 구원 의지를 알기 위한 전제로 받아들여졌다.

이러한 이유로 일반신론이 오직 초자연적 계시를 통해서만 접근 가능한 삼위일체 하나님의 본질에 대한 진술 앞에 나오게 되었다. 전통적인 일반신론이 교의학에서 차지하는 비중이 크기 때문에 여기서도 삼위일체 교리를 다루기 전에 먼저 하나님의 존재(§6.1; §6.2) 및 본질과 특징(§6.3)을 언급한다.

6.1 철학적 신 존재 증명

6.1.1 신 존재 증명의 의미와 그 유형

철학자와 신학자는 언제나 이미 신앙 안에 전제된 신의 존재를 합리적인 방식으로도 증명하려고 줄기차게 시도했는데 이 과제를 수행했던 이른바 신 존재 증명은 아주 다양한 방식으로 활용·평가되었다.

신 존재 증명의 의미와 가치 평가(Ⅰ)

1. **중세**: 신앙의 합리적 확증(§ 6.1.2; § 6.1.3)
2. **근대**: 세계 해석을 위한 학문적으로 확고한 토대 보증(§ 6.1.2)

중세신학은 신앙이 이성보다 우위에 있지만 이 둘은 원칙적으로 일치한다는 전제에서 출발했다. 이 입장은 당시 신학의 전형적인 특징이었던 포괄적 계시 이해(§ 3.2.1)와 같았고, § 4.3.2에서 언급된 후기 로마가톨릭의 입장과 유사했다.

한편으로 신앙은 앎을 추구한다는 점이 강조되었고 따라서 신앙은 항상 사유하는 신앙이었다(denkender Glaube). 다른 한편으로 인간 이성이 지적 추구의 최고 대상인 하나님을 향할 때 스스로 자신의 한계를 인식하고 오직 신앙 안에서 파악될 수 있는 계시에 의존하게 된다는 것이 강조되었다. 따라서 사유는 항상 신앙하는 사유였다(gläubiges Denken).

이러한 전제 때문에 중세의 신 존재 증명의 일차적 관심은 결코 하나님의 존재를 증명하는 것이 아니라 이미 확고한 신앙의 사실을 지성을 향해서도 선언하는 것이었다.

그래서 신 존재 증명의 성사 여부는 신앙의 자세에 어떤 직접적인 영향도 끼치지 못했다. 이성적 방식의 신 존재 증명이 실패해도 이것이 신앙을 불확실한 것으로 만들거나 무신론자가 되게 할 수는 없었다.

그러나 근대 사유에서 신 존재 증명은 아주 다르게 이해되었다. 신앙의 모든 전제와 관계없이 오직 이성적으로 신의 존재를 증명하는 것으로 이해된 신 존재 증명은 철학적인 세계 해석의 체계를 확립할 수 있도록 확고부동한 출발점을 마련해 주어야 했다.

이 과정에서 사람들은 중세신학의 논거를 재활용했는데 이것은 아직 준비되지 않은 중세신학의 논거에 장기적으로 짊어질 수 없는 짐을 지어준 것과 같았다.

이성신학의 가능성을 철저하게 부정한 자는 칸트였다. 그는 『순수 이성 비판』에서 전통적 형이상학을 해체하면서 이러한 가능성을 부정했고 이로 인해 엄청난 파장이 일어났다(§ 6.2.1). 그 이후로 개신교신학은 더 이상 철학적 신학이 계시된 신학의 토대라는 표현을 사용하지 않았다.

그러나 개신교와 달리 로마가톨릭과 현대철학의 일부 흐름 안에는 하나님의 존재와 관련한 중세의 논거뿐만 아니라 가능한 새로운 증명 방식에 대한 관심이 일고 있다(§ 6.2.2).

> **신 존재 증명의 의미와 가치평가(Ⅱ)**
>
> 1. **칸트**: 신 존재 증명은 이론 이성의 능력을 넘어선다(§ 6.2.1).
> 2. **현재**: 신 존재 증명에 대해서 개신교신학이 전반적으로 유보적이라면 가톨릭신학은 개방적이고, 철학은 부분적으로 커다란 관심을 보인다(§ 6.2.2).

칸트는 신 존재 증명을 비판하기 전에 '이론 이성의 입장에서 가능한 신 존재 증명의 유형'을 서술했다. 칸트의 아래 인용문은 신 존재 증명의 유형을 알려주고 그 다음의 도표는 이 내용을 명확하게 해 줄 것이다.

> 이론 이성의 관점에서 가능한 신 존재 증명의 유형은 오직 세 가지다. 이 목적을 위해서 시도해 볼 수 있는 모든 방법이다.
>
> ① 특정한 경험과 이로 인해 인식된 우리 감각 세계의 특정한 성질에서 시작해서 여기로부터 인과법칙을 따라서 세계 밖에 있는 최고의 원인으로 올라가든지,
> ② 또는 불확정한 경험, 곧 한 존재를 경험적으로 토대로 삼든지,
> ③ 또는 종국적으로 모든 경험을 배제한 채 전적으로 선험적(a priori)으로 순전히 개념으로부터 최고의 원인을 추론하는 〈이와 같은 것들이다.〉
>
> 첫 번째 증명은 **자연신학적** 증명, 두 번째 증명은 **우주론적** 증명, 세 번째 증명은 **존재론적** 증명이다. 이것들 외에 다른 증명은 더 이상 없고, 있을 수도 없다.
>
> —칸트, 『순수 이성 비판』, B 618 이하
> (Akademie-Textausgabe Ⅲ 396.20–31).

신 존재 증명은		
(I) 감각적인 경험에서 시작한다. 경험에서 시작한다면 이 경험은		(II) 또는 모든 감각적 경험을 의식적으로 배제한 채 **순수히 개념**에서 시작한다.
(Ia) **우리의 감각세계의 특정한 성질**에 대한 인식에 의해서 결정된 경험이다.	(Ib) 또는 **불확정한 경험**이다.	
↓	↓	↓
(Ia) 자연신학적 증명	(Ib) 우주론적 증명(§6.1.3)	(II) 존재론적 증명(§6.1.2)

6. 1. 2. 존재론적 신 존재 증명: 캔터베리의 안셀모와 르네 데카르트

오늘날 『연설』(Proslogion)이라는 이름으로 알려진 안셀모의 저서는 대략 1080년에 세상에 나왔는데 처음에는 『이해를 추구하는 신앙』(Fides quaerens intellectum)이라는 제목으로 널리 알려졌다.

이 책 2-4장에서 안셀모는 신 존재의 필연성에 대한 논거를 제시했다. 이것은 칸트 이래로 존재론적 증명이라고 불린 논거였다. 안셀모는 마음속으로 '하나님은 없다'(시14:1; 53:2)고 말하는 어리석은 사람에게 묻고 그의 생각이 비합리적임을 논리적 근거를 가지고 납득시키고자 한다.

그러므로 믿음에 앎을 더하시는 주님, 당신이 해명할 수 있는 만큼 나로 하여금 알게 하소서. 당신은 우리가 믿는 것처럼 계시며 우리가 믿는 그것임을 알게 하소서. 당신이 어떤 것보다 더 큰 무엇임을 우리 | Ergo, domine, qui das fidei intellectum, da mihi, ut quantum scis expedire intelligam, quia es sicut credimus, et hoc es quod credimus. Et quidem credimus te esse aliquid quo nihil maius cogitari possit. An ergo non

는 확실히 믿습니다. 그런데 어리석은 자는 마음 속으로 하나님은 없다고 말합니다. 〈그럼, 그가 이렇게 말한다고 해서〉 그런 것이 없을까요?
그러나 어떤 것보다 더 큰 무엇이 있다는 나의 이 말을 듣게 된다면 이 미련한 자도 그가 듣는 것을 알게 될 것입니다. 비록 그가 그런 것이 존재하는지는 알 수 없더라도 그가 〈나에게 듣고〉 이해한 것은 그의 지성 안에 있습니다.
사실 이 어리석은 자도 어떤 것보다 더 큰 무엇이 지성 안에 있다는 것을 확신하고 있습니다. 그것은 이 어리석은 자가 듣는 것을 알며 그가 아는 것이 지성 안에 있기 때문입니다.
어떤 것보다 더 크다고 생각할 수 있는 것은 확신하건데 지성 안에만 있을 수는 없습니다. 적어도 만약 지성 안에 있는 것이라면 이것은 실제로도 있다고 생각할 수 있습니다. 이것〈실제로 있는 것〉은 〈지성 안에만 있는 것보다〉 더 큽니다. 그러므로 만약 어떤 것보다 더 크다고 생각할 수 있는 것이 오직 지성 안에만 있다면 이것보다 더 큰 것을 생각할 수 있습니다.
그러나 확실히 이 같은 일은 불가능합니다. 따라서 어떤 것보다 더 크다고 생각할 수 있는 것은 의심의 여지없이 지성 안에 뿐만 아니라 실제로도 존재합니다.

est aliqua talis natura, quia 'dixit insipiens in corde suo: non est Deus'?

Sed certe ipse idem insipiens, cum audit hoc ipsum quod dico: 'aliquid quo maius nihil cogitari potest', intelligit quod audit; et quod intelligit in intellectu eius est; etiamsi non intelligat illud esse [...]

Convincitur ergo etiam insipiens esse vel in intellectu aliquid quo nihil maius cogitari potest, quia hoc cum audit intelligit, et quidquid intelligitur in intellectu est.

Et certe id, quo maius cogitari nequit, non potest esse in solo intellectu. Si enim vel in solo intellectu est, potest cogitari esse et in re, quod maius est. Si ergo id quo maius cogitari non potest, est in solo intellectu, id ipsum, quo maius cogitari non potest, est quo maius cogitari potest.

Sed certe hoc esse non potest. Existit ergo procul dubio aliquid, quo maius cogitari non valet, et in intellectu et in re.

안셀모, 『연설』(Proslogion) 2
(Opera omnia⁹, 제1권, 101.3-9; 101.13-102.2).

논증은 세 단계로 이루어진다.

① 안셀모는 하나님이라는 말과 '어떤 것보다 더 크다고 생각될 수 있는 것'(aliquid quo maius cogitari non potest)을 동일시한다.

② 하나님을 부정하는 자도 '어떤 것보다 더 크다고 생각될 수 있는 것'이라는 말을 이해한다. 그가 이 표현을 이해하기 때문에 하나님은 적어도 지성 안에는 있고 그래서 하나님을 부정하는 자의 지성 안에도 존재한다.

③ '어떤 것보다 더 크다고 생각될 수 있는 것'인 하나님은 지성 안에만 있지 않고 실제로도 존재해야만 한다. 만약 하나님에게 이 실제적인 존재가 결여되어 있다면 그는 최고라고 생각될 수 있는 것보다 작을 것이다. 그래서 안셀모에 의하면 '어떤 것보다 더 크다고 생각될 수 있는 것'의 개념을 면밀히 분석하게 이로부터 필연적으로 하나님이 실제로 존재한다는 결과가 나온다.

> 이러한 안셀모의 논거는 중세 시대에는 거의 주목받거나 토론되지 않았다. 안셀모의 논거와 달리 칸트의 표현처럼 감각적인 경험에서 시작하는 신 존재 증명은 상당한 의미를 가졌다(Ia; Ib). 이런 형태의 신 존재 증명은 특히 토마스에 의해 전개되었고 오늘날에도 로마가톨릭 안에서 중요한 역할을 한다.

칸트가 존재론적 신 존재 증명을 언급하면서 안셀모의 논거를 염두에 두지 않았다는 것을 아래 인용문에서 알 수 있다.

> 그러니까 최고 존재를 개념으로부터 증명하려는 (데카르트의) 아주 유명한 존재론적 증명에서 모든 수고와 노력이 허사가 되었다. 만약 어떤 상인이 자기 상황을 개선하고자 하면서도 현금 잔고를 무로 만들길 원할 경우 재산을 늘릴 수 없는 것처럼 사람은 순수한 관념에서 인식을 넓힐 수 없다.
>
> 칸트, 『순수 이성 비판』, B.630
>
> (Akademie-Textausgabe[학술판을 말한다] III 403.17–22).

칸트가 여기서 데카르트를 언급한 것은 근대 철학에서 부흥기를 맞은 존재론적 증명이 데카르트 철학의 커다란 명성을 근거로 중심적인 역할을 수행했기 때문이다.

데카르트는 그의 저서 『제일철학에 대한 숙고』(Meditationes de prima Philosphia) 제5숙고에서 존재론적 증명에 대해서 진술한다. 이 방식은 이 책에서 다루는 신 존재 증명 방식 중 두번째다(제3숙고에서 전개된 증명 과정에 대해서, 4.1).

데카르트는 생각을 통해서 그 성질이 명확하고 뚜렷하게(clare et distincte) 파악될 수 있는 모든 사물은 생각하는 자가 정신의 눈으로 그것을 어떠어떠하다고 보는 것처럼 실제로도 그러하다는 전제로 시작한다. 그리고 그는 자기 인식론의 핵심이었던 이러한 통찰을 신 존재 증명으로 탈바꿈시켰다.

곧 그는 다음과 같이 생각했다. 만약 모든 측면에서 완전한 존재라는 하나님의 개념을 진지하게 받아들이면, 처음에는 생각만으로 모든 측면에서 완전한 존재로 규정된 하나님의 본질로부터 하나님의 실제적인 존재를 분리하는 것은 산이라는 관념에서 계곡이라는 관념을 분리하는 것만큼이나 불가능하다.

[7] 내가 나의 생각에서 어떤 사물에 대한 관념을 얻을 수 있다는 오직 이것에 근거해서, 내가 이 사물에 속한 것으로 명확하고 분명하게 파악한 모든 것이 실제로 이 사물에 속해 있다는 결론을 낼 수 있다면, 여기서 하나님의 존재를 증명할 수 있는 하나의 논거 역시 얻을 수 있지 않을까?	[S]i ex eo solo, quod alicuis rei ideam possim ex cogitatione mea depromere, sequitur ea omnia, quae ad illam rem pertinere clare et distinte percipio, revera ad illam pertinere, numquid inde haberi etiam potest argumentum, quo Dei existentia probetur?
[8] 삼각형의 본질에서 삼각형의 세 각의 크기는 두 직각의 합과 같다는 〈성질을〉 분리하는 것이 불가능하고, 또 산이라는 관념에서 계곡이라는 관념을 분리하는 것	[F]it manifestum non magis posse existentiam ab essentia Dei separari quam ab essentia trianguli magnitudinem trium eius angulorum aequalium duobus rectis, sive ab

이 불가능한 것처럼, 하나님의 본질로부터 그의 존재를 분리하는 것이 그 이상으로 불가능하다는 것은 명확하다. […]
[10] 그러나 여기에 잘못된 추론이 숨어 있다. '나는 계곡 없이는 산을 생각할 수 없다'는 것에서 나올 수 있는 결론은 산과 계곡이 어딘가 존재한다는 것이 아니라 그 존재 여부와 관계없이 이 둘이 서로 분리될 수 없다는 것이기 때문이다.
그러나 내가 하나님의 존재 없이는 그를 생각할 수 없다는 점에서 하나님에게 존재는 뗄 수 없는 것이며 따라서 그는 실제로 존재한다는 결론이 난다. […]
왜냐하면 그것 자체, 곧 하나님의 존재의 필연성이 나로 하여금 이것을 사유하도록 결정하기 때문이다. 따라서 내 임의대로 존재를 배제한 채 하나님을 사유할 수 없다(만일 그렇다면, 이것은 최고로 완전한 존재자에게 최고의 완성이 결여된 것과 같다).

idea montis ideam vallis […]

Imo sophisma hic latet, neque enim ex eo quod non possim cogitare montem nisi cum valle, sequitur alicubi montem et vallem existrere, sed tantum montem et vallem, sive existant, sive non existant, a se mutuo seiungi non posse.

Atqui ex eo, quod non possim cogitare Deum nisi existentem, sequitur existentiam a Deo esse inseparabilem ac proinde illum revera existere;

quia ipsius rei, nempe existentiae Dei, necessitas me determinat ad hoc cogitandum: neque enim mihi liberum est Deum absque existentia(hoc est ens summe perfectum absque summa perfectione) cogitare.

데카르트, 『제일철학에 대한 숙고』 5
(Adam/Tannery, 7권, 65-67).

6. 1. 3. 토마스 아퀴나스의 우주론적 신 존재 증명

토마스는 그의 신학 주저에서 학문으로서의 신학(§ 2.3)을 규정한 후 곧바로 하나님의 존재 문제를 다룬다. 그는 이것에 대해 세 단계로 답했다.

(1) 그는 먼저 하나님이 존재한다는 말이 모든 사람이 확인할 수 있을 만큼 그 자체로 자명하고 필연적으로 참된 명제인지를 물었다.

안셀모와 데카르트는 하나님이 존재한다는 말이 자명하다고 생각했다. 이들의 존재론적 증명에 의거하면 최고로 완전한 존재라는 하나님의 개념에는 필연적으로 실제적인 존재가 포함된다. 토마스도 실제적인 존재가 하나님의 본질에 속한다는 것을 결코 부정하지 않았다.

그러나 토마스는 인간의 관점에서 보면 이 둘의 연관성은 논리적으로 필연적이지 않다고 생각했다. 그것은 우리가 이 세상 사물의 본질을 아는 것처럼 하나님의 본질을 알 수 없기 때문이다. 결과적으로 토마스는 스스로 하나님의 명백한 존재를 인정하면서도 이 하나님의 존재가 모든 사람에게 자명해야만 한다는 견해는 부정했다.

한 명제가 그 자체로 자명하다면 그것은 술어가 주어의 개념에 포함되어 있기 때문이다. 〈이러한 예로는〉 '사람이 동물이다'라는 명제를 들 수 있는데, 동물이라는 것이 사람의 개념에 포함되어 있기 때문이다.	Ex hoc[...] aliqua propositio est per se nota, quia praedicatum includitur in ratione subjecti, ut homo est animal: nam animal est de ratione hominis.
따라서 만일 모든 사람에게 무엇이 주어와 술어에 속한지가 자명하다면 이 명제는 그 자체로 모든 사람에게 자명할 것이다.	Si iqitur notum sit omnibus et de praedicato et de subjecto quid sit, propositio illa erit omnibus per se nota [...]
그러나 만약 어떤 사람에게 무엇이 주어와 술이에 속하는지 자명하지 않다면, 이 명제는 자기 안에서 그 자신으로 말미암아 자명할지라도 명제의 주어와 술어를 모르는 그 사람들에게는 자명하지 않을 것이다.	Si autem apud aliquos notum non sit de praedicato et subjecto quid sit, propositioquidem, quantum in se est, erit per se nota: non tamen apud illos qui praedicatum et subjectum propositionis ignorant.

토마스, 『신학대전』(Summa Theologiae) I 2,1 corp.art.
(Gottes Dasein und Wesen, 37f.).

(2) 토마스의 둘째 증명 단계가 보여 주듯이 하나님의 존재가 그 자체로 모든 사람에게 자명하지 않다는 말은 하나님의 존재가 증명될 수 없다는 것을 뜻하지 않는다.

그러나 신적 본질이 사람들에게 알려지지 않았기 때문에 하나님의 개념을 그의 존재 증명의 출발점으로 삼을 수는 없다. 그래서 존재보다는 사람에게 완전히 알려진 하나님 〈행위〉의 결과에서 출발해야 한다.

만약 우리에게 어떤 결과가 그 원인보다 더 명확하다면, 우리는 결과를 거쳐 그 원인을 인식하는 데로 나아갈 수 있다.	Cum [...] effectus aliquis est nobis manifestior quam sua causa, per effectum procedimus ad cognitionem causae.
그러면 결과에 근거해서 어디에든지 그 고유한 원인이 있다는 것이 증명될 것이다. 하나님의 존재가 그 자체로 우리에게는 자명하지 않기 때문에 그것은 우리에게 알려진 결과를 통해서 증명할 수 있다.	Ex quolibet autem effectu demonstrari potest propriam causam ejus esse [...] Unde Deum esse, secundum quod non est per se notum quoad nos, demonstrabile est per effectus nobis notos.

토마스, 『신학대전』 I 2, 2 corp.art. (Gottes Dasein und Wesen, 41f.).

(3) 토마스는 신 존재 증명 셋째 단계에서 하나님 행위의 결과로부터 그의 존재를 증명하는 다섯 가지 방법(라. quinque viae)을 명확하게 제시한다.

이 다섯 가지 방법은 위에서 인용한 칸트의 분류에 의거하면 모두 감각 경험에서 시작하는 것이다. 첫째부터 넷째까지의 방법은 우주론적인 증명을 상이하게 변형한 것이고, 다섯째 방법은 자연신학적인 증명이다.

여기서 우리는 운동이 있다는 사실에서 출발하는 증명 방식만을 살펴보기로 하자. 이 증명 방법은 분명이 운동이 있다는 확언에서 시작하는데 여기서 전제된 운동 개념은 위치적인 운동뿐만 아니라 모든 종류의 양적·질적인 변화 과정을 포괄하는 아리스토텔레스의 운동 개념(그. kinesis)이다.

토마스는 인간의 경험 영역에서 유발된 모든 운동은 다른 운동자에게 기인하고 이 운동자 역시 또 다른 운동자에 의해서 움직이는 것을 확인한다.

그러나 토마스에 따르면 운동의 원인을 그것을 움직인 앞선 운동자에게서 찾는 과정을 반복해도 결국에는 무한자에게까지 이를 수 없다. 우리는 단지 또 다른 것에 의해서 움직여진 그런 운동자만을 만날 수 있기 때문이다. 따라서 운동이라는 현상을 충분히 설명하기 위해서 오직 다른 것을 움직이지만 어떤 것에 의해서도 움직여지지 않는 한 존재자를 필연적으로 가정해야만 한다. 토마스에 따르면 이 존재자는 하나님이다.

이 세상에 움직이는 것이 있다는 것은 확실하며 감각적 경험으로 명백하다. 그런데 움직이는 모든 것은 다른 것에 의해 움직인다. [⋯]	Certum est [⋯], et sensu constat, aliqua moveri in hoc mundo. Omne autem quod movetur, ab alio movetur. [⋯]
만약 다른 것을 움직이면서 그 자신도 움직인다면 이것 역시 다른 것에 의해서 움직여져야만 한다. 또한 이것을 움직인 것 역시 또 다른 것에 의해서 움직여져야 한다.	Si [⋯] id a quo movetur, moveatur, oportet et ipsum ab alio moveri; et illud ab alio. Hic autem non est procedere in infinitum: quia sic non esset aliquod primum movens;
그런데 여기서 만약 움직이게 하는 제일 운동자가 없다면, 무한으로 나아갈 수 없다. 그러면 무엇인가를 움직일 수 있는 것이 없다는 논리적 귀결에 이른다. 왜냐하면 이차적 운동자는 그 자신을 움직이는 제일 운동자 없이는 어떤 것도 움직일 수 없기 때문이다. [⋯]	et per consequens nec aliquod aliud movens, quia moventia secunda non movent nisi per hoc quod sunt mota a primo movente [⋯]
따라서 어떤 것에 의해서도 움직여지지 않는 제일 운동자로 나아가는 것은 필연적이다. 그리고 모든 사람들이 이것을 하나님으로 알고 있다.	Ergo necesse est devenire ad aliquod primum movens, quod a nullo movetur; et hoc omnes intelligunt Deum.

토마스, 『신학대전』 I 2, 3 corp.art. (Gottes Dasein und Wesen, 44f.).

📖 　아래 소개된 책에는 안셀모의 『연설』 2- 4장을 주석한 두 언어 대역판이 포함되어 있고, 이 책에 대한 입문 지식도 제공한다. 이 책은 또한 안셀모의 동시대인이었던 가우닐로 마르무티어(Gaunilo von Marmoutier, 11세기)가 안셀모를 비판한 것과 이것에 대한 안셀모의 답장도 포함한다.
　　　- Kann Gottes Nicht-Sein gedacht werden?

📖 　신 존재 증명의 역사와 문제점에 대해 개괄
　　　- K. Cramer, Der Gott der biblischen Offenbarung.

📖 📖 　존재론적 신 존재 증명의 역사에 대해 언급
　　　- D. Henrich, Der ontologische Gottesbeweis.
　　　- J. Rohls, Theologie und Metaphysik.

👓 　토마스의 다섯 가지 방법을 더 정확히 알기위해서 연구하시오(신학대전 I 2,3). 이를 위해서 아래 책을 활용하시오.
　　　- Th. v. Aquin, Die Gottesbeweise.

6. 2. 신 존재 증명의 근대적 위기와 현대적 의미

6. 2. 1. 신 존재 증명에 대한 임마누엘 칸트의 비판

칸트의 사유는 독일 계몽주의의 정점을 이룬다(4.6.2). 전통적 신 존재 증명에 대한 칸트의 비판을 이해하기 위해서는 그의 인식론 주저인 『순수 이성 비판』에서 다루었던 문제를 떠올려 봐야 한다. 그에게 중요했던 것은 어느 조건에서 사물에 대한 우리의 지식이 믿을 만하고 학문적으로 보장될 수 있는가의 질문이었다. 이 질문에 대한 답은 아주 간단했다. 경험 가능한 대상과 관계하는 지식은 신뢰할 수 있고 학문적으로 보장할 수 있다.

이로부터 이미 경험의 가능 대상이 아닌 하나님에 대해서는 학문적으로 보장된 진술이 불가능하다는 결론이 나온다. 그래서 칸트는 고전적 신 존재 증명에서 행했던 하나님에 대한 학문적 진술은 자신의 인식 능력을 초월적인 영역에까지 부당하게 확대하려고 하는 인간 이성의 월권 행위라고 판단했다. 칸트는 언급된 증명 방식을 자세히 다루면서 이 시도가 실패할 수밖에 없었음을 보여 주었다.

> **신 존재 증명에 대한 칸트의 비판**
> 1. 칸트에 의하면 경험 가능한 대상에 대해서만 확실한 지식이 가능하다. 따라서 신 존재 증명은 필연적으로 실패한다.
> 2. 고전적 신 존재 증명과의 논쟁에서 결정적으로 중요한 것은 존재론적 논거에 대한 반박이다.

그는 우선적으로 감각 경험에서 시작하는 증명 방식도 결국에는 존재론적 논거에 근거해 있음을 확인했다. 그래서 존재론적 논거에 대한 반박이 칸트가 행한 전체 비판의 결정적인 요점이다.

자연신학적인 증명은 또다시 우주론적 증명에 의존한다. 그것은 칸트가 부정하지 않았던 세계의 질서와 합목적성으로는 아직은 세계 전체가 신에게서 기인했다고 말할 수 없기 때문이다. 이 세계 근원이 존재한다는 주장은 우주론적 증명, 곧 이 세상의 운동과 원인의 연관에서부터 불가피하게 제일 운동자를 추론할 수 있다는 증명을 통해서 진실한 것으로 판명되어야만 한다(6.1.3). 그러나 이것은 불가능하다.

원인과 결과의 연관은 오직 가능한 경험의 대상과 관련해서 확인될 수 있으므로 이 연관을 가능한 경험 너머에 있는 영역과 관련해서는 결코 보장된 방식으로 말할 수 없기 때문이다. 따라서 우주론적 증명 자체는 필연적인 존재자의 존재를 증명할 수 없다. 그리고 필연적 존재자의 존재가 증명되려면 미리 이 존재자를 전제해야만 한다.

칸트의 비판은 먼저 개념분석 영역에서 실제적인 실재의 영역으로 넘어가는 것을 공격한다. 존재론적 신 존재 증명에 따르면 사유 가능한 최고 존재자가 실제로 존재하지 않는다면 이 존재자의 완전성에 결함이 생긴다. 따라서 사유 가능한 최고의 존재자가 되기 위해서는 이 존재자는 필연적으로 실제 존재해야만 한다는 주장에 이른다. 그러나 칸트는 한 사물의 개념 분석에 근거해서 실존이 그 사물의 술어로 주장될 수 있다는 견해를 반박했다.

> **신이 존재한다**고 [내가 말할 때], 나는 신(神) 개념에 대한 하나의 새로운 술어가 아니라 그 모든 술어와 함께 주어 자체를, 더 정확히 말하면 내 **개념**과 관련된 **대상**을 설정한다(setzen).
> 이 둘은 정확하게 같은 것을 포함해야 한다. [… 그렇지 않다면] 내가 개념을 가지고 생각했던 그것 자체가 아니라, 그보다 더 많은 것이 존재하게 될 것이고, 나는 내 개념의 대상 자체가 존재한다고 말할 수 없을 것이다. […]
> **존재**(Sein)는 분명 어떤 실제적 술어, 곧 한 사물의 개념에 부가되는 어떤 것에 대한 개념이 아니다. […]
> [개념 영역에서] 실재하는 백 개의 은화(Taler)는 백 개의 가능한 은화 말고는 다른 어떤 것도 더 포함하지 않는다.
> ─칸트, 『순수 이성 비판』, B 626-628[부분적으로 문장 순서가 바뀌었음]
> (Akademie-Textausgabe III 401.7f., 15-19, 23f.; 402.1-3).

개념 영역과 실존 영역은 서로 분명하게 구분되기 때문에 개념 분석을 가지고는 결코 〈한 사물의〉 실제적인 실존 여부를 판단할 수 없다. 따라서 존재론적 신 존재 증명에서 이해된 가능한 최고 존재자인 신의 필연적 실재는 실제적 실재가 아니라 단지 사유된 실재일 뿐이다.

〈한 사물의〉 실제적 실재는 비로소 감각적 인지와의 연관에서만 주장될 수 있는데, 순수 사유의 대상인 신과 관련해서 이러한 연관은 근본적으로 불가능하다.

> 한 사물에 대한 우리의 개념은 이 개념으로 의도된 것을 포괄할 수 있을 것이다. 그것이 무엇이든지 또 얼마든지 상관없다. 그러나 이 [사물]의 실존을 인정하기 위해서 우리는 이 [개념]으로부터 출발해야만 한다. 감각적 대상은 경험 법칙에 따라서 나의 인지와 관련되어 그 실존을 인정받는다.
> 그러나 순수 사유의 객체와 관련해서는 이들의 존재를 알려 줄 수 있는 어떤 수단도 없다. 왜냐하면 이들의 존재는 전적으로 선험적(a priori)으로 알려져야 하기 때문이다. 그러나 모든 존재에 대한 우리의 의식은 (직접적으로 인지에 의해서든지, 아니면 뭔가를 인지와 결합시키는 추론에 의해서든지) 전적으로 경험의 단일성(Einheit)에 속해 있다.
> 이 [경험] 영역 밖에서 어느 한 실존이 전적으로 불가능하다고 설명할 수는 없다. 하지만 이 실존은 그 무엇으로도 정당화될 수 없는 하나의 전제다.
> —칸트, 『순수 이성 비판』, B 629
> (Akademie-Textausgabe III 402.26-37).

신 존재 증명에 대한 칸트의 신술은 신의 문제와 관련하여 부정적이지만은 않았다. 그는 신의 실존을 확고하게 진술할 수 있다는 이론 이성의 주장을 거부하면서도 신의 존재를 가정할 수 있는 전적으로 충분한 근거를 실천 이성이 제공한다고 판단했다.

그는 이 가능성을 그의 책 『실천 이성 비판』에서 보여 주었다. 여기서 그는 모든 사람에게 도덕적 삶을 살도록 의무를 지우는 도덕법이 사실이라는 것에서 논증을 시작한다. 이른바 정언 명령에서 구체화된 도덕적인 행위에 대한 요구에는 인간이 도덕법을 광범위하게 준수할 때 칸트가 행복(Glückseligkeit)이라고 불렀던, 모든 면에서 만족스러운 인간의 전체적인 상태에 이른다는 가정이 포함되어 있다.

그러나 어느 누구도 도덕과 행복의 결합을 보장할 수 없다. 그럼에도 불구하고 도덕적 행위의 실천 과정에서 이 양자의 결합이 항상 존재한다고 가정되기 때문에 우리는 이 결합을 보증할 수 있는 한 주체를 생각해야만 하는데 이것이 신이다.

> 세상의 한 부분으로서 세상에 속해 있고 따라서 세상에 의존적인 존재의 도덕적 삶(Sittlichkeit)과 이에 비례하는 행복을 필연적으로 결합할 수 있는 최소한의 어떤 근거도 도덕법에서 찾을 수 없다.
>
> [이 존재는] 세상에 의존되어 있기 때문에 자기 의지로 이 자연의 원인이 될 수 없고, 그의 행복과 관련하여 생각할 때, 자신의 힘으로 이 자연을 그의 실천적 근본 원리와 일반적으로 일치시킬 수 없다.
>
> 그럼에도 불구하고 순수 이성의 실천적인 과제와 관련하여 […] 이 결합이 필연적으로 **요청**된다. 우리는 (가능한 것으로 반드시 있어야만 하는) 최고 선을 촉진하고자 노력**해야만 한다**. 따라서 자연과 구분되면서 자연 전체의 원인인 존재 역시 **요청**된다.
>
> 이 존재가 행복과 도덕적 삶을 정확하게 일치시킬 결합의 근거를 가지고 있다. […] 따라서 윤리적 삶의 자세(Gesinnung)와 일치하는 [행복]을 일으킬 수 있는 능력(Causaltät)을 소유한 자연의 최고 원인을 가정할 경우에만 이 세상에서 최고 선이 가능하다. […]
>
> 따라서 최고 선을 위해서 가정해야만 하는 자연의 최고 원인은 **이성(Verstand)과 의지로** 말미암아 자연의 원인과 (따라서 자연의 창시자로 있는) 하나님이다. […] 그러므로 최고 선을 촉진하는 것은 우리에게 주어진 의무였다.

그래서 […] 또한 최고 선이 가능하다고 가정해야만 할 필연성이 필요에 의해서 이 의무와 결합된다. 최고 선은 신이 존재한다는 전제하에서만 실현될 수 있기 때문에, 최고 선은 [그에 대한] 의무와 신 존재의 가정을 뗄 수 없이 결합시킨다. 이것은 신의 존재를 가정하는 것이 윤리적으로 필연적이라는 말이다.

—칸트,『실천 이성 비판』, 224-226

(Akademie-Textausgabe V 124.30-125.8; 125.14-16, 19-22, 25-30).

칸트는 훗날 1790년에 출판된『판단력 비판』(Kritik der Urteilskraft)에서 〈방금 언급한〉 이 논증을 윤리적인 신 존재 **증명**이라고 불렀다. 그런데 이 논증은 경험 가능한 대상 영역에 대한 인간 지식의 확장을 목적으로 하지 않았다. 따라서 이것은 결코 어떤 **객관적** 신(神) 지식에 대한 새로운 근거를 세운 것이 아니다.

'신이 존재한다는 가정이 윤리적으로 필연적'이라는 말은 단지 실천 이성이 신 존재에 대한 **주관적** 확신에 도달할 수 있다는 것을 뜻할 뿐이다. 따라서 칸트에 의하면 신의 존재는 그 이전의 신 존재 증명과는 달리 이론 지식의 문제가 아니고 실천적 이성의 믿음에 관한 일이다(§ 4.3.1).

6.2.2. 신 존재 증명에 대한 현대신학과 칠학의 판단

로마가톨릭은 자신의 포용적 계시 이해(§ 3.2.1) 및 신앙과 이성간의 특별한 관계 설정(§ 4.3.2)에 근거해서 전통적으로 신 존재 증명의 가능성과 신학적 의미를 긍정적으로 평가하는 경향을 띤다.

신 존재 증명은 오늘날에도 신앙의 해명을 위한 중요한 표현으로 간주되며 신학이 비합리주의의 비난을 막아 내도록 돕는다. 특히 우주론적 증명의 형태가 효과적인 것으로 간주되고 있는데 다음의 문장이 이것을 잘 보여 준다.

> 만물의 근원과 목적인 하나님을 인간 이성의 자연적 빛에 의해서 **창조된 만물로부터** 분명히 알 수 있다.

이 문장은 제1차 바티칸 공의회에서 공식화되었고(§ 3.2.1), 제2차 바티칸 공의회에 의해서 반복해서 확인되었다. 그러나 로마가톨릭은 신 존재 증명의 가능성을 긍정적으로 받아들이면서도 어느 특정 논증 방식을 규범적으로 확정하지 않는다.

1993년 판 『가톨릭교회 교리문답서』(Katechismus der Katholischen Kirche)는 '인간이 하나님의 형상'(Gottesebenbildlichkeit)이라는 성경적 이해로부터 하나님이 인간에게 열려있다는 하나님의 개방성(Gottoffenheit)을 끌어낸다.

인간은 이 하나님의 개방성에 근거해서 다양한 이성적인 방식으로 하나님의 인식에 도달할 수 있다. 그런데 이 교리문답서의 견해에 따르면 이 논거들은 수학·자연과학적인 증명과 견줄 만한 명백한 증명으로 이끌 수는 없다.

인간은 하나님의 형상을 따라 창조되었고 하나님을 알고 사랑하도록 부름을 받았으므로 하나님을 찾을 때 하나님의 인식으로 다가서기 위한 어떤 길을 발견한다.	Homo, ad Dei imaginem creatus et ad Deum cognosecendum et amandum vocatus, cum Deum quaerit, quasdam detegit , vias' ut ad Dei accedat cognitionem. Illae etiam, argumenta exsistentiae
그런데 하나님의 존재에 대한 이러한 논거는 자연과학이 추구하는 논거와는 다른 의미로 전해진다. 〈전자는〉 참된 확실성에 다가서도록 허락하며 동감하고 설득하는 논거다.	Dei' appellantur, non tamen sensu quo scientiae naturales quaerunt argumenta, sed quatenus, argumenta convergentia et persuadentia' sunt quae ad veras certitudines pertingere sinunt.

하나님에게 접근하는 이 길은 창조 세계인 물질 세계와 인간의 인격에서 시작하여 나아간다.

세계: 인간은 운동과 효과, 우연, 세계의 질서와 아름다움에서 하나님을 세계의 근원과 목표로 알 수 있다. […]

인간: 진리와 아름다움에 대한 개방성, 도덕적 선에 대한 감각, 자유와 양심의 소리, 그리고 무한과 지복에 대한 갈망에 이끌리면서 인간은 스스로에게 하나님의 존재에 관해 묻는다. […]

세계와 인간은 자기 안에 궁극적인 시작과 최종적인 목표를 가지지 않고 오직 시작과 끝이 없이 스스로 있는 그러한 존재에 참여한다고 증명한다.

Hae, viae' Deo appropinquandi initium a creatione sumunt: a mundo materiali et a persona humana.

Mundus : Deus potest, ex motu et efficientia, ex contingentia, ex ordine et pulchritudine mundi, ut origo et finis universi cognosci. […]

Homo : allectus sua veritati et pulchritudini apertione, boni moralis sensu, libertate et suae conscientiae voce, infiniti et beatitudinis appetitu homo de exsistentia Dei se interrogat. […]

Mundus et homo testantur se in semetipsis neque primum principum neque finem habere ultimum, sed participare illius, Esse' quod in se est sine origine et sine fine.

『가톨릭교회 교리문답서』
(Katechismus der Katholischen Kirche), 31-34번.

하나님의 증명 가능성을 묻는 질문에 대한 깊은 관심을 우리는 현대 철학의 다양한 흐름에서 확인할 수 있는데 특히 1945년 이후 전개된 영국 종교철학에서 그렇다. 은퇴할 때까지 옥스퍼드(Oxford)에서 가르쳤던 리차드 스윈번(Richard Swinburne, 1934년생)은 개연성 이론(Wahrscheinlichkeitstheorie)의 입장에서 우주론적인 논거와 물리-신학적인 논거를 새롭게 서술하고자 했다.

1979년에 스윈번의 책 『신의 존재』(The Existence of God)가 출판되었고 1987년에는 독일어판이 나왔다(Die Existenz Gottes). 이 책에서 그는 이성적 논증의 토대 위에서는 신의 존재를 백퍼센트 확신하는 것을 추구할 수도 없고 의견의 일치를 볼 수도 없다는 현실에서 시작한다. 그럼에도 불구하고 그는 무신론적 토대보다는 신의 존재를 가정함으로써 자연과학의 연구 대상인 세계 현상도 확실히 더 낫게 설명할 수 있다고 주장했다.

이 점 때문에 그리고 특별히 종교적 경험의 사실이 신의 존재에 대한 또 다른 증거로 언급될 수 있기 때문에 그는 신이 없는 것보다는 신이 존재하는 것이 더 큰 개연성을 갖는다고 판단한다. 1996년에 스윈번의 책 『신은 존재하는가?』(Is there a God?)가 출간되었고 2006년 이래로는 이 책의 독일어판도 출판되었다(Gibt es einen Gott?). 스윈번은 더 폭넓은 독자를 염두에 두고 이 책을 쓰면서 자신의 견해를 다시 한 번 종합했다. 아래의 인용문은 스윈번의 요지가 무엇인지를 보여 준다.

이 책(『신은 존재하는가?』)의 결론은, 세계의 존재와 질서 정연함과 섬세한 조화, 그 안에 자신과 서로와 세계를 형성할 수 있는 천우의 기회를 소유한 의식 있는 인간, 인간의 필요와 기도와 관련한 기적에 대한 어떤 역사적 증거, 특히 수백만의 명확한 경험에 의해 뒷받침되는 기독교의 설립과 관련해서, 모든 것은 분명 '하나님이 없다'는 것보다 이것〈하나님이 있다〉이 더 개연적임을 보여 준다.	The conclusion of this book ['Is there a God'] is that the existence, orderliness, and fine-tunedness of the world; the existence of conscious humans within it with providential opportunities for moulding themselves, each other, and the world; some historical evidence of miracles in connection with human needs and prayers, particularly in connection with the foundation of Christianity, topped up finally by the apparent experience by millions of his presence, all make it significantly more probable than not that there is a God.

스윈번(R. Swinburne), 『신은 존재하는가?』, 139.

현대 개신교(Der moderne Protestantismus)는 신 존재 증명의 가능성과 신학적 가치에 대해서 긍정적이기보다는 회의적이다. 판넨베르크 역시 이러한 태도를 취한다. 위에서(§ 4.3.2) 살핀 것처럼 판넨베르크는 기독교 신앙의 내용을 이성·학문적으로 증명하는 것에 커다란 관심을 보이면서도 전통적 신 존재 증명이 오직 이성적 논증의 토대에서 이루어졌기 때문에 이러한 시도에 대해서는 소극적인 자세를 취했다.

> 하나님은 오직 하나님 자신에 의해서만 알려질 수 있다 따라서 하나님 지식은 다만 하나님의 실재의 계시를 통해서만 가능하다. 하나님의 존재가 여전히 논란이라는 점을 생각할 때, 이 같은 계시가 세계의 사실 안에서 이미 모든 사람의 눈앞에서 증명하듯이 일어났다고 주장할 수 없다.
> 신 존재 증명과 그 진술의 힘에 대한 토론의 역사가 내놓은 결과는 하나님 존재와 관련한 논란의 상황이 그와 같은 논거를 통해서는 결코 결정적으로 변하지 않는다는 것을 보여 준다.
>
> 판넨베르크, 『조직신학 제1권』, 107.

그러나 판넨베르크는 지속적으로 로마서 1:19-22을 상기시키면서(§ 3.1) 인간은 본질적으로 세계 경험의 틀 안에서 종교들의 신(神) 경험에 반영되어 있는 신(神) 의식을 개발하도록 규정되었다는 것을 분명하게 강조했다. 따라서 판넨베르크에 의하면 이 하나님의 개념이 진리인지를 묻는 질문은 전통적인 신 존재 증명이 실패했다는 사실 때문에 사라지지 않는다.

> (실제 종교[positive Religionen]가 수상하는 신리에 대한 종교철학적 숙고와 무관하게) 오늘날 철학적 신학이 하나님의 존재와 본질에 대하여 독립적인 지식을 제공할 것이라고는 더 이상 기대할 수 없다. [...]
> 인간에게는 그 자신에게 처음부터 항상 고유하고 실제적인 하나님에 대한 지식이 있다. 기독교 복음이 선포하는 그 하나님에 대한 지식 말이다(롬 1:19 이하). 순수 이성적인 신학이 불가능하다는 사실 때문에 자연적인 하나님의 지식의 가능성과 실제성에 대한 질문은 다 끝나지 않았다. [...]

한 부정(不定)의 무한에 대한 직관, 인간으로 하여금 신뢰하도록 격려하며 인간 삶을 능가하고 견인하는 존재의 신비에 대한 직관은 마침내 세계 경험 과정에서 유한한 사물과 구별된다. 세계 경험과 이로 인해 생기는 하나님 의식은 우선적으로 철학자의 자연신학이 아니라 종교의 하나님 경험이다. [… 이처럼] 인류사를 보면 창조 세계의 경험과 관련하여 뚜렷한 하나님 의식이 항상 이런저런 방식으로 형성되어 왔다.

―판넨베르크, 『조직신학 제1권』, 120, 131 이하.

현대 개신교 역사에서 개인의 신앙과 무관하게 하나님의 존재를 보증하려는 모든 시도에 대한 신학의 근본적인 비판이 여러 차례 일어났다. 이로 인하여 철학적인 신 개념과 성경 및 기독교에서 이해된 하나님의 차이가 강조되었고, 하나님 이해는 종교개혁 이후 기독교신학의 대상 규정에 영향을 끼친 기독교 사유의 실존화와 연결되었다(§ 2.2). 아래 실린 인골프 달페르트(Ingolf Dalferth, 1948년생)의 글은 한 사례로서 이러한 경향을 보여 준다.

우리가 하나님이 실제로 있다는 것을 안다면, 사유의 핵심 문제는 하나님이 있는가가 아니라 만약 그렇지 않다면 어떻게 되는가다. 핵심적 질문은 하나님이 무엇이며 어떻게 일관되게 생각될 수 있는가가 아니라, 하나님이 나와 다른 사람을 위해서 무엇이며 이것이 인간 삶의 과정에 무엇을 일으키는가다. [만일 우리가] 먼저 신학적 사유와 무관한 철학적 사유에서 시작해서 신학적 사유로 넘어가는 방식으로 질문한다면 이 질문의 해답을 찾을 수 없다.
첫 번째 단계로 하나님이 있다는 것을 보여 주고 이 시도가 성공한 이후에 두 번째 단계로 하나님이 우리를 위해서 무엇인지 질문하는 것은 우리에게 불가능한 것이다. [따라서] 첫 번째 시도에서 이미 두 번째 질문의 해답 역시 결정되었든지 아니면 첫 번째 시도에서 두 번째 단계에서 하나님으로 언급될 자의 존재가 증명되지 못한 것이다.

　　　　　-달페르트, 『총체 또는 색인?』(Ibegriff oder Index?), 106 이하.

📖　존재론적 증명에 대한 칸트의 반박을 상세히 서술
　　　- W. Röd, Der Gott der reinen Vernunft, 132-168, bes. 153-159.

📖　전통적 신 존재 증명에 대한 칸트의 비판이 지닌 신학적 가치 서술
　　　- U. Barth, Gott als Projekt der Vernunft, 235-262.

👓　슐라이어마허는 자신의 초기 종교 이론에서 하나님 개념(Idee)을 그리 중요하게 생각하지 않았지만(§ 1.1.3), 『신앙론』에서는 하나님 개념에 아주 획기적인 가치를 부여했다.
　　　그럼에도 불구하고 신 존재 증명의 전통을 계승하는 것을 의도적으로 피했다. 슐라이어마허의 신학 주저에 나타난 하나님개념의 특성과 신 존재 증명에 대한 평가에 관해서 연구해 보시오. 이것을 위해서 『신앙론』의 다음 부분을 참고하시오.
　　　- F. Schleiermacher, Der christliche Glaube, Band I, 16-24, 187-193(§§ 4.33; KGA I 13.1, 32-40, 205-212).

🖥　『가톨릭 교회의 교리문답』을 독일어와 라틴어로 볼 수 있는 인터넷 주소
　　　- www. stjosef.at/kkk/ (deutsch).
　　　- http://www.vatican.va/archive/catechism_lt/index_lt.htm (latein).

6. 3. 하나님의 본질과 속성

6. 3. 1. 하나님 본질 규정의 출발점 – 신 인식의 난해성

고대 교회 신학 안에서 성경적인 하나님 개념과 신플라톤주의의 신 개념이 결합되었다(1.1). 이로 인하여 성경에서 확인할 수 있는 하나님의 계시에도 불구하고 기독교 사유는 항상 제한된 인간의 인식 능력과 신적 존재의 충만 사이의 극복할 수 없는 간격을 의식하면서 하나님의 본질과 속성을 규정해 나갔다.

하나님이 인간의 사유와 개념으로 적절하게 묘사될 수 없는 것은 그가 유한한 인간 지성의 반경 너머에 있기 때문이다. 〈기독교의 사유뿐만 아니라〉 성경의 몇몇 구절도 이러한 입장을 지지한다. 하나님에 대해서 디모데전서 6:16은 "가까이 가지 못할 빛에 거하시고"라고 말한다. 그리고 요한복음 1:18 상반부와 마태복음 11:27도 종종 이 같은 맥락에서 인용되어 왔다.

하나님은 인간의 모든 인식 노력을 능가하기 때문에 하나님에 대한 인간의 말인 신학은 먼저 **부정신학**(apophatische Theologie)이 될 수밖에 없다. 곧 하나님이 무엇이 아닌지를 말함으로써 하나님에 대해서 말하는 것이다. 그러나 이러한 관점 외에도 창조 세계와 창조주 하나님 사이에는 아주 작은 유사성이라도 있다는 것 역시 전제되었다.

그래서 적절한 방법적인 통제를 통해서 피조 세계를 넘어선다면 인간 언어는 하나님에게 어느 정도 접근할 수 있고 이 조건 하에서 부정신학이 주장한 한계를 범하지 않으면서 하나님의 본질을 **긍정적으로**(kataphatisch) 규정하는 단계로 다가갈 수 있을 것이다.

하나님에게 접근하기 위해서 전통적으로 활용된 세 가지 방법은 아래와 같다.

(1) 부정의 방법(그. hodos aphhaireseos, 라. via negationis): 하나님은 세상적인 것이 아니다. 이 방법을 통해서 예컨대 영원성(Ewigkeit)과 무한성(Unendlichkeit)이라는 하나님의 술어가 도출되었다.

(2) 상승의 방법(그. hodos hypeoches, 라. via eminentiae): 하나님은 정도가 낮은 세상적인 것을 포괄적으로 상승·확대한 것이다. 이 방법론을 통해서 예컨대 편재성(Allgegenwart)와 전능(Allmacht)이라는 하나님의 술어가 도출되었다.

(3) 원인의 방법(그. hodos aitias, 라. via causalitatis): 하나님은 그가 피조물 가운데 만들어 놓은 모든 완전성의 근원이다. 이 방법론을 통해서 예컨대 거룩성(Heiligkeit)과 정의(Gerechtigkeit)라는 하나님의 술어가 도출되었다.

하나님의 초월과 관련한 속성들

1. 고전 교의학은 세 가지 방법을 통해서 하나님의 속성을 말했다.
   (1) **부정의 방법**: 피조 세계의 속성을 부정함.
   (2) **상승의 방법**: 피조 세계의 속성을 넘어섬.
   (3) **원인의 방법**: 하나님이 피조 세계의 완전성의 근원임을 확인함.
2. 하나님의 모든 속성은 유비적으로만 말할 수 있다.

디오니시오스 아레오파기타는 약 500년경 하나님의 본질과 속성의 규정에 대해 지금까지 언급한 생각을 고전적인 방식으로 아래와 같이 정리했고 그의 견해는 그 후 13세기 동안 신학사에 중대한 영향을 끼쳤다.

[하나님은] 각 이성에 대하여 이성적이지 않은 것이며, 모든 이성을 넘어선 [그] 하나이며, 각 표현 형식과 비교하여 말해질 수 없는 것으로서 모든 표현형식 위

에 [서 있는] 선이며, 존재자 너머 있는 존재이며, 이해될 수 없는 지성(Verstand)이며, 말해질 수 없는 말, 무언(無言), 무념(無念), 무명(無名)이다. 본질적으로 그는 존재하는 어떤 것도 닮지 않았고, 비록 모든 존재의 원인일지라도 모든 존재자 건너편에 있기에 그 자신은 존재자가 아니다(저자의 독일어 번역에서 번역함).

—디오니시오스 아레오파기타, 『신적 이름』(De divinis nominibus) I 1.
(Corpus Dionysiacum I. 1 109.11-16).

[따라서] 신적인 것과 관련하여 부정(apophaseis)은 참이지만 긍정적 언술(kataphaseis)은 형용할 수 없는 내밀〈한 것〉에 대해서는 적합하지 않다(저자의 독일어 번역에서 번역함).

—디오니시오스 아레오파기타, 『신적 이름』 II 3.
(Corpus Dionysiacum II 12.20-13.2).

어떤 의미에서 하나님에게서 기인한 모든 존재자의 질서는 그들의 신적 원형의 모형 및 유사한 것을 포함한다. 이 질서에서 [우리는 하나님을 안다.] 우리는 [우리에게] 가능한 방법[hodo]과 질서를 따라 모든 것을 추상화하고[aphhairesei] 모든 것에 대한 우위[hyperoche]) 및 모든 것의 원인이라는 원리에 따라서 모든 존재자 너머에 있는 자에게로 올라간다(저자의 독일어 번역에서 번역함).

—디오니시오스 아레오파기타, 『신적 이름』 VII 3.
(Corpus Dionysiacum I 197.20-198.3).

그러나 바로 위에서 서술한 방식으로 전개되는 긍정적인 언술은 신적 속성을 얻기 위해서 불가피하게 인간 언어를 사용해야 한다는 문제에 직면했다. 인간에 대한 표상을 인간적이지 않은 대상인 하나님에게 적용하는 하나님의 의인화(Anthropomorphismus)는 피할 수 없는 것이었다.

이 사실 앞에서 하나님에 대한 인간적 언술의 사실 적합성을 반박할 수 있었다. 그러나 사람들은 특히 계시로서의 성경의 가치를 고수하기 위해서 이와 같은 결론을 피하고자 했다.

성경이 비록 인간의 언어로 저술되었다 하더라도 그것은 명백히 하나님의 말이다. 따라서 사람들은 하나님에 대한 인간적 진술에 사용된 표현은 직접적이지는 않지만 어떤 특정한 방식으로 하나님에게 적합한 것이라고 이해했다. 그것은 하나님에 대한 인간의 말은 동의적(synonym)인 언술이거나 형태와 소리는 같지만 다의적(homonym)인 언술이 아니라 유비적인 언술이기 때문이다.

이러한 구별은 아리스토텔레스까지 거슬러 올라가며 특히 토마스에 의해서 기독교신학에 유익하게 활용되었다. 토마스는 그의 아리스토렐스 형이상학에 대한 주석에서 세 가지 말의 형태(Redeformen)를 언급했다.

하나의 낱말이 여러 가지 것들과 관련하여 다양하게 언급된다는 것을 알아야 한다. 때로는 〈한 낱말이〉 전적으로 동일한 한 관점에서 〈다양한 것들과 관련하여 쓰일 수 있다.〉 이 경우 이 낱말은 **동의적으로**(univok) 쓰인다. 예를 들면 동물이라는 낱말을 말과 소에 대해서 언급하는 경우다.	[S]ciendum quod aliquid praedicatur de diversis multipliciter: quandoque quidem secundum rationem omnino eamdem, et tunc dicitur de eis univoce praedicari, sicut animal de eqou et bove.
때로는 〈한 낱말이〉 전적으로 다른 여러 관점에서 〈다양한 것들과 관련하여 쓰일 수 있다.〉 이 경우 이 낱말은 **다의적으로**(äquivok) 쓰였다. 예를 들면 개라는 낱말로 성좌와 동물을 지칭하는 경우다.	quandoque vero secundeum rationes omnino diversas; et tunc dicitur de eis aequivoce praedicari, sicut canis de sidere et animal.
때로는 〈하나의 것이〉 어떤 경우에는 다양한 관점에서, 또 어떤 경우에는 다양	quandoque vero secundum rationes quae partim sunt diversae et partim non

하지 않은 관점에서 언급된다. 다양한 관계들을 가지고 있다는 점에서 〈한 사물은〉 다양한 관점들에서 언급된다. 그러나 이 다양한 관계들이 하나의 유일한 〈이 사물〉에 관련된다는 점에서는 단일한 관점에서 언급된다. 그리고 이것을 유비적이라고, 즉 비례적이라고 말할 수 있다. 각 사물이 관계에 근거해서 한 유일한 사물과 관련되는 것처럼 말이다.

[자신의 형이상학에서 아리스토텔레스는] 먼저 다수의 것들이 자기 목적을 향하는 것처럼 하나에 관련되어 있음을 예를 통해서 보여 준다. 〈이러한 사태는〉 '**건강하다**' 또는 '**무사하다**'라는 낱말에서 분명하게 드러난다. '**건강하다**'라는 말은 식사 조절, 의학, 오줌, 동물과 관련하여 일의적으로 사용될 수 없다.

'**건강하다**'를 식사 조절과 관련하여 말할 수 있는 이유는 이것이 건강을 보존하는 것과 관련이 있고, 의학과 관련하여 말할 수 있는 이유는 이것이 건강을 증진하는 데에 있고, 이와 같이 오줌과 관련해 말할 수 있는 이유는 이것이 건강의 표인데 있고, 동물과 관련하여 말할 수 있는 것은 이것이 건강을 느끼고 이에 예민하기 때문이다.

diversae: diversae quidem secundum quod diversas habitudines important, unae autem secundum quod ad unum aliquid et idem istae diversae habitudines referuntur; et illud dicitur analogice praedicari, idest proportionaliter, prout unumquodque secundum suam habitudinem ad illud unum refertur. […]

Ponit enim primo unum exemplum, quando multa comparantur ad unum sicut ad finem, sicut patet de hoc nomine sanativum vel salubre. sanativum enim non dicitur univoce de diaeta, medicina, urina et animali. nam ratio sani secundum quod dicitur de diaeta, consistit in conservando sanitatem.

secundum quod dicitur de diaeta, consistit in conservando sanitatem. secundum vero quod dicitur de medicina, in faciendo sanitatem. prout vero dicitur de urina, est signum sanitatis. secundum vero quod dicitur de animali, ratio eius est, qouniam est receptivum vel susceptivum sanitatis.

토마스, 『형이상학 명제집』(Sententia super Metaphysicam) IV 1, Nr. 7, 9 (Sancti Thomae Aquinatis opera omnia,[10] 제4권, 418).

다른 곳에서 토마스가 보여 주고 있는 것처럼 동의적 진술은 제일원인으로서의 하나님과 그에 의해서 야기된 세상의 차이를 고려하지 않았고, 형태와 소리가 같으면서 다의적(homonym)인 언술은 창조주와 피조물의 관계를 도외시했기 때문에, 토마스는 오직 유비적 진술 방법이 하나님을 진술하는 데에 적합하다고 생각했다.

　디오니시우스 아레오파기타가 제시한 방법을 따라 인간의 언어를 매개로 하나님에게 부여된 속성은 피조 세계의 경험 영역에서 얻어진 것들이지만 이 모든 속성이 창조주로서의 하나님에게 아주 근원적 방식으로 속하여 있다는 점에서 이것들은 제일원인인 하나님을 향하여 있다(hingeordnet).

하나님이 원인인 사물의 형식은 신적 능력의 형태에는 미치지 못한다. 왜냐하면 사물의 형식은 하나님 안에 단순하고 전체로 있는 것을 부분적이며 개별적으로 받아들이기 때문이다. 따라서 하나님과 다른 사물에 대해서 어떤 것도 일의적으로 말할 수 없다는 것은 명백하다. […] 우연적으로 다의적인 것을 보면 어떤 질서도 없고 다른 것에 부합되는 것도 아니다. […] 그러나 하나님과 피조물에 관하여 말한 것은 이와 같지 않다. 왜냐하면 이와 같은 명칭의 교류에서는 원인과 결과라는 질서가 [존재한다.] […] 그러므로 어떤 것도 순수 다의적 의미로 하나님과 다른 사물에 관해서 말할 수 없다. […]	Rerum quarum deus est causa, formae ad speciem divinae virtutis non perveniunt: cum divisim et particulariter recipiant quod in deo simpliciter et universaliter invenitur. patet igitur quod de deo et rebus aliis nihil univoce dici potest. […] in his quae sunt a casu aequivoca, nullus ordo aut respectus attenditur unius ad alterum, sed omnino per accidens est quod unum nomen diversis rebus attribuitur […] sic autem non est de nominibus quae de deo dicuntur et creaturis. consideratur enim in huiusmodi nominum communitate ordo causae et causati […] non igitur secundum puram aequivocationem aliquid de deo et rebus aliis praedicatur. […]
그래서 〈지금까지〉 말한 것에 따르면 하나님과 다른 사물에 대한 진술은 일의적이거나 다의적이지 않고 유비적으로 이루어진다. 곧 다른 하나를 지향하는 질서와 관계에 근거해서 이루어진다.	sic igitur ex dictis relinquitur quod ea quae de deo et rebus aliis dicuntur, praedicantur neque univoce neque aequivoce, sed analogice: hoc est, secundum ordinem vel respectum ad aliquid unum.

토마스 『이교도 논박 대전』(Summe gegen die Heiden) I 32-34
(1권, 132, 136, 138).

6.3.2. 하나님 본질 규정의 출발점 – 하나님의 계시

고대 교회 및 중세의 전통과 달리 종교개혁 신학은 먼저 철학적인 신 개념에 아무 관심이 없었고 그 대신 하나님의 본질과 속성을 숙고하기 위해서 우선적으로 성경을 따랐다. 이러한 이유로 하나님의 역사성(Geschichtlichkeit Gottes)이 유달리 강조되었다. 하나님과 세상의 차이가 하나님의 이해를 위한 우선적인 관점이 아니었고 성경의 증언처럼 하나님의 행위 목표인 인간을 향한 하나님의 관계가 결정적이었다.

> 구개신교 정통주의는 하나님의 수식어가 피조 세계와 관련 없이 하나님 자신에 속하는지 아니면 세계와의 관련 속에 있는 하나님을 묘사하는지에 따라서 이것을 양분했다.
> 첫 번째 경우는 세계와 관련 없는 속성인 절대적 속성(라. attributa absoluta)이고, 두 번째 경우는 피조 세계와 관련된 속성인 활동적 속성(라. attributa operativa)이다. 이로써 구개신교 정통주의는 §6.3.1에서 언급한 것처럼 하나님의 본질과 속성을 규정하는 방식을 하나님의 역사성이라는 관점과 결합시키고자 했다.

하나님의 계시의 빛 안에서 드러난 하나님의 본질
1. 성경을 토대로 한 신론은 예수 그리스도 안에서 하나님의 구원 의지를 핵심에 세운다.
2. 따라서 하나님의 본질은 사랑이다.

성경 전체의 증언에 의하면 인간을 향한 하나님 사역의 중심에는 예수 그리스도와 그의 운명을 통해서 명확하게 드러난 의지 곧 인간의 죄의 결과(§9.2)로 악화된 하나님과 인간의 관계를 회복하려는 의지가 서 있다. 따라서 하나님 긍휼의 근저에 놓여 있는 세상과 인간을 향한 사랑(Zuneigung)

을 그의 본질 규정의 출발점으로 삼는 것은 거의 자명한 일이다. 하나님은 사랑이다(요일 4:8.16).

정말로 우리는 하나님에게서 사랑과 은혜를 거저 받았다. 그것은 그리스도가 우리를 위해서 의로움뿐만 아니라 자신이 가진 모든 것을 세우고 주었으며 누구도 측량할 수 없는 자기 모든 소유를 우리에게 선물로 주었기 때문이다. 어떤 천사도 그것을 이해할 수 없고 그 이유를 찾을 수 없다. 그것은 하나님이 땅에서 하늘까지 타오르는 사랑으로 가득한 가마이기 때문이다.	Noun haben wir von got eyttel liebe und wolthat empfangen, dann Christus hat für uns gesatzt und geben gerechtickeit und alles, was er hatt, alle seyne guoter uber uns außgeschüttet, welche nyemans ermessen kan, keyn engel kan sie begreyffen noch ergründen, dann got ist ein glüender backofen foller liebe, der da reichet von der erden biß an den hymmel.

루터, 『수난절 둘째 주일을 앞에 둔 토요일에 행한 설교』
(Predigt am Samstag vor Reminiscere)
(Luther deutsch,[4] 89/WA 10 III, 55.12f.; 56.1–3).

하지만 하나님의 사랑 또는 하나님과 사랑을 직접적으로 동일시하는 성경적 사상은 역시 동일한 성경이 말하고 있는 하나님의 분노(Zorn)와 중재되어야만 했다(롬 1:18-3:20). 이를 위해서 죄인에게 영원한 죽음을 내리길 원하고 따라서 인간 존재에게 총체적 위협을 뜻하는 하나님의 분노는 죄로 인해 하나님을 버린 인간에게 타당한 반응이라고 이해했다.

그럼에도 불구하고 하나님은 자신의 의로운 분노를 끝까지 발하지 않았는데, 사람들은 이것을 아우구스티누스의 사상에 의지하여 그리스도 안에서 드러난 그의 피조물을 향한 하나님의 자유로운(ungeschuldet) 사랑으로 해석했다(라. dilectio mera et gratuita[순수하고 값없는 사랑]).

그런즉 최고의 의인 하나님은 우리 모두 안에서 발견한 불의를 사랑할 수 없다. 그러나 주는 우리 안에 있는 그의 것이 파멸되는 것을 원치 않기에 여전히 그의 인자함 때문에 사랑할 수 있는 뭔가를 찾는다.	Deus enim, qui summa iustitia est, iniquitatem, quam in omnibus nobis conspicit, amare non potest. [...] Verum quia dominus quod suum est in nobis perdere non vult, adhuc aliquid invenit quod pro sua benignitate amet.
비록 우리가 부패해서 죄인이긴 하지만 그의 피조물로 남아 있다. 우리가 죽음을 우리에게 끌어들이긴 했지만 그는 우리를 생명에 이르도록 창조했다. 하나님은 이와 같이 우리를 향한 순수하고 자발적인 사랑에 고무되어 우리를 은혜로 받아들인다.	Utcunque enim peccatores vitio nostro simus, manemus tamen eius creaturae: utcunque mortem nobis asciverimus, ipse tamen nos ad vitam condiderat. Sic mera et gratuita nostri dilectione excitatur ad nos in gratiam recipiendos.

장 칼뱅, 『기독교강요』 II 16.3
(Weber 314/Opera selecta III 484.20f., 25-31).

이 외에도 하나님의 사랑과 분노의 관계 규정을 위해서 중요한 견해가 있다. 그것은 비록 사랑이 하나님 안에 있는 비교할 수 없을 정도로 가장 강렬한 동인(Implus)이일지라도 사람들은 죄에 대한 하나님의 진노의 경험을 배경으로 해서만 비로소 이 사랑을 알게 된다는 점이다. 이 문제를 더욱 상세하게 다룬 것은 율법과 복음의 상호 관련성에 대한 종교개혁의 교리다(§ 12.1.2).

기독교가 신앙하는 하나님이 본질적으로 사랑 안에서 세상과 인간을 향한다는 것은 예수 그리스도라는 사람과 그의 사역에서 분명해진다. 그리스도의 신학적 의미는 삼위일체론(§ 7)과 기독론에서(§ 10) 각각 다른 방식으로 논해진다.

📖　하나님의 사랑에 근거해서 그의 속성 교리를 구상한 최신 자료
- W. Härle, Dogmatik, 236-269.

📖 📖 현재 의식에서 광범위하게 하나님을 망각한 〈시대의〉 지평에서 하나님의 속성을 새롭게 해석하고 있는 책
  – W. Krötke, Gottes Klarheiten.

👓 이 교서의 공식 독일어 번역판
  – http://www.vatican.va/holy_father/benedict_xvi/encyclicals/documents/hf_benxvi_enc_20051225_deus-caritas-est_ge.html.

🖱 전임 가톨릭 교황이 2006년 1월 25일에 하나님은 사랑이라는 본질 규정에서 가톨릭 관점에서 기독교 신앙의 특성을 설명하는 교서를 냈다.
  – Benedikt XVI. (Pontifikat seit 19. April 2005), Deus caritas est.

§ 7 신론 II: 삼위일체 하나님

삼위일체 교리는 비기독교적인 신(神) 이해 앞에서 기독교신학의 독특성을 보여 준다. 대체로 18세기까지, 그리고 그 이후로도 종종 사람들은 인간 이성으로 하나님을 증명할 수 있고, 이성의 하나님과 기독교의 삼위일체 하나님이 동일하다고 말했다. 양자가 동일하다는 주장으로 인해 §6에서 살핀 것처럼 신론을 양분하여 다룰 필요가 생겼다.

이 책 역시 실천적인 필요를 고려해서 신론을 양분해서 다룬다. 그런데 기독교의 신론인 삼위일체론은 예수 그리스도의 인물과 그 신학적 의미에 대한 숙고로부터 생겨났다는 점에서 철학의 모든 신론과 구별된다. 삼위일체론은 예수 그리스도에 대한 숙고에서 시작해서 신의 내적 신비를 지시하는 진술로 나아간다.

삼위일체론처럼 기독론의 주된 관심사는 예수 그리스도의 신학적 의미에 쏠려있지만 양자는 각각 다르게 접근한다. 삼위일체론이 예수 그리스도(그리고 성령이)가 하나님과 맺는 관계를 다룬다면 기독론은 나사렛 예수라는 역사적 인물의 신성과 인성의 관계를 묻는다(§10.1).

7.1 서론

신약성경의 증언에 따르면 예수는 가까이 와 있는 하나님 나라를 선포하면서 이 나라가 자신의 사역 안에서 이미 상징적인 방식으로 현존한다고 가르쳤다. 그리고 그의 선포는 하나님의 통치에 일치하는 삶을 살라는 부름으로 끝났다. 부활 신앙의 빛 아래서 예수 선포의 진실성은 그의 죽음을 통해서 입증되었다.

예수라는 인물, 그의 선포와 사역은 하나님 약속의 보편적인 성취로 해석되었다. 따라서 기독교적 관점에서 하나님에게로 가는 길은 성령을 통해서 신자들에게 현존하는 예수 그리스도를 전적으로 통과한다. 이 말은 우리가 **그리스도**와 **성령**과 관계하는 곳에서 **하나님** 자신과 관계한다는 것을 뜻한다.

삼위일체 교리는 어떻게 하나님의 단일성을 유지하면서 동시에 아버지의 신성과 전적으로 동일한 것을 아들과 성령에 대해서도 주장할 수 있는지를 묻는다. 성경 자체에는 완성된 어떤 삼위일체 교리도 없다. 그래서 하나님의 단일성과 삼위-성(Dreiheit, 셋이 하나를 이루는 성질)의 관계를 묻는 신학적 질문은 언제나 성경에서 확인할 수 있는 결과에서 시작하지만 이를 훨씬 더 넘어갔다.

결국 4세기에 규범적으로 작성된 삼위일체 교의(Dogma)는 다양한 방식으로 성경이 언급하는 아버지로서의 하나님, 아들, 성령의 관계를 철학 개념을 사용하여 하나의 통일된 체계로 표현하려는 시도였다.

> **삼위일체 교리의 주제**
>
> **– 하나님, 그리스도, 성령의 관계**: 어떻게 하나님의 유일성을 보존하면서 동시에 아들과 성령의 완전한 하나님–됨을 주장할 수 있는가?

삼위일체 교리에 대한 성경적 토대로 실제 간주되는 신약성경의 구절은 넷이다. 아래에 이 구절을 언급하고, 중요한 부분을 강조한다.

① 고린도전서 12:4-6: "은사는 여러 가지나 **성령**은 같고 직분은 여러 가지나 **주**는 같으며 또 사역은 여러 가지나 모든 것을 모든 사람 가운데서 이루시는 **하나님**은 같으니."
② 고린도후서 13:13: "**주 예수 그리스도**의 은혜와 **하나님**의 사랑과 **성령**의 교통하심이 너희 무리와 함께 있을지어다."
③ 에베소서 4:4-6: "몸이 하나요 **성령**도 한 분이시니 이와 같이 너희가 부르심의 한 소망 안에서 부르심을 받았느니라 **주**도 한 분이시요 믿음도 하나요 세례도 하나요 **하나님**도 한 분이시니 곧 만유의 아버지시라 만유 위에 계시고 만유를 통일하시고 만유 가운데 계시도다."
④ 마태복음 28:19: "그러므로 너희는 가서 모든 민족을 제자로 삼아 **아버지**와 **아들**과 **성령**의 이름으로 세례를 베풀고."

셋이 한 단위를 이루는(triadisch) 이 같은 표현 외에도 요한일서에는 이미 삼위일체에 대한 포괄적인 숙고를 전제하는 발전된 표현이 있다. 그것은 요한일서 5:7 이하의 구절로 이른바 요한의 소절(小節 [Comma Johanneum])이다. 이 단락은 오래도록 삼위일체 교리의 명확한 성경적 근거로 간주되었다. 그러나 젬러는 18세기에 이 구절이 허위라는 것을 처음으로 논리 정연하게 입증했다(4.5).

오늘날 일반적 견해에 따르면 이 구절은 후대에 첨가된 것이다. 이 구절을 그대로 옮겨 보면 다음과 같다. 후대에 첨가된 것으로 인정되는 부분에는 밑줄을 그었다. '왜냐하면 이것을 하늘에서 증거 하는 자는 셋이다. 아버지, 말씀 그리고 성령이다. 그리고 이 셋은 하나다. 그리고 땅에서 증거하는 것은 셋이다. 영과 물과 피다. 그리고 이 셋은 일치한다.'

위에서 인용한 셋이 한 쌍을 이루는 표현을 보면 후에 하나님의 삼위일체를 구성하는 세 인격이 하나로 연관되어 언급된다. 이것 외에도 신약성경에는 삼위일체 교리를 표현하는 데에 중요한 역할을 한 구절이 많다.

신약성경에 있는 그리스도에 대한 신앙고백 중 추측건대 가장 오래된 것은 예수는 주라는 고백이다. 예컨대 로마서 10:9은 이렇게 말한다(고전 8:6; 빌 2:11).

> 네가 만일 네 입으로 예수를 주로 시인하며 또 하나님께서 그를 죽은 자 가운데서 살리신 것을 네 마음에 믿으면 구원을 받으리라(롬 10:9).

이 구절을 보면 칠십인역(Septuaginta)이 하나님의 이름 야훼(Jahwe)를 번역하는 데 사용한 그리스어 낱말 '퀴리오스'(Kyrios, 주)가 예수 그리스도에게 적용되었다. 이 이해에 따르면 예수 그리스도 안에서 실제로 하나님 자신이 행한 것이다. 〈이에 대해서 고린도후서 5:19이〉 말한다.

> 곧 하나님께서 그리스도 안에 계시사 세상을 자기와 화목하게 하시며 그들의 죄를 그들에게 돌리지 아니하시고 화목하게 하는 말씀을 우리에게 부탁하셨느니라(고후 5:19).

그리스도는 주이며 그 안에서 하나님 자신이 행했다는 말은 예수 그리스도가 하나님의 영역에 속해 있음을 보여 준다. 이 점을 특별한 방식으로 강조한 것이 요한복음이다. 여기를 보면 육체가 된 하나님 말씀(요 1:14)인 아들이 나와 아버지는 하나라고 말한다(요 10:30; 14:10, 11, 20). 성경에는 또한 성령을 주(kyrios)라고 말하는 곳도 있다. 고린도후서 3:17을 예로 들 수 있다.

주는 영이시니 주의 영이 계신 곳에는 자유가 있느니라(고후 3:17).

아버지, 아들 그리고 예수의 승천 이후에 제자들의 위로자가 될 성령의 관계는 요한복음 고별사에 가장 포괄적으로 전개된다(요 14:15-26; 15:26; 16:5-15).

삼위일체 교리의 토대

1. 신약성경에는 완성된 삼위일체 교리가 전혀 없다.
2. **교회에서 완성된 삼위일체 교리의 성경적 근거**: 셋으로 구성되는 형식, 예수 그리스도와 성령의 신성에 대한 다양한 표현

교회가 성경을 신앙적 차원에서 해석하기 시작하면서(§ 5.1.2) **구약성경**의 여러 본문이 삼위일체의 암시로 읽혔다. 예를 들면, 풀무불 속의 세 사람(단 3장), 바로의 술 맡은 관원장이 꿈속에서 본 포도 가지 세 개(창 40:9 이하), 마므레의 상수리나무가 있는 곳에서 아브람이 만난 세 남자(창 18:1 이하; 외론(外論) 1), 그리고 시편 2편과 110편의 몇 구절(시 2:7; 110:1). 또한 구약성경과 초기 유대교적 환경(Umfeld)에 널리 퍼져 있었던 한 사상, 곧 점점 더 순수 피안적인 것으로 생각된 하나님과 세상의 영역을 중재할 수 있는 특정한 존재가 있다는 사상이 하나님 안의 단일성과 셋이 한 단위를 이루는 것(Dreiheit) 사

이의 상호 관계에 대한 기독교적 숙고의 근거가 되기도 했다.

이 존재는 하나님에게 직접적으로 귀속되어 있지만 그와 분리되어 나타났다. 〈이와 관련하여〉 특히 중요한 것은 하나님의 사신(Botin)으로(잠 8; 욥 28) 인격화된 지혜(그. sophia)에 대한 사변(思辨)이다. 집회서 24장에서 지혜는 율법(Tora)과 동일시된다. 지혜 자체가 하나님이 세운 최고의 언약 책이다(집회서 24:32).

또한 사람은 하나님의 로고스(그. logos)가 신적이면서도 하나님과 구별될 수 있는 것이라고 말했다. 그래서 사람들은 예컨대 시편 33:6이 하나님 말씀을 창조의 중재자로 언급했다고 생각했다. 이 같은 생각과 고려로 요한복음 1:1은 예수 그리스도와 하나님 말씀을 동일시하는 데로 나간다.

> 요한의 소절(Comma Johanneum)인 요한 1서 5:7-8을 아래 저작을 통해 알아 보시오.
> - H.-J. Klauck, Der erste Johannesbrief, 303-311.

7.2 삼위일체 교의의 내용

7.2.1. 교의 형성 이전의 입장

신약성경은 하나님에게 속하는 것을 그리스도와 영에게도 말하도록 요구하는 것 같기 때문에 다음 질문이 생겨났다.

ⓐ 아들과 영의 자립성(Eigenständigkeit)을 포기하지 않으면서 어떻게 하나님의 단일성과 유일성(Einheit und Einzigkeit)을 고수할 수 있을까?
ⓑ 아들과 영을 추가적인 신으로 만들면 하나님의 단일성과 유일성을 포

기해야만 한다.

그럼 하나님의 단일성과 유일성을 포기하지 않으면서 어떻게 아들과 영의 자립성을 고수할 수 있을까?

삼위일체 교의의 확정 이전에 이 문제를 해결하기 위한 일련의 시도가 이루어지고 토의되었다. 이제 이들 중에서 가장 중요한 세 가지 시도를 언급하면서 그 특징을 간단히 살펴보자.

(1) 먼저 양태론(Modalismus)이 있었다.

이것은 이 입장의 중요한 주창자 중 하나인 사벨리우스(Sabellius, 3세기)의 이름을 따서 사벨리우스주의(Sabellianismus)라고도 불린다. 이 입장의 일차적인 관심사는 하나님의 단일성과 유일성을 고수하는 것이었다. 이들은 아들과 영의 자립성을 강조하는 것은 위장된 삼신론(eine verdeckte Dreigötterlehre)을 뜻한다고 생각했다.

그래서 양태론자들은 그리스도와 영을 단지 하나님의 현현 방식으로 이해했다. 바로 그 유일한 하나님이 자신을 각각의 구원사적 상황에서 순차적으로 세 가지 형태로 계시했다. 그러나 아버지 앞에서 아들과 영의 자립성을 부정하는 것은 그리스도의 인간성, 고난, 죽음과 관련된 질문을 일으켰다. 만약 실제로 인간이 되어 고난을 낭하고 죽은 그리스도가 동시에 하나님의 현현 방식이라면 하나님 자신이 십자가에서 고난을 당했다고 말해야 하지 않은가?

아버지(라. pater)가 고난(라. passio)을 받았다는 입장을 성부 수난설(Patripassianismus)이라고 부른다. 이 입장은 이 세상을 초월해 있는 하나님은 고난을 당할 수 없다는 당시 널리 퍼진 견해에 상충하기 때문에 거부되었다.

그렇다면 하나님은 그리스도 안에서 결코 십자가의 고난을 당하지 않은 것인가?

그렇다면 그리스도는 실제가 아니라 가상(그. dokesis)으로 인간이 된 것이고, 그의 몸은 단지 가상의 몸일 것이다. 이 입장은 가현설(Doketismus)로 불러졌고, 역시 거부당했다. 그것은 많은 사람이 그리스도가 단지 가상이 아니라 실제 사람이 되었다는 믿음에서 출발했기 때문이다.

(2) 다음으로 동력설(Dynamismus)이 있었다.

이 입장은 예수 그리스도의 인성을 진지하게 받아들이면서 동시에 하나님의 단일성과 유일성을 고수하려는 목적으로 그리스도의 신성을 제한했다. 이들은 사람인 예수가 세례 때 하나님의 영을 받았고 이로써 또한 신적 능력(그. dynamis)을 얻었다고 가르쳤다.

이 신적 힘이 그리스도를 다른 모든 사람과 구별시킨다. 그리스도를 '하나님의 아들'이라고 부른다면, 이것은 비유적인 것이다. 곧 그리스도가 세례 시에 하나님의 양자로 받아들여졌다는 것을 뜻한다. 여기서 양자설(Adoptianismus)이라는 용어가 생겼다.

그러나 이 견해는 최종적으로 예수 그리스도와 성령에 이끌렸던 구약 선지자의 차이, 그리고 예수 그리스도와 성령 부음을 받은 그리스도인과의 차이를 설명하지 못한다.

하나님 안에서 하나(Einheit)와 셋(Dreiheit)의 관련

− 고전 교회 교의학의 사유 모델:
  (1) **양태론적 단일신론**
  (2) **양자론적, 동력적 단일신론**: 단일론은 하나님의 단일성과 유일성을 강조
  (3) **로고스 기독론**: 아버지에 대한 아들과 성령의 독립성을 강조

위의 두 입장은 방식은 다르지만 모두 하나님의 단일 주권(그. monachia)을 강조하기 때문에 **단일신론**(Monarchianismus)이라는 개념 아래 통합될 수 있다. 양태론은 단일신론을 강조하면서 예수 그리스도의 독립성을, 동력설은 그의 신성을 위태롭게 했다.

(3) 로고스 기독론(Logos-Christologie)

우리는 위에서 초월적으로 생각된 하나님과 현 세상의 간격을 연결해 주는 중간 존재를 언급했는데 로고스 기독론은 이 입장을 계승한다. 로고스 기독론에 의하면 그리스도는 하나님에게서 유래하여 그와 결합되어 있고 세상을 향한 하나님 말씀으로 있다. 이 말씀은 신적인 것이 실현된 독립적인 형태로서 하나님 자신과 구별될 수 있다.

로고스 기독론은 3세기 신학에서 큰 성과를 거둘 수 있었는데 그것은 특히 성경이 이 입장을 적법한 것으로 인정하기 때문이다(요 1:1). 이 로고스 기독론을 가지고 하나님의 단일성과 유일성을 위태롭게 하지 않으면서 아들의 독립성을 견지할 수 있게 되었다.

그러나 로고스가 그 근원에 견주어 후속적인 지위를 갖는다고 강조함으로써 이 입장은 **종속론**(Subordinatianismus)으로 기울었다. 따라서 신적 인격이 서로 동등한 관계에 있는지 아니면 종속적인지의 문제는 4세기 신학 논쟁에서 해결되어야만 했다.

7.2.2 삼위일체 안에서의 구별

삼위일체 논쟁은 318년부터 381년까지 이루어졌는데, 325년 니케아 공의회에서 첫 정점에 도달하여, 381년 콘스탄티노플 공의회에서 종결되었다. 이 논쟁은 세부적으로 아주 복잡하게 진행되어서 그 내용을 여기서 다룰 수 없다. 아래서는 오늘까지 기독교 모든 종파가 공통적으로 인정하는 당시 교의 결정의 본질적 내용만을 요약한다.

먼저 니케아와 콘스탄티노플 공의회에서 작성된 두 신앙고백을 나란히 실은 후에 이 신앙고백들이 당시 어떻게 해석되었는지 짧게 서술해보자.

『니케아 신경』(325)	『콘스탄티노플 신경』(381)
우리는 한 하나님, 아버지, 유일한 통치자(Allherrscher),	우리는 한 하나님, 아버지, 유일한 통치자(Allherrscher),
모든 보이는 것과 보이지 않는 것의 창조주를 믿는다.	하늘과 땅, 모든 보이는 것과 보이지 않는 것의 창조주를 믿는다.
그리고 [우리는 믿는다.]	그리고 [우리는 믿는다]
한 주 예수 그리스도를,	한 주 예수 그리스도를
하나님의 아들을,	하나님의 아들
아버지에게서 독생자로 태어났고[1]	아버지로부터 모든 시간들 이전에 태어난 독생자를[1]
곧 아버지의 본질로부터[2] [태어났고],	
하나님에게서 나온 하나님이며,	
빛에서 나온 빛이며,	빛에서 나온 빛이며
참된 하나님에서 나온 참 하나님이고,	참된 하나님에게서 나온 참 하나님이고
낳음을 받았으나 만들어지지 않았고,	낳음을 받았으나, 만들어지지 않았고
아버지와 본질에서 동일하고[3]	아버지와 본질에서 동일하고[3]
그로 말미암아 하늘과 땅에 있는 모든 것이 생겨났으며	그로 말미암아 모든 것이 생겨났으며
우리 사람들, 우리 구원 때문에 내려와 성육신했고,	우리 사람들, 우리 구원 때문에 하늘에서 내려와 성육신했고,
	성령에게서 그리고 처녀 마리아에게서 [태어나]
사람이 되었고,	사람이 되었고
	우리를 위해서 빌라도의 명령 하에서 십자가에 못 박혔고,
고난을 당했고	고난을 당했고
	장사 당했고

셋째 날 부활했고 하늘로 올랐고, 산 자들과 죽은 자들을 심판하러 올 것이다. 그리고 [우리는 믿는다] 성령을.	성경대로 셋째 날에 부활했고 하늘로 올랐고 아버지의 오른편에 앉아 있고, 산 자들과 죽은 자들을 심판하려고 영광 가운데 올 것이다. 그의 영광은 끝이 없을 것이다. 그리고 [우리는 믿는다] 성령을 주, 그리고 생명의 공급자를 아버지에게서 나오고 아버지와 아들과 더불어 경배와 찬미를 받으며 선지자들을 통하여 말해 왔다. [우리는 믿는다] 거룩한 보편적이며 사도적인 교회를 우리는 죄 용서를 위한 한 세례를 고백한다. 우리는 죽은 자들의 부활과 장래 세계의 생명을 기다린다. 아멘.

1 monogenes
2 ek tes ousias tou patros
3 theo alethinon et theou alethinou, gennethenta ou poiethenta, homoousion to patri

비교. W.-D. Hauschild, 『니케아-콘스탄티노플 신경』(TRE[1] 24), 445-447.

381년 신앙고백 안에 있는 문장이 당대에 어떻게 해석되었는지를 아래의 두 원리를 중심으로 서술할 수 있다.

(1) 아버지, 아들(그리고 성령)은 동일 본질(그. homoousios)이다.

이것은 삼위일체 세 인격은 모두 완전한 의미에서 하나님이며 신성에서 서로 동일해서 어떤 종속도 없다는 말이다.

이 내용의 확정에서 삼위일체의 세 인격 모두 동일하게 무제한적인 신

---

[1] TRE = 『신학 백과사전』(Theologische Realenzyklopädie).

성을 지닌다는 결론에 이른다. 그럴지라도 여기서 다루어지는 것은 세 하나님이 아니라 한 하나님이다. 그것은 세 인격이 서로 분리될 수 없고 상호 침투해서(durchdringen) 있기 때문이다. 요한네스 다마스케누스에게서 유래한 상호 내주(그. perichoresis)라는 개념은 하나님 안에서 이루어지는 사랑의 운동으로 이해되었다.

요한일서 4장에 근거해서 하나님의 본질로 파악된 사랑의 본질(§ 6.3.2)은 세 신적 인격의 상호 내주(Ineinadersein) 또는 동거(Miteinadersein)에 있다.

> 호모우시오스(homoousios)라는 낱말로 표현된 삼위일체 인격들의 동일 본질은 성령에게도 적용되지만 니케아 공의회의 우선적 관심사는 여전히 아버지와 아들의 관계였다. 따라서 324년에 작성된 신앙고백은 성령의 이름을 언급한 것 말고는 성령이 삼위일체의 다른 인격과 맺는 관계는 일절 언급하지 않는다.
> 이에 비해서 381년에 콘스탄티노플에서 형성된 신앙고백에는 성령에 대한 더 세부적인 언급이 등장한다. 하지만 호모우시오스라는 낱말을 사용하지는 않고 다만 성령이 '아버지와 아들과 더불어 경배와 찬미를 받는다'고 말한다. 그럴지라도 성령이 아버지 및 아들과 동일한 본질을 지닌다는 것이 일반적으로 받아들여졌다.
> 이 관점을 두드러지게 말하는 것은 『아타나시우스 신경』(Athanasianum)이다. 이 신앙고백은 세 인격의 동일한 질을 강조하며 따라서 이 신앙고백에는 성령이 아버지와 아들과 동일 본질이라는 것을 전제하는 표현이 나타난다.

아버지, 아들, 성령은 동일한 신성, 동등한 영광, 함께하는 영원한 위엄을 갖고 있다. 아버지가 어떠한 것처럼, 아들도 그	Patris et Filii et Spiritus Sancti una est divinitas, aequalis gloria, coaeterna maietas. Qualis Pater, talis Filius, talis [et] Spiritus,

| 러하고. 영. 창조되지 않은 성령도 그러 | increatus Spiritus Sanctus; |
하다.
아버지가 무한하고, 아들이 무한하고, 성 immensus Pater, immensus Filius, immensus
령이 무한하다. 아버지가 영원하고, 아들 Spiritus Sanctus; aeternus Pater, aeternus
이 영원하고, 성령이 영원하다. Filius, aeternus Spiritus Sanctus [...]
이 삼위 안에서 어떤 것이 먼저나 나중 in hac Trinitate nihil prius aut posterius, nihil
이지 않고, 어떤 것이 더 크거나 더 작지 maius aut minus, sed totae tres personae
않다. 이 삼위는 모두 상호간에 더불어 coaeternae sibi sunt et coaequales
영원하고 동일하다.

『위-아타나시우스 신경』(Pseudo- Athanasianisches Bekenntnis)
(DH 75f.; 비교. 915번; BSLK 28; Unser Glaube 45[3항]).

(2) 하나님이라는 사실에서 온전히 동일하지만 삼위일체의 각 인격은 자신의 고유한 특성을 지닌다.

따라서 삼위일체의 각 인격은 하나님의 한 독립적인 **실현 형태**로 이해해야만 한다. 이 진술을 이해하기 위해서 삼위일체 신학의 대단히 중요한 구별을 상기해야 한다.

하나님이 셋이 하나인 자로 알려진 것은 계시로 말미암았다. 하나님은 그리스도와 성령 안에서 나타났고 현재한다. 그러나 단일성 안에 셋이 있는 것을 마치 유일한 하나님이 자신을 아들과 영으로 계시하고자 특정한 시간에 자신을 3분화한 것으로 이해해서는 안 된다.

이와 달리 하나님은 영원부터 삼위일체적이며 그리스도와 성령은 신성의 독립적인 위격(Hypostase, 실체)으로서 그들의 파송과 창조 이전부터 있었다. 기독교 신앙의 하나님이 삼위일체인 것은 그가 자신을 셋이면서 하나로 계시해서가 아니다. 그가 자신을 셋이면서 하나인 자로 계시한 것은 그가 삼위일체이기 때문이다. 따라서 우리는 삼위일체 하나님을 두 가지 관점에서 말할 수 있다.

> **삼위일체 교의(325/381)**
>
> 1. 아버지, 아들, 성령은 신성에서 서로 동일하다.
> 2. 삼위일체의 세 인격은 한 하나님의 고유한 실현 형태다.
> 3. 각 인격의 특성은 삼위일체의 내적 사역과 외적 사역에 관련되어 있다(opera ad intra et extra)

(2)-1 우리는 하나님이 자신을 우리에게 셋이면서 하나인 자로 계시한 것과 무관하게 삼위일체를 고찰할 수 있다. 이와 같이 창조와 역사 속에서 이루어진 하나님의 계시와 무관하게 하나님의 삼위일체를 살피는 것을 **내재적 삼위일체**(immanente Trinität)라고 부르고 때로는 **본질적 삼위일체**(Wesenstrinität)라고 부르기도 한다.

(2)-2 우리는 하나님이 자신을 셋이면서 하나인 자로 알린 계시를 다루면서 삼위일체를 고찰할 수 있다. 이 방식은 **경륜적**(ökonomische) 또는 **구속사적**(heilsgeschichtliche) **삼위일체**이며 어떻게 삼위일체 하나님이 자신을 창조와 역사 안에서 알렸는지를 진술한다.

이 맥락에서 사용된 '경륜적'(ökonomisch)이라는 말은 창조 세계를 위한 하나님의 구원 계획을 일컫는 그리스어 '오이코노미아'(oikonomia)에서 유래했다(예. 엡 1:10). 이와 같이 삼위일체 하나님의 존재와 행위를 고찰하는 두 가지 상이한 방법이 있다.

(2)-1 우리는 신적 인격의 상호 관계를 삼위일체 내에서 고찰할 수 있다. 이와 관련하여 교의학은 **삼위일체의 내적 사역**을 말한다(라. opera trinitatis ad intra). 이 개념은 상호 침투하는 삼위일체의 모든 인격이 동일한 신성을 지니지만 각 인격의 독립성이 [인격 상호 관계의] 여러 특징에서 명확하게 드러난다는 고찰에서 시작되었다.

이 특징들은 세 위격 사이의 동일한 성질이 아닌 오직 위격의 상호관계(라. relationes)와 관련된다. 삼위일체 위격의 유래(processiones)에서 생기는 이 관계로부터 신적 세 인격의 각 특징이 도출된다.

삼위일체의 내적 사역

1. 내재적 삼위일체와 관련하여 신적 인격의 사역(아들의 출생과 성령의 내쉼).
2. 각각의 내재적 사역은 〈세 인격 모두에게 동시에 속하지 않고〉, 전적으로 오직 한 인격에게만 속한다(opera trinitatis ad intra sunt divisa).

신의 내적 유래(Hervorgänge)는 아래와 같다.

① 아들의 출생(라. generatio)은 아버지를 통한다.
② 성령의 내쉼(파송)은 아버지(그리고 아들)를 통한다.

성령의 내쉼이 오직 아버지만을 통하는지 아니면 아들도 통하는지(라. filioque)의 질문은 논쟁거리다(§7.2.3; §11.1).
신의 내적 유래는 하나님 자신 안에서 영원히 이루어지는 시간 초월적인 행위로서 아들과 성령의 구원사적 파송(ökonomische Sendung)과 직접적으로 관련이 없고 단지 하나님의 세계 행위(Welthandeln)를 위한 신의 내재적인 전제다. 또한 삼위일체의 내재적 사역은 오직 한 특정 인격에게만 말해질 수 있다. 오직 아버지만 '낳고,' 오직 아버지(와 아들이)가 '내 쉰다.' 아들이 낳지 않고, 성령이 내쉬지 않는다. 삼위일체 내적 유래의 특징은 예외 없이 세 인격에 분할된다(라. opera trinitatis ad intra sunt divisa).
신적 인격들이 어떻게 삼위일체 위격들의 유래와 관련되는지에 따라서 다섯 또는 여섯 개의 신적 인격들의 특징이 생겨난다.

아버지에게 속하는 것

① 출생하지 않는 것(Ungezeugtsein) 또는 되어가지 않는 것(Ungewordenheit);　1
② 능동적 출산 또는 아들에게 아버지 되는 것　2
③ 능동적으로 성령을 내쉼　3

아들에게 속하는 것

① 수동적 출생 또는 아버지에게 아들이 되는 것　4
② (능동적으로 성령을 내쉼)　(6)

성령에게 속하는 것

① 수동적으로 아버지(와 아들)로부터 내쉬어진 것　5

아버지로부터 아들과 성령이 유래한 것을 묘사하는 표현인 '출산'과 '내쉼'은 당연히 일상 언어 습관의 의미를 따라 이해해서는 안 된다. 또한 이 표현을 유비적으로 해석해야 한다고(§ 6.1.3) 말할 수도 없다.

이 낱말이 내재적 삼위일체론에서 의미하는 것과 인간 언어 습관에서 의미하는 것 사이에는 최종적으로 어떤 연관도 없다. 따라서 인간의 개념으로 셋이면서 하나인 하나님의 본질을 묘사하려는 시도의 한계가 특히 여기서 분명해진다. 이 한계의 의식에서 기독교신학은 하나님의 내적 삶과 관련하여 삼위일체의 신비를 말한다(라. mysterium trinitatis).

(2)-2 우리는 신적 인격의 행위를 세계와 구원을 위한 행위와 관련시켜서 고찰할 수 있다. 이와 관련하여 교의학은 삼위일체의 외적 사역(라.

opera trinitatis ad extra)을 말한다. 자기 안에서 삼위일체적인 하나님은 자신의 삼위일체적인 본질을 아들과 영의 파송을 통해서 계시한다.

> 삼위일체의 외적 사역은 아래와 같다.
> ⓐ 세계 창조(라. créatio)
> ⓑ 아들의 파송으로 말미암는 인간의 구원(라. redemptio)
> ⓒ 성령의 파송으로 말미암는 인간의 성화(라. sanctificatio)
> 이 사역들이 각각 무엇인지 세부적으로 진술하기 위해서는 앞으로 전개될 창조론(§8), 기독론(§10), 성령의 성화(§11.1)를 미리 다루어야 하지만 여기서 그럴 수는 없다. 이와 관련된 세부적인 것은 각각의 교리를 다룰 때 살펴보자.
> 여기서 먼저 확정적으로 말할 수 있는 것은 삼위일체 하나님이 세계를 다루고 구원을 위해서 진행하는 행위들은 각각 한 특정 인격에 우선적으로 속하지만 배타적이지는 않다는 점이다.
> 세계 창조도 이와 같다. 삼위일체의 사역인 세계 창조는 특별히 아버지에게 속하지만 내재적 삼위일체의 교리에서와는 다르게 이것이 전적으로 아버지에게만 속하지 않는다. 비록 세계 창조가 우선적으로 아버지에게 속하지만 아들과 성령도 이 사역을 함께 했다.
> 삼위일체의 외적 사역 중 나머지 두 가지도 이와 같다. 인간의 구원은 우선적으로 아들의 사역이지만 아버지와 성령도 이 사역을 함께 행한다. 성화는 먼저 성령의 사역이지만 아버지와 아들도 여기에 참여한다.
> 삼위일체의 외적 사역은 비록 한 인격에게 특별한 비중을 가지고 속하지만 엄밀하게는 한 특정 인격에게만 속하지 않는다. 따라서 위에서 인용했던 삼위일체론의 원리에 따라 삼위일체의 외적 사역은 나누어지지 않는다고 말할 수 있다(라. opera trinitatis ad extra sund indivisa).

> **삼위일체의 외적 사역**
> 1. 경륜적 삼위일체와 관련된 신적 인격의 사역(창조, 구원, 성화)
> 2. 이 사역은 한 특정 인격에 특별하게 속하지만,
> 다른 두 인격도 항상 이 사역에 참여한다.
> 삼위일체의 외적 사역은 나누어지지 않는다.

7.2.3 아우구스티누스의 삼위일체 신학에 대한 공헌

아우구스티누스는 대략 399년과 419년 사이에 열다섯 권으로 된 『삼위일체론』(De trinitate)을 저술했다. 아우구스티누스는 이로써 서구 교회의 사유 지평에서 삼위일체 논의를 위한 탁월하고 매우 주목받을 만한 기여를 했다(2.1). 그는 이 책에서 얼마 전에 규범적으로 확정된 [삼위일체] 교의를 해석하면서 신적 구원 의지에 집중하고 인간 경험의 실제와 관련지었다(§ 7.2.2).

그는 하나님 안의 단일성과 셋이 하나를 이루는 성질(Dreiheit) 사이의 관계를 자기 특유의 방식으로 설명하면서 아리스토텔레스의 범주론(Kategorienlehre)을 삼위일체 하나님에게 적용하는 방법이 갖는 문제점을 지적했다.

> 아리스토텔레스에 의하면 모든 존재자와 관련해서 실체(Substanz)와 우연적인 것(Akzidenzien)을 구별할 수 있다. **실체**는 한 존재의 특성을 지속적이고 동일하게 유지하는 것으로 불변하며 이것에 대해서는 어떤 특성을 말한다. 이에 비해 **우연적인 것**은 자주 바뀌고 변하는 실체의 특징, 곧 실체의 변하는 상태, 특징, 규정을 말한다.

하나님은 근본적으로 완전히 단순하면서 영원하고 불변하는 존재로 여겨진다. 따라서 그는 실체(Substanz)로, 또는 아우구스티누스가 선호한 것처럼 본질(라. essentia)로 이해해야 한다. 항상 변화와 결부되어 있는 우연적인 것은 결코 하나님에게 속하지 않는다.

그렇지만 그〈하나님〉는 의심의 여지없이 실체이거나 좀 더 낫게 명명한다면 그리스인이 우시아(ousia)라고 불렀던 존재다. '현명하다'로 지혜를, '알다'로 학문을 말한 것처럼, '있다'로 존재를 말했다.	Est tamen sine dubitatione substantia uel si melius hoc appellatur essentia, quam Graeci ousian uocant. Sicut enim ab eo quod est sapere dicta est sapientia et ab eo quod est scire dicta est scientia, ita ab eo quod est esse dicta est essentia. […]
그런데 존재 또는 실체라고 불리는 다른 것들은 우연적인 것을 포함하고 있어서 이로 말미암아 그 안에서 큰 변화와 또는 다른 변화가 생겨난다. 하지만 하나님에게는 이와 같은 것이 일어날 수 없다.	Sed aliae quae dicuntur essentiae siue substantiae capiunt accidentias quibus in eis fiat uel magna uel quantacumque mutatio; deo autem aliquid eiusmodi accidere non potest.

아우구스티누스, 『삼위일체론』(De trinitatis) 5,2,3
(CChrSL[11] 50, 207f.[1−5.7−10줄]).

[11] CChrSL = 『기독교 라틴 전집』(Corpus Christianorum Series Latina).

삼위일체론에서 세 신적 인격에 대하여 예컨대 '아버지의 출생하지 않음'이나 '아들의 출생'과 같은 상이한 내용이 진술되지만 이것들은 결코 우연한 것들에 관한 진술이 아니다. 그것은 하나님 안에는 우연한 것이 전혀 없기 때문이다. 그런데 어거스틴에 따르면 이것은 또한 하나님의 실체에 관한 것도 아니다. 만약 그렇다면 우리는 신적 세 실체를 전제해야 할 것이다.

세 신적 인격에 대한 상이한 삼위일체적 진술은 바로 신의 내적 관계(Beziehungen)를 말하며, 이것은 불변하는 신의 본질과 동일하다. 아우구스티누스의 관점에서 신적 인격(Personen)에 대한 진술은 분명히 종속적인 역할을 맡는다.

진실로 하나님과 관련해서는 어떤 것도 우연의 관점에서 말할 수 없다. 그 안에는 변할 수 있는 것이 아무것도 없기 때문이다. 그렇지만 말하는 모든 것을 실체의 관점에서만 말할 수도 없다.

왜냐하면 아버지를 아들과 관련해서 말하고, 아들을 아버지와 관련해서 말하는 그러한 관점이 있기 때문이다. 이것〈아버지와 아들의 관계〉은 우연적인 것이 아니다. 하나는 항상 아버지이고 나머지 하나는 항상 아들이기 때문이다. [⋯]

그러나 만일 아버지를 그 자신과 관련해서 말해 버리면 아들과 관련해서는 말할 수 없고, 또 아들을 그 자신과 관련해서 말해 버리면 아버지와 관련해서 말할 수 없고 〈단지〉 실체와 관련해서 말할 수 있을 뿐이다. 그는 아버지이고, 그는 아들이다.

그러나 만일 아버지가 아들을 가지고 있지 않다면 그를 아버지라고 부를 수 없고, 만일 아들이 아버지를 가지고 있지 않다면 그를 아들이라고 부를 수 없다. 실체의 관 점에서 이것을 말하는 것은 아니다. [⋯]

비록 아버지인 것과 아들인 것이 다르다 할지라도 실체가 다른 것은 아니다. 여기서는 실체가 아닌 관계의 관점에서 이야기하기 때문이다. 그런데 관계는 변하지 않기 때문에 우연한 것이 아니다.

In deo [⋯] nihil quidem secundum accidens dicitur quia nihil in eo mutabile est; nec tamen omne quod dicitur secundum substantiam dicitur.

Dicitur enim ad aliquid sicut pater ad filium et filius ad patrem, quod non est accidens quia et ille semper pater et ille semper filius [⋯]

Si uero quod dicitur pater ad se ipsum diceretur non ad filium, et quod dicitur filius ad se ipsum diceretur non ad patrem, secundum substantiam diceretur et ille pater et ille filius. Sedquia et pater non dicitur pater nisi ex eo quod est ei filius et filius non dicitur nisi ex eo quod habet patrem, non secundum substantiam haec dicuntur; [⋯]

Quamobrem quamuis diuersum sit patrem esse et filium esse, non est tamen diuersa substantia quia hoc non secundum substantiam dicuntur sed secundum relatiuum, quod tamen relatiuum non est accidens quia non est mutabile

아우구스티누스, 『삼위일체론』 5, 5.6 (CChrSL 50.210f.[1-5, 10-15, 19-22줄]).

피조물의 형태에서 삼위일체의 흔적(라. vestigia trinitatis)을 찾아낸 아우구스티누스는 인간의 자기 경험을 바탕으로 삼위일체 신적 인격들 간의 차이를 관계적으로 규정하고자 시도했다. 이것은 삼위일체의 내재적 관계에 상응하는 인간의 정신적 삶의 세 가지 형태를 말한다.

〈이러한 접근 방식을〉 가톨릭 신학자 미하엘 슈마우스(Michael Schmaus, 1897-1993)는 심리적 삼위일체론이라고 불렀다. 아우구스티누스는 단일한 인간 정신 안에 셋으로 하나를 이루고 있는 기억(Gedächtnis), 인식(Einsicht), 의지(Wille)가 서로를 상이한 방식으로 지시하는 것을 확인하고서 이것을 신적 삼위일체의 상(Bild)으로 특징지었다.

아우구스티누스의 삼위일체론으로 야기된 문제 중 하나는 필리오퀘(filioque, 그리고 아들로부터)의 교리를 『니케아—콘스탄티노플 신경』에 첨가할 것인가의 논쟁이었다(§ 11.1). 아우구스티누스 신학의 영향 아래서 필리오퀘는 6세기 이래 점차적으로 스페인, 갈리아, 영국의 신앙고백 전통에 수용되었다. 따라서 이것은 1054년에 결국 교회 분열을 불러일으킨 논쟁에 중요한 의미를 갖게 되었다(2.2).

아우구스티누스의 삼위일체 교리

1. 하나님의 본질(essentia)은 내재적 삼위일체의 관계(relatio)와 통일하다.
2. 인간 정신의 삶은 내재적 삼위일체의 관계와 상응하는 것을 보여 준다
3. 성령은 내재적 삼위일체의 관점에서 아버지와 **그리고 아들로부터**(filioque) 나온다.

아우구스티누스는 성령을 내재적 삼위일체 내에서 규정했는데 이것이 필리오퀘 교리의 근거가 되었다. 그는 성령이 아버지와 아들을 결합시키

는 사랑이라고 규정함으로써 성령을 이 둘과 구별한다. 성령은 아버지와 아들에게 동일하게 속해 있다. 따라서 아우구스티누스를 따르면 성령이 아버지와 아들로부터 동일하게 유래되었다는 것을 받아들여야만 한다.

| [성령은] 이 둘 중의 어느 하나가 아닌 것이 명확하다. 성령으로 둘은 하나로 묶였고 낳음을 받은 자는 낳은 자에게 사랑을 받고 자기를 낳아 준 아버지를 사랑한다. 또한 이들은 참여가 아닌 본질에 근거해서, 자기보다 더 높은 자가 준 선물이 아닌 자기 자신의 것에 의해서 **"평안의 매는 줄로 성령이 하나 되게 하신 것을 힘써 지키는"** 자들이다[엡 4:3]. | [M]anifestum est quod non aliquis duorum est quo uterque coniungitur, quo genitus a gignente diligatur generatoremque suum diligat, sintque non participatione sed essentia sua neque dono superioris alicuius sed suo proprio seruantes unitatem spiritus in uinculo pacis |

아우구스티누스, 『삼위일체론』 6, 5.7 (CChrSL 50.235[4-9줄]).

| 우리는 성령이 또한 아들로부터 나오지 않는다고 말할 수 없다. 왜냐하면 동일한 성령이 **아버지와 아들의 영**이라고 일컬어지고 있기 때문이다. | Nec possumus dicere quod spiritus sanctus et a filio non procedat; neque enim frustra idem spiritus et patris et filii spiritus dicitur. |

아우구스티누스, 『삼위일체론』 4, 20.29 (CChrSL 50.199[102-105줄]).

| 아들이 시간을 초월해서 아버지로부터 출생한 것을 아는 사람은 성령이 시간을 초월해서 둘로부터 출발한 것을 알 것이다.[…]
〈이 사람은〉 성령이 아버지로부터도 출발한 〈사건의 원인이〉 아버지 그 자신 안에 있는 것처럼, 동일한 성령이 아들로부터 출발하도록 아버지가 아들에게 그렇게 했다는 것을 알 수 있을 것이다. 둘은 각각 시간을 초월해서 나왔음을 알 것이다. | [Q]ui potest intellegere sine tempore generationem filii de patre intellegat sine tempore processionem spiritus sancti de utroque. […]
[I]ntellegat sicut habet pater in semet ipso ut et de illo procedat spiritus sanctus sic dedisse filio ut de illo procedat idem spiritus sanctus et utrumque sine tempore, atque ita dictum spiritum sanctum de patre procedere ut intellegatur quod etiam procedit de filio, de patre esse filio. |

성령이 아버지로부터 나왔다고 그렇게 말
하는 것은 그가 아버지에게서 나온 아들로
부터 나왔음을 알도록 하기 위함이다.
> 아우구스티누스, 『삼위일체론』 15, 26.47 (CChrSL 50A.528[87-89.94줄]).

📖 삼위일체 교의의 형성 개관
- W.-D. Hauschild, Lehrbuch der Kirchen-und Dogmengeschichte, Band 1, 1-51(=§ 1).

📖 초기부터 근대까지 삼위일체 교리 발달 서술
- B. Oberdorfer, Trinität/Trinitätslehre III (RGG⁴ 8).

👓 아우구스티누스의 삼위일체 교리를 아래 책을 활용하여 알아 보시오.
- M. Schmaus, Die Denkform Augustins.
- K. Flasch, Augustin, 326-368.

7.3 삼위일체론에 대한 비판과 현대 삼위일체론

기독교 신학사에서 삼위일체 교의는 다양하게 연구·해석되었고 또한 비판을 받았다. 이미 툉너는 325/381년에 고대 교회가 확정한 삼위일체론이 기독교 신 개념의 특징과 더욱이 예수 그리스도라는 인물의 신학적 의미를 표현할 수 있는 유일한 가능성이라는 입장을 부정했다. 이러한 관점에서 툉너는 4세기에 이단으로 정죄되었던 입장을 어느 정도 다시 회복시켰다(4.5).

신신학에서 시작되어 신학적 합리주의에서 격렬해졌던 삼위일체에 대한 비판과는 역행하는 흐름이 있었다. 다름 아닌 독일 관념론 철학자 헤겔과 셸링(Friedrich Wilhelm Schelling, 1775-1854) 그리고 사변신학은 삼위일체론이 절대 종교인 기독교를 적합하게 표현한다고 말하면서 그 가치를 인정했다(5.2).

이 입장과 달리 슐라이어마허는 고전적 형태의 삼위일체론을 비판했는데 그 영향력은 지대했다. 슐라이어마허의 비판적 자세는 삼위일체론을 그의 주요 신학 저술의 맨 끝에 배열한 것에서도 확인할 수 있다.

> 그러나 교회가 파악한 이 교리[삼위일체론] 자체는 기독교 자의식의 직접적 진술이 아니라 기독교 자의식의 직접적인 여러 진술이 결합된 것이다[도입문].
> 우리 서술의 핵심은 그리스도의 인간성과 교회의 공동 정신(Gemeingeist)으로 말미암는 신적 본질과 인간 본성의 결합이다. […] 만일 그리스도 안에 있는 하나님 됨(ein Sein Gottes in Christo)을 받아들이지 않는다면, 구속이라는 이념(Idee)이 이처럼 그의 인격에 집중되지는 않을 것이다.
> 그리고 만약 교회의 공동 정신에 이 결합이 없다면 교회 역시 이 같은 방식으로 그리스도로 말미암은 구속의 담지자(Träger)와 전달자가 될 수 없을 것이다. […]
> [삼위일체론은] 그리스도 안에 신적 본질 이하의 것이 있는 것이 아니며, 신적 본질이 교회의 공동 정신으로 그 안에 산다는 것을 고수하기 위한 투쟁 과정에서 이루어졌다. […]
> 하지만 우리도 여기서 머물고자 하며 이 교의와 관련하여 후에 형성된 것에는 〈전자와〉 동일한 가치를 인정할 수 없다. 그것은 사람들이 둘의 결합〈신적 본질과 인간 본성의 결합〉을 이미 이 결합과 무관하게 영원 전 최고의 존재 안에 설정된 구별에서 기인했다고 보는 관점에서 삼위일체라는 명칭이 생겨났기 때문이다. […]
> 그러나 최고 존재 안의 영원한 구별을 전제하는 것은 이미 그 안에 영원한 구별이 결코 있을 수 없는 경건한 자의식에 대한 진술이 아니다.
> 슐라이어마허, 『신앙론』 제2권, 458-460: §170
> (KGA I 13.2 514.6-8; 514.22-515.8; 515.10-12; 516.10-15, 20-22).

슐라이어마허는 먼저 특정 형태로 전래된 삼위일체론이 기독교신학의 극히 핵심적인 문제를 표현한다는 것을 지적한다. 삼위일체론의 관건은 '그리스도 안에 있는 것이 신적 본질 이하의 것이 아니고, 이것이 교회의 공동 정신으로서 그 안에 산다는 것'을 옹호하는 데에 있다.

이와 달리 슐라이어마허는 교리 발전 과정에서 이루어진 이 문제에 대한 사변적 파악을 중요하지 않게 생각했다. 그것은 이러한 시도가 더 이상 신앙의 직접적인 진술이 될 수 없는 것이기 때문이다. 〈이러한 내용을 진술한 후에〉 다음 단계에서 슐라이어마허는 교회의 삼위일체론을 세부적으로 다루면서 이 교리가 모순 없이는 사유될 수 없음을 확인한다.

> 교회의 삼위일체론은 세 인격이 모두 신적 본질과 동일하다고 생각하도록 요구하고 또한 한 인격이 다른 [두] 인격과 동일하다고 생각하도록 요구한다. 그러나 우리는 이것도 저것도 할 수 없고 다만 인격들을 등급의 관점에서 생각할 수 있다. 그리고 이와 같이 본질의 단일성을 세 인격의 단일성보다 하위의 것으로 생각하든지 아니면 그 반대로 생각할 수 있다.
> 만일 […] 아버지는 영원히 낳지만 그 자신은 낳음을 받지 않고 이에 반해 아들은 영원부터 낳음을 받지만 스스로 낳지 않는다는 것에 근거해서 아버지와 아들이 구별된다면 […] 아버지의 힘이 아들의 힘보다 더 커야만 하고, 낳는 자가 낳음을 받은 자 앞에서 누리는 영광이 낳음을 받은 자가 낳는 자 앞에서 누리는 영광보다 더 커야만 한다는 것을 부인할 수 없다. 이것은 또한 성령에게도 해당된다. […]
> [세 인격과 신적 본질의 관계를 두고 생각할 때], 단일성과 셋이 하나를 이루는 성질(Dreiheit) 사이에는 어떤 동등성도 불가능하다. 〈따라서 양자택일이 남는다.〉 우리는 단일성에 우위의 지위를 허락해야만 한다. 그러면 인격의 구분이 하위적인 것으로 보이면서 희박해지고 신적 군주제(Monarchie)

가 등장한다.

아니면 우리는 셋이 하나를 이루는 것(Dreiheit)에 우위의 지위를 허락해야만 한다. 그러면 단일성은 추상적인 것으로서 사라지고 [⋯], 삼신론을 손댈 위험에 빠진다.

[교회의 삼위일체론에 따르면] 그 원인성[삼위일체 하나님의 외적 사역]이 한편으로는 세 인격에 속하지만, 다른 한편으로는 이 세 인격 모두에게 속하는 각각의 유일한 원인성은 각 인격의 고유한 것이 아니다.

달리 말하면 각 원인성은 인격이 아니라, 단일성 안에 있는 신적 본질에게 돌릴 수 있다. 따라서 단일성 안에 영원한 셋이(Dreiheit) 있음을 전제하면 우리가 여기서 출발해서 도달할 수 있는 곳은 하나가 드러나고 다른 하나가 사라지는 것 사이에서의 동요 또는 그 반대 형태의 동요뿐이다.

슐라이어마허, 『신앙론』, 제2권, 462-468: §171
(KGA I 13.2, 519.19-25; 521.16-19; 523.7-524.1; 524.4f.; 526.4-12).

이 진술은 '단일성과 셋이 하나를 이루는 성질(Dreiheit) 사이에서 어떤 동등성도 불가능'함을 보여 준다. 따라서 그의 견해에 따르면 교회의 삼위일체론은 종속론을 피하지 못하거나 단일신론(Monarchianismus)과 삼신론 사이에서 납득할 만한 중도를 찾을 수 없다.

삼위일체를 주제로 한 현대의 새로운 저작을 살펴보면 이 교리에 대한 슐라이어마허의 비판이 얼마나 큰 비중을 차지하는지 금방 알 수 있다. 슐라이어마허의 방식과 유사하게 왜스트도 고전적 삼위일체론의 근저에 있는 신학적 관심사에 무게를 두면서 이 교리의 전래된 형태에는 유보적 자세를 취한다.

삼위일체론은 계시의 직접적인 내용이 아니고 신앙의 직접적인 표현도 아니다. 전통에 의해서 확정된 형태의 삼위일체 교리는 신학적 고찰이 고도로 정식화된 결과이며, 신앙과 인간의 구원을 위해서 의심 없이 전체적으로 수용해야 할 법은 결코 아니다. 그러나 이 교리는 결코 신앙과 거리가 먼 사변이 아니다. […] 만일 기독교 신앙이 일반 신(神) 개념이 아니라 성경의 증언처럼 인간을 찾아 온 하나님의 역사에 근거한다면, 이 신앙을 숙고하는 신학은 이 하나님이 누구냐는 질문에 삼위일체 하나님에 대한 신앙고백을 해석함으로써 실제적으로 답할 수 있기 때문이다.

왜스트, 『교의학』, 제1권, 332 이하.

확실히 슐라이어마허의 진술(『신앙론』 §170)을 떠올리는 이 확언으로부터 왜스트는 삼위일체론에 대한 자신의 해석을 시도한다.

[성경의 증언에 의하면 하나님은] 창조주다. 이 창조주로 말미암아 세상은 존재를 갖고 인간은 생명을 갖는다. 모든 것은 그로 **말미암아** 있고 이와 같이 그는 모든 것 **이전에** 모든 것 **위에** 있고 그가 창조한 인간 위에 있다. 그러나 그는 자신을 이 인간과 **함께 있고자** 하는 하나님으로 알린다. […]
하나님은 예수를 파송함으로써 인간의 폐쇄성을 향하여 자신의 공동체적 의지를 관철한다. 그는 **우리 와** 모든 것 **위에** 있는 하나님 됨을 멈추지 않는다. […] 그러나 그는 이와 동시에 예수 안에서 우리와 **함께** 있다. […]
하나님은 자기 안에 갇혀 있는 인간 전체를 받아들임으로 […] 성령인 하나님은 인간이 자기로부터 될 수 없고 할 수 없는 것을 인간 **안에서** 일으킨다. […]
[삼위일체 신앙고백에 대한 이러한 해석은 세 **인격들**이라는 말 대신에] 자기와 함께 있도록 인간을 영접하려는 자기 운동을 하기 위해서 하나님이

오는 세 **장소들**이라는 말을 사용하기를 권한다. [그러나] 이것이 양태론으로 이해되지 않도록 곧바로 추가해야 할 말이 있다. 하나님은 한 장소에 있으면서도 다른 두 장소에 있는 것도 멈추지 않는다. […]

예수 그리스도는 하나님이 우리와 함께 있는 장소가 되었다. (그리고 이 장소는 실제 한 인격이다), 〈이 때에도〉 아버지는 그리스도와 마주하며 우리 위에 있는 것을 멈추지 않는다. 성령 안에서 하나님은 우리 자신을 그가 내주하며 역사하는 장소로 만든다. 〈이 때에도〉 그리스도 안에서 우리와 함께 있는 것과 아버지로서 우리 위에 있는 것을 멈추지 않는다. […]

하나님의 자기 운동과 관련하여 우리는 하나님이 자기 안에서 어떤 상대를 갖지 않는 단일한 자(Einheit)라고 생각할 수 없다. 이것 역시 하나님 자신 **안의** 운동 곧 자기구별을 실현하는 운동이다. […] 따라서 우리는 다음과 같이 결론을 내릴 수 있고 내려야만 한다. 하나님이 자신을 삼위일체적으로 계시했다면 그는 그 자신 안에서도 삼위일체적인 자다. 하나님은 계시 이전에 자기 안에서 동일한 것처럼 하나님은 계시 중에서도 이 같이 자신과 동일하다.

왜스트, 『교의학』, 제1권, 333-338.

왜스트는 삼위일체 교리가 오늘날에도 기독교 신앙의 표지(標識)로 수용될 수 있도록 전래된 형태와는 다르게 서술하고자 한다. 그래서 그는 삼위일체 교리 배후에 있는 신학적인 관심사를 고려하면서 아들과 영의 파송이 하나님이 인간에게로 오는 장소들(Stationen)이라고 말한다.

왜스트에 따르면 삼위일체 교리는 하나님이 오직 아버지로서 우리 위에 있을 뿐만 아니라 그리스도 안에서 우리에게 오고 성령을 통해서 우리 안에서 그를 향한 우리의 폐쇄성을 극복한다.

동시에 왜스트는 자신의 해석을 부분적이나마 전통 교리와 다시 연결시키려고 한다. 그는 세 장소에 대한 자신의 언급을 양태론적으로 이해하기를 거부하고, 하나님의 구원사적 자기 운동(경륜적 삼위일체)이 그 이전에 하나님 자신 안에서 실현된 자기 구별(내재적 삼위일체)과 일치하는 것으로 이해한다.

📖 삼위일체론에 대한 슐라이어마허의 타당한 비판을 고려하면서 이 교리를 새롭게 서술하려는 시도
- W. Pannenberg, Systematische Theologie, Band 1, 283-364; vgl. bes. 335-355.

위 텍스트의 독서를 쉽게 시작할 수 있도록 도와주는 자료
- J. Rohls, Prothestantische Theologie der Neuzeit, Band 2, 831ff.
- G. Wenz, Wolfhart Pannenbergs Systematische Theologie, 71-81.

📖📖 최근 교의학에서 삼위일체론이 어떻게 다루어지고 있는지에 대한 개관
- E. Mauerer, Tendenzen neuerer Trinitätslehre.
오늘날 삼위일체론 영역에서 시도되는 다양한 구상과 문제점을 일별
- U. Link-Wieczorek, Trinitätslehre(EKL^3 4), bes. 976ff.

외론(外論) 1. 기독교 초상학(Ikonographie)의 삼위일체 묘사

기독교 예술을 살펴보면 이미 이른 시기부터 삼위일체를 묘사하는 그림이 있었다. 이것은 어느 한 시기에도 삼위일체 하나님의 본질을 완벽하게 묘사할 의도로 그려지지 않았다.
하나님의 내적 신비는 이성의 인식을 벗어나 있고(§ 7.2.2) 인간의 상상력으로도 접근이 불가능하다. 따라서 이 회화적 묘사는 단지 그 신비를 지시할 뿐이다. 또한 이러한 그림은 수백 년 동안 성경을 대신하여 글을 읽지 못하는 많은 사람을 가르쳤다. 루터도 교훈하고 교육하는 그림의 기능을 높이 평가

했다.

이제 세 개의 그림을 본보기로 삼아서 삼위일체를 묘사하는 두 가지 기본 유형을 살펴보자. 아래의 서술은 이미 앞에서 다루었던 삼위일체의 특정한 관점을 더 명료하게 하고 삼위일체 신학과 관련하여 그리스(동방)교회와 라틴(서방)교회의 중요한 차이 하나를 보여 줄 것이다.

1. 동일하게 그려진 세 인물

삼위일체를 묘사하는 수많은 그림은 상이한 자세·몸짓·시선으로 서로 관련된 세 사람을 보여 주는데 이들의 외모는 서로 동일하거나 유사하다. 이러한 묘사 유형은 마므레 상수리 수풀 근처에서 세 남자를 만난 아브라함의 이야기에 뿌리를 두고 있다. 이 이야기는 고대와 중세 교회에서 삼위일체를 지시하는 본문으로 이해되었다. 아브라함의 이야기는 이렇다.

여호와께서 마므레의 상수리나무들이 있는 곳에서 아브라함에게 나타나시니라 날이 뜨거울 때에 그가 장막 문에 앉아 있다가 눈을 들어 본즉 사람 셋이 맞은편에 서 있는지라 그가 그들을 보자 곧 장막 문에서 달려나가 영접하며 몸을 땅에 굽혀 이르되 내 주여 내가 주께 은혜를 입었사오면 원하건대 종을 떠나 지나가지 마시옵고 물을 조금 가져오게 하사 당신들의 발을 씻으시고 나무 아래에서 쉬소서 내가 떡을 조금 가져오리니 당신들의 마음을 상쾌하게 하신 후에 지나가소서 당신들이 종에게 오셨음이니이다
그들이 이르되 네 말대로 그리하라 아브라함이 급히 장막으로 가서 사라에게 이르되 속히 고운 가루 세 스아를 가져다가 반죽하여 떡을 만들라 하고 아브라함이 또 가축 떼 있는 곳으로 달려가서 기름지고 좋은 송아지를 잡

아 하인에게 주니 그가 급히 요리한지라 아브라함이 엉긴 젖과 우유와 하인이 요리한 송아지를 가져다가 그들 앞에 차려 놓고 나무 아래에 모셔 서매 그들이 먹으니라

그들이 아브라함에게 이르되 네 아내 사라가 어디 있느냐 대답하되 장막에 있나이다 그가 이르시되 내년 이맘때 내가 반드시 네게로 돌아오리니 네 아내 사라에게 아들이 있으리라 하시니 사라가 그 뒤 장막 문에서 들었더라(창 18:1-10).

이 이야기는 성 마리아 마조레 교회(die Basilika Santa Maria Maggiore, 로마, 5세기)의 한 모자이크에 세 장면으로 묘사되어 있다. 이 그림은 이 교회 중앙 통로 창문 아래에 그려진 기념비적인 그림의 파노라마(Bilderyzklus)의 일부다. 이 파노라마는 구약성경 장면으로 이루어져 있고 여러 부분이 아직까지 잘 보존되어 있다.

그림 위쪽에서 아주 비슷하게 그려진 세 남자를 만나고 있는 아브라함을 볼 수 있다. 특히 가운데에 있는 사람(그리스도?)을 두른 아몬드 모양의 후광이

그림 1: 하나님은 아브라함의 손님(약 1120경)
성 마리아 마조레 교회, 로마
(Basilika Santa Maria Maggiore, Rom)

눈에 띈다(만돌라[Madorla²]). 그림 하층부 왼쪽에는 둥글넓적한 빵을 굽는 사라가 있고 오른쪽에는 세 남자가 이미 상을 둘러 앉아 있다. 아브라함은 이들에게 소고기 요리를 내놓는다. 이 장면에서 손님들이 동일하게 그려져 있어서 가운데 있는 사람이 다른 두 사람과 더 이상 구별되지 않는다.

이 이야기 장면을 사용해서 삼위일체를 묘사하는 것은 무엇보다 동방 교회 전통의 특징이었다. 이러한 묘사가 아브라함의 손님 환대(그. philxenie)에서 생겨났기 때문에 종종 손님 환대라는 주제도 언급된다.

이러한 묘사 유형의 정점으로 간주되는 것은 15세기 전반부 러시아 화가 안드레이 루블료프(Andrej Rubljov, 대략 1360-1430, 그림 2)가 그린 삼위일체 초상화다. 이 그림은 먼저 등장 인물을 세 남자로 국한해서 더 이상 사라와 아브라함이 보이지 않는다. 또한 위에서 언급했던 모자이크에는 거의 동일한 세 사람이 서로 간격 없이 나란히 그려져 있는 것과 달리 이 그림에서는 자세와 옷에서 분명하게 구별되는 세 사람이 여러 면에서 관련되어 함께 있다는 것이 특이하다.

그림 2. 안드레이 루블료프 삼위일체 (15세기 전반부)

---

2 (그리스도 및 성모 마리아 그림에서) 전신상을 둘러싸고 있는 타원형 후광—역주.

삼위일체의 내적 삶을 인격들의 관계적 사건으로 표현하려는 의도가 그림 저변에 깔려 있음이 분명하다. 전통적으로 하나님의 이러한 내적 관계는 하나님 안에서의 사랑의 운동을 뜻하는 상호 내주(그. perichoresis)라는 말로 표현되었다(§ 7.2.2).

삼위일체 각 인격을 그림 위의 어떤 사람과 연관시켜야 하는지에 대해서는 의견이 나뉜다. 하지만 대체적으로 아들과 성령이 각각 상이한 근원적 방식(출생과 숨의 내심)으로 관계하는 왼쪽 사람을 아버지로 본다.

결정적인 의미를 지니는 것은 내재적 삼위일체의 사귐의 중앙에 그려져 있는 잔이다. 이 잔에는 도살당한 짐승의 머리가 담겨 있다. 이 짐승이 창세기 18장의 이야기처럼 송아지인지 아니면 양인지에 대해서는 의견이 일치하지 않는다. 양은 신약성경에서 인간의 구원을 위해 십자가에서 일어난 그리스도의 죽음을 뜻한다(§ 10.2.2).

> 구약성경에서 종종 하나님의 심판의 집행을 상징했던 잔은(하나님의 분노의 잔, 사 51:22) 신약성경에 와서 하나님이 인간에게 선사한 구원을 상징하게 되었다. 그리스도가 인간을 대리해서 십자가에서 고난과 죽음의 잔을 받았기 때문이다.
> 마가복음 14:36에서 예수님은 이렇게 기도한다.
>
> 아빠 아버지여 아버지께는 모든 것이 가능하오니 이 잔을 내게서 옮기시옵소서 그러나 나의 원대로 마시옵고 아버지의 원대로 하옵소서(막 14:36).
>
> 성만찬 제정에서 잔에 대한 말은 죄를 용서하는 그리스도의 죽음의 힘을 가리킨다.
> 마태복음 26:27 이하에서 예수님은 말한다.

또 잔을 가지사 감사 기도 하시고 그들에게 주시며 이르시되 너희가 다 이 것을 마시라(마 26:27).

이미 신약성경에서 십자가에서 죽은 그리스도와 이사야 53장에 언급된 도살장으로 끌려가는 희생양이 동일시되었다. 그래서 루블료프의 그림에 묘사된 동물이 만약에 양이라면 〈이 그림이 그리스도와 희생양을 동일시하는 사상을〉 수용했다고 볼 수 있다(행 8:32). 잔과 양, 두 은유의 연관성은 오늘날에도 개신교 예배에서 볼 수 있다.
〈이에 대한 한 예는〉 요한복음 1:29에 근거한 '하나님의 어린양'(Agunus Dei)이라는 찬송가다. 〈교회는〉 성만찬을 통해서 그리스도의 고난의 잔으로 생겨난 구원에 대한 믿음을 확인하는 자리에서 성만찬 분배 바로 직전에 이 노래를 부른다.

루블료프의 그림은 동방신학의 내재적 삼위일체의 한 측면의 의미를 반영한다. 여기서 인격의 독립을 강조한 것이 특히 큰 관심을 끈다. 창조 세계는 아들의 파송으로 말미암아 이 인격의 상호 관계 안으로 들어온다.

2. 은혜의 의자

이른바 은혜의 의자(그림 3)는 라틴 교회에서 삼위일체를 묘사하는 아주 중요한 형식이었다. 이 명칭은 가톨릭 신학자 프란츠 크사퍼 크라우스(Franz Xaver Kraus, 1840-1901)가 미술사에 도입했다. 이 이름은 본래 히브리서 9:5에 나오는 힐라스테리온(그. hilasterion)이라는 그리스 낱말에 대한

루터의 번역에서 기인했다.³

이것은 언약궤의 덮개(히. kapporæt, 출 25:17-22)를 가리킨다. 그러나 이 덮개는 구약성경에서 단순히 언약궤의 덮개로만이 아니라 이미 하나님의 현존 장소로 이해되었다(출 25:22; 민 7:89).

레위기 16장에 의하면 유대인의 최고 명절인 속죄일(히. Jom Kippur)에 대제사장은 두 희생 제물의 피를 카포레트(히. kapporæt, 덮개) 위와 앞에 뿌렸다. 이렇게 함으로써 성소와 온 백성의 죄를 속할 피가 하나님에게 최대한 가까이 전달되었다.

그런데 신약성경에서는 십자가에서 단번에 자신을 드린 그리스도의 희생이 해마다 속죄일에 드려지는 희생 제물을 대신했고(히 9:24-28) 이렇게 흘린 그리스도의 피의 속죄하는 능력이 인정되었다(롬 3:25). 그리스도의 죽음을 속죄제로 이해할 때 구약의 카포레트와 삼위일체

그림 3. 은혜의 의자(Gnadenstuhl) 캉브레(Cambrai)의 한 미사 경본(Meßbuch)의 삽화(약 1120년)

---

3 개정 루터 성경(Revision der Luther-Bibel)은 '힐라스테리온'을 은혜의 왕좌(Gnadenthron)로 번역한다.

신비를 회화적으로 묘사하는 형태가 연관되어 있음을 알 수 있다.

그림의 중앙에는 그리스도의 십자가가 있고 보좌에 앉은 아버지가 이 십자가의 수평축을 잡고 있다. 아버지와 아들은 비둘기로 표현된 성령에 의해 결합된다(막 1:10과 상응). 비둘기는 날개 끝으로 아버지의 입술과 아들을 만지고 있다.

이것으로 성령이 아버지만이 아니라 아버지와 그리고 아들로부터 나왔다는 라틴 교회의 공식적인 견해가 표현되었다(§ 7.2.2; § 11.1). 네 모서리에서는 네 복음서 기자를 상징하는 천사(마태), 독수리(요한), 사자(마가), 황소(누가)를 볼 수 있다. 요한계시록 4:7에 따르면 이들은 삼위일체의 증인이다.

그림의 틀 아래 부분에는 '그러므로 당신을, 지극히 자애로운 아버지여'(Te igitur, clementissime Pater)라는 글귀가 있다. 이 구절은 로마 교회의 사제가 미사 중에 성찬의 빵과 포도주의 변화를 위해서 드리는 기도의 시작이다. 이러한 성만찬에서 삼위일체 하나님의 구원 사역과 제단의 성례를 통하여 이 구원 사역이 현재화되는 것이 서로 연관되어 있음이 분명히 드러난다.

루블료프의 그림과 달리 이 그림은 **경륜적** 삼위일체를 묘사하는 데에 중점을 둔다. 여기서 핵심은 아버지, 아들, 성령 사이의 관계가 아니고 세상을 향한 통일된 구원 사역에서 각자가 맡은 상이한 역할이다. 이것이 서방 교회 삼위일체 교리의 전형적인 특징이다.

여기서 주도적인 관심은 인간이 허물과 죄에서 해방되는 것이고 그래서 하나님의 구원사적 행위에 집중한다. 삼위의 세 인격은 구원 사역의 각 단계(창조, 구원, 성화)에서 서로 협력한다. 그러나 인격들의 독립성과 아버지, 아들, 성령의 동등성은 성령에 대한 묘사에서 볼 수 있는 것처럼 후퇴한다. 이러한 견해가 아우구스티누스의 삼위일체 신학에서 어떻게 형성되었는지는 § 7.2.3에서 언급했다.

📖   삼위일체 초상학 개관
   – W. Braunfels, Art. Dreifaltigkeit(LCI 1).

📖🖥   루블료프의 표현이 말하는 것에 대한 해석의 문제
   – M. Mühling, Die theologische Problematik(http://www.trinitaet.de/Texte/Rubljow/rublev-text.htm).

📖📖   하나님에 대한 회화적 표현의 신학 문제와 이에 대한 신학사적 논쟁
   – R. Sörries, Art. Bilder, Bilderverehrung (EKL^3 1).
   – H. Ohme, Art. Bilderkult (RGG^4 1).
   – H. Rosenau, Auf der Suche, 65-77.
   – J. Cottin, Das Wort Gottes im Bild.

§ 8. 하나님의 창조와 세계 통치

8.1 서론

성경 전통 중 특히 구약성경이 하나님의 세계 창조를 자주 언급한다. 구약성경의 창조 신앙은 신약성경에 수용되었고 기독교 전승 안에 보전되어 왔다.

구약성경에는 원역사(Urgeschichte)에 등장하는 두 개의 창조 기사(창 1:1-2:4a; 2:4b-3:24) 외에도 하나님의 세계 창조에 대한 진술이 세 개의 다른 맥락에서 등장한다. 말하자면 시편(예, 시 8; 74; 89; 104), 지혜문학(예, 잠 8; 욥 28), 제2이사야(특히 사 40:44와 비교)에 나온다. 구약의 창조의 진술들은 어떤 측면에선 고대 근동 종교들의 세계 생성 이론을 아주 강하게 떠올리는 아주 상이한 사상들의 영향을 받아서 형성되었지만, 동시에 고유한 방식으로 주변 세계의 이러한 사상들로부터 구분된다.

창조의 개별 진술을 세밀하게 분석하는 것은 구약신학의 일이다. 여기서는 두 가지만 주목해보자.

(1) 구약성경의 창조 진술은 주변 종교의 사상에 상당히 의존한다.
이것은 야훼가 본래 **창조자**로 경외되지 않았다는 것과 특별히 관련된다. 야훼는 이스라엘을 선택하고 인도하는 **역사**의 하나님이었다. 그러다가 이스라엘이 가나안 땅을 정복한 이후 특히 고대 근동 주변 세계의 우주 생성론과 대결하게 되면서 하나님의 진술이 확장되었다.

이스라엘은 주변 종교의 우주 생성론의 요소를 부분적으로 수용하면서도 동시에 이것을 야훼 신앙을 통해서 획기적으로 변형시켰다. 이러한 변형은 장래에 지속적으로 영향을 끼쳤다. 이러한 과정에서 하나님이 혼돈(Chaos)의 세력과 싸운다는 모티프는 뒷전으로 밀려났다(예, 시18; 104:26).

이제 세계 창조 행위는 하나님이 자기에게 반항하는 세력을 물리치는 승리의 전쟁이 아니라 자기 계획의 주권적인 실현으로 이해되었다. 이것이 훗날에 정립될 '무에서의 창조 교리'의 실제적 근거가 되었다(라. creatio ex nihilo, § 8.2.2).

(2) 하나님을 창조주로 고백하는 신앙은 처음엔 하나님의 구원의 경험에서 시작되었다.
그런데 제2이사야에게는 이 창조사상이 새로운 구원 약속의 토대가 되었다. 이스라엘의 하나님이 온 세계의 주과 창조주이기 때문에 이스라엘은 포로기라는 역사적 위기에서도 하나님의 새로운 구원 행위를 기대할 수 있었다.

제2이사야를 보면 야훼의 창조 행위와 역사 속에서 새것을 일으키는 행위가 아주 밀접히 관련되어 있다. 이 점은 그가 사용한 '바라'(히. bara, 창조하다)라는 낱말에서 볼 수 있다. 이 동사는 구약성경에서 오직 하나님만을 주어로 삼으며 창세기 1장에서는 존재를 형성하는 하나님의 행위를 서술하기 위해서 사용되었다.

그런데 제2이사야는 이 동사를 [하나님의] 역사적 행위를 묘사하는 경우에도 사용했다. 예컨대 이사야 45:7은 말한다.

나는 빛도 짓고 어둠도 창조하며 나는 평안도 짓고 환난도 창조하나니 나는 여호와라 이 모든 일들을 행하는 자니라 하였노라(사 45:7).

이렇게 하나님의 창조와 구원 행위의 구분이 사라졌으므로 창조가 신학적 관점에서 세계의 시작에만 국한될 수는 없게 되었다. 이러한 이해에 근거해서 나중에 '지속적 창조'(라. creatio continua)와 '세계 안에서의 하나님의 섭리 사역'(§ 8.4)이라는 교리가 세워졌다.

성경의 창조에 대한 진술

1. 구약성경: 고대 근동 종교의 우주 생성론에 의존적인 측면이 있지만, [전체적으로] 야훼 신앙이 주도적이다.
2. 신약성경: 창조 신앙과 그리스도에 대한 신앙고백을 결합한다.

신약성경은 자체적으로 창조 신앙을 전개하지 않고 이를 전제로 두고 시작한다. 예수의 선포는 창조주 하나님의 신앙을 포함했고 이 창조 신앙이 삶의 방식과 관련하여 뜻하는 바를 보여 줌으로써 그 의미를 드러냈다(마 6:25-32; 19:4-6).

창조 신앙은 또한 그리스도에 대한 신앙과 결합되었다. 그리스도는 아버지의 영원한 말씀과 영원한 아들로 간주되었고 창조의 중재자의 역할을 수행했다(요 1:3; 골 1:12-20; 엡 1:3-14; 고전 8:6; 히 1:1-4). 중요한 의미를 지니는 이 사상은 나중에 기독교 창조 신앙이 삼위일체적인 입장에서 정립되면서 더 심화되었다(§ 8.2.1).

그리고 구약성경에서 이미 볼 수 있는 새 하늘과 새 땅에 대한 희망은 신약성경에서 그리스도와 관련되었다. 그리스도 안에서 그와 더불어 새 창조는 벌써 시작되었고 인간의 죄로 말미암아 상실된 평화가 이 새 창조 안에서 회복되었다. 그렇다, 이것은 이 평화를 능가하는 것이었다(비교. 사 65:17a; 벧후 3:13; 고후 5:17).

📖　구약 창조신학 서술 및 심화 연구를 위한 문헌 정보
　　　- M. Albani/M. Rösel, Altes Testament, 132-136.

📖　성경의 창조사상 개관
　　　- B. Janowski, Schöpfung II(RGG^4 7).
　　　- O. Wischmeyer, Schöpfung IV(RGG^4 7).

8. 2 기독교 창조 교리의 핵심 사상

8. 2. 1 삼위일체 하나님의 자유로운 행위로서의 창조

기독교 교의학에서 세계 창조는 삼위일체 하나님의 첫 번째 외적 사역이다. 그런데 여기서 강조할 것은 이 창조 사역이 아주 특별한 방식으로 삼위일체의 첫 번째 인격인 아버지에게 속한다는 것이다.

『사도신경』과『콘스탄티노플 신경』은 동일하게 하나님 아버지를 하늘과 땅의 창조주로 고백한다. 그러나 '삼위일체의 외적 사역은 엄격하게 특정 인격들에게 분할되어 속하지 않는다'는 원리가 말하는 것처럼(§ 7.2.2)

이 창조 사역에는 삼위일체의 모든 인격이 동참했다. 예컨대 골로새서 1:16은 아들을 창조주로 말한다.

> 만물이 그에게서 창조되되 하늘과 땅에서 보이는 것들과 보이지 않는 것들과 혹은 왕권들이나 주권들이나 통치자들이나 권세들이나 만물이 다 그로 말미암고 그를 위하여 창조되었고(골 1:16).

또 욥기 33:4은 성령의 창조 행위를 말하고, 창세기 1:2도 마찬가지다.

> 하나님의 영이 나를 지으셨고 전능자의 기운이 나를 살리시느니라(욥 33:4).
> 하나님의 영은 수면 위에 운행하시니라(창 1:2b)

더 나아가 창조는 하나님의 **자유로운** 행위에서 시작되었기 때문에 하나님의 신성에 필연적으로는 속하지 않음을 강조해야 한다. 하나님의 내적 사역 곧 삼위일체의 내적 과정인 아들의 출산과 성령의 내쉼은 삼위일체 하나님의 신성과 불가결하게 결합되어 있다. 이와 달리 삼위일체의 외적 사역은 하나님의 자유로운 결정에 기인한다. 따라서 세계가 생기지 않았다 하더라도 하나님의 신성에는 어떤 결함도 없을 것이다.

> 세계가 하나님의 자유로운 행위에서 시작했다면 이 세계는 필연적으로 하나님의 본질에서 나온 것이 아니다. 세계는 필연적으로 하나님의 신성에 속하지 않는다. 세계가 존재하지 않을 수도 있었다. 따라서 세계의 존재는 우연한 것으로 하나님의 원함과 행동에서 비롯된 자유로운 행위의 결과와 표현이다. 세계는 (아들처럼) 아버지 하나님에게 영원한 상관자(Korrelat)가 아니다. […] 상호 관계 안에 있는 삼위일체 인격의 행동 역시 자유롭지만 〈이것은〉 아

버지가 아들의 출산을 방기하거나, 아들이 아버지의 의지를 부정하거나, 성령이 아들 안에서 아버지가 아닌 자를 영화롭게 하거나 아버지 안에서 아들이 아닌 자를 영화롭게 할 수 있다는 의미가 아니다.

창조로서의 세계가 하나님의 자유로운 행동에서 시작되었다는 것은 비록 세계가 생기지 않았다 하더라도 하나님의 신성에는 조금의 결핍도 없다는 바로 이것을 뜻한다.

[…그런데] 하나님의 실제적인 자기 결정은 그의 영원한 본질에 근거한다. 따라서 하나님의 실제적인 자기 결정을 그의 본질과 관련하여 피상적인 것으로 생각할 수 없다. 그러므로 하나님이 이 세상을 창조하지 않을 수도 있었을 것이라는 생각은 하나님의 이러한 실제적인 자기 결정을 도외시하기 때문에 가능하다.

그럼에도 세계의 시작이 삼위일체적인 삶 가운데 있는 유일한 하나님의 자유에서 기인했다고 생각되기 때문에 하나님의 입장에서 볼 때 세상의 시작은 우연하다.

판넨베르크, 『조직신학』 제2권 15, 23

창조의 우연성(비필연성)이라는 개념은 성경 및 기독교의 창조 이해를 철학적 세계 형성 이론과 구분해 주기 때문에 중요하다. 후자의 이론에 의하면 상호적으로 야기하는 하나님과 세계는 필연적으로 하나로 결합되어 있다(예, 범신론 또는 설).

범신론(Pantheismus)은 세계와 하나님이 최종적으로 같고 하나님과 세계의 존재가 서로를 야기하기 때문에 서로 불가분하게 결합되어 있다고 말한다. 이러한 이유로 피조 세계의 존재는 **필연**적이다.

유출설(Emanation)은 모든 다양한 사물들이 일자(das Eine)인 신에게서 특정한 단계적 질서를 따라서 유출된 것으로 이해한다. 이 견해에 따르면 일자는 완전하지만 생겨난 것은 일자에게서 지속적으로 멀어지기 때문에 점점 더 불완전해진다.

일자에게서 모든 존재가 생성되는 것은 필연적이기 때문에 세계의 다양한 존재들은 신의 존재와 하나로 결합되어 있다. 기독교신학은 범신론과 유출설을 반대하면서 창조가 필연적이지 않고 우연적이었다는 것을 강조한다. 세계 창조는 하나님이 반드시 해야 할 필요가 없었던 한 자유로운 결정에 근거한다.

8.2.2 무 전제의 창조

우연한 창조를 강조하는 기독교신학은 또한 하나님의 창조 전에는 어떤 것도 존재하지 않았다고 강조한다. 하나님이 세상을 무로부터 창조했다는 확언이 이 점을 부각시킨다(라. creatio ex nihilo).

> 성경에는 무로부터 창조라는 말이 아주 드물다. 우리가 구약성경에서 활용할 수 있는 유일한 자료는 마카비2서에 있다. 〈이 책 7:28은 말한다.〉
>
> 애야, 내 부탁을 들어나오. 하늘과 땅을 바라보아라. 그리고 그 안에 있는 모든 것을 살펴라. 하느님께서 무엇인가를 가지고 이 모든 것을 만들었다고 생각하지 말아라(마카비2서 7:28, 공동번역성서 개정판).

여기서 표현된 이 사상은 신약성경 안으로 수용되었고 후에 기독교 창조론 안에 자리를 잡았다. 예컨대 바울은 로마서 4:17에서 아브라함이 '죽은 자를 살리시며 없는 것을 있는 것 같이 부르시는' 하나님을 믿었다고 말한다. 그러나 이미 마카비2서 7:28이 선재하는 물질로부터 세계가 형성되었다는 생각을 배제하려고 했다고는 볼 수 없다.

〈세계가 무형의 물질로부터 창조되었다는 생각은〉 후대에 가서야 비로소 이원론적으로 파악되어 〈거절되었다.〉 이렇게 생각할 수 있는 것은 지혜서 11:17에서 언급된, 무형의 원재료에서 세계가 창조되었다는 사상이 헬라 유대교 안에 종종 등장하기 때문이다. 〈지혜서 11:17은 이렇게 말한다.〉

> 무형의 물질로부터 세계를 만들어내신 주님의 전능하신 손이 곰과 사나운 사자들의 무리를 그들에게 보내시는 것은 어려운 일이 아니었다(지혜서 11:17, 공동번역성서 개정판).

기독교 창조 교리

1. 세계의 근원은 삼위일체 하나님의 자유로운 행위에서 기인한다(세계의 우연성)
2. 하나님의 행위 이전에 아무 것도 없었음을 강조한다(무로부터 창조)

무로부터 창조라는 개념은 기독교 창조 교리의 두 가지 중요한 관심사를 충족시켰다.

(1) 이미 우연성의 개념에서 볼 수 있었듯이 다른 세계 형성 이론과 거리를 둘 수 있었다.

무로부터 창조는 생각할 수 있는 모든 형태의 이원론을 배제하려는 시도였다. 이 개념 때문에 하나님은 자기와 대립하는 적대적인 신의 능동적 저항을 극복해야 할 필요가 없었고 또 그의 창조가 이미 존재하는 세계 원소에게 단지 질서와 구조를 부여하는 행위로 이해될 필요도 없었다.

오직 하나님은 홀로 세계의 창시자며 하나님의 창조 행위는 자기 자신의 막강한 의지 말고는 그 어떤 전제에게도 메이지 않았다.

(2) 세계 존재의 근거를 전적으로 삼위일체 하나님의 자유로운 의지에서 찾음으로써 창조된 세계가 전면적으로 하나님에게 의존한다는 것을 분명히 할 수 있었다.

세계는 자신의 지속적인 실존을 스스로 보장할 수 없다. 세계의 지속적인 실존은 창조 세계를 홀로 버려두지 않고 자기 사역을 통해서 동행하는 삼위일체 하나님의 긍휼에 근거한다(§ 8.4). 에벨링도 무에서의 창조라는 사상에 담긴 관심사를 강조한다.

> 무로부터 창조의 [교리는] 하나님의 창조 행위가 하나님 앞서 있었던 어떤 것에 의존되어 있다는 견해에 반대한다. 이로써 또한 세계가 하나님 외에 다른 어떤 것에 의존되어 있다는 이해 또는 하나님 앞에서 피조물이 존재로서 갖는 〈상대적〉 자립성에 의해서 하나님에 대한 피조물의 절대 의존이 제한된다는 이해에 반대한다.
>
> 세계의 존재가 완전히 또는 부분적으로 하나님과의 연관(Zusammensein mit Gott) 밖에 근거를 두고 있다면, 하나님의 신성을 위해서 세계를 아무것도 아닌 것으로 믿을 수 있어야만 무로부터의 창조를 신앙의 진술로 이해한 것이다.
>
> 에벨링『교의학』(Dogmatik), 제1권, 309.

📖 창조의 무전제성에 대한 오늘날의 해석
  - F. Lohmann, Die Bedeutung der dogmatischen Rede von der ‚creatio ex nihilo.'

👓 슐라이어마허가 창조론과 섭리론을 어떻게 관련짓고 있는지 자세히 알아보시오. 이를 위해서 다음을 참고하시오.
- F. Schleiermacher, Der christliche Glaube, Band I, 199-210 (§§36-39; KGA I 13,1).

8. 3 창조 신앙과 자연 과학

성경의 창조 이야기는 자주 세계 생성의 객관적인 묘사처럼 이해되었다. 기독교는 세계 생성에 대한 고대의 권위 있는 구상을 수용하면서도 이것들을 능가했다. 기독교 창조론은 중세 시대에 경쟁자 없는 〈유일한〉 세계 형성 이론이었다. 따라서 하나님의 세계 창조를 언급하는 성경 진술에 대한 교회의 해석은 자연과학 지식의 지도 원리였고 동시에 넘어서는 안되는 경계였다.

근대 초 점차로 교회의 규정에서 자유로운 자연 탐구가 성행하면서 결국 근대 자연과학이 태동했다. 자연과학적 탐구의 결과와 성경 및 교회의 세계상 사이에서 생겨난 긴장감에 이끌려 사람들은 성경적 창조 진술이 세계의 자연과학적인 해명을 위해서 어느 정도 가치가 있는지를 물었다.

갈릴레이는 1613년 12월 21일에 예전에 자기 제자였던 베네데토 카스텔리(Benedetto Castelli, 1577-1643)에 편지를 썼다. 그는 이 편지에서 경험에 근거한 물질적 우주론과 성경에 근거한 기독교 창조신학의 관계에 대해서 자신의 근본적인 견해를 말했다.

그의 편지 첫 부분에서 갈릴레이는 성경의 권위와 자연 탐구의 관계를 깊이 생각했다. 그러면서 그는 먼저 성경과 자연의 공통점과 차이점을 말했다. 이 둘의 **공통점**은 모두 '하나님 말씀에서 기인했다'는 것이다. 그 기원이 동일함으로 자연 지식과 성경 해석은 실제로는 상충할 수 없다는 결론이 나온다.

그런데 성경 안에서는 낱말의 단순한 의미와는 다르게 이해해야 할 것이 많다. 이것이 성경(Bibel)의 특성이다. 따라서 인간 구원을 위한 성경의 결정적인 진리는 비로소 해석을 통해서 전달되어야 한다. 성경 본문의 낱말들과 진리 사이에는 차이가 있다.

그러나 **자연**(Natur)의 특이함을 비유적으로 말한다면 자연은 항상 낱말에서 취해야 한다. 우리가 자연 안에서 발견한 법칙은 단 한 번도 더 높은 진리를 가리키지 않고 오직 하나님이 자연에게 부여한 특성을 직접적으로 알려 주는 정보일 뿐이다. 이로부터 성경과 자연의 **차이**가 생겨난다. 곧 성경의 표현과 관련해서는 해석의 여지가 있다.

여기서는 모든 것이 참일 필요는 없다. 그러나 자연의 변화와 관련해서는 그와 같은 해석의 여지가 없다. 이 양자의 차이로부터 갈릴레이는 **경험과 이성의 활용**을 통해서 주어지는 자연 현상의 설명과 싸우도록 성경의 **표현**을 끌어들여서는 안 된다는 하나의 중요한 결론을 내린다.

창조 신앙과 자연과학(Ⅰ)

1. **고대 말/중세**: 기독교 창조론은 자연과학 지식의 지도 원리와 한계를 설정
2. **근대**: 방법론적으로 자연과학을 교회의 규정에서 구분 독립시키려는 경향

성경은 여러 곳에서 낱말의 표면적 의미를 벗어나는 해석을 허용하며 심지어는 필연적으로 만들기 때문에, 나는 자연에 관한 토론에서 최종적 결정권이 성경에 속해야 한다고 여긴다. 그것은 성경과 자연이 동일하게 하나님 말씀에서 나왔기 때문이다. 저것은 성령의 감동으로 되었고, 이것은 하나님 명령의 철저하고 순종적인 집행자로 있다. 이 외에도 성경과

Stante, dunque, che la Scrittura in molti luoghi è non solamente capace, ma necessariamente bisognosa d'esposizioni diverse dall'apparente significato delle parole, mi parche nelle dispute naturali ella doverebbe esser riserbata nell'ultimo luogo: perché, procedendo di pari dal Verbo divino la Scrittura Sacra e la natura, quella come dattatura dello Spirito Santo,

관련해 일치된 것이 있다. 곧 〈성경 속의〉 많은 것이 대중의 이해에 적응하기 위해서 〈그 자체를〉 절대적인 진리로 말하지 않고 낱말의 외양과 의미에 따라서 그것 과는 다르게 말해야 한다는 것이다.

이와 반대로 자연은 엄격하고, 불변하며, 또한 숨겨진 자연의 원인과 작용 방식이 특정한 파악 능력을 가진 인간에게 명백 하게 될 것인지는 염려하지 않는다. 그것 은 결코 자연이 자기에게 부여한 법칙의 한계를 넘지 않기 때문이다.

〈따라서〉 감각적 경험에 의해서 우리가 눈으로 보거나 필연적인 증명을 통해서 알 수 있는 자연의 작용은 외관상 다른 의 미를 지니고 있는 성경 구절에 의해서 결 코 의심받아서는 안 될 것이다. 왜냐하면 성경의 개개 발언은 자연의 개 개 작용처럼 그렇게 엄격한 규칙을 따르 고 있지 않기 때문이다.

e questa come osservantissima esecutrice de gli ordini di Dio; ed essendo, di più, convenuto nelle Scritture, per accomodarsi all'intendimento dell'universale, dir molte cose diverse, in aspetto e quanto al significato delle parole, dal vero assoluto; ma, all'incontro, essendo la natura inesorabile e immutabile e nulla curante che le sue recondite ragioni e modi d'operare sieno o non sieno esposti alla capacità de gli uomini, per lo che ella non trasgredisce mai i termini delle leggi imposteli; pare che quello de gli effetti naturali cheo la sensata esperienza ci pone innanzi a gliocchi o le necessarie dimostrazioni ci concludono, non debba in conto alcuno esserrevocato in dubbio per luoghi della Scrittura ch'avesser nelle parole diverso sembiante, poi che non ogni detto della Scrittura è legato a obblighi così severi com'ogni effetto di natura

갈릴레이, 『베네데토 카스텔리에게 보낸 편지』(Brief an Benedetto Castelli)
(Schriften, Breife, Dokumente, 제1권, 169f.)
http://www.liberliber.it/biblioteca/g/galilei/lettere/html/lett11.htm.

위에 서술된 갈릴레이의 입장은 창조 교리와 자연과학의 관계가 근대에 와서 어떻게 설정되었는지를 보여 주는 한 가지 사례다. 성경적인 창조신 학은 상황이 변하면서 우주론적 질문에서 누려왔던 특권을 상실해 갔다.

이러한 조건에서 신개신교신학은 자연과학적으로 세계를 해명하는 것 이 창조 신앙의 일이 아니라고 함으로써 부담을 덜었다. 이런 과정을 거쳐 종교의 창조 이해와 자연과학의 세계 해명 사이의 경쟁은 누그러졌다.

이러한 신학적 입장은 먼저 성경에는 세계 생성에 대한 어떤 통일적인 가르침도 없다는 사실을 진지하게 인정한 것이다. 세계 생성에 대한 구약 성경의 생각은 다양하며 주변 종교의 견해에 의존하고 있다는 사실은 구약성경이 세계 형성에 대해서 일관되게 해명하는 일에 관심이 없다는 것을 보여 준다.

관련 본문에 대한 정확한 분석에 따르면 창조의 진술이 의도한 것은 신학적 의미와 가치다. 더 나아가 루터는 『소요리문답』에서 『사도신경』 첫째 조항을 해석했는데 이 해석이 창조 신앙과 과학적 세계 해명을 분리해야 할 논거가 될 수 있다. 루터를 따르면 하나님의 창조 사역은 세계의 자연적인 생성관계 영역의 여러 요인들 중 하나도 아니고 세계의 모든 자연적 생성관계의 토대인 제일원인도 아니다.

창조 신앙에서 중요한 것은 자신을 하나님의 피조물로 인식하는 인간의 자기 이해다. 인간은 살면서 자신이 하나님의 선물이며 그에 의해서 지탱된다는 것을 알기 때문에 하나님을 창조주로 인정한다. 인간의 이러한 자기 이해에는 다른 세계생성의 사상들과 경쟁해야 할 어떤 특정한 이론도 없다. 그래서 인간의 이러한 자기 이해는 자연과학적 연구를 통해서 확인되거나 반박될 수 없다.

나는 하나님이 나를 모든 피조물과 더불어 창조했고 나에게 몸과 영혼을, 눈, 귀, 모든 지체, 이성과 모든 감각을 주었고 지금까지 지탱하는 것을 믿는다.
[…] 나는 하나님이 나를 모든 위험 앞에서 덮어 주고 모든 악에서 구원하고 지키는 것을, 그리고 이 모든 것을 나의 어떤 공로나 존엄 때문이 아니라 그의 순수한 아버지답고 신적인 선과 자비 때문에 〈행하는 것을〉믿는다.

Credo, quod Deus creavit me una cum omnibus creaturis, quod corpus et animam, oculos, aures et omnia membra, rationem et omnes sensus mihi dedit et adhuc sustentat […], me contra omnia pericula protegit et ab omnibus malis liberat ac custodit et haec omnia ex mera sua paterna ac divina bonitate et misericordia sine ullis meis meritis aut ulla dignitate

루터, 『소요리문답』, 2부
(Unser Glaube 542f.[501항]; BSLK 510.33-511.6).

이미 루터가 창조 개념을 한 특정 세계 생성 이론에서 분리했듯이 19세기에 들어 슐라이어마허는 이 양자의 분리를 더욱 철저하게 행했다. 그의 견해에 따르면 하나님의 세계 창조라는 기독교의 교리의 소임은 세계 생성에 대한 정보 제공이 아니라 오직 기독교의 경건한 세계 이해에 적합하게 생성된 모든 것은 하나님이 아니고 그에게 의존되어 있음을 주장하는 것이다.

> [기독교 경건을 표현하는 창조론은] 어떤 것을 하나님에 의한 생성에서 제외하거나 세상 안에서 세상으로 말미암아 비로소 생겨난 규정과 대립에 하나님을 종속시키려는 세계 생성에 대한 모든 견해에 대항한다. […]
> 이와 같이 우리는 창조론의 이 부정적인 성격을 규칙으로 삼아서 어떤 이론이 이 창조 개념을 세밀하게 규정하기 위해서 신앙론(Glaubenslehre) 안으로 스며들어 왔는지를 판단하는 것으로 만족해야 한다. […]
> 교의학 안에서 창조론이 폭넓게 형성된 것은 자연과학적인 소재를 성경에서 찾고자 하고 또 모든 상위 학문의 구성 요소가 아직도 신학 안에 머물러 있던 시대에 일어났다. 따라서 이 두 영역을 완전히 분리하기 위해서는 이 사안을 시간을 역행하면서 연구하는 자연과학적 탐구에 맡기고서 우리는 자연과학이 우리에게 천체를 구성하는 에너지와 질량과 그 이상의 것을 밝혀줄 수 있을지 그 결과를 위의 조건 하에서 차분히 기다려야 한다.
> 하나님과 세상 두 개념을 가지고 작업하는 각 학문은 어떤 방식으로든지 기독교 신앙론에 의존하거나 이 의존을 통해서 기독교 신앙론이 되어서는 안 된다. 이 두 개념은 〈오히려 위에서 언급한〉 규정에 따라서 서로 구분되어야만 둘 다 지속될 수 있다.
>
> 슐라이어마허, 『신앙론』 제1권 210-212: § 40
> (KGA I 13.1, 230.26-231.4; 231.12-15; 231.20-232.5).

위 진술의 핵심은 기독교 창조론을 그것의 '부정적인 성격'에 제한함으로써 이 교리의 실제적인 의도를 충분하게 충족시키는 것이다. 따라서 창조론의 범위를 넓혀 '시간을 역행하면서 연구하는 자연과학적 탐구'에 관여하는 것은 신학의 관심사가 아니다. 이렇게 함으로써 신학에서 자연과학적인 진술의 권한을 박탈한 것 같이 자연과학에서 신학적 진술의 권한을 박탈한다.

그것은 자연과학이 하나님에게로 나아갈 수 없기 때문이다. 자연과학의 연구대상은 언제나 '세상 안에서 세상으로 말미암아 비로소 생겨난 규정들과 대립들'이며 기독교 경건의 하나님은 이것과 얽혀있지 않다. 이 분리원칙에 따라서 신학은 기독교 신앙과 결부되어 있는 자연과학적인 질문을 던질 수 있는 권한을 포기한다. 아래 인용문이 이 점을 아주 명확히 강조한다.

> 근현대에서 물리와 신학, 자연과학과 기독교 종교의 관계 역사에서 신학과 종교는 명백하게 패배자였다. 그것은 신학과 자연과학의 싸움의 역사가 […] 그 사이에 전면적이고 일반적인 한 결론에 도달했기 때문이다.
>
> 이것은 우주의 외적 자연, 행성계, 지구, 그리고 생명에 대해서 학문적으로 받아들일 수 있는 지식과 설명을 제공할 권한과 능력이 오직 자연과학에 있다는 귀결이다. 이 결과는 자연과학적 학문이 방법석으로 무신론적이어야만 한다는 자명한 가정을 포함하고 자연현상을 종교·신학적으로 해석할 수 있는 검사가능한 방법이 없음을 뜻한다.
>
> 바그너(F. Wagner), 『현재 상황에 대하여』
> (Zur gegenwärtigen Lage), 90.

> **창조 신앙과 자연과학 (II)**
>
> − 창조 신앙과 자연과학의 구분은
>   (1) 성경의 창조에 대한 생각이 단일하지 않기 때문에 타당하고
>   (2) 개신교 전통 초기부터 정착된 것이며(루터)
>   (3) 19, 20세기 개신교에서 철저하게 실행되었고
>   (4) 부분적으로는 문제시되었다(판넨베르크).

지금까지 기독교 창조 신앙에게 자연과학적 세계 해명의 부담을 덜어 주려는 경향을 서술했다. 그런데 이러한 경향과 거리를 두는 개신교신학자도 여럿 있다. 이들은 기독교 신앙의 확신을 위해서 창조 신앙과 자연과학적 세계 이해의 조화 가능성을 포기할 수 없다고 강조한다.

창조 신앙이 자연과학적 주장에서 분리되면 믿음을 가진 그리스도인은 결국 자기 이해와 세계 이해 사이의 감당할 수 없는 대립 속에 빠지게 된다. 따라서 오늘날 현재적 조건에서도 자연 현상을 종교·신학적으로 해석하기 위해서 이러한 대립은 극복되어야 한다.

이를 위해서 자연과학이 신학에서 독립한 이후의 상황에서도 자연과학의 지식을 기독교 창조 신앙 안으로 통합해야 한다. 이것은 포기할 수 없는 기독교 창조론의 과제다. 오늘날 개신교 안에서 이러한 견해를 주창하는 가장 저명한 신학자는 판넨베르크다.

창조 신앙과 자연과학의 결합 가능성에 대한 그의 관심은 기독교 신앙의 내용을 학문적 가설로 규정하는 그의 이해와 관련되어 있다(§ 2.3.3). 판넨베르크 역시 〈자기주장의 근거로〉 루터를 예로 든다.

> 오직 세계를 성경적 하나님의 창조로 그리고 하나님 자신을 이 세계의 창조주로 이해할 경우에만 하나님만이 신이라는 믿음을 근거 있게 진리로 주장할 수 있다. […] 그래서 루터는 대요리문답에서 신앙이 성경의 하나님, 예수 그리스

도의 아버지를 참된 하나님으로 여기는 것은 그 밖에 누구도 하늘과 땅을 창조할 수 없기 때문이라고 말한다(WA 30-1,483 첫 번째 신앙항목에 대하여).

이것이 뜻하는 바를 생각해야 한다. 이 말은 이 세계의 근원에 대한 어떤 대답도 불충분하다는 선언이다. […] 세계가 하나님의 창조라는 이 이해를 기독교의 진리로 주장할 권리에 대해서 종말 때까지 어떤 일반적인 일치도 도출될 수 없다는 것을 신학은 예상해야 한다. […]

그럴지라도 신학은 자연과 인간 역사의 세계를 하나님의 창조로 서술하는 것을 포기할 수 없다. 이렇게 해야만 이 세계의 참된 본질이 드러날 수 있다. 신학은 학문과의 대화에서도 이 주장을 해야 한다.

그러는 중에 신학은 상처받기 쉬운 존재로 드러나고 자신이 착수한 과제도 종종 아주 불충분하게 성취할 것이다. 그러나 이렇게라도 하는 것이 그 과제를 완전히 저버리는 것보다 언제나 더 낫다.

판넨베르크, 『조직신학』, 제2권, 77.

바로 앞에 있는 인용문에서 표명된 주장을 따르는 판넨베르크의 창조론
– W. Pannenberg, Systematische Theologie 2, 77-161.

이 본문을 쉽게 읽도록 도움을 주는 책
– G. Wenz, Wolfhart Pannenbergs Systematische Theologie, 102-117.

신학과 자연과학의 관계를 (1) 세계 생성과 (2) 진화론을 예로 들어 논의
– U. Barth, Religion in der Moderne, 401-426(1), 427-460(2).

신학과 자연과학의 관계에 대한 수많은 현재적 입장이 '신학과 교회를 위한 뮌스터 포럼'(das Münsteraner Forum für Theologie und Kirche)에 실려 있다.
– http://www.muenster.de/~angergun/fides-et-ratio.html.

8. 4 하나님의 사역

하나님의 창조 사역과 보존·섭리 사역의 연관은 기독교 창조론에서 아주 중요하다. 성경에는 자신의 창조 세계를 지속적으로 돌보는 하나님을 언급하는 구절이 도처에 있다. 이 구절은 자신이 자유롭게 존재로 불러낸 창조 세계에 신실하고 의지적으로 피조물의 삶에 참여하는 하나님을 말한다.

세계는 그 모든 우연성에도 불구하고 세계 창조 이후 자기가 지은 세계를 홀로 버려둘 수 있는 그러한 창조주의 기분에서 시작되지 않았다. 따라서 기독교 교의학은 존재를 형성하는 하나님의 창조 사역을 다룬 다음에 곧바로 하나님의 역사적인 행위를 논한다. 이 논의는 전통적으로 지혜서 14:3에서 기인한 **섭리**(그. pronoia/라. providentia)라는 주제 아래 이루어졌다. 〈이 지혜서의 구절은 아래와 같이 말한다.〉

그러나 그 배를 조종하는 것은 아버지이신 주님의 섭리이다. 주님은 바다에 길을 트시고 파도를 헤쳐서 안전한 항로를 마련해 주셨다(지혜서 14:3, 공동번역성서 개정판).

이 섭리 교리의 역사는 길고 복잡하다. 이 주제에 대한 신학 서술에는 수많은 변형들이 존재하는데, 이것은 무엇보다 다음의 사실을 분명하게 보여 준다. 곧 실제 역사에서 이루어지는 하나님의 사역을 자연의 진행 및 사람의 행위와 납득할 수 있게 연관 짓는 일이 쉽지 않음을 보여 준다. 이것이 쉽지 않은 것은, 자연과 역사의 구체적인 결과들은 각각 자신의 고유한 법칙을 따르면서도 또한 아주 다양하고 모순적이어서, 이것들이 결코 유일하고 호의적인 한 통치자의 섭리 의지에서 기인한 것처럼 보이지 않기 때문이다.

이 문제를 체계적으로 풀고자 시도한 사람은 구개신교 정통주의 교의학자들이었다. 이들에 따르면 하나님은 피조 세계에서 일어나는 모든 사건의 유일한 원인(Alleinursache)이 아니라 오직 제일원인(Erstursache)이다. 어느 측면에서 이 제일원인은 인간 행위가 그 자체의 원인(제이원인)일 수 있는 여지를 어느 정도 허락한다. 이 여지에 인간이 하나님의 의지에 거슬러 행동할 수 있는 가능성도 포함되어 있다.

전통적 섭리 교리의 의도

1. 섭리 교리는 하나님이 자기가 창조한 세상을 내버려 두지 않고 유지하며 세계 내적 사건에 협력함으로써 동행한다는 것을 분명히 한다.
2. 하나님은 피조물의 독립성인 인간의 자유를 침해하지 않는 방식으로 세계내적 사건을 섭리한다는 것을 분명히 한다.

이제 이 문제 해결을 위한 시도의 주요 관점을 요약해서 서술하고 나서 이것을 도표로 명료하게 해 보자.

섭리는 우선 피조 세계 안에서 이루어진 하나님의 행위에 선행하는 그의 이성 및 의지의 **내적 행위(A)**를 포함한다.

(A 1) 돌봄의 대상에 대한 하나님의 예지(그. prognosis/라. praevisio)

(A 2) 이 돌봄을 행하려는 하나님의 결정(그.prothesis/라. propositum, decretum)

엄격한 의미에서 하나님의 실제 섭리인 **외부를 향한 행위(B)**는 세 가지 관점으로 구분된다.

(B 1) 보존하는 섭리(라. providentia conservatrix)

이것은 생성하는 창조(라. creatio originans)와 달리 지속적 창조(라. creatio

continua/creatio continuata)로 이해되었다. 이 관점은 창조된 것이 자기 존재를 스스로 보존할 능력을 갖지 않고 하나님의 보존하는 사역에 의존되어 있다는 사상을 반영한다.

이러한 생각을 보여 주는 성경 진술 중 하나를 언급하자면 히브리서 1:3을 들 수 있다. 이 구절은 하나님이 '그의 능력의 말씀으로 만물을 붙드시며'라고 말한다(시 104:29 이하).

(B 2) 협력하는 섭리 또는 협력(라. providentia cooperatrix/concursus)
하나님의 섭리의 한 관점인 협력은 하나님이 세계를 창조·유지할 뿐만 아니라 세계의 모든 진행 과정에 동역한다는 것을 말한다. 세계의 창조 및 보존과 관련해서 유일 원인인 하나님은 이 협력의 섭리 안에선 제일원인(라. causa prima)으로 이해된다.

피조물은 협력의 제이원인(causa secunda)이고 이 협력의 형태는 피조물의 속성에 의해서 결정된다. 예컨대 살아있지 않은 자연은 하나님으로부터 자립적인 자기 행위의 여지를 허락받은 자유로운 인간과 다른 방식으로 협력한다.

그러나 이 주제와 관련하여 결정적으로 중요한 것은 인간은 순전히 자기로부터 행위할 수 없으며 그 행위 범위가 하나님의 섭리에 의해 제한·유지된다는 사상이다. 예컨대 사도행전 17:27 이하가 뜻하는 것과 같다.

그[하나님]는 우리 각 사람에게서 멀리 계시지 아니하도다 우리가 그를 힘입어 살며 기동하며 존재하느니라(행 17:27).

(B 3) 주재하는 섭리 또는 주재(라. providentia gubernatrix/gubernatio)
섭리행위의 한 관점인 주재는 하나님의 협력의 목표지향을 강조한다. 하나님은 피조물에게서 기인한 행위들을 자신의 목적에 일치하도록 이끈다. 목적지향적인 하나님의 주재는 인간 행위를 위해 허용된 자유의 활동영역을 침해하지 않으면서 다양한 방식으로 각각의 인간 행위의 형태에 알맞게 실현된다.

(B 3. 1) 허용(라. permissio)
인간의 자유를 위태롭게 하지 않기 위해서 하나님은 자신의 목적에 맞지 않은 것을 많이 허용하면서 다른 방식으로 자신의 의도를 이룬다. 이에 대한 가장 커다란 예는 인간에게 죄를 허용한 것이다(예, 롬 1:24.28).

(B 3. 2) 지도(라. directio)
하나님은 인간의 자유에서 시작된 행위가 자기 목적에 유용하도록 지도한다. 이 과정에서 하나님은 선한 행위가 자기 목적에 일치하도록 지도하고, 악하지만 저지하지 않고 허용한 행위들은 그 결과가 행위자의 의도에 맞지 않고 때로는 그것과 모순되도록 지도한다(예, 창 50:19 이하).

(B 3. 3) 방해(라. impeditio)
하나님은 자기 목적에 거슬리는 행위의 결과를 막는다.

(B 3. 4) 한정(라. determinatio)
하나님은 어떤 행위가 자기 목적과 모순될 때 그 행위 능력을 제한해서 악한 의도가 이루어지지 않도록 함으로써 목적을 실현한다(시 124:2 이하). 욥기 1:12, 2:6은 분명하게 하나님이 사탄의 행위 능력을 제한하는 것을 보여준다.
아래 도표는 밖을 향한 하나님의 행위를 다시 한 번 선명하게 보여 준다.

```
원창조              보존 섭리 = 지속적 창조
Creatio         ↗ (providentia conservatrix = creatio continua/ta)
originans   섭리
(§ 8. 2)    Providentia → 협력 섭리(providentia cooperatrix/concursus)
                ↘ 주재 섭리(providentia gubernatrix/gubernatio)
```

       ↙ ↙ ↘ ↘
       허용 지도 방해 한정
     (Zulassung) (Lenkung) (Hinderung) (Begrenzung)

그러나 최근 신학계는 하나님의 섭리를 위 도표처럼 이해하는 방식에 별로 만족하지 않는다.

> 이 개념[허용, 지도, 방해, 한정]은 모두 세상 악을 고려하는 가운데 형성되었다. 따라서 이것은 구체적인 역사 내용에 대한 인간의 책임을 전제한다. 여기서 역사 전개는 한편으로 인간이 역사의 장본인이라는 관점에서 이해되고, 이 상황에서 하나님은 악을 허용하든지(permissio), 선한 목적으로 지도하든지(directio), 방해하든지(impeditio), 그 결과를 한정한다(determinatio). [...] 그러나 이러한 설명의 틀은 결국 이 문제의 마지막 암흑〈세상 악에 대한 하나님의 책임〉을 회피하는 것 같다. 적어도 이 설명은 역사의 개별 행위를 하나님과 인간에게 분배함으로써 이 문제가 해결된 것 같은 인상을 준다.
>   W. 엘러트, 『기독교 신앙』(Der christliche Glaube), 338 이하.

엘러트(Werner Elert, 1885-1954)의 지적처럼 개신교 정통주의의 섭리 교의가 회피한 '이 문제의 마지막 흑암'은 세상 악에 대한 하나님의 책임이다. 달리 말하면, 하나님의 의지에 거슬려 일어난 인간의 죄된 행위는 하나님이 허락한 것이 명백하기 때문에 그 책임이 최종적으로 하나님에게 돌아

가야 하지 않을까라는 질문이다.

이 지점에서 기독교신학의 개별 주제뿐만 아니라 종국에는 기독교 신앙의 하나님 개념까지 전반적으로 의문시할 수 있는 근본 문제가 무엇인지 드러난다. 바로 신정론의 문제다.

📖 　루터교 정통주의 섭리 교의의 요약 서술 및 신학적 비판
　　　－ R. Bernhardt, Was heißt 'Handeln Gottes'?, 123-143; bes. 135-142.

📖 📖 　섭리 교의의 이해를 위한 새로운 시도의 비판적 정리
　　　－ A. von Scheliha, Der Glaube an die göttliche Vorsehung, 118-31.

외론(外論) 2. 신정론 문제

1. 문제 서술

신정론은 세계 악의 문제 앞에서 하나님의 전능·지혜·선함을 변호하는 것이다. 전체적으로 완전한 창조주 하나님의 상(像)과 여러 면에서 전혀 불완전한 피조 세계 사이의 모순에서 신정론 문제가 생겨난다. '신정'(Theodizee)이라는 말은 라이프니츠가 시편 51:6과 로마서 3:4 이하를 근거로 처음 만들었다.

그러나 이보다 훨씬 이전부터 이것은 중요한 질문이었다. 기독교신학은 신정의 문제를 두고 던져진 질문을 이미 이방 철학에서 받아들였다. 고전적인 방식으로 이 문제를 표현한 4세기의 락탄티우스는 기독교 생성 이전의 철학자였던 에피쿠로스(Epikur, 기원전 341-271)를 그 근거로 들었다.

[에피쿠로스]는 말했다. 하나님은 악을 없애기를 원하지만 할 수 없거나, 할 수 있어도 원하지 않거나, 할 수도 없고 원하지도 않거나, 원하면서 할 수도 있을 것이다.

만약 하나님이 악을 없애길 원하지만 할 수 없다면 그는 무력하다. 이러한 경우는 하나님에게 일어나지 않는다. 만약 하나님이 할 수 있지만 원하지 않는다면 그는 호의적이지 않을 것이다. 이 경우도 하나님과 관계없는 경우다. 만일 하나님이 원하지도 않고 능력도 없다면 그는 무력하고 비호의적이다. 따라서 이 경우라면 그는 더 이상 하나님이 아니다. 만약 하나님이 원하면서 할 수도 있는 경우, 이 경우가 하나님에게 꼭 들어맞는다.

그렇다면 어디서 악이 생기는가? 왜 하나님은 그것을 없애지 않는가?

Deus, inquit, aut uult tollere mala et non potest; aut potest et non uult; aut neque uult, neque potest; aut et uult et potest.

Si uult et non potest, inbecillus est; quod in Deum non cadit; si potest et non uult, inuidus, quod aeque alienum est a deo; si neque uult, neque potest, et invidus et inbecillus est ideoque nec deus; si uult et potest, quod solum deo conuenit, unde ergo sunt mala aut cur illa non tollit?

락탄티우스, 『하나님의 분노에 대하여』(De ira Dei), 13.20이후 (Sources chretiennes 289.158, 160[104-111줄]).

신정론 문제

1. 세상의 악과 고통 앞에서 하나님의 전지전능과 선을 어떻게 고수할 수 있을까?
2. 이 질문에 대한 답변 시도는 라이프니츠 이래로 신정론(하나님의 칭의)으로 일컬어졌다.

위의 인용문에서 신정론의 전제는 유일한 하나님이 세계를 창조·보존·주재한다는 것이다. 손수 세계를 창조하지 않았거나 돌보지 않는 신에게는 세계 악에 대한 책임이 없을 것이다. 그리고 여러 신의 존재를 가정한다면 이들의 싸움에서 세계 악의 근원을 찾을 수도 있을 것이다.

그러나 유대·기독교의 전통 안에 있는 사람들은 세계가 유일한 하나님에 의해서 아주 좋게 창조되었고(창 1:31) 바로 이 하나님에 의해서 보존·주재되며 결국에는 최종적인 구원으로 인도될 것이라는 전제에서 출발한다. 그래서 너무나 확실한 악의 실재 앞에서 그 근원이 무엇인지 묻지 않을 수 없다. 이 질문의 답을 위해서 수행해야 할 아주 중요한 과제는 세계의 악이 어떻게 하나님의 호의적인 섭리 행위와 조화될 수 있는지를 숙고하는 것이다.

2. 신정론에 대한 라이프니츠의 해결책

위의 언급처럼 신정이라는 말을 처음 사용한 라이프니츠는 신정 문제를 두고 탁월한 철학적인 해결책을 내놓았다.

1695/1697에 빛을 본 라이프니츠의 유명한 논문『하나님의 선함, 인간의 자유 그리고 악의 기원에 관한 신정론 논집』(Essais de Theodicee sur la bonte de Dieu, la liberte de l homme et l origine du mal)은 그가 프러시아 여왕 소피 샬롯트(Sopie Charlotte, 1668-1705)와 함께 피에르 벨(pierre Bayles, 1647-1706)의『역사 및 비평 사전』(Dictionaire historique et critique)에 대해 나눈 대화에서 비롯되었다.

라이프니츠는 이 책의 주요 주제를 1710년에 대체적으로 원문보다 더 짧고 명확하게 쓴 라틴어 논문으로도 요약했다. 이 논문은 1719년 이래로 에세이의 부록으로 첨가되었다. 이 논문의 제목은『하나님의 문제는 그의 정의로 말미암아 그의 다른 완전성과 전체 행위와 화해된다는 주장』(Causa Dei asserta per Justitiam eius cum ceteris ejus Perfektionibus cunctisque Actionibus concilatam)이었다.

라이프니츠는 세계의 악을 세 가지 상이한 종류로 분류하고서 하나님의 전능·지혜·선함을 변호하기 위해서 결정적인 논거를 내놓는다. 그것은 하나님이 모든 면에서 완전할지라도 세계와 하나님이 다르기 때문에 세계 안에는 불가피하게 악이 있을 수밖에 없다는 논거였다.

〈우리는〉 악을 형이상학적, 육체적, 윤리적인 것으로 파악할 수 있다. **형이상학적인 악**은 단순한 불완전성에 있고, **신체적인 악**은 고통에 있고, **윤리적인 악**은 죄에 있다. […]

On peut prendre le mal métaphysiquement, physiquement et moralement. Le mal métalphysique consiste dans la simple imperfection, le mal physique dans la souffrance, et le mal moral dans la péché. […]

존재하고 움직이는 세계가 하나님에게 의존한다고 말한다면, […] 이것은 하나님이 세계에 지속적으로 모든 긍정적이고, 선하고, 완전한 것을 부여하며, 이것을 끊임없이 일으킨다는 것을 뜻한다. […]

Et lorsqu'on dit que la créature depend de Dieu en tant qu'elle est et en tant qu'elleagit, […] c'est que Dieu donne toujours à la créature et produit continuellement ce qu'il y a en elle de positif, de bon et de parfait […];

이것과 달리 불완전한 것과 행위의 결점은 본래적인 제약에 기인한다. 이 제약은 세계가 자기 존재의 시작과 함께 자신을 제한하는 이상적인 근거로 말미암아 필연적으로 받아들여야만 했던 것이다. 하나님은 세계에 모든 것을 부여할 수 없었다.

au lieu que les imperfections et les défauts des opérations viennent de la limitation originale que la créature n'a pu manquer de recevoir avec le premier commencement de son être par les raisons idéales qui la bornent.

〈만약 그것을 원했다면, 하나님은 먼저〉 세계 자체를 신으로 만들어야만 했을 것이다. 〈따라서〉 사물의 완전성과 모든 형태의 제약에는 상이한 단계가 있어야만 했다.

Car Dieu ne pouvait pas lui donner tout sans en faire un Dieu; il fallait donc qu'il y eût des différrents degrés dans la perfection des choses, et qu'il y eût aussi des limitations de tout sorte

라이프니츠, 『신정론』(Essais de Théodicée), §§ 21, 31 (Philosophische Schriften, 2.1권, 240, 256).

하나님과 그의 피조 세계의 차이 때문에 세계 안의 어떤 불완전성과 결핍은 불가피하다. 창조주 자신처럼 그렇게 완전한 피조 세계는 있을 수 없기 때문이다.

죄와 불행이 없는 가능한 세계를 상상할 수 있다는 것은 옳은 말이다. [⋯] 그러나 그렇다 하더라도 이러한 세계는 우리의 세계보다 저열한 세계일 것이다. 나는 이것을 상세하게 보여 줄 수는 없다. [⋯] 그러나 너희는 나와 함께 결과를 가지고 추론해야만 한다. 하나님이 지금 이대로 이 세계를 선택했기 때문이다.	Il est vrai qu'on peu s'imaginer des mondes possibles sans péché et sans malheur [⋯]; mais ces mêmes mondes seraient d'ailleurs fort inférieurs en bien au nôtre. Je ne serais vous le faire voir en detail [⋯] Mais vous le devez juger avec moi ab effectu, puisque Dieu a choisi ce monde tel qu'il est.

라이프니츠, 『신정론』, §§ 10
(Philosophische Schriften, 2.1권, 220, 222).

라이프니츠에 따르면 우리 세계는 사유 가능한 가장 좋은 세계(die beste denkbare Welt)가 아니라 현실 가능한 가장 좋은 세계(die bestmögliche Welt)다. 라이프니츠는 세계 안에 악이 있다는 것을 결코 부정하지 않았다. 그러나 악은 현실 가능한 이 세계를 구성하는 하나의 불가피한 요소이므로 세계에 악이 있다는 이유로 하나님을 비난할 수 없다.

만일 악이 없다면 전반적으로 더 나쁜 세계가 생길 수 있기 때문에 하나님 역시 이 악을 피할 수 없었다. 그러나 라이프니츠는 왜 현존하는 세계가 실제로 가장 현실 가능한 세계인지에 대해서 특별한 근거를 제시하지 못하고 다만 하나님이 지금 있는 이 세계를 선택했다는 판단으로부터 이러한 결론을 내린 것이다. 라이프니츠는 세계의 악 때문에 하나님을 비난하는 것을 단호하게 반대하면서 물리적이고 윤리적인 악이 생길 때 하나님의 역할이 무엇인지 자세히 서술한다.

그러나 악에 관련해서 하나님은 결코 윤리적인 악을 원하지 않는다. 신체적 악이나 고통도 반드시 원하는 것은 아니다. […]
하나님은 종종 신체적인 악을 죄를 벌하는 형벌로서 그리고 더 큰 악을 막고 더 큰 선에 이르도록 하는 목적의 수단으로 원한다고 말할 수 있다. 형벌은 또한 개선에 기여하며 경고하는 예로서 도움이 되고, 악은 종종 선에 대한 더 나은 판단력을 얻는데 〈도움이 된다.〉

죄 또는 윤리적 악에 관련해서는 이와 같다. 이것은 선을 이루고 다른 악을 막기 위한 수단으로 아주 자주 유익하지만 하나님의 의도에 만족스런 대상이거나 창조의지에 부합하는 대상은 결코 아니다.

그것〈죄 또는 윤리적 악〉은 불가결한 의무 수행을 위해서 확실히 필요한 한도에서만 허가되고 허용될 수 있다. […] 이런 의미에서 하나님은 죄를 허용한다. 〈따라서〉 어떤 것이 죄악이면서 동시에 절대적으로 가장 좋은 〈수단〉인 경우인데도 하나님이 이것을 선택하지 않는다 면, 그는 자기 자신에게, 자신의 지혜와 선과 완전성에 대해서 마땅히 해야만 할 그것을 하지 않은 것이나 마찬가지다.

Et pour ce qui est du mal, Dieu ne veut point du tout le mal moral, et il ne veut point d'une manière absolue le mal physique ou les souffrances; […]
et on peut dire du mal physique que Dieu le veut souvent comme une peine due à la coulpe, et souvent aussi comme un moyen propre à une fin, c'est-à-dire pour empêcher de plus grands maux ou pour obtenir de plus grands biens. La peine sert aussi pour l'amendement et pour l'exemple, et le mal sert souvent pour mieux goûter le bien […]
Pour ce qui est du péché ou du mal moral, quoiqu'il arrive aussi fort souvent qu'il puisse servir de moyen pour obtenir un bein ou pour empêcher un autre mal, ce n'est pas pourtant cela qui le rend un objet suffisant de la volonté divine ou bien un objet légitime d'une volonté créée;

il faut qu'il ne soit admis ou permis qu'en tant quil est regardé comme une suite certaine d'une devoir indispensable[…] Et c'est dans ce sens que Dieu permet le péché; car il manquerait à ce qu'il se doit, à ce qu'il doit à sa sagesse, à sa bonté, à sa perfection, s'il ne […] .choisissait pas ce qui est absolument le meilleur, nonobstant le mal de coulpe

라이프니츠, 『신정론』, §§ 23-25
(Philosophische Schriften, 2.1권, 244, 246).

그의 서술에 따르면 물리적인 악[2]은 '더 큰 악을 막고 더 큰 선에 이르는 목적의 수단'이기 때문에 더 작은 악이다. 이 물리적인 악은 또한 '죄를 벌하는 형벌로서' 주어지기 때문에 교육적 기능을 한다. 이런 의미에서 물리적인 악은 도덕적인 악의 결과다.

그러나 이 도덕적인 악[3]은 하나님에 의해서 적극적으로 일어나지 않는다. 하나님은 단지 전체 세계의 최적의 상태를 고려하면서 '허락하거나 용인한다'(프. admis ou permis, §8.4.에서 언급된 permissio와 비교). 악이 없이는 가능한 가장 좋은 세계가 실현될 수 없으므로 하나님은 그러한 악을 용인할 수밖에 없다.

위에 서술된 논거의 설득력은 현존하는 세계를 실제로 가능한 가장 좋은 세계로 간주할 수 있는가의 여부에 달려 있다. 이와 같이 생각하기 위해서는 모든 악이 현실 가능한 가장 좋은 세계의 구성 요소나 하나님의 양육 도구로 해석되어야만 한다. 그러나 이미 18세기에도 이런 의미로 해석될 수 없는 세계의 악을 쉽게 찾을 수 있었다.

특히 1755년에 일어났던 리스본 지진은 라이프니츠의 낙관론을 격렬하게 흔들었고, 후에는 라이프니츠가 내놓은 신정론의 해결책은 더 이상 하나님에 대한 비난을 잠재울 수 없었다.

오히려 정반대의 일이 벌어졌다. 이 세상에 있는 고난의 문제는 게오르크 뷔히너(Georg Büchner, 1813-1837)의 희곡 『단톤의 죽음』(Dantons Tod, 1835)에서 심지어 하나님의 존재를 부정할 수 있는 중요한 논거가 되었다. 이 희곡은 '무신론의 반석'(Fels des Atheismus)이 되어 회자되었다.

> 불완전한 것을 없애라. 오직 그렇게 함으로써 너희들은 하나님을 입증할 수 있다. [...] 인간은 악을 부인할 수 있어도 고통은 그럴 수 없다. 하나님을 증명하는 것은 단지 이성뿐이고 감정은 그에게 반항한다. [...]
> 나는 왜 고통을 당하는가?

이것은 무신론의 반석이다. 아주 작은 고통의 경련이 그리고 그것이 단지 한 원자 안에서 미동한다면, 이것이 위에서 아래까지 있는 피조 세계 안에 균열을 만든다.

뷔히너, 『단톤의 죽음』(Dantons Tod), 3막

(Text nach http://gutenberg.spiegel.de/buechner/danton/dantn311.htm).

📖 　　아래 작품 전체를 읽으면서 신정에 대한 라이프니츠의 개념 골자를 생생하게 알아보시오.
　　　　- G. W. Leibniz, Causa Dei.

📖 📖 　1755년에 일어난 릿사본 지진이 나이프니츠의 낙관론을 어떻게 뒤흔들어 놓았는지를 서술하는 책
　　　　- H. Günther, Das Erdbeben von Lissabon.

📖 　　스윈번 역시 하나님의 실존과 세계 안에 있는 일반적·도덕적 악 사이의 조화 가능성에 대한 질문을 받아들이고, 이것을 하나님의 실존을 지지하는 명백한 논거를 서술하는 과정에서 다루고 있다(§ 6.2.2). 이 문제에 대한 스윈번의 논증은 아래 책에 들어있다.
　　　　- R. Swinburne, Die Existenz Gottes, 273-308.

📖 📖 　신정에 대한 질문과 연관되어 있는 난제와 관련하여 무신론이 무엇인지 명확하게 서술하고자 시도하는 책. 그러나 이 책에는 철학과 신학적 내용이 특별히 풍부하지 않다.
　　　　- B. Gesang, Angeklagt: Gott.

3. 신정 문제에 대한 기독교와 신학의 입장

기독교신학은 하나님의 전능·지혜·선 앞에서 악의 근원을 묻는 질문에 대해 분명하고 일반적으로 명백한 대답을 갖고 있다고 주장한 적이 한 번

도 없었다. 오히려 순수 이성적으로 신정론을 질문하면 반드시 실패한다고 확실하게 강조해 왔다.

이러한 입장은 특히 개신교 안에서 분명했다. 루터도 하나님의 세계 사역이 어떻게 정의로운지를 인간 이성으로 아는 것은 불가능하다고 판단했다.

하나님은 외적인 것과 관련해서 이와 같이 이 물질 세상을 돌본다. 따라서 만일 네가 인간 이성의 판단을 주목하고 따라간다면 너는 강제되어 어떤 하나님도 없거나 하나님이 불의하다고 말하게 될 것이다.	[S]ic Deus administrat mundum istum corporalem in rebus externis, ut si rationis himanae iudicium spectes et sequaris, cogaris dicere, aut nullum esse deum, aut iniquum esse Deum [...]
이 하나님의 불의는 아주 개연성이 높고 그와 같은 논거로 공공연하게 주장하기 때문에 어떤 이성과 자연의 빛도 그것에 저항할 수 없다. 하지만 이것은 복음의 빛과 은혜에 대한 앎을 통해서 아주 쉽게 폐지된다. [...]	Et tamen haec iniquitas Dei vehementer probabilis et argumentis talibus traducta, quibus nulla ratio aut lumen naturae potest resistere, tollitur facillime per lucem Euangelii et cognitionem gratiae [...]
이 삶 이후에 또 하나의 삶이 있다는 것은 명백하다. 여기서 처벌과 보상이 이루어지지 않은 것은 무엇이든지 거기서 처벌되고 보상될 것이다.	Scilicet Esse vitam post hanc vitam in qua, quicquid hic non est punitum et remuneratum, illic punietur et remunerabitur.

루터, 『노예 의지에 대하여』(De servo arbitrio) (WA 18, 784.36-39; 785.12-15, 17f.; LDStA 1.652.31-33; 654.14-16, 19f.).

루터에 따르면 인간 이성은 불의한 자가 행복하고 경건한 자가 불행한 현실 앞에서 좌절한다. 이 상황에서 도움을 줄 수 있는 것은 오직 '복음의 빛'과 '은혜에 대한 앎'이다. 곧 이생의 삶 이후에 〈행위와 그 결과를〉 조화시키는 정의에 대한 믿음이다. 루터는 이 해결책을 따르면서 하나님의 구원 사역이 어떻게 의로운지를 다룬다.

만일 강제당해서 죄를 짓고 실제로 자기 죄 없이 영원한 저주를 받을 사람을 하나님이 창조한다면 이것은 의로운 것일까?

나는 세 가지 종류의 빛을 받아들인다. 자연의 빛, 은혜의 빛, 영광의 빛을 받아들인다.	Tria mihi lumina pone, lumen naturae, lumen gratiae, lumen gloriae [...]
자연의 빛 아래서는 선한 자가 불행하고 악한 자가 평탄하게 사는 것이 정의가 되어버린 〈현실을〉 이해할 수 없다. 이 문제를 은혜의 빛이 해소한다.	In lumine naturae est insolubile, hoc esse iustum, quod bonus affligatur et malus bene habeat. At hoc dissolvit lumen gratiae.
은혜의 빛 아래서는 자기 힘으로는 죄짓고 죄인이 되는 것 외에는 다른 것을 할 수 없는 사람을 하나님이 어떻게 단죄할 수 있는지 이해할 수 없다. 여기서는 자연의 빛처럼 은혜의 빛도 그 가련한 사람이 아니라 불의한 하나님에게 잘못이 있다고 단언한다.	In lumine gratiae est insolubile, quomode Deus damnat eum, qui non potest ullis suis viribus aliud facere quam peccare et reus esse. Hic tam lumen naturae quam lumen gratiae dictant, culpam esse non miseri hominis sed iniqui Dei [...]
그러나 이것과 달리 **영광의 빛은** 어떻게 하나님의 판단이 헤아릴 수 없을 만큼 의로운지를 말할 수 있을 것이고 그의 판단이 더욱 정의롭고 더 확실한 의라는 것을 보여 줄 것이다.	At lumen gloriae aliud dicat, et deum, cuius modo est iudicium incomprehensibilis iustitiae, tunc ostendet esse iustissimae et manifestissimae iustitiae.

루터, 『노예 의지에 대하여』
(WA 18, 785.26-32, 35-37; LDStA 1, 654.29-32; 656.1-3, 6-8).

하나님의 세계 사역이 외적으로 불의하게 보이는 문제는 은혜의 빛에 의해서 해결된다. 그러나 루터에 의하면 이 문제가 해결된 이후에도 '자기 힘으로는 죄짓고 죄인이 되는 것 외에는 다른 것을 할 수 없는 사람을 하나님이 어떻게 단죄할 수 있는지'의 질문이 남는다.

이 질문은 우리에게 예정론(Prädestination)의 문제를 떠올리게 한다(§ 11.3). 영원한 저주를 받도록 사전에 결정한다는 생각이 주는 불편함은 비로소 영광의 빛에 의해서 해소된다.

이 영광의 빛은 내세에서 복 받는 자들에게 주어지는 것으로서 하나님의 입장에서 피조 세계를 볼 수 있는 능력이다. 그렇게 되면 모든 사람이 하나님의 의로움을 이해하게 될 것이다. 이로써 신정의 문제는 종말론에서 해결될 것이다.

📖 신정론의 문제에 대해 유익한 개요
— W. Sparn, Art. Theodizee(RGG⁴ 8).

📖 신정 문제에 대한 루터의 태도
— Th. Reinbuber, Kämpfender Glaube, bes. 160-186.

📖 종교를 삶의 우연성을 다루는 방법(§ 1.3.2)
— H, Lübbe, Religion nach der Aufklärung, 195-206("Theodizee als Kontingenzerfahrungsdementi").

📖📖 신정 문제에 대해 최근에 저술된 철학 논문
— R. W. Puster, Das sogenannte Theodizee-Problem.

👓 디츠 랑에(D. Lange)의 신앙론에서 어떻게 창조론 및 인간론이 각각 신정론 문제로 흘러가는지 확인해 보시오. 이를 위해서 아래 부분을 읽으십시오.
— D. Lange, Glaubenslehre, Band 1, 287-536, bes. 408-412, 526ff.

§9 인간과 죄

§8에서 하나님의 세계 창조를 언급했다. 관심을 세계 자체로 돌리면 창조 세계의 다양함 속에 인간도 있다. 인간은 세계 안에서 특별한 자리를 차지한다. 이 지위는 기독교적 관점에서 인간이 하나님의 형상이라는 규정과 관련된다. 그런데 인간은 죄 때문에 이 규정을 그르쳤다.

우리는 §9.2와 9.3에서 하나님의 형상인 인간과 그 죄를 다룰 것이지만 그것에 앞서 먼저 피조물인 인간이 어떻게 창조의 전(全) 실재 속으로 편입되어 있는지 생각해 보자.

9.1 창조(피조 세계) 안의 인간

『콘스탄티노플 신경』은 골로새서 1:16에 의거하여 하나님을 모든 보이는 것과 보이지 않는 것(그. horaton te panton kai ahoraton/라. visibilium omnium et invisibilium: DH 150)의 창조주로 서술한다. 여기서 전체 피조 세계는 보이는 부분과 보이지 않는 부분으로 나뉜다.

이 구분에 따라서 고전 교의학은 창조 교리를 아래와 같이 세 부분으로 다루었다.

① 순수 정신적(보이지 않는) 피조물 – 천사의 세계
② 순수 물질적(보이는) 피조물 – 창세기 1:1-25에서 말하는 세계
③ 물질적인 것과 정신적인 것이 결합된 피조물– 인간

순수 정신적인 피조물(§ 9.1.1)과 순수 물질적인 피조물(§ 9.1.2)에 대한 교리를 간략하게 살펴봄으로써 우리는 세계 창조의 전(全) 실재 속에서 피조물인 인간이 차지한 자리를 분명하게 볼 수 있다(§ 9.1.3).

9. 1. 1 비가시적 피조물(천사의 세계)

구약뿐 아니라 신약성경 여러 곳에서 천사를 언급한다. 일찍이 고대 교회의 신학은 이 천사를 순수 정신적인 존재와 힘으로 이해했다. 이 존재는 피조물로서 하나님 아래 있지만 비물질적인 순수 정신적 존재로서 인간 및 그 외의 피조물보다 우위에 있다. 지상 세계와 지상을 초월하는 세계를 중재하는 이들은 하나님의 위임을 따르거나 아니면 그에게 반항하고 자기를 독자화하면서 자연과 역사 속에서 자신의 사역을 펼친다.

천사 세계에 대한 숙고에서 형성된 장황한 천사론의 발달에 중요한 역할을 한 사람은 디오니시오스 아레오파기타였다. 그는 자신의 저서 『천상의 위계에 대하여』(Über die himmlische Hirarchie)에서 알려지지 않은 어떤 선생의 가르침에 의거해서 천사 집단의 **존재론적 지위**에 관한 광범위한 체계를 세웠다. 그런데 이 체계는 아주 제한적으로 성경적 진술과 일치한다.

그의 가르침에 따르면 천사들은 세 무리로 구성되어 있고, 하나님에게 근접한 정도에 따라서 그리고 삼위일체로 존재하는 하나님과 유사하게 세 종류의 다른 등급(그. diakosmeseis)으로 나뉜다.

천사에 대한 교리

1. 고대 교회 이래로 천사의 존재론적 지위와 구원사적 의미에 대해서 논의되었다.
2. 천사는 하나님과 인간 사이에 세워진 순수 영적 존재로 여겨졌고 하나님 또는 악마의 뜻을 위해서 세계사에 영향을 끼친다.

그[그 미명의 선생]가 말하기를, 전승에 따르면 첫 번째 서열은 항상 하나님을 두르고 있고 하나님과 직접적으로 연결되어 있으며 다른 자 보다 앞서 중재 없이 하나님과 하나가 된 자이다.

그가 말하기를, 지극히 거룩한 **보좌들**(Throne)과 그리고 히브리어로 **케루빔과 세라핌**(Cherubim und Seraphim)으로 불리는 여러 눈과 여러 날개를 가지고 있는 자들은 다른 모든 자들을 능가하여 더 가까이에서 중재 없이 하나님을 두르고 있다. […]

그의 말에 따르면 두 번째 서열은 **권력 · 통치 · 힘**(Mächte, Herrschaften und Kräfte)으로 채워져 있다. 그리고 천상적 위계의 마지막 영역인 세 번째 서열은 **천사들 · 천사장들 · 원리들**(Engel, Erzengel und Prinzipien)로 이루어져 있다.

디오니시오스 아레오파기타, 『천상의 위계에 대하여』

(Über die himmlische Hirarchie) VI 2

(Corpus Dionysiacum II 26.13-17; 26.21-27.3).

천사들의 구원사적 의미와 관련하여 중요한 것은 아우구스티누스가 그의 저서 『하나님의 도성』에서 행한 사변이다. 여기서 그는 창세기 1:3의 "하나님이 이르시되 빛이 있으라 하시니 빛이 있었고"를 해석하면서 하나님의 천사 창조가 이 절과 관련이 있을 것이라고 생각했다.

더 나아가서 아우구스티누스는 천사 중 일부가 하나님에게서 돌아서서 반항했다고 여겼다. 그리고 이러한 가정의 근거를 특히 베드로후서 2:4에서 찾았다.

하나님이 범죄한 천사들을 용서하지 아니하시고 지옥에 던져 어두운 구덩이에 두어 심판 때까지 지키게 하셨으며(벧후 2:4)

아우구스티누스는 이 절에 묘사된 사건의 과정이 "하나님이 빛과 어둠을 나누사"라고 말하는 창세기 1:4절에 암시되어 있다고 생각했다.

성경이 세계 창조를 언급하는 곳에는 천사가 창조되었는지, 순서상 언제 창조되었는지에 대한 분명한 말이 없다. 만약 천사가 그 날들에[육일동안에] 〈창조된〉 하나님의 작품에 속한다면 이들은 낮이라는 이름을 받았던 그 빛이다. 그것은 하나님이 빛이 있으라고 말했을 때 빛이 생겼기 때문이다. 만약 이 빛이라는 말로 천사들의 창조를 언급한 것이라면 이들은 의심의 여지없이 영원한 빛의 참여자로 창조되었다. 이 빛은 바로 변함이 없는 하나님의 지혜이며, 이 빛이 비출 때 천사는 이 빛으로 말미암아 창조되어 빛이 되었다.	Vbi de mundi constitutione sacrae litterae loquuntur, non euidenter dicitur, utrum uel quo ordine creati sint angeli; […S]i ad istorum dierum opera Dei pertinent angeli, ipsi sunt illa lux, quae diei nomen accepit […] Cum enim dixit Deus: Fiat lux, et facta est lux, si recte in hac luce creatio intellegitur angelorum, profecto facti sunt participes lucis aeternae, quod est ipsa incommutabilis sapientia Dei […]; ut ea luce inluminati, qua creati, fierent lux.

아우구스티누스, 『하나님의 도성』 11,9
(CChrSL 48, 328-330[6f., 50-52, 57-60, 62줄]).

그런데 어떤 천사가 죄를 짓고 감옥과 같은 이 세상의 밑바닥으로 쫓겨났고 심판의 날에 있을 미래의 최종적 단죄를 받을 때까지 〈있을 것이다.〉 이것을 사도 베드로는 분명하게 보여 준다. [벧후 2:4에 대한 언급이 뒤따른다.] […] 그곳에 쓰여 있다. 하나님이 빛과 어두움을 나누었다. 우리는 이 두 천사의 무리를 본다. 한 무리는 하나님을 향유하고 다른 한 무리는 자만에 부풀어 있다.	Peccasse autem quosdam angelos et in huius mundi ima detrusos, qui eis uelut carcer est, usque ad futuram in die iudicii ultimam damnationem apostolus Petrus apertissime ostendit. […] [I]n eo quod scriptum est: Diuisit Deus inter lucem et tenebras: nos tamen [vident] has duas angelicas societates, unam fruentem Deo, alternam tumentem typho.

아우구스티누스, 『하나님의 도성』 11,33 (CChrSL 48, 325f.[1-4, 16-19줄]).

이 사변들로 인하여 중세신학과 경건에서는 후대에 오래도록 영향을 끼칠 다음과 같은 사상이 생겨났다. 곧 하나님이 변절한 천사들을 폐한 사건은 이 땅 위에서 하나님이 인간과 더불어 만들어 갈 역사의 한 천상적 서막이다. 따라서 창조 시초에 발생한 이 우주적인 비극은 그 후에 각 사람의 삶 속으로 들어가 〈재현된다.〉

타락한 천사는 사람들이 구원에 이르지 못하도록 방해하면서 하나님의 영광을 손상시키고자 한다. 이들을 대항하여 일하는 자들은 하나님에게 복종했던 천사들이다. 이들은 세상 안에서 선을 강화시키고 악을 저지하면서 하나님을 섬긴다.

하나님과 그의 신실한 천사들이 한 편이 되고, 사탄의 통솔을 받는 악한 천사들이 다른 편이 되어 이 세상의 통치권을 놓고 싸우기 때문에 인간은 이 전쟁의 싸움터가 된다. 이 싸움은 마지막 날에 이르러 최종적으로 결판이 날 것이다.

창조 첫째 날에 있었던 천사의 폐위, 죄로 인한 첫 번째 인간의 타락 그리고 낙원으로부터의 추방을 서로 연관시킨 작품이 있다. 바로 히에로니무스 보스(Hieronymus Bosch, 1450-1516)가 세 폭에 그린 '건초를 나르는 마차'(Der Heuwagen) 좌측면 그림이다(그림4).

종교개혁자 루터와 칼뱅은 하나님의 사자(使者)인 천사의 존재를 인정하면서도 천사의 세계를 세부적으로 언급한 전통적인 사변을 따르지 않고 거부했다. 그런데 17세기에 이르러 종교개혁 신학이 다시 이 사변적 천사론을 다루기 시작했다. 그러나 도래한 계몽주의가 초자연적 세계에 대한 전래적인 견해를 의문시한 후로는 전통적인 천사론을 고수하는 것은 더 큰 문제가 되어 결국 19세기 자유주의 신학은 천사론을 완전히 포기했다.

그런데 20세기 들어 다시 천사론이 주목을 받고 있으니 흥미롭다. 그러나 이러한 현상은 천사에 대한 신학적 사변을 비판했던 계몽주의 이전으로 다시 돌아가는 것을 뜻하지 않는다. 오늘날에는 하나님을 섬기는 천사의 사역에 대한 이야기는 인간 종교 경험의 표현으로 해석된다. 오직 이런 의미에서 천사론은 살아 있는 하나님 신앙의 필수적인 요소로 간주된다.

9.1.2 가시적 세계

가시적 창조 세계 안에는 다양한 부류가 존재하고 이들 사이에는 긴장이 있다. 한편으로 각 피조물은 그 자체로 좋기에 창조주 하나님의 뜻과 일치한다. 이것은 모든 살아있지 않는 무생물, 식물, 동물, 인간에게 해당된다.

다른 한편으로 피조물의 다양한 영역은 상하 여러 등급으로 나뉜다. 성경의 이해에 따르면 무생물과 식물의 세계는 다른 것을 위하여 있어야 한다는 기능적인 규정 아래 있다. 이들은 자신의 피조성에 근거해서 그 자체로 좋을 뿐 아니라 항상 남을 위하여 있으므로 좋다. 〈창세기 1:29 이하를 보면 식물은 처음부터 동물과 인간의 먹거리로 주어졌다.〉

그림 4 보스의 건초를 나르는 마차(좌측면). 구스텔 프랭어(Gustel Fraenger)와 잉에보르크 바이어-프랭어(Ingeborg Baier-Fraenger)가 드레스덴 예술 출판사(Verlag der Kunst Dresden)에서 출판한 프랭어(Wilhelm Fraenger)의 『히에로니무스 보스』(Hieronymus Bosch, 1999, 11판)에서 발췌.

하나님이 이르시되 내가 온 지면의 씨 맺는 모든 채소와 씨 가진 열매 맺는 모든 나무를 너희에게 주노니 너희의 먹을 거리가 되리라. 또 땅의 모든 짐승과 공중의 모든 새와 생명이 있어 땅에 기는 모든 것에게는 내가 모든 푸른 풀을 먹을 거리로 주노라(창 1:29-30).

하나님은 이미 앞에서(창 1:26, 28) 인간에게 동물을 통치할 권한을 주었지만 이 구절에는 인간과 동물의 통치 관계가 아직 상세하게 규정되지 않았다. 그러나 이 관계는 홍수 이후에 인간이 동물을 강제적으로 압제하는 것으로 묘사된다. 이제는 짐승도 인간의 먹거리로 주어진다. 〈창 9:2 이하는 이렇게 말한다.〉

땅의 모든 짐승과 공중의 모든 새와 땅에 기는 모든 것과 바다의 모든 물고기가 너희를 두려워하며 너희를 무서워하리니 이것들은 너희의 손에 붙였음이니라 모든 산 동물은 너희의 먹을 것이 될지라 채소 같이 내가 이것을 다 너희에게 주노라(창 9:2-3).

지금까지 언급한 것에 따르면 피조물인 식물과 짐승에게 주어진 규정에는 이들이 다른 피조물을 위해서 죽는 것도 포함된다. 그러나 인간은 이와 같은 기능적인 규정아래 있지 않을 뿐만 아니라 다른 모든 피조물 위에 세워졌다. 인간이 하나님의 형상으로 창조되었기 때문이다. 이 말은 가시적 창조 세계 안에서 오직 인간만이 자기에게 오는 하나님의 사랑에 자유롭게 응답할 수 있는 존재라는 것을 뜻한다.

인간이 창조 세계의 중심이라는 사상은 성경에 근거한다. 그러나 이와 같은 유대·기독교적 전통에 서 있는 인간 중심주의는 아래 있는 린 타운젠드 화이트(Lynn Townsend White)의 인용문이 보여 주는 것처럼 인류가 생태계 위기에 직면한 이후에 비판을 받고 있다.

> **성경 속의 인간 중심주의**
>
> 1. 창세기 1:26-30에 의하면 식물이, 창세기 9:2 이하에 의하면 동물이 인간을 위한 양식이 된다. 이러한 통치 관계 속에서 인간이 중심에 서는 것을 인간 중심주의라고 부른다.
> 2. 유대-기독교 전통의 인간 중심주의는 생태 위기에 직면하여 비판을 받는다. 이 비판을 수용하면서 〈대답을 시도하는 신학은〉 자연의 신학(Theologie der Natur)이다.

기독교는 특히 서구에서 극도로 인간 중심적인 종교가 되었다. 세상은 일찍이 이러한 종교를 알지 못했다. 인간은 상당 부분 자연에 대한 신적인 초월을 공유한다. 고대 이교세계와 아시아의 종교와는 완전히 대조적으로 기독교는 인간과 자연이라는 이원론을 도입했을 뿐만 아니라 더 나아가 인간이 자신의 목적을 위해서 자연을 약탈하는 과정에서 하나님의 뜻이 이루어진다고 강조했다. [⋯]

모든 신앙고백의 첫 번째 문장에서 볼 수 있는 기독교의 창조 교의는 오늘날 우리가 생태계의 위기를 이해하는 데 아주 중요하다.

[다음의 언술은 타당하다].

(1) 역사적으로 볼 때 근현대 자연과학은 자연신학의 진일보한 발전이다.

(2) 기독교 교의는 인간이 초월적이며 합법적으로 자연보다 우위에 있다고 말한다. 현대 기술은 적어도 어떤 측면에선 이 교의가 서구적이고 주의주의(主意主義)적 방식으로 실현된 것이라고 말할 수 있다.

하지만 우리가 오늘날 알고 있는 것처럼, 줄곧 두 영역으로 완전히 분리되어 있었던 자연과학과 기술은 대략 한 세기 전에 결합하여 거대한 힘을 만들어 냈다. 그런데 그것이 끼치고 있는 여러 영향을 근거로 판단할 때 이 힘은 통제에서 벗어나 있다. 이 경우와 관련하여 무거운 죄책이 기독교에게 주어진다.

화이트, 『역사적인 원인들』(Die historischen Ursachen), 24, 25, 27.

이 비판에 직면하여 오늘날 창조신학 안에는 기독교적 관점에서 환경 문제를 해결하려는 시도가 일어났다. 이 과정에서 아래 있는 크리스티안 링크(Christian Link, 1938생)의 인용문이 보여 주는 것처럼 성경적 전통 그 자체는 결코 반생태적(ökologiefeindlich)이 아니라는 것이 강조되었다. 그러나 성경의 통치 위임이 자연을 무제한적으로 사용할 수 있는 인간의 권한으로 과도하게 이해되면서 생태의 위기가 초래되었다.

> [기독교가] 성경적 전통의 역사적 약속을 지켰기 때문이 아니라 그 약속을 단념하고 망각했기 때문이다. 임시적이며 역사적으로 **제한된 협력**을 요구하는 하나님의 제안에 **무제한적인** 자유와 독단적인 결정을 누리려는 의지로 응답했기 때문에 기독교는 자기 역사를 위한 자연적 토대를 치명적으로 위태롭게 했다.

링크, 『창조』(Schöpfung), 460.

링크는 전통적 창조 교리를 자연의 신학(Theologie der Natur)으로 보충하자고 제안했다. 이렇게 하면 신학은 생태계의 위기를 통찰하고 극복하는 데 기여할 수 있을 것이다.

> [자연의 신학이 형성됨으로써] 〈신학의〉 중심과 관심이 옮겨지고 눈에 띄지 않게 커다란 변화가 일어났다. 방법론과 관련하여 사람들은 의식적으로 **자연의**

연관(Naturzusammenhang) 자체에 대한 해석에서 시작한다. 자연에 대한 각 각의 전제된 이해가 신학 지식의 형성을 위한 **발견**의 장, 말하자면 하나님에 대한 말을 발견하고 보관하는 장소를 이룬다.

이 신학은 자신이 세상의 창조주인 하나님에 대한 **신앙**의 의미와 근거를 물어야 할 질문에서 벗어났다는 것을 안다. […] 〈그래서〉 이 신학은 목적 의식을 갖고 전통적 교의학이 간과했던 창조 세계의 관점을 향한다.

링크, 『창조』, 474.

9.1.3 인간

피조 세계를 순수 정신적 피조물, 순수 물질적 피조물, 그리고 물질과 정신이 결합된 피조물로 구분하는 방식을 위에서 언급했다. 이 구분 방식에 따르면 인간은 가시적인 피조물과 비가시적 피조물의 경계 영역에 자리한다.

이러한 인간 이해는 그리스 철학자 크로톤의 알크마이온(Alkmaion von Kroton, 대략 기원전 500년)에게서 기인한 '인간은 이성적인 동물(라. animal rationale)'이라는 전통적 정의와 부합한다. 이 정의에 따르면 인간은 생물(Lebewesen)로서 가시적 피조 세계와 결합되어 있고 또한 그의 합리성(Rationalität)에 근거하여 비가시적 세계와 결합되어 있다.

가시적 세계와 비가시적 세계의 경계 영역에 자리하는 인간의 위치는 또한 그가 몸과 영혼의 결합체로 이해되는 점에서도 분명해진다.

이 철학적 인간 규정은 이미 고대신학 안에서 인간에 대한 성경적 진술과 결합되었다. 그러나 이 양자의 연관성은 자명하지 않았다. 철학에서 몸과 영혼은 종종 서로 대립적인 두 원리로 이해되었기 때문이다. 이런 이해 속에서 예컨대 플라톤(Platon, 기원전 427-347)은 신체를 영혼의 감옥으로,

몸의 죽음을 불멸하는 영혼의 해방으로 이해했다.

여기서 육체성(Leiblichkeit)은 원리적으로 부정적이며 인간의 진리 인식을 방해하기 때문에 인간은 그것에 의해서 결정되는 경우를 가능한 최소한으로 줄여야 한다. 이러한 이해와 대조적으로 성경은 하나님이 인간을 하나의 전체로 창조했다고 말한다(창 2:7).

여기서 육체성은 인간의 인간됨과 대립하지 않고 인간됨에 근본적으로 속해 있다. 신약성경에서, 특히 바울은 인간의 하나님과의 관계에 관련하여 인간의 육체성이 중요하다고 강조한다. 그는 말한다.

> 너희 몸이 그리스도의 지체인 줄을 알지 못하느냐(고전 6:15).

> 너희 몸은 너희가 하나님께로부터 받은 바 너희 가운데 계신 성령의 전인 줄을 알지 못하느냐(고전 6:19).

기독교신학은 성경의 증언에 근거하여 처음부터 인간의 단일한 생명 안에서 몸과 영혼이 하나로 짝을 이루고 있음을 강조하면서도 동시에 몸과 영혼을 지속적으로 구분했다. 이러한 구분의 성경적 근거로 간주된 것은 창세기 2:7절이다.

> 여호와 하나님이 땅의 흙[육체]으로 사람을 지으시고 생기를 그 코에 불어 넣으시니 사람이 생령[영혼]이 된지라(창 2:7).

이 구분을 견지하면서 고대 철학처럼 기독교신학도 몸의 허무성과는 다른 영혼의 불멸성을 주장했다. 영혼이 불멸한다는 교리를 뒷받침하는 성경적 핵심 근거로 간주된 것은 마태복음 10:28이다.

몸은 죽여도 영혼은 능히 죽이지 못하는 자들을 두려워하지 말고 오직 몸과 영혼을 능히 지옥에 멸하실 수 있는 이를 두려워하라(마 10:28; 비교, 전 12:7).

철학적, 성경・기독교적 인간상

1. **고대 철학**: 몸과 영혼의 이원론. 인간의 육체성은 허무한 것으로 이해되고 경시되었다.
2. **기독교**: 인간은 전체로 하나님에 의해서 창조되었다. 그럼에도 불구하고 기독교 초기에 영혼 불멸이라는 철학적 교리를 수용했다.

영혼 불멸의 교리는 사후에도 인간의 정체성이 지속된다고 주장할 근거를 제공한다. 이러한 전제 안에서 죽은 자를 살리는 하나님의 행위가 구체적인 사람과 관련되었다. 그러나 영혼 불멸의 교리가 필연적으로 기독교 인간 이해에 속한다는 입장은 부정되기도 했다.

가톨릭신학이 죽는 순간에 인간의 개별 영혼이 육체에서 분리되더라도 소멸되지 않는다는 견해를 제5차 라테란 공의회(Laterankonzil, 1513)에서 분명하게 규범화한 것과 달리, 개신교신학은 어떤 측면에선 이 교리를 매우 부정적으로 평가했다. 그것은 신학적 인간학이 철학적 인간상에 의존(철학적 인간학에 대한 루터의 비판, 9.2)하는 경향이 이 영원불멸의 교리와 관련되어 있고 이 교리에 대한 성경적 근거도 충분하지 않기 때문이다.

출생한 인간 안에서 어떻게 영혼과 육체가 결합되느냐의 질문에는 상이한 답이 주어졌다. 영혼 창조론(Kreatianismus)에 따르면 인간의 출생은 단지 육체를 내놓을 뿐이고, 영혼은 하나님에 의해서 각 출생의 순간에 창조되어 육체를 구성할 물질에 부가된다. 이 견해는 가톨릭과 개신교 개혁주의 신학이 지지한다.

그러나 영혼 유전설(영혼 출생설)에 따르면 신의 직접적인 개입 없이 오직 출생 과정에서 자녀의 영혼 역시 생겨난다. 개신교 루터신학이 이 견해를 옹호한다.

📖 📖 시대에 적합하고 신학적으로 책임감 있게 천사에 대해 언급
- M. Plathow, Die Engel.
- W. Härle, Dogmatik, 296-300.
- H. Rosenau, Auf der Suche, 37-50.

📖 (기독교) 종교와 생태 위기의 연관성에 대해 최근 이루어진 논의 일별
- G. Löhr, Ist das Christentum für die gegenwärtige ökologische Krise verantwortlich?

📖 📖 자연과 환경이라는 주제를 기독교 윤리적 관점에서 개관
- M. Honecker, Grundriß der Sozialethik, 23-295(=Kap. IV).
- ders, Schöpfung (TRE 30).

9. 2 하나님의 형상과 죄인인 인간

인간은 육체와 영으로 구성되어 가시적인 피조물과 비가시적 피조물의 경계 영역에 서 있다. 성경은 이러한 인간이 하나님의 형상(Ebenbild)으로 창조되었다고 말한다. 인간에 대한 이 독특한 신학적 규정은 인간이 하나님과의 사귐을 위해서 창조되었고 이 사귐이 이생의 삶을 결정할 뿐 아니라 죽음을 넘어서도 지속된다는 것을 말한다.

인간이 하나님의 형상이라는 사상을 언급하는 가장 중요한 구절은 창세기 1:26 이하다.

> 하나님이 이르시되 우리의 형상을 따라 우리의 모양대로 우리가 사람을 만들고 그들로 바다의 물고기와 하늘의 새와 가축과 온 땅과 땅에 기는 모든 것을 다스리게 하자 하시고 하나님이 자기 형상 곧 하나님의 형상대로 사람을 창조하시되 남자와 여자를 창조하시고(창 1:26-27).

신약성경에 와서 하나님의 형상이라는 사상이 인간뿐 아니라(고전 11:7; 골 3:10; 약 3:9) 그리스도에게도 적용되었다. 예컨대 바울은 불신자들에 대해서 말한다.

> 그 중에 이 세상의 신이 믿지 아니하는 자들의 마음을 혼미하게 하여 그리스도의 영광의 복음의 광채가 비치지 못하게 함이니 그리스도는 하나님의 형상이니라(고후 4:4; 골1:15; 히 1:3).

그리스도가 하나님의 형상이라는 말은 하나님의 형상인 예수 그리스도 안에서 하나님과의 사귐을 위해서 창조된 인간의 규정이 온전하게 실현되었기 때문에 인간은 그리스도를 따르는 삶에서 자기 규정에 일치하게 된다는 것을 뜻한다.

기독교를 고대 철학에 결합시키려는 지배적인 경향에 상응하여 고대 교회와 중세신학은 성경적 개념인 하나님의 형상을 인간의 **영혼**과 관련시켰다. 여기서 영혼은 인간을 모든 가시적인 피조물보다 더 탁월한 존재로 만드는 **이성**의 처소이면서(8.1.3) **사랑** 안에서 하나님을 지향하는 삶의 능력이 깃든 곳이기도 하다.

형상(라. imago)과 모양(라. similitudo)의 구별은 히브리어 성경 창세기 1:26에서 기인했다. 여기서 인간이 하나님의 형상이라는 것을 묘사하기 위해서 두 개의 상이한 낱말이 사용되었고 이 중복적 표현은 그리스어와 라틴어 번역에서 그대로 유지되었다.

| 인간은 하나님의 형상과 모양으로 창조되었다. 그것은 인간이 그의 영혼 안에서 하나님의 형상과 모양이기 때문이다(영혼은 인간의 더 우월한 부분, 아니 더 나아가 인간 자체였다). 인간은 이성의 관점에서 하나님의 형상이고 사랑의 관점에서 하나님의 모양이다. 진리를 인식한다는 점에서 하나님의 형상이고 덕을 사랑한다는 점에서 하나님의 모양이다. […] 인간은 이성적이기에 하나님의 형상이고, 영적이기에 하나님의 모양이다. | Factus est homo ad imaginem et similitudinem Dei, quia in anima(quae potior pars est hominis, vel potius ipse homo erat) fuit imago et similitudo Dei. Imago secundum rationem, similitudo secundum dilectionem; imago secundum cognitionem veritatis, similitudo secundum amorem virtutis. […] Imago quia rationalis, similitudo quia spiritualis. |

휴고(Hugo von St. Victor), 『성례에 관하여』(De sacramentis) I 6.2(MPL 176, 264).

하나님이 가라사대 … 우리가 사람을 만들고	우리의 형상을 따라	우리의 모양대로	
	짤램(zælæm)	데무트(d'mut)	히브리어
	아이콘(eikon)	호모이오시스(homoiosis)	그리스어
	이마고(imago)	시밀리투도(similitudo)	라틴어

하나님의 형상의 중복적 표현은 〈두〉 층위로 되어 있는 것을 가리킨다고 이해되기도 했다. 휴고에 의하면 형상은 인간에게 부여된 이성이고 모양은 사랑을 통한 하나님과의 관계 실현을 보증한다.

이러한 이해에 근거해서 죄로 말미암아 인간은 단지 모양만을 상실했다는 추론이 나왔다. 그렇다면 하나님에게 가는 길을 다시 찾도록 도와줄, 결코 상실될 수 없는 능력이 인간의 형상 안에 남아 있다.

루터는 성경적 인간론과 철학적 인간론의 결합을 전반적으로 비판했다. 그는 이 문제를 1536년에 모두 40개의 논제를 가지고 설명하면서 철학이 말하는 인간은 신학적 인간과 다르다고 이해했다. 철학은 지상적 삶의 관점에서 인간이 무엇인지를 묻기 때문에 이성에게 큰 의미를 부여하는 것이 당연하지만, 인간 전체를 바라보는 신학은 죄가 이성을 완전히 장악했다고 단언할 수밖에 없다.

하나님에 대한 인간의 관계는 인간이 스스로의 힘으로는 그를 향해 한 발 짝도 내디딜 수 없을 만큼 심각하게 악화되었다. 그래서 합리성을 근간으로 해서는 인간에 대한 적합한 신학적 정의를 내리는 것이 불가능하다. 따라서 인간에 대해서 적합한 신학적 정의를 내리기 위해서는, 죄를 극복해야 할 인간은 그리스도 안에서 인간에게 와서 죄를 용서한 하나님에게 의존되어 있다는 〈현실〉에서 시작해야 한다.

1. 인간의 지혜인 철학은 인간을 이성·감각·육체적 동물이라고 정의한다.[…]	1. Philosophia, sapientia humana, definit, hominem, esse animal rationale, sensitivum, corporeum. […]
3. 그러나 〈우리는〉 이것이 단지 이 세상의 삶에 국한된 죽을 수밖에 없는 인간에 대한 정의임을 알아야만 한다.	3. Sed hoc sciendum est, quod haec definitio tum mortalem et huius uitae hominem definit. […]
11. 그래서 만일 철학 또는 이성 자체를 신학과 비교히면 우리기 인간에 대해서 거의 아무것도 알지 못하고 있다는 것이 분명해질 것이다.	11. Ideo si comparetur Philosophia seu ratio ipsa ad Theologiam, apparebit nos de homine pene nihil scire. […]
20. 그러나 신학은 그 자신의 풍부한 지혜로부터 인간을 전체적이면서 완전하게 정의한다.	20. Theologia vero de plenitudine sapientiae suae Hominem totum et perfectum definit.
21. 인간은 하나님의 피조물이며 몸과 살아있는 영혼으로 이루어져 있고, 번성하면서 세상을 다스리고 결코 죽지 않도록 처음부터 하나님의 형상으로 창조되	21. Scilicet, quod homo est creatura Dei, carne et anima spirante constans, ab initio ad imaginem Dei fasta, sine peccato, ut ut generaret et rebus dominaretur, nec

었다는 것이 확실하다. unquam moreretur.
22. 그러나 아담의 범죄 이후에 〈피조물인 22.Post lapsum vero Adae subiecta potestati
인간은〉 마귀의 권세에 그리고 인간 자신 diaboli, pecato et morti, utroque malo suis
의 힘으로는 이길 수 없는 영원한 두 가지 viribus insuperabili, et aeterno.
의 악, 곧 죄와 죽음에 굴복되었다.
23. 하나님의 아들 예수 그리스도 없이는 23. Nec nisi per filium Dei Iesum Christum
인간은 해방될 수 없고 〈그러나〉 (만약 그 liberanda(si credat in eum) et uitae
를 믿으면) 영원한 생명을 선물로 받는다. aeternitate donanda.
24. 그래서 결론은 이러한 상황에서 타락 24. Quibus stantibus pulcherrima illa et
이후 이성이 무엇이 되었든지 이 이성의 excellentissima res rerum, quanta est ratio
가장 아름답고 탁월한 것도 마귀의 권세 post peccatum, relicta sub potestate Diaboli
아래 있다는 것이다. tamen esse concluditur. […]
32. '우리는 인간이 행위의 공로 없이 믿 32. Paulus Rom.3: Arbitramur hominem
음으로 의롭게 된다고 믿는다'고 언급하 iustificari fide absque operibus, breviter
는 로마서 3장에서, 바울은 인간이 믿음으 hominis definitionem colligit, dicens,
로 의롭게 된다고 말함으로써 인간의 정 Hominem iustitifari fide.
의를 간략하게 도출한다.

루터, 『인간에 대한 강론』(Disputatio de homine)
(WA 39 I, 175.3f., 7f., 24f.; 176.5-16, 32-34; LDStA 1, 664.1f.,
5f., 22f.; 666.7-18; 668.1-3).

루터는 '타락 이후에 남아있는 이성 역시 […] 사탄의 통치 아래' 있다고 보기 때문에(24 논제) 전통적 형상 이해뿐 아니라 하나님의 형상을 층위적으로 이해하는 것도 거부했다. 칼뱅이 그랬던 것처럼 루터도 창세기 1:26에 등장하는 두 낱말은 두 가지 상이한 것이 아니라 하나의 동일한 것을 가리킨다고 강조했다.

두 사람은 여기서 현대 성경 해석자처럼 하나를 강조하기 위해서 동의어 두 개가 나란히 사용되었다는 것을 알았다. 이것은 두 동의어를 결합함으로써 이야기의 표현 강도를 높이는 수사법이다.

위 루터의 인용문에서 하나님의 형상으로 창조된 인간은 신학적 관점에서 동시에 언제나 죄인이기도 하다는 것이 분명하다. 오래도록 타당한 것으로 간주된 견해에 따르면 창세기 3장에 나오는 아담과 하와의 범죄 이래로 인간은 죄인의 상태에 있고(비교, 22 논제), 범죄한 인류의 첫 사람들은 에덴동산에서 추방되었다. 이 범죄 이야기가 인류사 초기의 사실적 보도로 받아들여졌다.

초기 유대교 묵시록의 주요 저작 중 하나로서 라틴어 성경에서만 완전하게 전해지는 『제4에스라』(4. Buch Esra)는 벌써부터 아담의 불순종이 모든 사람에게 닥친 불행의 시작이었다고 해석했다. 아담의 죄에 보편적인 의미를 부여하는 이해에서 비롯한 〈이 인식의〉 길은 바울의 아담-그리스도-예형론(豫型論, 롬 5:12-21)을 거쳐 아우구스티누스의 원죄 교리까지 직선적으로 이어졌다.

그러나 근대까지 기독교 신앙의 핵심적인 요소였던 아우구스티누스의 원죄 교리는 계몽주의 이래로 점차 더 비판을 받았다. 에버하르트는 원죄 교리를 위한 해석의 근거로 제시할 수 있는 성경 구절은 오직 로마서 5:12의 라틴어 번역뿐이라고 말했다(§ 9.3.2; 4.5).

오! 아담 너는 무슨 일을 저질렀는가? 네가 죄를 지었을 때 오직 너의 멸망뿐 아니라 너로부터 나온 우리들의 멸망도 초래되었다.	O tu quid fecisti, Adam? Si enim tu peccasti, non est factum solius tuus casus sed et nostrum qui ex te advenimus.
	『제4에스라』(IV. Esr. 7.118).

아우구스티누스는 자신의 원죄론에서 아담의 불순종으로 초래된 하나님과의 관계 왜곡이 그의 모든 생물학적 후손들에게 거의 유전적인 결함으로 이어진다고 해석했다. 모든 사람들은 아담의 혈통에서 나오기 때문에 출생부터 이 결함 가운데 있다.

하나님은 인간을 온전하게 창조했다. 그	Deus enim creauit hominem rectum,
는 자연의 창조자이지 결코 결함의 창조	naturarum auctor, non utique uitiorum;
자가 아니다. 인간은 자발적으로 타락해	sed sponte deprauatus iusteque damnatus
서 정당하게 단죄를 받았고 타락하고 단	deprauatos damnatosque generauit.
죄된 자를 낳았다.	
우리 모두가 그 한 사람이었을 때에 우리	omnes enim fuimus in illo uno, quando
는 모두 그 한 사람 안에 있었다. 이 사람	omnes fuimus ille unus, qui per feminam
은 죄 이전에 그 자신으로부터 [취해서]	lapsus est in peccatum, quae de illo facta
만들어진 여자에 의해서 죄에 빠졌다[…]	estante peccatum. […]
우리는 이미 씨의 형태로 [아담 안에] 있	[S]ed iam erat natura seminalis, ex qua
었던 본성으로부터 태어났다. 이 본성은	propagaremur; qua scilicet propter peccatum
죄로 부패하고 죄의 사슬에 묶였고 정당	uitiata et uinculo mortis obstricta iusteque
하게 단죄를 받았기 때문에 인간에게서	damnata non alterius condicionis homo ex
다른 운명을 지닌 어떤 인간도 태어날 수	homine nasceretur.
없다.	

아우구스티누스,『신의 도성』(De ciuitate dei) 13.14
(CChrSL 48, 395[1-5, 7-10줄]).

위 『신의 도성』 인용문에서 아우구스티누스는 (원)죄를 모든 사람이 자신의 직접적인 참여 없이 오직 출생으로 인해서 굴복해야 할 운명으로만 묘사하지 않으려고 노력했다. 만약 원죄가 운명이라면 거기에는 개인의 책임이 포함되지 않을 것이다. 그러나 아우구스티누스에 따르면 모든 사람이 아담 안에 잠재적으로 있었기 때문에 각 사람은 이 선천적 결함인 죄에 책임이 있다. 따라서 자유와 책임으로 하나님에게 불순종한 죄책을 모든 사람에게 돌릴 수 있다.

아우구스티누스는 '우리는 모두 그 한 사람 〈아담〉 안에 있었다'고 생각했는데 그 근거를 로마서 5:12절의 라틴어 번역에서 찾았다. 이 구절을 그리스어 성경에서 보면 이렇다.

아담 이래로 죄가 세상에 들어왔다. 그리고 죄 때문에 죽음이 모든 사람들에게로 들어왔다. 왜냐하면 모든 사람들이 죄를 지었기 때문이다(그. eph' ho pantes hermaton).

그런데 라틴어 불가타는 그리스어 성경 구절 '왜냐하면 모든 사람들이 죄를 지었기 때문이다'를 '그 안에서 모두 죄를 지었다'(in quo omnes peccaverunt)로 번역했다. 이렇게 번역된 내용이 아담과 관련되어 있으므로 모든 사람이 이미 아담 안에서 죄를 지었다는 추론은 어렵지 않게 나올 수 있었다.

원죄 교리(peccatum originis)

1. 서방신학 안에서 결정적으로 아우구스티누스에 의해 성립되었다.
2. 계몽주의가 도래하기까지는 가톨릭과 개신교 신앙의 핵심 요소에 속했다.
3. **원죄 교리의 핵심적 진술:** 각 사람은 지속적이고 광범위하게 하나님을 대항하는 습성 속에서 산다. 이것은 아담에게 물려받은 것이지만 〈동시에〉 자신이 책임져야 할 것이다.

창세기 3장이 인류사 시초의 타락을 사실적으로 보도하는 이야기로 해석되었기 때문에 구개신교 정통주의 안에서는 인간의 구원사가 네다섯 가지의 상태(status)를 거치면서 전개된다는 교리가 생겨났다.

① 죄가 있기 전에 인간의 첫 남녀는 **온전의 상태**(라. status integritatis)에 있었다.

이 온전함의 본질은 하나님과 단절 없는 내적 결합 곧 하나님을 완전히 알고 스스로 자발적으로 그의 의지에 일치시키는 데 있었다. 원의(라. iustitia originalis)라는 용어로 묘사된 하나님과의 관계의 온전함은 첫 사람이 자기 자신과 세계와 맺는 관계에도 작용했다. 그래서 첫 사람은 고된 노동, 고통, 질병, 고뇌, 죽음을 겪지 않았다.

② 이 낙원 상태는 창세기 3장이 말하는 죄에 의해서 끝나고 **타락의 상태** (라. status corruptionis)가 시작되었다.

이 원죄(라. peccatum originale)로 말미암아 원의가 상실되었다. 첫 사람들이 의지적으로 하나님의 계명을 위반함으로써 하나님과의 근원적 결합은 파괴되었고 사람들은 낙원에서 쫓겨났으며(창 3:22-24), 완전한 상태에서 가지고 있었던 완전함과 모든 특권을 잃어 버렸다. 이제 사람들은 고통, 질병, 죽음에 던져졌고 스스로의 힘으로 생명을 보존하고 전개해야 할 수고에 직면했다(창 3:16-19).

③ 하나님으로 말미암아 그리스도 안에서 죄의 속박에서 구원 받음으로써 인간은 이 재앙의 상황에서 해방된다.

이렇게 열린 하나님과의 새로운 관계에 근거하여 인간은 **은혜의 상태(라. status gratiae)** 에 놓인다. 여기서 하나님의 형상이라는 자신의 규정에 정당해질 수 있는 가능성이 인간에게 다시 주어진다.

④ 그리스도의 구원 사역을 믿음으로 받아들임으로써 인간은 죽음 이후에 **영광의 상태**(라. status gloriae)에 도달한다.

⑤ 이와 달리 믿지 않는 자는 죽음 이후에 **영벌의 상태**(라. status damnationis)에 떨어진다.

원죄 교리에 의하면 모든 사람은 피할 수 없이 하나님과 적대 관계에 놓여 있다. 이 적대 관계는 강제성을 띠고 지속적이며 광범위하게 영향을 끼친다. 그리고 그 벌로 영원한 심판을 가져온다. 스스로의 힘으로 하나님과의 관계를 다시 원점으로 돌릴 수 없는 인간은 예수 그리스도 안에서 명백히 드러난 하나님의 용서하는 은혜에 의존한다(위에서 인용한 루터의『인간에 대한 강론』의 23번째 논제 참고). 이 은혜로 말미암아 하나님에 의해서 선택된 사람에게는(§ 11.3) 아담이 죄 없이 살았더라면 모든 사람에게 주어졌을 것이 주어진다.

원죄 교리는 아우구스티누스 이래로 서구 교회의 인간론과 구원론 형성에 결정적인 영향을 끼쳤다(원죄 교리가 구원론에 대하여 갖는 의미. § 11.2). 원죄 교리는 또한 로마가톨릭과 개신교 종파 사이에 규범적인 교리로 정착했다. 이점을 분명히 보여 주는 예로는『아우크스부르크 신앙고백서』두 번째 항목과 1546년 6월 17일에 열린 트리엔트 공의회 제5차 회의에서 의결된『원죄에 대한 교령』(Dekret über did Ursünde)을 들 수 있다. 이 교령은 본질적으로 카르타고(Kartago, 418)와 오랑주(Orange, 529) 공의회 결정을 계승했다(§ 11.2.1)

그와 같이 아담의 타락 이후에 자연적으로 태어난 모든 인간은 죄와 함께 태어난다고 가르쳐졌다. 이것은 하나님에 대한 경외와 신뢰 없이 정욕을 갖고 태어나는 것을 말한다.	Item docent, quod post lapsum Adae omnes homines, secundum naturam propagati, nascantur cum peccato, hoc est sine metu Dei, sine fiducia erga Deum et cum concupiscentia.

『아우크스부르크 신앙고백서』2
(Unser Glaube 60[8항]/BSLK 53,2–6).

에덴 동산에서 하나님의 명령을 어겼을 때 첫 사람 아담은 그 즉시 거룩함과 그가 처해 있었던 의를 잃어버렸고 이와 같은 반역의 위법적 행위로 말미암아 하나님의 분노와 노여움을 샀다. 이로 인하여 일찍이 하나님이 그 사람에게 경고했던 죽음을 맞게 되었고, 이 죽음과 함께 타락 이후 죽음의 권세를 쥐고 있는 마귀의 노예 신세가 되었다. 아담 전체는 반역이라는 위법 때문에 몸과 영혼의 관점에서 더 나쁜 상태로 변화되었다. 만약 어떤 사람이 이것을 고백하지 않는다면, 그는 파문을 당할 것이다 […]

아담의 죄는 근원적으로 하나의 죄였는데 모방이 아닌 번식을 통해서 모든 사람에게 퍼졌고 각 사람에게 고유한 것으로 있다. 〈그런데〉 예수 그리스도는 그의 피로 우리를 하나님과 화해시킴으로써 우리의 의와 거룩과 구원이 되었다.

만일 어떤 사람이 이 죄가 유일한 중보자인 우리 주 예수 그리스도의 공로가 아니라 인간의 자연적 힘 또는 어떤 구제 수단에 의해서 폐기될 수 있다고 주장한다면 〈그는 파문을 당할 것이다.〉

그리고 누구든지 그리스도 예수의 공로 자체가 교회의 틀 안에서 적법하게 주어진 세례의 성례를 통해서 어른들뿐 아니라 어린이들에게도 적용된다는 것을 부인하면 그는 파문을 당할 것이다.

Si quis non confitetur, primum hominem Adam, cum mandatum Dei in paradiso fuisset transgressus, statim sanctitatem et iustitiam, in qua constitutus fuerat, amisisse incurrisseque per offensam praevaricationis huiusmodi iram et indignationem Dei atque ideo mortem, quam antea illi comminatus fuerat Deus, et cum morte captivitatem sub eius potestate, ‚qui mortis' deinde, habuit imperium, hoc est diaboli', totumque Adam per illam praevaricationis offensam secundum corpus et animam in deterius commutatum fuisse: anathema sit. […]

Si quis hoc Adae peccatum, quod origine unum est et propagatione, non imitatione transfusum omnibus inest unicuique proprium, vel per humane naturae vires, vel per aliud remedium asserit tolli, quam per meritum unius mediatoris Domini nostri Iesu Christi, qui nos Deo reconciliavit in sanguine suo, factus nobis iustitia, sanctificatio et redemptio' aut negat, ipsum Christi Iesu meritum per baptismi sacramentum, in forma Ecclesiae rite collatum, tam adultis quam parvulis applicari: anathema sit.

트리엔트 공의회, 『원죄에 대한 교령』
(Dekret über did Ursünde)(DH 1511, 1513).

죄를 극복하고 은혜를 견고히 지키며 증가시키는 일에 인간이 기여할 가능성이 있느냐의 질문이 남았다. 이 문제와 관련하여 가톨릭과 개신교 신학 사이에서 논쟁이 일어났고 오늘날까지도 부분적으로 이어진다. 이 문제에 대한 중대한 차이는 구원론에서 언급하겠다(§ 11.2-11.2.3).

📖　신학적 인간론 핵심 주제에 대한 이해를 돕는 문헌
　　　- G. Kruhoeffer, Der Mensch- das Bild Gottes.

👓　『창세기 1:26 이하 및 로마서 5:12의 영향사
　　　- C. Westermann, Genesis, 203-214.
　　　- E. Brandenburger, Adam und Christus, 168-175.

9.3 현대신학의 인간과 죄 이해

9.3.1 20세기의 신학적 인간학

자율에 근거하고 전통적 규정에서 독립해야 한다는 인간의 주장은 근대 정신사에서 갈수록 더 분명하게 표명되었다. 이로 말미암아 인간학이 16-18세기에 철학의 한 독립 분과로 형성되었고 20세기에 와서는 더 큰 비중을 차지하게 되었다. 근대 인간학의 특징은 인간을 하나님의 형상과 죄인으로 보는 신학적 정의와는 전적으로 무관하게 인간의 자연적 본성과 세계 안에서의 상황을 묻는 것이었다. 이 과정에서 인간학은 또 생물학적 연구의 통찰에 관심을 가졌다.

20세기 철학적 인간학의 주요 주창자로는 막스 셸러(Max Scheler, 1874-1928), 헬무트 플레스너(Helmuth Plessner, 1892-1985), 아르놀트 겔렌(Arnold

Gehlen, 1904-1976)을 들 수 있다. 철학적 인간학에 직면한 기독교신학은 다음의 질문을 던져야만 했다.

> 철학적 인간학 안에서 형성된 인간 이해는 인간에 대한 신학적 숙고에 어떤 의미를 갖는가?
> 만약 의미를 갖는다면 어느 정도인가?

이제 이 질문과 관련하여 20세기 개신교신학에서 제기된 대조적인 두 입장을 알아 보자.

(1) 이미 자연신학을 거절하면서 바르트는 '기독교적 선포는 예수 그리스도 안에 있는 인간의 참된 실존을 진실하게 해명하는 일에 복무하도록 온전히 부름 받고 있고, 인간의 자기 자신에 대한 해명인 자연신학을 위해서는 결코 한 줌의 공간과 시간도 갖고 있지 않다'고 말했다(§ 3.2.3).

이러한 구상과 일치되게 바르트는 자신의 신학적 인간학을 전개하면서 기독론을 그 토대로 삼았고 그리스도 계시와 무관하게 형성된 모든 인간 이해는 신학적 가치가 없다고 선언했다.

> **철학적, 신학적 인간론**
> 1. 20세기에 들어 기독교 인간상에 의존하지 않은 인간론이 형성되었다.
> 2. 개신교 안에서는 신학적인 이유로 철학적 인간론을 거부하기도 했고(바르트), 이 철학적 인간론의 전통에 접목하기도 했다(판넨베르크).

이로써 [인간학을 기독론의 토대 위해 세움으로써] 우리는 먼저 지금까지의 통례적인 방법과 결별한다. 이 방법은 그 방식이 모호함에도 불구하고 인간 본성이 무엇인지 알아내고 이 인간 본성에서 시작해서 특별한 경우에 속하는 예수 그리스도의 본성을 이해하려는 시도였다. […]

인간의 죄는 우리가 인간 본성을 조망하는 것을 가로 막는다. 인간의 본성에 대한 조망은 죄 가운데 있는 인간의 본성을 폭로하고 긍정하면서 인간을 찾아오는 신적 은혜에 대한 지식을 통해서만 새롭게 열린다. 이것은 신적 계시에 대한 믿음을 통해서만 가능하기 때문에 정말로 새로운 것이다. 그런데 우리가 이러한 점을 고려하면서 확실한 계시가 어디에 있느냐고 묻는다면, 우리는 일반적인 의미에서의 인간이 아니라 […] 예수라는 단 한 사람을 주목해야 함을 알게 된다. […]

여기서 우리가 결심한 새로운 방법은 […] 단순하다. **곧 인간에 대한 교리를 전개하면서 순간순간 먼저 예수의 인격 안에서 우리에게 다가오는 인간의 본질을 보는 것이다. 그 이후에야 그리고 여기 이 명확한 지점으로부터 묻고 대답하는 가운데 이것이 각자 그리고 모든 사람의 본질이라는 것을 인식할 수 있다.**

바르트, 『교회 교의학』 III/2, 51, 54(§43.2).

바르트에 따르면 그리스도의 계시와 무관한 인간학은 교의학과 윤리학의 분리를 초래할 위험을 안고 있다. 윤리학을 교의학과 관련 없는 자립적인 것으로 전개한다면 이로 인해 그리스도 안에서 명백한 하나님을 신학 본래의 주제로 다루는 것을 포기하게 되고 신학은 인간학에 의해 대체될 것이다(§ 15.3).

(2) 바르트가 인간의 죄 때문에 오직 그리스도의 계시에서 시작하는 인간학만이 신학에 적합하다고 판단한 것과 달리 판넨베르크는 인간의 피조성(Geschöpflichkeit)을 환기시키면서 철학적 인간학 역시 기독교의 인간 교리를

위해서 신학적 가치를 지닌다고 강조했다.

> 인간이 하나님과의 사귐으로 〈창조되었다는〉 규정은 인간이 하나님의 형상으로 창조되었다는 것에 근거한다. 이 규정은 실제적인 인간 삶의 실현 과정에서 외부적인 것으로만 머물러 있지 않을 것이다.
> 이 규정은 인간의 피조적 형태에서 드러나지 않은 채(äußerlich) 창조주의 의도 속에 있다가 예수 그리스도의 나타남을 통해서 비로소 인간 삶의 실재 영역에 알려지는 그런 것은 아닐 것이다. […] **창조주의 의도가 그의 피조물에게 그렇게 무기력하고 외적인 것일 수는 없다.**
>
> 판넨베르크, 『조직신학』, 제2권, 261.

> 이 구상에 따라서 판넨베르크는 자연적 인간에 대한 철학적 인간학의 통찰이 인간을 하나님과의 사귐으로 보는 신학적 규정에 실제로 기여할 수 있음을 보여 주고자 했다. 이를 위해서 그는 위에서 언급했던 셸러, 플레스너, 겔렌의 시도를 활용했다.
> 그는 『신학적 관점에서의 인간학』(Anthropologie in theologischer Perspektive, 1983)에서 그의 초기 인간학적 작업을 발전시키면서 자신의 구상을 광범위하게 전개했다.

9.3.2 현대신학의 죄론

위에서 언급한 것처럼 현대 인간학이 기독교의 인간상에서 독립해 나가면서 (원)죄에 대한 신학적 견해는 이전의 자명함을 상당 부분 잃어버렸다. 서구에서 원죄론은 아우구스티누스에 의해서 형성된 후 근대 초에 가톨릭과 개신교 안으로 받아들여졌다가 계몽주의에 이르러 그 명백성을 잃기 시작했다.

18세기 후기에 독일 개신교 안에서 일어난 신신학은 기독교를 **행복론**(Glückseligkeitslehre)으로 해석하려고 했다(4.5). 이 사조에 의하면 기독교 신앙은 인간이 윤리적 삶의 토대 위에서 행복에 도달할 수 있도록 도와주고 이런 방식으로 사회의 윤리적 개선에 기여해야만 한다.

이런 의도를 철저하게 실행한 사람은 바움가르텐과 퇼너의 제자로서 프랑크푸르트(오더)에서 철학과 신학을 가르친 슈타인바르트였다. 그는 원죄론이 잘못 해석된 성경적 토대 위에 기초한다고 비판했던 에버하르트를 계승했고 기독교 교의학을 '순수 철학의 체계' 또는 '기독교의 행복론'으로 전개함으로써 이 의도를 수행했다.

이러한 기획으로 말미암아 전래된 신학은 여러 영역에서 철저한 변형을 겪게 되었는데 특히 전통적 (원)죄론이 그랬다. (원)죄론은 성경적 근거가 없고 그 자체가 모순적이며 도덕을 해체한다고 비판받았다.

[교회가 가르치는 죄론의 본질적인 관점은 이렇다] **아담의 타락으로 말미암아 인간의 본질은 부패되었다.** 그리고 이 부패는 인간의 영혼이 이미 실제적인 죄에 붙들려 있고 죄에 대한 적극적인 성향을 가지고 태어나는 방식으로 상속된다. […]

〈그러나〉 사도 시대로부터 전승되었거나 그 외의 방식으로 정립된 어떤 신앙론도 〈다음과 같이 말하지 않는다.〉 죄가 〈인간의〉 사지가 형성되기 전, 영혼이 형성되어 태어나기 전에 이미 임신의 〈순간에〉 정자들 위로 날아와서 어머니 몸의 가장 깊은 곳으로 들어가서 막 태어날 자들을 이미 범죄자로 만든다. 그리고 이와 같은 방식으로 죄는 사람보다 더 일찍 존재하고 이미 그곳에 앉아서 영혼이 도착하길 기다린다. […]

이 같은 생각 때문에, 사람은 자기 범죄의 책임을 자신이 아니라 부패한 자신의 본질에 돌리게 되고 자기 개선을 위한 노력을 헛된 것으로 여기게 된다. 이로 인하여 자연적 양심의 효력은 약화된다.

슈타인바르트, 『순수 철학의 체계 또는 기독교의 행복론』(System der reinen Philosophie oder Glückseligkeitslehre des Christentums), 114-116(§50).

기독교가 고수해 온 전통적 죄론에 대한 근본적 비판은 계몽주의 사조 안에서 이루어졌고 특별 19세기 개신교신학 사조 중 자유주의적 성향을 띤 개신교 문화주의에 결정적인 영향을 끼쳤다(이와 같은 기독교 죄론의 위상 절하에 대한 비판에 관해서는 부흥신학을 참고, 5.2).

예컨대 리츨은 죄의 힘과 보편성을 고수하면서도 아우구스티누스의 전승과 분명하게 거리를 두었고 인간이 불가피하게 죄에 예속된 것은 유전이 아니라 사회적 요인 때문이라고 해석했다.

곧 인간은 죄인으로 태어나지 않고 원리적으로 선을 행할 수 있는 능력을 지니지만 죄에 의해 결정된 인간 사회의 영향력이 매우 강해서 선을 행하는 데 방해를 받는다.

> 원죄에 대한 아우구스티누스의 주장에 따르면 생산을 통해서 대를 이어가는, 악을 향한 인간의 원초적 성향은 동시에 각 사람에게 개인적인 죄가 되며 하나님이 행할 영원한 정죄와 연관되어 있다. 〈그러나〉 신약성경의 어떤 저자도 〈아우구스티누스의 이러한 주장을〉 확증하지 않는다. [⋯]
> 인간이 죄를 지을 수밖에 없다는 보편적 필연성은 인간 본질의 기능(Ausstattung)이나 인간 본질에 대한 어떤 목표 설정으로부터 도출될 수 없다. 이것이 〈우리가〉 알 수 있는 하나님의 어떤 의도로부터 도출되지 않는다는 것은 말할 필요도 없다.
> 모든 사람은 자유를 무제한적으로 사용하려는 충동을 안고 이 세상에 태어

난다. 그리고 이 충동은 사회적 죄에서 발생해서 이기심을 부추기는 다양한 자극과 만난다. 이러한 경험을 통해서 〈우리는〉 인간의 죄가 보편적이라는 사실을 확인한다. [⋯]

다양한 요인이 함께 작용해서 [⋯] 공동의 습관과 원리, 악습, 심지어는 악한 기관 안에 있는 죄를 강화시킨다. 이와 같이 악으로 흐르는 동기의 결합을 간파하지 못하기 때문에, 인격 계발의 미성숙한 단계에서 악한 예에 더욱 노출되어 있는 사람에게는 거의 저항할 수 없을 정도로 막강한 시험이 닥친다. 따라서 죄의 왕국은[⋯] 새로운 세대마다 증가한다.

리츨, 『기독교 종교에 대한 강의』
(Unterricht in der christlichen Religion), §§ 35, 37, 39 (TKTG 3.35–37).

20세기에 들어 여성신학은 창세기 2–3장이 역사 속에서 여성 적대적으로 수용되었다고 비판했다(6.3.3). 창세기 2–3장이 여성 적대적인 의미로 수용되기 시작했다는 것은 이미 집회서에서도 확인할 수 있다. 집회서 25:24은 '죄는 여자로부터 시작되었고 우리의 죽음도 본시 여자 때문이다'라고 말한다(공동번역성서 개정판).

헬렌 쉥엘–슈트라우만(Helen Schüngel–Straumann, 1940 생)이 강조하는 것처럼 창세기 2–3장을 여성 적대적으로 수용한 이러한 경향은 낙원에 살았던 최초의 사람들의 불순종 이야기가 신구약 중간기에 들어서 이전과 다른 의미를 얻고 다르게 해석되었다는 것을 전제한다. 〈아래에서 인용·언급될〉 쉥엘–슈트라우만의 논지는 스위스 프리부르(Fribourg)에서 가르치는 신약학자 막스 퀴흘러(Max Küchler, 1944 생)의 교수 자격 논문에 근거를 둔다.

(퀴흘러)는 〈창세기 2–3장이 이전과〉 다르게 해석되도록 원인을 제공한 두 가지 경향이 무엇이었는지 서술한다. 하나는 〈창세기 2–3장〉의 이야기를 **선정**

적으로 채색한 것이고, 또 하나는 이성간의 사랑과 아름다움을 **마귀적인 것으로 여긴 것**이다. […]

바로 구약성경 안에서 긍정적인 것으로 받아들여졌던 아름다움은 이제 위험한 것으로 간주되고 유혹과 관련지어 생각되었다. […] 여자는 이제 그의 빼어난 아름다움과 선정적인 영향력 때문에 남자에게는 위험이 되고 경계해야 할 유혹이 되었다.

〈그러나〉 아름다움을 선정적인 것으로 여기고 여자를 유혹자로 부각시키는 것만으로는 아직 여자를 **철저히** 악과 결합시키는 단계에는 이르지 않았다. 여자와 성적 욕구를 동일시한 것이 이 세상에서 악으로 들어가는 출입구가 되었다.

쉥엘–슈트라우만, 『한 여자로부터 죄가 시작되었는가?』
(Von einer Frau nahm die Sünde ihren Anfang?), 35 이하.

위 인용문에서 볼 수 있는 것처럼 여자는 죄가 세상에 들어오도록 한 원인으로 불렸고 이러한 이해는 이미 신약성경에서 볼 수 있는 것처럼 기독교 예배에서 여자들이 뒷전으로 밀려나는 결과를 가져왔다(딤전 2:9–15). 이러한 이해는 또한 §9.2에서 본 것처럼 '아담은 **여자로 말미암아** 죄에 떨어졌다'(per feminam lapsus est in peccatum)고 말한 아우구스티누스의 진술의 배후에 놓여있다. 아우구스티누스의 이러한 진술은 정확하게 집회서 25:24의 내용과 일치한다.

또한 이 모든 것에 또 하나의 경향이 결합되었다. 곧 기독교 안에서 근대까지도 교회와 사회에서 여자들을 남자들보다 하위에 두는 경향이 추가적으로 결합되었다. 이 흐름에 대항하여 쉥엘–슈트라우만은 창세기 2–3장에 대한 하나의 해석을 내놓고 여기에서 세 가지를 도출한다.

(1) 역사-비평적 성경 해석은 창세기 2-3장의 본문의 사회적 토대가 가부장적 사회 상황이었다는 것을 밝혀냈다.

역사적 성경 해석의 핵심 전제에 부합되도록(§ 5.2.3) 이 본문이 하나님에 대한 시대 제약적인 인간적 숙고의 결과로 파악된다면, 역사-비평적 연구는 시대 착오적인 맥락에 근거하는 성경적 진술이 지닌 교의적이며 시대초월적인 효력을 비판할 수 있도록 우리를 자유롭게 한다.

> 이 이야기(창세기 2.3)는 자신이 가부장적 사회에서 생겨났다는 것을 **부정하지** 않는다. 우리는 〈이 이야기로부터〉 언제든지 여성 적대적인 성향을 읽어낼 수 있다. [···] 사람들은 여자가 남자 아래 위치에 있다는 것을 확고히 하고자 할 때면 언제나 창세기의 이 본문을 근거로 제시하는데 적어도 어느 특정 영역에서는 그러하다.
>
> [···우리는] 여자의 더 열등한 사회적 지위를 반영하는 본문의 부분을 **비판적인 시각**으로 바라보면서 이것을 **역사적으로** 진부한 사고방식에 속한 것으로 분류할 수 있다. 그래서 이와 같은 진술들은 어떤 신학적 진술 능력도 발휘할 수 없고 교의적인 진술 능력은 더더욱 말할 것도 없다.
>
> 쉼 엘-슈트라우만, 『한 여자로부터 죄가 시작되었는가?』 51 이하.

(2) 역사-비평적 성경 연구는 창세기 2-3장를 쓴 저자(야휘스트, Jahwisten)의 본래적 의도와 교회-신학적 전통이 이 본문에서 발견한 것이 얼마나 많이 다른지 분명히 보여 준다.

먼저 창세기 2장의 창조 기사는 여자와 남자의 동일 가치를 수용하고 있다는 점을 지적해야 한다. 또 하나 지적해야 할 것은 쉼엘-슈트라우만에 의하면 에덴 동산에서 쫓겨난 이후 여자가 남자에게 종속되는 그러한 상황이 실제로 있었더라도 이것은 하나님이 원했던 것은 아니었다.

야휘스트(J)는 [창세기 2장]의 남자와 여자를 동등한 가치를 지닌 동반자로 제시한다. 둘은 하나님에 의해서 창조되었고 지속적으로 동거할 수 있는 자질을 부여받았다. **기쁨**이 이러한 삶을 자극할 것이다. 그러나 실제 상황은 이와 같지 않았고 두 번째 이야기인 창세기 3장은 왜 이러한 상황이 생겨났는지 그 근거를 제시하고자 시도한다. […]

야휘스트(J)는 그 당시 남자의 삶의 상황이 어떠했는지 묘사한다. 그 삶은 고되며 성과가 없었다. 여자의 삶을 결정하는 요인은 자녀 해산과 이에 따르는 고통과 위험 그리고 남자에 대한 종속이었다. […]

〈이러한 삶의 상황을 묘사하는〉이 문장을 장르적으로 분류해 보고 또 본문에서 이 문장의 위치를 고려해 보면 아주 분명해지는 것이 있다. 그것은 여기서 **처벌**에 대한 이야기를 하고 있는 것이 아니라 〈이미 현존하는〉**삶의 상황을 묘사**하고 있다는 것이다.

사정이 이와 같았지만 이것은 하나님이 원한 것은 아니었다. […] 특별히 여자와 관련해서 말한다면 자녀 해산 과정에서 겪는 노고와 고통 그리고 남자가 여자를 지배하는 것은 […] 본래적 의도가 **왜곡**된 것이다. 이것은 결코 있어서는 안 될 상태였다.

쉥엘-슈트라우만, 『한 여자로부터 죄가 시작되었는가?』 44, 46 이하.

(3) 여성신학에서 종종 여자(하와)를 여신으로 과대평가하는 시도가 이루어졌다.

그런데 역사-비평적 성경 해석에 따르면 이러한 시도는 그간 마땅한 비판을 받아왔던 해석 전통의 여러 시도 못지않게 구약 본문의 의미를 벗어났다.

대중적으로 인기 있는 여러 여성주의적 서술들은 [종종] 풍부한 상상력으로 여자를 여신(女神)으로 재구성하기도 한다. 이러한 억측은 역사적이며 언어적으로 확인된 사실을 견디어낼 수 없고 〈다만 남자와 여자의〉 관계를 뒤집을 뿐이다. 곧 여자를 신격화하고 남자를 악하고 위험한 존재로 낙인 찍는다. 이로써 플러스와 마이너스의 위치가 뒤바뀌는 또 하나의 오해가 생겨난다. […] 야휘스트가 자신의 자료를 어디서 가져왔던지 간에 그의 관심은 여자의 **완전한 인간성**에 있었다. 이것은 여자를 마귀적인 것으로 채웠던 후대와 모든 시도와는 상반된다. […] 그리고 지금 우리 시대는 새로운 질문을 던지면서 이 인간적 실존을 아주 인간적인 방식으로 형성해 가도록 요구 받고 있다.

쉥엘–슈트라우만, 『한 여자로부터 죄가 시작되었는가?』 52 이하.

『인간론에 대한 셸러, 플레스너, 겔렌의 구상을 정확하게 알아 보시오. 이를 위해서 첫 번째 안내자가 되어줄 책.
 – W. Pannenberg, Theologie und Philosophie, 295–358, bes. 337–345.
 – J. Rohls, Protestantische Theologie der Neuzeit, Band 2, 298–303.

철학 분과로서 인간론의 역사와 특징 개관
 – O. Marquard, Anthropologie (HWP 1).
 – ders, Der Mensch diesseits der Utopie.

가톨릭 입장에서 초교파적 개방적으로 서술한 죄론
 – O. H. Pesch, Frei sein aus Gnade, 104–192.

근대 죄 이해의 변화
 – S. Axt-Piscalr, Sünde (TRE 32).

구약신학의 관점에서 창세기 1–3 해석
 – M. Albani/M. Rösel, Altes Testament, 153–162.

📖 📖 현대에 중요한 행복 추구의 본질은 기독교의 죄론에서 해방되는 것이라고 말하면서 죄에 대한 세속적 이해를 제공하는 책(이 책 저자는 기독교의 죄론을 아주 불충분하게 알고 있다).
— G. Schulze, Die Sünde.

§ 10. 예수 그리스도(기독론)

삼위일체 교리(§ 7) 다음에 오는 교의학의 두 번째 주제 영역은 그리스도에 대한 교리다. 기독론은 기독교의 정체성과 뗄 수 없는 역사적 인물 예수 그리스도의 신학적 의미에 관한 것이다. 하지만 삼위일체론과 기독론의 문제 제기는 다르다.

삼위일체론은 아들과 성령이 아버지와 어떤 관계인지를 묻는다. 이 과정에서 삼위일체의 내적 관계(내재적 삼위일체)뿐만 아니라 세계를 창조·구원·성화하는 삼위일체 하나님의 행위(경륜적 삼위일체)도 언급된다. 이와 달리 기독론은 특별히 인간을 **죄에서 구원함으로써 하나님과 화해시키는 사역**을 다룬다.

스스로의 힘으로는 (원)죄에 얽힌 상태에서 해방될 수 없기 때문에 인간은 하나님으로 말미암아 구원을 받아야만 한다. 이 구원으로 인하여 인간은 하나님과 새로운 관계를 시작할 수 있고 하나님의 형상이라는 자기 근원적 규정에 합당하게 된다.

신약성경의 증언에 따르면(§ 10.1) 이 삼위일체 하나님의 사역은 아들의 파송을 통해서, 더 구체적으로 삼위의 두 번째 인격이 육체가 되는 성육신을 통해서 완성되기에 기독론은 세부적으로 다음의 것을 질문한다.

- **파송**과 **성육신**이라는 낱말은 예수라는 역사적 인물 안에서 하나님이 인간이 되었다는 것을 표현한다.

그러면 이것을 어떻게 정확하게 이해할 수 있을까?

만약 하나님이 나사렛 예수라는 역사적 인물 안에서 인간이 되었다면 그 안에서 신성과 인성은 서로 어떻게 관계하는가?(§ 10.2.1).

어떻게 인간이 된 하나님에 의해서 인간과 하나님의 화해, 죄에서 구원이 일어났는가?

이것은 (원)죄에 갇혀 있는 인간이 하나님과 새로운 관계를 시작하게 하는 사건이 무엇인지 서술하는 것이다(§ 10.2.2).

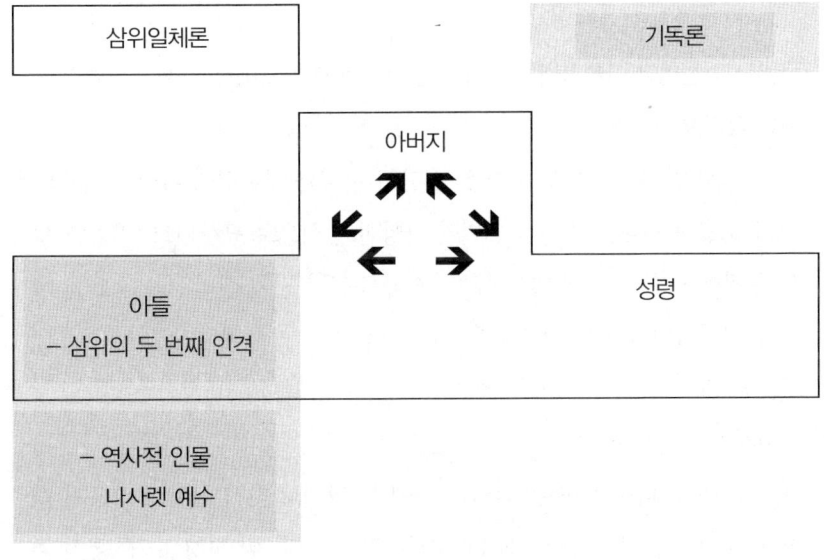

도표 2 여러 주제의 도식적 개관

먼저 예수 안의 신성과 인성의 관계 및 화해 사건에 대한 고전 교리를 서술한 후 § 10.3에서 종교개혁 기독론의 특성을 언급하겠다. 끝으로 § 10.4에서 특히 계몽주의에 의해서 고전 기독론이 어떻게 문제시되었는지를 다루고 최근 개신교신학이 이 문제 상황을 어떻게 해결하고자 하는지 살펴보자.

10.1 서론

교의적 기독론의 성경적 근거를 살펴보면 기독론 역시 삼위일체론의 경우와 비슷한 상황에 처해 있음을 알 수 있다(§ 7.1). 성경에는 예수 그리스도의 인격에 대한 체계적이며 완성된 교리가 없다. 이 점을 생각하면 5세기에 공식화되고 후속 시기에 더 정확하게 표현된 그리스도에 대한 교의는 한편으로 성경의 언급을 훨씬 넘어선다.

하지만 다른 한편으로는 기독론에 대한 교의적인 진술은 전적으로 성경의 증언에 근거한다. 이 주장은 두 가지 관점에서 타당하다.

(1) 신약신학이 상세하게 서술하는 원시 기독교 선포에는 이미 기독론의 씨앗이 담겨 있다.

이 선포 안에는 하나님에 대한 인간의 관계와 관련하여 나사렛 예수와 그의 운명이 지니는 보편적 의미가 다양한 방식으로 묘사되어 있다. 예수의 부활에 대한 소식(롬 10:9; 눅 24:34)과 부활한 자의 현현(고전 15:5-7) 때문에 십자가의 죽음은 전 인류를 위한 구원 사건으로 해석되었다(이사야 53장을 암시하는 고전 15:3; 롬 3:25 이하; 4:25).

나사렛 예수라는 인물과 그의 운명이 보편적 구원의 의미를 지닌다는 원시 기독교의 신앙고백은 곧 십자가에 못 박히고 다시 살아난 자에게 적용된 당시의 존엄 명칭(Hohheitstitel)과 결합되었다. 이 명칭은 **기독론적 존엄 명칭**이라고 불렸고 후대의 교의 형성에 지대한 영향을 끼쳤다. 특히 예수가 주라는 명칭이 그러했다(kyrios, 롬 10:9; 고전 8:6; 빌 2:11).

이미 § 7.1에서 살핀 것처럼 하나님의 이름 야훼(Jahwe)를 번역하기 위해서 칠십인역(LXX)이 사용한 그리스어 낱말 퀴리오스(그. kyrios)가 예수에게 적용되었다. 이 외에도 예수는 하나님의 아들(롬 1:3 이하)로, 하나님 자신

(요한 20:28)으로, 성육신한 하나님 말씀(요한 1:1-18)으로 묘사되었는데, 이 것들 역시 중요했다.

(2) 기독론적 진술을 위한 또 다른 자료는 **나사렛 예수가 십자가에서 죽기 전에 행했던 사역에 대한 보도**다.

이 보도는 특히 공관복음에 있다. 계몽주의 이래로 예수 연구는 예수의 사역에 관한 서술을 역사적으로 신뢰할 수 있는지를 비판적으로 물었다(§ 10.4.2). 그럼에도 대부분의 사람들은 예수의 선포가 특별한 전권(全權) 의식을 전제하고 있다는 데에 동의했다.

예수는 임박한 하나님의 통치에 대한 자신의 선포(막 1:15)를 예고된 구원이 자기 손 안에서 이미 현재가 되었다는 주장과 결합시켰다(눅 11:20; 마 12:28; 11:15; 눅 7:22). 이렇게 예수는 자신을 하나님의 통치가 가져오는 구원의 중보자로 드러냈다.

예수가 어떤 존엄 명칭도 자기와 관련시키지 않은 것이 틀림없지만 그의 선포와 행동에는 그만의 독특한 인격이 암시되어 있다. 따라서 교의학은 역사적 예수의 선포 내용과 행위와 관련하여 '암시된 기독론'(eine implizite Christologie)을 말한다. 원시 기독교의 선포와 신학의 후속적 전개는 이 암시된 기독론과 결합할 수 있었다.

📖 　역사적 예수와 신약 기독론의 관계를 쉽게 서술
　　　 - G. Theißen/A. Merz, Der historische Jesus, 447-492(=§ 16).

📖📖 　신약성경 예수 상(像)의 다양성과 모순
　　　 - G. Isermann, Widersprüchlichkeit in der Bibel, 37-128(=Kapitel 2-5).

10. 2 예수 그리스도의 인격과 사역에 대한 고대 교회의 교의

10. 2. 1 성육신한 말씀(Logos)의 신성과 인성

삼위일체 논쟁은 아버지, 아들, 성령의 본질이 동일하다는 것을 확인하는 곳으로 이끌었다. 삼위의 모든 인격은 완전한 의미에서 하나님이고 신성에서 서로 동일하다(호모우시오스, §7.2.2). 그러나 이 진술에서 육체 또는 인간이 된 성육신한 아들 안에서의 신성과 인성의 결합을 어떻게 이해할 수 있을까라는 질문이 생겨난다.

예수의 완전한 신성을 강조하려는 의도는 쉽게 그의 인성을 약화시키는 규정으로 이어졌다. 그러나 인성을 약화시키는 경향에 맞서는 인식이 있었다. 그것은 그리스도 자신이 또한 완전한 인간인 경우에만 죄인인 전(全)인간이 그를 통해서 구원받을 수 있다는 인식이었다.

그러나 그리스도 안의 신성과 인성이 동등하다는 판단이 구원자를 두 인격으로 만들어서는 안 되었다. 만약 그렇다면 그리스도 인격의 단일성이 의문시된다. 따라서 그리스도 안의 완전한 신성뿐만 아니라 완전한 인성 역시 구원자의 인격 단일성과 관계되어야만 한다. 이 문제가 고대 교회에서 이루어진 기독론 논쟁의 결정적인 질문이었다.

> 기독론 논쟁은 428년부터 681년까지 진행되었다. 이와 관련하여 교회·교리사에서 가장 중요한 결과는 칼케돈 공의회(451)였다. 이후 〈이 문제는〉 칼케돈에서 형성된 교의를 분열된 로마제국 전체에서 관철시키려는 다양한 시도로 전개되었다. 그러나 이런 시도는 결국 완전히 실패하고 말았다. 기독론 교의의 형성과 발달을 야기했던 복합적인 역사적 맥락을 말하는 것은 교회·교리사의 과제이다.

칼케돈 공의회 이전에 이루어진 중요한 논쟁은 마리아를 하나님의 어머니(그. theotokos, 외론[外論] 3.1)라고 부르는 것이 정당한가라는 질문을 두고 일어난 다툼이었다. 네스토리우스는, 마리아를 신의 어머니라고 부르는 것은 그리스도 안에서 신적 본질과 인간적 본질을 혼합하는 것으로 보고 거절했다.

마리아는 하나님을 낳은 것이 아니라 신적 말씀이 결합한 다윗의 아들을 낳은 것이다. 그러나 그의 적대자 키릴은 에베소 공의회(375/380-444)로 하여금 네스토리우스를 단죄하도록 이끌어 갔다. 키릴 역시 그리스도 안의 신적 본질과 인간적 본질의 차이를 고수하는 것을 원했다. 그러나 그가 볼 때 네스토리우스의 견해는 하나의 아들을 둘로 만드는 것이었다.

칼케돈 공의회가 표명한 문장은 그리스도 안의 두 본질의 혼합을 막고 동시에 그리스도 안의 신적인 것과 인간적인 것의 분리를 피하려는 시도였다.

> 거룩한 교부를 따라서 우리는 모두 일치 가운데 우리의 예수 그리스도를 하나인 그 아들로 고백하도록 가르친다. 그는 신성에서 완전하고 인성에서 완전하다. 그는 참으로 하나님이며 참으로 이성을 가진 영혼과 몸으로 이루어진 인간이다. 그는 신성의 관점에서 아버지와 **동일본질**[1]이며, 인성의 관점에서 우리와 **동일본질**[1]이다. 죄를 제외하고는 모든 면에서 우리와 동일하나[히 4:15]. 그는 한편으로 신성의 관점에서는 시간들〈영원〉 전에 아버지로부터 출생했고, 다른 한편으로 인성의 관점에서는 마지막 날들에 우리들 때문에 그리고 우리의 구원을 위해서 동정녀 [그리고] **하나님의 어머니**인[2] 마리아에게서 태어났다. 그리스도는 하나요 바로 그 자이며 유일하게 태어난 아들과 주이다. 그는 **두 본성 안에서 혼합되지 않고, 변하지 않고, 분리되지 않고, 그리고 나누어지지 않는**[3] 채로 인식된다.

그러나 〈두 본성의〉 결합 때문에 본성들의 차이가 결코 폐기되지 않으며, 더 나아가 두 본성 각각의 고유성은 보존되어 지속되고 **한 인격(Person)과 한 실체(Hypostase) 안에서**[4] 결합한다.

유일하게 태어난 아들, 하나님, 말씀, 주 예수 그리스도는 두 인격들 안에서 분할되거나 분리되지 않고 일찍이 선지자들이 그에 대해서 가르쳤고 예수 그리스도 자신이 우리에게 가르쳤고 그리고 교부들의 고백이 우리에게 전승해 준 것과 같이 하나인 바로 그 자이다.

1 homoousios
2 theotokos
3 en dyo physesin asygchytos, atreptos, adiairetos, achoristos
4 eis hen prosopon kai mian hypostasin

『칼케돈 신경』(DH 301f.; NR 178).

325/381년의 삼위일체적 고백에서 표현된 그리스도의 완전한 신성에 대한 진술에 칼케돈 공의회에서 표현된 그리스도의 완전한 인간성에 대한 진술이 추가되어 완전하게 되었다. 그리스도는 참된 하나님이고 신성의 관점에서 아버지와 동일본질이며 동시에 그는 참된 인간이며 인간성의 관점에서 죄가 없다는 한 가지 조건 하에서 우리와 동일본질이다(히 4:15).

본성의 차이를 보존하기 위해서 예수 그리스도 안의 두 본성이 혼합되지 않고 변하지 않는다고 규정되었고, 구원자의 인격의 단일성을 보존하기 위해서 두 본성이 나누어지지 않고 분리되지 않는다고 규정되었다. 이 교의의 이 같은 표현은 예수 그리스도 인격의 비밀을 실제로 서술한 것이 아니고 오직 한쪽으로 치우진 특정 결정을 부적당한 것으로 간주하여 제외시킨다.

4세기의 삼위일체 교의와는 달리 칼케돈 교의는 451년 이후 전체 로마제국에서 관철되지 않았다 이미 451년 이전부터 동시리아-페르시아 교회가 네스토리우스의 단죄에 반대했고 또한 전역에서 두 본성론을 논박했다(2.2).

에베소 공의회 반대파가 네스토리우스주의자라고 불린 것처럼 칼케돈 공의회 반대파를 지칭하는 데 **단성론자**(Monophysiten)라는 명칭이 생겨났다. 이들은 그리스도 안에 두 **본성**이 있다는 것을 거부했고 신성과 인간성의 혼합 또는 결합으로 생겨난 예수 그리스도 인격의 단일성을 강조했다.

그것은 단성론적 입장에서 볼 때 그리스도 안에 두 독립적인 본성이 있다는 칼케돈 공의회의 견해는 불가피하게 두 인격을 인정하는 견해로 귀결되기 때문이다.

이렇게 되면 한 하나님의 독립적인 위격인 아버지, 아들(말씀), 성령 외에도 네 번째 위격, 곧 아들의 인간적 본성의 위격을 받아들여야만 할 것이다.

교의적 기독론

1. **성경적 근거**(§ 10.1): 초기 기독교 선포에서 볼 수 있는 그리스도의 존엄 명칭; 복음서의 보도에서 볼 수 있는 예수의 전권 의식.
2. **고대 교회의 양성론**(§ 10.2.1): 예수의 인격 안에 신과 인간의 본성이 있다.
3. **서양의 구속론**(§ 10.2.2): 신-인 예수의 죽음에 의해서 인간이 하나님에게 진 빚이 치러졌다.

단성주의자의 이런 정당한 제안은 유스티아누스 1세(Justinian I., 동로마황제 527-565)가 자신의 종교-정치적 결정을 관철시켰던 콘스탄티노플 공의회(553)에서 다음과 같이 수용되었다.

공의회는 네스토리우스가 주장했다고 추정된 입장을 단죄하면서도 육체가 된 말씀 안에 독립적인 두 본성을 주장함으로써 그리스도 인격의 단일성을 위태롭게 할 가능성이 있음을 인정했다. 그러면서도 이미 『칼케돈 신경』이 표명한 것처럼 그리스도 안에서 본성들이 혼합되지 않았다는 것은 고수했다.

이 해명을 실제로 가능하게 했던 것은 그리스도의 인성이 신적 로고스 안에서 실현되었다는 양성 일위 내 합일설(兩性一位內合一說, enhypostasie)교리였다. 이 교리에 따르면 그리스도의 인성은 신적 말씀(로고스)과 무관하게 생각될 수 없다. 그의 인성은 어떤 독립적인 위격을 갖지 않고 단지 하나님의 두 번째 위격인 로고스 안에 있음으로써만 존재한다.

그리스도 인성이 그 자체로 실현되지 않았다는 것을 가리켜 무인격의 인성 [anhypostasie]이라고 말한다.

우리 주 예수 그리스도의 한 위격(Hypostasie)[1]이라는 [표현이] 마치 여러 위격을 의미할 수 있는 것처럼 이해하고, 이로써 그리스도의 신비 안에 두 위격 또는 두 인격을 도입하려고 시도하거나, 또는 …**하나님 말씀이 그 위격 안에서 육체와 하나로 통합되었기에**[2] 그 동일한 자에게는 한 위격 또는 한 인격만이 있다는 것을 부정하는 자는 파문을 당할 것이다.

삼위 중 하나인 말씀인 하나님이 성육신했다 하더라도, 삼위는 한 인격 또는 위격이 추가되는 것을 경험하지 않는다. […]

그리스도는 두 본성 안에서 경배받기에 이로부터 두 가지 경배 즉 하나님인 말씀을 위한 〈경배〉와 인간을 위한 〈경배〉가 있다고 주장하는 자, 또는 육체를 폐기하고 **신성과 인성을 혼합하기 위해서**[3] 함께 있는 것은 한 본성 한 본질만이 있다고 미련하게 몽상하고 이러한 의미에서 그리스도를 경배하는 자, 그래서 하나님의 교회가 처음부터 전해 받은 것처럼 육체가 된 하나님, 말씀을 그의 몸과 더불어 경배해야 하는데 그렇게 하지 않는 자는 파문을 당할 것이다.

1 mian hypstasin tou kyriou hemon Iesou Christou(칼케돈의 eis 〈..〉 mian hypostasin과 비교)
2 ton tou theou logon sarki kath' hypostasin henothenai
3 epi sygchysei tes theotetos kai Iesou Christou (칼케돈의 a-sygchytos와 비교)

『세 항목에 대한 파문』(Anathematismen über die Drei Kapitel)
(DH 426.431; NR 184.188).

『칼케돈 신경』 추종자와 단성론 추종자 사이의 논쟁은 553년 이후에도 지속되었다. 그리고 그 쟁점은 신적 로고스 안에서 실현된 그리스도의 인성이 신적 로고스 앞에서 독립적으로 힘(그. enegeia)을 행사할 수 있고 독립적인 의지(그. thelema)를 가질 수 있는가의 질문으로 옮겨 갔다.

⟨이와 관련하여⟩ 콘스탄티노플 공의회는 그리스도 안에서 하나의 힘의 행사(그. mone energeia)만을 곧 로고스의 힘만을 말할 수 있고, 한 의지(그. monon thelema)만을 곧 로고소의 의지만을 말할 수 있다는 견해(단의론[單意論])를 단죄했다. 이 공의회는 그리스도 안에 하나의 힘과 하나의 의지만 있다는 견해에 반대하여 681년 9월 16일에 열었던 열여덟 번째 회의에서 자연적인 두 의지와 자연적인 두 힘의 행사가 있다고 확정했다.

⟨이 두 가지 의지와 두 가지 힘은 각각⟩ 서로 대립하지 않지만 그리스도 안에 두 본성이 있으므로 결코 동일시 될 수 없다.

> 그와 동일하게 우리는 교부들의 가르침에 따라서 그⟨그리스도⟩ 안에는 원함 또는 의지의 두 가지 자연적인 방식과 두 가지 자연적인 행위가 있고, ⟨이것들이⟩ **분리되지 않고 변하지 않고 나누어지지 않고 혼합되지 않은**¹ 채 있다고 선언한다.
>
> 그리고 두 자연적인 의지는 서로 대립하지 않는다. 불신앙의 이단자들이 이와 같은 내립을 주장하는데 이런 것은 결코 없어야 한다. 이와 달리 그이 인간적 의지는 순종적이며 저항하거나 대립하지 않고 그의 신적이고 전능한 의지에 종속한다. […]
>
> 우리는 분리되지 않고 변하지 않고 나누어지지 않고 혼합되지 않은 채로 있는 우리 주 예수 그리스도, 우리의 참된 하나님의 두 가지 자연적 행위를 칭송한다. 곧 신적 행위와 인간적 행위를 칭송한다. […]
>
> 그것은 우리가 하나님과 피조물에 ⟨동시에 속하는⟩ 하나의 자연적 행위를

결코 인정할 수 없기 때문이다.

이로써 우리는 피조된 것을 하나님의 존재로 고양하지도 않고 신적 본성의 특별한 부분을 피조물에게 적합한 자리로 끌어내리지도 않는다. 우리는 그 동일한 그리스도의 기적뿐만 아니라 고난을 그의 본성들의 차이에 따라서 안다. 그리스도는 두 본성으로 이루어져 있고 그 안에서 존재한다.

1 dyo physikas theeseis etoi thelemata en auto, kai dyo physikas energeias adiairetos, atreptos, ameristos, asygchytos

『그리스도의 두 가지 의지와 행위에 대한 정의』

(Definition über die zwei Willen und Tätigkeiten in Christus) (DH 556f; NR 220f).

신성과 인성의 구별에 대한 관심	구원자의 인격의 단일성에 대한 관심 
451년 칼케돈 공의회 예수 그리스도는 신성에 따르면 아버지와 동일본질(호모우시오스)이고 (325년 니케아 공의회와 381년 콘스탄티노플 공의회도 이와 같다; § 7.2.2); 인성에 따르면 우리와 동일본질(호모우시오스)이다. 그리스도 안에 두 본성이 있다.	
혼합되지 않고 변하지 않고	나누어지지 않고 분리되지 않고
553년 (제2) 콘스탄티노플 공의회	
	한 위격 안에 두 본성이 단일성을 이루고 있다.
그러나 둘은 결코 혼합되지 않는다	
681년 (제3) 콘스탄티노플 공의회	
두 본성이 있다는 것에 상응하여 두 가지 의지와 행위가 있음을 확정했다.	

10.2.2 성육신한 말씀의 구원 사역

성육신한 말씀 안에서 신성과 인성이 맺는 관계에 대한 고대 교회의 교리는 주로 동방신학(그리스신학)의 산물이었는데 이것이 서로마에서도 수용되어 라틴신학에 적용되어 갔다. 특히 아우구스티누스 이후로 라틴신학은 개인의 구원 및 (원)죄의 지배로부터의 해방에 대한 질문에 집중했다.

예수 그리스도의 인격을 다루는 고대 동방 교회의 교리에서는 부활한 자가 신성과 인성을 가지고 있다는 사실이 결정적인 구원의 사건(Heilsereignis)으로 여겨졌다면, 라틴신학은 십자가에 달린 그리스도 안에서 일어난 하나님과 사람의 화해 과정에 관심을 집중시켰다. 예수 그리스도의 사역에 대한 교리가 그의 인격에 대한 교리 옆에 자리하면서 교의적 기독론은 더 보완되었다.

인간이 그리스도사건으로 말미암아 허물과 죄로부터 해방된다는 것에 대한 서방신학의 관심은 속죄설(Satisfaktionslehre, 만족설)을 통해서 탁월하게 표현되었다. 이 교리는 그리스도가 인간의 죄를 위해서 십자가에서 인간을 대리하여 하나님을 만족시켰다는 견해다.

11세기에 이 교리를 서술함으로써 서구 기독론에서 근대까지 거대한 영향력을 끼친 사람은 안셀모였다. 이미 그의 『연설』에서 하나님의 존재에 대한 논거 제시를 할 때 그랬던 것처럼(§ 6.1.2) 안셀모는 오직 이성을 사용하여 예수 그리스도 안에서 하나님이 인간이 되어야만 할 필연성을 증명하고자 했다. 이 시도가 바로 대화 형식으로 저술된 『신은 왜 인간이 되었는가?』(Cur Deus homo)라는 책이다.

이성을 지닌 피조물의 모든 의지는 하나님의 의지에 복종해야 한다. […] 이것이 천사와 사람이 하나님에게 마땅히 해야 할 의무다. […] 이것을 이행하지 않는 모든 자는 죄를 짓는다. […]

이 마땅한 영광을 하나님에게 돌려주지 않는 자는 하나님에게서 그의 것을 빼앗고 그를 업신여긴다. 이것이 죄다. 그래서 사람이 탈취한 것을 돌려주지 않는다면 지속적으로 과오를 범한다.

그런데 단지 빼앗은 것만을 돌려주는 것으로는 충분하지 않다. 모욕이 야기되었기 때문에 탈취한 것보다는 더 많은 것을 돌려주어야 한다.

[…] 죄를 지은 모든 사람은 이와 같이 탈취한 영광을 하나님께 돌려주어야 한다. 이것이 모든 죄인이 하나님께 행해야만 할 속죄(보상)이다.

Omnis voluntas rationalis creaturae subiecta debet esse voluntati dei. […] Hoc est debitum quod debet angelus et homo deo […] et quod omnis qui non solvit peccat. […]

Hunc honorem debitum qui deo non reddit, aufert deo quod suum est, et deum exhonorat; et hoc est peccare. Quamdiu autem non solvit quod rapuit, manet in culpa.

Nec sufficit solummodo reddere quod ablatum est, sed pro contumelia illata plus debet reddere quam abstulit. […]

Sic ergo debet omnis qui peccat, honorem deo quem rapuit solvere; et haec est satisfactio, quam omnis peccator deo debet facere.

안셀모, 『신은 왜 인간이 되었는가?』(Cur Deus homo), I 11
(Opera omnia, 제2권, 68.12, 14f., 19-23; 68.29-69.2).

그러나 인간의 죄를 위하여 하나님 밖에 있는 모든 것보다 더 큰 것을 하나님에게 줄 수 있는 자가 없다면 이것은 이루어질 수 없다. […]

그런데 하나님 아래 있는 모든 것보다 더 월등한 것을 스스로 줄 수 있는 자 역시 하나님 아닌 모든 것보다 더 커야만 한다. 그러나 하나님 외에는 어떤 것도 하나님 아닌 모든 것 위에 있지 않다. […] 따라서 하나님 외에는 그 누구도 이 속죄를 행할 수 없다. […]

그런데 이것을 행할 의무를 지닌 자는 사람 외에는 없다. 그런데도 사람에게는 속

Hoc autem fieri nequit, nisi sit qui solvat deo pro peccato hominis aliquid maius quam omne quod praeter deum est. […]

Illum quoque qui de suo poterit dare aliquid, quod superet omne quod sub deo est, maiorem esse necesse est quam omne quod non est deus. […] Nihil autem est supra omne quod deus non est, nisi deus. […] Non ergo potest hanc satisfactionem facere nisi deus. […]

Sed nec facere illam debet nisi homo. Alioquin non satisfacit homo. […] Si ergo,

| 죄를 행할 능력이 없다. […] 그러므로 〈지금까지〉 명백하게 드러난 것처럼, 위에 있는 그 도성은 사람들에 의해서 완성되어야만 한다. 그러나 이것은 만약 언급된 속죄가 이루어지지 않는다면 불가능하다. 이 속죄는 하나님 외에는 그 누구도 할 수 없고, 사람 외에는 그 어떤 것도 할 필요가 없는 것이다. 〈따라서〉 이 속죄를 신인(神人)이 해야만 한다는 것은 필연적이다. | sicut constat, necesse est ut de hominibus perficiatur illa superna civitas, nec hoc esse valet, nisi fiat praedicta satisfactio, quam nec potest facere nisi deus nec debet nisi homo: necesse est ut eam faciat deus-homo. |

안셀모, 『신은 왜 인간이 되었는가?』, II 6
(Opera omnia, 제2권, 101.3f., 6-8, 10, 12, 14, 16-19).

| 하나님의 영광을 위해서 사람이 의무가 아니라 자원함으로 당할 수 있는 것 중에서 가장 위태롭고 어려운 것은 죽음이다. 그리고 사람이 자신을 하나님에게 주는 것 중에서 가장 큰 것은 하나님의 영광을 위해서 자신을 죽음에 내어 주는 것이다. | Nihil autem asperius aut difficilius potest homo ad honorem dei sponte et non ex debito pati quam mortem, et nullatenus se ipsum potest homo dare magis deo, quam cum se morti tradit ad honorem illius. |

안셀모, 『신은 왜 인간이 되었는가?』, II 11
(Opera omnia, 제2권, 111.16-18).

| 이 자[그리스도]가 결코 포기할 필요가 없는 것을 자원해서 아버지에게 바쳤다. 자신을 위해서 갚아야 할 필요가 없었기 때문에 죄인들을 대신하여 갚은 것이다. | Ille [sc. Christus] sponte patri obtulit quod nulla necessitate umquam amissurus erat, et solvit pro peccatoribus quod pro se non debebat. |

안셀모, 『신은 왜 인간이 되었는가?』, II 18
(Opera omnia, 제2권, 127.28-30).

앞에서 살핀 이른바 존재론적 신 존재 증명의 경우처럼 속죄설〈보상설〉에 대한 안셀모의 논증은 세 단계로 요약할 수 있다.

(1) 한 이성적 피조물인 인간은 하나님의 의지에 복종할 의무가 있다.

그런데 하나님의 뜻에서 떠나 죄를 짓고 하나님에게 마땅히 행해야 할 것을 거부하고 이로써 하나님의 영광을 손상시켰다.

(2) 하나님의 영광을 보존하고 저 위에 있는 도시(하늘에 있는 복된 자들의 사귐)의 완성을 위해서 죄지은 인간은 속죄(라. satisfactio)를 해야만 한다.

하지만 이를 위해서 단순히 빼앗은 것을 돌려주는 것으로는 충분하지 않다. 죄가 중하기 때문에 속죄는 정확히 하나님 밖에 존재하는 모든 것보다 더 큰 것을 가져와야만 이루어질 수 있다(aliqid maius quam omne quod praeter deum est). 이것은 오직 하나님 자신에 의해서만 주어질 수 있다.

(3) 요구된 속죄는 한편으로는 오직 **하나님** 자신만이 행할 수 있고 다른 한편으로는 인간에 의해서만 행해져야 하기 때문에 오직 **신-인**(Gott-Mensch)인 예수 그리스도만이 속죄를 행할 수 있다.

신-인이 행해야 할 속죄는 가능한 것 중 가장 무거운 희생인 십자가의 죽음을 감수하는 것이었다. 무죄한 예수는 자기 자신을 위해서 이 희생의 열매를 필요로 하지 않기 때문에 이 열매는 믿음 안에서 예수와 결합된 사람들에게 유익을 준다.

> 그리스도의 십자가 죽음에 대한 안셀모의 해석은 화해 교리 역사에서 하나의 중요한 전기가 되었다. 그 이전 사람들은 일반적으로 하나님이 예수의 십자가 죽음을 통해서 사탄이 인류에 대해 행사하는 권리를 사 들였다고 생각했다.
> 그러나 안셀모는 자기 고유한 해석을 통해서 사탄에게는 요구하는 역할을 주지 않고 하나님에게는 〈그 요구를〉 충족시켜야 할 역할이 주어지지 않게 했다. 이로써 안셀모는 하나님이 자신의 자유로부터 인간의 죄를 속하기로 결정했다고 말할 수 있었다.

안셀모는 하나님이 인간이 되어야 할 필연성을 순수 이성적으로 곧 성경이 증언하는 그리스도의 계시를 고려하지 않고 오직 논리적 논증의 도움만으로 설명할 수 있다고 주장했다. 그의 논증 특히 이와 같은 주장은 비판을 받았다.

이외에도 안셀모는 만약 하나님이 죄에 대한 벌을 포기한다면 하나님은 자의적으로 그의 의로운 세계 질서를 무너뜨리게 된다고 지적하면서, 하나님이 속죄 없이 순수한 긍휼로 죄를 용서할 수 있다는 생각을 거절했다. 이것 역시 언제나 비판을 받았다.

누구보다도 루터는 이 문제를 다른 관점에서 설명하려고 했다. 그리고 사람들은 안셀모의 구상이 당시 봉건제도의 사유 세계에 의존되어 있다고 생각했고 이 맥락에서 그의 입장을 이해했다. 이 맥락에서 생각하면 하나님은 봉신으로부터 적절한 선물을 받아야 하는 불쾌한 영주로 등장한다.

〈화해 교리와 관련하여 언급해야할 것은〉 아벨라르의 시도다. 그가 쓴 화해 교리가 안셀모의 속죄론을 직접적으로 반대하는 것은 아니지만 그 대안으로 받아들여졌다.

로마서 3:22-26의 해설에서 아벨라르는 예수의 죽음을 인간 안에서 응답하는 사랑을 일으키는 하나님의 희생적인 **사랑**의 표현으로 해석했다. 이 응답하는 사랑 안에서 신앙인의 새로운 실존이 드러난다. 이 해석은 근대까지 폭넓게 영향을 끼쳤다(예: 리츨).

예수 그리스도와 구원

1. **안셀모**: 예수의 죽음은 인간이 정의로운 세계 질서에 가한 모욕을 보상하고 이로써 인간을 죄로부터 구원했다. 안셀모의 교리는 종교개혁 신학에 영향을 끼쳤다.
2. **아벨라르**: 예수의 삶과 고난은 하나님과 이웃을 향한 완전한 사랑의 표현이다. 인간은 하나님에 대한 예수의 사랑에 붙잡히고 변화됨으로써 구원에 이른다. 아벨라르의 교리는 리츨의 신학에 영향을 끼쳤다.

안셀모의 속죄설은 이미 중세에 논란이 되면서도 커다란 영향을 끼쳤다. 이 영향력은 특히 그리스도의 제사장직에 대한 교리에서 속죄 개념을 사용하는 종교개혁 신학에서 볼 수 있다(§ 10.3.3; 특히 기독교강요 II에 있는 칼뱅의 인용). 루터교회와 개혁교회의 영역에서 뽑은 아래의 인용문에도 속죄 개념이 들어있다.

『아우크스부르크 신앙고백서』의 인용문에도 이 속죄 개념이 나오지만 오직 라틴어 판에만 나오고 독일어 번역은 이 개념을 명시적으로 사용하는 것을 피한다. 따라서 아래 본문은 라틴어 텍스트에서 직접 인용한 것이다.

〈그들은〉 이와 같이 가르친다. 사람은 하나님 앞에서 그 자신의 힘과 공로와 행위로는 의롭게 될 수 없다. 〈그러나〉 사람이 은혜 안으로 받아들여지고, **자신의 죽음으로 우리의 죄를 대속한** 그리스도로 인하여 죄가 사해졌다는 것을 믿을 때 사람은 그리스도로 인하여 믿음을 통해서 은혜로 의롭게 될 수 있다. 이 믿음을 하나님은 그 자신의 면전에서 의로 여긴다. (롬3:21-28; 4:5)	Item docet, quod homines non possint iustificari coram Deo propriis viribus, meritis aut operibus, sed gratis iustificentur propter Christum per fidem, cum credunt se in gratiam recipi et peccata remitti propter Christum, qui sua morte pro nostris peccatis satisfecit. Hanc fidem imputat Deus pro iustitia coram ipso, Rom. 3 et 4.

『아우크스부르크 신앙고백서』 4
(BSLK 56,2-10; Evangelische Bekenntnisse, 제1권, 36; 저자의 강조).

질문 1 : **무엇이 삶과 죽음에서 너의 유일한 위로인가?**

육체와 영혼을 가진 나는 삶과 죽음에서(롬 14:7 이하) 내가 아니라(고전 6:19) 나의 신실한 구원자인 예수 그리스도에게 속해 있다(고전 3:23). 그가 **그의 고귀한 피로써**(벧전 1:18 이하) **나의 모든 죄를 위해서 완전히 지불하고**(요일 1:7; 2:2), 나를 사탄의 권력에서 해방했다(요일 3:8).

『하이델베르크 교리문답서』 1. 질문
(Reformierte Bekenntnisschriften, 154; 저자의 강조).

서술한 것처럼 안셀모의 속죄설이 종교개혁 신학에 영향을 끼쳤지만 양자의 차이 역시 숨길 수 없다. 종교개혁 신학 특히 루터에게서는 대리적으로 이해된 그리스도의 죽음이 거의 객관적으로 구원의 효력을 갖는다는 생각이 하나님의 본질은 사랑이라는 규정과 연관되면서 중요한 역할을 한다. 그러나 그리스도 화해 사역의 동기에 관해서 루터는 안셀모와 달랐다.

갈라디아서 2:20 주석에서 인용:
내가 그리스도와 함께 십자가에 못 박혔나니 그런즉 이제는 내가 사는 것이 아니요 오직 내 안에 그리스도께서 사시는 것이라 이제 내가 육체 가운데 사는 것은 나를 사랑하사 나를 위하여 자기 자신을 버리신 하나님의 아들을 믿는 믿음 안에서 사는 것이라.

이러한 말들로 바울은 아주 훌륭하게 그리스도의 제사장직 및 〈다른〉 직분들을 기술한다. 이 직분들로는 하나님의 마음을 돌이키는 것, 죄인들을 위해 나서서 간구하는 것, 이들의 죄를 위해서 자신을 제물로 드리는 것, 그들을 구속하는 것 등이 있다. […]	[H]is verbis Paulus pulcherrime describit sacerdotium et officia Christi. Ea sunt placare Deum, intercedere et orare pro peccatoribus, offerre seipsum hostiam pro peccatis eorum, redimere eos etc. […]
너는 바울이 여기서 한 것처럼 그리스도를 설명해야만 한다. 그리스도는 우리의 공로나 어떤 의 때문이 아니라 순전한 자비와 사랑 때문에 자신을 우리 불쌍한 죄인들을 위한 제물로 하나님에게 주고 바쳤다. 이는 우리를 거룩하게 하기 위해서였다.	[D]efinias eum quemadmodum hic Paulus, quod sit filius Dei, qui non ex merito seu aliqua iustitia nostra, sed ex mera misericordia et dilectione tradiderit et obtulerit semetipsum Deo sacrificium pro nobis miseris peccatoribus, ut nos sanctificaret in aeternum.

루터『대 갈라디아 주석』(Großer Galaterkommentar) (갈라디아서 해설, 117/WA 40, I, 297.33f.; 298.12, 15-18).

안셀모가 그 동기를 인간적 관점에서 이해된 정의의 원리에 대한 하나님의 관심에서 보았다면, 루터는 죄인인 인간을 바라보는 하나님의 순수한 긍휼과 사랑에서 그 동기를 찾았다. 루터와 그의 신학을 따르는 교리적 전통에서 또 중요한 것은 그리스도의 능동적 순종(포괄적 율법 준수)뿐만 아니라 그의 수동적 순종(고난과 십자가 죽음) 역시 구원의 의미를 갖는다는 견해다(§ 11.2.2). 그런데 이 견해는 계몽주의에서 비판을 받았다(§ 10.4.1).

19세기에 루터의 화해 교리와 고전적 속죄론의 차이를 처음으로 지적한 사람은 에를랑겐 루터교 신학자 호프만이었다(5.2). 그는 그의 주저 『성경의 증거』(Der Schriftbeweis, 1852-1856)에서 화해 사건을 설명하면서 대리적 속죄 개념을 인용하지 않았다. 호프만에 따르면 인간의 죄로 인한 하나님과의 관계 중단은 아들이 대리적으로 하나님의 분노의 대상이 됨으로써 극복되지 않는다. 속죄는 정확히 아들이 아버지와의 개인적 사귐(Gemeinschaft)을 죽음에 이르기까지 지속하고 증명함으로써 일어난다. 이러한 순종의 실천은 인간과 함께하는 하나님의 역사에 새로운 시작이 되었다.

호프만은 루터교 안에서 부분적으로 반박당하는 자신의 견해가 타당하다는 것을 증명하기 위해서 루터의 화해신학이 정통적 속죄 교리보다는 자신의 사상에 더 부합하다는 점을 환기시켰다(10.4.1의 초두에서 언급된 계몽주의 시대의 개신교신학에서 이루어진 교의적 기독론에 대한 비판 참고).

📖　고대 교회 기독론 논쟁 전개 과정 개관
　　　- W.-D. Hauschild, Lehrbuch der Kirchen- und Dogmengeschichte, Band 1, 153-207 (=§ 4).

📖　양성 일위 내 합일설(兩性一位內合一說, enhypostasie) 개념의 의미와 영향
　　　- Chr. Markschies, Enhypostasie/Anhypostasie (RGG⁴ 2).

📖 　　기독론의 기본 형태와 〈이 논의를〉 주도하는 핵심 사항
　　　　– G. Ebeling, Dogmatik, Band2, 3–45(=§ 17).

📖 📖 　안셀모의 속죄설을 오늘날의 관점에서 해석
　　　　– G. Plasger, Die Not-Wendigkeit der Gerechtigkeit.

📖 📖 　동방 교회 기독론의 고유한 특징
　　　　– A. Kallis, Christologie (EKL³ 1).
　　　　– R. Flogaus, Christologie (RGG⁴ 2).

📖 　　리츨의 화해론 약술
　　　　– W. Pannenberg, Problemgeschichte der neueren evangelischen Theologie in Deutschland, 124–130.

👓 　　예수 죽음의 신학적 의미를 두고 오늘날 진행되는 주해적, 조직신학적, 종교 교육적 논의를 알아보시오. 이를 위해 아래 논문집을 활용하시오.
　　　　– J. Frey/J. Schröter(Hg.), Deutungen des Todes Jesu im Neuen Testament.

외론(外論) 3. 중세 예술에 반영된 예수 그리스도의 사역

　고대 교회 이래로 조형 예술(die bildende Kunst)은 그리스도를 소재로 어마어마하게 다양한 그림을 내놓았다. 특히 그리스도의 사역, 곧 십자가의에서 예수의 죽음이 일으킨 하나님과 인간의 화해라는 주제에 집중해서 수많은 묘사가 있었다. 이미 외론(外論) 1에서 다룬 삼위일체 묘사처럼 중세의 작품은 특히 사람들을 교훈할 의도로 교의적 기독론을 그림으로 표현했다.

　그리스도의 화해론을 그림으로 묘사한 아주 전형적인 예는 아우구스티누스수녀원장 헤라트 란츠베르크(Herrad von Landsberg 1125/1130–1195)의

'달콤한 정원'(Hortus deliciarum)에 들어있는 '십자가 처형'이다(그림 5).

이 작품은 당시 종교적 지식을 구원사적 관심에서 요약한 기념비적 교과서이며 수많은 삽화가 들어 있다. 이 작품의 제목인 '달콤한 정원'은 당시 인간 역사 최초로 아담과 하와가 살았던 지상 낙원을 가리키는 통용어였다. 그런데 이 이름은 당시 일반화된 우의적 해석 방법에 따라서 교회와 관련해서도 사용되었다.
손으로 쓰인 원본의 나머지가 마지막까지 스트라스부르에 보관되다가 1870년 독일 군대의 포격에 소실되었다. 오늘날 재구성된 달콤한 정원은 대부분 19세기의 복사본에 의존한다.

그림 5. 십자가 처형
란츠베르크의 '달콤한 정원'(Hortus deliciarum)에서 발췌(12세기 후반).

〈이 삽화는〉 그리스도가 아담의 무덤 바로 위에 못 박혔다는 전설을 수용하고 있다. 이 점에서 예수 십자가 죽음이 갖는 구원사적 의미가 분명하게 드러난다. 이 삽화는 십자가에 못 박힌 자 바로 아래 열려 있는 아담의 무덤을 보여 준다. 이 전승은 바울의 아담과 그리스도 유형론(Typhologie)에 근거해 있다.

〈이 견해에 따르면〉 새로운 인류의 머리이며 마지막 아담인 그리스도가 첫 아담과 대조되었고(고전 15:45 이하) 모든 인간에게 전가된 아담의 죄는 십자가에서 이루어진 그리스도의 복종적 희생으로 제거되었다(롬 5:12-20; 고전 15:21 이하). 관찰자 위치에서 볼 때 십자가 왼쪽에는 교회를 상징하는 관을 쓴 여자가 그리스도의 찔린 옆구리에서 쏟아지는 피를 잔에 받고 있다.

이 여자는 네 개의 머리와 발을 가진 한 짐승 위에 앉아 있다. 여기서 네 머리와 다리는 네 복음서 기자를 가리킨다. 천사는 마태, 독수리는 요한, 사자는 마가, 황소는 누가를 가리킨다.

십자가 오른쪽에 머리를 숙인 채 나귀에 앉아 있는 한 여자는 회당 곧 그리스도를 메시아로 인정하지 않았던 유대교를 상징한다. 우리는 이것을 그녀의 가려진 눈, 돌아선 몸의 자세, 희생 동물, 할례를 위한 칼, 율법이 기록 된 판, 그리고 곧게 서 있는 교회의 십자가 지팡이와 대조적으로 기울어져 있는 창을 보고 알 수 있다. 교회와 회당 뒤에는 십자가 처형 사건에 참여했던 사람들이 그려져 있다.

먼저 예수님을 하나님 아들로 고백했고 기독교로 개종한 이방인을 대표하는 로마 백부장(막 15:39), 그리고 회당 옆에는 불신자들을 대표하는 자가 예수님을 모욕한 후에 식초를 머금고 있는 스펀지를 건넨다(막 15:34-36; 마 27:46-48).

이 사람들 왼쪽 옆에는 마리아가, 오른쪽 옆에는 요셉이 그려져 있다.

예수의 양 옆에서 십자가에 못 박힌 강도 둘 중에서 한 사람은 예수로부터 머리를 돌리고 있고, 다른 한 사람은 그를 바라본다(눅 23:39-43). 그림 위쪽 가장자리에는 찢어진 성전 휘장이 묘사되어 있고(막 15:38; 마 27:51; 눅 23:45) 그림 아래쪽에는 오직 마태복음만이 보도하고 있는 무덤에서 살아난 성도들이 보인다(마 27:52 이하; 비교, 겔 37:12 이하).

📖 헤라트의 작품에 대해
  - Herra von Landsberg, Hortus Deliciarum.

📖 미술 속의 예수 이미지에 대해
  - A. Stock, Christusbilder (RGG⁴ 2).

📖📖 1914년 이후 그리스도 묘사의 특징
  - K. Raschzok, Christuserfahrungen und künstlerische Existenz.

10. 3 종교개혁 신학의 기독론의 특징

10. 3. 1 그리스도의 인격에 대한 교리

두 본성론은 종교개혁 교회 안으로 수용되었다. 이미 고대 교회 전통에서 일반적으로 수용된, 두 본성의 성질(그. idiomata)이 상호 교류(라. communicatio)한다는 생각은 루터 신교 안에서 더욱 발전되었고 이로 인해서 두 본성론은 이 교회 안에서 고유한 특성을 갖게 되었다.

[그리스도 안에서 두 본성의] 성질이 [상호] 교류한다는 교리가 우선적으로 뜻하는 바는 예수 그리스도 안의 두 본성이 혼합 없이 불가분한 단일성 안에 있기에 두 본성의 각 성질을 인격 전체와 관련하여 말할 수 있다는 것이다. 인간 예수가 동시에 참된 하나님이므로 인간 예수의 어머니는

하나님의 어머니로도 불릴 수 있다(§ 10.2.1).

인간 예수의 인격은 하나님 말씀과 일치하기 때문에 그에게 전지와 전능이라는 신적 수식어를 부가할 수 있다. 그런데 루터신학은 이 교류와 관련하여 신적 본성의 성질들이 그리스도의 인간적 본성에 전달되는 것으로도 이해했다. 이 견해에 따르면 예컨대 예수의 신적 성질인 편재(Ubiquität)는 예수의 인격이 하나님 말씀과 일치하기 때문에 그 인격 전체에 부가될 수 있을 뿐만 아니라 그의 인간적 본성 그 자체에 부가될 수 있었다.

이미 루터에 의해서 착수된 이 교리는 특히 켐니츠에 의해서 심화되어 『합의 문구』에 수용되었고 루터교 정통주의가 체계화하였다. 이 교리는 오직 그리스도의 계시에 근거해서 만 하나님을 이해하려는 관심에서 생겨났다. 이것은 그리스도 안에서 하나님과 인간이 아주 긴밀하게 결합되었기 때문에 성육신과 무관한 어떤 하나님 개념도 그 본질을 놓치고 구원자의 인격의 단일성을 의심하게 될 것임을 강조한다.

속성의 교류(communicatio idiomatum)

1. 그리스도 안의 두 본성이 상호 교류한다.
2. 그리스도 인격의 단일성에 근거해서 한 본성의 속성들을 인격 전체와 관련하여 말할 수 있다.
3. **루터파 견해의 독특성**: 신적 본성의 속성들을 인간의 본성과 관련해서도 말할 수 있다. 예컨대 편재(ubiquität).

여기에 하나님이 있다고 네가 말하는 곳에서 너는 거기에는 인간 그리스도도 있다고 말해야만 한다. 따라서 만일 네가 [그리스도가] 하나님이지만 [동시에] 인간이 아닌 한 장소를 보여 줄 수 있다면, 〈거기서〉 그의 인격은 이미 너덜너덜하게 찢어졌다. 왜냐하면 그곳에는 인간이 아니고 아직 인간이 되지 않은 하나님만이 있다

[W]o du kanst sagen: Hie ist Gott, da mustu auch sagen: So ist Christus der mensch auch da. Und wo du einen ort zeigen wurdest, da Gott were und nicht der mensch, so were die person schoen zutrennest, weil ich als denn mit der warheit kund sagen: Hie ist Gott, der nicht mensch ist und noch nie mensch ward,

고 내가 진실로 말할 수 있기 때문이다.

그럼에도 불구하고 그리스도는 하나님이다라는 논거를 나에게 들이대지 마라. 왜냐하면 이로부터 공간과 위치가 두 본성을 서로 분리하고 그 인격을 갈라놓는다는 결론이 나온다. 그러나 그것들은 죽음도 모든 악마도 분리하거나 찢을 수 없다.

〈한 그리스도가 있는데, 그가 만약〉 오직 한 장소에서만 동시적으로 신·인간적 인격이고, 다른 모든 곳에서는 분리된 하나님이거나 인성 없는 신적 인격이라면 이런 자는 나에게 열등한 그리스도일 것이다.

친구여, 그렇지 않다. 네가 나를 위해서 하나님을 놓는 곳에는 그 인성 역시 놓아야만 한다. 그것〈두 본성〉은 분리되지 않고 서로 떼어지지 않는다. 이것은 한 인격이 되었다. 그래서 장인 한스가 잠자리에 들기 위해서 그의 겉옷을 벗어 옆으로 치우는 것처럼 인성이 인격으로부터 떼어지는 것은 아니다.

Mir aber des Gottes nicht. Denn hieraus wolt folgen, das raum und stette die zwo naturn von einander sonderten und die person zurtrenneten, so doch der tod und alle teuffel sie nicht kundten trennen noch von einander reissen,

Und es solt mir ein schlechter Christus bleiben, der nicht mehr denn an einem eintzelen ort zu gleich eine Goettliche und menschliche person were, Und an allen andern orten muste er allein ein blosser abgesonderter Gott und Gottliche person sein on menscheit.

Nein geselle, wo dur mir Gott hinsetzest, da mustu mir die menscheit mit hin setzen, Sie lassen sich nicht sondern und von einander trennen, Es ist eine person worden und scheidet die menscheit nich so von sich, wie meister Hans seinen rock aus zeucht und von soch legt, wenn er schlaffen gehet

루터 『그리스도의 성만찬에 대하여』(Vom Abendmahl Christi) (WA 26, 332.31-333.10).

루터신학이 그리스도 인격의 단일성에 훨씬 더 큰 관심을 가졌던 반면에 개혁신학은 신적인 것과 인간적인 것의 원리적 차이를 강조하면서 그리스도 안에 있는 본성들의 구분 가능성에 역점을 두었다.

〈개혁신학이 이것을 강조하는〉 배후에는 유한은 무한을 수용할 수 없다(라. finitum non capax infiniti)는 철학적 원리가 자리한다. 인간적 본성이 그리스도 안에서 신적 본성의 존엄한 성질에 참여한다는 루터교의 주장 앞에서 개혁교회 신도들은 이것이 『칼케돈 신경』에서 이탈한 단성론적 본성의 혼합을 가져오고 이로써 예수의 참된 인간됨을 포기하는 것은 아닌지 두려워했다.

이미 칼뱅은 하나님 말씀이 예수 그리스도 안에서 인간적 본성과 결합했더라도 이로 말미암아 인간적 본성이 신성화되지 않았고 신적인 것이 인간적 한계 안에 갇히지 않았다고 강조했다.

말씀의 무한한 본질이 인간의 본성과 연합하여 한 인격을 이루었지만 우리는 〈이것으로 인하여 말씀이〉 어떤 제약을 받았다고 생각하지 않는다.	[E]tsi in unam personam coaluit immensa Verbi essentia cum natura hominis, nullam tamen inclusionem fingimus.
하나님의 아들이 하늘에서 내려왔으나 하늘을 떠난 것이 아니니, 놀랍다. 한 처녀의 몸에 잉태되고 세상에 살고 십자가에 달리기를 원했지만 그는 처음부터 그랬던 것처럼 세상을 가득 채웠으니, 놀랍다.	Mirabiliter enim e caelo descendit Filius Dei, ut caelum tamen non relinquerit: mirabiliter in utero Virginis gestari, in terris versari, et in cruce pendere voluit, ut semper mundum impleret, sicut ab initio.

칼뱅, 『기독교강요』, II 13.4
(Weber 298/Opera selecta III 458.7-13).

이 문제를 두고 16세기 이후 루터교도와 개혁교도 간에 교리적 차이가 존재하고 이것은 성만찬에서 그리스도의 현존에 대한 상이한 이해와 밀접하게 관련되어 있다. 존귀해진 그리스도의 인간적 본성이 신적 본성의 성질 특히 편재에 참여한다는 견해는 성만찬의 요소들 안에 그리스도의 몸과 피가 실제로 현존한다는 루터파의 교리를 세우는데 필수적이었다(§12.2.3).

루터교도와 개혁파교도는 **그리스도**, **성만찬**, **선택**(§11.3)에 대해 입장을 달리했고 이것은 서로 상대의 교리를 단죄하는 결과를 낳았다. 하지만 이 상호 간의 교리적 단죄는 『로이엔베르크 합의신조』(3.6) 이후에는 더 이상 교회 분열적인 의미를 갖지 않는다. 특히 기독론에 대한 양자의 차이 앞에서 합의신조는, 예수 그리스도 인격 안의 완전한 인성과 신성을 공동으로 고백하고 종교개혁 시대의 차이들이 역사적 제약 아래 있는 사유 방식에 근거한다고 강조했다.

21. 예수 그리스도라는 참 인간 안에서 영원한 아들은 상실된 인류를 구원하기 위해서 이 인류 안에 자신을 집어 넣었고(hineingegeben), 이로써 하나님 자신도 그렇게 했다. 약속의 말과 성례 안에서 성령은 그리고 이와 함께 하나님 역시도 예수를 십자가에 못 박히고 부활한 자로 우리를 위하여 현존하도록 한다.

22. 그의 아들 안에서 일어난 하나님의 자기 희생을 믿는 우리는 전승된 사유 방식이 역사적 제약 아래 있다는 사실에 직면하여 우리에게 부여된 과제가 무엇인지를 본다. 이 과제는 곧 예수의 신성과 인성의 온전함에 특별히 관심을 갖는 개혁주의 전통과 그의 완전한 인격의 단일성에 특별히 관심을 갖는 루터주의 전통이 견지해 온 것을 새롭게 주장하는 것이다.

『로이엔베르크 합의신조』(Leuenberger Konkordie), 21번 이하.

(Reformierte Bekenntnisschriften, 254).

10. 3. 2 그리스도의 이중적 신분에 대한 교리(비움과 높임)

루터교 전통의 신분과 직분에 대한 교리는 그리스도의 사역에 대한 고전적 교리에 해당한다. 이 두 교리로 말미암아 그리스도 안의 신적 본성과 인간적 본성이 단일한 한 인격에 있다고 크게 강조된 진술이 그의 세계 사역과 관련되었고 이로써 예수 그리스도의 인격과 사역을 긴밀하게 결합시켰다.

> **비움과 높임**
>
> 1. **성경적 근거**: 빌립보서 2:5-11
> 2. **쟁점**: 지옥 순례가 비움의 상태에 속하는가(개혁 정통주의),
>   아니면 높임의 상태에 속하는가(루터 정통주의)
> 3. **17세기 루터교 내부 논쟁의 주제**:
>   그리스도는 비움의 상태에서 신적 속성을 사용했는가?

빌립보서 2:5-11에 근거하여 형성된 그리스도의 이중 신분의 교리는 그의 성육신 이래로 그리스도가 구원 사역과 직접적으로 관련된 두 가지 상태에 있었다는 인식에서 출발한다.

(1) 하나는 비움의 상태(그. kenosis/라. exinanitio)다.

이것은 예수의 잉태와 출산부터 그의 장례까지의 모든 과정을 포함한다. 이 시기에 육체가 된 말씀은 인성의 모든 연약함에 예속된다. 그러나 고통과 허무로 각인된 이 세상의 삶의 조건에 예속된 것이 결코 신성의 부재를 뜻하지 않는다. 이것은 그리스도가 지상 사역 기간 동안 완성해야 할 구원 사역에 주의하면서 자기의 신성을 제한적으로만 드러냈음을 뜻한다.

(2) 또 하나의 상태는 높임의 상태(라. status exaltationis)다.

이것은 그리스도의 부활, 승천, 아버지의 우편에 앉는 것까지를 포함한다. 그리스도는 죽음을 극복함으로써 인성의 모든 약함을 벗어 버리고 그의 신성을 무제한적으로 사용한다.

그리스도의 **지옥 순례**(Höllenfahrt)에 대해 루터교도와 개혁교도는 상이한 판단을 내린다. 루터교 관점에서는(『아우크스부르크 신앙고백서』 9) 지옥 순례에서 그리스도가 이전의 불순종으로 감옥에 갇힌 자들에게 선포했기 때문에 여기서

부터 높임의 상태가 시작한다(벧전 3:19 이하; 외론(外論) 5).

이와 달리 개혁주의적 관점에서 그리스도가 지옥에 내려갔다는 말은 그가 그 공간에 있었다는 것이 아니라 십자가에서 하나님에게 버림받는 영혼의 고통을 가리키는 것으로 이해할 수 있기 때문에 지옥 순례는 비움의 상태에 속한다. 이처럼 비움과 높임의 개별적인 사안을 두고 정통 루터파와 개혁파 사이에 차이가 생겨났다(아래 표 참고).

	정통 루터주의	정통 개혁주의
비움의 상태	잉태 출생 할례 양육 지상에서의 삶 고난 죽음 장례	출생 삶과 고난 죽음
	지옥 순례	지옥 순례
높임의 상태	부활 승천 하나님 우편에 앉음	

17세기 초 30년 동안 루터교 안에서 벌어졌지만 결코 최종 결론에 도달하지 않은 논쟁 역시 종교개혁의 기독론 이해에 중요하다. 이 논쟁의 핵심 질문은 비움의 상태에 있는 그리스도가 루터파의 두 본성의 상호 교류라는 의미에서 (10.3.1) 그의 인간적 본성에 부여된 신적 성질을 어떻게 그리고 어느 정도 사용했냐는 질문이다.

이것은 빌립보서 2:7에 언급된 그리스도의 비움(그. kenosis)또는 종의 형상(그.

morphe doulou)을 취했다는 표현을 적절하게 이해하는 문제였다.

이 논쟁의 한 당사자였던 기센대학교 신학부 대표자들은 예수는 비움의 상태에서 사는 동안 신적 본성의 사용을 실제적으로 포기했다고 주장했다. '신적 속성의 사용 포기'(그. kenosis chreseos)라는 것은 이를 말한다. 이 주장 배후에는 예수의 완전한 인성에 대한 관심이 있다.

이 견해와 대조적인 입장은 논쟁의 다른 당사자였던 튀빙겐대학교 신학부 대표자들이 주장했다. 이들은 비움 상태의 시간 동안 예수가 사용한 신적 성질이 은폐되었을 뿐이라고 주장했다. '신적 속성의 은폐'(그. krypsis chreseos)라는 것이 이것을 말한다. 이 주장의 배후에는 구원자 인격의 단일성에 대한 관심이 놓여 있었다. 여기 종교개혁 신학의 지평에서도 고대 기독론의 발전 역사에서 표명되었던 동일한 관심사를 볼 수 있다(§ 10.2.1).

10. 3. 3 그리스도의 세 가지 직분에 대한 교리(선지자, 제사장, 왕)

루터는 그리스도의 제사장직과 왕직에 대해서만 말했고 아직 삼중적 직분에 대한 교리를 알지 못했다. 그리스도가 선지자, 제사장, 왕이라는 삼중 직분에 대한 교리는 칼뱅이 창안하였고 요한 게르하르트(Johann Gerhard, 1582-1637) 이래로 루터신학에도 수용되었다. 칼뱅은 성경에서 이 교리의 근거를 제시했다. 곧 그리스도는 히브리어 메시아(Messias, 기름부음 받은 자)의 번역이다.

그런데 구약성경의 증언에 따르면 선지자들(왕상 19:16; 사 61:1), (대)제사장들(레 4:3), 그리고 왕들(삼상 10:1; 16:1, 13; 왕상 1:39)이 기름 부음을 받았다. 따라서 기름 부음을 받은 자 예수는 그 유일한 선지자, 그 유일한 제사장, 그 유일한 왕이다.

따라서 믿음이 그리스도 안에서 확고한 구원의 토대를 발견하고 그렇게 그 안에서 쉼을 얻기 위해서는 하나님이 그리스도에게 맡겨 준 직분이 세 부분으로 이루어져 있다는 원리를 확고하게 해야만 한다. 즉 그는 선지자, 왕, 제사장으로 주어졌다.

Ergo ut in Christo reperiat fides solidam salutis materiam, atque ita in ipso acquiescat, statuendum hoc principium est, tribus partibus constare quod ei iniunctum a Patre munus fuit. Nam et Propheta datus est, et Rex et Sacerdos.

칼뱅, 『기독교강요』, II 15.1
(Weber 307/Opera selecta III 472.3-7).

우리는 율법 아래서 선지자, 제사장, 왕이 거룩한 기름으로 부음을 받았다는 것을 안다. [… 그리고 여기서 한 번 더 언급해야만 한다.] 그리스도가 가르치는 직분을 수행하고자 그 자신만을 위해서 기름 부음을 받은 것이 아니라 그의 몸 전체[교회]를 위해서 받았다. 이것은 복음의 지속적인 선포 가운데 성령의 권능이 작용하도록 하기 위함이다.

[S]cimus enim sub Lege sacro oleo tam Prophetas quam sacerdotes ac reges fuisse unctos. [...]
[Atque hic rursus notandum est.] non sibi modo unctionem accepisse, ut fungeretur docendi partibus: sed toti suo corpori, ut in continua Evangelii praedicatione virtus Spiritus respondeat.

칼뱅, 『기독교강요』, II 15.2
(Weber 308/Opera selecta III 473.7f., 19-22).

[우리는 말했다] 우리는 그리스도의 왕의 직분을 영적인 것으로 이해할 때 이 직분의 권세와 유용성을 파악할 수 있다. 이것은 우리가 생애 전 과정을 살면서 십자가 아래서 싸워야만 한다는 것과 우리의 조건이 위태롭고 가련하다는 점에서 아주 자명하다. … 결국 우리는 그의 의로 옷 입고 세상에서 당하는 모든 치욕을 꿋꿋하게 이긴다.

[Quod diximus] vim et utilitatem regni Christi non posse aliter a nobis percipi quam dum spirituale esse cognoscimus, vel hinc satis liquet, quod dum toto vitae cursu militandum sub cruce nobis est, aspera et misera est nostra conditio. … Denique ut iustitia eius vestiti, omnia mundi opprobria fortiter superemus.

칼뱅, 『기독교강요』, II 15.4
(Weber 309f./Opera selecta III 475.30-33; 476.33-477.1).

[이제 제사장직에 대해서 다음과 같이 짧게 정리할 수 있다.] 제사장직의 목적과 유익은 그가 모든 흠으로부터 순결한 중개자가 되어 그의 거룩함에 근거해서 하나님을 우리와 화해시키는 데에 있다. […] 여기서 귀결되는 요점은 그리스도가 그의 죽음의 제사로 우리의 죄과를 소멸하고 죄를 속죄하였기 때문에 제사장의 영예는 오로지 그리스도에게만 속한다는 점이다. […] 이로부터 그는 영원한 중재자이며 그의 보호로 말미암아 우리가 호의를 얻는다는 결론이 나온다.	[Iam de sacerdotio breviter sic habendum,] finem et usum eius esse ut sit mediator purus omni macula, qui sanctitate sua Deum nobis conciliet. … Summa tamen huc redit, nonnisi in Christum competere sacerdotii honorem, quia sacrificio mortis suae reatum nostrum delevit, et satisfecit pro peccatis. […] Hinc sequitur aeternum esse deprecatorem, cuius patrocinio favorem consequimur.

칼뱅, 『기독교강요』, II 15.6
(Weber 312/Opera selecta III 480.1-3, 12-15, 25f.).

세 가지로 묘사된 그리스도의 중보직은 예수의 역사적 사역과 관련된다. 그러나 이 관련성 때문에 그리스도의 세 직분이 그의 사역의 각 단계에만 국한된다고 이해하지 않았다. 아래의 표는 〈이 주제와 관련한〉 구 개신교 정통주의의 교리를 요약하고 있는데 이 교리는 그리스도의 삼중직이 시간을 넘어서도 유효하다고 해석한다.

다시 말하면 삼중직은 비움뿐만 아니라 높임의 상태에서도 그리스도에게 속한다. 높임의 상태에서 수행된 그리스도의 왕직은 다시 삼분된다. 현재 세계와 관련한 그리스도의 왕직은 그가 하나님의 세계 통치에 참여하는 것이다(라. regnum potentiae; regnum gratiae; §8.4)

선지자직	비움 상태	예수가 이 땅에서 하나님의 뜻을 선포한다.
	높임 상태	높아진 그리스도가 교회의 선포를 통해서 하나님의 뜻을 선포한다.
제사장직	비움 상태	예수가 대리적으로 형벌을 당하고 십자가에서 속죄의 죽음을 당한다(satisfactio, 속죄).
	높임 상태	높아진 그리스도가 아버지 곁에서 인간들을 위해서 간구한다 (중보 기도)
왕직	비움 상태	그리스도가 영원부터 자신에게 주어진 왕적 통치를 광범위하게 포기한다.
	높임 상태	그리스도는 (현재하고 그리고 앞으로 올) 세계를 일반적으로, 교회를 특별하게 보전하고 통치한다.
	↓	↓	↓

힘의 왕국(regnum potentiae): 일반적인 의미에서 현재적 세계에 대한 통치	은혜의 왕(regnum gratiae): 현재적 세계 안에서 교회에 대한 통치	영광의 왕(regnum gloriae): (최후 심판 후에 있을) 오는 세계에 대한 통치

그 후 그리스도의 삼중직에 대한 교리는 신신학(4.5)에 의해서 비성경적인 것으로 비판을 받았다. 에르네스티가 최초로 자신의 저술 『그리스도의 삼중 직분에 대하여』(De officio Christi triplici)에서 비판했다. 그는 그리스도에 대한 신약성경의 증언이 대리적 희생 죽음의 형태로 이루어진 구원자의 단일한 사역을 표현한다고 이해했다.

에르네스티에 따르면 (히브리서에 근거를 두고 있는) 제사장직에 대한 언술은 예수의 자기 이해와 전혀 관련이 없고 왕직에 대한 이해는 해석의 허용 범위를 넘어간다. 성경적 증언에 가장 그럴듯하게 합당한 교의학적 명칭은 그리스도를 온전한 선지자로 일컫는 것이다. 그러나 개신교 신학은 에르네스티가 비판한 교의 조항을 19세기 이후 변화된 조건 아래서 새롭게 전개해 나갔다.

📖 **종교개혁자들의 기독론**
　　– C. H. Ratschow, Jesus Christus, 21–37(zu Luther); 38–54(zu Calvin).

👓 **루터교 그리스도 인격 교리의 골자**
　　–『합의 문구』 8 SD(De persona Christi): BSLK 1017–1049.

📖📖 **루터교 기독론의 특징**
　　– Th. Mahlmann, Das neue Dogma der lutherischen Christologie.

📖📖 **루터의 두 직분론과 칼뱅의 세 직분론 비교 연구**
　　– K. Bornkamm, Christus-König und Priester.

10. 4 현대 기독론의 문제

10. 4. 1 기독론 교의에 대한 현대적 비판

　근대의 진리 의식에서 일어난 전래된 신학에 대한 비판은 교의적 기독론에 집중되었다. 신학적 계몽주의 이래로 두 본성론과 속죄론은 점차 비성경적이며 동시대의 합리성 기준과도 양립할 수 없는 것으로 여겨졌다(4.5).

계몽주의 사조 안에서의 기독론

1. 양성론과 속죄론의 교의를 수긍할 수 없다.
2. 기독론의 기초는 예수에게 윤리적 완전성을 세우며, 이 완전성은 예수를 참된 윤리의 모범으로 만든다.

　요한 프리드리히 빌헬름 예루살렘은 예수 인격의 특이함을 그의 신적 본성이 아닌 윤리적 자세(Gesinnung)에 있다고 보면서 전래된 두 본성 교리를 의심

했다(§ 10.2.1). 될너는 그리스도 교리에 대한 비판을 예수의 구원 사역에까지 확대했다(§ 10.2.2). 그는 예수의 능동적 복종 곧 율법에 대한 온전한 순종을 하나님의 화해 사역의 구성 요소로 생각할 수 없다고 주장했다.

그에 의하면 사람들은 오직 예수의 수동적 복종인 고난과 죽음에 근거해서만 죄 용서를 받는다. 구체적으로 죄 용서는, 우리 죄인들을 위한 그리스도의 죽음이 우리 안에 하나님이 약속한 은혜에 대한 신뢰를 불러일으키고 하나님을 향하고 이러한 전향에 어울리는 새로운 삶의 양식으로 거룩하게 살도록 자극함으로써 일어난다(§ 11.2.2).

슈타인바르트는 〈그리스도의 속죄 교리가〉 1세기 유대 관념 세계에 생겨났고 오늘날 진부한 이론이 되었기 때문에 예수의 죽음을 화해 사역으로 해석하는 것을 포기해야 한다고 주장했다(속죄론에 대해서 19세기에 호프만이 진술한 비판을 참고. § 10.2.2.)

그러나 수많은 비판은 일차적으로 반기독교적인 동기에서 생기지 않았다. 대부분의 비판이 목적한 것은 예수 그리스도의 교리를 시대에 맞도록 새롭게 표현하는 것이었다. 이러한 시도를 거치면서 예수는 일차적으로 하나님의 아들이 아니라 인간으로 이해되었고 예수를 하나님과 밀접하게 관계시켜야 할 이유는 그의 윤리적 완전성에서 찾았다.

사람들은 고대 교회에서 이루어진 예수와 하나님의 결합 방식이 그 시대와 결부되어 있기 때문에 계몽주의 지평 위에서 개정될 필요가 있다고 생각했다.

방금 개략적으로 서술한 〈기독론의 새로운〉 시도를 지칭하기 위해서 **아래로부터의 기독론**(Christologie von unten)이라는 교의학 전문 용어가 통용되었다. 교의학에서 예수를 하나님의 아들로 명명하는 것은 근대와 계몽주의 조건 하에서 더 이상 명료하지 않아서 해명이 필요했지만 예수의 인간됨은 논란의 여지가 없었다.

이러한 경향과 상반된 고대의 교의학적 기독론은 그리스도의 신성을 확실히 전제하기에 위로부터의 기독론(Christologie von oben)이라고 일컬어졌다. 여기서 해명되어야 할 것은 그리스도의 신성과 인성의 결합 방식이었다.

예수의 인간됨과 윤리적 완전성에서 시작하는 사유는 윤리적 질문에 대한 집중과 일치했다. 예수는 순수한 종교성의 전형으로 간주되었고 이로써 또한 참된 윤리의 모범으로 여겨졌다. 이에 반해서 그리스도의 인격 및 사역과 관련하여 전래된 교의 규정은 의미 없거나 심지어 기독교가 시대에 적합하게 예수를 뒤따르는 것을 방해하는 것으로 이해되었다.

지금 묘사한 이러한 경향을 아주 분명하게 보여 준 사람은 하르낙이었다. 기독교의 본질을 주제로 한 강의 여덟 번째 시간에 그는 〈다음과 같이 말했다.〉

예수가 선포한 것처럼 아들이 아니라 오직 아버지만이 복음에 속한다. […]
'나는 하나님의 아들이다'라는 문장은 예수 자신에 의해서 그의 복음에 들어가지 않았다. 그래서 이 문장을 복음 안의 다른 문자들 옆에 집어넣는 자는 누구든지 복음에 무엇인가를 추가하는 것이다. […]
복음은 결코 이론적 교리도 철학도 아니다. 복음을 교리라고 부를 수 있다면 그것은 단지 복음이 하나님 아버지의 실재를 가르치기 때문이다. 복음은 우리에게 영원한 생명을 확실히 약속하고 우리가 관계해야 할 가치 있는 일과 세력(Kräfte)이 무엇인지 말해 주는 기쁜 소식이다. 복음은 영원한 생명에 관한 것이기에 참된 삶의 방식을 위한 명령을 제시한다.
복음은 인간의 영혼과 겸손, 긍휼과 순결이, 그리고 십자가가 어떤 가치를 갖는지를 말하고, 세상의 재물과 현세의 생명을 유지하기 위한 걱정스런 염려가 얼마나 무가치한지를 말한다. 모든 싸움에도 불구하고 평화와 확신,

그리고 내면의 불멸성(innere Unzerstörbarkeit)이 참된 생활 방식을 성공적으로 완성할 것이라는 약속이 있다.

이러한 조건 아래서 고백한다는 것은 하나님이 아버지이며 보응하는 자라는 확신 가운데서 그의 의지를 행하는 것 외에 또 무엇을 뜻하겠는가? 예수는 한 번도 다른 고백을 말하지 않았다. [...]

만약 기독론적 고백을 복음의 서두에 위치시키고 먼저 그리스도에 대해서 바르게 사유할 수 있어야 복음에 접근할 수 있다고 가르친다면 예수의 사상과 명령에서 얼마나 멀리 떨어져 있는 것일까!

하르낙, 『기독교의 본질』(Das Wesen des Christentums), 154, 156 이하

하르낙은 고대 기독론을 비판했고 동시에 예수의 복음을 기독교 신앙의 실제적 토대로 간주하면서 이 예수의 복음을 이미 비판의 대상이 된 아들의 인격과 사역에 대한 교의적 교리와 분명하게 구별했다. 예수에게로 회귀하면서 그리스도에 대한 교의를 거부한 하르낙은 19세기 개신교 자유주의의 특징적 경향을 아주 극단화시켰다(5.3.2).

하지만 기독론적 교의의 위기 앞에서 지금 이야기한 이런 형태의 반응이 근대 신학의 유일한 대답은 결코 아니었다. 추가적으로 언급하자면 먼저 헤겔철학을 모델로 기독교 전통의 교리를 철학적으로 새롭게 해석함으로써 보존하려는 시도가 있었다. 또한 20세기 신학에 아주 중요한 것이 되었던 바르트의 화해 교리를 말할 수 있다.

이 교리는 부분적으로 19세기의 사변신학을 떠올리기도 하지만 신앙이 신학의 적합한 인식을 위한 유일한 원천이라고 강조하는데서 사변신학과 구별된다. 바르트는 미완성으로 남은 그의 『교회 교의학』 제4권에서 이 교리를 전개했다(1953년부터 1967년까지 계획한 4권 중 3권이 출판되었다. 6.1.4).

바르트의 이러한 시도에서 중요한 것은 §10.2에서 묘사한 것처럼 전통적 기독론을 개혁교회의 관점에서 폭넓게 수용하고 통합한 것이다(유한은 무한을 수용할 수 없다는 원리의 이름으로 루터교의 편재설을 비판했다). 또 의미 있는 것은 기독론을 죄론, 구원론, 성령론, 기독교 윤리와 교차시킨 것이다(교의학과 윤리학의 관계에 대한 바르트의 입장 §15.3).

10. 4. 2 역사적 예수에 대한 질문

이미 주목한 것처럼 전래된 기독론에 대한 근대의 비판은 특히 예수의 인간됨에 관심을 집중하면서 이루어졌다. 이러한 경향은 역사적 상황속에 살았던 인간 예수에 대한 믿을 만한 상(像)을 얻으려는 관심과 상응한다. 이러한 예수 상을 얻기 위해서 대략 18세기 후기 이래로는 실제 예수를 그의 인격과 운명에 대한 후대의 해석과 구분하려는 시도가 점차 늘어났다. 그리고 이러한 구분은 신약성경 특히 공관복음서에 대한 역사-비평적 연구를 통해서 이루어졌다.

성경 본문에 대한 이러한 방식의 연구는 이미 §5.2.3에서 언급했던 것처럼 성경의 비신성화(Entgöttlichun) 작업 때문에 가능했다. 성경 속의 책들은 더 이상 신적 계시의 직접적인 표현이 아니라 우선적으로 인간적 기원을 가진 역사적 자료로 다루어지고 분석되었다.

역사적 예수에 대한 질문(Ⅰ)

1. 그 배후에는 교회신학의 교의적 예수 상에 대한 비판이 깔려 있다.
2. 교의적 예수상이 아니라 복음의 기초 위에서 역사적으로 확실한 나사렛 예수 상을 취해야만 한다(이것이 역사적 예수에 대한 질문의 제1회전이었다).

실제 예수에 대한 질문은 여러 동기로 시작되었다. 먼저 점점 더 이해할 수 없는 것으로 다가오는 교리적 예수 상(像)을 성경적 전승을 살피면서 비판하고자 했다. 이와 동시에 예수에 관한 성경의 보도와 진술 속에 들어 있는 수많은 차이와 모순을 설명하고 성경이 보여 주는 상이한 예수의 상(像) 뒤에 있는 역사적 진실을 찾고자 했다.

이 목적에 유용한 것은 부활절 이후 공동체가 부활 소식에 의해 확립한 그리스도에 대한 선포와 구분할 수 있는 부활절 이전 예수의 선포를 재구성하는 것이었다. 끝으로 이 양자를 구분하려는 노력에 또 하나의 관심이 결합되었다. 곧 부활의 기적을 전제할 필요가 없고 계몽주의의 합리적 요구에 적합한 신앙을 위해서 실제로 신뢰할 수 있는 토대를 찾아 내려는 관심이었다(§ 10.4.3).

부활절 이전 예수의 선포와 부활절 이후 그리스도에 대한 선포 사이의 차이를 강조하는 것은 계몽주의의 전형적인 특징이었다. 이 점을 잘 보여 주는 고전적인 문서로는 라이마루스가 쓰고 레싱이 발췌하여 출판한 『하나님을 이성적으로 경배하는 자들을 위한 변증 또는 변호서』(Apologie oder Schutzschrift für die vernünftigen Verehrer Gottes)를 들 수 있다(4.6.1).

라이마루스에 따르면 예수는 자신을 그 백성 이스라엘을 타국의 지배로부터 자유롭게 할 정치적 해방자로 드러냈다. 이에 상응하여 그가 선포한 하나님의 통치는 결국 실패하고 말았던 하나의 세계 왕국 건립을 추구했다.

예수의 실패가 십자가의 죽음으로 명백해진 이후에야 제자들은 전 인류를 위해 영적으로 고난당한 구원자의 교리를 생각해 냈다. 그 후 이 교리는 신약의 복음서뿐만 아니라 나머지 서신들로 그리고 후에는 기독교신학 안으로 수용되었다.

요한, 예수, 그의 사신과 제자가 도처에서 하늘나라가 가까이 왔으니 복음을 믿으라고 선포했을 때 이들은 스스로 기대했던 메시아가 가까운 장래에 올 것이라는 즐거운 소식을 전했다고 생각했다. […]

메시아는 지상에서 통치할 위대한 왕이며 예루살렘에 강력한 나라를 세울 것이라는 생각이 메시아와 그의 나라에 관한 지배적인 관념이었다. 이렇게 함으로써 메시아는 그것〈예루살렘〉을 모든 종노릇에서 구원해서 다른 민족들 위에 주로 세울 것이다. 확실히 이것이 메시아에 대해 유대인이 갖고 있었던 보편적인 생각이었다. 그들은 그렇게 생각할 수밖에 없었다. […]

메시아는 결코 자신의 고난과 죽음으로 전 세계의 죄를 없앨 인류의 구원자가 아니었다. 그는 정치적 종노릇에서 이스라엘 백성을 구원할 자일 뿐이었다. 유대인들은 예수를 보면서 언제나 그러한 구원자를 생각했다. […]

따라서 우리가 이로부터 내릴 결론은 이것이다. 곧 사도들은 예수의 죽음 이후에야 비로소 전 인류를 위해서 영적으로 고난당하는 구원자에 대한 체계를 세웠다는 것이다. […]

결론적으로 제자들이 예수의 실제적인 말과 사역을 직접 보고 들었을 때 이들은 어느 시점에서 예수가 이스라엘을 구원하기를 바랐다. […] 그러나 이제 그 희망이 허사가 되었으므로 그들은 며칠 사이에 그들의 체계 전체를 바꿨고 예수를 모든 사람을 위해 고난당하는 구원자로 만들었다.

라이마루스, 『예수와 그의 지지들의 목적에 대하여』
(Von dem Zwecke Jesu und seiner Jünger),
270,12-17.22-29; 271,32-36; 272,15-18(§ 30); 276,11-16(§ 33).

라이마루스는 이제까지 그 내용을 전적으로 신뢰할 수 있다고 전제된 복음서의 사실성을 비판함으로써 역사적 방식으로 추진되는 성경 비판이 독일에서 관철되도록 했고(§ 5.2.3) 동시에 19세기의 전형적인 운동이었던 예수-생애-연구를 고무했다. 이 연구는 교의학적 선입견에서 벗어나 자유롭고 비판적으로 신약성경의 본문을 분석함으로써 역사적으로 신뢰할 수 있는 나사렛 예수의 상을 그려 내고자 했던 수많은 시도였다.

그런데 이러한 시도의 결과는 결코 단일하지 않았고 오히려 정반대였다. 예수의 전기가 더 많이 출판될 수록 예수의 상도 더 많아졌다. 이렇게 라이마루스에 의해서 고무된 예수-생애-연구는 위기에 봉착했고 할레(Halle)의 신학자 켈러가 1892년에 예수-생애-연구의 시도 전체가 오류였다고 말했을 때 이 위기는 절정에 달했다.

알베르트 슈바이처(Albert Schweitzer)는 그의 책『라이마루스에서 브레데까지』(Von Reimarus zu Wrede)에서 이 오류의 각 단계를 그려 냈다. 이 책은 1913년에 증보되어『예수-생애-연구사』(Geschichte der Leben-Jesu-Forschung)라는 제목으로 출판되었다. 켈러는 우리가 활용할 수 있는 유일한 원천인 복음서는 역사적으로 신뢰할만한 예수 상을 얻는 연구를 위해서는 확실히 불충분하다고 강조했다. 따라서 그의 판단에 의하면 교의학적 예수 상에 대한 비판에서 출발한 예수-생애-연구의 결과도 교의학적 예수 상만큼이나 자의적이고 불확실한 것이었다.

> 예수-생애-연구가 〈그려놓은〉 예수는 단지 인간의 창작 예술 작품의 현대적 변종이며 이전에 비판받았던 비잔티움 기독론의 교의학적 그리스도보다 낫지 않다. 이 두 가지 상은 동일하게 실제 그리스도로부터 멀리 떨어져 있다. 이 점에서 과대하게 평가된 역사주의(Historizismus)는 근대 독단론(Dogmatismus)이 그 시대에 그랬던 것처럼 자의적이고 교만하며 주제넘고 신앙 없이 영지주의적이다. […]
> 나는 이 예수-생애-움직임을 오류로 본다. […] 예수의 생애에 대해 역사가가 신뢰하고 충분하다고 간주할 만한 자료는 전혀 없다. 다시 강조하지

만 오늘날 역사와 관련된 학문의 기준에 따라서 나사렛 예수의 전기를 〈쓰
는데 사용할 만한 자료는 없다〉.

켈러, 『이른바 역사적 예수』
(Der sogenannte historische Jesus), 16, 18, 21.

켈러는 고전적 예수-생애-연구가 실패했다고 진단했고 이러한 인식은 역사적 예수는 신학에 무의미하다는 주장과 결합되었다. 이런 경향은 이미 켈러와 불트만에게서 확인할 수 있다(6.3.1). 불트만의 견해에 따르면 신약성경의 선포된 복음은 역사적 예수의 인격과 가르침에서 본질적으로 결정적인 영향을 받지 않았다.

그 선포된 복음의 핵심은 십자가에 죽고 부활한 예수가 메시아라는 것을 믿으라는 호소였다. 불트만의 이러한 입장의 해석적 근거는 고린도후서 5:16이었다.

그러므로 우리가 이제부터는 어떤 사람도 육신을 따라(그. kata sarka) 알지 아니하노라 비록 우리가 그리스도도 육신을 따라 알았으나 이제부터는 그같이 알지 아니하노라(고후 5:16).

불트만이 볼 때 예수-생애-연구는 바울에게 더 이상 의미가 없는 그리스도를 육체대로 알고자 하는 질문이었다. 이 질문과 달리 부활 신앙의 지평에 서 있는 초기 기독교 선포인 신약성경의 케리그마에서는, 예수가 왔다는 사실은 인간에게 자신이 아닌 하나님을 신뢰하라고 말하는 하나님의 요청으로 해석되었다. 케리그마가 어느 정도까지 부활 이전의 예수 자신에게로 소급될 수 있는가의 문제와 별개로 교회의 선포 내용인 케리그마는 고수되어야 한다.

> ## 고전적 예수-생애- 연구의 위기
>
> – 신약성경 자료의 본질은 일반적 의미의 역사적 자료가 아니기 때문에 19세기 예수-생애-연구는 오류로 증명되었다(켈러).

[초대 기독교] 공동체는 예수의 고유한 삶(Persönlichkeit)에 대한 어떤 구체적인 상(像)도 보존하지 않았다. 환상과 결합하지 않고는 복음서 선포로부터 그의 인간상을 재구성하는 것은 불가능하다. 그것은 아주 주관적이며 언제든지 비판적인 회의주의 앞에서 무너진다. 만일 예수의 의미가 그의 삶의 고유한 것에 있다면 이것은 기독교 첫 세대와 더불어 고갈되고 말았을 것이다.

불트만, 『신약성경의 기독론』
(Die Christologie des Neuen Testaments), 250 이하.

육체적인 관점의 그리스도는 우리와 상관이 없다. 그것이 예수의 마음 안에서 어떤 것이었는지 나는 모르며 알고 싶지 않다.

불트만, 『기독론에 대한 질문에 대하여』
(Zur Frage der Christologie), 101.

[원시 공동체는 … 예수가 메시아라고 선포했다.] 원시 공동체가 얼마나 정확하게 알았던지 간에 그들에게는 역사적인 인물 예수는 하나님의 결정적인 구원의 행위였다. 이로써 예수의 선포를 전승하는 것은 단순히 그의 사상을 되풀이하는 것이 아니라는 것이 이미 말해졌다. 선포한 자는 선포의 대상이 되어야만 했다.

불트만, 『역사적 예수가 바울신학과 관련하여 갖는 의미』
(Die Bedeutung des geschichtlichen Jesus für die Theologie des Paulus),
204 이하.

> 원시 공동체가 그[예수]를 메시아로 부름으로써 예수를 결정적인 사건으로 새 세상을 여는 하나님의 행위로 이해했다. … 메시아는 마지막 시간에 구원을 가져오는 자다. 하나님의 구원을, 모든 인간적 본질과 희망에 종지부를 찍는 종말론적 구원을, 그리고 오직 순종하는 자들에게는 구원을, 그렇지 않은 다른 자들에게는 심판을 가져오는 자이다.
>
> 불트만, 『신약성경의 기독론』 266.

불트만은 역사적이며 신학적인 이유를 들면서 부활 이전의 예수에 대한 질문을 거절했다. 그러나 그의 제자 케제만은 1953년 10월 20일에 융엔하임(Jungenheim)에서 이러한 태도에 반대하는 강연을 가졌다. 이 강연은 1954년이 돼서야 처음으로 출판되었다. 이 강연에서 케제만은 공관복음서 자체가 초기 기독교 케리그마를 역사적 예수와 결합시키려고 노력했다는 것을 지적했다.

케제만에 의하면 〈초대 교회와 공관복음 전승을 기록한 자들이〉 부활 이전의 예수에 관심을 가졌기 때문에 공관복음 전승 안에는 역사적으로 확신할 만한 여러 요소가 분명하게 드러난다. 그러나 공관복음의 예수전승 중 신뢰할 만한 부분은 예수의 내외적 발전 과정을 포괄하는 전기를 쓰기 위해서는 결코 충분하지 않다는 점에서 고전적 예수-생애-연구에 대한 불트만과 켈러의 비판은 성낭한 것이나.

> 예수의 생애와 관련하여 그의 내외적 발달에 관한 것을 결코 포기할 수 없다. 그럼에도 우리는 그의 내적 발달 과정에 대해서는 아무것도 알지 못하고 그의 외적 발전에 대해서는 거의 아무것도 알지 못한다. […] 오직 상상력만이 이 빈곤한 근거로부터 원인과 결과에 따라 상세하게 결정할 수 있는 역사의 편물을 짤 수 있다고 자신할 것이다.

그러나 나는 역으로 이 상황에서 체념과 회의가 마지막 말이 되어 인간 예수에 대한 무관심으로 이끌어 가는 것에 동의할 수 없다. 만일 그렇게 된다면 존귀해진 주와 비천해진 주가 동일하다는 원시 기독교의 의도는 부정되고 박탈될 뿐만 아니라 어떤 역사가가 역사가로 남기 위해서 지체 없이 신뢰할 수 있는 것으로 인정해야 할 것이 공관복음에 있다는 것을 간과할 수도 있다.

케제만, 『역사적 예수의 문제』
(Das Problem des historischen Jesus), 212 이하.

불트만은 케제만 등 비판자들의 비판이 부분적으로만 정당하다고 보았다. 그러나 20세기의 기독론은 역사적 예수와 케리그마의 예수가 실제로 다르다는 불트만의 주장과 달리 교회의 기독론이 대체적으로 역사적 예수와 결합되어 있다는 입장을 견지했다. 그런데 이러한 입장의 배후에는 역사적 관심사보다는 신학적 관심사가 더 크게 자리한다.

곧 기독교를 인간 예수와 관련시킴으로써 유대교와 초기 기독교 이단들 앞에서 기독교의 정체성을 확고히 하는데 해석상의 도움을 준다. 또한 이러한 연관은 조직신학적 관점에서 교회의 기독론을 부활 이전 예수의 선포에 대한 추가적 서술로 말하는 데에 유익하다.

역사적 예수에 대한 질문(Ⅱ)

1. 켈러와 불트만은 부활 이전의 역사적 예수는 신학적 의미가 없다고 주장했다.
2. 불트만의 제자인 케제만은 실제 살았던 예수와 성경의 그리스도에 대한 선포의 연관성을 강조했다(이것은 역사적 예수에 대한 질문의 제2회전이었다).
3. 오늘날 연구자들이 역사적 예수에 대한 질문에 관심을 갖는 것은 단지 신학적 관점 때문만은 아니다(이것이 역사적 예수에 대한 질문의 제3회전이다).

최근에는 불트만 학파에 의존하지 않은 예수-연구가 정착했다. 이것은 유대적 예수 연구의 통찰을 받아들여 특히 미국에서부터 시작되었다. 이것을 가리켜 제3의 질문(Third Quest)이라고 부른다. 역사적 예수를 질문하는 세 번째 과정이 시작되었다.

공관복음 전승의 많은 부분이 역사적으로 믿을 만하다는 신뢰, 비(非)정경 문헌과의 연관 그리고 사회사적 관심은 이 연구가 교회의 그리스도 교의와는 독립한 영역임을 말해 준다. 제3의 예수-생애-연구는 역사적 낙관주의 때문에 분명 고전적 예수-생애-연구로 회귀한다.

10. 4. 3 부활의 역사성

이미 성경에서도 확인할 수 있는 예수의 인격과 운명이 지니는 신학적 의미에 대한 숙고는 고대 교회 시대 이래로 갈수록 심화되었다. 그리고 예수의 신학적 의미에 대한 숙고는 항상 부활 신앙의 지평 위에서 이루어졌다. 따라서 이미 바울에게서도 예수의 부활에 대한 고백은 그리스도 신앙의 지주(支柱)였다(고전 15).

하지만 계몽주의 이래로 기독교 신앙고백에서 주장된 부활은 자연법칙의 연관성을 깨뜨리는 기적으로 이해되어 이 사건의 실제성은 시종일관 부정되었다.

> 1777년 레싱이 출판한 미완의 『부활의 역사에 대해서』(Über die Auferstehungsgeschichte)에서 이미 라이마루스가 말한 것처럼 사람들은 부활한 자의 현현을 언급하는 성경 보도를 예를 들어 마태복음 28:1-15과의 연관 속에서 제자들이 꾸며낸 거짓으로 해석했다. 또는 마가복음 15:44 이하를 지적하면서 예수가 실제로 십자가에서 죽었다는 것을 부정했다. 예컨대 합리주의

자였던 하인리히 에버하르트 고틀로프 파울루스(Heinrich Eberhard Gottlob Paulus, 1761-1851)도 이와 같이 말했다.

끝으로 슈트라우스는 주의 현현에 대한 보도가 제자들의 환상에서 비롯된 것이라고 보았고 괴팅겐 신약학자 게르트 뤼데만(Gerd Lüdermann, 1946 생)은 그의 저서 『예수의 부활』(Die Auferstehung, 1994)에서 이러한 해석을 계승했다(아래를 보시오).

부활이 실제 사건이라는 것을 충분히 이해시킬 만한 근거가 전혀 없다는 것은 철저한 역사적 질문의 결과로 간주해야 한다. 뤼데만이 그랬던 것처럼 현대 진리 의식의 지평에서 작업하는 기독교신학 역시 이 역사적 결과를 가감 없이 그대로 받아들여야만 한다.

역사성이야말로 건너뛸 수 없는, 인간적 특성의 한 근원적 범주라는 것이 근현대의 결정적인 통찰 중 하나다. 역사적 방식의 신학에 회의적인 신학자들 역시 역사적으로 진술하거나 아니면 필연적으로 역사적 함의를 갖고 진술할 수밖에 없다.

그 근본에서 역사–비평적 문제 제기를 비켜가는 신학은 슈트라우스 이래로 언제나 비학문적이라는 낙인을 받았다[슈트라우스를 인용]. […]

우리는 예수의 부활을 더 이상 문자적 의미로 이해할 수 없다. […] 역사적으로 보면 우리는 무덤에 대해서 최소한의 것도 알지 못하기 때문이다. 무덤이 비어 있었는지 그것이 하나의 독립된 무덤이었는지 알지 못한다. 그리고 예수 시신의 운명에 대해서도 모른다.

그 시신이 부패했는가?

나는 이 결론이 필연적이라고 생각한다. 그러나 오늘날에도 다시 적지 않은 사람들이 이 결론을 놓치고 있다. […]

> 나의 생각으로는 이 같은 모든 시도는 실제로 변증이라는 이름으로 역사를 회피하는 것이다. 이 과정에서 역사적인 질문이 신학에 비해 수준 낮은 질문으로 격하되든지, 아니면 신학이 격정적으로 자기가 더 나은 역사적 학문이라고 주장하든지, 아니면 역사적이라는 개념은 [···] 사변 속으로 폐기된다.
>
> 뤼데만, 『예수의 부활』(Die Auferstehung Jesu), 31, 216 이하.

예수의 부활에 대한 기독교 신앙은 현대에 들어 다시금 뤼데만에 의해 비판되었다. 오늘날 신학의 장에는 뤼데만의 견해에 대해 상이한 반응들이 있다. 예컨대 판넨베르크는 뤼데만의 역사 이해의 전제를 비판했다. 그것은 뤼데만이 처음부터 신의 초자연적 개입과 자연법칙의 연관을 깨는 일이 근본적으로 있을 수 없다고 전제하기 때문이다. 그러나 이러한 전제는 판넨베르크에게 자명하지 않다.

> 하나님의 존재와 창조주로서의 힘을 인정하는 자에게는 예수가 실제 죽은 자에게서 부활했다는 것, 그리고 바울이 고린도전서 15:4-8에서 열거했고 뤼데만 역시 그 역사성을 주장하는 것처럼 그리스도 현현에서 부활한 자가 자기 자신을 알렸다는 것이 처음부터 불가능한 것으로 간주되지 않는다.
> 만약 하나님의 행위를 근본적으로 배제하는 세속화된 실제 이해라는 독단(Dogma)을 추가적인 선제로 늘여오시 잃는다면 어떤 깃도 부활 현상을 이와 같은 의미[부활한 자의 실제적 자기 선포]로 이해하는 것에 모순되지 않는다. [···]
> 실재 이해와 역사적 가능성에 대한 질문에 열려 있고 하나님의 실존과 이 세상사 속에서의 그의 창조 사역에 대한 신뢰에 열려 있다면 여러 논거들에 대한 역사–비평적 숙고 자체는 그[뤼데만]의 서술을 찬성하지 않고 반대한다.
>
> 판넨베르크, 『예수의 부활』(Die Auferstehung Jesu), 313, 318.

판넨베르크는 근본적으로 뤼데만의 지평에서 논증했지만 다른 결과에 도달한다. 곧 실제로 부활을 역사적 사건으로 받아들일 때 부활절 이후에 예수가 나타났다는 성경적 보도를 가장 적합하게 해석할 수 있다는 결론이다.

이러한 견해는 § 3.3에서 서술했던 그의 관심과 일치한다. 곧 성경에 전승되고 하나님에게서 기인한 것으로 여겨진 역사적 사건을 역사적으로 확실한 지식의 대상으로 이해하려는 관심과 일치한다.

판넨베르크와 달리 달페르트는 뤼데만의 문제 제기 방식을 비판한다. 뤼데만은 부활 사건이 실제적인가의 질문에 고착되어 있다. 이 경향에 반하여 달페르트는 예수의 부활에 대한 기독교 신앙고백은 어떤 역사적 사실 관계도 단언하지 않는다고 주장한다. 오히려 이 신앙고백은 초기 그리스도인들이 예수의 죽음과 (그의 현현에 대한 보도가 증언하는) 그의 살아 있음을 어떻게 서로 관련시켰는지를 보여 준다.

> 그[뤼데만]가 아는 것은 양자택일이다. 부활절은 예수의 삶 속에서 일어난 사건이든지, 제자들의 삶 속에서 일어난 사건이다. 첫 번째 경우라면 이것은 객관적인 것으로 이해해야 하지만 (이것은 역사적으로 불가능하다). 두 번째 경우라면 이것은 심리적인 것으로 이해해야 한다. (이 해석만이 역사적으로 이해가 된다). 이 양자택일적 사유 때문에 그는 처음부터 하나님이 예수를 다시 살렸다는 고백에 담긴 신학적 요점을 그릇되게 이해했다. 그에 따르면 **부활절은 하나님의 삶 속에서 일어난 사건에 대한 고백이다.** 이 때문에 그리고 이 조건 안에서 이것은 예수와 제자들과 우리에게 종말론적 새 실재를 열어 주는 무언가가 된다. […]
>
> 〈그러나〉 하나님이 예수를 살렸다는 고백은 어떤 역사적 사실 관계를 말하지 않는다. 이 고백은 또한 빈 무덤이나 예수의 현현 같은 역사적 사건 관계에서 직접 도출되지도 않았다. 이것은 양립할 수 없는 두 사건 사이의 **딜**

레마 곧 예수의 죽음과 살아 있음이라는 **딜레마**에 대해서 초기 그리스도인들이 지극히 논리적으로 추론한 대답이다. 이들에게는 이 문제를 달리 풀 방도가 없었다.

이들이 어떻게 이 대답에 이르렀을까?

이것으로 내가 말하고자 하는 것은 이것이다. 그들은 자신들이 만들지 않고 정반대의 원인인 하나님에게서 기인한 예수의 살아 있음을 경험했다. 그리고 이 경험 안에서 이들은 **세상 안에서 구원하며 생명을 주는 하나님의 가까운 현실을 예수 자신에게 적용한 것이다.** […]

하나님이 예수를 살렸다는 기독교의 신앙고백은 […] **해석학적으로 자기들에게 적용함으로써 경험을 근본적으로 강화시킨 것이고 그 자체로 세계를 변화시킨 한가지 해석학적 사건이다.**

달페르트,『가득한 무덤, 빈 신앙?』385(주 15), 401.

📖 현대 기독론의 전개 과정
- W.-D. Hauschild, Christologie II (RGG⁴ 2), 302-306.
- U. Khn, Christologie, 147-279.

👓 아래 책을 읽고 바르트의 화해론의 구조를 알아보시오.
- K. Barth, Kirchliche Dogmatik IV/1, 83-170 (= § 58).

📖 최신 기독론의 문제섬에 내하여 연구사적 지평에서 신약신학의 현황
- G. Theißen/A. Merz, Der historische Jesus. 21-124(=§§1-4) 우리 책 § 10.4.2와 관계하고, 416-446(=§ 15) 우리 책 § 10.4.3과 관련된다.

👓 아래 책을 활용하여 예수 연구의 최신 경향을 알아보시오.
- P. Müller, Neue Trends in der Jesusforschung.

📖📖 역사적 예수에 대한 최근 논의 중에서 중요한 논문
- J. Schröter/R. Brucker (Hg.), Der historische Jesus.

📖 📖 학문과 대중들이 내놓는 예수에 대한 새로운 상들을 신학적으로 어떻게 다룰지 서술한 책
- R. Leonhardt, Zur theologischen Bedeutung moderner Jesusbilder.

📖 부활에 대한 최신 논의를 요약한 책
- C. Andresen/A. M. Ritter, Die Anfänge christlicher Lehrentwicklung, 11-18.
- B. Oberdorfer, Was sucht ihr den Lebendigen bei den Toten?

외론(外論) 4. 로마가톨릭교회의 마리아 교리(마리아학)

『사도신경』은 마태복음 1:18-25과 누가복음 1:26-35에 의거하여 그 두 번째 항목에서 이렇게 말한다.

그리고 예수 그리스도, 그의 독생한 아들, 우리 주를 믿습니다. 그는 성령으로 말미암아 잉태되고, **동정녀 마리아에게서 태어났고.**

이와 비슷하게 『니케아콘스탄티노플 신경』도 그리스도에 대해서 말한다.

우리 사람들, 우리 구원을 위해서 하늘에서 내려와 성육신했고, 성령에게서 그리고 **처녀 마리아에게서** 〈태어났다.〉

한 인격 안에서 동시에 하나님과 인간이라는 예수의 유일성은 위의 두 신앙고백에 따르면 그의 출생의 유일성에서 분명해진다. 이것이 로마가톨릭 안에서 강하게 형성되었던 마리아 숭배와 연관해서 광범위한 교리로 발전한 마리아론의 출발이다. 네 개의 교의로 이루어진 마리아론을 그 형성 순서에 따라 살펴보자.

1. 마리아, 하나님의 어머니

마리아라는 인물과 관련한 신학적 갈등이 처음으로 구체화된 때는 육체가 된 말씀(로고스)의 신성과 인성의 관계에 대한 논쟁이 벌어졌던 고대 교회 초기였다. 이 논쟁은 이른바 네스토리우스 논쟁(428-431) 안에 끼어 있었던 질문, 곧 육체를 따라서 하나님의 아들을 낳은 마리아를 하나님의 어머니라고 칭할 수 있는지를 두고 벌어졌다(§ 9.2.1).

그런데 마리아를 그리스도와 나란히 숭배하는 마리아 신앙으로 자라날 씨앗이 일찍부터 있었다는 것을 4세기 이래로 확인할 수 있다. 마리아 숭배의 가장 중요한 근거는 위경 『야고보의 원시 복음』에 있는 마리아의 출신과 삶에 대한 상세한 서술이었는데 그 영향력은 거대했다.

예수의 어머니에게 구원사적 의미를 특별히 부여해 주었던 것은 하와와 마리아의 유비(Eva-Maria-Parallele)였다. 이 유비는 처음으로 저스틴과 이레네우스의 사상 안에서 바울의 아담과 그리스도의 유비(Adam-Christus-Parallele, 롬 5) 옆에 등장했다.

이러한 흐름을 생각할 때 키릴이 에베소에서 논란의 여지가 있는 방식으로 네스토리우스의 단죄를 관철시키고 마리아가 하나님의 어머니라는 호칭을 451년 칼케돈에서 거듭 확증한 일은 기독론적으로 중요한 결정일 뿐 아니라 앞으로 있을 마리아에 대한 사유를 합법화해 주는 것이기도 했다.

> 임마누엘이 진실로 하나님이라는 것과 그리고 이 때문에 거룩한 동정녀가 하나님의 어머니(theotokos)라는 것을 고백하지 않는 자는 파문을 당할 것이다. 그것은 그녀가 육체를 따라서 하나님과 육체로 된 말씀을 낳았기 때문이다.
>
> 에베소 공의회(431)
> 네스토리우스적 기독론에 대한 키릴의 첫 번째 저주(DH 252; NR 160).

2. 마리아의 평생 동정

예수의 소년 시절을 이야기하는 복음서 본문은 마리아가 예수를 잉태했어도 그의 출생 이전에 동정녀였다고 보도한다(라. virginitas ante partum, 마 1:18;눅 1:26-31). 그런데 이미 3-4세기 이래로 사람들은 마리아가 예수의 해산 때 뿐만 아니라 그 이후에도 동정녀였다고 이야기했다(라 virginitas in partu/virginitas post partum).

너희는 그(예수 그리스도)가 성령에 의해 잉태되어 동정녀 마리아에게서 태어났고, 마리아는 출산 이전에도 동정녀였고, 출산 이후에도 항상 동정녀로 머물렀으며, 죄로 인하여 더럽혀지거나 얼룩지지 않은 상태를 지속했음을 믿어야만 한다.	Credite eum conceptum esse de Spiritu sancto, et natum ex Maria virgine, quae virgo ante partum, et virgo post partum semper fuit, et absque contagione vel macula peccati perduravit.

케사리우스(Caesarius von Arles), 『설교』(Sermo) 10.1 (CChrSL 103.51).

위에 인용된 케사리우스(Caesarius von Arles 470-542)의 글은 분명하게 구원사적 언급에 근거해서 마리아의 평생 동정 사상을 말하고 있다. 그리스도가 이 세상에 온 사건은 인간이 죄의 힘에서 풀려나는 구원의 시작이었기 때문에 그리스도의 출생 과정 역시 해산의 고통이라는 죄의 형벌 없이(창3:16) 완성되어야만 했다.

첫 사람의 아내에게서는 마귀의 악이 미혹된 정신을 부패시켰지만 둘째 사람의 어머니에게서는 하나님의 은혜가 정신과 육체를 완전무결하게 보존했다. 그의 정신에 아주 견고한 믿음을 주었고 그 육체에서 육적 욕망을 온전히 없애 주었다. 사람이 죄로 인하여 비참하게 정죄당할	In primi hominis coniuge nequitia diaboli seductam deprauauit mentem, in secundi autem hominis matre gratia Dei et mentem integram seruauit et carnem. Menti contulit firmissimam fidem, carni abstulit omnino libidinem. Quoniam igitur miserabiliter pro peccato

수밖에 없기 때문에 신인(神人)은 불가사 damnatus est homo, ideo sine peccato
의한 방식으로 죄 없이 태어났다.   mirabiliter natus est Deus homo.

> 풀겐티우스, 『설교』(Sermo) 2,6 (CChrSL 91 A, 902[115–121줄]).

그러나 마리아는 구원자를 해산한 이후에도 동정을 유지했다. 그는 자신의 소명과 사명이 오직 하나님을 섬기는 것이라고 여겼다. 따라서 케사리우스의 인용문에서 이미 언급한 것처럼 그는 자신의 전 생애를 더러움과 죄의 얼룩 없이 살았다. 제2차 콘스탄티노플 공의회는 **평생 동정**(aeiparthenia)이라는 개념을 드러나게 수용함으로써 마리아의 평생 동정을 공인했다.

> 하나님인 말씀은 두 번 태어났다. 한 번은 시간 전에 아버지로부터 시간과 육체 없이 태어났고 또 한 번은 그 자신이 하늘로부터 내려왔던 마지막 날에 영광스러운 하나님의 어머니요 평생 동정녀인 마리아로부터 육체가 되어(그, tes hagias endoxou theotokou kai aeiparthenou Marias) 그로부터 태어났다. 누구든지 이것을 고백하지 않는 자는 파문을 당할지어다.
>
> 제2차 콘스탄티노플 공의회(553) Kanon 2 (DH 422; NR 181).

3. 마리아의 원죄 없는 잉태

하나님의 어머니가 지속적으로 동정녀였다는 사상이 강조하는 핵심은 마리아가 완전히 무죄하다는 것이다. 원죄론이 교의로 정착되면서 서구신학은 새로운 질문에 봉착했다. 이 질문은 아담의 죄가 보편적이며 모든 인간에게 구원이 필요하다는 것을 고려할 때 마리아의 무죄성을 어떻게 생각해야하는가의 문제였다.

이에 대한 하나의 해결책은 후기 스콜라신학, 특히 둔스 스코투스에 의해서 형성된 은혜가 선행한다는 교리였다 이 교리에 따르면 마리아는 이 선행하는 은혜에 의해 자신을 막 엄습하려는 원죄에서 보호되었다.

이 말은 마리아가 그의 존재 시작부터 곧 이미 그의 어머니 안나의 몸에서부터 거룩하게 되었다는 것을 뜻한다. 평생 동정녀의 무죄는 선행하는 은혜가 그를 원죄에서 지켜주었다는 것에 근거한다. 따라서 마리아는 그리스도가 십자가에서 일으킬 구원을 사전에 경험한 것이다.

이러한 사상은 교황 비오 9세(Pius IX, 재위: 1846-1878)가 선포한 『형언할 수 없는 하나님』(Ineffabilis Deus)이라는 교서의 신학적 배경을 이루었다. 가톨릭 안의 한 가지 강력한 흐름인 마리아 신앙에 의해서 주도된 이 교서에서 하나님의 어머니가 원죄에서 자유하다는 것이 모든 로마가톨릭 그리스도인에게 계시된 규범적인 신앙 요소로 고양되었다.

거룩하고 분리될 수 없는 삼위일체 〈하나님의〉 영광을 위해서, 하나님의 어머니인 동정녀의 고결함과 영예를 위해서, 가톨릭 신앙의 숭고함과 기독교 종교의 증진을 위해서 우리 주 예수 그리스도와 복된 사도인 베드로와 바울과 우리의 권위에 근거해서 우리는 지속적인 하나의 교리를 명백히 하고 공포하고 확정한다. 이 교리는 하나님에 의해서 계시되었고 따라서 모든 신자가 굳세고 한결같이 믿어야 한다. 곧 지극히 복된 동정녀 마리아가 잉태되는 바로 그 순간에 전능한 하나님의 유일회적인 은혜와 특권적 배려와 인류의 구원자인 예수 그리스도의 공로를 전망하는 가운데 원죄의 모든 흠에서 완전하게 보호되었다.	Ad honorem sanctae et individuae Trinitatis, ad decus et ornamentum Virginis Deiparae, ad exaltationem fidei catholicae et christianae religionis augmentum auctoritate Domini nostri Iesu Christi, beatorum Apostolorum Petri et Pauli ac Nostra declaramus, pronuntiamus et definimus, doctrinam, quae tenet, beatissimam Virginem Mariam in primo instanti suae conceptionis fuisse singulari omnipotentis Dei gratia et privilegio, intuitu meritorum Christi Iesu Salvatoris humani generis, ab omni originalis culpae labe praeservatam immunem, esse a Deo revelatam atque idcirco ab omnibus fidelibus firmiter constanterque credendam.

비오 9세(Pius IX), 『형언할 수 없는 하나님』
(DH 2803; NR 479).

4. 마리아의 승천

마리아가 육체를 갖고 승천했느냐의 질문은 그가 원죄 없이 잉태되었다는 것과 직접적으로 관련된다. 죽음이 원죄의 결과라면 원죄와 상관없는 사람은 죽을 수 없다. 따라서 마리아는 결코 죽지 않았고 그의 생애 마지막에 몸과 영혼(mit Leib und Seele)을 가지고 하늘에 받아들여진 것으로 여겨졌다. 이로부터 마리아를 하늘의 여왕(Himmelskönigin)으로 보는 이해가 생겨났다. 그는 고양된 그리스도 옆에서 세계 통치권을 가지며 따라서 신자의 기도가 그를 향할 수 있다.

방금 묘사한 교리가 확립되는 데 가장 강력한 영향을 끼친 것도 역시 교회 대중의 신앙 의식이었다. 이 교리는 교황 비오 12세(Pius XII., 재위: 1939-1958)가 그의 『지극히 관대한 하나님』(Munificentissimus Deus)이라는 교서를 내려서 1950년 11월 1일에 교의로 확정하였다. 1854년 확정된 교의의 경우처럼 이것 역시 공의회의 참여 없이 오직 교황 스스로 확정한 교리였다.

마리아의 육체적 승천 교리가 이와 같은 방식으로 확정될 수 있었던 배후에는 교황이 교리와 관련하여 내린 결정은 그릇될 수 없다는 1870년의 교의가 있었다. 〈이러한 방식으로 교의가 확정된 사례는〉 교회사에서 처음이었고 지금까지 유일하다.

그래서 […] 동정녀 마리아에게 특별한 호의를 넘치도록 베풀었던 전능한 하나님의 은혜를 위해서, 영원히 불멸의 왕

Quapropter […] ad Omnipotentis Dei gloriam, qui peculiarem benevolentiam suam Mariae Virgini dilargitus est, ad sui

이며 죄와 죽음의 승리자인 그의 아들 의 영광을 위해서, 그의 숭고한 어머니의 영광을 증대하기 위해서, 전 교회의 복락과 숭고함을 위해서, 우리는 우리 주 예수 그리스도, 복된 사도인 베드로와 바울, 그리고 우리의 권위에 근거해서 〈이것이〉 신적으로 계시된 교리임을 공포하고 명백히 하며 확정한다. 무결한 하나님의 어머니 항상 동정녀였던 마리아는 이 세상의 삶의 여정이 완결되었을 때 몸과 영혼을 지닌 채 하늘 영광 안으로 받아들여졌다.

Filii honorem, immortalis saeculorum Regis ac peccati mortisque victoris, ad eiusdem augustae Matris augendam gloriam et ad totius Ecclesiae gaudium exsultationemque, ... auctoritate Domini Nostri Iesu Christi, Beatorum Apostolorum Petri et Pauli ac Nostra pronuntiamus, declaramus et definimus divinitus revelatum dogma esse: Immaculatam Deiparam semper Virginem Mariam, expleto terrestris vitae cursu, fuisse corpore et anima ad caelestem gloriam assumptam.

비오 12세(Pius XII), 『지극히 관대한 하나님』(Munificentissimus Deus) (DH 3903; NR 487).

예수 그리스도가 **성령과 동정녀 마리아로부터** 태어났다는 고백(1)은 모든 기독교 종파를 통합하는 것이다. 마리아의 평생 동정에 대한 교리(2)는 루터교 신앙고백 안에 구체적으로 『슈말칼덴 조항』의 첫 번째 부분에 수용되었다는 것은 흥미로운 일이다. 하지만 마리아가 항상 동정녀였다는 언급은 젤네커에 의해서 관리되었던 라틴어 번역판에만 나오고 루터의 독일어판에는 그 대신 '순수하고 거룩한 동정녀 마리아로부터'라고 언급될 뿐이다.

이와 달리 마리아의 원죄 없는 잉태(3)와 그의 승천(4)에 관한 교리는 (정통) 동방 교회뿐만 아니라 종교개혁에서 시작된 교회에 의해서 거부되었다. 더 나아가 사람들은 이 두 교리로 인하여 성모론이 기독론에서 분리되어 독립된 영역이 될 수 있었다고 비판한다.

이와 같이 성모론이 독립되는 경향은 브라질 프란체스코 수사이며 해방신학자인 레오나르도 보프(Leonardo Boff, 1938 생)에게서 확인할 수 있다. 보프는 그의 책 『하나님의 어머니다운 얼굴』(O rosto materno de Deus, 1979)에서 분명하게 성모론을 그리스도 중심주의로부터 자유롭게 해야 한다고 요구했다. 그리고 이를 위해서 그리스도 안에서 말씀이 성육신한 것과 유사하게 **마리아를 성령의 성육신**으로 이해하자고 제안했다. 이를 통해서 남성적인 것이 하나님과 결합되는 것과 같은 방식으로 여성적인 것도 하나님과 결합된다.

📖 로마가톨릭의 마리아론을 간단하게 서술
 - F. Courth, Art. Maria (TRE 22).

📖 📖 로마가톨릭의 마리아론을 포괄적으로 서술
 - G. Söll, Mariologie.

👓 아래 저서를 활용하여 제2차 바티칸 공의회의 마리아론을 알아보시오.
 - Lumen gentium, Kapitel 8: Nr. 52-69 (DH 4172-4192).
 - W. Dantine/E. Hultsch, Lehre und Dogmenentwicklung, 391-397.

§ 11. 인간의 구원(구원론)

구원론(그. soteria)은 인간의 구원에 대한 교리다. 더 정확히 말하면 구원은 하나님이 죄와 죽음에 떨어진 인간을 구원하는 것이다. 따라서 구원론의 대상은 **인간 삶에 실제적으로 참여하면서 인간을 구원하는 하나님의 행위다.**
이 같은 대상 규정에서 구원론이 기독교 교의학의 **다른 주제**와 맺는 내용상 중요한 **연관**이 드러난다.

(1) **하나님의 세계통치 교리와의 연관.** 인간을 구원하는 하나님의 행위가 현실화되는 것은 하나님의 의지 안에 확정된 인간에 대한 구원결정(Heilsbeschluss)을 전제한다. 그리고 이 구원결정은 구원을 향하도록 정해진 인간에 대한 규정을 포함한다.

(2) **삼위일체론과의 연관.** 각 사람에게 미치는 삼위 하나님의 구원 행위 곧 성령의 파송을 통한 인간의 성화(sanctificatio)는 우선적으로 성령에게 귀속되는 삼위의 외적 사역이다(§ 7.2.2).

(3) **기독론과의 연관.** 구원론은 하나님의 보편적 구원 의지가 각 사람에게 실제적으로 작용하는 것을 다루는데 이 구원 의지는 예수 그리스도의 인격과 사역에서 계시되었다(§ 10.2). 따라서 높아진 그리스도는 하나님의 세계통치에 참여한다(§ 10.3.3).

(4) **신앙과의 연관.** 하나님의 계시에 대한 인간의 응답인 신앙은 하나님이 선사한 구원의 관계 안으로 인간이 신뢰하며 들어가는 사건이다(§ 14.1).

(5) **종말론과의 연관.** 그리스도의 사건이 지니는 구원의 의미를 믿는 그리스도인은 이미 현재에서부터 미래에 완성되길 소망하는 하나님의 종말론적 구원에 참여한다(§ 14.1)

이 연관들에서 다음과 같은 구원론의 주제가 드러난다.

① 10. 1: **성령(성령론)**: 그리스도 안에 근거된 인간을 향한 은총은 성령의 사역이다.
② 10. 2: **죄인의 칭의**: 인간은 죄에서 해방되고 이로써 하나님과의 올바른 관계 안에 놓여진다. 이 관계 안에서 인간은 사랑할 수 있는 사람이 된다.
③ 10. 3: **하나님의 앞선 결정(선택설)**: 인간을 향한 은혜 행위를 확립하는 하나님의 구원 결정이 〈먼저〉 있다.

11. 1. 성령(성령론)

기독교신학 안에서 성령은 구원론과 삼위일체의 틀에서 언급될 뿐만 아니라 성경에 대한 교리와도 관련된다(§ 5). 성경이 신적 영감에 의한 저작이라는 전통적 교리에 따르면 성경의 실제적 저자는 성령이다. 이것 외에도 성령과 연관된 교회와 성례에 대한 교리를 들 수 있다. 성령의 사역은 구원의 수단, 곧 신앙을 매개하는 수단으로 말씀과 성례를 행하는 교회 안에서 이루어진다(§ 12; § 13).

신학적 전통이 어느 곳에서 (성)령과 그의 사역에 대해서 말하든지 이 언급은 항상 삼위의 세 번째 인격과 그의 행위와 관련되어 있다. 성령을 삼위의 세 번째 인격과 관련시키는 신학적 전통과 비교하면 성령을 언급하는 성경의 자료는 더 다양하고 자유롭다.

이러한 경향은 특히 **구약성경**에서 볼 수 있다. 여기서 가장 흔하게 영(Geist)으로 번역되는 히브리어 '루아흐'(ruach)라는 낱말은 비신학적 맥락에서도 쓰일 수 있다. 예컨대 창세기 45:27에서 언급된 야곱의 영(Geist Jakobs)이 그러한 경우다.

그들이 또 요셉이 자기들에게 부탁한 모든 말로 그에게 말하매 그들의 아버지 야곱은 요셉이 자기를 태우려고 보낸 수레를 보고서야 기운(Geist)이 소생한지라(창 45:27).

성령(Heiliger Geist)이라는 낱말은 구약성경에서 오직 두 가지 맥락에서만 등장한다(사 63:10 이하; 시 51:13). 하지만 하나님의 영(Geist Gottes)이라는 말은 아래의 예처럼 수많은 곳에서 언급된다.

성령

1. **구약성경**: 성령은 우선 소수 선택된 자에게 주어졌다.
2. **신약성경**: 성령은 사랑의 부음(롬5:5)을 통해서 모든 믿는 자와 그리스도를 결합시킨다.
3. **콘스탄티노플 공의회(381)**: 독립적 삼위일체 인격으로서의 성령의 완전한 신성을 교의화했다.

ⓐ 하나님의 창조 및 보존 사역과 관련하여 영이 갖는 의미는 이미 창조론에서 언급했다(§ 8.2.1).

ⓑ 몇몇 사람의 능력과 행위는 영의 활동으로 이해되었다. 이러한 이해는 특히 사사 시대에 주의 영에 의해서 능력 있는 지도자로 세움을 받고 이스라엘을 구원했던 인물에게 해당된다(삿 3:10; 6:34; 11:29).

ⓒ 기원전 8-7세기에 활동한 선지자가 자기 사명의 근거로 성령을 의지한 경우는 드물거나 전혀 없었다. 그러나 포로기와 그 이후에는 선지자의 전권이 다시 영이 역사한 결과로 이해되었다. 예컨대 에스겔 11:5은 다음과 같이 말한다.

여호와의 영이 내게 임하여 이르시되 너는 말하기를 여호와의 말씀에 이스

라엘 족속아 너희가 이렇게 말하였도다 너희 마음에서 일어나는 것을 내가
다 아노라(겔 11:5).

종말론적 미래에 올 것으로 기대되는 통치자는 성령을 소유한 자로 묘
사된다.

그의 위에 여호와의 영 곧 지혜와 총명의 영이요 모략과 재능의 영이요 지
식과 여호와를 경외하는 영이 강림하시리니(사 11:2).

포로기와 그 이후의 증언에 따르면 하나님의 영은 사람 안에서 내적 변화를 일으킨다. 이로 인하여 하나님의 법은 더 이상 외적이고 낯선 것으로 사람 건너편에 있지 않고 그 마음 안에 기록된다(겔 36:26 이하). 다른 한편으로 영은 고대하는 메시아와 선택된 자들에게 국한되지 않고 이스라엘 민족의 모든 사람에게 베풀어진다(겔 39:29; 욜 3:1 이하).

신약성경에 따르면 메시아에 대한 기대는 예수 그리스도 안에서 성취되었다. 예수가 하나님과 맺은 특별한 관계, 곧 그가 하나님의 아들이라는 것은 그가 성령을 소유하고 있다는 사실에 근거한다.

이 성령의 소유라는 주제는 바울에게서 예수의 부활 사건과 결합되었다(롬 1:4). 마가에 의하면 예수가 세례를 받을 때 성령이 그에게 임했나(막 1:10 이하). 마태와 누가는 예수가 어떻게 성령을 소유하게 되었는지를 그의 육체적 기원에서 설명한다(마 1:18-20; 눅 1:35). 부활절 이후 성령은 예수와 그에게 귀의한 사람들의 관계를 보장하는 자다.

① 영은 믿는 자들을 생명으로 향하는 도상에서 인도한다(요 14-16). 영은 그들에게 예수의 말을 떠올리고 그 안에서 가르치고 이로써 진리

가운데로 이끌어 간다(요 14:26; 16:13).

② 예수를 주라고 고백하는 것은 오직 영 안에서만 가능하다.

> 그러므로 내가 너희에게 알리노니 하나님의 영으로 말하는 자는 누구든지 예수를 저주할 자라 하지 아니하고 또 성령으로 아니하고는 누구든지 예수를 주시라 할 수 없느니라(고전 12:3).

③ 받은 믿음을 널리 전파할 수 있도록 영을 소유한 자에게 권능이 부여된다.

> 그들이 다 성령의 충만함을 받고 성령이 말하게 하심을 따라 다른 언어들로 말하기를 시작하니라(행 2:4).

사도행전 2:14 이하에서 서술된 사건은 방금 요엘서 3장에서 인용한 부분과 관련되어 있다. 성령의 소유자에게 주어진 권능에 대해서 데살로니가전서는 이렇게 말한다.

> 이는 우리 복음이 너희에게 말로만 이른 것이 아니라 또한 능력과 성령과 큰 확신으로 된 것임이라(살전 1:5).

④ 영으로 말미암아 이루어진 선포가 그 목적을 달성하고 사람들을 믿음으로 이끈다면 그것 역시 성령의 사역이다.

> 또 너희는 많은 환난 가운데서 성령의 기쁨으로〈성령 안에서 기쁨으로〉 말

씀을 받아 우리와 주를 본받은 자가 되었으니(살전 1:6).

성령을 소유했다〈받았다〉는 것은 믿는 자가 그리스도와 가까이 있고 그를 통하여 하나님과의 사귐 안으로 받아들여졌다는 것을 뜻한다. 성령은 첫 번째 선물(그. aparche)이며 성령을 받은 자는 이미 여기서 인도를 받으면서 열망하는 미래의 부활에 집중하게 된다. 이에 대한 한 예를 로마서가 말한다.

그뿐 아니라 또한 우리 곧 성령의 처음 익은 열매를 받은 우리까지도 속으로 탄식하여 양자 될 것 곧 우리 몸의 속량을 기다리느니라(롬 8:23).

그리스도의 사건과의 유비에서 이해된 믿는 자들의 부활 역시 영의 사역이다.

예수를 죽은 자 가운데서 살리신 이의 영이 너희 안에 거하시면 그리스도 예수를 죽은 자 가운데서 살리신 이가 너희 안에 거하시는 그의 영으로 말미암아 너희 죽을 몸도 살리시리라(롬 8:11).

성령을 부여받은 자로서 인간은 그리스도의 통치 영역으로 들어가고 이로 말미암아 인간 행위의 새로운 토대인 사랑(그. agape/라. caritas)이 주어진다.

영의 선물 중 최고의 것이며(고전 13) 영의 첫 열매가 되는 사랑(갈 5:22)은 모든 행위의 결정적인 척도로 고양된다. 그것은 성령이 사랑을 통해서 믿는 자들 안에서 일하기 때문이다.

소망이 우리를 부끄럽게 하지 아니함은 우리에게 주신 성령으로 말미암아 하나님의 사랑이 우리 마음에 부은 바 됨이니(롬 5:5).

교회의 교리 발전 과정에서 콘스탄티노플 공의회는 성령의 신성을 교의로 확정했다.

> 325/381년에 형성된 신앙고백은 삼위의 세 인격이 전적으로 하나님이며 그 신성에서 서로 동일하다는 것을 뜻한다(§ 7.2.2). 381년의 고백은 살려 내는 성령의 힘을 강조했고 이로써 삼위의 세 번째 인격이 지니는 구원론적 능력을 강조하였다. 믿는 자의 실존은 그리스도가 믿음 안에서 허락한 하나님과의 사귐이고 이것은 성령에 의해 시작되고 지탱된다.

필리오퀘 논쟁

1. **동방 교회**: 삼위일체 내적 사역인 성령의 내쉼은 오직 아버지에 의해서 이루어졌다.
2. **서방 교회**: 이것은 아버지와 그리고 아들을 통해서(filioque) 이루어졌다.

신학사에서 큰 의미가 있는 것은 이미 § 7.2.2에서 언급한 것처럼 '그리고 아들로부터'(filoque)를 신앙고백에 추가하는 것이 정당한가를 두고 동·서방 교회 사이에서 벌어진 논쟁이었다.

먼저 동서의 견해는 삼위일체의 경륜적 사역인 성령의 파송이 아버지와 아들에게 공통적으로 속했다는 것에서 일치한다.

그러나 영을 내쉬는 삼위일체 내재적 사역이 오직 아버지에 의한 것인지 아니면 아버지와 아들에 의해서 이루어졌는지를 두고 동서의 견해는 갈린다.

'그리고 아들로부터'(filoque)에 대한 견해 차이로 교회는 결국 1054년에 분열되었다(2.2).

이 문제는 아우구스티누스의 삼위일체론을 바탕으로 해서 살펴야 한다(§ 7.2.3). 아우구스티누스는 성령을 아버지와 아들을 결합하는 사랑의 운동으로 이해했다. 따라서 내재적-삼위일체적 관점에서 보면 영은 동시에 아버지와 아들에서 시작하고, 경륜적-삼위일체적 관점에서 보면 영은 로마서 5:5의 의미에서 그리스도인 마음 안에 들어가서 이 사람을 신의 내적 사랑의 운동과 연결시킨다.

여기서 아우구스티누스가 하나님의 관계를 역동적이며 관계적인 것으로 이해함으로써 영이 인격이라는 관점이 약화된다. 성령은 아버지와 아들 사이의 관계(Relation)의 역동으로 이해된다. 여기에 믿는자가 받아들여지는 것이다.

이 구상으로부터 종국에는 **성령론이 기독론에 편입되는 결과**가 생겼다. 그래서 그리스도의 파송은 결정적인 구원사적 사건이고 성령론은 단지 그리스도가 말하는 것을 좀 더 정확하게 표현하는 것이 되었다. 그러나 이렇게 되면 영의 인격됨과 독립성을 고수하는 것이 어렵게 된다.

동방 교회의 관점에서 보면 **'그리고 아들로부터'**(필리오퀘)는 아들이 성령보다 아버지에게 더 가까이 있다는 것을 뜻한다. 이로부터 영의 신성을 부정하든지 아니면 적어도 영이 그리스도에게 종속한다는 결론이 나온다(§ 7.2.1).

성령론을 기독론에 종속시키는 것을 반대한 동방신학은 하나님이 세상에 대해 이중적 관계 곧 인격적-그리스도적 관계와 역동적-영적 관계를 갖는다고 말한다. 영에 의해 주어진 하나님과 인간의 직접적인 관계를 구원 실현의 한 독립적인 관점으로 이해하면서 기독론적 토대에 종속시키지 않고 그 옆에 나란히

놓는다.

그러나 이로써 영의 사역이 그리스도의 사역과 경쟁하게 되고 영의 사역을 통한 인간과 하나님의 직접성이라는 이름 하에서 그리스도가 하나님과 인간의 관계에서 희미하게 사라질 수 있다.

📖 성령 주제에 대한 성경의 언급 서술
- H. Seebaß/M. Reiser, Geist (NBL 1).

📖📖 필리오퀘(filioque)논쟁의 신학사적 맥락과 오늘날의 신학적 의미
- B. Oberdorfer, Filioque.

👓 필리오퀘에 대한 최근의 여러 입장
- D. Staniloae, Orthodoxe Dogmatik, Band 1, 280-287 (orthodoxe Perspektive).
- W. Härle, Dogmatik, 402-405 (lutherische Perspektive pro filioque).
- W. Pannenberg, Systematische Theologie, Band 1, 344 (lutherische Perspektive contra filioque).

📖 영의 신적 기원에 대한 최근 논의
- U. Körtner, Die Gemeinschaft des heiligen Geistes, 47-62.

11. 2 죄인의 칭의

성령론에 대한 상이한 가치 부여가 동서 교회의 분열을 일으킨 것처럼 종교개혁 시대에는 죄인의 칭의에 대한 적절한 이해를 두고 신학 논쟁이 벌어졌다. 이 과정에서 논쟁적이었던 것은 하나님의 은혜와 인간의 행위의 관계를 기독교 신앙의 의미 안에서 어떻게 정확하게 결정할 것인가의 문제였다. 서구신학은 이미 고대 말부터 이 문제를 논쟁하며 토론했다.

11. 2. 1 아우구스티누스에서 중세 후기까지

그리스어권의 기독교가 철학적이며 사변적인 특징을 지닌 것과 달리 라틴신학을 처음부터 이끈 것은 실천적 관심이었다. 어떤 삶의 실천을 통해서 인간이 자기 구원을 보장할 수 있는지 그리고 이 과정에서 교회라는 기관이 어떤 기능을 하는지에 대한 질문이 서구 교회의 사유를 사로잡았다. 테르툴리아누스 이래로 특히 북아프리카 영역에서 그러했다(1.2).

이러한 관심사에 적합하게 아우구스티누스 이전에 죄인의 칭의는 다음과 같이 이해되었다. 인간의 죄는 예수 그리스도의 인격과 사역 안에서 드러난 은혜로 말미암아 원칙적으로 극복되었고 각 그리스도인이 영혼의 구원에 이를지 여부는 생애 속에서 전폭적으로 하나님의 계명에 따라 사는가에 달려있다. 따라서 구원에 이르기 위해서 하나님의 은혜와 인간의 공로가 동일하게 중요하다.

죄인의 칭의론

1. 종교개혁 시대에 일어난 신학 논의의 핵심 논쟁거리였다.
2. **주제**: 하나님의 은혜와 인간 행위의 관계.
3. **아우구스티누스 이전 서구신학의 일반적 견해**: 하나님의 은혜와 인간의 공로가 구원을 위해서 협력한다.

이러한 이해의 배후에는 고대 로마의 법적 사유와 구약성경의 전통이 놓여 있었다. 구원에 대한 이해는 아우구스티누스에 의해서 변형되었는데 그 파장이 거대했다. 그는 바울신학에 근거해서 인간이 구원을 얻기 위해서 어떤 형태로든지 협력이 필요하다는 생각을 거부했다. 그는 (원)죄에 빠진 인간이(§ 9.2) 하나님의 계명을 지키는 것은 전혀 불가능하다고 보았다.

아우구스티누스에 의하면 죄인인 인간에게는 자유롭게 하나님과 선을 선택할 수 있는 가능성이 없고, 오히려 필연적으로 죄를 지을 수밖에 없다. 심지어 윤리적 노력도 인간을 죄 속으로 더 깊이 몰아 넣는다. 하나님을 저버리고 자기 자신에게 고정되어 있는 동안 인간은 선을 행하되 하나님의 영광을 위해서가 아니라 오직 자신의 명예를 증대하기 위해서 한다. 따라서 신앙뿐 아니라 이로 인해 생겨난 선을 행할 수 있는 능력은 전적으로 하나님의 은혜에서 나온다.

하지만 아우구스티누스는 그 생애 후기(대략 397 이후)에야 '인간이 은혜를 받는 것은 오직 하나님의 작용에 의한 것'이라고 아주 단호하게 주장했다. 이러한 입장은 그의 책『다양한 문제에 대해서 심플리키아누스에게』(Ad Simplicianum de diversis quaestionibus)의 제1장 제2절에 있는 로마서 9:9-29에 대한 주석에서 확인할 수 있다.

아우구스티누스는 로마서의 중심 사상이 무엇인지 확인하면서 하나님 앞에서 인간의 공로로 간주될 수 있는 성취된 행위는 오직 하나님이 허락한 은혜에서만 나온다고 강조했다. 이와 같이 신앙에 대해서도 말할 수 있었다. 신앙은 오직 하나님의 부름에 근거해서 사람에게 주어진다. 따라서 인간을 의롭다고 칭하는 하나님의 행위가 인간적 조건에 의존하는 것은 불가능하다(이 견해가 선택론과 관련하여 갖는 결과, §11.3).

먼저 서신 전체에서 사도의 주도적인 취지가 무엇인지 확인하고 생각해 보고자 한다. 그의 취지는 누구도 행위의 공로를 자랑할 수 없다는 것이다. […]	Et primo intentionem apostoli quae per totam epistulam uiget tenebo quam consulam. Haec est autem, ut de operum meritis nemo glorietur. […]
은혜는 부르는 자의 것이고 선한 행위는 필연적으로 은혜를 받은 자의 것이다. 그러나 이 선한 행위가 은혜를 일으키지 못하고 은혜로 말미암아 일어난다.	Vocantis est ergo gratia, percipientis uero gratiam consequenter sunt opera bona, non quae gratiam pariant, sed quae gratia pariantur. […]

이와 같이 누구도 은혜를 얻기 위해서 선한 행위를 하는 것이 아니라 이미 은혜를 얻었기 때문에 선한 행위를 하는 것이다.	Sic nemo propterea bene operatur ut accipiat gratiam, sed quia accepit.
의롭게 되지 않는 자가 어떻게 의롭게 살 수 있겠는가?	Quomodo enim potest iuste uiuere qui non fuerit iustificatus? […]
그러나 은혜는 의롭게 하고 의롭게 된 자는 의롭게 살 수 있다.	Iustificat autem gratia, ut iustificatus possit iuste uiuere.[…]
따라서 만약 부름 안에 있는 하나님의자비가 선행하지 않는다면 어느 누구도 믿을 수 없다.	Nisi ergo uocando praecedat misericordia dei, nec credere quisquam potest.

아우구스티누스, 『심플리키아누스에게』(Ad Simplicianum) I 2.2, 3, 7 (CChrSL 44.24, 27, 32[12-14, 84-86, 88-90, 92f., 208f. 줄).

이른바 펠라기우스 논쟁에서 아우구스티누스의 죄론과 은혜론은 펠라기우스에 의해 대변된 아우구스티누스 이전 서방신학의 상식에 맞서 관철되었다.

영국 출신의 신학자 펠라기우스(Pelagius, 대략 418년 직후 사망)는 하나님의 형상인 사람에게는 선을 향하는 소질이 부여되었고 이것은 죄에 의해서도 상실되지 않았다고 가르치면서 원죄 교리를 부정했다.

그의 이해에 따르면 죄와 신앙은 인간이 하나님과의 관계에서 자유롭게 활용할 수 있는 두 가지 가능성이었다. 인간은 아담 안에 나타난 죄의 모범을 따를지, 아니면 그리스도 안에서 나타난 의의 모범을 따를지 스스로 결정할 수 있고 또 그렇게 해야만 한다. 이 이해에 따라서 은혜는 예수의 가르침과 그의 모범에서 나와서 인간의 의지를 신앙으로 유도하는 설득력으로 이해되었다. 펠라기우스의 가르침은 418년 카르타고에서 열린 아프리카 관구의 공의회에서 배척되었고 이 결정은 서구에서 두루 받아들여졌다. 아우구스티누스 이전의 구원론이었던 윤리주의는 이제 고립된 현상이 되었다.

> **아우구스티누스의 칭의론**
>
> 1. 인간에게 은혜가 주어지는 것은 오직 하나님만의 역사라고 강조한 바울을 따른다.
> 2. **카르타고 공의회(418)**: 아우구스티누스 이전의 윤리주의를 대표하는 펠라기우스의 교리를 배척했다.
> 3. **오랑주 공의회(529)**: 수도원적 신인 협력설을 단죄했다. 아우구스티누스의 예정론 문제를 제외하고 그의 은혜론을 재삼 확인했다.

아우구스티누스는 인간의 원죄 교리와 죄인이 오직 하나님의 은혜로 말미암아 의롭게 된다는 칭의 교리를 이야기했다. 그런데 그의 원죄론과 칭의론이 북아프리카와 남갈리아에 있는 수도원에서 비판을 받았다. 하나님에게 전적으로 헌신하는 것이 수도자의 실존을 결정하는 이상이었고, 이것은 인간이 자유롭게 선을 선택할 가능성 자체를 전제하고 있었는데 아우구스티누스가 이 가능성을 부정한 것이다. 특히 마르세유(Marseille)에 있는 성 빅토르 수도원장이었던 요한네스 카시아누스(Johannes Cassianus, 약 360-435)는 구원의 과정에서 하나님의 은혜와 인간의 공로가 서로 협력한다고 주장했다(신인 협력설).

하나님의 은혜와 기독교 삶의 실천이 서로 연관되어야 한다고 주장했던 입장은 종종 세미펠라기우스주의로 불렸고 529년 오랑주(Orange, Arausio) 주교회의(Synode)에서 케사리우스의 확실한 주도 아래 단죄되었다. 그리고 인간의 공로를 주장하는 입장에 반대하여 인간은 원죄 가운데 있고 오직 하나님의 행위로만 은혜를 받을 수 있으며 의롭게 된 자가 선을 행하기 위해서 하나님의 지속적인 도움이 필요하다는 것을 강조했다. 그러나 또 하나의 논쟁거리였던 선택설은 다루어지지 않았다.

그러나 오랑주 주교회의 결정은 중세신학에서 중요한 역할을 하지 못했다. 오히려 영혼의 구원을 위해서 인간은 하나님이 준 은혜를 자유롭게 결정하여 받아들이고 선한 행위로써 이 은혜의 과정을 지키고 지원하는 것이 필요하다는 입장이 다시금 강조되었다.

본질적으로 교황 레오 1세(Leo I., 재위: 440-461)와 교황 그레고리오 1세의 영향에 의해서 형성된 이 교회적 아우구스티누스주의(der kirchliche Augustinismus)는 당시 교회의 자기 이해와 일치했다. 당시 교회는 스스로를 인간의 내세적 구원과 이것을 위해서 중요한 윤리적 교육을 이 땅에서 수행할 책임을 맡은 기관으로 이해했다(§ 15.1.3).

중세의 은혜론

1. **교회적 아우구스티누스주의**: 하나님이 선사한 은혜가 구원의 과정에서 우선권을 갖는다. 그러나 영혼의 구원을 위해서 인간적 참여가 필요하다.
2. **후기 스콜라주의**: 인간이 자기 힘으로 할 수 있는 것을 한다면 하나님은 자신의 무제한적 능력으로 인간에게 은혜를 베풀 수 있다(세미펠라기우스주의의 재판[再版]).

교회적 아우구스티누스주의와 전성기 스콜라신학 안에서 은혜가 인간의 공로에 우선한다는 근본적인 입장이 고수되었다. 따라서 그 안에서도 아우구스티누스의 유산은 보존되었다.

〈그런데〉 오컴의 윌리엄과 가브리엘 비엘로 대표되는 중세 후기 한 흐름의 사유 안에서 이 문제는 변화를 겪었다(2.3.3). 하나님의 절대적인 힘을 고수하려는 관심에서 사람들은 하나님이 일반적 방식을 거치지 않고 또 은혜의 부음이 없이도 인간을 의롭게 할 수 있다고 주장했다. 이 견해에 따르면 만일 한 사람이 하나님을 참으로 사랑하고자 자기 능력으로 할 수 있는 것을 행하면 하나님은 교회와 성례의 중재에 의존하지 않고 그 사람에게 은혜를 준다(라. Si homo facit quod in se est, Deus dat gratiam). 그리고 이 은혜는 초기에 불러 일으켜진 하나님을 향한 사랑이 지속될 수 있도록 한다.

이러한 견해로부터 우리는 사람들에게 하나님을 사랑하라고 호소하고 격려하는 것이 교회의 설교와 사제직의 실천 목표가 될 것임을 알 수 있다. 신학사 연구자들은 특히 비엘을 세미펠라기우스주의의 재판(再版)이라고 부른다.

11.2.2 마르틴 루터의 칭의론

루터는 처음에는 후기 스콜라신학의 신펠라기우스주의와 논쟁하면서 개신교에서 오늘날까지 중요한 칭의론을 발전시켰다. 그러나 나중에는 하나님 앞에서 구원을 위한 공로로 간주될 수 있는 인간적 참여를 인정하거나 인정했던 모든 사유 유형에 자신의 칭의 개념을 가지고 대항했다.

종교개혁을 〈가능하게 한 칭의의〉 지식 이면에는 자기 구원을 확신하기 위해서 치열하게 노력했던 루터가 있었다. 당시에는 하나님에게 전적으로 집중된 삶이 구원의 전제로 이해되었다. 루터는 이러한 삶을 위해서 당시 교회가 제공하는 가능한 모든 구원의 수단을 철저하게 사용했다. 이러한 목적으로 그는 수도원의 삶도 선택했다. 그러나 이런 과정을 거치면서 루터가 경험한 것은 좌절이었다.

(1) 한편으로 루터는 하나님이 기뻐할 삶을 집중적으로 노력하는 과정에서 이 노력의 실제적 동기가 구원을 얻으려는 인간의 욕구였다는 것을 분명히 알았다. 이것은 저마다 은혜로 여기는 것(Gnadenstand)을 만들고 지키며 증대하려는 이기적 관심이었다. 이런 동기에서 드러난 인간의 자기 사랑은 결코 그가 실제로 추구했던 하나님에게 전적으로 집중하는 삶으로 이끌 수 없었다. 루터에 따르면 인간을 복되게

하는 신앙의 본질은 자신에 대한 모든 관심을 철저히 포기하는 데에 있다.

로마서 9:3 주석에서 인용:
나의 형제 곧 골육의 친척을 위하여 내 자신이 저주를 받아 그리스도에게서 끊어질지라도 원하는 바로라

하지만 언급할 것이 있다. 정욕에 대한 사랑, 즉 구원과 영원한 안식 또는 지옥을 피하기 위해서, 곧 하나님을 위해서가 아니라 자기 자신을 위해서 하나님을 사랑하는 자들에게는 이 말씀들이 희한하고 심지어는 어리석게 보인다. […]	Notandum autem, Quod haec verba iis, qui […] Deum amore concupiscentiae diligunt, i. e. propter salutem et requiem eternum aut propter fugam inferni, hoc est, non propter Deum, Sed propter seipsos, mira, immo stulta videntur […]
그들은 즐기고 문제 없이 잘 지내는 것 외에는 복된 것과 구원 받은 것이 뜻하는 바를 모르기 때문에 이것을 추구한다.	Hoc autem Sapiunt, Quia nesciunt, quid sit Beatum et salvum esse, Nisi scil. voluptari et bene habere secundum phantasiam suam.
그러나 복된 것은 모든 것 가운데서 하나님의 의지와 그의 영광을 원하고 이 순간뿐만 아니라 미래에도 자신을 위해서는 어떤 것도 구하지 않는 것이다.	Cum sit hoc esse Beatum, Voluntatem Dei et gloriam eius in omnibus Velle et suum nihil optare, Neque hic neque in futuro.

루터,『로마서 강의』(Vorlesung über den Römerbrief) (Luther deutsch 1.214f./WA 56.390.23-26; 391.2-6).

(2) 다른 한편으로는 전면적으로 하나님 맘에 드는 삶을 살도록 교회가 제공하는 구원의 수단을 철저하게 활용할지라도 이것이 결코 구원의 확신을 줄 수 없다는 것이 분명해졌다. 언제든지 이기적인 동기가 끼여 있는, 하나님 맘에 드는 삶을 위한 노력이 실제로 그의 관점에서 충분한 것인지를 인간은 결코 실제로 그리고 지속적으로 확신할 수 없다.

따라서 인간이 자기 노력으로 하나님의 요구에 부합하여 의롭게 되어야만 한다고 생각하는 동안 인간은 자극을 받아 하나님을 사랑하기보다는 도리어 그를 미워하게 된다.

하여튼 나는 나무랄 일 없는 수도승으로 살면서도 하나님 앞에서 나 자신이 불안한 양심의 죄인이라고 느꼈고 속죄 행위를 통해서도 하나님과 화해된 것을 확신할 수 없었다. 나는 의로우며 죄인을 벌하는 하나님을 사랑하지 않고 도리어 미워했다. 그리고 모독하지 않을 때에도 나는 은밀하게 크게 원망하면서 하나님을 못마땅하게 여겼다.	Ego autem, qui me, utcunque irreprehensibilis monachus vivebam, sentirem coram Deo esse peccatorem inquietissimae conscientiae, nec mea satisfactione placatum confidere possem, non amabam, imo odiebam iustum et punientem peccatores Deum, tacitaque si non blasphemia, certe ingenti murmuratione indignabar Deo.

루터, 『서문』(Vorrede)
(Luther deutsch 2,.19/WA 54.185.21-25).

이런 통찰을 통해서 루터는 하나님 앞에서 자신의 상황을 현실 그대로 평가할 때 그에 맘에 들 만한 모든 삶의 노력에도 인간은 자신의 죄를 극복할 수 없다는 결론에 도달했다. 그래서 자신의 구원을 확신하기 위해서 모든 노력을 다한 후에도 루터는 거역할 수 없이 다가오는 영원한 지옥 형벌 앞에서 절망했다.

칭의에 대한 루터의 견해 (I)

1. 하나님의 맘에 드는 삶을 위한 모든 노력에도 구원의 확신이 영원한 형벌에 대한 두려움을 물리치지 못했다.
2. **핵심적 주장**: 하나님이 인간에게 약속한 구원은 하나님의 맘에 드는 삶을 사는 것과는 무관하게 주어진다.
3. **성경과 관련지어 교리를 확고히 하고자 함**: 하나님의 의는 죄인에 대한 긍휼로 이해되어야 한다.

구원의 확신이 불가능했던 것은 그리스도인의 삶과 구원이 〈마치 원인과 결과처럼〉 연관되었기 때문이다. 따라서 루터의 종교개혁 지식은 이 연관을 철저히 폐기하는 것에 근거했다. 이런 이해에 상응하여 종교개혁 지식의 핵심 테제는 다음과 같다. 곧 하나님 앞에서 인간의 구원 여부는 그의 계명에 비추어 얼마나 의롭게 기독교적 삶을 사느냐에 의존하지 않는다.

루터는 성경 증언에 몰두하면서 인간 구원이 기독교적 삶의 실천에 의존하지 않는다는 통찰을 얻었는데 이 통찰의 결정적인 계기가 된 것은 성경적 개념인 하나님의 의에 대한 이해였다.

> **인간사회**에서 정의는 저마다 행한 업적의 권리에 근거하여 자기에게 속한 것을 얻는 것이다. 그런데 우리가 이 인간의 의 개념을 **하나님과 인간의 관계**에 적용하면 그 즉시 루터를 절망으로 내몰았던 그러한 상황에 직면한다. 하나님에게 전적으로 집중하라는 삶의 요구 앞에서 업적에 근거한 우리의 권리는 구원을 위해서 결코 충분하지 않다. 따라서 이러한 적용은 맞지 않았다.
> 이제 루터는 성경이 말하는 하나님과 인간의 관계로부터 이해된 하나님 의는 인간의 의와 근본적으로 다르다는 것을 확인했다.

루터의 통찰에 따르면 성경에서 이해된 하나님의 의는 하나님이 인간을 긍휼과 은혜로 받아들인 것이다. 그래서 하나님에게 전적으로 집중하는 삶에 무능할지라도 인간은 하나님에 의해서 **의롭게** 된다. 곧 인간은 의로운 자로(그래서 구원을 얻기에 합당한 자로) 여겨진다.

> 시편 5:8 주석에서 인용:
> 여호와여 나의 원수들로 말미암아 주의 의로 나를 인도하시고 주의 길을 내 목전에 곧게 하소서.

우리는 하나님의 의를 참으로 정경 의 뜻에 따라 이해하는 데에 익숙해져야 한다. 사람들은 아주 일반적으로 하나님 자신이 의롭고 경건하지 않은 자들을 정죄한다는 그런 의미로 하나님의 의를 이해하지만 이렇게 이해해서는 안 되고 하나님이 사람을 의롭게 할 때 그에게 입혀주는 그런 의로 이해해야 한다. 하나님의 의 자체는 분명 자비 또는 의롭게 하는 은혜이며 이로 말미암아 우리는 하나님 앞에서 의로운 자로 간주된다. 이 하나님의 의에 관해서 사도는 말한다.

"복음에는 하나님의 의가 나타나서 믿음으로 믿음에 이르게 하나니(합 2:4) 기록된 바 오직 의인은 믿음으로 말미암아 살리라 함과 같으니라 하나님의 의는 복음에 계시되었다"(롬 1:17).

"그러나 율법과 선지자들에 의해서 증언된 하나님의 의가 이제는 율법 없이 명백하게 드러났다"(롬 3:21).

‚Iustitiam dei' [...] oportet, ut assuescamus vere canonica significatione intelligere, non eam, qua deus iustus est ipse, qua et impios damnat, ut vulgatissime accipitur. [...] Sed, qua induit hominem, dum eum iustificat: Ipsam scilicet misericordiam seu gratiam iustificantem, qua apud deum iusti reputamur, de qua Apostolus Ro. i. 'Iustitia dei revelatur in Euangelio, sicut scriptum est: Iustus ex fide vivit.'

Et Ro. iij. 'Nunc autem sine lege manifestata est iustitia dei, testificata per legem et prophetas.'

루터, 『시편강해』(Operationes in psalmos) (Luther deutsch 1.408/WA 5.144.1-7).

칭의에 대한 루터의 견해(II)

4. 그리스도 사건에서 계시된 하나님의 긍휼로서의 칭의는 구원을 위한 인간의 동역의 의무를 면제해 준다.
5. 따라서 실제적인 죄 용서와 구원의 확신은 신실한 하나님의 구원 약속을 믿음으로써 가능하다.

성경의 이해처럼 죄인을 긍휼과 은혜로 받아들이는 하나님의 의는 예수 그리스도의 인격과 사역에서 분명하게 드러났다. 그리스도는 한편으로 그 생애 속에서 실제로는 모든 사람에게 요구되는 삶 곧 전 존재로 하나님을 온전히 지향하는 삶을 살면서 하나님의 의지를 포괄적으로 행했다(적극적 순종).

다른 한편으로는 자신의 죽음으로 하나님의 분노를 경험함으로써 그 자신이 아니라 오직 죄인에게 주어질 형벌을 당했다(수동적 순종. §10.2.2). 그리스도에게서 명백해진 이 하나님의 은혜는 교회적 아우구스티누스주의와 다르고 후기 스콜라신학의 (신)세미펠라기우스주의의 견해와는 더욱 다르다. 하나님의 은혜는 교회가 하나님의 맘에 드는 것으로 보장한 삶을 시작하고 지속하도록 하는 첫 번째 도움이 아니다.

루터에 의하면 은혜는 하나님이 만족할 만한 삶을 살면서 자기 칭의에 기여하거나 그것을 손수 이룩해야 한다고 전부터 느껴온 강압에서 인간의 양심을 해방하는 것이다.

이러한 강제로부터의 해방(Entlastung)은 하나님이 이미 그리스도 사건에서 인간을 위해서 영혼의 구원 문제를 결정했다는 확고한 신뢰 위에서 일어난다. 루터는 그리스도 사건의 구원하는 힘에 대한 신뢰를 **신뢰하는 신앙**(fiducia), **그리스도를 붙잡는 신앙**(fides apprehesiva Christi)이라고 불렀다(§4.2.2). 이 신앙 개념에 따라서 루터교 신앙고백도 인간의 공로가 하나님의 진노를 완화시키는 데에 무용하다는 것을 강조했다.

나아가서 이 부적합성 때문에 죄의 용서와 이를 통해 생기는 구원의 확신이 오직 신뢰하는 믿음에 의해서만 가능하다고 강조했다. 신뢰하는 믿음의 특징은 믿음 안에서 그리스도를 붙잡는 것이다. 곧 그리스도 때문에 인간의 죄가 인간의 것으로 간주되지 않는 것을 믿고 또 하나님에 대한 자기 사랑의 행위에 의존하지 않고도 그리스도의 의로부터 유익을 누린다는 믿음 안에서 그리스도를 붙잡는 것이다.

인간이 오직 신앙을 통해서(라. sola fide) 칭의의 은혜를 얻는다는 루터교의 교리는 오직 그리스도(라. solus Christus)만이 구원을 일으키고 그의 구원 사역은 어떤 인간적 보충도 필요로 하지 않는다는 확신의 결과였다.

만일 우리가 우리의 행위를 주장한다면	Ira Dei non potest placari, si opponamus
하나님의 진노는 진정되지 않는다. 그것	nostra opera quia Christus propositus est
은 그리스도로 말미암아 아버지가 우리	propitiator, ut propter ipsum fiat nobis
와 화해될 수 있도록 그를 중재자로 세웠	placatus Pater.
기 때문이다.	
하지만 믿음이 없이는 그리스도를 중보자	Christus autem non apprehenditur
로 이해할 수 없다. 따라서 우리는 그리스	tanquam mediator nisi fide. Igitur sola fide
도로 말미암아 약속된 자비에 대한 신뢰 안	consequimur remissionem peccatorum, cum
에서 마음을 북돋는 가운데 오직 믿음으로	erigimus corda fiducia misericordiae propter
써만 죄 용서를 받는다는 것을 알 수 있다.	Christum promissae.

『아우크스부르크 신앙고백서를 위한 변증서』(ApolCA) 4,80
(Unser Glaube 162[111항]/BSLK 176,14-22).
§ 10.2.2에 인용된 『아우크스부르크 신앙고백서』 4와 비교하시오(BSLK 56,2-10;
Evangelische Bekenntnisse, Band 1,36).

이러한 맥락을 생각하면 루터가 하나님과의 관계에서 인간의 자유 의지를 그토록 반대한 이유를 이해할 수 있다.

첫째, 만약 인간에게 자유 의지가 있다면 하나님의 은혜의 위로는 인간에게 자유 의지와 함께 주어진, 하나님을 향하는 능력을 사용하는지에 의존할 것이다.

루터가 보기에 이 견해는 성경의 의 개념과 모순될 뿐만 아니라 그리스도 때문에 약속된 긍휼을 신뢰하면서 막 벗어났던 양심의 가책으로 돌아가게 한다.

둘째, 이 견해는 성경이 증언하는 그리스도 안에서 일어난 일, 곧 인간 업적에 의존하지 않는 하나님의 은혜의 약속이 하찮다고 말하면서 그 중요성을 부정할 것이다.

| 내가 영원히 살고 행할 수 있다면, 내가 얼마나 많이 행해야만 하나님에게 충분한 것이 될 수 있는지에 대해 내 양심은 어느 한 때도 확신하거나 안심할 수 없을 것이다. 어떤 행위를 완성하더라도 이것이 하나님의 마음에 흡족할 것일지 하나님이 이외에도 또 어떤 것을 요구할 것인지에 대한 불안은 여전할 것이다. 행위로 의롭게 되는 것을 추구한 모든 사람의 경험이 이것을 증명하고 있고 나도 나의 커다란 결함으로 말미암아 아주 여러 해 동안 이것을 가르쳤다. | [N]eque enim conscientia mea, si in aeternum viverem et operarer, unquam certa et secura fieret, quantum facere deberet, quo satis Deo fieret. Quocunque enim opere perfecto reliquus esset scrupulus, an id Deo placeret, vel an aliquid ultra requireret, sicut probat experientia omnium iustitiariorum et egomeo magno malo tot annis satis didici. |

루터, 『노예 의지에 대하여』(De servo arbitrio)
(Luther deutsch 3.327/ WA 18.783.24–28/LDStA 1.650.7–12).

| [사람이 하나님 앞에서 자유 의지를 갖고 있다고 생각하는 사람들은] 자신이 그리스도를 부인하는 자임을 알아야 할 것이다. 왜냐하면 만일 내가 나의 노력으로 하나님의 은혜를 얻을 수 있다면 그리스도의 은혜를 나의 은혜로 받아들여야 할 이유가 어디에 있겠는가? | [S]ciant, sese abnegatores Christi, dum asserunt liberum arbitrium.

Nam si meo studio gratiam Dei obtineo, quid opus est Christi gratia pro mea gratia accipienda? |

루터, 『노예 의지에 대하여』
(WA 18.777.33–36/LDStA 1.634.12–15).

인간의 행위가 구원의 의미를 지닌다는 것을 반박하면서 루터가 추구한 것은 그의 적대자들의 무고(誣告)처럼 선한 행위가 필요 없다는 선언이 아니었다. 오히려 그는 만일 행위자가 그리스도 안에서 구원받기에 합당하다는 약속을 확신하면서 자신의 행위를 더 이상 구원의 성취를 위한 기여로 생각하지 않으면 그때 비로소 진실한 선한 행위가 생겨난다고 주장했다.

한 사람이 자기 행위가 하나님에게 어떤 평가를 받을지 더 이상 생각하지 않는다면 그때야 비로소 그는 이 행위를 통해서 자기 구원을 위해서가 아니라 실제로 이웃의 유익을 위해서 그를 만나게 된다.

> **칭의에 대한 루터의 견해(III)**
>
> 6. 하나님 앞에서 선한 행위를 해야만 한다는 강제에서 해방되는 것이 이웃을 향해 참으로 선한 행위를 할 수 있는 전제다.
> 7. 선한 행위는 하나님에게 받은 친절을 이웃에게 전달하는 믿음의 행위다.

> 그러나 믿는 자가 세상에 살면서 죄에서 완전히 분리되지 않기 때문에 그의 행위는 항상 죄에 오염되어 있다. 따라서 루터교의 관점에서 믿는 그리스도인은 동시에 의인이면서 죄인이다(라. simul iustus et peccator).
> **그는 의로운 자다.** 하나님이 그에게 그 죄에 대한 책임을 묻지 않고 그리스도의 공로가 그의 공로인 것처럼 보기 때문이다. 십자가를 통해서 그리스도가 얻은 의가 죄인의 것으로 돌려졌다.
> **동시에 그는 그리스도인으로서 죄인이다.** 그가 자기 스스로 무죄하게 되는 것에 언제나 무력하기 때문이다. 그래서 그에게 귀속된 그리스도의 의는 그의 한 부분이 아니라 그에게 낯선 의로 남는다(라. iustitia aliena). 이러한 맥락에서 칭의는 오직 하나님의 심판대 앞에서 죄인에게 주어진 약속으로 이해된다. 따라서 이것을 **법정적** 칭의 이해라고 말한다.

자신이 구원 받기에 합당한 자로 받아들여졌다는 확실한 의식인 믿음을 통해서 인간은 구원에 대한 염려에서 해방된다. 이러한 자유는 자기에 대한 관심에서 풀려나서 이웃의 필요를 보도록 한다. 또한 하나님이 영혼 구원을 위한 고통스러운 염려를 거두어 갔기 때문에 생겨난 감사에 이끌리어 이웃의 필요에 맞게 실제로 의롭게 살려고 한다(종교개혁 윤리에 대해서, § 15.2.1).

그리고 그[믿는 그리스도인]는 이제 [하나님에게 선한 행위를 제시해야만 한다는 강제로부터] 아주 자유롭게 되었기 때문에 자발적으로 다시 다른 사람의 종이 되어야만 한다. 이웃을 돕고, 하나님이 그리스도 안에서 자신을 대했던 것처럼 이웃을 대하고 행하기 위해서 그렇게 해야 한다. 그리고 이 모든 것을 그는 거저 행해야만 한다. 이웃을 위한 행위 안에서 어떤 것도 하나님의 맘에 들기 위한 목적으로 하거나 그런 생각을 해서는 안 된다. […]
이와 같이 나는 그의 넘치는 재물을 나를 위해서 쏟아 부었던 그러한 아버지에게 그가 기뻐하는 것을 자유롭고 즐겁게 기꺼이 할 것이다. 또한 나는 나의 이웃에게도 그리스도가 나를 위해 되었던 그와 같은 그리스도인이 될 것이다.
그리고 나는 내 신앙으로 말미암아 그리스도 안에서 모든 것을 충분히 가지고 있기 때문에 내가 보기에 내 이웃에게 필요하고 유용하고 기쁨이 되는 것 외에는 그 어떤 것도 하지 않을 것이다. 우리 이웃이 빈곤으로 고난을 당하고 우리가 여분으로 가지고 있는 것을 필요로 하는 것처럼 그의 같이 우리도 하나님 앞에서 빈곤으로 고난을 당했고 그의 은혜를 필요로 했기 때문이다.

Alßo soll ein Christen mensch, […] ob er nu gantz frey ist, sich widerumb williglich eynen diener machen seynem nehsten zu helffenn, mit yhm faren und handeln, wie gott mit yhm durch Christum handelt hatt, und das allis umbsonst, nichts darynnen suchen denn gottliches wolgesallenn, und alßo denckenn […]

so will ich solchem vatter, der mich mit seyen uberschwenglichen guttern alßo ubirschuttet hatt, widerumb frei, froelich und umbsonst thun was yhn wolgefellet, Unnd gegen meynem nehsten auch werden ein Christen, wie Christus mir worden ist, und nichts mehr thun, denn was ich nur sehe yhm nott, nuetzlich und seliglich seyn, die weyl ich doch, durch meynenn glauben, allis dings yn Christo gnug habe […] Denn zu gleych wie unser nehst nott leydet und unßers ubrigen bedarff, alßo haben wir fur gott nott geliden und seyner gnaden bedarfft.

루터, 『그리스도인의 자유에 대하여』(Von der Freiheit eines Christenmenschen) (Luther deutsch 3.327/WA 7.35.20, 25-28; 35.32-36.2; 36.4-6).

따라서 신앙의 열매(마 7:16-20)로 이해된 선한 행위는 구원을 위한 기여가 아니라 신앙 안에서 붙잡은 구원에 대한 확신의 결과로 여겨진다. 이 행위들은 필연적으로 신앙을 따라 생겨난다. 그러나 인간은 이를 통해서 하나님 앞에서 어떤 것도 기여할 수 없다.

루터교의 관점에서 '선한 삶이 신앙을 필연적으로 뒤 따른다'는 말은, 신앙이 그리스도인의 삶에서 실제적이 되어야만 한다는 것을 뜻한다.

> 이와 관련하여 **실제적** 칭의 이해라는 말을 할 수 있다. 하나님이 인간의 죄를 용서하고 그에게 그리스도의 의를 귀속시킴으로써 법정적 관점에서 인간을 의롭다고 **선언**하는데 이 선언의 결과가 인간을 의롭게 **만든다**.
> 이것은 믿는 자가 성령의 사역으로 말미암아 실제 윤리적 관점에서 변화되는 성화를 가리킨다. 칭의에 대한 믿음의 실제적인 측면인 성화는 한편으로 이 생애에서 항상 단편적일 수밖에 없고 칭의에 대한 믿음에서 분리될 수 없다. 그러나 다른 한편에서 성화는 칭의에 대한 믿음과 분명하게 구분될 수 있는데 그것은 인간이 오직 믿음을 통해서만 하나님에게 받아들여졌기 때문이다. 지금 서술한 이와 같은 연관은 파울 스페라투스(Paul Speratus, 1484-1551)의 '구원이 우리에게 온다'는 노래 가사에 아주 훌륭하게 반영되어 있다.
>
> 행위들은 분명히 바른 신앙에서 나온다.
> 만일 네가 신앙에서 행위를 빼고자 한다면 그것은 바른 신앙이 아닐 것이다.
> 하지만 오직 신앙만이 의롭게 한다.
> 행위는 이웃을 섬기는 종들이다.
> 이것을 보고 우리는 신앙이 있음을 안다
>
> (독일 개신교 찬송가[Evangelisches Gesangbuch], 342.7).

11. 2. 3 트리엔트 공의회의 칭의론

종교개혁의 뚜렷한 도전 앞에서 로마가톨릭은 칭의의 주제를 트리엔트 공의회에서 상세하게 논의했다. 이 공의회에서 가결된 칭의에 관한 교령은 1547년 1월 13일에 열린 여섯 번째 회의에서 통과되었다. 이 교령은 하나님의 은혜와 인간의 행위의 관계에 대해서 교직이 결정한 가톨릭의 첫 번째 문서이며 유일한 문서다(칭의에 대한 공동 선언, §11.2.4).

여기서 죄인에게 하나님을 사랑할 수 있는 능력이 있다는 중세 후기의 교리가 분명한 어조로 부정된다. 이러한 교리와 달리 아우구스티누스를 따라서 하나님의 은혜가 그 이전에 행해진 인간의 모든 행위와 공로에 우선한다는 것이 강조되었다. 선행하는 은혜(라. gratia praeveniens) 없이는 죄인인 인간이 하나님에게로 향하는 것은 결코 가능하지 않다.

공의회는 성인(成人)의 칭의가 그리스도 예수를 통하여 선행하는 하나님의 은혜에서 시작된다고 선언한다. 이것은 죄로 말미암아 하나님을 등졌던 자들이 어떤 공로도 없이 하나님의 소명으로 부름을 받아서, 고무하고 돕는 하나님의 은혜로 말미암고 이 은혜에 자유롭게 동의하고 협력함으로써, 자신들의 칭의를 향해 돌아설 수 있도록 준비되었음을 뜻한다.	[Declarat Synodus] ipsius iustificationis exordium in adultis a Dei per Christum Iesum praeveniente gratia sumendum esse, hoc est, ab eius vocatione, qua nullis eorum exsistentibus meritis vocantur, ut qui per peccata a Deo aversi erant, per eius excitantem atque adiuvantem gratiam ad convertendum se ad suam ipsorum iustificationem, eidem gratiae libere assentiendo et cooperando, disponantur.
트리엔트 공의회, 『칭의에 대한 교령』(Dekret über die Rechtfertigung) 5장 (DH 1525; NR 795).	

인간이 인간 본성의 힘에 의해서 또는 법의 가르침에 근거해서 생겨난 인간의 업적에 의해서 그리스도 예수로 말미암	Si quis dixerit, hominem suis operibus, quae vel per humanae naturae vires, vel per Legis doctrinam fiant, absque divina

는 신적 은혜 없이도 하나님 앞에서 의롭　per Christum Iesum gratia posse iustificari
게 될 수 있다고 말하는 자는 파문을 당　coram Deo: anathema sit.
할 것이다.

트리엔트 공의회, 『조규(條規)』(Kanon) 1
(DH 1551; NR 819).

트리엔트 공의회는 선행하는 은혜가 인간으로 하여금 이 은혜에 자유롭게 동의하고 협력하게 해서 칭의를 위해 인간을 돌이킨다고 가르친다. 그런데 이 가르침은 칭의의 문제를 두고 로마가톨릭과 루터교회의 중요한 차이가 무엇인지 보여 준다. 로마가톨릭신학은 루터교가 그렇게 철저하게 부정했던 하나님 앞에서 인간의 자유 의지를 어떤 측면에서 고수한다.

가톨릭 견해에 의하면 타락 이후에도 인간은 자유 의지를 완전히 상실하지 않았고 훼손된 형태로 가지고 있다. 이러한 자유 의지는 인간이 칭의의 은혜를 받기 위해서 준비하고 그것을 수용하는 과정에 의지적으로 협력하고 또 기독교적 삶 속에서 그 은혜를 보존하고 증대하기 위해 필수적인 전제조건이 된다.

가톨릭의 칭의 이해

1. 중세 후기 세미펠라기우스주의를 거부하고 하나님의 은혜가 인간의 모든 행위와 공로보다 선행하는 것을 강조했다.
2. 은혜를 받아들이고 증가시키기 위해서 자유로운 인간 협력의 가능성과 필연성을 고수했다.

은혜로 말미암아 의롭게 된 자에게는 하나님의 계명을 따르는 삶을 통해서 처음에 거저 주어진 은혜를 확대하는 것이 가능하다. 루터교의 견해와 달리 여기서는 의롭게 된 자가 자유로운 의지로 이룬 선한 행위는 전적으로 구원의 의미를 갖는다.

이와 같이 은혜의 전달 과정에서 자유롭게 이루어진 인간적 참여는 가톨릭 관점에서 중요하다. 그것은 이렇게 생각해야만 영원한 생명을 선한 행위와 공로의 삶이라고 부르는 성경적 사상을 이성적인 것으로 받아들이고 이것을 윤리적 명령과 교훈의 토대로 간주할 수 있기 때문이다. 이러한 생각의 배후에는 아주 광범위하게 교직의 윤리적 규정을 따르면서 교회의 성례적인 실천에 편입되고자 하는 가톨릭 그리스도인의 관심이 있다.

따라서 이러한 이유로 의롭게 된 사람들에게 […] 사도의 말을 들려 주어야 한다. **항상 주의 일에 더욱 힘쓰는 자들이 되라 이는 너희 수고가 주 안에서 헛되지 않은 줄 앎이라(고전 15:58).** […] 그러므로 또한 **끝까지** 선한 일을 하는 자에게, 그리고 하나님을 바라는 자에게 영원한 생명이 있음을 말해 주어야 한다. 이것은 하나님의 자녀에게 그리스도 예수로 말미암아 자비롭게 약속된 은혜이고, 또한 하나님이 친히 약속하신 것에 따라서 그들의 선한 행위와 업적에 대해서 신실하게 주어질 **보수**다.	Hac igitur ratione iustificatis hominibus […] proponenda sunt Apostoli verba: Abundate in omni opere bono, "scientes, quod labor vester non est inanis in Domino"; […] Atque ideo bene operantibus "usque in finem" et in Deo sperantibus proponendaest vita aeterna, et tamquam gratia filiis Dei per Christum Iesum misericorditer promissa, et "tamquam merces" ex ipsius Dei promissione bonis ipsorum operibus et meritis fideliter reddenda.

트리엔트 공의회, 칭의에 대한 교령, 16장
(DH 1545; NR 815).

11. 2. 4 칭의에 대한 공동 선언

칭의에 대한 상이한 이해로 16세기에는 개신교 루터파와 로마가톨릭 측은 서로 상대편이 기독교 신앙의 원리와 모순된 교리를 주장한다고 비판했다. 종교개혁 시기에 있었던 타협의 시도가 실패한 이래로 두 교회간의 대화는 1960년대 이후가 되어서야 새로운 동력을 얻었다. 이와 관련하여 특별한 의미가 있는 사건은 1986년 칼 레만(Karl Lehmann, 1936년생)과 판넨베르크가 발행한『교리에 대한 단죄가 교회 분리의 이유가 될 수 있는가?(55)』(Lehrverteilungen- kirchentrennend? [LV])였다. 이것은 개신교와 가톨릭 신학자 에큐메니칼 분과의 연구 논문이었다.

칭의에 대한 가톨릭과 루터교의 대화

1. 16세기 타협이 실패한 이후 20세기 후반기에 신학적 대화가 다시 시작됐다.
2. 『칭의에 대한 공동 선언』에 서명함으로써 1999년 10월 31일 아우크스부르크에서 임시적인 결과에 도달했다.

이 연구 55(die Studie LV)는 16세기 교회 분열의 근거가 되었던 교리에 대한 단죄를 오늘날에도 여전히 교회를 분리시키는 요인으로 볼 수 있는가의 문제를 다루었다. 이 문제와 관련하여 트리엔트 공의회의 명제들과 루터교 신앙고백서에 표현된 교리에 대한 단죄들이 교회 분리의 요인이 되는지 연구했다. 이 연구는 아래의 질문을 따라서 이루어졌다.

① 배척의 진술은 누구를 향했는가?
② 이 배척 진술이 당시 알려진 적대자를 실제로 명중했는가?
③ 당시 단죄된 입장은 오늘날에도 상대 종파의 입장인가?
④ 만일 그렇다면 당시 단죄를 불러왔던 차이가 오늘날에도 교회 분리적 요인으로 판단되어야만 하는가?

연구 논문 중 칭의론을 다루었던 장은 종교개혁의 칭의론과 트리엔트 공의회의 칭의론은 전적으로 서로를 배제하지 않고 따라서 16세기에 벌어진 교리 단죄에 더 이상 교회 분리적인 의미를 부여할 수 없다는 결론에 이르렀다.

칭의 주제를 다룬 장의 핵심 통찰은 루터교세계연합(der Lutherische Weltbund)과 교황청그리스도인의일치장려위원회(der Päpstliche Rat zur Förderung der Einheit der Christen)가 1997년 1월에 내놓은 『칭의론에 대한 공동 선언』(Gemeinsame Erklärung zur Rechtfertigungslehre)에 수용되었다.

특히 독일 개신교 안에서 극도로 논쟁적이었던 이 문서는 칭의론의 근본 진리에 대해서 가톨릭과 루터교 사이에서 이루어진 일치를 표현했고 이로써 줄곧 상이하게 전개된 두 종파의 교리적 역사가 더 이상 교리적 단죄의 이유가 되어서는 안 된다는 것을 보여 주었다. 또한 이렇게 확인된 일치가 다른 논쟁적인 문제를 해명하기 위한 안정된 토대를 제공한다고 강조했다.

그러나 이 합의를 계기로 가톨릭교회가 대화 상대자였던 루터교회를 온전한 의미에서 교회라고 공식적으로 인정한 것은 아니다(§ 13.3.3).

> 이 선언에 서술된 칭의론에 대한 이해는 루터교도와 가톨릭 교도 사이에서 칭의론의 근본 진리에 대한 일치가 있다는 점을 보여 준다. 이 일치의 빛 아래서 […] 칭의 이해와 관련하여 이루어진 언어, 신학적 형태, 강조점 속에 남아있는 차이를 견뎌 낼 수 있다. […]
>
> 이로써 16세기에 칭의와 관련하여 이루어진 교리적 단죄를 새로운 빛 안에서 볼 수 있다. 트리엔트 공의회의 단죄는 이 선언에 제시된 루터교회의 교리에 적중하지 않는다. 루터교 신앙고백의 배척은 이 선언에 제시된 로마가톨릭교회의 교리에 적중하지 않는다. […] 칭의론의 근본 진리에 대한 우리들의 일치는 교회의 삶과 교리 안에서 영향을 끼치면서 확증되어야만 한다.
>
> 이와 관련하여 아직도 추가적인 설명을 필요로 하는 상이한 비중의 질문이 있다. 이 질문은 무엇보다 하나님 말씀과 교회가 정한 교리의 관계, 교회 안의 권위, 교회의 단일성, 직분과 성례에 대한 것이고 끝으로 칭의와 사회

윤리의 관계에 대한 것이다. 우리는 공동으로 도달한 이 이해가 이와 같은
문제의 해명을 위한 든든한 토대를 제공할 것임을 확신한다.

『칭의론에 대한 공동 선언』
(Gemeinsame Erklärung zur Rechtsfertigungslehre) Nr. 40, 41, 43.

칭의론에 대한 공동 선언을 두고 벌어진 토론과 관련하여 1997년에서 1999년까지 독일에서 일어났던 중요한 사건을 아래에 정리해 본다.

ⓐ 1997년 1월. 칭의에 대한 공동 선언문은 여러 차례 개정된 후 〈당사자들이 그것에 대해서〉 최종적인 입장 표명을 할 수 있도록 제출되었고 이 문서는 바티칸과 루터교 세계연합 회원 교회에 전달되었다(1).

ⓑ 1998년 2월. 개신교신학 교수들이 이 공동 선언에 대해 표결했고 제출된 공동 선언을 거부하도록 〈교회에〉 요구했다.

ⓒ 1998년 6월 16일. 이 문제와 관련하여 응답한 교회의 대다수가 긍정적인 대답을 했다. 이것을 근거로 루터교 세계연합 협의회는 공동 선언에 서술된 일치에 동의하고 다음과 같이 선언하기로 결정했다. 루터교 신앙고백 안에서 이루어진 교리에 대한 단죄는 칭의와 관련해서 공동 선언에 제시되어 있는 로마가톨릭교회에 해당되지 않는다.

ⓓ 1998년 6월 25일. 가톨릭교회의 대답이 있었다. 가톨릭교회는 이 공동 선언을 의미 있는 발전이라고 평가하면서도 동시에 더 상세히 설명해야 할 차이도 여전히 있다는 것을 지적했다(2).

ⓔ 1999년 6월. 공동의 공식 확인(Gemeinsame Offizielle Feststellung)이 루터교 세계연합과 가톨릭교회 사이에서 이루어졌다. 이 확인의 필수적인 부분은 부칙이었다. 부칙은 양측이 제기한 질문들을 고려하면서 공동 선언에서 도달한 일치를 폭넓게 설명했으며 또한 가톨릭 측이 공동 선언에 동의하도록 이끌었다(3).

ⓕ 1999년 9월. 신학대학교 교수들은 계획되어 있는 '공동의 공식적 확

인'(GOP)의 서명에 대한 입장을 표명했다. 이들은 이 본문에 심각한 이의를 제기하면서 서명하지 말라고 경고했다(4).

⑨ 1999년 10월 31일, 『칭의론에 대한 공동 선언』이 아우크스부르크에서 서명되었다.

아래 책을 활용해서 선한 행위에 대한 루터의 교리를 더 정확하게 알아보시오.
- M. Luther, Von den guten Werken (Luther deutsch 2, 95-156/WA 6, 204-250).

종교개혁의 관점에서 본 칭의와 성화의 관계를 루터와 관련해서 서술
- E. Herms, Luthers Auslegung des Dritten Artikels.

칼뱅에게서 볼 수 있는 (개혁신학) 칭의론의 특성
- G Sauter, Rechtfertigung, 323f (TRE 28).

〈『칭의론에 대한 공동 선언』에 이르기까지 형성된〉 목록의 문서
- http://www.vatican.va/roman_curia/pontifical_councils/chrstuni/index_ge.htm (1; 3;4).
- http://www.sonntagsblatt.de/artikel/1998/6/6-s9.htm (2).
- http://www.w-haerle.de/Stellungnahme.htm (5).

『칭의론에 대한 공동 선언』(GER))에 대하여 최근에 진술된 수많은 견해-신학과 교회를 위한 뮌스터 포럼
- http://www.muenster.de/~angergun-gemeinsamerkl.html.

『칭의론에 대한 공동 선언』의 논의 지평에서 루터교 칭의론 서술
- E. Jüngel, Das Evangelium von der Rechtfertigungslehre des Gottlosen.

『칭의론에 대한 공동 선언』과 공동의 공식 확인(GOF)과 관련한 논쟁
- H. Fischer, Protestantische Theologie, 272-304.

『칭의론에 대한 공동 선언』의 공식 문서와 이에 대한 표명된 견해
- Die Gemeinsame Erklärung zur Rechtfertigungslehre.

11. 3 하나님이 미리 정했다는 교리(예정론)

종종 하나님의 은혜의 선택이라고도 불리는 하나님의 예정 교리는 원칙적으로 하나님의 섭리와 세계 통치의 교리에 속한다(§ 8.4; 외론(外論) 2). 그러나 예정 교리가 선택된 자에게 은혜를 베푸는 하나님의 사역과도 관련되기에 구원론 영역에서도 다룬다.

하나님의 섭리(Vorsehung)와 예정(Prädestination)의 차이는 다음과 같다. 하나님의 섭리는 하나님을 제일원인으로 가르치면서도 인간의 행위가 제이원인이 될 수 있는 여지를 어느 정도 허용한다. 이에 반하여 그리스도 사건의 화해의 힘을 믿게 하는 은혜와 관련해서는 모든 형태의 인간적 기여가 불가능하다. 따라서 아우구스티누스 이래로 인간에게 은혜를 베풀고 구원에 이르도록 선택하는 것은 오직 하나님 자신의 사역이라고 말했다(§ 11.2.1).

그런데 이것을 하나님 자신만의 유일한 사역으로 철저히 주장하기 위해서는 먼저 믿지 않는 자들이 버림받는 것의 원인도 직접적으로 하나님 안에 있어야 한다. 이와 같은 생각은 이미 아우구스티누스에게서 볼 수 있다. 하나님이 어떤 사람은 신앙에 이르도록 하지만 어떤 사람에게는 그렇게 하지 않는다.

이것은 하나님에 의해 신앙으로 부름 받지 않는 자에게는 자신의 죄에 대한 벌로 영원한 지옥 형벌이 예정되고, 선택받은 자는 불가해한 하나님의 결정에 근거해서 이 형벌을 면하게 된다는 것을 뜻한다.

이처럼 아우구스티누스는 실제로 선택된 자가 은혜로 하나님 나라 안으

로 받아들여지는 것뿐만 아니라 선택되지 않은 자가 버려지는 것 역시 직접적으로 하나님의 의지에 기인한다는 이중 예정(라. praedestinatio gemina)을 가르쳤다. 아우구스티누스가 이에 대한 자신의 견해를 전개하면서 그 근거로 사용한 것은 무엇보다 바울이 이미 원용한 성경 구절 말라기 1:2 이하였다(롬 9:13).

> 에서는 야곱의 형이 아니냐 그러나 내가 야곱을 사랑하였고 에서는 미워하였으며(말 1:2-3).

예정론

1. **주제**: 하나님이 선택한 자는 구원에 이르도록 미리 정했다.
2. **섭리교리와의 차이점**: 예정론은 하나님의 유일한 사역만을 강조하기에 피조물에게 어떤 여지도 남아있지 않다.
3. 논란의 여지가 있지만 가능한 귀결은 이중 예정이다. 곧 선택된 자는 구원으로 선택되지 않은 자는 영벌로 미리 정해졌다는 것이다.

그러므로 하나님이 에서를 한 사람으로가 아니라 한 죄인으로 미워했다. […]	Non igitur odit deus Esau hominem, sed odit deus Esau peccatorem […]
하나님은 야곱을 사랑했는데 그럼 그가 죄인이 아니었기 때문인가?	Quod ergo Iacob dilexit, numquid peccator non erat?
하나님이 야곱에게서 사랑한 것은 하나님이 소멸시킨 과오가 아니라 야곱에게 준 은혜였다. […]	Sed dilexit in eo non culpam quam delebat, sed gratiam quam donabat. […]
하나님은 불경을 미워했다. 따라서 하나님 자신이 불가해한 그의 판단에 근거해서 어떤 것을 해야만 한다고 판단하는 것처럼 어떤 사람에게는 단죄로써 그 불경을 벌하고 또 다른 사람들에게는 칭의로써 그 불경을 제거한다.	Odit enim deus impietatem. Itaque in aliis eam punit per damnationem, in aliis adimit per iustificationem, quemadmodum ipse iudicat esse faciendum illis iudiciis inscrutabilibus.

아우구스티누스, 『심플리키아누스에게』(Ad Simplicianum) I 2.18
(CChrSL 44.45[552f., 561-563, 565-568 줄])

아우구스티누스에 따르면 하나님이 모든 인간을 구원으로 이끌지 않고 죄인의 불신앙을 영원한 형벌로 처벌하는 것은 불의한 행위가 아니다. 그것은 모든 인간이 먼저 원죄(§ 9.2) 때문에 죄의 덩어리(라. massa peccati)가 되었고 구원에 대한 모든 요구를 상실했기 때문이다. 따라서 아우구스티누스가 볼 때 모든 인간이 구원에 이르는 것이 오히려 의롭지 않은 것이다.

죄를 생각하면 모든 사람이 최종적인 영원한 심판을 받는 것이 더 적절할 것이다. 그럼에도 불구하고 하나님이 어떤 죄인은 긍휼히 여기고 그에게 구원을 선사했다는 것은 당연하지 않은 은혜의 표현이다. 이 은혜는 인간 누구도 요구할 수 없는 것이고 하나님에게도 그것을 베풀어야 할 책임이 없다. 여기에서 심판받은 자는 영원한 지옥 형벌을 받을 것이라는 견해가 생겨났다(§ 14.2.1).

루터 역시 구원에 기여하는 인간의 능력을(§ 11.2.2) 철저하고 광범위하게 부정함으로써 신앙에 이르지 않은 인간의 최종적인 유기가 하나님의 의지에 근거되어 있다고 볼 정도로 하나님 자신의 유일한 사역을 강조했다.

루터는 이와 같은 생각에서 생겨나는 이중 예정이라는 사상이 건전한 인간 이성에 모순된다는 점을 완전히 시인했다. 그러면서도 그는 먼저 하나님 의지의 신비를 탐구하는 것은 인간의 일이 아니라고 강조했고, 그 다음엔 인간의 구원의 확신은 필연적으로 오직 하나님만이 구원(과 화를) 일으키는 자라는 믿음과 결합되어 있다고 보았는데, 이 점이 결정적으로 중요했다. 만약 그렇지 않다면 인간은 자신의 힘을 의지하게 될 것이고 이로써 완전히 과중한 요구를 받게 되어 반드시 멸망할 것이다. 그러나 이와 달리 하나님의 약속 때문에 최소한 몇 사람, 그리고 여러 사람이 구원을 받는다.

왜 그〈하나님〉는 [악으로 몰아가는] 악한 의지를 단번에 변화시키지 않는가? 이것은 파악될 수 없는 하나님의 판단으로 가득한 신적 위엄의 신비에 속한다. [롬 11:33] 우리의 일은 이것을 궁리하는 것이 아니라 신비를 경외하는 것이다.
그는 하나님이다. 그의 의지는 법칙이나 척도처럼 자신을 제약할 어떤 원인이나 이유도 가지고 있지 않다. 왜냐하면 어떤 것도 이 의지와 동등하거나 상위일 수 없고 하나님이 모든 것의 법칙 자체이기 때문이다.

At cur non simul mutat voluntates malas, quas movet?
Hoc pertinet ad secreta maiestatis, ubi incomprehensibilia sunt iudicia eius [Röm 11,33]. Nec nostrum hoc est quaerere, sed adorare mysteria haec. […]
Deus est, cuius voluntatis nulla est causa nec ratio, quae illi ceu regula et mensura praescribatur, cum nihil sit illi aequale aut superius, sed ipsa est regula omnium.

루터, 『노예 의지에 대하여』(De servo arbitrio)
(Luther deutsch 3.280/WA 18.712.24-26, 32-34/LDStA 1.470.29 f.; 471.1.7f.).

이제 하나님이 나의 구원을 나의 의지와 관련짓지 않고 그의 의지 안으로 받아들였기 때문에 […] 나는 그가 신실하고 나를 속이지 않을 것을 안심하고 확신한다. […]
이러한 까닭에 비록 모든 사람은 아닐지라도 일부 그리고 많은 사람이 구원을 받는다. 이에 반하여 자유 의지의 힘으로는 단 한 사람도 구원받을 수 없고 우리 모두 함께 멸망할 것이다.

At nunc cum Deus salutem meam exta meum arbitrium tollens in suum receperit, […] securus et certus sum, quod ille fidelis sit et mihi non mentietur. […]
Ita fit, ut si non omnes, tamen aliqui et multi salventur, cum per vim liberi arbitrii nullus prorsus servaretur, sed in unum omnes perderemur.

루터, 『노예 의지에 대하여』
(Luther deutsch 3.327/WA 18.783.28f., 31, 34-36/LDStA 1.650.12-15, 18-20)

그러나 루터는 죄인을 유기하는 하나님의 의지를 하나님 계시의 한 부분으로 이해하지 않고 숨겨진 하나님에게 속한 것으로 보았다. 이것은 이사야 45:15에서 유래한 사상이다.

> 구원자 이스라엘의 하나님이여 진실로 주는 스스로 **숨겨진 하나님**
> [라. deus absconditus]이시니이다(사 45:15).

루터가 『노예 의지에 대하여』에서 말한 '숨어 계시는 하나님'은 또 다른 하나님을 가리키는 것이 아니고 말을 통해서 우리에게 **자신을 명백하게 알린 하나님**(라. deus revelatus)의 다른 측면을 말한다. 곧 우리에게 알려지지 않은 채로 있으면서 화로 가득차서 경악시키는 하나님의 측면이다.

우리는 숨어 계시는 하나님의 비밀을 캐내고자 시도할 수 없다. 그러나 이 주제에 대한 이야기는 우리의 시야를 인간이 접근 가능한 하나님의 계시로 돌려놓는다. 곧 그리스도 안에서 육체가 되었고 이로써 자신의 **구원** 의지를 뚜렷하게 드러낸 성경이 증언하는 하나님에게로 이끌어간다.

하지만 루터교 신앙고백은 이중 예정 교리를 수용하지 않았다. 『합의 문구』의 열한 번째 항목은 특히 디모데전서 2:4의 진술을 지지하면서 하나님의 구원 의지가 보편적임을 강조하고 하나님의 예지와 예정을 구분했다. 예지가 선과 악에 대해서 그리고 지옥 형벌을 받는 자가 하나님의 은혜를 거부하는 것에 대한 앎을 포괄하는 반면에, 예정은 오직 선택받은 자에게만 관계한다.

이 이해에 따르면 하나님 안에서 예지는 어떤 사람의 선택과 유기와 관련되어 있지만 예정은 오직 선택에만 관련되어 있다. 이로써 믿지 않는 자의 유기는 본래적으로 이해된 하나님의 예정에서 분리되었고 베풀어진 은혜를 인간 스스로 거절한 결과로 여겨졌다. 인간이 하나님의 은혜를 거절할 수 있는 가능성은 일반적 섭리 안에서 허용(라. permissio, §7.4)이라는 개념으로 설명된다.

| 제2부 | 제3장 교의학의 개별 주제 585

I. 무엇보다 먼저 중요한 것은 예지와 예정 또는 하나님의 영원한 선택 사이의 차이를 정확하게 지키는 일이다.

II. 왜냐하면 예지는 다른 것이 아니라 하나님이 모든 것을 그 발생 이전에 안다는 것이다. […]

III. 이 하나님의 예지는 동시에 선한 자들과 악한 자들에게 관여한다. […]

IV. 그러나 예정 또는 하나님의 영원한 선택은 선하고 사랑받는 하나님의 아들들에게만 관여한다. […]

[따라서 우리는] 하나님은 모든 사람이 구원받는 것을 원하지 않고, 몇몇 사람은 자신의 죄 때문이 아니라 오직 하나님의 경륜, 의도, 의지에 의해서 멸망에 이르도록 결정되었기 때문에 결국엔 결코 구원에 도달할 수 없다는 〈그릇된 견해를 거부해야 한다.〉

I. Primum omnium est, quod accurate observari oportet, discrimen esse inter praescientiam et praedestinationem sive aeternam electionem Dei.

II. Praescientia enim nihil aliud est quam quod Deus omnia noverit antequam fiant […]

III. Haec Dei praescientia simul ad bonos et malos pertinet […]

IV. Praedestinatio vero seu aeterna Dei electio tantum ad bonos et dilectos filios Dei pertinet […]

[Reiicimus itaque errorem,] Quod nolit Deus, ut omnes salventur, sed quod quidam, non ratione peccatorum suorum, verum solo Dei consilio, proposito et voluntate ad exitium destinati sint, ut prorsus salutem consequi non possint.

『합의 문구』 11.2-5, 19(Unser Glaube 833f., 839[1002-1005, 1018항]/BSLK 817.4-10, 15f., 29-31; 821.11-16).

『합의 문구』는 많은 인간이 오직 하나님의 의도와 의지에 의해서 지옥 형벌을 받도록 결정되었다는 견해를 버렸다. 그러나 이러한 견해는 개혁 교회 안에서 예정론의 한 부분을 차지했다. 칼뱅은 특히 에베소서 1:4 이하의 내용에 의거해서 영원하고 불변하는 하나님의 결정(라. aeternum Dei decretum)이 있음을 인정했다.

하나님의 이 결정 안에 이미 세계 창조 이전에 그리고 인간의 타락 이전에 어떤 사람이 영원한 생명에 참여하고 어떤 사람이 지옥 형벌을 당할지가 확정적으로 예정되었다. 이 입장으로 말미암아 루터교 구원론에서도 강조되었던 것처럼 인간에게 은혜를 베푸는 것이 오직 하나님 자신의 유일한 사역이라는 점이 극단적으로 부각되었다. 곧 하나님의 자유는 철저하게 보존되었고 구원에 이르기 위한 인간의 모든 기여 가능성은 배제되었다.

이러한 이유로 칼뱅은 이미 하나님의 섭리 교리에서 허용(permissio)의 개념을 버리고 아모스 3:6과 이사야 45:7의 내용에 근거해서 하나님을 악과 죄의 직접적인 창시자로 이해했다. 이같은 맥락에서 칼뱅은 로마서 9-11장을 근거로 구원론의 통찰을 전개했다. 이 통찰에 따르면 하나님의 영원한 결정에는 특정 사람에게 은혜 베푸는 것뿐만 아니라 특정 사람을 유기하는 것에 대한 결정도 담겨 있다.

칼뱅 이후 개혁교회의 교리 발전 과정에서 특히 도르트레히트 주교회의(Dordrechter Synode)에서 이루어진 교리 결정의 결과로서(3.5) 예정 교리는 점차 특별한 지위를 얻게 되었고 어떤 의미에선 개혁신학을 가톨릭, 인문주의, 루터교와 구별하는 핵심 교의가 되었다.

개혁신학은 지금 언급한 위의 세 가지 흐름이 인간의 구원이나 불행과 관련된 모든 것이 **직접** 하나님에게서 기인한다고 가르치지 않기 때문에 종국에는 하나의 협력(§ 11.2.1)을 가르치게 된다고 비난했다. 그러나 비판자들은 개혁주의 신학의 이러한 사상이 일부만의 구원을 주장하는 구원의 분파주의(Heilspartikularismus)라고 비판했다. 그것은 하나님의 결정 안에서 오직 인류의 한 부분만의 구원이 예정되었다고 가르치기 때문이다.

이와 달리 〈비판자들은〉 성경의 증언에 따르면 그리스도가 **모든** 인간을 위해서 죽었다는 것을 강조했다(롬 5:18).

그런데 개혁주의 신학 내부에도 다양한 견해가 있다.

(1) 낙원에서 일어난 타락이 하나님의 영원한 결정에 속하고 그래서 하나님 자신에 의해서 직접적으로 일어난 것인가(선정론[先定論]적 입장,

supralapsarische Position),

(2) 아니면 이 영원한 결정은 하나님이 미리 알았지만 직접 일으키지 않았던 타락에 대한 반응인가(후정론[後定論]적 입장, infralapsarische Position).

17세기 이래로 유럽의 개혁교회에서는 줄곧 후정론(後定論)적 입장이 관철되었다. 지금까지 다룬 예정 교리의 형태를 단순화하면 아래와 같다.

	선정[先定]론 영원한 결정에는 낙원의 첫 사람의 타락 역시 포함되어 있다.	후정[後定]론 영원한 결정은 하나님이 미리 알았지만 직접적으로 일으키지 않은 타락에 대한 하나님의 반응이다.
오직 구원에 대한 예정(불신자들의 유기는 직접적으로 하나님의 행위에 기인하지 않는다)		『합의 문구』 11 (『루터교회 신앙고백서』 [BSLK]816-822, 1036-1091)
구원과 영원 형벌에 대한 예정(믿지 않는 자의 유기가 직접적으로 하나님의 행위에 기인한다)	칼뱅, 『기독교강요』 III 21-24[I 16-18]	아우구스티누스, 『심플리키아누스에게』 마틴 루터, 『노예 의지에 대하여』

루터파와 개혁파의 예정 교리

1. **루터주의자**: 예지와 예정을 구분한다.
2. **개혁주의자**: 선택과 유기를 직접적으로 하나님의 영원한 결정과 관련시킨다.
3. **개혁주의 내의 쟁점**: 하나님의 결정을 선정론적으로 이해해야 하는가?
   아니면 후정론적으로 이해해야 하는가?

전통적 예정 교리는 종종 사변적이며 문제점이 많다. 따라서 오늘날 현대신학은 이 교리를 규범적인 것으로 주장하는 것에 매우 주의한다. 이러한 경향을 분명하게 보여 주는 예는 루터교와 개혁교의 교리적 차이를 해결했던 1973년의 『로이엔베르크 합의신조』이다. 이 합의신조는 하나님의 영원한 결정에 의해서 특정 사람 또는 어느 민족이 유기된다는 교리를 분명하게 거절했다(3.6).

24. 복음에는 하나님이 죄인인 인간을 무조건적으로 받아들인다는 약속이 있다. 이것을 신뢰하는 자는 구원을 확신할 수 있고 하나님의 선택을 찬양할 수 있다. 따라서 우리는 오직 그리스도 안에서 주어진 구원으로의 부름에 관련하여서만 선택을 말할 수 있다.

25. 신앙은 모든 사람이 구원의 소식을 받아들이지 않는다는 것을 경험하지만 그럼에도 불구하고 하나님 사역의 비밀에 주목한다. 신앙은 인간 결정을 진지하게 인정하면서도 동시에 하나님의 구원 의지가 실제로 보편적임을 증언한다. 그리스도에 대한 성경의 증언은 특정 사람 또는 어느 민족을 최종적으로 유기하는 하나님의 영원한 결정을 수용하는 것을 우리에게 허락하지 않는다.

26. 교회 간에 이와 같은 일치가 있다면, 종교개혁 신앙고백 안에서 일어난 배척은 이 교회들의 현재적 교리에는 해당하지 않는다.

『로이엔베르크 합의신조』 24-26번

(Reformierte Bekenntnisschriften, 254).

『합의 문구』 11에 대한 해석
- G. Wenz, Theologie der Bekenntnisschriften, Band 2, 712-733.

📖 📖 숨겨진 하나님(Deus absconditus)에 대한 루터의 견해
- E. Jüngel, Quae supra nos, nihil ad nos.

📖 칼뱅의 영원한 선택 교리
- J. Calvin, Unterricht/Institutio, III 21-24 (Weber 615-664/Opera selecta IV 368-432).

영원한 선택 교리와 관련된 섭리 교리
- J. Calvin, Unterricht/Institutio, I 16-18 (Weber 105-130/Opera selecta III 187-227).

👓 § 11.3에서 언급한 도르트레히트 국가주교회의(Nationalsynode)의 교리 결정에 대해서 알아보시오. 이를 위해서 아래 부분을 읽으시오.
- Reformierte Bekenntnisschriften, 221-229.

📖 16세기 이래 전개된 예정론 개관
- T. Mahlmann, Prädestination (TRE 27).

👓 바르트는 선택 교리를 새롭게 이해하고자 시도했는데 아래 책을 활용해서 그 윤곽을 살피십시오.
- K. Barth, Kirchliche Dogmatik, II/2, 1-100 (=§ 32).
- E. Brunner, Dogmatik I, 353-357 (kritische Würdigung von Barths Ansatz).

§ 12. 구원의 수단

인간의 구원은 삼위 하나님 안에 근거한다. 여기서 구원을 각 사람에게 베푸는 것은 특별히 성령의 사역에 속한다(§ 7.2.2; § 11.1). 성령은 칭의의 은혜를 통해서 죄인을 부활한 그리스도에게 **연합시키는데**, 그리스도는 아버지의 구원의 의지가 인격으로 구체화된 것이며, 이에 인간은 신앙 안에서 이 사건을 향하여 응답한다(§ 4.2.2; § 11.2).

그렇다면 인간은 어떻게 구원에 이르는가?

루터교 신앙고백 전통에 따르면 믿음 안에서 칭의의 은혜에 이르게 하는 구원의 수단이 있다. 설교와(§ 12.1) 성례(§ 12.2)가 그것이다.

우리가 이 신앙에 이를 수 있도록 복음을 가르치고 성례를 베푸는 직무가 제정되었다. 〈하나님은〉 이 수단을 통해서 성령을 주고 이 성령은 하나님이 원하는 시간과 장소에 복음을 듣는 사람들 안에 신앙을 일으킨다.

우리는 그리스도 때문에 은혜 안으로 받아들여졌음을 믿는다. 하나님이 우리를 우리 공로가 아니라 그리스도 때문에 의롭게 한다는 것은 명확하다.

Ut hanc fidem consequamur, institutum est ministerium docendi evangelii et porrigendi sacramenta tamquam per instrumenta donatur spiritus sanctus, qui fidem efficit, ubi et quando visum est Deo in his qui audiunt evangelium, scilicet quod Deus non propter nostra merita, sed propter Christum iustificet hos, qui credunt se propter Christum in gratiam recipi.

『아우크스부르크 신앙고백서』 5
(Unser Glaube 63(11항)/BSLK 58.2-12).

12.1 율법과 복음

12.1.1 서론

성경에 들어 있고 (설교를 통해서 전달되어야할) 하나님 말씀은 다양한 형태를 가지고 있다. 성경에는 복음과 율법이 있다. 복음은 은혜에서 기인하고 믿음을 통해서 주어지는 죄 용서의 선포이고, 율법은 하나님 의지의 선포로서 이것을 준수할 때는 상이, 그렇지 않을 때는 벌이 주어진다.

율법(그. nomos/라. lex)이라는 말은 토라(Tora)라는 히브리어와 관련되어 있다. 먼저 토라는 윤리, 법, 제의 영역의 질문에 관해서 제사장이 입으로 전해 준 개별 명령을 뜻한다.

> 곧 그들이 네게 가르치는 율법〈토라〉의 뜻대로, 그들이 네게 말하는 판결대
> 로 행할 것이요 그들이 네게 보이는 판결을 어겨 좌로나 우로나 치우치지
> 말 것이니라(신 17:11).

그러나 포로기 이후 시대부터 이 말은 하나님이 이스라엘 민족에게 준, 문자적으로 확정된 율법 전체를 가리켰다. 토라는 유대인 경전의 첫 부분인 오경을 가리키는 말이다.

예수의 복음, 곧 가까이 다가온 하나님의 통치에 대한 선포는 어떤 부분에서는 당시 유대인의 율법 이해에 대한 날카로운 비판이었다. 예수는 율법의 모든 개별 규정을 하나님과 이웃 사랑이라는 계명 아래 놓았다(마 22:35-40). 구체적인 규정은 오직 이 사랑의 이중 계명에서만 의미를 얻게 되었고 이로써 사랑의 계명을 벗어나는 곳에서는 그 효력이 예수에 의해서 상대화되었다. 그래서 바울은 한편으로 그리스도를 율법의 마침으로

이해했고(롬 10:4), 다른 한편으로는 사랑을 율법의 **성취**라고 말했으며(롬 13:8-10), 그리스도를 따르는 힘으로 지탱되는 믿는 자의 삶을 그리스도의 법에 의해서 결정된 삶이라고 묘사할 수 있었다(갈 6:2; 고전 9:21).

> 율법 비판과 율법 성취의 관계를 파악하기 위해서는 구약성경에 있는 법적 규정의 상이한 형태를 〈아는 것이〉 중요하다. 예를 들어 십계명에는 **자연법**(라. lex naturae)으로도 불리는 **도덕법**(라. lex moralis)이 들어 있다.
> 이 **도덕법**은 법적 판결을 규정하는 **재판법**(라. lex iudicialis, 예, 언약 책) 및 제의와 관계된 **의식법(儀式法,** 라. lex ceremonialis, 예, 출애굽기에서 민수기까지 나오는 제사장법)과 구별된다. 신약성경의 이해에 따르면 재판법과 의식법은 시간적으로 제한된 효력을 지닌 규정이다. 그러나 십계명의 규정은 그리스도가 온 이후에도 효력을 유지할 뿐 아니라 예수 자신에 의해서 더 철저해졌고 깊어졌다(특히 마 5:17-48).

성령으로 말미암아 신앙 안에서 사랑의 계명이 의미하는 삶을 살 수 있게 된 자 곧 사랑 안에서 역사하는(갈 5:6) 믿음을 가진 자는 이제 예수가 명령한 방식으로 율법을 이룰 수 있다. 그러나 율법은 그리스도인에게 더 이상 요구로 다가오지 않고 그리스도인은 복음에 대한 신앙에 근거해서 자기 스스로 율법의 요구를 행한다.

구약성경에 나오는 법의 종류

1. **도덕법**: 모든 사람에게 규범적인 하나님의 윤리적 명령
2. **재판법**: 유대 국가 안에서 시민 생활의 형성을 위한 규정
3. **의식법**: 외적 제의 형식을 위한 규정

바울이 그리스도의 법에 대하여 말했기 때문에 종교개혁 이전 사람들은 율법과 복음의 구분보다는 옛 법과 새 법의 구분을 더 자주 활용했다. 여기서 새 법은 예수에 의해서 그 의미가 더 깊어진 십계명을 뜻했고 그리스도인은 이 법의 준수를 구원의 길로 이해하였다. 그리스도인이 이 법을 지키도록 능력을 주는 자는 성령이다. 아우구스티누스에 따르면 인간에게 은혜가 주어진 것은 그것이 없다면 인간을 과중하게 짓누르는 율법을 성취하도록 하기 위함이다.

율법은 은혜를 구하도록 하기 위해서 주어졌고 은혜는 율법을 완성하기 위해서 주어졌다. 왜냐하면 율법이 완성되지 않은 것은 율법의 결함 때문이 아니라 육체의 현명함이 지닌 결함 때문이다. 이 결함은 율법에 의해 드러나야만 했고 은혜에 의해 치유되어야만 했다.	[L]ex ergo data est, ut gratia quaeretur, gratia data est, ut lex inpleretur. neque enim suo uitio non inplebatur lex , sed uitio pridentiae carnis. quod uitium per legem demonstrandum, per gratiam sanandum fuit.

아우구스티누스, 『영과 문자에 대하여』(De spiritu et littera) 34 (CSEL 60.187.22-25)

12. 1. 2 종교개혁 신학의 관점에서 본 율법과 복음

칭의론의 토대 위에 서 있는 루터는 복음을 또 하나의 새로운 법으로 이해할 수 없었다. 그가 볼 때 복음은 그리스도의 의를 인간에게 귀속시키는 것과 관련되어 있는 죄 용서의 약속이었다(§ 11.2.2). 이 약속의 수신자는 자기에게 믿을 능력이 없기 때문에 좌절하는 죄인이다. 자기 스스로는 하나님과 이웃을 사랑할 수 없다는 것을 지속적으로 체험하고 그래서 율법의 요구에 짓눌려 있는 자신을 보는 사람이다.

그러나 이제 율법의 요구에서 해방하는 것이 복음이기 때문에 이 복음 자체가 다시 하나의 새로운 율법이 될 수는 없다. 오히려 하나님은 인간에게 자기 구원을 위해서 어떤 행위를 해야만 한다는 강제에서 풀려나도록 은혜를 준다. 루터에 의하면 선한 행위는 참된 신앙의 표식(標識)이지만 그것이 구원을 위해 필수적인 것은 아니다. 따라서 그의 확고한 확신처럼 선한 행위가 그리스도인의 삶의 법이 되어서는 안 된다.

옛 법과 새 법 – 율법과 복음

1. **고대 교회/중세**: 믿음에 의해 이끌리는 그리스도인의 삶은 그리스도가 준 새 율법을 따른다.
2. **루터**: 오직 복음은 하나님 앞에서 인간이 어떤 기여를 해야만 한다는 강제에서 해방되는 것으로 이해되어야 한다.

집중적인 성경 연구를 통해서 자신의 칭의론을 발전시킨 루터는 율법과 복음의 구분이 성경 이해의 결정적인 열쇠이며, 그렇기 때문에 동시에 기독교 본질에 적합한 신학의 토대라고 주장했다. 따라서 성경에 율법과 복음으로 들어 있는 하나님 말씀은 설교에서도 이 두 가지 형태로 전달되어야만 한다.

너희가 자주 들은 것처럼 순수한 교리를 전승하고 보존하기 위해서 이 방법을 따르는 것보다 더 나은 것이 없다. 곧 기독교 교리를 율법과 복음 두 부분으로 나누는 것이다. 하나님의 말씀 안에는 분노와 은혜, 죄와 칭의, 죽음과 생명, 지옥과 하늘처럼 두 가지 것이 〈한 쌍으로〉 놓여있는 것처럼 말이다.

Audistis autem iam saepe, meliorem rationem tradendi et conservandi puram doctrinam non esse, quam ut istam methodum sequamur, nempe ut dividamus doctrinam christianam in duas partes, scilicet in legem et evangelium. Sicut etiam duae res sunt, quae in verbo Dei nobis proponuntur, scilicet ira aut gratia Dei, peccatum aut iustitia, mors aut vita, infernus aut coelum.

루터, 『법을 반대하는 자들에 대한 논쟁』(Disputation gegen die Antinomer) (WA 39 I.361.1–6)

> **율법의 이중적 사용**
> 1. **율법의 정치적 사용**: 국가가 법과 질서를 지키는 것이며 칭의와 아무 관련이 없다.
> 2. **율법의 신학적 사용**: 인간을 성취되지 않은 하나님의 뜻과 대면시킨다. 이로 인해 인간의 죄가 드러나며 인간은 복음을 향하여 열린다.

그런데 루터는 율법의 근본적인 두 가지 기능을 알았다. 그는 먼저 율법의 정치적 사용(라. usus politicus legis)에 대해서 말했다. 이 정치적 사용의 핵심은 통치자들이 입법 및 위반 행위에 대한 제재 조치를 통해서 복음의 선포를 불가능하게 하는 무정부 상태를 막음으로써 정치적 공동체〈국가〉의 외적 질서를 보전하는 것이다.

그러나 루터에 따르면 이 정치적 사용의 관점에서 이루어지는 율법에 대한 순종은 단지 외적인 것이며 순전히 형벌에 대한 두려움에서 일어난다(§ 13.3.2). 따라서 이것은 칭의에 대한 율법의 의미를 묻는 신학적 질문과 관계 없다.

율법은 신학적 또는 종교적으로도 사용되는데(라. usus theologicus seu spiritualis), 이 신학적으로 의미 있는 율법의 기능은 인간을 그 스스로 이룰 수 없는 하나님의 뜻과 대결시켜 놓은 것이다. 인간은 무엇보다 예수에 의해 철저하게 된 구약의 도덕법 안에서 이러한 하나님의 뜻을 만난다.

이처럼 율법은 인간으로 하여금 자신이 결코 극복할 수 없는 죄에 빠져 있음을 알게 하는데, 루터는 이것이 율법의 실제적인 기능이라고 보았다. 율법이 인간에게 그 죄를 확인시켜주기 때문에 이것을 율법의 입증적 사용(라. usus elenchticus legis)이라고 말하기도 한다. 오직 인간이 하나님의 의지를 이루는데 무능하다는 통찰 때문에 철저하게 절망한 경우에만 복음 안에서 선사된 죄 용서와 그리스도의 의의 전가를 위로로 받아들일 수 있다.

갈라디아서 3:19 주석에서 인용:

그런즉 율법은 무엇이냐 범법하므로 더하여진 것이라 천사들을 통하여 한 중보자의 손으로 베푸신 것인데 약속하신 자손이 오시기까지 있을 것이라

율법의 이해와 사용은 불경스러운 자를 제어하는 데 있다. 이 정치적 강제는 아주 필요한 것으로 하나님에 의해서 설립되었다. 공공의 평화를 위하고 모든 것을 보존함으로써 특히 난폭한 자의 동요와 반란으로 복음의 진로가 방해받지 않도록 하기 위함이다. 바울은 여기서 이 율법의 정치적 사용에 대해서 논하지 않는다. 이것은 아주 필수적이지만 의롭게 하지는 않는다.	Primus ergo intellectus et usus legum est cohercere impios. […] Haec civilis cohercio summe necessaria est et a Deo instituta, cum propter publicam pacem tum propter omnes res conservandas, maxime vero, ne tumultibus et seditionibus ferocium hominum cursus Evangelii impediatur. Illum civilem usum Paulus hic non tractat, Est quidem valde necessarius, sed non iustificat.

루터, 『대 갈라디아서 주석』(Großer Galaterkommentar) (Galaterbriefauslegung[Kleinknecht], 184/WA 40 I.479.30; 480.22-26.

〈율법의〉 또 다른 사용은 신학적 또는 종교적 사용이며 이것은 〈인간의〉 범법 행위를 더 많이 드러내 보일 수 있다. 이러한 사용은 특히 모세의 율법에서 찾을 수 있다. 이에 대해서 바울은 로마서 7장에서 장중하게 논한다[롬 7:7].	Alter legis usus est Theologicus seu Spiritualis, qui valet ad augendas transgressiones. Et is maxime in lege Mosi […] De hoc Paulus magnifice disputat ad Roma.7.
율법의 참된 직무, 율법의 주요하고 고유한 사용은 사람에게 그의 죄, 눈 멈, 비참, 불경, 무지, 미움, 하나님에 대한 경멸, 죽음, 지옥, 심판, 하나님 앞에서 자초한 분노를 드러내 보이는 것이다. 그러므로 율법이 양심을 고소하고 위협한다면 그때 율법은 고유한 방식으로 쓰이고 있고 그 목적을 행하는 것이다.	Itaque verum officium et principalis ac proprius usus legis est, quod revelat homini suum peccatum, caecitatem, miseriam, impietatem, ignorantiam, odium, contemptum Dei, mortem, infernum, iudicium et commeritam iram apud Deum. […] Itaque quando lex accusat et perterrefacit conscientiam:… tum in proprio usu et fine est lex.

루터, 『대 갈라디아서 주석』(Galaterbriefauslegung [Kleinknecht], 184f./WA 40 I.480.32-34; 481.13-16; 482.26-28).

그리스도를 믿음으로 의롭게 된 자는 자신의 행위가 어떤 구원의 의미도 갖지 않는다는 것을 안다. 따라서 그는 구원 성취를 위한 인간의 협력 행위를 돕기 위해서 교회가 제공하는 수단들을 반드시 필수적인 것으로 생각하지 않는다.

만일 교회가 인간의 특정 행위들이 구원에 필수적이라고 말함으로써 〈이미〉 성취된 그리스도인의 자유를 위협한다면, 그리스도인은 이것에 반대해야 한다. 그것은 이 경우에 행위가 다시 칭의의 근거가 되기 때문이다.

> 갈라디아서 4:9 주석에서 인용:
> 이제는 너희가 하나님을 알 뿐 아니라 더욱이 하나님이 아신 바 되었거늘 어찌하여 다시 약하고 천박한 초등학문으로 돌아가서 다시 그들에게 종 노릇 하려 하느냐

만일 하나님의 율법이 사람을 의롭게 하기에 허약하고 무익하다면 교황의 법은 사람을 의롭게 하는 데 있어 훨씬 더 허약하고 무익하다. 나는 그의 법을 전체적으로 거부하거나 정죄하려고 하지 않는다. 오히려 나는 이 법의 대부분이 외적 규율에 유익하다고 말한다. […]
그러나 교황은 그의 법에 대한 이와 같은 견해와 사용에 만족하지 않고 이것을 지킴으로써 우리가 의롭게 되고 구원에 이를 수 있다고 생각하도록 요구한다. […]
따라서 교황이 자기 법을 지키는 것이 구원에 필수적이라고 주장하고 있는 한 그는 적그리스도며 사탄의 대리자다.

Si autem lex Dei infirma et inutilis est ad iustificationem, multo magis leges Papae sunt infirmae et inutiles ad iustificationem. Non quod in universum reiiciam et damnem leges ipsius, sed dico plerasque utiles esse ad externam disciplinam […]

Hac autem commendatione et usu legum suarum Papa non contentus est, sed requirit, ut sentiamus, quod per observationem earum iustificemur et salutem consequamur. […]
Quatenus igitur Papa exigit eas obserbari ut necessarias ad salutem, est Antichristus et Satanae Vicarius.

루터, 『대 갈라디아서 주석』
(Galaterbriefauslegung [Kleinknecht], 242/WA 40 I.618.29-32; 619.10-12, 18f.).

루터가 말한 율법과 복음의 관계 규명은 다음에 나오는 두 가지 문제를 안고 있다. 따라서 이미 루터 자신도 어느 정도 이 문제에 몰두했고, 다른 이들도 후대 신학의 교리적 발전 과정에서 이 문제를 연구했다.

(1) 율법이 그리스도를 믿는 모든 사람에게 어떤 권리도 〈주장할 수〉 없다는 인식이 하나의 계기가 되어 그리스도인에게 율법은 더 이상 아무런 의미가 없다는 결론이 나왔다. 이에 대해서 루터는 〈다음과 같이〉 자신의 입장을 고수했다.

(a) 정치적 공동체, 국가의 일원인 그리스도인과 관련하여 생각할 때 정치적 기능의 측면에서 율법은 그들에게 무제한적으로 유효하다. 그것은 그리스도인 역시 이 세상 정부의 행위에서 명백해지는 〈세계〉 보존을 위한 하나님의 질서 아래 있기 때문이다. 그리스도가 인간에게 선사한 자유는 결코 정치적 관점에서의 자유가 아니다(§ 13.3.2).

> 갈라디아서 5:1 주석에서 인용:
> 그리스도께서 우리를 자유롭게 하려고 자유를 주셨으니 그러므로 굳건하게 서서 다시는 종의 멍에를 메지 말라

그리스도가 우리를 해방해서 자유하게 했는데 이것은 어떤 인간적 예속이나 폭군의 권력으로부터의 자유가 아닌 하나님의 영원한 진노로부터의 자유다.	Ea est, qua Christus nos liberavit, non e servitute aliqua humana aut vi Tyrannorum, sed ira Dei aeterna.
자유는 어디서 일어났는가?	Ubi?
양심에서 〈일어났다.〉 우리의 자유는 여기에 머물지 여기서 더 멀리 나가지 않는다. 왜냐하면 그리스도는 우리를 정치 및 육의 관점이 아니라 신학적 또는 영적 관점에서 자유하게 했기 때문이다.	in conscientia. Hic resistit neque latius progreditur nostra libertas, Nam Christus nos liberos reddidit non Politice, non carnaliter, sed Theologice seu spiritualiter.

루터, 『대 갈라디아서 주석』
(Galaterbriefauslegung[Kleinknecht], 275/WA 40 II.3.20-23.

(b) 또한 신학적 기능을 생각해도 율법이 그리스도인에게 전적으로 무의미하지 않다. 믿는 자가 율법의 지배에서 자유롭게 되었다 하더라도, 육체 안에 사는 동안 동시에 의인이면서 죄인이기 때문에(simul iustus et peccator; §11.2.2) 언제든지 또 다시 행위로 의롭게 된다는 생각에 빠질 위험에 직면해 있다. 따라서 그는 항상 자신의 행위가 하나님 앞에서 아무것도 아님을 기억해야만 한다. 그래서 율법의 논증적 사용은 그리스도인이 〈의인이면서〉 동시에 언제나 죄인이기 때문에 그에게 여전히 유효하다.

갈라디아서 3:25 주석에서 인용:
믿음이 온 후로는 우리가 초등교사 아래에 있지 아니하도다

처녀가 남자를 모르는 것처럼 [의롭게 된 자의] 양심은 율법을 모를 뿐 아니라 율법에 대해서 전적으로 죽어 있어야만 한다. 거꾸로 율법 역시 이 양심에 대해서 그렇게 되어야만 한다. […] 이것은 그리스도를 이해하는 믿음에 의해서 일어난다.	Ut ergo virgo viri, conscientia non solum legis ignara, sed etiam ei prorsus mortua esse debet et vicissim lex conscientiae. Hoc […] fit […] fide quae Christum apprehendit.
그러나 욕정과 관련하여 아직까지도 죄가 육체에 붙어있으면서 양심을 지속적으로 고소하고 혼란에 빠뜨린다. […] 따라서 우리가 죄 없이 존재할 수 없는 육체 안에 사는 동안 율법은 지속적으로 나시 와서 한 사람 안에서는 많은 업무를, 다른 사람 안에서는 적은 업무를 행한다. 하지만 이것은 멸망이 아닌 구원을 위한 것이다.	Secundum affectum tamen haeret adhuc in carne peccatum quod subinde accusat et perturbat conscientiam. […] Quamdiu igitur in carne quae sine peccato non est, vivimus, subinde redit lex et facit suum officium, in uno plus, in alio minus, Non tamen ad perniciem, sed salutem.

루터, 『대 갈라디아서 주석』
(Galaterbriefauslegung [Kleinknecht], 205/ WA 40 I.536.18-23; 537.16-18.

> **율법의 제3기능**
>
> — 율법의 **정치적 사용**(1)과 **신학적 사용**(2) 외에도 칼뱅과 개혁신학은 중생한 자들을 위한 사용(usus in renatis)를 가르쳤고 이 사용을 율법의 **실제적 사용**(usus praecipuus)으로 규정했다.

(2) ((1)-(b)의 의미처럼) 율법이 믿는 자에게 지속적으로 의미가 있다는 강조는 율법이 의롭게 된 자의 삶을 위해 결정적으로 필요하다는 주장을 낳았다. 율법에는 의롭게 된 자를 훈계하고 격려하는 기능이 있다. 이 기능을 루터 역시 부분적으로 인정했고 멜란히톤은 이 기능에 대해서 더 상세하게 다루었다.

〈그렇다면〉 율법의 훈계하고 격려하는 기능이 기독교적 삶의 구체적 형성을 위한 규칙이 되어야 하지 않을까?

루터 자신은 이와 같은 생각을 거부했는데 그것은 또 하나의 율법주의의 위험을 두려워했기 때문이다. 루터와 달리 개혁신학은 **율법의 제3사용**(라. tertius usus legis)을 뚜렷하게 말했다. 이 기능은 하나님의 의지를 항상 더 깊이 알아가고 죄를 경계하도록 훈계하는 데 있다.

칼뱅은 심지어 중생한 자를 위한 율법의 기능(usus in renatis)을 율법의 주요한 기능(라. usus praecipuus)이라고 불렀다. 중생한 자를 위한 이 기능의 의미는 개혁신학의 교회론 안에서 각 그리스도인이 교회 안에서 교회를 통해서 양육된다는 사상과 결합되었다(§ 13.2.2).

〈율법의〉 세 번째 사용이 아주 중요하다. [...] 이것은 이미 그 마음 안에서 성령이 힘 있게 일하고 통치하는 신자에 대한 것이다. [...]	Tertius usus, qui et praecipuus est [...] erga fideles locum habet, quorum in cordibus iam viget ac regnat Dei Spiritus.
[율법은] 신자가 하나님의 뜻이 어떠한지	[... Lex est] enim illis optimum organum

날마다 더 정확하게 배우고 […] 이 앎에	quo melius in dies ac certius discant qualis

날마다 더 정확하게 배우고 […] 이 앎에서 확고하게 되도록 돕는 최적의 도구다. 또한 우리는 배울 뿐만 아니라 율법의 권고를 듣는 것도 필요하다. 하나님의 종은 율법에서 유용한 권면을 얻을 수 있고 율법을 자주 묵상함으로써 복종의 삶으로 고무되고 죄짓는 위험에서 건져냄을 받는다.

quo melius in dies ac certius discant qualis sit Domini voluntas, […] atque in eius intelligentia confirmentur. […] Deinde quia non sola doctrina, sed exhortatione quoque indigemus, hanc quoque utilitatem ex Lege capiet servus Dei, ut frequenti eius meditatione excitetur ad obsequium, […] a delinquendi lubrico retrahatur.

칼뱅,『기독교강요』 II 7.12
(Weber 213/Opera selecta III 337.23-25, 29-31; 338.1-4).

로마가톨릭도 성경 안의 계명이 의롭게 된 자의 삶에 대해 갖는 의미를 강조한다. 그러나 이것은 개신교 개혁주의의 〈동기와는〉 달리 의롭게 된 자에게 적어도 부분적이지만 구원에 기여할 수 있는 능력이 있다는 점을 고수하기 위한 관심에서 비롯되었다.

따라서 트리엔트 공의회는 칭의에 대한 교령에서 율법 수여자로서의 예수를 분명히 강조했다. 이렇게 하기 위해서 트리엔트 공의회의 투표권을 가졌던 교부들(Konzilväter)은 고대 교회까지 거슬러 올라가는 오랜 전통을 근거로 삼았다. 이미 테르툴리아누스는 예수가 새로운 율법(lex nova)과 하나님 나라에 대한 새 약속을 설파했다고 말했다(1.2.에 있는 테르툴리아누스 인용문).

하나님이 사람에게 보낸 그리스도 예수가 사람이 신뢰해야만 할 구원자라고는 말하면서 〈동시에〉 복종해야 할 입법자라고 말하지 않는 자는 파문을 당할 것이다.

Si quis dixerit, Christum Iesum a Deo hominibus datum fuisse ut redemptorem, cui fidant, non etiam ut legislatorem, cui obediant: anathema sit.

트리엔트 공의회,『칭의에 대한 교령』, 조규 21
(DH 1571; NR 839)

〈그러나 루터는 갈라디아서 주석에서 이와 다른 견해를 말한다.〉

갈라디아서 2:20 주석에서 인용:

내가 그리스도와 함께 십자가에 못 박혔나니 그런즉 이제는 내가 사는 것이 아니요 오직 내 안에 그리스도께서 사시는 것이라 이제 내가 육체 가운데 사는 것은 나를 사랑하사 나를 위하여 자기 자신을 버리신 하나님의 아들을 믿는 믿음 안에서 사는 것이라

따라서 그리스도는 또 하나의 모세, 빛을 받아내는 자, 입법자가 아니고, 은혜를 베푸는 자, 구원자, 긍휼히 여기는 자다. 한 마디로 그는 순수하고 끝없는 자비다.	taque Christus non est Moses, non exactor aut legislator, sed largitor gratiae, Salvator et miserator Et in summa nihil nisi mera et infinita misericordia.

루터, 『대 갈라디아서 주석』
(Galaterbriefauslegung [Kleinknecht], 117/WA 40 I.298.19f.).

하나님이 사람에게 보낸 그리스도 예수가 사람이 신뢰해야만 할 구원자라고는 말하면서 〈동시에〉 복종해야 할 입법자라고 말하지 않는 자는 파문을 당할 것이다.	Si quis dixerit, Christum Iesum a Deo hominibus datum fuisse ut redemptorem, cui fidant, non etiam ut legislatorem, cui obediant: anathema sit.

트리엔트 공의회, 『칭의에 대한 교령』, 조규 21
(DH 1571;NR 839)

12. 1. 3 율법과 복음에 대한 20세기의 이해

제1차 세계대전 이래로 율법과 복음의 관계 문제는 신학 토론의 장에서 자연신학을 두고 일어난 논쟁과 결합되었다(§ 3.2). 당시 루터교 일부에서는 그리스도인이 하나님의 위임을 받은 자로 여겨지는 정치적 통치자에 대한 순종의 의무가 있다는 종교개혁의 견해를(§ 13.3.2) 지적하면서 국가 사회주의가 정권을 장악한 것을 환영했다. 그것은 이 사건 속에서 하나님의 섭리 활동이 실현되고 있다고 생각했기 때문이다(6.2).

바르트는 이 태도에서 근대신학 전반을 광범위하게 지배해 온 신학의 근본 오류가 극단적으로 표현되었다고 보았다. 바르트가 볼 때 이 오류는 신학과 교회가 그리스도 외에 다른 권위도 그 자체로 규범적인 것이라고 판단한 데서 생겼다. 로마서 1-2장에 근거하자면 이러한 권위는 이성이나 양심일 수 있고(§ 3.1), 1933-1934년의 상황에서는 국가 사회주의가 정치적으로 보존하고 확산시키고자 했던 독일 민족이었다.

루터교 율법 이해의 어떤 특정한 해석에 의해서 국가 사회주의의 정권 장악이 신학적으로 정당화되었다. 바르트에 따르면 이 신학적 합법화를 〈가능하게 한〉 궁극적인 근원은 그리스도의 계시 밖에도 인간이 알 수 있는 하나님의 자기 선포가 있다는 가정이었다.

바르트는 〈이러한 가정에 근거하는〉 모든 자연신학을 거부했는데 이것이 아주 명확하고 영향력 있게 표현된 곳은 1934년 작성된 『바르머신학 선언』(Barmer Theologische Erklärung)이었다. 바르트의 자연신학에 대한 거부는 율법과 복음을 구분하는 루터교의 입장에 대한 거절로 나타났다.

> 성경이 우리에게 증언한 것처럼 예수 그리스도는 우리가 듣고 삶과 죽음에서 신뢰하고 복종해야 할 하나님의 그 유일한 말씀이다.
> 우리는, 선포의 원천인 하나님의 이 유일한 말씀 밖과 옆에 다른 사건들과 권력들, 위인들과 진리들을 하나님의 계시로 인정할 수 있고 인정해야만 한다고 말하는 교회의 그릇된 가르침을 거부한다.
> 『바르머신학 선언』(Barmer Theologische Erklärung), 제1명제(These)
> (Reformierte Bekenntnisschriften, 243)

『바르머신학 선언』 제1명제는 요한복음 14:6과 10:1, 9의 내용을 따라서 하나님 말씀을 배타적으로 그리스도와만 관련시켰다. 또한 〈전체〉 논제에서도 율법에 대하여 단 한 차례도 언급하지 않았기 때문에 율법과 복음의 구분은 무언 중에 신학적으로 하찮고 심지어는 해로운 것으로 폄하되었다. 루터교의 신학은 언제나 이 문제로부터 시작해서 바르트를 비판했다.

특히 에를랑겐 루터교 신학자 베르너 엘러트(Werner Elert, 1885-1954)는 바르트에 대항하여 율법과 복음의 대립을 자기 교의학의 출발점으로 고수했다. 이와 같이 그는 서로 마주하고 있고 오직 그리스도에 대한 믿음 안에서만 그 통일성이 파악되는 하나님의 두 말씀에 대해서 말했다.

> [율법과 복음의 대립을 폐기하려는 시도가] 있다. 예를 들면 […] 말씀(Wort)이라는 상위 개념이 율법과 복음의 대립을 폐기하거나, 아니면 이 말씀이라는 개념이 사용됨으로써 이 대립이 사소한 것이 되기도 한다. […]
> 이러한 시도에 반하여 율법과 복음은 하나님의 **두** 말씀이다. […]
> 그리스도의 계시는 〈곧〉 율법의 효력과 복음의 효력의 계시다. […] 따라서 그[그리스도]는 **모든 다른 사람처럼** 율법의 소리가 들리도록 할 뿐만 아니라 **모든 사람과는 다르게** 그것을 잠잠하게 할 수 있다. […]
> 그것은 그가 모든 다른 사람과는 다르게 율법을 완전히 성취했고 완전히 감당했기 때문이다. 따라서 오직 그에게는 죽음을 선언하는 율법의 명령을 폐기하는 것이 그것을 규정한 하나님에 대한 반란이 아니다. 그 자신이 그것을 정말로 완전히 감당했기 때문에 그것을 폐기하는 것은 그 자신이 아닌 다른 사람을 위한 것이다.
>
> 엘러트, 『기독교 신앙』(Der christliche Glaube), 173, 175.

📖 루터의 율법 이해와 율법과 복음에 대한 이해
- B. Lohse, Luthers Theologie, 283-294.
- M. Seils, Martin Luthers Gesetzesverständnis.

루터교 신앙고백서에서 볼 수 있는 율법과 복음의 교리와 율법의 제3의 기능에 대해서 알아보시오.
- 『합의 문구』 5 und 6(Epit.: Unser Glaube 803-810[Nr. 934-951]/BSLK 790-795; SD: BSLK 951-969).
- G. Wenz, Theologie der Bekenntnisschriften, Band 2, 623-644.

율법과 복음에 대해서 전후 루터교신학이 내놓은 주요 연구
- P. Althaus, Gebot und Gesetz.
- G. Ebeling, Dogmatik, Band 3, 251-295(= § 35A).

12.2 성례

12.2.1. 성례 개념의 일반적 이해

'사크라멘툼'(sacramentum)이라는 라틴어는 '뮈스테리온'(mysterion)이라는 그리스어의 번역어다. 이 그리스 낱말은 본래 철학적 비밀 교의와 제의적 축제를 지칭하는데 사용되었는데 신약성경에서는 눈에 띄게 자주 바울서신과 제2바울서신(deuteropaulinische Schriften)에 나온다(에베소서, 골로새서).

바울은 '뮈스테리온'이라는 낱말로 이전에 감추어져 있다가 그리스도 안에서 역사적으로 실현되어 모든 자에게 명백하게 드러난 하나님의 구원계획을 묘사했다. 바울은 다음과 같이 말한다.

> 오직 은밀한 가운데 있는 하나님의 지혜를 말하는 것으로서 곧 감추어졌던 것인데 하나님이 우리의 영광을 위하여 만세 전에 미리 정하신 것이라(고전 2:7).

또한 골로새서 2:2에서는 그리스도가 하나님의 비밀과 동일시된다. 에

베소서는 '뮈스테리온'을 사용해서 그리스도와 교회의 관계를 표현했는데 그리스도와 교회의 관계가 남편과 아내의 관계와 관련되었다. 에베소서 5:31 이하는 이렇게 말한다.

> 그러므로 사람이 부모를 떠나 그의 아내와 합하여 그 둘이 한 육체가 될지니[창 2:24] 이 비밀이 크도다 나는 그리스도와 교회에 대하여 말하노라(엡 5:31-32).

초기 기독교의 뮈스테리온(Mysterion, 비밀) 이해

1. **신약성경**: 그리스도 사건을 통해서 모든 사람에게 드러난 하나님의 구원 계획 (바울), 그리스도와 교회의 관계(엡 5).
2. **초기 신학사**: 그리스도의 구원 사역이 세례와 성만찬에서 현재화되는 것.

신학의 초기 역사를 보면 뮈스테리온은 한편으로 철학적 비밀 교의의 의미로 사용되었다. 그리스도는 최상의 비밀 공포자로 간주되었고 이 비밀은 오직 이미 알고 있는 내부인에게만 전달될 수 있었다. 그러나 이 의미로 뮈스테리온을 사용하는 것은 그리스도 사건 이래로 하나님의 비밀이 드러났다고 증거하는 신약성경과 대립된다.

다른 한편으로는 그리스도인의 종교적 실행과 관련하여 뮈스테리온의 제의적 이해가 수용되었다. 세례와 성만찬 예식(Feier)에서 그리스도의 구원 행위가 현재화되며 참가자가 그리스도의 구원 행위로 인하여 생겨난 구원의 결과에 참여하는 것이 가능해진다.

'사크라멘툼'이라는 라틴어를 처음으로 세례에 적용한 사람은 테르툴리아누스였다. 이 과정에서 그는 이 말의 세속적 의미인 서약 또는 군기(軍旗)에 대한 맹세라는 의미도 활용했고, 세례가 하나님의 구원 행위에 응답하는 인간의 윤리적 맹세라고 묘사했다(당시 세례는 어린이가 아닌 신앙을 가진 성인에게만 베풀어졌다).

그 이후 아우구스티누스는 신플라톤주의 영향 아래 형성된 자신의 세계관 안에서 감각으로 지각할 수 있는 모든 것이 지닌 모상(模相)하고 지시하는 성질을 강조했다. 우리가 감각으로 파악할 수 있는 물질세계는 더 높은 영적 실재를 가리킨다. 교회의 성례는 이러한 이중 구조를 가지고 있다. 가시적 요소인 물, 빵, 포도주는 영적이고 비가시적인 은혜의 실재를 지시하고 이 영적인 실재는 성례 예식 과정에서 말로 하는 세례의식사 또는 성만찬 제정의 말을 통해서 표현된다.

세례와 성만찬만을 실제적인 성례로 알았던 아우구스티누스에 따르면 성례는 보이는 요소와 그 이면에 있는 영적 실재를 지시하는 말씀이 결합함으로써 생겨난다. 성례는 곧 눈에 보이는 말씀이다.

"이미 너희는 내가 너희에게 들려준 말로 깨끗해졌다"[요 15:3].	Iam uos mundi eistis propter uerbum quod locutus sum uobis.
그(그리스도)는 왜 너희를 씻긴 세례로 너희가 깨끗해졌다고 말하지 않고 내가 너희에게 한 말로 깨끗해졌다고 말하는가?	Quare non ait, mundi estis propter baptismum quo loti estis, sed ait: propter uerbum quod locutus sum uobis,
그것은 물로 씻을 때에도 깨끗하게 하는 깃은 정작 말씀이기 때문이 이니기?	nisi quia et in aqua uerbum mundat?
말씀을 빼봐라. 그러면 물은 그냥 물이지 않겠는가?	Detrahe uerbum, et quid est aqua nisi aqua?
물질적 요소에 말씀이 참여함으로써 성례가 생겨나며 이것 자체도 보이는 말씀이다.	Accedit uerbum ad elementum, et fit sacramentum, etiam ipsum tamquam uisibile uerbum.

아우구스티누스, 『요한복음에 대하여』(In Iohannis euangelium) 80.3 (CChrSL 36.529[1-7 줄]).

중세신학이 전개되면서 아우구스티누스의 이러한 기본 생각은 다양한 관점에서 더 정확하게 표현·보충·발전되었다. 이 중에서 중요한 의미를 지니는 것은 아래와 같다.

① 이미 아우구스티누스는 성례의 지시하는 성질뿐 아니라 야기하는 성질도 강조했다. 성례는 눈에 보이는 방식으로 보이지 않는 은혜를 가리킬 뿐만 아니라 수용자 안에서 이 은혜에 참여하는 것을 가능하게 한다. 이 견해는 중세 시대에 확고하게 자리 잡았다.

성례에서 실제적인 행위의 주체는 성례 수용자에게 자기 은혜에 참여하도록 하는 그리스도였다. 이로부터 성례는 이미 실행 그 자체로 말미암아 효과가 있다는 확신이 생겨났다(라. ex opere operato[사효적 효력]; 이 교리의 기원이 된 아우구스티누스와 도나투스파의 논쟁, § 13.2.2.) 따라서 제대로 실행된 성례의 효력은 성례 수여자 또는 그것을 받아들이는 자의 개인적 신앙에 의존하지 않는다.

② 12세기 이래로 성례는 일곱 가지라는 견해가 강화되었다. 세례〈세례 성사〉와 성만찬〈성체 성사〉 외에도 견진 성사, 고해 성사, 병자 성사〈종부 성사〉, 성품 성사, 혼인 성사도 성례로 간주되었다. 그러나 일곱 가지 성례가 교의화된 것은 종교개혁 이후 트리엔트 공의회에서였다(§ 12.3).

중세의 성례

1. 성례는 이미 실행 그 자체로 말미암아 효력을 발휘하기 때문에(ex opere operato[사효적 효력]) 성례 수납자의 신앙에 의존하지 않는다.
2. 성례를 일곱 가지로 생각하는 경향이 있었고 이것은 마침내 트리엔트 공의회에서 최종적으로 교의화되었다.
3. 종교개혁 신학은 위에서 언급한 것처럼 전래된 성례론의 관점을 비판한다.

종교개혁자들은 가톨릭의 성례론을 거세게 비판했다. 라틴어로 저술된 루터의 책 『교회의 바벨론 포로 상태에 대하여』(Von der babylonischen Gefangenschaft der Kirche, 1520)는 당시 성례신학 및 교회의 삶과 경건의 실제에 대한 격렬한 신학적 비판을 담고 있다.

먼저 핵심적인 것은 루터가 성례의 수를 일곱에서 둘 또는 셋으로 줄인 것이다. 그래서 단지 고전적 핵심 성례인 세례와 성만찬 그리고 고해 성사만 남았다. 그러나 루터는 이 고해 성사가 성례적 성격을 갖는지를 최종적으로 판단할 수 없었다. 다음은 루터가 성례적인 성격을 판단할 기준으로 제시한 것이다.

ⓐ 예수 그리스도가 제정했다는 성경적 근거

이것은 원리상 가톨릭의 입장이기도 하다. 그러나 가톨릭은 (성경에 보고된) 지상의 예수의 사역, 부활한 예수의 사역, 그리고 그 후에 있었던 교회 안에서 성령의 활동 사이에 있는 차이를 인정하지 않는다. 따라서 성례의 제정이 성경적으로 증명될 수 없어도 일곱 성례 모두가 그리스도에게서 기원했다고 말하는 것이 가능하다. 그러나 루터가 요구하는 것은 바로 이것 곧 성경적으로 증명될 수 있어야 한다는 것이다.

ⓑ 외석 표시(Zeichen)가 신앙 안에서 붙잡을 수 있는 은혜의 약속과 결합되어 있는가?

루터는 이 기준에 따르면 고해 성사가 문제가 있다고 생각했다. 고해 성사는 그리스도가 준 한 가지 약속에 근거하고 있지만(마 16:19; 18:18; 요 20:23), 그 외적 표시로 간주될 만한 어떤 가시적인 요소도 없다. 하지만 가톨릭은 고해자의 참회와 고해 신부의 사면으로 이루어지는 의식(儀式) 그 자체를 이와 같은 표시로 간주한다.

종교개혁 전통은 성례의 수를 최종적으로 확정하는 일을 단념했다. 그러나 세례와 성만찬이 그리고 그 다음에는 루터가 아직 확정된 견해를 내놓지 못했던 고해성사도 실제적 의미에서 성례로 간주되었다. 그러나 이것들 외에 당시 성례로 간주되었던 것들은 다양한 이유로 부정되었다.

만일 우리가 성례를 하나님에 의해서 명령되었고 은혜의 약속을 간직한 의식이라고 부른다면 성례가 본래 무엇인지 이해하는 것은 쉬운 일이다. […]	Si sacramenta vocamus ritus, qui habent mandatum Dei et quibus addita est promissio gratiae, facile est iudicare, quae sint proprie sacramenta, […]
따라서 참으로 성례는 세례, 주의 만찬, 고해 성사인 사죄다. […]	Vere igitur sunt sacramenta baptismus, coena Domini, absolutio, quae est sacramentum poenitentiae. […]
하지만 성례가 〈또 얼마나 더 있는지〉 묻지 말자. 만일 하나님의 명령과 약속이 있는 것〈세례, 주의 만찬, 고해 성사〉을 고수한다면 어떤 현명한 사람도 그 수와 명칭에 대해서 그리 격렬하게 논쟁하지는 않을 것이다.	Sed omittamus ista. Nemo enim vir prudens de numero aut vocabulo magnopere rixabitur, si tamen illae res retineantur, quae habent mandatum Dei et promissiones.

『아우크스부르크 신앙고백서를 위한 변증서』 13, 3.4.17 (Unser Glaube 316.319[238.239.243항]/BSLK 292, 14-17.24-27;294,44-49)

성례를 어떻게 받아들여야 하는지를 이해하는 것은 아주 필수적이다. 여기서 우리는 성례 수납자가 성례를 거부하지 않는다면 그의 선한 감동〈내적 참여〉이 없어도 성례는 완수된 행위 그 자체로 인하여 이들에게 은혜를 가져다 줄 수 있다고 가르치는 모든 스콜라 학자 집단을 정죄한다. […]	Illud magis est necessarium intelligere, quomodo sit utendum sacramentis. Hic damnamus totum populum scholasticorum doctorum, qui docet, quod sacramenta non ponenti obicem conferant gratiam ex opere operato sine bono motu utentis. […]
만일 성례를 믿음으로 받지 않는다면 약속은 무익하다. 성례는 약속의 표지다. 따라서 그 집행에는 반드시 믿음도 있어야만 한다.	Promissio est inutilis, nisi fide accipiatur. At sacramenta sunt signa promissionum. Igitur in usu debet accedere fides.

『아우크스부르크 신앙고백서를 위한 변증서』 13.18, 20
(Unser Glaube 319f.; NR 244; BSLK 294.50–295.5; 295.19–22).

종교개혁자가 성례의 수보다 더 중요하게 생각한 것은 성례의 실행에서 신앙이 갖는 의미였다. 성례를 받는 자는 외적 표시와 결합된 은혜의 약속을 믿음 안에서 붙잡아야만 한다. 이 확신은 위에서 언급한 견해 곧 성례는 수여자가 실행한 행위 그 자체로 말미암아 효력이 있다(ex opere operato[사효적 효력])는 견해에 대한 비판이다. 만일 은혜의 전달이 받는 자의 결정과 무관하게 된다면 이것은 구원이 자동으로 이루어진다는 위험한 견해(Heilsautomatismus)가 될 것이다. 종교개혁적 견해에 따르면 사람을 의롭게 하는 유일한 것은 신앙이다. 그런데 만일 은혜가 신앙과 무관하게 인간에게 이를 수 있다면 이 신앙을 포기해도 괜찮을 것이다.

> 『아우크스부르크 신앙고백서를 위한 변증서』 13에서 멜란히톤은 세례, 성만찬, 고해 성사를 실제적 의미의 성례라고 말했다. 아래에서는 특별히 세례와 성만찬만을 다룬다. 그것은 개신교 교회의 현실에서 실제로 이 두 행위만이 성례로 고수되어 왔기 때문이다.
> 로마가톨릭에서 오늘날까지도 지속되는 고해의 의무가 폐지됨으로써 점차 개신교 안에서는 비밀 고해가 광범위하게 사라져서 결국 고해 성사가 부차적인 것이 되었다.

12.2.2 세례

신약성경이 말하는 세례는 예수가 아니라 세례 요한에게서 유래했다(막 1:4-8). 어디에도 예수가 세례를 주었다는 보도는 없다. 심지어 요한복음 4:2은 "예수께서 친히 세례를 베푸신 것이 아니요 제자들이 베푼 것이라"

고 강조해서 말한다. 하지만 다른 측면에서 생각하면 요한이 행했던 세례와 기독교 세례 사이의 연관성은 확실하다.

두 경우 모두 세례는 죄 용서를 위해서 행해졌고(막 1:4; 눅 3:3을 행 2:38과 비교하라) 물이 사용되었다. 이 외에도 세례가 기독교 공동체 안에서 처음부터 행해졌다는 것은 명백하다. 이것은 예컨대 로마서 6장에서도 분명하게 확인할 수 있다. 여기서 바울은 세례가 널리 행해지고 있고 사람이 세례에 대한 특정한 신학적 이해를 알고 있다는 것을 전제하고서 〈다음과 같이 말한다.〉

> 무릇 그리스도 예수와 합하여 세례를 받은 우리는 그의 죽으심과 합하여 세례를 받은 줄을 알지 못하느냐(롬 6:3).

신약성경의 증언에 의하면 세례에 대한 예수의 분명한 명령은 부활한 자의 명령에 기인한다(마 28:19 이하; 비교, 막 16:15 이하).

신약성경의 세례

1. 예수는 직접 세례를 주지 않았고, 부활한 후에 비로소 세례를 명했다(마 28).
2. 기독교 공동체 안에서 죄 용서를 위한 세례가 처음부터 시행된 것이 분명하다.
3. 바울은 세례 사건을 그리스도의 죽음과 부활에 참여하는 것으로 서술했다.

신약성경에서 세례는 우선 죄를 씻는 것으로 이해되었고 물로 씻는 것을 통해서 상징적으로 행해졌다. 이 씻음은 또한 죄에 얽매여 있는 옛 사람의 죽음을 뜻했다. 이것을 바울에게서 분명하게 볼 수 있다. 바울은 로마서 6:3-11에서 세례를 죽음을 상징적으로 통과하는 것으로 묘사했고 세례 사건을 그리스도의 죽음과 부활에 참여하는 것으로 해석했다. 이로써 세례는 한 사람이 그리스도의 통치 영역(예, 그리스도의 몸 곧 교회)

에 속하게 되는 시작을 표시한다. 수세자는 자신의 이전 실존과 비교하면 어떤 면에서는 새롭게 되었다. 신약성경은 이 점을 사람이 세례를 받음으로 영에서 새롭게 태어났다는 말로 표현한다(요 3:3, 8). 이 의미에서 세례는 또한 중생의 씻음과 성령의 새롭게 함으로도 묘사되었다(딛 3:5).

로마가톨릭이 세례와 관련하여 중요하게 생각한 것은 이미 언급했던 것처럼 성례의 야기하는 성질이었다. 세례는 상징할 뿐 아니라 죄를 씻고 사람을 새로 태어나게 한다. 이와 관련하여 우리는 세례가 **야기하는** 의미를 가진다고 말한다. 그것은 세례가 하나님이 약속한 칭의의 은혜를 수세자 안에서 완전히 실제적으로 일어나게 하는 의식으로 이해되기 때문이다. 이러한 의미와 일치하여 트리엔트 공의회는 칭의에 대한 교령에서 **세례를 칭의를 일으키는 수단**이라고 규정했다.

루터교는 세례와 관련하여 성례의 구원의 효력을 위해서는 수세자의 믿음이 중요하다고 강조한다. 그러나 이것은 세례의 성례적 성격이 수세자의 믿음에 의해서 비로소 확립된다는 말은 결코 아니다. 세례 사건에서 약속된 은혜의 약속이 실제로 사람에게 주어진다. 만일 그렇지 않다면 수세자의 불신앙이 하나님 말씀을 무력하게 만들 수 있다는 말이 되는데 이것은 루터에게 터무니없는 귀결이었다. 따라서 루터 역시 어느 면에서는 세례를 야기적인 것으로 이해했다.

〈세례에 대한 이러한 이해 때문에〉 루터는 특별히 당시 일반화되어 있었던 것처럼 아직 믿을 만한 능력이 없는 어린 아이에게 세례를 줄 수 있다고 변호했다. 루터교신학에서는 바로 이 유아 세례가 하나님의 구원 약속의 무조건적인 성격을 보증한다고 말하면서 이 세례를 오늘날까지도 신학적으로 정당화한다.

유아세례는 더할 나위 없이 하나님의 구원 약속의 무조건적 성격을 드러 낸다. 〈이것은〉 세례자의 자기 기여 또는 그가 충족시켜야 할 조건에 대해서 말할 수 없는 삶의 단계에서 태어난 지 얼마 안 되는 사람에게 그의 생이 구원 가운데 있다고(die heilsame Bestimmung seines Lebens) 뚜렷하게 말하는 것이다.

헤를레, 『교의학』, 555.

| 이어서 우리는 또한 우리의 강조점이 세례받는 자가 믿는지 그 여부에 있지 않다는 것을 말한다. [⋯] 만일 물에 말씀이 더해진다면 설령 믿음이 더해지지 않는다 하더라도 이 세례를 참된 것으로 간주해야만 한다. 그것은 나의 믿음이 세례를 있게 하지 않고 세례를 받아들이고 이해할 뿐이기 때문이다. | Deinde hoc quoque dicimus nobis non summam vim in hoc sitam esse, num ille, qui baptizatur, credat [⋯] accedente aquae verbo baptismus rectus habendus est etiam non accedente fide. Neque enim fides mea facit baptismum, sed baptismum percipit et apprehendit. |

루터, 『대요리문답』 4부
(Unser Glaube 737[822항]/BSLK 701.30-32, 39-43)

그러나 루터교 신학의 관점에서 세례의 은혜는 사람의 소유물이 되지 않으며 따라서 사람의 새 존재의 질이 아니다. 하나님이 칭의의 은혜 안에서 우리에게 준 의는 우리에게 낯선 의로 남는다(iustitia aliena; §11.2.2).

오히려 세례 사건에서 하나님의 약속이 하나로 묶인다. 곧 최후 심판 때 우리의 죄를 우리에게 돌리지 않을 것과 성령의 도움으로 우리 삶에서 죄의 힘을 억누를 수 있다는 하나님의 약속이 하나로 결합된다.

가톨릭 견해에 따르면 세례, 견진 성사, 성만찬에서 사람에게 실제로 주어진 은혜는 그리스도인이 죄를 지을 때 상실되지만 고해 성사를 통해서 다시 새롭게 될 수 있다. 그러나 루터교신학에 따르면 세례의 은혜는 고해를 통해서 다시 회복될 수 있는 그러한 인간의 소유가 결코 아니다. 또한 고해는 인간이 하나님의 구원 약속으로 돌아가기 위해서 항상 필요한 회개로 이해되었다.

> **종파간 세례 이해의 차이**
>
> 1. 로마가톨릭 신학과 개신교 루터신학은 각각 상이한 방식으로 세례의 야기적인 성격을 인정했다. 의식은 그것이 가리키는 바를 일으킨다.
> 2. 개신교 개혁파는 세례의 표시적인 성격을 인정했다. 의식은 하나님 말씀이 성령을 통해서 야기한 것을 가리킨다.

개혁신학은 세례 사건에서 가시적이고 물질적인 표시와 이를 통해 전달되는 은혜의 차이를 강조한다. 이 견해에 의하면 하나님의 은혜의 위로를 실제로 일으키는 것은 물 세례 사건 자체가 아니라 수세자가 하나님의 약속에 대한 믿음 안에서 받아들인 성령이다. 외적인 실행의 관점에서 세례는 단지 하나님이 그의 말씀과 영을 통해서 사람에게 행한 것을 확인하고 굳건하게 하는 표(라. signum)일 뿐이다. 따라서 이것과 관련하여 세례는 **표시하는** 의미를 갖는다고 말한다.

이 기본생각으로부터 루터교 신학이 세례와 관련하여 우려했던 일이 현실이 되었다. 곧 세례의 성례적 성격은 최종적으로 수세자의 믿음에 의해서 확립된다는 주장이 실제로 생겨난 것이다. 20세기 들어 바르트는 이러한 견해에서 〈세례받기에는 아직〉 미성숙한 자에게 베푸는 세례에 대한 비판을 이끌어 냈다. 그것은 그가 신앙을 일으키는 하나님의 은혜 행위인 세례와 인간의 고백하는 행위인 물 세례가 서로 다르다고 생각했기 때문이다.

그렇지만 물 세례가 전적으로 인간의 응답하는 행위로만 이해되고 은혜의 전달 사건과 분리된다면 그곳에서 세례는 더 이상 성례의 성격을 갖지 않는다고 바르트는 말한다.

> 세례는 예수 그리스도 안에서 일어난 하나님의 행위와 그 안에서 선포된 하나님 말씀과 관계한다. 그러나 세례는 결코 그와 같은 것이 아니다. 세례는 예수

그리스도에게 순종하게 되어 자신의 희망을 그에게 건 인간의 행위와 말이다. 세례는 물 세례인데, 〈이것은〉 영의 세례에서 시작하고 이 세례를 지향한다. 그러나 그것은 그 자체로 영의 세례가 아니다. […] 세례는 예수 그리스도의 역사의 비밀과 성례에 응답한다. […] 그러나 그 자체는 비밀도 성례도 아니다. […]

유아 세례 사안과 관련하여 여기서 교회에게 줄 충고는 암담한 옛 시대의 세례 관습에서 시작되어 그 후에 […] 지속되었던 그 길[…]을 따라 앞으로 더 나갈 수 있고 나가야만 한다는 것이 아니다. 신학은 교회가 이 유아 세례를 도입함으로써 껴안은 책임을 […] 더 이상 함께 질 수 없다. 유아 세례는 대단히 무질서한 세례 관습이다.

칼 바르트, 『교회 교의학』 IV/4, 112, 213.

12. 2. 3 성만찬

§12.2.2에서 언급한 세례에 대한 종파 간의 이해 차이는 교회 분열적인 의미를 갖지 않았지만 성만찬 교리는 사정이 달랐다. 성만찬 교리는 종교개혁 시대 이래로 신학 논쟁의 대단히 중요한 핵심 주제가 되었다. 이 주제를 두고 종교개혁 교회와 로마가톨릭교회가 나누어질 뿐만 아니라, 성만찬 질문에 대한 상이한 이해는 개신교 내에서 루터교회와 개혁교회가 분열하는 계기가 되었다.

따라서 아래에서는 신약성경이 제공하는 성만찬신학의 토대를 간략하게 살핀 후에 성만찬에 대한 종파 간의 차이를 서술하겠다. 이 차이는 비로소 오늘날에 와서야 부분적으로 없어졌다.

기독교 성만찬의 뿌리는 '먹기를 탐하고 포도주를 즐기는 사람'(마 11:19)으로 비판을 받았던 예수가 그의 제자, 세리, 죄인, 바리새인과(눅 7:36) 습관적으로 가졌던 공동 식사에 있다. 그리고 예수가 그의 제자들과 먹었던 마지막 식사가 일반적으로 기독교 성만찬의 시작으로 간주된다.

두 가지 상이한 기본 형식으로 전래된 성만찬 제정의 말에서(고전 11:23-26; 눅 22:15-20을 막 14:12-16; 마26: 26-28과 비교하라) 식사는 한편으로 예수의 죽음이 지닌 구원의 힘을 의미한다. 그의 죽음은 죄를 극복하고 하나님과의 새로운 관계를 열기 위한 희생이었다.

다른 한편으로 누가복음과 바울 서신에서는 '이를 행함으로 나를 기념하라'(그. anamnesis)는 명령의 반복을 통해 〈성만찬의〉 축제 의식적 성격이 강조되었다. 이 사실에서 우리는 부활 이전에 예수가 제정한 성만찬 보도 안에 이미 부활 이후의 관점이 반영되어 있다고 추측할 수 있다.

이 부활 이후의 관점은 또한 부활한 자가 엠마오로 가는 제자와 같이 먹었던 식사에 대한 보도도 결정했다(눅 24). 그것은 오직 부활 신앙의 지평에서만 예수의 죽음이 구원의 사건으로 이해될 수 있기 때문이다. 그렇다면 성만찬 축제에서 구원의 효력을 발휘하는 예수의 죽음에 대한 기억은 동시에 부활한 그리스도의 현존을 누리는 축제다.

따라서 성만찬 과정에서 축하하는 자는 예수의 죽음과 부활 안에서 선사된 은혜를 받는다. 기독교 실존에 성만찬이 갖는 핵심석 의미 때문에 이미 고대 교회 이래로 성만찬이 라틴어 권에서는 성례(sacramentum), 그리스어 권에서는 비밀(mysterion)로 일컬어졌다. 루터가 성경을 번역하기 이전에는 예수의 마지막 식사와 관련된 성만찬 예배를 가리키기 위해서 전적으로 '유카리스티'(Eucharistie, 감사)라는 말이 사용되었다.

> **성례로서 성만찬(성체 성사)**
>
> 1. **역사적 기원**: 예수가 그의 제자들과 나눈 마지막 식사
> 2. **신약성경**: 이 식사를 예수의 죽음이 갖는 구원 능력으로 해석하고 반복하라는 명령이 있다. 이것은 이미 성만찬 제정 보도에 들어 있다.
> 3. **고대 교회**: '유카리스티'(Eucharistie, 성만찬 예배)가 성례 또는 비밀로 일컬어졌다.

로마가톨릭의 성체 성사(성만찬) 교리는 종교개혁 시대에 비로소 분명하게 정의되고 규범적 성격을 얻게 되었다. 이와 관련하여 결정적으로 중요한 것은 성만찬 질문에 대한 종교개혁자들의 진술과 비판적으로 논쟁했던 트리엔트 공의회의 문서다.

이미 언급했던 루터의 저서 『교회의 바벨론 포로 상태에 대하여』 외에도 『아우크스부르크 신앙고백서』, 『아우크스부르크 신앙고백서를 위한 변증서』, 그리고 다양한 종교개혁 신학자들의 저작이 원용되었고 공의회는 이단적인 것으로 판단되는 진술을 단죄하고 참된 교리와 대조시켰다.

(1) 이 맥락에서 중요한 것은 먼저 루터에게 격렬한 비판을 받았던 미사성제(Messopfer)에 대한 교리였다.

이미 키프리안에게서 유래한 해석에 따르면 사제는 골고다에서 인간의 죄를 속했던 유혈의 제물 봉헌을 성만찬 과정에서 무혈의 방식으로 반복한다. 가톨릭은 골고다에서 죽은 그리스도와 성만찬에서 봉헌되는 그리스도의 동일성에 대해서는 어떤 의심도 허락하지 않았다. 그러면서도 십자가에서 이루어진 제물 봉헌의 유일성이 성만찬의 반복을 통해 상대화되어서는 안 된다고 강조했다.

미사에서 거행되는 이 신성한 희생제에는 십자가의 제단에서 단일회적으로 피를 흘려 그 자신을 바친 바로 그 동일한 그리스도가 포함되어 있다. 그리고 그는 이 희생제 안에서 피 흘리지 않고 바쳐진다.	Et quoniam in divino hoc sacrificio, quod in Missa peragitur, idem ille Christus continetur et incruente immolatur, qui in ara crucis semel se ipsum cruente obtulit:
거룩한 공의회는 이 희생제가 참으로 속죄제라고 가르친다. 이것으로 말미암아 […] 우리는 자비를 얻고 유익한 도움 안에서 은혜를 발견한다. 왜냐하면 이 봉헌으로 말미암아 진정된〈화해된〉주는 은혜와 회개의 선물을 주고 또한 엄청난 과실과 죄를 용서하기 때문이다. […]	docet sancta Synodus, sacrificium istud vere propitiatorium esse, per ipsumque fieri, ut, […] ,misericordiam consequamur et gratiam inveniamus in auxilio opportuno'. Huius quippe oblatione placatus Dominus, gratiam et donum paenitentiae concedens, crimina et peccata etiam ingentia dimittit. […]
이 피 흘림 없는 봉헌으로 말미암아 (말하자면 피 흘려 드린) 그 봉헌의 열매를 아주 가득하게 얻는다. 그러나 그 〈피 흘린〉 봉헌이 이 〈무혈의〉 봉헌에 의해서 어떤 방식으로든 제한되는 일은 결코 없어야 한다.	Cuius quidem oblationis(cruentae, inquam) fructus per hanc incruentam uberrime percipiuntur: tantum abest, ut illi per hanc quovis modo derogetur.

트리엔트 공의회, 『미사성제에 대한 교리』(Lehre über das Messopfer), 제2장 (DH 1743; NR 599).

(2) 미사 제물 안에 '십자가 제단에서 피 흘려 자신을 단 번에 봉헌한 […] 바로 그 그리스도가 들어 **있다**'는 진술은 우리의 관심을 신학적으로 논란 중인 '**성만찬에서의 그리스도의 현존**'에 대한 질문으로 이끈다.

트리엔트 공의회의 성체 성사 교리

1. 성체 성사는 제물인 예수의 봉헌을 피 흘리지 않는 방식으로 반복하는 것으로 이해되었다(**미사성제론**)
2. 성체 성사 안에서 예수의 현존은 빵과 포도주의 본질 변화에 기인한 결과이다 (**화체설**)

고대 교회 이래로 사람들은 예수가 제정의 말에서 '이것은 나의 몸, 나의 피**이다**'라고 분명하게 말했던 성만찬의 요소들(빵과 포도주)과 관련하여 이 질문을 던졌다. 여기서 논점은 제정의 말에서 예고된 그리스도의 현존을 어떻게 이해할지의 문제였다. 공의회는 사제가 제정의 보도에 의거하여 그리스도의 말씀과 행위를 반복하면서 빵과 포도주를 봉헌하는 축성(祝聖)을 통해서 이 요소가 그리스도의 몸과 피로 변화한다는 것을 교의로 정했다.

이와 관련하여 본질의 변화(Transsubstantiation)를 말하는데, 이 낱말은 빵과 포도주의 외적 성질과 우연적인 특징은 변하지 않는다는 것을 뜻한다. 변화는 오직 빵과 포도주의 본질 또는 실체에 미쳤다. 다른 말로 하면 변화는, 우연한 것들의 근저에 놓여있고 속성들인 우연한 것들이 달라붙어 있는 토대(Träger)에 미쳤다.

빵과 포도주를 봉헌할 때 빵 전체의 실체가 우리 주 그리스도의 몸의 실체로, 포도주 전체의 실체가 그의 피의 실체로 변화되는 일이 생긴다. 이 변화를 거룩한 가톨릭교회는 적합하고 본질에 맞게 성체 변화(본질 변화)라고 불렀다.	[P]er consecrationem panis et vini conversionem fieri totius substantiae panis in substantiam corporis Christi Domini nostri, et totius substantiae vini in substantiam sanguinis eius. Quae conversio convenienter et proprie a sancta catholica Ecclesia transsubstantiatio est appellata.

트리엔트 공의회,『성체 성례에 대한 교령』
(Dekret über das Sakrament der Eucharistie), 4장 (DH 1642; NR 572).

종교개혁 교회는 성만찬 교리와 관련하여 하나같이 가톨릭의 미사성제 신학부터 비판했다. 그리스도의 죽음에만 관계하고 이로써 하나님에게서 기인하는 속죄제와 죄 용서에 대한 인간의 감사의 표현인 감사제는 서로 구분되어야 한다는 점에서 비판은 시작되었고 그리스도가 피 흘림 없이 자기 자신의 봉헌을 반복한다는 사상이 십자가 상의 하나님의 구원 행위를 경멸하는 것이라고 보고 거부했다.

이와 동시에 그리스도가 속죄제가 됨으로 얻어진 구원이 사제가 반복하는 미사를 통하여 사람들에게 현재적으로 전달된다는 견해를 거절했다. 이 부분에서 이미 성례 교리와 교회론의 연관성이 명백히 드러났다. 이 문제는 §13에서 다시 다루겠다.

그러나 〈이것은〉 하나님의 진노를 진정시키기 위한 속죄제이며 이로 말미암아 죄인은 […] 하나님 자신과 더불어 있을 수 있는 은혜로 되돌아갈 수 있다.	Est autem expiationis sacrificium, cui propositum est iram Dei placare, […] quo peccator […] in gratiam cum Deo ipso redeat.
율법에서 속죄를 위해서 드려진 희생 제물이 이와 같이 명명되었다. […] 왜냐하면 이 희생 제물들은 오직 그리스도에 의해서만 실제적으로 완성된 희생제를 모방했기 때문이다. […]	Sic vocabantur in Lege victimae quae pro peccatis expiandis offerebantur […] quod verum huiusmodi sacrificium adumbrarent quod tandem ab uno Christo re ipsa peractum fuit.
만일 누가 반복적인 봉헌이 하나님을 화해시키는 것과 관련된 것이라고 생각한다면 [확언하건대] 이것은 그리스도뿐 아니라 희생제에도 아주 흉악한 비방이고 견딜 수 없는 모독이다. […]	[… Constituo,] sceleratissimum probrum et non ferendam esse blasphemiam, tam in Christum quam in sacrificium […], siquis, repetita oblatione […] de propitiando Deo […] cogitet. […]
이런 의미에서 우리는 그들[교황권 신봉자들]이 제사장이라는 것을 부정한다. 이들은 곧 이와 같은 봉헌으로 하나님 앞에서 백성을 중재하고자 나서고 하나님을 진정시킴으로써 죄인들의 속죄를 실행한다고 〈생각한다.〉	Hoc sensu et Sacerdotes esse negamus, nempe qui tali oblatione apud Deum pro populo intercedant, qui propitiato Deo peccatorum expiationem peragant.

칼뱅, 『기독교강요』 IV. 18.13, 14
(Weber 1000f./Opera selecta V. 429.10–15, 17f., 26–30; 430.5–7)

성만찬의 제물로서의 성격에 대한 질문을 두고 20세기 들어 루터교회와 로마가톨릭교회가 서로 가까이 다가섰는데 이것은 중요한 의미를 지닌다. 1976년 이래로 독일 연합 개신교 루터교회(VELKD)의 지도부와 독일 로마가톨릭 주교회의는 양측 연구 모임의 도움을 받으면서 교리에 대한 대화를 나누었고 이 대화의 첫 결과로 1984년에 『말씀과 성례 안에서 교회의 연합』(Kirchengemeinschaft in Wort und Sakrament)이라는 문서를 내놓았다.

여기서 로마가톨릭 측은 어떤 교회의 행위도 십자가의 제사를 반복하는 것으로 해석해서는 안 되고 교회는 예수와 나란히 자기 자신을 봉헌의 독립적인 주체로 이해할 수 없다고 분명하게 강조했다.

성만찬에서의 그리스도의 현존에 대한 질문을 두고 루터교회와 개혁교회는 상이한 길을 갔다. 루터교회 신자와 개혁교회 신자 간의 공통점은 둘 다 성체 변화를 거부한다는 것이다. 그러나 양자의 견해를 살펴보면 이 둘은 근본적으로 다르다.

루터와 그를 따르는 전통은 성체 변화라는 교리에서 요소〈빵과 포도주〉안에 현존하는 그리스도에 대한 성경적 증언이 철학적 방식으로 변질되었다고 보고 편재 교리를 재수용해서(§ 10.3.1) 그리스도의 몸과 피 그리고 빵과 포도주 사이의 성례적 단일성(sakramentale Einheit)을 주장했다. 이와 관련하여 몸과 피 그리고 빵과 포도주가 함께 있다는 것을 뜻하는 공재설(Konsubstantiation)을 말한다.

종교개혁 내부에 존재하는 성만찬에 대한 이해 차이

1. **루터신학**: 성만찬에는 그리스도의 몸과 피 그리고 빵과 포도주가 함께 있으므로 성만찬 요소 안에 그리스도가 실제로 현존한다.
2. **개혁신학**: 성령의 사역으로 말미암아 예수는 몸으로 현존한다.

루터는 그리스도가 성만찬 요소 안에 실제로 현존한다는 것을 의심하지 않았다. 이로부터 성만찬에 참여한 불신자 역시 그리스도의 몸과 피를 실제로 받는다는 결론이 나왔다. 이것은 고린도전서 11:27의 내용과도 일치한다. 하지만 〈그리스도의 몸과 피는〉 믿지 않는 자에게는 구원이 아니라 심판이 된다. 이와 같이 루터는 믿지 않는 자도 그리스도의 몸과 피를 먹고 마신다고 주장했다(라. manducatio impiorum).

칼뱅과 그의 주된 영향 아래 형성된 개혁신학은 그리스도의 현존을 성만찬 요소 안에 고정하는 것을 비판했고 이로써 가톨릭뿐만 아니라 루터교의 견해를 거절했다. 칼뱅은 부활한 자가 하나님의 우편에 앉아 있다는 성경의 전승(예, 골 3:1; 벧전 3:22)을 지적하면서 거룩하게 변화된 그리스도의 몸이 한 특정한 장소인 하늘에 있기 때문에 성만찬 요소 안에 있을 수 없다고 주장했다.

그러나 칼뱅의 입장은 일시적으로 츠빙글리가 옹호했던 것처럼 성만찬을 순순한 상징으로 이해하는 견해와 동일하지 않았다. 칼뱅에 의하면 성만찬과 관련하여 약속된 예수의 몸의 현존, 즉 그의 육체 및 피와의 연합은 실제로 일어난다. 그러나 이것은 성령의 사역에 의한 것이지 그리스도의 몸과 피가 공간적으로 성만찬 요소 안에 있기 때문이 아니다.

따라서 그는 성만찬에 예수가 몸으로 현존한다는 것을 고수하면서도 믿지 않는 자도 그리스도의 몸과 피를 먹고 마신다는 견해를 거부했다.

> 루터교 전통은 자신에 대한 개혁신학의 비판에 대하여 부활한 예수의 몸이 특정한 한 장소에 있다는 개혁신학의 확정된 교리에 반대했다. 속성의 교류(§ 10.3.1)라는 교리가 보여 주듯 예수의 인간적 본성뿐만 아니라 부활한 자의 몸까지도 그의 신적 본질의 편재성(Ubiquität)에 참여한다. 따라서 그의 몸과 피는 전적으로 성만찬 요소 안에 있을 수 있다.

이 견해는 또한 빵과 포도주 안에 그리스도가 현존한다는 가톨릭의 생각을 넘어선다. 왜냐하면 가톨릭의 성체 변화 교리에 따르면 예수의 인간적 몸의 우연한 것은 성만찬의 요소 안에 있지 않기 때문이다.

루터교신학은 또한 그리스도의 몸과 피가 요소 안에 공간적으로 포괄되어 있다는 견해와도 맞선다. 이들은 루터가 예레미야 23:23 이하를 주목하면서 말했던 하나님의 편재처럼 그리스도의 인간적 본성의 편재 역시 불가해하다고 생각한다.

성만찬에서 그리스도의 현존에 대한 교리적 차이 및 이것과 연관된 기독론적 차이에 대해서 종교개혁 전통의 교회는 1973년의 『로이엔베르크 합의신조』에서 의견 일치를 보았다(§ 10.3.1; § 11.3). 이미 서술한 것처럼 성만찬 이해 문제로 종교개혁 전통 내부에 일어난 견해 차이는 16세기에는 교회를 분열시키는 것이었다. 그런데 이러한 차이가 『로이엔베르크 합의신조』에서 이루어진 의견 일치로 인하여 최종적으로 극복되었다.

18. 성만찬에서, 부활한 예수 그리스도는 모두를 위해 희생한 그의 몸과 피 안에서 그의 약속의 말씀으로 말미암아 자신을 빵과 포도주와 함께 선사한다. 이와 같이 그는 자기 자신을 제한 없이 빵과 포도주를 받은 자 모두에게 내어준다. 믿는 자는 이것(Mahl)을 받아 구원에 이르고 믿지 않는 자는 심판에 이른다.

19. 우리는 몸과 피 안에 있는 예수 그리스도와 연합되는 것과 먹고 마시는 행위를 분리할 수 없다. 이 행위에 무관심한 채 성만찬 안에서 그리스도 현존의 형태에 대해서 갖는 관심은 성만찬의 의미를 어둡게 할 위험에 빠진다.

20. 교회 사이에 이러한 일치가 있다면 종교개혁 전통의 신앙고백 안에서

이루어진 배척은 이 교회의 교리적 입장에 해당하지 않는다.

『로이엔베르크 합의신조』, 18-20번

(Reformierte Bekenntnisschriften, 253)

📖 개신교 성례 교리 안내
- G. Wenz, Einführung in die evangelische Sakramentenlehre.
- U. Kühn, Sakramente in der evangelischen Tradition.

📖📖 오늘날 루터교 관점에서 본 고해 성사(Bußsakrament)의 의미
- W. Härle, Dogmatik, 567-569.

📖📖 루터의 요리문답에서 세례 교리까지 서술
- A. Peters, Kommentar zu Katechismen, Band 4, 71-126.

👓 바르트는 전래된 세례의 실제를 비판하는데 그의 비판의 해석적 토대가 무엇인지 알아보시오.
- K. Barth, Kirchliche Dogmatik IV/4, 118-140.

👓 초기 기독교 성만찬의 신학과 실제에 대한 성경적 진술을 더 정확하게 알아보시오. 이 주제를 개관하고 더 진척할 수 있는 참고도서
- F. Hahn, Abendmahl (RGG^4 1).

📖 미사에 대한 당시 가르침과 이로 인해 생겨난 오용에 대한 루터의 비판
- M. Luther, Asm II 2(Unser Glaube 451-460[Nr.373-39]/BSLK 416-426; 이 책 § 14.2.3와 비교하시오).

👓 성만찬 문제를 두고 종교개혁 시기에 일어난 논쟁
- W. -D. Hauschild, Lehrbuch der Kirchen- und Dogmengeschichte, Band 2, 388-397. 427 (= § 15.4; § 15.9.4.1).

📖📖 최근 성만찬 교리에 관하여 이루어진 가톨릭과 종교개혁 사이의 대화
- K. Lehmann, W. Pannenberg, (Hg.), Lehrverurteilungen – kirchentrennend?, 89-124.

성례	성경적 근거	해설
기독교의 삶에 입문하는 성례		
1. 세례 성사		§ 11.2.2
2. 견진 성사	행 8:14-17; 10:44-48; 19:1-7; 10:38	옆에 기록한 성경 구절에서는 **안수(按手)를 통해서 주어지는 성령의 수여가 세례와 구별된다**. 이 안수가 견진 성사의 근본이었다. 후에는 사도행전 10:38의 내용을 따라서 향기 좋은 기름(Chrisam[성유])을 바르는 행위가 추가되었다. 견진 성사는 **세례의 은혜를 완성**하는데 필수적인 것으로 간주된다.
3. 성체 성사 (성만찬)		비교 § 11.2.3
성화의 성례		
4. 고해 성사	막 1:15; 2:5; 마 16:19; 18:18; 요 20:23; 고후 2:5-11	고해 성사는 세례를 받은 후 중한 죄에 빠져 자신의 세례의 은혜를 상실한 자에게 회개하고 **칭의의 은혜를 회복할 수 있도록** 새로운 기회를 준다.
5. 병자(종부) 성사	마 6:12 이하; 약 5:14 이하	병자(종부)성사의 수여 조건은 **한 사람의 건강이 아주 위태로울 만큼 쇠약한 경우**다. 이 성사를 자주 **종부 성사**(라. extrema unctio, 마지막 기름 바름)라고도 불렀는데 이것은 이 성례가 죽음의 순간과 관련하여 집중적으로 행해졌다는 것을 보여 준다. 그러나 오늘날 병자(종부)성사는 더 이상 **죽음의 순간**에만 집중해서 행해지지 않는다.
공동체를 위한 봉사의 성례		
6. 성품 성사	막 3:13-15; 행 6:1-7; 딤전 3:1-13; 5:17	그리스도의 제사장직에 공적으로 참여하는 섬김의 직책(Diakonat)과 사제의 직책(사제와 주교)은 안수를 통해서 전달된다. 성품 성사는 그것을 받는 자에게 지워지지 않는 영적인 표를 남긴다(라. charakter indelebilis).
7. 성사	창 2:18, 23 이하; 마 5:32/ 눅 16:18; 막 10:2-12; 마 19:3-9; 엡 5:21-33	부부는 서로에게 성례를 주고 그들의 사랑 안에서 그리스도와 교회 사이의 사랑이 나타난다. 또한 혼인은 자손의 번식과 부부 상호 간의 도움과 성화에 기여한다.

12. 3 로마가톨릭의 성례론 개요

종교개혁의 비판에 대항하여 로마가톨릭은 트리엔트 공의회에서 종교개혁자가 문제 삼았던 성례론의 여러 관점을 분명하게 규범화했다. 이 과정에서 새 언약의 성례가 그리스도에 의해서 제정되고 그 수가 일곱이라는 것을 부정하는 자들이 정죄를 당했다.

또한 성례의 야기하는(exhibitiv) 성격이 강조되었다. 성례는 자신이 표시하는 은혜를 포함하며 그것을 일으킨다(조규 6). 끝으로 루터와 멜란히톤이 강조했던, 성례에서 믿음이 중요하다는 견해에 반대하면서 성례는 실행 그 자체로 효력을 갖는다는 입장을 고수했다(ex opere operato[사효적 효력], 조규 8).

만일 누가 새 언약의 성례가 모두 우리 주 예수 그리스도에 의해서 제정되지 않았다고 말하거나, 성례는 세례 성사, 견진 성사, 성체 성사, 고해 성사, 병자성사, 성품 성사, 혼인 성사 일곱 가지임에도 성례가 이보다 더 많거나 더 적다고 말하거나, 이 일곱 가지 중 어떤 것은 참되고 고유한 의미의 성례가 아니라고 말한다면 그는 파문을 당할 것이다.	Si quis dixit, sacramenta novae Legis non fuisse omnia a Iesu Christo Domino nostro instituta, aut esse plura vel pauciora, quam septem, videlicet baptismum, confirmationem, Eucharistiam, paenitentiam, extremam unctionem, ordinem et matrimonium, aut etiam aliquod horum septem non esse vere et proprie sacramentum: ananthema sit

트리엔트 공의회, 『성례에 대한 교령』(Dekret über die Sakramente), 조규 1 (DH 1601; NR 506).

만일 누가 은혜를 지시하는 새 언약의 성례가 은혜를 간직하지 않는다고 말하거나, 성례가 그것을 거부하지 않는 자에게 은혜를 전달하지 못한다고 말하거나, 마치 성례가 다만 신앙을 통해서 받	Si quis dixerit, sacramenta novae Legis non continere gratiam, quam significant, aut gratiam ipsam non ponentibus obicem non conferre, quasi signa tantum externa sint acceptae per fidem gratiae vel iustitiae,

은 은혜와 의의 외적 표지라고 말하거나, et notae quaedam christianae professionis, 믿는 자와 믿지 않는 자를 구별하는 기독 quibus apud homines discemuntur fideles ab 교 신앙고백의 표지라고 말한다면 그는 infidelibus: anathema sit.
파문을 당할 것이다.

트리엔트 공의회,『성례에 대한 교령』, 조규 6
(DH 16006; NR 511).

새 언약의 성례 자체는 **실행 그 자체로** Si quis dixerit, per ipsa novae Legis
말미암아[1] 은혜를 가져오지 않고 은혜에 sacramenta ex opere operato non
도달하기 위해서는 오직 하나님의 약속 conferri gratiam, sed solam fidem divinae
에 대한 믿음으로 충분하다고 말하는 자 promissionis ad gratiam consequendam
는 파문을 당할 것이다. sufficere: anathema sit.

[1] 비교.『아우크스부르크 신앙고백서를 위한 변증서』**13,18(Unser Glaube 319[244항]/BSLK 295,1-5; § 12.2.1에 인용되어 있음)**

트리엔트 공의회,『성례에 대한 교령』, 조규 8 (DH 1608; NR 513).

📖　　로마가톨릭의 성례론을 전체적으로 아주 이해하기 쉽게 개괄한 책
　　　　– Katechismus der Katholischen Kirche, Nr. 1210–1690.

📖 📖　트리엔트 공의회의 성례론을 다룬 책
　　　　– W. Dantine, Das Dogma im tridentinischen Katholizismus, 465–498.

§ 13. 교회에 대한 교리(교회론)

인간을 위한 하나님의 구원 행위는 믿음을 통한 죄인의 칭의에서 이루어진다 (§ 4.2.2; § 11.2). 믿음은 복음의 설교를 듣고(§ 12.1) 성례를 받음으로써(§ 12.2) 생겨나고 강해진다(§ 12.1).

복음의 설교와 성례는 교회가 있는 곳에서 주어지기 때문에 교회의 존재는 하나님이 인간에게 주는 구원의 전달을 위해서 없어서는 안 될 필수적인 것이다. 따라서 교회라는 주제 역시 기독교 교의학의 한 구성 요소다.

13. 1. 신약 성경과 신앙고백의 교회 이해

'에클레시아'(ekklesia)라는 그리스 말은 대체로 교회(Kirche)라는 말로 번역되지만 루터 번역성경은 이것을 항상 공동체(Gemeinde)로 번역한다. 그런데 에클레시아는 신약성경의 예수 전승에는 나오지 않는다. 〈에클레시아가 등장하는〉 마태복음 16:18과 18:17은 부차적인 것으로 간주될 수 있다. 이로써 예수 자신은 구원 전달의 기관으로서 어떤 교회도 설립하지 않았다는 것이 분명해진다. 하지만 기관으로서의 교회의 생성이 예수의 선포와 모순된다는 말은 아니다.

가까이 와 있는 하나님 나라의 통치 앞에서 〈자기를〉 뒤따르도록 하나의 특정한 삶 안으로 〈초청하는〉 예수의 부름은 이미 자기를 따르는 자들의 공동체를 가정했다. 그래서 예수의 선포와 관련하여 먼저 가톨릭신학이 말하는 암시적 교회론(die implizite Ekklesiologie)에 대해서 알아보자(§ 12.1의 과제 제시).

부활한 자의 현존을 영으로 경험한 초기 그리스도인은 자신들을 종말론적 구원의 공동체라고 생각했다. 바울이 이스라엘의 구원사적 우위를 인정했지만(롬 9-11장) 지금까지 이스라엘 민족과 관련된 하나님의 긍휼이 이제는 그리스도인 공동체에게 주어졌다. 그리스도 사건의 결과로 생겨난 하나님의 새로운 이스라엘(갈 6:16) 안에는 믿는 이방인도 포함되었고(엡 2장) 이들에게 옛 하나님의 백성의 영광스러운 수식어가 적용되었다.

> 그러나 너희는 택하신 족속이요 왕 같은 제사장들이요 거룩한 나라요 그의 소유가 된 백성이니 이는 너희를 어두운 데서 불러 내어 그의 기이한 빛에 들어가게 하신 이의 아름다운 덕을 선포하게 하려 하심이라 너희가 전에는 백성이 아니더니 이제는 하나님의 백성이요 전에는 긍휼을 얻지 못하였더니 이제는 긍휼을 얻은 자니라(벧전 2:9-10).

신약성경의 여러 상이한 전통은 하나님의 이 새로운 백성 곧 그리스도를 믿는 자의 구원 공동체를 자세하게 서술했다.

(1) 바울은 공동체를 **그리스도의 몸**(Leib Christi)이라고 불렀다(고전 12장). 이 몸의 통일성은 지체들이 더불어 서로를 위하여 있음으로 표현된다. 제2바울서신(deuteropaulinische Schriften)은 이 몸의 은유를 다른 방식으로 활용하였다. 여기서 그리스도는 몸의 머리이고, 모든 지체들은 더불어 서로를 위하여 있으면서 이 머리와 결합되어 있다(골 2:19; 엡 1:22 이하; 4:15 이하).

(2) 공동체를 **건축물**로 그리는 것도 역시 바울에게서 기인했다. 건축물로서의 공동체는 유일하게 지탱해 주는 토대인 그리스도 위에 세워졌다(고전 3).

(3) 목회서신은 기독교 공동체를 **하나님의 집(안)**이라고 말한다(딤전 3:15). 이 〈은유의〉 배후에는 하나님의 구원 의지를 적합하게 선포하는 일을 확고하게 하기 위해서 특정한 질서와 규칙이 필요하다는 생각이 깔려 있다. 이와 관련한 최우선 관심사는 거짓 가르침으로 인하여 믿는 자의 구원이 위

태롭게 되는 것을 〈막는 것이다.〉 따라서 이 위험을 막는 일이 직분을 맡은 자에게 우선적으로 위임된다. 직분을 맡은 자는 '진리의 말씀을 옳게 분변'해야 한다(딤후 2:15).

목회서신을 보면 사도적 전통 및 지역 〈공동체를〉 이끄는 자의 직분이 높이 평가되었음을 확인할 수 있고, 〈이로써〉 신학은 기관으로서의 교회에 더 높은 가치를 부여했다. 교회에 주어진 높은 신학적 가치가 오늘날까지도 로마가톨릭의 교회론에 중요한 영향을 끼친다.

(4) 히브리서는 믿는 자의 공동체를 도상의 **하나님의 백성**으로 특징짓고, 시간 속에서 교회가 가는 길을 자기 신앙을 확증해 가는 과정으로 묘사한다. 이 길은 옛 하나님의 백성이 겪었던 사막 이동과 상응한다(히 3:7-17; 고전 10도 비교하라).

신약성경의 책만이 아니라 기독교 신앙고백서 안에도 교회에 대한 언급이 있다. 예컨대『사도신경』에는 '나는 성령과 거룩한 보편[기독교] 교회와 성도의 사귐'을 믿는다는 표현이 있다. 이 문장은 교회가 칭의의 은혜를 각 사람에게 베푸는 성령의 사역에 긴밀하게 결합되어 있음을 강조한다(§ 10.1).

'**성도의 사귐**'이라는 말은 이외에도 또 다른 것을 말하고 있다. 신약성경은 교회 안에 모인 그리스도인을 거룩한 자로 일컫는다(롬 1:7; 엡 1:1 등). 이들은 각각 영적으로 야기된 신앙에 의해서 그리스도와 관련될 뿐만 아니라 동시에 서로 한 공동체를 이룬다.

『니케아-콘스탄티노플 신경』은 성령과 관련하여 말하는 곳에서 교회에 대해서 말하고, 교회를 네 가지 측면에서 특징짓는다. 교회는 하나이고, 거룩하며, 보편적이고, 사도적이다(라. una sancta catholica et apostolica ecclesia). 이로써 교회의 특성을 말해주는 네 가지 고전적 수식어가 열거되었다. 교회는 하나이고, 교회는 **거룩**하고, 교회는 **보편**적이고, 교회는 **사도**적이다.

Ⓐ 하나님은 예수 그리스도 안에서 자신을 결정적으로 계시했고 우리는 세례를 통해서 그리스도와 연합한다. 사람은 세례를 통해서 통치 영역으로 받아들여진다(§ 11.2.2). 교회의 일원이 되는 것은 오직 모든 그리스도인에게 공통적인, 하나님을 향한 신앙에 의해서 결정된다.

이로부터 교회의 단일성이 생긴다. 단일성(Einheit)은 교회 안에서 주어지는 구원 외에는 구원의 다른 가능성이 없다는 것을 말한다. 그것은 하나님은 다양한 무리에게 다양한 형태의 구원을 마련해 두지 않고 오직 그리스도 안에서 모든 사람을 위한 유일한 길만을 보여 주었기 때문이다.

그러나 이 신앙의 단일성이 필연적으로 교회 조직 형태의 통일성을 요구하는지는 더 생각해 봐야 한다. 신약성경에 따르면 단일한 신앙이 무조건적으로 통일된 교회를 요구한다고 볼 수 없다. 그것은 일반적으로 교회라는 말로 번역된 그리스어 에클레시아(ekklesia)가 복수로도 등장하기 때문이다. 에클레시아가 고린도후서에서는 복수로만 나오고 갈라디아서 1:2, 22과 로마서 16:4, 16 등에서도 복수로 등장한다.

따라서 교회가 하나인 것은 교회가 유일한 주 예수 그리스도와의 결합되었기 때문이다(비교, 고전 8:6).

Ⓑ 교회에 속한 사람은 성령에 의해서 그리스도의 통치 영역 안으로 받아들여지기 때문에 더 이상 죄가 지배할 수 없는 하나님과의 관계 안에 서 있다.

여기서부터 교회의 거룩성(Heiligkeit)이 생겨난다. 이것은 그리스도인이 죄가 없다는 말이 아니라 교회가 확신 가운데 산다는 말이다. 교회는 하나님의 종말론적 구원이 이미 예수의 부활에서 시작되었고 현재적으로 각 개별 그리스도인에게서와 교회의 사귐에서 나타난다는 확신 가운데 산다. 교회가 거룩한 것은 각 그리스도인의 신앙의 확신 때문이다.

ⓒ 기독교의 확신에 의하면 하나님은 그리스도 안에서 모든 사람의 구원을 위해서 하나의 유일한 길을 보여 주었다. 이 보편성에 대한 주장 때문에 교회의 **보편성**(Katholizität)은 한편으론 기독교 신앙을 전파하라는 명령을 뜻하고, 다른 한편으로는 기독교 신앙이 모든 시대와 모든 장소에서 동일하다는 것을 뜻한다.

이러한 의미로 교회의 보편성을 이해했던 초기 문헌은 아우구스티누스를 비판했던 빈젠즈 레리눔(Vinzenz von Lerinum, 5세기 중엽 사망)의 글이다. 빈젠즈에 따르면 보편적인 것은 '도처에서, 항상, 모든 자들에 의해서 믿어진 것'이다. 교회가 보편적인 것은 교회의 신앙이 그리스도인 전체의 신앙과 일치하기 때문이다.

ⓓ 교회의 **사도성**(Apostolzität)은 한편으로는 부활한 예수 그리스도가 그의 제자에게 내린 명령에 교회가 결속되어 있음을 뜻한다. 부활한 예수는 이렇게 말한다.

그러므로 너희는 가서 모든 민족을 제자로 삼아 아버지와 아들과 성령의 이름으로 세례를 베풀고 내가 너희에게 분부한 모든 것을 가르쳐 지키게 하라(마 28:19-20).

사도성은 또한 보편성이 그런 것처럼 신앙을 전파하라는 명령을 뜻하고 따라서 선교의 의무를 포함한다. 다른 한편으로 사도성은 교회가 성경에 전승된 예수 그리스도에 대한 사도의 증언에 결속되어 있음을 뜻한다. 교회가 사도적인 것은 교회의 신앙의 근원에 대해서 신실하기 때문이다.

> **성경과 신앙고백이 말하는 교회**
>
> 1. 신약성경의 교회:
>   (1) 그리스도의 몸(고전; 엡)
>   (2) 그리스도라는 토대 위에 세워진 건물(고전)
>   (3) 하나님의 집안(딤전)
>   (4) 도상의 하나님의 백성
> 2. 381년의 신앙고백이 언급하는 교회의 특성:
>   (1) 단일성   (2) 거룩성
>   (3) 보편성   (4) 사도성

신앙고백이 교회 본질의 특징을 말할 때면 아주 분명하게 교회에 대한 어떤 이상을 염두에 둔다. 이상적 관점에서 교회는 참 신앙으로 그리스도 안에 있으면서 하나님을 향하는 모든 사람의 공동체다. 그러나 이상 교회는 처음부터 실제 경험 교회와 긴장 관계에 있다.

첫째, 교회의 다양한 신앙과 삶의 형태는 단일성이라는 교회의 특성에 전혀 들어맞지 않는다.

이 다양성에 대한 의식은 16세기 이래로 유럽 기독교의 종파화 과정에서 다시 강화되었다. 그래서 신앙고백이 말하는 그 하나의 교회와 다양하게 존재하는 교회들의 관계를 묻는 질문이 생겨났다(§ 13.2.1; § 13.2.2).

둘째, 교회가 곧 거룩함을 뜻하지 않는다.

한 교회의 모든 그리스도인이 신앙고백의 의미처럼 거룩한 자는 아니다. 또 사람은 신앙고백이 가리키는 거룩성이 조직 교회 바깥에도 있는지 묻는다. 이것은 제도화된 교회와 기독교적 삶의 관계에 대한 질문이다(§ 13.2.3).

📖　교회에 대한 신약성경의 근거 서술(최근 참고문헌)
　　　- J. Roloff, Art. Kirche (EKL³ 2).

📖　오늘의 상황에서 『사도신경』의 교회 해석
　　　- W. Pannenberg, Das Glaubensbekenntnis, 152-162.

👓　아래 책을 활용해서 암시적 교회론의 개념을 알아보시오.
　　　- W. Trilling, Implizite Ekklesiologie.

13. 2 종파간 교회 이해의 차이

13. 2. 1 로마가톨릭의 교회 이해

교회의 본질과 위임, 형태와 구조에 대해 진술하는 교회론은 종교개혁과 그 후에 일어난 종파화의 지평에서 신학적 구상의 독립적인 주제가 되었다. 로마가톨릭의 신학은 교회의 교리를 만들면서 이전 시대의 사상적 씨앗과 숙고를 활용했다. 이것이 어떤 것이었는지 아래에서 몇 가지 예를 들어 말하겠다.

디오니시오스 아레오파기타는 그의 저술 『교회의 위계질서에 대하여』 (Über die kirchliche Hierarchie)에서 지상 교회의 구조가 천상적 위계질서의 모상이라고 말했다(이 저서에 대해서, §9.1.1). 이 저서에 따르면 교회의 서열에서 차지하는 위치가 하나님과 얼마나 가까운지를 결정한다.

이 서열 체계에서 낮은 곳에 있는 자는 하나님에게 더 가까이 가기 위해서 자기보다 높은 곳에 있는 자의 중개에 의존하고 동시에 자기에게 몫으로 주어진 하나님의 경험을 아래에 있는 자에게 나누어 준다.

최고 성직자에게 적합한 존재 형태, 그에게 부합하는 것, 그에게 적합한 법을 생각해 보면 그는 하나님의 일에 있어서 완전하며 하나님과 비슷하게 되었다. 그는 하나님이 자기에게 준 거룩한 신성화(heilige Vergottung)의 일부를 자기 아래 위치한 자에게 각자의 존엄에 알맞게 나누어 준다.
[이에 비해] 아래 있는 자는 더 나은 자를 따르고 미미한 자는 위로 이동한다. 그런데 이 미미한 자 역시 앞서 가면서 자기에게 주어진 능력에 따라 다른 자를 인도한다. 각자는 자기가 할 수 있는 만큼 하나님에 의해서 활기 있게 된 계층 질서의 조화를 통해서 진실로 아름답고 현명하고 선한 것에 참여한다.
디오니시오스 아레오파기타, 『교회의 위계질서에 대하여』(De Ecclesiastica Hierarchia) I 2 (Corpus Dionysiacum II 65.1-8).

디오니시오스의 이러한 생각은 이미 중세 전성기에 성품 성사의 영향에 대한 논의뿐 아니라 세상 권력에 대한 교황의 권위와 교회 안에서 그의 위치에 대한 논쟁에도 영향을 끼쳤다. 로마가톨릭의 근대적 교회론도 디오니시오스에게서 볼 수 있는, 지상 (교회) 구조를 신학적으로 높이 평가하는 흐름에 영향을 받았다.

교회는 그리스도 자신이 원했던 제도적 틀 안에서 천상의 실재를 드러내는 지상의 형태이며 그리스도를 대리한다. 교회의 가시성은 어떤 의미에서는 하나님 말씀(Logos)의 지속적인 성육신을 뜻한다. 그래서 교회의 지상적 형태는 신성(神性)의 그리스도와 뗄 수 없이 결합되어 있다.

이러한 사상을 19세에 교회론을 두고 강렬하게 벌어진 논쟁의 장에서 분명하게 표명한 사람은 요한 아담 묄러(Johann Adam Möhler)다(5.2).

가톨릭 신자는 지상의 교회를 그리스도가 제정한 모든 믿는 자의 가시적 공동체로 이해한다. [⋯] 교회의 가시성의 최종적 근거는 하나님 말씀이 사람이 된 것이다. 하나님 말씀이 자신을 인간의 마음 안에 파묻었더라면 [⋯] 보이지 않는 내적 교회만을 제정했을 것이다. [⋯]

이미 발전된 관점에서 보면 가시적인 교회는 인간 안에서 인간적 형태로 지속적으로 나타나면서 자신을 항상 새롭고 영원히 젊게 만드는 하나님의 아들이고, 아들의 지속적인 성육신이다. 그것은 성경에서 믿는 자를 그리스도의 몸이라고 일컫기 때문이다.

따라서 [교회는] 상호 불가분한 형태로 신적 측면과 인간적 측면을 가지고 있다. [⋯] 이 양 측면은 서로 특징을 교환한다. 신적인 것, 살아있는 그리스도, 그리고 교회 안에 있는 그의 영이 오류가 없고 영원히 참되다면, 인간적인 것 역시 오류가 없고 참되다. 왜냐하면 신적인 것은 인간적인 것 없이는 결코 우리에게 존재할 수 없기 때문이다.

묄러, 『신앙고백』(Symbolik), 331-333.

위 인용문의 논증에서 결론이 나온다. 교회의 가시적인 측면이 교회의 비가시적 측면의 완전성에 참여하기 때문에 위에서 언급한 특징(단일성, 거룩성, 보편성, 사도성)이 로마가톨릭 안에서 현실화된 교회의 지상적 형태에 실제로 부여된다.

오직 여기에 '상호불가분한 형태로 신적 측면과 인간석 측년'이 함께 있다. 그것은 오직 로마가톨릭교회 안에서만 오늘의 성직자와 사도의 결합이 이루어지고 이를 통해서 오늘의 성직자와 그리스도 자신과의 결합도 지속적으로 유지되기 때문이다. 이 연속성은 이른바 사도적 계승을 통해서 보장되었다.

곧 사도까지 거슬러 올라가는, 교황을 정점으로 하는 주교단(Bischofs-kollegium)에 편입되어 있으므로 이 연속성이 보장된다.

> **로마가톨릭의 교회 이해**
>
> 1. 예수 자신이 가시적인 기관으로서 교회를 원했고 설립했다.
> 2. 교회 내의 단일성은 모든 주교와 교황 사이의 일치를 통해서 보증된다.
> 3. 교황에게는 교회 지도(指導)와 관련된 일을 결정할 우선권이 있고, 교의 결정 과정에 오류가 없다.

이미 기독교 초기부터 사람들은 그리스도에게 보냄을 받은 사도들이 공동체를 세운 후 그곳에 자기 제자들을 지도자로 임명했고 이들도 자기 제자들에게 후임 직분을 넘겨 주었다고 생각했다. 3-4세기부터 주교직(Episkopat)이 공동체를 지도하는 핵심 기관이 되면서 주교직은 계승의 원리와 결합되었다.

사람들은 **주교직의 사도적 계승**이 교회 교리의 진실성을 보장하며, 현재의 교회와 교회의 근원과의 일치, 전체 그리스도인과의 일치를 확고하게 해 준다고 생각했다.

교회는 교회의 내적 통일성을 만들고 보장하는 지상적 수장의 도움에 의해서만 자기 근원과 일치할 수 있고, 자기 머리인 그리스도를 지향할 수 있다. 이 머리의 역할을 맡은 자들은 그리스도에 의해서 사도들의 인도자와 교회의 토대로 세워진 베드로의 자리를 계승하는 교황들이다(마 16:16-19; 눅 22:31 이하; 요 21:15-19).

베드로는 로마 주교에게 그리스도에게서 받은 전체 교회를 지도할 전권을 넘겨 주었다. 따라서 이미 중세 시대에 오류에 대처하고 기독교 신앙의 단일성을 지키기 위해서 신앙과 관련된 규범적 진술을 할 있는 권한이 교황에게 주어졌다.

교회가 천상에 있는 그리스도를 머리로 삼고 있으면서도 지상적 기관으로 존재하기 때문에 교회에는 '신적 측면과 인간적 측면이 상호불가분한 형태로' 함께 있다. 또한 전체 교회의 머리인 로마 주교(교황)는 그리스도와 직접적인 관계에 서 있으며 그의 대리자(라. vicarius)로서 지상에 재직한다.

이 사상이 교회 내에 관철됨으로써 모든 주교와 로마 주교 사이의 일치가 교회의 단일성을 보장하는 결정적인 것이 되었다. 교회의 교리뿐만 아니라 교회 지도부 및 조직에 대한 질문에서도 교황의 우선권이 주장되었으므로 신앙의 일치 문제와 교회 조직 형태의 단일성 문제가 결합되었다.

교회 안에서 교황권의 역할에 대한 교리 형성은 제1차 바티칸 공의회의 결정에서 정점에 도달했다. 이 공의회는 1870년 7월 18일에 가결된 『영원한 목자』(Pastor aeternus)라는 규칙에서 교황의 최고 판결권(die oberste Jurisdiktionsgewlat)을 분명하게 강조했다. 교황은 교회 지도부와 관련된 질문에서 우위권을 가지며, 교리와 관련하여 교황이 내린 결정은 무류(無謬)하다는 것이 교의로 선언되었다(교황의 무오류성).

그러므로 우리는 복음의 증언에 따라서 그리스도 주가 하나님의 전체 교회에 대한 재판상의 수위권을 복된 베드로 사도에게 약속하고 맡겼다는 것을 가르치면서 선언한다. [⋯]	Docemus itaque et declaramus, iuxta Evangelii testimonia primatum iurisdictionis in universam Dei Ecclesiam immediate et directe beato Petro Apostolo promissum atque collatum a Christo Domino fuisse. [⋯]
그러므로 누구든지 이 교황성좌(敎皇聖座)에 앉아 베드로를 계승하는 자는 그리스도 자신의 제정에 따라서 온 교회에 대한 베드로의 수위권을 갖는다. [⋯]	Unde quiccumque in hac cathedra Petro succedit, is secundum Christi ipsius institutionem primatum Petri in universam Ecclesiam obtinet. [⋯]
사도의 으뜸인 베드로의 계승자인 로마의 주교는 사도적 수위권을 가지며 이 수위권 자체에는 교도권의 최고 권한도 포함된다는 것을 이 거룩한 교황좌는 항상 견지해 왔다.	Ipso autem Apostolico primatu, quem Romanus Pontifex tamquam Petri principis Apostolorum successor in universam Ecclesiam obtinet, supremam quoque magisterii potestatem comprehendi, haec Sancta Sedes semper tenuit.

로마 주교가 교황좌에서 말할 때, 달리 말하자면 그의 사도적 최고 권위에 근거하여 모든 그리스도인의 목자와 교사로서의 직분을 수행하면서 신앙과 관습에 대한 교의를 전체 교회가 지켜야만 한다고 결정할 때, 그는 복된 베드로 자신에게 약속된 신적 도움으로 말미암아 오류를 범하지 않는다. 신적 구원자는 그의 교회가 신앙과 관습에 대한 교리를 확정하는 데 있어서 이 무류성(無謬性)을 갖기를 원했다.
따라서 이러한 로마 주교의 결정은 개정될 수 없다. 이것은 교회의 동의에 근거하지 않고 그 자체에서 기인한다.

Romanum Pontificem, cum ex cathedra loquitur, id est, cum omnium Christianorum pastoris et doctoris munere fungens pro suprema sua Apostolica auctoritate doctrinam de fide vel moribus ab universa Ecclesia tenendam definit, per assistentiam divinam ipsi in beato Petro promissam, ea infallibilitate pollere, qua divinus Redemptor Ecclesiam suam in definienda doctrina de fide vel moribus instructam esse voluit;

ideoque eiusmodi Romani Pontificis definitiones ex sese, non autem ex consensu Ecclesiae, irreformabiles esse

제1차 바티칸 공의회, 규칙『영원한 목자』(Pastor aeternus), 1, 2, 4 장 (DH 3053, 3057, 3065, 3074; NR 438, 442, 449, 454).

교황과 관련된 교의는 § 4.3.2에서 언급한 신앙과 이성의 관계 규정의 문제와 더불어 제1차 바티칸 공의회의 가장 중요한 결과였다. 그러나 공의회는 처음에 계획했던 교회에 대한 광범위한 규칙을 세우지는 못했다. 따라서 이 일은 제2차 바티칸 공의회로 넘어갔다.

제2차 바티칸 공의회는 1964년 11월 21일『인류의 빛』(Lumen gentium)이라는 교회 규칙을 통과시켰다. 이 문서는 로마가톨릭의 관점에서 교회의 본질을 최초로 광범위하게 다루었다. 이 문서가 오늘날 로마가톨릭 교회론과 관련하여 어떤 중요한 관점을 갖고 있는지는 여기서 다루지 않고, 오직 교회 이해와 관련하여 이전보다 더 섬세하게 규정된 세 부분에 주목해 보자.

(1) 규칙『인류의 빛』은 계층적으로 이루어진 교회와 그리스도의 인간적 본성을 동일시했던 옛 경향과 달리 **가시적 교회가 그리스도의 영을 섬기는 역할**을 강조했다.

곧 받아들여진 〈인간〉 본성이 신적 말씀과 뗄 수 없이 하나가 되고 구원의 기관이 되어서 이 신적 말씀을 섬기는 것처럼, 이와 다르지 않은 방식으로 교회의 사회적 구조는 〈그리스도의〉 몸의 성장을 위해서 교회에 생기를 불어넣는 그리스도의 영을 섬긴다.

Sicut enim natura assumpta Verbo divino ut vivum organum salutis, Ei indissolubiliter unitum, inservit, non dissimili modo socialis compago Ecclesiae Spiritui Christi, eam vivificanti, ad augmentum corporis inservit.

제2차 바티칸 공의회, 규칙 『인류의 빛』(Lumen gentium), 1장, 8번
(DH 4118; NR 410).

(2) 중세의 위계질서론에 근거해서 제사장과 평신도의 구분이 줄곧 강조되었던 것과 달리 제2차 바티칸 공의회는 하나님 백성 전체의 통일성과 **신자의 공동 제사장직**(sacerdotium commune fidelium)을 강조했다. 그러나 이 사상은 종교개혁 전통이 말하는 보편 제사장직과는 분명하게 다르다(§ 13.2.2).

비록 신자의 공동 사제직과 교역자 혹은 성직자 계급의 사제직이 정도에서뿐만 아니라 본질에서도 다르더라도 〈이 둘은〉 상호 귀속되어 있다. 말하자면 하나는 그리고 다른 하나는 각각의 특별한 방식으로 그리스도의 유일한 사제직에 참여한다.

Sacerdotium autem commune fidelium et sacerdotium ministeriale seu hierarchicum, licet essentia et non gradu tantum differant, ad invicem tamen ordinantur; unum enim et alterum suo peculiari modo de uno Christi sacerdotio participant.

제2차 바티칸 공의회, 규칙 『인류의 빛』(Lumen gentium), 2장, 10번
(DH 4126; NR 414).

(3) 제1차 바티칸 공의회에서는 무류성이 오직 교황직과 관련하여 언급되었다. 그런데 제2차 바티칸 공의회는 『인류의 빛』이라는 규칙에서 전체 교회가 무류하다고 언급함으로써 이 무류성이 뜻하는 바를 더 구체적으로 규정했다. 이로써 무류성은 신자들 전체와 관련되었다. 그리고 이

와 관련하여 가르치는 직분을 맡은 주교의 모임과 베드로의 후계자의 중요성이 분명하게 인정되었다.

신자들 전체가 […] 믿음과 관련하여 오류를 범할 수는 없다. […] 주교의 무리가 베드로의 후계자와 더불어 최고의 교도권을 행사하기 때문에 교회에 약속된 무류성은 [교황에게뿐 아니라] 이 주교의 무리에도 속해 있다. 그런데 그리스도의 전체 무리를 보존하고 전진시키는 동일한 성령의 활동이 있기 때문에 이와 같은 규정이 교회의 동의를 결여할 가능성은 전혀 없다.	Universitas fidelium […] in credendo falli nequit […] Infallibilitas Ecclesiae promissa in corpore Episcoporum quoque inest, quando supremum magisterium cum Petri Successore exercet. Istis autem definitionibus assensus Ecclesiae numquam deesse potest propter actionem eiusdem Spiritus Sancti, qua universus Christi grex in unitate fidei servatur et proficit.

제2차 바티칸 공의회, 규칙 『인류의 빛』(Lumen gentium), 2장. 12번 (DH 4130; NR 415); 3장 25번(DH 4149).

13. 2. 2 종교개혁의 교회 이해

루터는 조직된 기관인 교회의 가치를 신학적으로 높이려는 시도를 언제나 단호하게 반대했다. 그는 또한 교회의 위계질서를 하나님의 의지에 부합하는, 인간과 하나님 사이의 중재자로 이해하는 것을 비판했다. 그것은 종교개혁 신학의 관점에서 신앙은 인간이 인격의 상대자인 하나님과 직접 맺는 관계이기 때문이다(§ 4.2.2). 이 관계 맺음에 인간도 그리스도 사건의 구원하는 힘을 신뢰함으로 참여한다(§ 11.2.2; § 12.1.2).

루터에 따르면 교회는 신앙을 일으키는 동일한 성령에 의해서 구성되어 그리스도의 다스림을 받는 모든 신자들의 공동체이기 때문에 지상의 구체적인 기관과 구별된다.

성경은 전체 그리스도교 신자에 대해서 아주 단순하게 그리고 한 방식으로 말한다. […] 전체 그리스도교 신자는 지구상에서 그리스도를 믿는 모든 자의 모임이라고 말한다. […]

[성경적 의미의 전체 그리스도교 신자만이] 유일하게 참된 교회이며 지상에서 어떤 수장도 가질 수 없고 주교나 교황 등 누구에게도 다스림을 받지 않는다. 오직 하늘에 있는 그리스도만이 그들의 수장이며 오직 그만 통치한다. 〈이러한 견해는〉 먼저 다음과 같이 증명될 수 있다.

사람이 알거나 간파하지 못하는 것을 어떻게 다스릴 수 있는가?
실제로 누가 믿고 믿지 않는지 도대체 어떤 사람이 알 수 있겠는가?
만약 교황의 힘이 여기까지 미칠 수 있다면 그는 그리스도가 할 수 있는 것처럼 자기가 원하는 대로 그리스도인에게서 신앙을 빼앗을 수도 있고 그들을 이끌 수도 있고 그들의 수를 늘이고 변화시킬 수도 있을 것이다.

〈위에서 내가 말한 견해는〉 또한 수장의 형태와 본성에서 증명할 수 있다. 왜냐하면 몸을 가진 긱 머리는 본성적으로 자기 지체에게 생명과 방향과 활동을 전달한다. […]

그런데 어떤 사람도 자기 자신과 다른 사람의 영혼에게 신앙, 그리스도의 전반적 방향, 의지, 활동을 전달할 수 없다. 이것은 오직 그리스도만이 할 수 있다. […] 머리는 생명을 전달해 주어야만 한다. 따라서 오직 그리스도 말고는 이 지상에는 전체 그리스도교 신자의 수장이 없다는 것

Die schrifft redet vonn der Christenheyt gar einfeldiglich, und nur auff eine weysz, […] das die Christenheit heysset eyn vorsamlunge aller Christgleubigen auff erden […]

[Von dieser Christenheit im Sinne der Schrift gilt, dass *sie*] allein ist die warhafftige kirch, mag unnd kan kein heubt auff erden haben, unnd sie von niemant auff erden, noch Bischoff, noch Bapst, regirt mag werden, sondern allein Christus ym hymel ist hie das heubt und regiret allein. Das beweret sich zum ersten alszo. Wie kan hie ein mensch regieren, das er nit weysz noch erkennet?
wer kann aber wissen, wilcher warhafftig gleubt odder nit?
Ja wen sich hie her bepstlich gewalt streckte, szo kund er den christen menschen yhren glauben nehmen, furen, mehren, wandlen wie er wolt, wie Christus kan, Zum andern beweret sichs ausz der art und natur des heubts, dan eins iglichen eingeleybet heubts natur ist, das es in sein glidmasz einflisse alles leben, sin und werck[…]

Nu mag keinn mensch des andern noch seiner eygen seelen den glauben und syn, willen und werck Christi einflissen, dan allein Christus […] das heubt musz das leben einflissenn, darumb ists clar, das auff erden kein ander heubt ist der geistlichen Christenheit dan allein Christus.

은 명백하다.

또 언급할 것이 있다. 만약 한 사람이 그와 같은 수장이라면 교황이 죽을 때마다 모든 그리스도의 신자는 항상 넘어질 것이다.

Auch wo ein mensch hie das heubt were, szo must die Christenheit szo offt fallen, szo offt der Bapst sturbe.

루터, 『로마의 교황권에 대하여』(Von dem Papsttum zu Rom)
(WA 6.292.35-38; 297.37-298.8; 298.13-15, 22-25).

루터가 오직 그리스도가 다스리는 지상의 모든 신자의 공동체와 기관으로서의 교회의 차이를 강조한 것은 전혀 새로운 일이 아니었다. 이미 아우구스티누스가 교회의 신학적 실제와 교회의 사회적 실제를 구분한 적이 있었다. 후자는 가시적인 교회 공동체로서 밀 가운데 섞여 있는 잡초의 비유(마 13:24-30)에서 확인할 수 있는 것처럼 불신자와 죄인을 포함한다. 따라서 만약 이것이 교회와 그리스도의 몸으로 불러진다면 이것은 실제로 (살아 있고 죽어 있는 지체로 이루어진) 혼합된 몸(라. corpus permixtum)이다.

그러나 이와 달리 그리스도의 참된 몸(라. corpus verum)은 믿는 자의 공동체다. 이 공동체는 가시적인 교회 안에 있지만 종말 심판까지 확인될 수 없다(§ 13.3.1).

> 교회 개념을 두고 이러한 구분이 생겨나게 된 역사적 배후에는 아우구스티누스가 북아프리카에서 일어난 도나투스파(Donatismus)와 벌인 논쟁이 있었다. 누미디아의 주교인 도나투스(Donatus, 약 355년 사망)는 디오클레티아누스(Diokletian, 로마황제: 284-305) 박해 때 성스러운 책을 국가 기관에 넘겨준 교회의 고위 성직자들은 더 이상 직무를 수행할 자격이 없다고 주장했다. 이 성직자들은 이 일로 범한 죄 때문에 성령을 상실했고 그래서 교회의 성례 행위에서 다른 사람에게 성령을 전달해야할 능력 역시 잃어버렸다고 생각했다. 이 견해에 반대했던 아우구스티누스는 절차에 따라 베풀어진 성례의 효력이

교회 직분자의 인격에 의존하지 않는다고 주장했다. 우리는 중세에 형성된 교리 곧 교회의 성례는 실행 그 자체로 말미암아 효력을 갖는다는 교리의 결정적 근거를 아우구스티누스에게서 볼 수 있다(§12.2.1).

방금 서술했고 아래의 개요가 분명히 보여 줄 교회 개념의 차이 때문에 아우구스티누스는 자격이 없는 성직자, 불신자와 죄인도 혼합된 몸으로 이해된 그리스도 교회의 한 구성원이라고 생각했다. 그러면서도 참된 몸의 의미에서 교회가 거룩하다는 특징을 포기하지 않았다.

교회(=그리스도의 통치영역[몸])	
신앙적인 것 **(거룩한 자의 공동체)** 구원을 위해서 예정된 자의 비가시적 결합)	사회적 구성물 (지상의 기관인 경험적 교회공동체)
참된 몸 ([선택받은 자만으로 이루어진] **참된** [그리스도]의 몸)	**혼합된 몸** ([선택받은 자들과 버림받은 자들로] **혼합된** [그리스도의] 몸)
사람들이 알 수 없다	경험적으로 확인할 수 있음
전투적 교회 (지상의 괴로운 일을 아직도 당하는 선택받은 자들) / 영광을 누리는 교회 (영원한 생명을 얻는 선택받은 자들) 양자의 구분에 대해서, §14.2.1	

루터가 계층 구조를 신학적으로 높이 평가하는 것을 비판한 것은, 그가 신앙고백이 뜻하는 교회와 이 땅에서 세상의 기관으로 실현된 교회를 서로 구분하는 것과 일맥상통한다. 루터 자신은 지상의 조직을 신성화

하는 이러한 경향에 맞서 믿는 자(세례받은 자)의 보편 제사장직(Allgemeines Priestertum der Gläubigen)을 주장했다.

교황, 주교, 사제, 수도사가 성직자 계층(der geistliche Stand)으로, 그리고 영주, 주인, 직공, 농부가 세속적 계층으로 불리는데 이것은 사람이 생각해 낸 것이다. […]	Man hats erfunden, das Bapst, Bischoff, Priester, Kloster volck wirt der geystlich stand genent, Fursten, Hern, handtwercks ackerleut der wetlich stand, […]
하지만 이 일로 누구도 소심해질 필요가 없는데 그 이유는 다음과 같다. 모든 그리스도인은 진실로 성직자적 계층에 속하고 이들 사이에는 오직 직분 외에 아무런 차이가 없다. […]	doch sol nemant darub schuchter werden, unnd das ausz dem grund: Dan alle Christen sein warhafftig geystlichs stands, unnd ist unter yhn kein unterscheyd, denn des ampts […]
세례를 받고 나온 자는 이미 사제, 주교, 교황으로 서품되었다고 자랑할 수 있다. 그러나 이 같은 직분을 수행하는 일에 적합한 사람은 하나도 없다.	Dan was ausz der tauff krochen ist, das mag sich rumen, das es schon priester, Bischoff und Bapst geweyhet sey, ob wol nicht einem yglichen zympt, solch ampt zu uben.

마틴 루터, 『기독교 귀족에게』(An den christlichen Adel) (Luther deutsch 2.159f., 161/WA 6.407.10-14; 408.11-13).

루터교 신앙고백은 오직 그리스도가 성령을 통해서 다스리는 참된 교회는 실제 믿는 자로 이루어진 공동체이고 이 공동체가 지상의 교회 안에도 전적으로 드러난다고 강조한다. 특히 『아우크스부르크 신앙고백서』 7, 8장과 『아우크스부르크 신앙고백서를 위한 변증서』 7장도 이와 같이 말한다.

그러나 이 서술에 따르면 참된 교회의 가시성은 예배와 법의 문제를 두고 어느 특정 질서(예, 계층 질서)와 결합되어 있지 않다. 참된 교회의 실제를 보여 주는 교회의 표지(라. notae)는 다른 것이 아니라 복음을 순수하게 가르치고 성례를 집행하는 것이다. 루터교 교리에 르면 복음이 설교되고 성례가 주어지는 곳에서 참된 교회가 지상적이고 역사적인 실재로서 구체화된다. 누가 참 신앙의 소유자인지 알 수 없기에 참된 교회에 속한 사람을 직접 확인할 수는 없으나, 이 참된 신앙 공동체의 존재는 위에서 언급한 〈복음의 설교와 성례 집행〉의 표지가 있는 교회의 실제적인 형태에서 분리될 수 없다.

개신교 루터파의 교회 이해

1. **배경**: 교회를 신학적인 것과 사회적 실재로 나누는 아우구스티누스의 구분
2. **핵심**: 지상적 교회 구조를 신학적으로 과도하게 평가하는 것을 비판하면서도 그것의 실제적 필연성을 강조했다. 교회를 지도할 체계는 보편 사제직의 지평 위에서 이루어져야만 한다.

또한 가르침에 따르면 거룩한 교회는 영원히 하나로 지속되어야 한다. 그런데 교회는 복음을 바르게 가르치고 성례를 바르게 행하는 성도의 모임이다.	Item docent quod una sancta ecclesia perpetuo mansura sit. Est autem ecclesia congregatio sanctorum, in qua evangelium recte docetur et recte administrantur sacramenta
교회의 참된 단일성을 위해서는 복음의 교리와 성례의 집행에 대하여 합일점을 찾는 것으로 충분하다.	Et ad veram unitatem ecclesiae satis est consentiere de doctrina evangelii et administratione sacramentorum.
인간적 전통과 사람에 의해 제정된 종교 의식이 어디서나 동일할 필요는 없다.	Nec necesse est ubique esse similes traditiones humanas, seu ritus aut ceremonias ab hominibus institutas.

『아우크스부르크 신앙고백서』 7
(Unser Glaube 64[13항]/BSLK 612-12).

그러나 우리는 어떤 자의 궤변처럼 플라톤적인 국가를 꿈꾸지 않고 오직 이 교회가 존재한다고 말한다. [...] 그리고 우리는 [교회의] 표징이 순수한 복음의 교리와 성례라고 덧붙여 말한다.	Neque vero somniamus nos Platonicam civitatem, ut quidam impie cavillantur, sed dicimus existere hanc ecclesiam[...] Et addimus notas: puram doctrinam evangelii et sacramenta

『아우크스부르크 신앙고백서를 위한 변증서』 7.20
(Unser Glaube 251[187항]/BSLK 238.17-20, 22f.).

루터교의 확신에 따르면 말씀과 성례를 중심에 두고 모인 믿는 자의 공동체와 결합하지 않으면 그리스도인이 될 수 없다. 그래서 루터 자신도 교회 직분 구조의 필연성을 강조했다. 이것이 없으면 규칙적인 말씀 선포와 성례 집행이 완전히 불가능하게 되지는 않겠지만 상당한 어려움을 겪게 된다.

그러나 교회의 직분 구조는 언제나 인간적인 질서이기 때문에 직분을 맡은 자들이 다른 그리스도인과 비교하여 어떤 특별한 존엄을 갖거나 하나님에게 더 가까이 서 있는 것이 아니다. 보편 제사장직에 따르면 직분을 맡은 자는 본질적으로 모든 사람에게 속한 권리를 사용하는 것이고 단지 한 특정 지역 공동체의 위임에 따라서 행해야 할 기능을 가질 뿐이다.

(우리가 입증한 것처럼) 이 모든 [권리]가 모든 기독교인에게 공통적으로 속해있다 하더라도 어느 한 사람이 자기 고유의 권위에 근거해서 중심에 나서거나 모든 자에게 속한 것을 오직 자신만의 것이라고 주장할 수는 없다 […]	Nam cum omnium Christianorum haec sint omnia(uti probavimus) communia, nulli licet in medium prodire autoritate propria et sibi arripere soli, quod omnium est. […]
그러나 이 법적 공동체는, 한 사람 또는 여러 사람이 공동체에 의해서 흡족한 사람으로 인정받고 선택되고 받아들여져서 동일한 권리를 가진 모든 자를 대신하고 이들의 이름으로 이 직무[말씀 선포와 성례 집행]를 수행해야 한다고 요구한다. 〈이렇게 해서〉 하나님의 백성 안에 부끄러운 혼돈이 없어야 한다.	Verum haec communio iuris cogit, ut unus, aut quotquot placuerint communitati, eligantur vel acceptentur, qui vice et nomine omnium, qui idem iuris habent, exequantur officia ista publice, ne turpis sit confusio in populo dei.

루터, 『세워야 할 교회의 직분자에 대하여』
(De instituendis ministris Ecclesiae) (WA 12.189.17-24).

그러나 19세기에 루터교 종파주의 안에서 이와 다른 교회 이해가 형성되었다 (5.2). 이러한 교회 이해를 따르는 자들은 실제적으로 주어진 가시적 형태의 교회를 하나님이 설립한 기관으로 이해했고 이에 상응하여 교회 직분자를 그리스도에 의해서 교회 앞에 세워진 통치자(Obrigkeit)로 간주했다.

클리포트는 미완성으로 남긴 그의 저서 『교회의 여덟 책들』(Acht Bücher von der Kirche, 1854)에서 이러한 견해를 발전시켰고 이를 통해서 실제로 교회를 구원의 기관으로 보는 종교개혁 이전의 견해를 루터교 신앙고백의 토대 위에서 부활시켰다. 그는 말씀 선포에 비해 교회의 성례 실행을 높이 평가하면서 보편 제사장직의 사상을 평가 절하했고 동시에 하나님의 부름과 서품을 통해서 세워진 성직자 계급의 우위를 강조했는데, 이것들은 그의 교회 이해와 상응했다.

교회의 삶을 제도적으로 형성하기 위해서는 어떤 제도 형태를 선택해야만 하는데, 루터가 볼 때 어느 형태도 성경·신학적 근거를 가질 수는 없었다. 그런데 이 문제는 개혁교회 안에서는 처음부터 다른 양상을 띠었다. 개혁교회는 믿는 자의 삶 속에서 그리스도의 통치를 실현하기 위해서 가시적 교회가 필요하다고 언제나 분명하게 강조했다.

칼뱅에 따르면 바로 이 직분 질서의 형태에서 참된 교회와 거짓 교회가 갈라진다. 따라서 그의 교회론에서는 보편 제사장직이라는 사상이 어떤 역할도 하지 않는다. 오히려 그는 성경에 충실한 가시적 교회의 구조를 그리스도에 의해서 제정된 질서로 이해했다.

개신교 개혁파의 교회

1. 개혁주의 신앙고백은 가시적 교회의 종교적 의미를 강조한다.
2. **결과**: 교회적 삶을 형성하는 것(직분 질서, 교회의 규칙)은 신앙고백적인 성격을 지닌다.

칼뱅이 내세운 교회론의 특징은 다양한 사역에 대한 신약성경 진술을 근간으로 만들어진 사(四)직분설이다. 이것에 따르면 목사와 선생은 설교 및 장래의 설교자 양성을 통해서 그리스도를 직접적으로 증거하고, 장로와 집사의 사역은 교회의 규칙(Kirchenzucht)과 실제적인 긍휼 사역을 통해서 간접적으로 그리스도를 증언한다.

이처럼 직분 구조를 높이 평가하는 자세는 교회 안에서 각 그리스도인이 교회를 통해서 양육되어야 한다는 생각과 관련이 있고, 이러한 생각은 신자의 삶을 위한 율법의 영속적인 의미(usus in renatis; §12.1.2)를 강조하는 것과 상응한다. 결국 다양한 개혁교회 신앙고백 안에서 말씀 선포와 성례 집행 외에도 교회 규칙이 참된 교회의 세 번째 표지로 도입되었다(3.5).

따라서 우리는 이것을 하나님의 참된 교회로 믿고 고백하는데, 이 참된 교회의 첫 번째 표지는 신적 말씀의 참된 선포다. 선지자와 사도의 책이 우리에게 알려 주는 것처럼 하나님은 이 신적 말씀을 통해서 자기 자신을 우리에게 드러냈다(요 1:18; 10:15, 30; 16:15).	Igitur, quam nos veram Dei ecclesiam credimus et fatemur eius primum est indicium, vera verbi divini praedicatio, per quod verbum Deus ipse sese nobis revelavit, quemadmodum scripta prophetarum et apostolorum nobis indicant;
그 다음 표지는 예수 그리스도의 성례의 적법한 집행이다. 성례는 우리 마음에 신적 약속을 새기고 확증할 수 있도록 말씀 및 이 신적 약속과 결합되어 있어야만 한다[롬 4:11].	proximum indicium est, legitima sacramentorum Iesu Christi administratio, quae cum verbo et promissionibus divinis coniungi debent, ut ea in mentibus nostris obsignent et confirment.
마지막 표지는 신적 말씀이 규정하고 있는 것처럼 교회의 규율을 엄격하게 지키는 것이다. 이 교회 규율로 악습은 억제되고 덕이 육성된다(고전 5).	Postremum est ecclesiasticae disciplinae severa, et ex verbi divini praescripto, observatio, per quam vitia reprimantur, et virtutes alantur.
이 표지가 드러나고 지속적으로 존속하는 모든 곳에서 교회는 이 표지의 수가 적다하더라도 아무 의심없이 살 수 있다.	Ubicunque haec indicia apparuerint, atque ad tempus perseveraverint, quantumvis exiguus fuit numerus, procul dubio ibi est ecclesia Christi.

『스코틀랜드 신앙고백서』(Confessio Scotica) 18 (BSRK 257.19-28).

오늘날 개혁교회 교회론에 중요한 것은 로이엔베르크 교회 연합에서 이루어진 교리에 대한 신학적 대화다. 이 중에 특히 중요한 것은 1994년에 승인된『예수 그리스도의 교회에 대한 연구』(Die Kirche Jesu Christi)라는 연구다. 이것은 유럽 개신교가 처음으로 교회에 대해 공동 입장을 표명한 것이다 (3.6).

영국의 성공회는 루터교회와 개혁교회 이후 종교개혁에서 세 번째로 생겨난 교회의 형태다. 성공회는 가톨릭이 참된 교회의 전제로 주장하는 교황 우위권에 대한 복종을 거절하면서도 오늘날까지 주교직이 참된 교회의 본질적 특징이라고 생각한다.

13. 2. 3 신앙이 살아가는 공간으로서의 기독교 교회

기독교신학은 신약성경의 증언을 본받아서 사람은 오직 그리스도를 통해서만 영원한 구원에 이른다고 가르쳤다. 이로부터 기독교가 다른 종교보다 우월하고(§ 1.2.1) 그리스도의 계시가 지금까지 주어진 하나님의 모든 계시를 결정적으로 능가한다는 주장이 생겨났다(그리스도의 계시가 이전의 하나님의 계시를 능가한다는 주장에서 발생하는 문제에 대해서, § 3.1과 § 3.2).

이미 고대 교회 시기에 기관으로서 교회가 그리스도 안에서 드러난 구원 의지를 전달하는 유일하고 적법한 곳으로 이해되었으므로 사람은 교회의 회원이 되어야만 구원을 전망할 수 있다고 생각했다.

따라서 교회와 구원의 직접적인 연관성이 만들어졌고 이것은 기독교적 삶은 오직 조직된 교회 안에서만 가능하다는 것을 뜻한다. 사람들은 이러한 사상의 근거를 무엇보다 키프리안의 두 글에서 찾았다.

| 그리스도의 교회를 버린 자는 그리스도의 상을 얻지 못한다. 그는 이방인, 불경건한 자, 원수다. 교회를 어머니로 가질 수 없는 자는 더 이상 하나님을 아버지로 가질 수 없다. | N]ec perueniet ad Christi praemia qui relinquit ecclesiam Christi: alienus est, profanus est, hostis est. Habere iam non potest Deum patrem, qui ecclesiam non habet matrem. |

키프리안, 『보편 교회의 유일성에 대하여』(De ecclesiae catholicae vnitate) 6 (CChrSL 3.253[147-150줄]).

| 교회 밖에서 그리스도를 고백하고 죽음을 당했더라도 이 세례〈피의 세례: 순교〉는 이 이단자에게 아무 유익이 없다. 교회 밖에는 구원이 없기 때문이다. | Et tamen nec hoc baptisma haeretico prodest, si quamuis Christum confessus extra ecclesiam fuerit occisus […] quia salus extra ecclesiam non est. |

키프리안, 『편지』(Epistvla) 73.21.1 이하 (CChrSL 3C.554f.[372-375, 380줄]).

이 문장에 대한 상이한 해석은 §13.2.1과 §13.2.2에서 서술한 것처럼 교회 이해의 차이와 관련이 있다. 위의 키프리안 문장은 중세에 이미 교황의 우위권 주장과 결합되었다. 그 후 근대에 들어 **로마가톨릭**은 오직 자신만이 구원의 전달을 대행할 수 있다고 주장했다. 키프리안에게서 볼 수 있는 것처럼 이 주장은 교회에 소속되는 것이 구원의 성취를 결정한다는 확신에서 도출되었다. 계층적으로 이루어진 로마가톨릭 교황 교회는 기독교적 신앙을 위한 고유의 합법적인 삶의 공간으로 간주되었고 또 간주된다.

제2차 바티칸 공의회는 교회의 규칙을 정비하면서 공의회 이전의 교회 개념을 더 정확하게 규정했다. 그런데 이러한 교회 규칙을 보면 유일하게 참된 그리스도의 교회라는 로마가톨릭의 자기 이해에서 강조하는 바가 바뀌었음을 알 수 있다(또한 여기서 이루어진 가톨릭과 비기독교 종교·세계관의 새로운 관계 규정에 대해서는 §1.2.3).

이 세상에서 하나의 연합체(societas)로 성립되고 체계화된 교회는 가톨릭교회 안에 **존재하고 [곧 구체적 실존 형태를 얻고]**, 베드로의 후계자와 주교의 공동 지도 아래 인도를 받는다. 이 결합 밖에서도 성화와 진리에 대한 많은 요소가 발견될 수 있는데 이것은 그리스도 교회의 고유한 선물로서 가톨릭의 단일성을 향하여 움직인다.	Haec Ecclesia, in hoc mundo ut societas constituta et ordinata, subsistit in Ecclesia catholica, a successore Petri et Episcopis in eius communione gubernata, licet extra eius compaginem elementa plura sanctificationis et veritatis inveniantur, quae ut dona Ecclesiae Christi propria, ad unitatem catholicam impellunt.

제2바티칸 공의회, 규칙 『인류의 빛』(Konstitution Lumen gentium), 1장 8번 (DH 4119; NR 411; 밑줄은 저자의 강조).

위 인용 글은 '예수 그리스도의 참된 교회는 가톨릭교회 안에 존재한다'고 곧 그리스도의 참된 교회는 가톨릭교회 안에서 '구체적 실존 형태'를 얻었다고 확인한다.

이 언급은 언뜻 보면 가톨릭의 자기 이해에 대해 어떤 변화도 말하지 않는 것처럼 보인다. 그러나 공의회가 통과시킨 본문을 그 이전 분문과 비교하면 강조점이 변했다는 것이 곧장 드러난다. 이전 본문은 이렇게 말한다.

> 이 [신앙고백에서 언급한] 교회는 **로마의 주교에 의해서** 그리고 그와 연합되어 있는 주교에 의해서 인도되는 가톨릭 교회다(Haec Ecclesia [⋯] est Ecclesia catholica, a **Romano Pontifice** et Eposcopis in eius commnnione gubernata).

이 이전 본문과 달리 위에서 인용한 제2차 바티칸 공의회가 가결한 문서는 참된 교회와 로마가톨릭교회를 직접적으로 동일시하는 주장을 약화시켜 표현했다. 여기서 '이다' 대신에 '존재한다'는 낱말을 썼다. 공의회 문서는 또한 로마의 주교를 강조하는 것을 피하고 그를 일반적으로 베드로의 후계자라고 칭했다. 여기서 우리는 종교적 직분을 위해서 기관이 상대화되었음을 알 수 있다.

이러한 강조점의 변화는 가톨릭 신자와 비(非)가톨릭 신자의 관계를 규정한 데에도 영향을 끼쳤다. 교회 규칙『인류의 빛』은 비(非)가톨릭 신자가 여러 면에서 로마가톨릭교회와 결합되어 있음을 강조했다.

세례를 받고 그리스도인이라는 이름으로 불리지만 아직 온전한 믿음을 고백하지 않고 베드로의 후계자의 영도 아래 연합의 단일성을 지키지 않은 자들이 있다. 교회는 여러 가지 이유로 이 사람들과 결합되어 있음을 알고 있다. 왜냐하면 성경을 믿음과 삶의 규범으로 영예롭게 받아들이고 순수한 종교적 열심을 보이며 사랑함으로써 하나님을 믿고, [⋯] 그리스도와 연합시키는 세례로 확증을 받았지만, 자기들의 교회와 교회적 공동체 안에서 다른 성례를 인정하고 수용하는 이들이 있기 때문이다.	Cum illis qui, baptizati, christiano nomine decorantur, integram autem fidem non profitentur vel unitatem communionis sub Successore Petri non servant, Ecclesia semetipsam novit plures ob rationes coniunctam. Sunt enim multi, qui sacram Scripturam ut normam credendi et vivendi in honore habent sincerumque zelum religiosum ostendunt, amanter credunt in Deum. [⋯] baptismo signantur, quo Christo coniunguntur, imo et alia sacramenta in propriis Ecclesiis vel communitatibus ecclesiasticis agnoscunt et recipiunt.

제2바티칸 공의회, 규칙『인류의 빛』, 2장 15번 (DH 4139; NR 418).

또한 제2차 바티칸 공의회에서 1964년 11월 21일에 통과된 에큐메니칼 재일치운동의 교령인『단일성의 회복』(Unitatis redintegratio)도 실제로 로마가톨릭교회에서 분리되어 다른 종파에 속해 있는 그리스도인을 '그럼에도 불구하고' 주님 안의 형제로 인정했다.

그럼에도 불구하고 [완전한 연합이 결여되어 있다 하더라도] 이들은 세례를 받고 의롭게 되어 그리스도에게 결합되었고 그리스도인이라는 이름으로 영광스럽게 되었다. 따라서 가톨릭교회의 자녀는 이들을 주님 안의 형제로 인정한다.	Nihilominus, iustificati ex fide in baptismate, Christo incorporantur, ideoque christiano nomine iure decorantur et a filiis Ecclesiae catholicae ut fratres in Domino merito agnoscuntur.

제2바티칸 공의회, 교령 『단일성의 회복』(Unitatis redintegratio), 1장 3번 (DH 4188).

이러한 개방에도 불구하고 제2차 바티칸 공의회도 종교개혁에서 생겨난 유럽 기독교의 여러 형태를 실제 완전한 의미에서 **교회**로 인정하는 데까지 나가지 못했다. 가톨릭은 이들을 교회적 공동체(라. communitates ecclesiasticae)라고만 부른다.

오늘날까지도 종교개혁의 종파를 교회로 인정할 것인가의 질문 앞에서 어떤 실제적인 의견 일치도 얻지 못했다. §11에서 언급했던 『칭의론에 대한 공동선언』도 이 문제를 피해 갔다. 이 선언을 보면 서명 당사자를 루터파**교회**와 로마-가톨릭**교회**라고 하긴 했지만(5번 항목) 이 당사자 명칭은 이 항목의 주석에서 즉시 다음과 같이 상대화되었다.

우리는 이와 관련된 모든 교회론적 질문을 결정하기를 원하지 않으며 이 선언에서 사용된 교회라는 말은 여기에 참가했던 각 교회의 자기 이해를 표현한다.

본문의 다른 곳에서는 거의 대부분 당사자를 루터교도와 가톨릭 교도로 호칭했다.

> **구원 전달 기관인 교회 (I)**
>
> 1. 〈제2차 바티칸〉 공의회 이전의 가톨릭: 교황의 교회는 기독교 신앙의 유일한 합법적 터전
> 2. 새로운 가톨릭: 오직 자신만이 그리스도의 교회라는 주장이 일시적으로 누그러지기도 했고(제2차 바티칸 공의회), 일시적으로 강화되기도 했다(『주 예수』[2000], 『교회 교리와 관련된 여러 관점에서 생겨나는 질문과 대답』[2007])
> 3. 개신교 교회를 교회로 인정하지 않는다.

이와 달리 로마가톨릭 독일 주교협의회와 독일 연합 개신교 루터교회(VELKD)의 지도부가 만든 연구 모임의 문서는(§ 13.2의 과제 제시) 분명하게 서로를 교회라고 불렀다. 이것은 루터교회와 로마가톨릭 세계교회의 대화에서 볼 수 없었던 분위기가 루터교 신자와 독일 로마가톨릭 신자 사이의 대화를 이끌고 있다는 신호다.

비(非)가톨릭 그리스도인이 '주님 안의 형제'로 인정되었기 때문에 이로부터 종교개혁에서 생겨난 기독교 공동체가 완전한 의미에서 교회로 인정받으리라는 희망이 생겨났지만 1999년 이래로 이러한 희망을 약화시키는 일만 여러 차례 일어났다.

로마 교황청의 신앙교리 성성(聖省, 교황청의 행정기구—역주)(die römische Kongregation der Glaubenslehre)이 2000년 8월 6일에 『주 예수』(Dominus Jesus)라는 선언을 발간했다. 당시 이 관청의 지도 신부는 전임 교황 베네딕트 16세(2005-2013)가 되었던 라칭어(Ratzinger, Joseph 1927생)였다. 예수 그리스도의 유일성과 그 구원의 보편성을 언급하는 이 선언에서 이른바 교회적 공동체가 실제적으로 교회로 간주될 수 없다는 것을 분명하게 명시했다.

또한 로마 교황청의 신앙 교리 성성(聖省)이 2007년 6월 29일에 발간한 『교회 교리와 관련된 여러 관점에서 생겨나는 질문과 대답』(Antworten auf Fragen zu einigen Aspekten bezüglich der Lehre über die Kirche)도 이러한 노선에 서 있다.

다섯째 질문: 왜 공의회와 후속 교직의 문서가 16세기 종교개혁에서 태어난 공동체에게 교회라는 칭호를 부여하지 않는가?	**5. Quaeritur:** Cur textus Concilii et Magisterii subsequentis communitatibus natis ex Reformatione saeculi XVI titulum Ecclesiae non attribuunt?
대답: 가톨릭 교리에 의하면 이들 공동체는 성품 성사의 사도적 계승을 가지지 않고 따라서 교회를 위한 본질적이고 구성적인 요소를 결여하고 있다. 이 교회의 형태를 띤 공동체는 무엇보다 종교 예식을 집행하는 사제직을 결여하고 있기 때문에 성체 신비의 본래적이며 온전한 실체를 보존해 오지 않았다. 가톨릭 교리에 의하면 이 공동체는 고유한 의미에서 교회라고 부를 수 없다.	**Respondetur:** Quia secundum doctrinam catholicam hae communitates successionem apostolicam in sacramento Ordinis non habent, ideoque elemento essentiale Ecclesiam constitutivo carent. Illae communitates ecclesiales, quae, praesertim propter sacerdotii ministerialis defectum, genuinam atque integram substantiam Mysterii eucharistici non servant, secundum doctrinam catholicam Ecclesiae sensu proprio nominari non possunt.

『교회 교리와 관련된 여러 관점에서 생겨나는 질문과 대답』(Antworten auf Fragen zu einigen Aspekten bezüglich der Lehre über die Kirche).

로마가톨릭은 오늘까지도 예수 그리스도의 참된 교회와 지상의 한 특정 조직을 동일시하는 것을 극복하지 못하고 있지만 종교개혁 교회는 이러한 동일시의 가능성을 처음부터 배제했다(§ 13.2.2) 따라서 그리스도인이 구원받기 위해서 로마가톨릭교회에 소속되어야한다는 것을 분명하게 부정했다.

그러면서 인간의 구원은 칭의신학적 관점에서 구체화되며(§ 11.2.2) 교회적 삶의 형태에서 표현되는 그리스도에 대한 신앙과 결속되어 있다는 점을 더욱 분명하게 강조했다.

위의 인용처럼 '교회 밖에는 구원이 없다'는 키프리안의 문장은 종교개혁에서 시작된 교회들에게도 본질적으로 유효하다. 그러나 여기서 이 문장은 종교개혁적 교회론의 의미에서 이해된 교회와 관련된다.

> 구개신교 정통주의는 보편 교회와 개별 교회의 구분을 통해서 키프리안의 문장의 교회론적 의미를 보여 주었다(라. ecclesia universalis/ecclesia particularis). 보편 교회는 참으로 믿는 자의 연합이다. 이 연합은 이들이 실제로 어떤 구체적인 교회 삶의 구조에 편입되어 있는지의 문제와는 관계가 없다. 이 보편 교회는 381년의 신앙고백에서 언급된 특성을 갖고 있기 때문에(§ 13.1) 협의적 의미의 교회로 불린다(라. ecclesia stricte dicta).
> 개별 교회는 지역적 특징을 지니며 한 특정 시기에 구체적으로 존속하는 교회적 삶과 관련된다. 그러나 구체적인 삶이 이루어지는 이 교회 조직체 안에는 참되게 믿는 자들의 사귐에 전혀 참여하지 않는 자도 있다는 것은 당연하다. 이렇게 이해된 개별 교회는 참 그리스도인과 명목상의 그리스도인으로 구성된 혼합체이므로 광의적 의미의 교회로 불린다(라. ecclesia late dicta).
> 이 구분을 염두에 두고 생각할 때 키프리안의 문장이 보편적 교회에 적용된다면 이 문장은 참이다. 그러나 만약 이 문장이 개별 교회에 적용된다면 이것은 거짓이다. 이 이해에 근거하여 〈한 개별 교회인〉 로마가톨릭이 다른 개별 교회에 속한 모든 자의 구원을 부인한다고 비판한다.

개신교 관점에서 볼 때 신앙이 존속할 수 있는 타당한 삶의 공간은 더 이상 어느 **특정** 기관이 아니라 그리스도 안에서 일어난 칭의를 신뢰하는 자들의 사귐이다. 정확하게 확인될 수 없는 이 공동체는 원리적으로 오직 교회의 삶의 과정에서 구체화된다.

> **구원 전달 기관인 교회 (II)**
> 4. **구개신교**: 신앙이 교회에 결속되어 있음을 고수하면서도 교회 개념을 구체적인 지상 기관인 교회에만 한정하지 않았다.
> 5. **틸리히**: 교회가 체계화된 교회 밖에 있는 자들에게도 신앙의 터전이라고 말함으로써 기존의 교회 개념을 느슨하게 했다(잠재적 교회).

인간 구원을 보장하는 기독교 신앙이 교회적 삶의 구조에 매어있다는 이 같은 견해는 20세기 신학에서 특히 틸리히에 의해 문제시 되었다(19세기에 로테는 '교회가 기독교의 윤리적 가치에 의해서 형성되는 국가 안에서 스스로 해체 된다'는 생각을 표현했다[5.2]).

> 틸리히는 교의학적 사유 지평에서 교회론을 다루면서 기독교 신앙을 교회의 형태로 구성된 기독교에 귀속시키지 않고 양자를 분리했다. 그의 이러한 기본 생각은 먼저 가톨릭 측 칼 라너의 생각과 유사하다. 라너는 기독교가 익명의 **기독교**라는 개념을 가지고 자신의 진리를 적극적으로 설득할 수 있다고 평가했다(§1.2.3).
> 이 기본 생각은 또한 후기 바르트의 견해와 유사하다. 바르트는 계시를 철저하게 그리스도 중심적으로 이해함으로써 기독교 밖에 있는 삶 및 세계의 해석을 긍정적으로 평가했다(§3.2.2).

틸리히는 최종적으로 유효한 하나님의 계시인 예수 그리스도 안에서 새 존재가 나타났다고 주장했다. 사람들이 이 새로운 존재를 받아들임으로써 영의 공동체(Geistgemeinschaft)가 세워진다. 그러나 그에 따르면 이 공동체는 그리스도 안에서 새로운 존재가 드러나기 전에도 이것에 의존하지 않고 이미 있었다고 말할 수 있다. 그래서 이 공동체는 결코 기독교 교회와 동일하지 않다.

그러나 새 존재 등장 이전 시기에 영의 공동체는 표명이 아닌 잠재 상태에 있었다. 그래서 이 잠재 상태에 있는 영의 공동체는 **잠재적 교회**(latente Kireche)로 표현되고 하나님의 영이 그리스도 안에서 드러날 핵심적인 표명의 시기를 준비한다. 이 잠재적 교회가 없다면 명시적 교회 역시 없을 것이다. 이러한 기본 생각에 근거해서 틸리히는 교회 형태로 구성된 기독교 밖에도 하나님의 영이 일하고 있다고 단정한다. 그렇다면 기독교 신앙의 삶의 영역은 교회적 기독교의 삶의 영역보다 더 크다.

> 영의 공동체는 예수가 그리스도로 나타났다는 척도 아래 있지만 기독교 교회와 동일하지 않다. […] 그러나 그리스도의 나타남이 하나님의 영의 핵심적인 표명이라면 준비 기간 중에 나타난 이 공동체의 모습과 핵심적 사건을 수용하는 시기에 나타난 이 공동체의 모습은 다를 것이다.
>
> 나는 준비 기간 중에 있는 이 영의 공동체를 잠재적인 공동체로, 수용 시기에 있는 공동체를 표명된 영의 공동체로 부르자고 제안한다.
>
> 틸리히, 『조직신학』(Systematische Theologie) 제3권 179 이하.

> 기독교 교회의 토대를 놓은 사건에서 새로운 존재가 결정적으로 드러나기 전에는 어떤 표명적 교회도 없었다. 그러나 잠재적 교회는 항상 있었고 역사의 모든 순간에도 있을 것이다. […] 거룩에 대한 경험이 먼저 있지 않았더라면, 거룩한 것 그 자체가 […] 결정적으로 드러나는 것이 불가능했을 것이다. 이러한 경험이 없었다면 어떤 교회도 없었을 것이다.
>
> 틸리히, 『조직신학』 제3권 427 이하.

영의 공동체를 잠재와 표명의 시기로 구분하게 된 구체적인 계기는 조직된 교회 밖에 있는 여러 사람과의 만남이었다. 이들은 아주 인상적인 방식으로 그리스도 안에서 아주 본질적으로 드러난 새로운 존재가 자신들 안에 생생하게 살아있다는 것을 보여 주었다. […]

이들은 휴머니즘의 옷 안에 숨겨져 있는 잠재적 영의 공동체였고 나는 이들로 인하여 '잠재'라는 개념을 만났다. 이 개념을 다른 경우에도 사용될 수 있다고 보았다. […] 잠재적인 영의 공동체는 전 인류 안에 있다. […]

기독교 선포의 실천과 관련하여 중요한 것이 있다. 그것은 이방인, 휴머니스트, 유대인을 잠재적 영의 공동체의 일원으로 바라보아야 한다는 것이다. 이들을 영의 공동체의 일원이 되도록 요구받는, 완전히 밖에 서 있는 자로 봐서는 안 된다.

틸리히, 『조직신학』 제3권 180–182.

- 교황직의 역사와 이에 대한 에큐메니칼 논의
  - W. Fleischmann-Bisten (Hg.), Papstamt – pro und contra.

- 교회 규칙 『인류의 빛』(Lumen Gentium)의 본문
  - http://www.stjosef.at/konzil/LG.htm (deutsch).
  - http://www.stjosef.at/concilium/lumen_gentium.htm (latein).

- 가톨릭 독일 주교협의회와 독일 연합 개신교 루터교회(VELKD)의 지도부가 구성한 공동 연구팀의 에큐메니칼 노력에 대해서 알아보시오.
  - Kirchengemeinschaft in Wort und Sakrament(1987).
  - Communio Sanctorum (2000).

- '단일한 교회와 교회들'이라는 주제에 대한 로마가톨릭의 관점을 개관
  - H. Fries, Fundamentaltheologie, 526–540(§ 60).

💻🖱 『교회 교리와 관련된 여러 관점에서 생겨나는 질문과 대답』(Antworten auf Fragen zu einigen Aspekten bezüglich der Lehre über die Kirche)의 독일어 텍스트와 이 문서에 대한 다양한 입장 표명
– http://www. muenster.de/~angergun/antwortenkirche.html.

📖 종교개혁자의 교회와 직분 이해
– B. Lohse. Luthers Theologie, 294–316 (zu Luther).
– U. Kühn, Kirche, 58–75 (zu Calvin).

👓 다음 글을 읽고 칼뱅의 직분 이해를 알아 보십시오.
– J. Calvin, Unterricht/Institutio IV 3,1–9 (Weber 714–720/Opera selecta V 42–51).

📖📖 루터교 신앙고백서의 교회와 직분 개념을 철저하게 연구
– G. Wenz, Theologie der Bekenntnisschriften, Band 2, 237–464 (§ 11).

📖📖 오늘날 루터교의 관점에서 본 교회론과 정치-윤리적 관점(이 책 § 13.3).
– D. Lange, Glaubenslehre, Band 2, 263–42.

👓 죌레(D. Sölle)가 말한 드러난 교회와 잠재적 교회의 관계를 알아 보시오. 이 양자에 대한 죌레의 관계 규정과 위 본문에서 언급한 틸리히(P. Tilich)의 관계 규정을 비교해 보시오.
– D. Sölle, Kirche außerhalb der Kirche.

13. 3 교회와 국가 또는 종교와 정치의 관계

이 절에서는 교회로 구성된 기독교 종교와 각 국가의 질서 구조가 교회와 기독교적 삶에 설정해 놓은 정치적 조건 사이의 관계를 진술한다. 이 양자의 관계에 대한 이야기는 주로 정치 **윤리** 영역에 속한다.

그런데 **교의적** 교회론이 다루는 기독교 교회의 자기 이해는 언제나 교회가

처해있는 정치-국가적 상황에 의해서도 커다란 영향을 받는다. 따라서 세상 안에서 사회적으로 구성된 기독교의 위치 또는 교회와 사회의 관계에 대한 주제가 교의학에서도 다루어진다.

13. 3. 1 고대 교회로부터 정치적 아우구스티누스주의의 종말까지

초기 기독교와 로마제국의 관계는 양면적이었다. 먼저 세속의 지배자를 위한 신자의 기도는 일찍부터 기독교 공동체의 생활 요소였고(딤전 2:2), 이미 고대 교회의 신학은 기독교적 관점에서 세상의 공권력을 긍정적으로 평가하기도 했다. 그러나 그리스도인이 다신론적 제의와 황제숭배는 거절했기 때문에 국가적 관점에서 충성스러운 자들이 아니었다.

종교적 제의와 황제숭배를 거절했던 기독교는 국가에 적대적이라는 확신이 자라나면서 그리스도인에 대한 박해가 일어났다. 처음에 산발적이었던 박해는 3세기 중엽과 4세기 초가 되자 전반적으로 일어났다. 그러나 이러한 대응은 획기적인 변화를 가져오지 못했고 로마제국 안에서 퍼져나가는 기독교를 막지 못했다.

305년 이후 동로마의 첫 번째 황제였던 갈레리우스 막시미아누스(Gaius Galerius Valerius Maximianus, 동로마의 아우구스투스: 305-311)는 결국 311년에 그리스도인에게 종교적 자유를 허용하는 것이 불가피하다고 판단했다. 이로써 거대한 파장을 가져올 변화가 시작되었고 이 흐름 속에서 이전에 국가에 의해서 핍박받던 기독교가 로마의 국가 종교가 되었다.

기독교는 이미 콘스탄티누스 1세(Konstantin I., 전체 로마 황제: 324-337)가 재위할 때에 특권을 누렸고, 테오도시우스 1세(Theodosius I. 동로마 황제: 379-394, 로마 황제: 394-395)가 재위하던 391/2년에는 고대 로마에 모든 형태의 제의가 금지되었다(1.3).

> **초대와 중세의 교회와 국가 (I)**
>
> 1. 초기 기독교는 국가에서 정치적으로 신뢰할 수 없는 집단으로 판단받았고 박해를 당했다.
> 2. 4세기 들어 로마의 종교 정책이 바뀌어서 기독교가 국가 종교가 되었다.
> 3. 왕국신학이 이러한 변화를 신학적으로 숙고했다.

지금 묘사한 국가 종교 정책의 변화는 기독교신학, 특히 왕국신학(Reichstheologie) 형성에 영향을 끼쳤다. 이제 사람들은 상이한 근거를 지닌 기독교와 로마 제국이 하나님에 의해서 하나의 통일체가 되도록 규정되었다고 생각했고, 이 규정이 기독교가 로마 제국의 종교로 고양됨으로써 성취되었다고 여겼다(왕국신학의 종말론적 의미에 대해서 §14.2.1).

이같이 기독교와 로마제국이 긴밀히 결합되어 있었기 때문에 게르만족의 대이동으로 제국이 정치적 위기에 직면하자 기독교 종교에 대한 비판이 일어났다. 특히 서〈西〉고트족이 알라리히(370-410) 왕의 영도아래 410년에 로마를 정복하자, 지금 이 엄청난 정치적 파국을 맞은 것은 로마가 기독교로 전향하면서 자기의 옛 종교를 버렸기 때문이라는 통념이 생겨났다.

기독교에 대한 이 비판에 자극되어 아우구스티누스는 방대한 『신의 도성』(De civitate Dei)을 저술했고, 여기서 교회와 국가 질서가 하나로 통일되어 있다는 사상을 철저히 비판했다. 정치적 행위는 죄인의 자기 사랑에 근거를 두고 지상 권력의 증식을 목표로 한다. 이와 달리 기독교적 실존은 하나님을 향한 헌신적인 사랑에 뿌리를 내리고 저편의 행복에 이르고자 한다.

아우구스티누스에 따르면 각 사람은 불가해한 하나님의 결정에 따라서 자기를 사랑하든지 하나님을 사랑하기 위해서 행동한다. 이 두 근본적인 지향에 상응하여 두 종류의 인간이 있다. 이 두 부류의 인간이 창조 이래 전개된 세계 역사를 결정해 왔고 하나님이 가져올 역사 종말의 때까지 결정할 것이다. 이 땅에는 하나님 나라의 구성원과 지상 나라의 구성원(라. civitas dei/civitas terrena)이 있는데, 아우구스티누스는 이 인간의 두 형태가 인류의 첫 번째 부부가 낳은 두 아들 가인과 아벨에게서 시작했다고 보았다.

인간 종의 두 아버지 중 형 가인은 인간 도성에 속했고 아우 아벨은 하나님의 도성에 속했다. […] 이 두 도시가 생산과 죽음을 통해서 진보를 시작했을 때 먼저 이 세상의 시민이 태어났다. 그 다음에는 타향 사람이 태어났는데 이는 하나님의 도성에 속했다. 이 사람은 은혜로 예정되고 선택되었으며 은혜로 아래에 머무는 타향 사람이 되고 위에 속한 시민이었다. […] 그래서 가인에 대해서는 '그가 한 도성을 건립했다'고 기록되었다.[1] 그러나 타향 사람이었던 아벨은 어떤 도성도 세우지 않았다. 왜냐하면 성도의 도성이 위에 있기 때문이다. 그 나라의 시간이 도래할 때까지 이 도성은 여기서 시민을 낳고 그 가운데서 순례한다.	Natus est igitur prior Cain ex illis duobus generis humani parentibus, pertinens ad hominum ciuitatem, posterior Abel, ad ciuitatem Dei. […] cum primum duae istae coeperunt nascendo atque moriendo procurrere ciuitates, prior est natus ciuis huius saeculi, posterius autem isto peregrinus in saeculo et pertinens ad ciuitatem Dei, gratia praedestinatus gratia electus, gratia peregrinus deorsum gratia ciuis sursum. […] Scriptum est itaque de Cain, quod condiderit ciuitatem; Abel autem tamquam peregrinus non condidit. Superna est enim sanctorum ciuitas, quamuis hic pariat ciues, in quibus peregrinatur, donec regni eius tempus adueniat.

[1] 창세기 4:17, "아내와 동침하매 그가 임신하여 에녹을 낳은지라 가인이 **성을 쌓고**(라. aedificavit civitatem) 그의 아들의 이름으로 성을 이름하여 에녹이라 하니라."

아우구스티누스, 『신의 도성』(De ciultate dei) 15.1 (CChrSL 48.453f.[29-31, 37-41, 55-58줄]).

하나님의 도시와 땅의 도시를 구분하는 것은 어떤 측면에선 아우구스티누스가 교회를 참된 그리스도의 몸과 혼합체로 구별한 것과 관계가 있다(§ 13.2.2). 하나님 도시의 구성원은 영적인 자들로 교회의 일원이고, 이들의 지상적 삶의 공간은 세상의 기관인 교회다. 그러나 경험적 교회는 혼합된 것이기 때문에 이 교회의 지체와 하나님 도시의 구성원은 동일하지 않다.

아우구스티누스는 기독교가 지향하는 내세의 이름으로 다양하게 지상 국가의 지위를 상대화했다. 이러한 상대화는 지상 국가의 지속적 구성 요소인 정치 권력의 추구와는 분명 거리가 먼 것이었다. 아우구스티누스는 세상 권력의 증대가 죄에 얽매여 참된 정의를 상실한 인간 삶의 결과라고 이해했고, 로마제국의 확장이 그 한 사례라고 생각했다. 이 이해에 따르면 세계의 나라들은 거대한 강도 집단과 조금도 다를 바가 없다.

정의가 없다면 나라는 강도 집단이 아니고 무엇이겠는가?	Remota itaque iustitia quid sunt regna nisi magna latrocinia?
또한 강도 집단 역시 작은 나라가 아니고 무엇이겠는가? […]	quia et latrocinia quid sunt nisi parua regna? […]
어떤 체포된 해적이 알렉산더 대제에게 품위 있고 진실하게 대답한 적이 있다. 왕이 그 사람에게 물었다.	Eleganter enim et ueraciter Alexandro illi Magno quidam comprehensus pirata respondit. Nam cum idem rex hominem interrogaret,
"무엇 때문에 바다[의 왕래]를 위태롭게 만들었느냐?"	quid ei uideretur,
그 때 그는 거침없이 대답했다.	ut mare haberet infestum, ille libera contumacia:
"너는 무엇 때문에 이 세상을 위태롭게 만들었느냐?"	Quod tibi, inquit, ut orbem terrarum.

아우구스티누스, 『신의 도성』(De ciuitate dei) 4.4 (CChrSL 47.101[1f., 8-12줄)

그럼에도 아우구스티누스는 질서를 유지하는 세상 국가의 기능을 철저히 긍정하고 인정했다. 하나님 도성과 세계 국가가 지상의 삶 속에서 얽혀 있으므로 국가의 법은 하나님 도성의 구성원에게도 도움이 된다. 그래서 그리스도인은 사라질 삶을 사는 동안 자기 정체성을 해치지 않는 범위 안에서 주저 없이 지상 국가의 법에 순종할 수 있다. 이러한 이해 속에서 언제나 죄의 영향을 받는 지상의 평화는 저편에 있는 하늘의 평화를 위한다는 견해가 생겼다.

믿음으로 살지 않는 이 땅의 도성은 여전히 땅의 평화를 추구하며 그 안에서 명령과 복종에 대한 시민의 일치를 정착시키고자 하고, 이로써 그들 안에서 덧없는 삶에 속한 일에 대해서 어떤 의지적 합의를 이룩하려고 한다.	Ita etiam terrena ciuitas, quae non uiuit ex fide, terrenam pacem appetit in eoque defigit imperandi oboediendique concordiam ciuium, ut sit eis de rebus ad mortalem uitam pertinentibus humanarum quaedam compositio, uoluntatum.
그러나 이 덧없음 가운데 순례하면서 믿음으로 사는 하늘의 도성 또는 더 구체적으로 그 일부는, 땅의 평화가 필요한 이 덧없음이 사라지기까지, 반드시 이 〈땅의〉 평화를 필요로 한다. […] 이 땅의 도시에는 덧없는 삶을 유지하기 위해 만들어진 것을 관리할 법이 있는데 〈하늘의 도시는〉 이 법에 순응하는 것을 주저하지 않는다. 그것은 이 덧없음이 〈양자에게〉 공통적이기 때문이고 이 덧없음에 속한 일과 관련하여 두 도시 사이에 평화가 보존되도록 하기 위함이다. […]	Ciuitas autem caelestis uel potius pars eius, quae in hac mortalitate peregrinatur et uiuit ex fide, etiam ista pace necesse est utatur, donec ipsa, cui talis pax necessaria est, mortalitas transeat; […] [L]egibus terrenae ciuitatis, quibus haec administrantur, quae sustentandae mortali uitae accomodata sunt, obtemperare non dubitat, ut, quoniam communis est ipsa mortalitas, seruetur in rebus ad eam pertinentibus inter ciuitatem utramque concordia. […]
그래서 하늘의 도시 역시 이러한 자신의 순례에서 땅의 평화를 필요로 한다. 그리고 인간의 의지적 합의가 경건과 종교에 유익하다고 인정되는 한 인간의 덧없는 삶의 본성에 속하는 일에 대한 이 합의를 보호하고 추구하면서 땅의 평화를 하늘의 평화와 관련시킨다.	Vtitur ergo etiam caelestis ciuitas in hac sua peregrinatione pace terrena et de rebus ad mortalem hominum naturam pertinentibus humanarum uoluntatum compositionem, quantum salua pietate ac religione conceditur, tuetur atque appetit eamque terrenam pacem refert ad caelestem pacem.

아우구스티누스, 『신의 도성』 19.17
(CChrSL 48.684f.[11-18, 21-25, 55-60줄])

아우구스티누스는 기독교와 정치의 관계를 양면적으로 이해했고 이것은 서구 기독교의 정치 윤리에 지속적으로 중요한 영향을 끼쳤다. 중세의 정치적 아우구스티누스주의와 루터파 종교개혁의 두 왕국론(§ 13.3.2)도 『신의 도성』에서 다루었던 세계 국가에 대한 기독교적 해석에서 영향을 받았다.

세상 국가의 질서 유지 기능에 대한 아우구스티누스의 긍정적 평가를 수용해서 중세 사람들은 교회에 의해서 관리되는, 그리스도인의 내세 지향적 삶을 위해서 세상 국가의 봉사적 기능을 강조했다.

이 과정에서 사람들은 아우구스티누스가 볼 때 지상적 삶의 조건에서는 결코 완전하게 극복할 수 없는 하나님 나라와 세상 나라 사이의 긴장을 벌써 세계 내에서 변화의 흐름에 따라 점차적으로 폐기하려고 시도했다. 세계 국가와 그 공권력이 하나님의 진리를 섬기고 이로써 국가의 신민이 영원한 구원을 지향하는 삶을 살도록 장려한다.

앙리 사비에르 아낄리에르(Henri Xavier Arquilliére, 1883년생)가 1934년에 이 주제와 관련한 연구 논문을 내놓은 뒤로 사람들은 정치적 아우구스티누스주의(Politischer Augustinismus)라는 말을 했다. 그러나 국가의 봉사 기능의 방식을 어느 기관이 정확하게 결정할 수 있느냐의 문제를 두고 상이한 견해가 생겨나 논쟁이 격렬해졌다.

중세 초기에는 먼저 세상 권력이 이러한 방침을 결정할 수 있는 권한이 자기에게 있다고 주장했다. 이런 맥락에서 **황제의 권력은 상당히 성스럽게 되어 갔다.**

이 흐름과 반대로 11세기 이후부터는 교황 교회가 **세계통치와 관련하여 더 우위적인 권력**을 가지고 있다고 주장하기 시작했고 이런 주장은 이노첸츠 3세(Innozenz III. 교황: 1198-1216)의 임기 때 정점에 달았다. 중세 후기 발전사에서 교황의 우위성 주장은 교회 지향적인 정치 이론의 장에서 유지되었고 부분적으로 더 강해졌다.

그러나 14세기 이래로 정치 윤리 영역에서 세상의 권한과 영적 권한을 구분하려는 사유의 단초가 생겼다. 역사적 미래는 이러한 사상의 편이었다.

초대와 중세의 교회와 국가 (II)

4. **아우구스티누스**: 기독교의 내세 지향의 이름으로 지상 국가를 상대함으로써 왕국신학을 비판했다.
5. **중세 초기와 전성기**: 지상 국가는 기독교가 내세 지향적 삶을 사는 것을 돕기 위해 있다(정치적 아우구스티누스주의).
6. **중세 후기**: 세상 권세와 종교 권세가 분명히 구분되어 갔다.

---

13. 3. 2 종교개혁의 신학적 관점에서 본 교회와 국가

교회와 국가의 관계를 규정할 때 루터는 16세기 초 역사적 현실에서 상당히 영향을 받았다. 따라서 루터가 설정한 교회와 국가의 관계는 먼저 서구 기독교가 종파화하기 시작했던 역사적 지평에서 이해되어야 한다. 또 루터의 관계 규정은 아우구스티누스의 정치 이론과 연관되면서도 그것과 차이가 있었다(§ 13.3.1).

이미 아우구스티누스처럼 루터는 지상의 실존 조건에서 하나님 나라에 속한 참된 그리스도인과 참된 신앙 없이 세계 나라에 속한 사람이 공존한다는 것을 전제했다. 루터는 이 두 나라의 존재에 상응하게 하나님의 두 통치 방식을 가정했다. 참된 그리스도인은 복음의 말씀에 의해서, 참된 신앙이 없는 사람은 국가 공권력에 의해서 다스림을 받는다.

이러한 이해에 따라서 루터는 국가적으로 조직되어 비상시 세계법을 강제적으로 관철시키는 것 곧 율법의 정치적 사용(usus politicus legis; § 12.1.2)을 하나님의 통치 방식의 하나로 여겼다. 세상의 통치자는 그 통치의 정당성을 직접 하나님에게서 받기 때문에 교황 우위권의 영향 아래 형성된 중세 정치 이론과 달리 어떤 교회적 위임도 받을 필요가 없었다.

여기서 우리는 아담의 자녀와 모든 인간을 두 부류로 나누어야 한다. 첫째 부류는 하나님 나라에 속하고 다른 부류는 세상 나라에 속한다. 하나님 나라에 속한 자는 그리스도 안에 있고 그리스도 아래 있으며 참되게 믿는 자다. […]
보아라. 이 사람은 세상의 어떤 칼과 법도 필요하지 않다. […]
세상 나라에 속하거나 그 법 아래 있는 자는 그리스도인을 제외한 모든 인간이다. 적은 사람만 믿으며, 더 적은 부분의 사람이 기독교적 방식으로 살아간다. 이들은 악에 저항하지 않고 스스로 악을 행하지 않는다. 하나님은 〈이들과 달리〉 기독교인이 아니면서 하나님 나라 밖에 있는 자를 위해서 또 하나의 통치 방식을 만들고 이들을 칼 아래 놓았다. 그래서 이들이 기꺼이 악의를 원할지라도 그것을 할 수 없게 된다. 그러나 만약 그들이 악의를 행한다면 두려움 속에서 그리고 평화와 행복의 부재 속에서 행하게 될 것이다.

Hie muessen wyr Adams kinder und alle menschen teylen ynn zwey teyll: die ersten zum reych Gottis, die andern zum reych der welt. Die zum reych Gottis gehoeren, das sind alle recht glewbigen ymm Christo unnd unter Christo. […]
Nu sihe, diße leutt duerffen keyns welltlichen schwerdts noch rechts. […]
Auffs vierde. Zum reych der wellt oder unter das gesetz gehören alle, die nicht Christen sind, Denn syntemal wenig glewben und das weniger teyl sich hellt nach Christlicher art, das es nicht widderstrebe dem ubel, Ya das es nicht selb ubel thue, hat Gott den selben ausser dem Christlichen stand unnd Gottis reych eyn ander regiment verschafft unnd sie unter das schwerd geworffen, das, ob sie gleych gerne wollten, doch nicht thun kunden yhr boßheyt, und ob sie es thun, das sie es doch nit on furcht noch mit fride unnd glueck thun muegen.

루터, 『세상 통치자에 대하여』(Von weltlicher Oberkeit)
(Luther deutsch 7.13-15/WA 11.249.24-27, 36; 251.1-8).

참된 그리스도인에게는 참된 신앙이 없는 사람을 위해서 고안된 국가 입법이 사실상 필요 없지만 루터에 따르면 그리스도인에게 세상 통치자에게 복종할 의무가 있고 더 나아가서 세상 통치자의 과업에 동역하도록 가르쳐야 한다. 루터는 이 복종과 동역은 이웃 사랑의 동기에서 시작된다고 보았고, 그리스도인은 세상 국가의 질서 유지에 참여함으로써 이웃의 유익을 위해 기여한다. 그러나 자신의 유익과 관련된 경우에 그리스도인은 국가에게 자신을 보호해 달라고 요구해서는 안 된다. 그런데 이 마지막 견해는 나중에 루터에 의해서 수정되었다.

여기서 너는 이의를 제기한다: 그리스도인에게 세상의 칼과 법이 필요하지 않다면, 바울은 어찌하여 로마서 13:1에서 모든 그리스도인에게 **"각 사람은 공권력을 행사하는 권세자에게 복종하라"**고 말하는가?

대답: 나는 방금 '그리스도인은 서로, 스스로, 자신을 위해서는 어떤 법이나 칼도 필요하지 않다'고 말했다. 그것은 이들에게 필요하지도 않고 유익하지도 않다.
그러나 참된 그리스도인은 땅에서 자기 자신이 아니라 자기 이웃을 위해서 살고 봉사하기 때문에 자신의 영혼의 방식에 걸맞게 자신에게는 필요없지만 이웃에게 유익하고 필요하다면 그것도 행한다[…]
어떤 그리스도인도 자기와 자기 일을 위해서 칼을 지니거나 간청해서는 안 되고 다른 사람을 위해서는 칼을 지니고 간청할 수 있다. 이렇게 함으로써 악의가 저지되고 정직이 수호된다.

Hie sprichstu: Weyl denn die Christen des welltlichen Röm. 13, 1 schwerds noch rechts nichts beduerffen, warumb spricht denn Paulus Ro: . 13. zuo allen Christen: ‚Alle seelen seyen der gewallt unnd uberkeytt unterthan'? […]

Anttwortt: itzt hab ichs gesagt, das die Christen unternander und bey sich und fur sich selbs keyns rechten noch schwerds duerffen, Denn es ist yhn keyn nott noch nuetz.
Aber weyl eyn rechter Christen auff erden nicht yhm selbs sondern seynem nehisten lebt unnd dienet, ßo thutt er von art seyns geystes auch das, des er nichts bedarff, sondern das seynem nehistn nutz und nott ist. […]
Schwerd soll keyn Christen fur sich und seyne sache fueren noch anruffen, Sondernn fur eynen andern mag und soll ers fueren und anruffen, damit der boßheyt gesteuret und frumkeyt geschutzt werde.

루터, 『세상 통치자에 대하여』
(Luther deutsch 7.18, 27/WA 11.253.17–26; 260.17–20).

그러나 루터는 그리스도인의 복종의 의무는 오직 세상 통치자의 사역 영역과 관련해서만 타당하다고 보았다. 그래서 그는 신앙의 확신을 관철하기 위해서 세상의 권력 수단을 사용하는 것은 하나님의 영적 통치 방식에 대한 불법적인 침해라고 비판했다.

이것은 큰 파장을 일으킬 만한 변화를 뜻했다. 아우구스티누스 이래로 종교의 목적을 위해서 국가의 권력 수단을 사용하는 것이 근본적으로 정당하다고 생각되었다. 이에 대한 성경적 근거는 우선적으로 누가복음 14:23이었다.

> 주인이 종에게 이르되 길과 산울타리 가로 나가서 사람을 강권하여 데려다가 내 집을 채우라(눅 14:23).

루터가 살던 당시의 영주도 자기 신민의 영혼을 구원할 책임이 자신에게 있다고 느꼈다.

루터가 이해한 교회와 국가

1. **근본 전제**: 하나님은 신자를 말씀(복음의 선포)을 통해서, 참된 신앙이 없는 자를 칼(국가 권력)을 통해서 다스린다.
2. 이웃 사랑은 그리스도인으로 하여금 세상 권세에게 복종하고 그들의 일에 동참하도록 자극한다.
3. 세상 권세는 신앙의 일에 관여할 수 없다.

이러한 자기 이해에 이끌려 작센(Sachsen)의 공작 게오르크(Georg, 재위: 1500-1539), 브란덴부르크(Brandenburg)의 선제후 요아힘 1세(Joachim, 재위: 1499-1535)를 비롯한 영주들은 1522년 루터가 번역한 신약성경이 자기들

의 통치 영역에 확산되는 것을 막고자 했다.

이 사안과 관련하여 루터는 한 사람의 고유한 종교적 확신은 타인에 의해 대리적으로 결정될 수 없다는 것을 강조하면서 신앙의 일이 세상 통치자의 권한에 속하지 않는다는 견해를 고수했다.

세상 통치권은 법을 갖는데 이 법은 몸, 재산, 지상에 있는 외적인 것에만 관계하지 그 이상은 아니다. 하나님은 영혼을 다스리는 일을 자기 자신 외에는 누구에게도 맡길 수 없고 그러길 원하지 않는다.	Das welltlich regiment hatt gesetz, die sich nicht weytter strecken denn uber leyb und guott und was eußerlich ist auff erden. Denn uber die seele kan und will Gott niemant lassen regirn denn sich selbs alleyne.
따라서 세상 권력이 영혼에게 법을 제정해 주려고 한다면 세상 권력은 하나님을 자기 통치권 안에 붙잡아 두고 섞어 버리고 오직 영혼을 부패케 할 뿐이다. […]	Darumb wo welltlich gewallt sich vermisset, der seelen gesetz zuo geben, do greyfft sie Gott ynn seyn regiment und verfuret und verderbet nur die seelen. […]
결코 다른 사람이 나를 대신하여 지옥이나 하늘로 갈 수 없는 것처럼 나를 대신하여 믿거나 믿지 않을 수도 없다. 또한 한 사람이 나를 위해서 천국과 지옥의 문을 열거나 닫을 수 없는 것처럼 나를 신앙이나 불신앙으로 몰아갈 수도 없다. 왜냐하면 믿느냐 믿지 않느냐의 문제는 각 사람의 양심에 달려 있고 이것이 세상 권력에게 어떤 피해도 주지 않기 때문이다. 따라서 세상 권력은 만족하면서 자기 일을 돌봐야 하고 사람들이 어떻게 믿는지 그들이 할 수 있고 원하는 대로 두어야 한다. 아무도 권력을 가지고 강요할 수 없다.	Denn so wenig als eyn ander fur mich ynn die helle odder hymel faren kan, so wenig kan er auch fur mich glewben oder nicht glewben, und so wenig er myr kan hymel oder hell auff odder zuo schliessen, ßo wenig kan er mich zum glawben oder unglawben treyben. Weyl es denn eym iglichen auff seym gewissen ligt, wie er glewbt odder nicht glewbt, und damit der welltlichen gewallt keyn abbruch geschicht, sol sie auch zuo friden seyn und yhrs dings wartten und lassen glewben sonst oder so, wie man kan unnd will, und niemant mit gewallt dringen.

루터, 『세상 통치자에 대하여』
(Luther deutsch 7.29, 31f./WA 11.262.7-12; 264.12-19).

> 루터는 세상-정치적 영역과 신앙-종교적 영역을 분명하게 분리해야한다고 주장했다. 그러나 두 영역을 분리하려는 시도는 영주가 자기 영토의 교회를 통치한다는 합의가 도입되면서 일반적으로 저지되었다. 영주가 자기 영토의 교회를 통치하게 되면서 종교적 질문의 책임이 다시 국가의 손 안에 들어갔다. 이 합의는 독일에서 1918년이 돼서야 파기되었다.
> 루터의 두 왕국론은 전후 독일 개신교 안에서 기독교 개신교회와 민주적 국가 형태의 관계를 긍정적으로 규정할 수 있는 출발점이 되었다. 이러한 관계 규정을 서술하고 있는 것은 독일 개신교회(Evangelische Kirche in Deutschland)가 1985년에 펴낸 『개신교회와 자유 민주주의』(Evangelische Kirche und freiheitliche Demokratie)라는 보고서다. 이 보고서는 루터의 정치 윤리 안에 있는 민주주의에 대한 비판적인 성향을 수정하는 데에도 도움을 주었다.

1523년에 쓴 통치자에 대한 저술처럼 루터가 정치와 종교의 관심 영역을 구분하는 것에 관심을 두었다면 칼뱅은 이 양자의 상관성을 더 힘주어 강조했다. 칼뱅이 이렇게 주장한 신학적 토대는 그리스도의 왕직이 현 세계에 대한 일반적 통치로 성취되어 간다는 교리였다(§ 10.3.3). 그래서 이 왕직은 세계 질서를 포괄한다.

이런 관점에서 국가 공권력을 향해 그에게 주어진 그리스도의 세계 통치에 대한 참여 의무를 의식적으로 수용하라는 호소는 쉽게 이해가 된다. 칼뱅은 세상 통치자가 율법의 두 판에 대한 책임을 가지고 있다고 말했다(라. ad utranque legis tabulam).

칼뱅이 이해한 교회와 국가

1. **출발점**: 세상 질서를 포괄하는 그리스도의 왕직에 대한 교리.
2. **결론**: 국가 질서 권력은 율법의 두 판, 곧 종교와 정치에 대해 책임이 있다.

여기서 율법은 십계명에 모인 열 개의 계명을 말한다. 해당 성경 본문에서 이 계명이 두 개의 돌 판에 기록되었다(신 5:22)고 언급되었기 때문에 한 판에는 인간과 하나님과의 관계에 대한 계명이, 다른 돌판에는 인간 사이의 관계에 대한 계명이 기록되었을 것이라고 생각했다.

개신교 루터파의 일반적 셈법에 따르면 첫째 판에는 제1-제3계명이 (우상숭배 금지, 하나님의 이름 오용 금지, 안식일 계명), 둘째 판에는 제4-제10계명이 속한다. 독일제국 내 루터교 영토에서 영주는 자기 영토의 교회를 통치한다는 합의가 정착되어 갈 무렵 멜란히톤은 영주에게 (십계명의) 두 판을 파수할 직무도 있다고 주장했다(라. custodia utriusque tabulae). 칼뱅이 이 사상을 받아들였고 세상 통치자의 종교적 책임을 규정할 때 활용했다.

하나님 말씀이 통치자의 직무를 어떤 성질의 것으로 묘사하는지 그리고 어떤 일이 이 직무와 관련되는지 여기서 잠깐 말해야겠다.	Iam officium magistratuum, quale verbo Dei describitur, ac quibus in rebus situm sit, obiter hoc loco indicandum est.
성경이 알려주지 않아도 사람은 〈통치자의 직무가〉 율법의 두 판과 관련되어 있음을 세상 저술가에 의해 알았을 것이다. […]	Extendi vero ad utranque Legis tabulam si non doceret Scriptura, ex profanis scriptoribus discendum esset; […]
따라서 모든 철학자에게서 종교가 첫 번째의 지위를 차지하고 이것이 모든 민족의 일반적 의견 일치로 고수되어 왔기 때문에 만일 기독교 군주와 통치자가 이것〈종교〉을 돌보는데 힘쓰지 않는다면 자신의 나태함을 부끄러워해야 한다. […]	Quum igitur apud omnes Philosophos religio primum gradum teneat, ac universali gentium omnium consensu semper id observatum fuerit, Christianos principes ac magistratus pudeat suae socordiae, nisi in hanc curam incumbant. […]

성경에는 부패하고 무너진 하나님에 대한 신앙을 재건하고 종교를 보살폈기 때문에 극히 칭찬을 받은 거룩한 왕들이 나온다. 이들의 재위 때 종교는 순수하고 안전하게 꽃피었다.	Hoc quoque nomine maxime laudantur sancti Reges in Scriptura, quod Dei cultum corruptum vel eversum restituerint, vel curam gesserint religionis, ut sub illis pura et incolumis floreret. [...]
이로써 하나님에 대한 관심을 소홀히 여기면서 인간 사이의 판결을 내리는 데만 열중하는 자들이 우둔하다는 것이 증명된다.	Unde coarguitur eorum stultitia qui vellent, neglecta Dei cura, iuri inter homines dicundo tantum intentos esse.

칼뱅, 『기독교강요』, IV 20.9
(Weber 1039f./Opera selecta V 479.32-35; 480.1-5, 8-11, 13-15)

방금 묘사한 루터와 칼뱅의 개념 차이로 기독교 신학사에서 두 가지 상이한 정치 윤리가 형성되었다. 종종 두 왕국론으로 불리는 두 통치권에 대한 교리는 세상적인 것과 종교적인 것을 구분하는 데에 큰 관심을 가진다. 이에 반하여 그리스도 왕직에서 시작하는 사상은 신앙이 정치적 책임도 포함하는, 삶과 행위 전체의 태도에 대해서 갖는 의미를 강조한다.

종교개혁 전통에 근거해서 교회와 세상의 관계를 규정했던 두 모델은 20세기 독일의 전체주의적 독재 상황에서 그리스도인으로서 정치적 책임을 인식하는 다양한 방식과 결합되었다.

13. 3. 3 다원주의 속의 개신교회

현대 서구의 근본적인 특징 중 하나는 종교-세계관의 다원화다. 이 상황에 처한 기독교는 진리와 구원에 대한 절대적인 권한을 상실할까 염려하면서 처음에는 이에 대해 비판적이었다. 그러나 오늘날 개신교신학의 주된 흐름은 다원주의적 상황을 긍정적으로 받아들인다. 그러면서도 복음주의 신학은 때때로 종교-세계관적 신념을 개인의 사적인 일로 간주하고 이것이 정치, 경제, 학문 영역에서 행동하는 인간에게 갖는 의미를 부정하는 경향을 강하게 비판했다.

오늘날 특히 헤름스는 종교-세계관적 근본가정이 사회의 모든 영역에서 이루어지는 사람의 행위에 중요한 의미를 지닌다고 열정적으로 강조한다. 그에 따르면 종교-세계관적 근본 신념이 이와 같이 중요하기 때문에 이것을 장려하고 공개적으로 논의하는 것이 필요하다.

만약 이렇게 하지 않는다면 다원주의라는 상황은 '취향의 다원성'(Pluralismus der Beliebigkeit)으로 전락할 위험에 처하게 될 것이다.

> 사회 전반적 체계 안에서 〈볼 수 있는〉 취향의 다원성의 근본 특징은 윤리 및 삶의 지향과 관련된 신념에 대한 질문을 목적 의식적으로 사유화하는 것이다. […] 인격 체계(Persönlichkeitssystem)와 관련하여 생각하면 이것[이 사유화]은 각 사람의 삶의 관점이 불확실한 것에 상응한다. […] [이로부터 다음 결론이 나온다.] 세계관적-윤리적 불확실성이 점차로 커지고 또 불안해하는 개인의 수가 점차로 증가함으로써 임의적인 경향이 인상적이고 우위적인 태도로 나타날 때 자신을 이것에 적응시키는 것 외에는 〈다른 것을 할 수 없는〉 시민의 수가 지속적으로 증가한다. 원리에 대한 질문과 관련하여 여론을 조작적으로 형성할 가능성이 커진다.
> 헤름스, 『원리를 따라서 다원주의를 살기』(Pluralismus aus Prinzip), 477-479.

이 취향의 다원성 앞에서 헤름스는 한 사회 안에서 다양한 세계관적-윤리적 근본지향이 실제로 공존하는 것을 보장하기 위해서는 원리를 따라서 다원주의 안에 사는 방식을 만들어 가야 한다고 생각한다. 각 종교-세계관의 근본 가정이 진리라는 확고한 신념을 가질 뿐만 아니라 진리에 대한 신념이 매우 상이하고 다양하다는 점을 인정해야만 한다.

이런 까다로운 형태의 다원주의를 형성하기 위한 전제 중 하나는 공존하는 세계관—종교적 지향(전체에 대한 관점) 안에서 상이한 신념이 지니는 공적인 가치를 인정하는 것이다. 또한, 행위를 이끌어 가는 인간의 근본 신념을 마음대로 좌지우지하거나 강제할 수 없고, 따라서 그 실제적 다양성 안에서 받아들여야만 한다는 것을 시인함으로써 이 신념의 다양성을 긍정해야만 한다.

헤름스에 따르면 기독교 신앙은 다원주의 안에서 능숙하게 살 수 있는 하나의 모범적인 사례다.

> [한 사회의 세계관과 윤리에 관한 상이한 근본 지향은] 〈다음의 것에 대하여〉 [일치해야만 한다.] 곧 전체에 대한 관점이 다양하고 서로 경쟁적인 현실은 상황에서 우발적으로 비롯된 불쾌한 것이 아니라 근본적으로 고려해야 할 사태라는 것에 대해서 [일치해야만 한다.] 그것은 인간이 매번 경험하고 자신의 신념 안에서 인정하는 것처럼 이 사태가 인간 존재의 내적 상태(Verfassung) 자체에 근거하고 있기 때문이다. […]
>
> 원리를 따라서 다원주의 안에서 살 수 있고 이것을 의무로 받아들이는 입장을 본보기로 보여 주는 사례가 기독교 신앙이다. 왜냐하면 윤리와 삶의 지향에 대한 기독교적 확신이 다원주의 안에서 살아가는 데 꼭 필요한 두 가지 내용상의 조건을 충족시키기 때문이다.
>
> 기독교적 확신은 구체적으로, a) 원리적 관점에서 자기 신앙의 확신뿐만 아니라 존재의 근원·구조·규정에 대한 각각의 확신을 결코 임의적으로 처리할 수 없다는 신념을 포함한다. b) 또한, 존재의 근원·구조·규정에 대한 자신의 확신뿐만 아니라 이에 대한 각각의 윤리적·지향적 확신이 본질적으로 사적인 것이 아니라 공적으로 중요한 것이라는 신념을 포함한다.
>
> 헤름스, 『원리를 따라서 다원주의를 살기』 483 이하.

|제2부| 제3장 교의학의 개별 주제   **679**

📖   중세 기독교와 로마 국가의 관계, 종교와 세상 권력의 관계 개관
   – W.-D. Hauschid, Lehrbuch der Kirchen- und
   Dogmengeschichte, Band 1, 105-151 (= §); 475-548 (= § 9).

📖 📖   고대부터 종교개혁에 이르기까지 주요 정치 윤리 입장 서술
   – E. -W. Böckenförde, Geschichte der Rechts- und
   Staatsphilosophie.

📖   그리스도의 왕적 통치 교리
   – Chr. Walther, Königsherrschaft Christi(TRE 19).

👓   중세 전성기부터 종교 자유의 사상이 형성될 때까지 정치와 종교의 분리 과정을 아래 책을 활용하여 추적해 보십시오.
   – E.-W. Böckenförde, Die Entstehung des Staates als Vorgang der Säkularisation.

📖 📖   동독 개신교회의 두 왕국론과 그리스도의 왕적 통치 사상 수용 과정
   – J. Rogge/H. Zeddies (Hg.), Kirchengemeinschaft und politische Ehtik.

📖   독일 복음주의 협의회(EKD)가 1985년에 출간한 개신교 기독교와 현대 민주주의의 관계를 근본적으로 다룬 보고서
   – Evangelische Kirche und freiheitliche Demokratie.

👓   § 13.3.3에서 다루었던 개신교 교회와 현대 다원주의의 관계 규정이 어느새 독일 루터교의 공식 문서에도 언급되고 있습니다. 위 본문에서 다루었던 이러한 구상이 교회론에 끼치는 결과는 무엇일까요? 이를 위해서 헤름스(E. Herms)의 사상에서 결정적인 영향을 받은 독일 연합 개신교 루터교회(VELKD)의 신학위원회가 내놓은 연구결과를 보시오.
   – Traditionaufbruch.

§ 14. 마지막 일들에 대한 교리(종말론)

14.1 서론: 기독교 종말론의 성경적 배경과 그 주제

17세기 루터교 신학자 칼로프(Calov)는 교의학 마지막 부분과 그 안에 나오는 마지막 일들을 상술하면서 처음으로 종말론(Eschatologie)이란 낱말을 사용했다. 이 낱말은 하나님이 섭리하는 역사 과정에서 마지막으로 일어날 사건들을 뜻했다.

19세기 이래로 개신교신학 안에서 줄곧 사용되어온 이 낱말은 집회서 7:36에 기인한 것이다(불가타와 루터 성경에서는 7:40에 해당한다). 〈해당 구절은 다음과 같다.〉

> 무슨 일을 하든지 너의 마지막 순간(그. ta eschata sou)을 생각하고 절대로 죄를 짓지 말아라(공동번역성서 개정판).

불가타 라틴성경은 그리스 표현인 '타 에스카타 수'(그. ta eschata sou)를 '노빗시마 투아'(라. novissima tua, 너의 최후의 일들)로 번역했다. 그리스어 표현에 따라서 최후의 일들에 대한 교리를 '종말론'(Eschatologie)이라고 칭했고, 라틴어 번역에 따라서 '최후의 일들에 대한 교리'(Lehre de novissimis)라고 칭했다.

기독교신학에서 기원한 종말론이라는 개념은 구약성경 본문과 관련해서는 제한적으로 사용할 수 있다. 그것은 약속의 땅에서 이스라엘 민족에게 약속된 미래는 본래적으로 역사 내적인 것을 의미했기 때문이다.

역사 초월적인 하나님의 행위에 대한 사상이 발전하는데 중요한 역할을 한 것은 우선적으로 예언이었다. 왕정 시대에 이스라엘과 유다가 당면한 정치적 위기 그리고 포로기와 그 이후의 경험이 예언의 배경이 되었고, 이러한 변화를 신학적으로 이해하려는 작업이 있었다.

여호와의 날을 분노의 날이라고 외쳤던 예언자의 심판 선포가 그 중 하나였다(암 5:18-20). 또한 점차적으로 광범위한 (새로운) 구원의 약속이 주어졌다. 예컨대 새 언약이라는 사상(렘 31:31-34), 죽은 자가 부활하는 것처럼 이스라엘도 다시 살아난다는 사상(겔 37) 그리고 새 하늘과 새 땅에 대한 희망(사 65:17; 66:22)이 그러한 약속들이었다.

구약성경 가장자리에 자리한 묵시론(사 24-27; 단 2:7-12)은 특히 임박한 역사의 종말 시점을 계산하고 그 전개 과정을 환상적으로 묘사하는데 집중했다.

예수는 하나님의 통치가 가까이 와 있다고 선포했고(막 1:15), 이 예고된 구원이 자신의 행위 안에서 이미 현재가 되었다고 주장했다(눅 11:20/마 12:28; 마 11:15/눅 7:22; 비교, § 10.1). 신약성경의 종말론은 예수에 의해서 이 선포와 주장이 결합되었다는 통찰에서 시작한다. 따라서 초기 기독교 신학은 그리스도 사건을 구약의 구원 약속 성취로 해석했다.

그리스도의 죽음은 약속된 새 언약으로(고전 11:25; 눅 22:20), 그의 부활은 약속처럼 죽은 자의 보편적 부활의 선취로 이해되었다(고전 15:20). 이러한 이해에서 그리스도를 믿는 자들에게는 옛 언약이 미래적으로 생각했던 종말론적 하나님의 구원에 이미 현재적으로 참여한다는 확신이 생겨났다. 그래서 그리스도 안에 있는 자는 이미 현재 새로운 피조물이다(고후 5:17).

하지만 그리스도의 부활에 실제적으로 참여하는 것은 현재의 조건 아래에서는 여전히 미래에 성취될 희망이다. (살전 4:13 이하; 롬 6:4 이하).

> **종말론: 단어의 의미와 성경적 배경**
>
> 1. **마지막 일들에 대한 교리**(ta eschata ; novissima): 이 단어는 집회서 7:36, 40에서 유래되었다.
> 2. 초기 기독교는 구약성경의 구원에 대한 예언이 그리스도 사건을 통해 성취되었다고 간주했다.
> 3. **결과**: 믿는 자들은 미래에 완성될 하나님의 종말론적 구원에 이미 현재적으로 참여한다.

창조 전체와 관계하는 이 완성은 세계 전체가 처음부터 끝까지 하나님에 의해서 결정되는 것을 뜻한다(롬 8:20 이하; 고전 15:23-28). 위의 언급에서 볼 수 있는 것처럼 신약성경에는 현재 지향적 종말 이해와 미래 지향적 종말 이해가 상이한 방식으로 나란히 등장한다. 이 같은 사실로 인하여 교리 형성 과정에서 현재 종말론과 미래 종말론이 구분되었다.

하지만 전통적으로 교의학 서술에서 최종적으로 다루어지는 마지막 일들에 대한 교리는 대체로 미래 종말론에 집중한다. 이에 반해 현재 종말론의 내용(구원에 대한 믿는 자의 확신)은 구원론의 틀 안에서 다루어진다(§ 11.2).

> 고전 교의학이 다루었던 미래 종말론의 주제는 아래 도표의 오른쪽 칸에 있다. 이 주제는 레온하르트 후터(Leonhard Hutter)가 쓴 『주요 신학 개념 개요』(Compendium locorum theologicorum)의 맨 마지막 장에서 따왔다(4.5 끝에 있는 개요).
>
> 이 주제에 속하는 것은 먼저 『사도신경』의 둘째 항목 내용처럼 그리스도의 재림과 최후 심판(후터 32조항), 그리고 『사도신경』의 세 번째 항목처럼 죽은 자의 부활(후터 31조항)과 영원한 삶(후터 34조항)에 대한 이야기다.

종말론의 주제		
현재 종말론	미래 종말론	
	개인	일반
그리스도의 사건과 함께 하나님의 나라가 시작되었다는 믿음 안에서 사는 세례받은 그리스도인은 종말론적으로 실존한다(구원론의 주제; § 11).	29. 육체의 죽음과 영혼의 불멸에 대하여(De morte corporis et immortalitate animae)	30. 세상의 마지막에 대하여 (De fine seculi sive mundi) 31. 죽은 자의 부활에 대하여(De resurrectione mortuorum) 32. 최후 심판과 산 자와 죽은 자를 심판하기 위해 오는 그리스도에 대하여 (De extremo iudicio et adventu Christi ad iudicandum vivos et mortuos) 33. 지옥에 대하여 (De inferno) 34. 영생에 대하여 (De vita aeterna)

후터, 『주요 신학 개념 개요』, 29-34조항 (Compendium locorum theologicorum, Loci 29-34[Überschriften]).

종말론 주제의 수는 성경 안에 있는 또 다른 전승을 받아들이면서 오랜 시간동안 늘어갔다. 예컨대 성경이 주의 마지막 날에 전체 세계가 멸절한다고 증언하고 있기 때문에 세계 전체의 마지막에 대한 질문이 생겨났다(비교, 눅 21:33; 벧후 3:10-12). 이외에도 최후 심판 때에 모든 사람이 하늘의 영원한 생명을 얻지 못할 것이기 때문에 영원한 지옥 형벌을 받도록 정해진 사람의 운명에 대해서 숙고하게 되었다(후터 33조항).

또 하나의 질문은 그리스도의 재림과 세계의 종말 이전에 죽는 자에게 어떤 일이 벌어지는가의 문제였다. 이것은 이미 바울이 데살로니가전서 4:15-5:11에서 다루었던 것이고 중세 이래 강렬하게 토의된 문제였다. 이 질문에 대한 논의(후터 29조항)가 지속되면서 미래 종말론은 각 개인과 관계된 개인 종말론과 모든 사람 및 세계 전체와 관련된 우주 종말론으로 세분화되었다.

아래의 서술은 지금 언급한 미래 종말론의 개별 주제를 차례대로 다루지 않고, 신학사적 흐름 속에서 기독교 종말론이 겪었던 몇 가지 변화를 예로 들어 설명하고자 한다. 이렇게 함으로써 오늘날 현대 종말론의 핵심적인 문제가 무엇인지 쉽게 이해할 수 있을 것이다.

📖 신약성경 종말론 요점
 −A. Lindemann, Eschatologie (RGG⁴ 2).

👓 구개신교 정통주의가 어떤 자료를 근거로 종말론을 전개했는지 다음 책을 활용하여 알아보시오.
 − L. Hutter, Compendium locorum theologicorum, 253–273.

📖📖 아래 부분에서 우리는 후터가 『주요 신학 개념 개요』의 30조항에서 다루었던 사라질 세계의 종말에 대한 질문 전체를 다룰 수 없다. 그 대신 세계폐기(라. annilhilatio mundi)라는 주제로 구개신교 정통주의 시대에 저술된 책
 − K. Stock, Annihilatio mundi.

14.2 고대 교회 종말론의 문제점과 그 안에서 내려진 근본 결정

14.2.1 서구 기독교 종말론의 토대를 정립한 아우구스티누스

아우구스티누스는 『신의 도성』 마지막 세 권(20-22)에서 미래적 종말론을 구상했는데, 이것이 구개신교 정통주의에 이르도록 서구신학에 근본적인 영향을 끼쳤다. 아우구스티누스는 세 가지 관점에서 자신의 이해를 다른 종말론의 시도와 구별했다. 이 세 가지 관점의 차이를 살펴보면 그의 구상의 특징이 무엇인지 알 수 있다.

(1) 그는 하나님 나라 종말론(Reichseschatologie)과 거리를 두었다.

이른바 하나님 나라 종말론은 4세기의 기독교 국가신학에 부합했다. 이 말은 〈다음과 같은 역사적〉 견해를 가리킨다. 곧 지상에서 일어날지라도 기독교적인 특색을 가진 국가의 실현이 성경에서 약속된 종말론적 구원 시대의 시작이라고 해석하는 입장이다. 이런 견해를 주창했던 유세비우스(Eusebius von Caesarea 260/265-338/9)는 콘스탄티누스 1세의 전향(die konstantinische Wende)을 종말론적 구원의 시작이라고 해석했다. 그러나 이러한 해석으로 인해 현재적으로 참여하는 구원과 기대 속에 있는 구원의 미래적 성취 사이의 긴장이 폐기되었다.

아우구스티누스는 선택받은 자의 고향이 지상에 있지 않고 기독교 신앙이 내세를 지향한다는 점을 강조함으로써 교회와 로마제국을 종합하려는 사상을 비판했다. 이로써 이 둘 사이의 긴장 관계가 복원되었다. 지상에서의 그리스도인의 실존을 결정하는 것은 내세에 완성될 구원의 소망이다.

(2) 그는 천년설과도 거리를 두었다. 천년설은 요한계시록 20장에서 도출된 교리로 그리스도의 재림과 죽은 자의 보편적 부활 사이에 메시아의 과도기 왕국이 있다는 견해다.

이 견해에 따르면 그리스도는 최후 심판과 세계 종말 이전에 세상에 와서 천년간 지속되는 지상 왕국을 설립한다(그. chilia ete; 라.mille anni. 이 라틴어 말에서 천년설[Millenarismus]이라는 명칭이 생겼다.) 이 시기에 사탄은 결박되고 그리스도는 이미 부활한 순교자들과 함께 다스린다(계 20:4-6). 새롭게 광란을 일으킨 사탄이 최종적으로 패배하면 모든 사람을 포괄하는 부활이 있고 행위에 따른 심판이 시작된다(계 20:7-15).

천년설은 먼저 신앙의 순교자가 먼저 육체로 부활하고 그 다음에 모든 사람이 부활할 것이라고 주장한다. 이와 관련하여 아우구스티누스는 요한계시록 20:5에서 언급된 첫 번째 부활이 이전에 죄 짓고 죽었던 영혼이 믿음을 얻게 되는 것을 가리킨다고 생각했다. 따라서 최후 심판 때 있을 오직 두 번째 부활만이 몸의 부활과 관련된다.

두 가지의 중생이 있다. […] 하나는 여기서 세례를 통해서 생겨난 믿음에 근거한 중생이고 다른 하나는 육체와 관련된 중생으로 거대한 최후 심판을 통해서 육체가 불변과 불멸의 상태에 처해질 때 일어난다. 이와 같이 부활도 두 가지다.	Sicut ergo duae sunt regenerationes, […] una secundum fidem, quae nunc fit per baptismum; alia secundum carnem, quae fiet in eius incorruptione atque immortalitate per iudicium magnum atque nouissimum:
첫 번째 부활은 현재적인 것으로 영혼의 부활이다. 이 부활은 두 번째 죽음에 이르는 것을 허락하지 않는다.	ita sunt et resurrectiones duae, una prima <,quae> et nunc est et animarum est, quae uenire non permittit in mortem secundam;
두 번째 부활은 현재적인 것이 아니고 세상 끝에 있게 될 부활이다. 이것은 영혼이 아닌 육체의 부활이다. 최후 심판에 있을 이 부활로 인하여 어떤 이는 두 번	alia secunda, quae non nunc, sed in saeculi fine futura est, nec animarum, sed corporum est, quae per ultimum iudicium alios mittit in secundam mortem, alios in eam uitam,

째 죽음에 던져지고 또 어떤 이는 죽음을 quae non habet mortem.
모르는 생명으로 보내진다.

아우구스티누스, 『신의 도성』 20.6
(CChrSL 48.708[73-82줄]).

아우구스티누스는 이와 같은 방식으로 그리스도와 순교자가 지상에서 천년 동안 다스릴 것이라는 견해를 거부했다. 그는 요한계시록 20:2-4에서 언급된 그리스도와 순교자들의 통치를 그리스도의 초림과 함께 시작된 교회의 통치로 이해했다. 그런데 이 통치 시기에는 세계 종말 이후 최종적으로 분리될 잡초와 밀이 여전히 함께 공존한다.

[요한계시록 20장에서 언급된 것처럼] 마귀는 천년 동안 매어 있는데 성도들은 이 천년 동안 그리스도와 함께 통치한다. 이 기간은 의심의 여지없이 그런 방식으로 곧 그의 초림 이후의 시간으로 이해해야 한다. […]	Interea dum mille annis ligatus est diabolus, sancti regnant cum Christo etiam ipsi mille annis, eisdem sine dubio et eodem modo intellegendis, id est isto iam tempore prioris eius aduentus. […]
따라서 현재도 교회는 그리스도의 왕국이며 하늘의 왕국이다. 그러므로 그리스도의 성도는 지금도 그와 함께 다스린다. 이것은 다가올 시간의 다스림과는 분명히 다르다. 그러나 비록 교회 안에서 가라지가 밀과 함께 자랄지라도 그와 더불어 다스리지는 못한다.	Ergo et nunc ecclesia regnum Christi est regnumque caelorum. Regnant itaque cum illo etiam nunc sancti eius, aliter quidem, quam tunc regnabunt; nec tamen cum illo regnant zizania, quamuis in ecclesia cum tritico crescant

아우구스티누스, 『신의 도성』 20.9
(CChrSL 48.715f.[1-4, 39-42줄]).

교회의 통치는 그리스도의 재림 전후로 구분되었고 이 구분으로 말미암아 교회론 안에서 전투하는 교회와 승리하는 교회의 구분이 생겨났다(라. ecclesia militans/triumphans, §13.2.2).

첫 번째 교회는 참으로 믿는 선택받은 자들로 이루어졌고 여전히 지상 세계의 조건 아래서 살아간다. 따라서 이들은 경험적 교회 공동체가 가지는 혼합적인 성격과 이와 관련된 불쾌한 일에 직면해 있다.

두 번째 교회는 더 이상 지상교회가 겪는 불쾌한 일을 당하지 않고 이미 영원한 생명에 참여한다.

(3) 아우구스티누스는 **만인구원론**(Lehre von der Allerlösung)과도 거리를 두었다.

만인구원론이라는 명칭은 '모두를 다시 데려간다'를 뜻하는 그리스어 '아포카타스타시스 판톤'(그. apokatastasis panton)에서 유래했다. 이 견해는 사도행전 3:21에 주목한다.

> 만물을 회복하실 때까지는 하늘이 마땅히 그를 받아 두리라(행 3:21).

이 교리에 따르면 모든 시간의 끝이 오면 예외 없이 모든 피조물이 영원한 구원을 얻게 될 것이다. 이 사상을 주창했던 고대의 저명한 신학자는 오리게네스였고 이 사상을 위한 결정적 성경 구절은 골로새서 1:20, 에베소서 1:10, 로마서 11:32이었다. 현대 신학사에서 이 견해를 지지하는 저명한 신학자로는 슐라이어마허와 바르트가 있다.

이와 달리 아우구스티누스는 영원한 지옥 형벌을 가르쳤다. 이러한 입장은 아담의 범죄로 모든 사람이 영원한 지옥 형벌을 받게 되었다는 그의 (원)죄론에 기인했다(§ 9.2). 〈그런데 모두가 다 같이 멸망하지 않는 것은〉 하나님이 자신의 선택을 통해서 영원한 구원을 얻도록 미리 정해 놓았기 때문이다. 아우구스티누스는 영원한 형벌에 대한 근거로 요한계시록 20:10을 드는데 이 구절은 '불과 유황 못'에서 마귀가 영원히 괴로움을 당할 것이라고 말한다. 이로부터 그는 버림받은 사람들 역시 영원한 지옥 형벌을 받을 것이라고 결론을 내렸다.

마귀와 그의 천사는 결코 정의와 성도의 생명으로 돌아올 수 없다. 성경 말고는 이에 대한 다른 이유는 도무지 없고 더 정의롭고 더 명확한 이유를 찾을 수 없다.	Quam ob rem prorsus nec alia causa nec iustior atque manifestior inueniri potest, cur uerissima pietate teneatur fixum et inmobile nullum regressum ad iustitiam uitamque sanctorum diabolum et angelos eius habituros,
왜 지극히 참된 경건 가운데 이렇듯 성경의 근거를 확정적이고 불변하는 것으로 견지해야만 하는가?	
한 사람도 속이지 않은 성경은 이들에 관해서 '하나님이 그들을 용서하지 않았다'고 말하고 있다. […]	nisi quia scriptura, quae neminem fallit, dicit eis Deum non pepercisse. […]
만약 그렇다면 어떻게 모든 사람들 또는 일부의 사람들이 오랜 시간 후에 이 영원한 형벌로부터 풀려날 수 있겠는가?	Quod si ita est, quo modo ab huius aeternitate poenae uel uniuersi uel quidam homines post quantumlibet temporis subtrahentur, ac non statim eneruabitur fides,
〈그렇다면〉 마귀들의 형벌이 영원할 것이라고 신뢰하는 그 믿음이 즉시 약해지지 않겠는가?	qua creditur sempiternum daemonum futurum esse supplicium?

아우구스티누스, 『신의 도성』 21.23
(CChrSL 48.788[18-23, 26-30줄]).

아우구스티누스가 주장했던 영원한 지옥 형벌에 대한 입장을 구개신교 정통주의가 받아들였다. 이들의 견해에 따르면 이 지옥 형벌은 그리스도 탄생 이전에 살았기에 그에 대한 신앙을 받아들일 기회를 전혀 갖지 못했던 사람에게도 해당된다. 이러한 사람은 우선 덕망을 갖추었던 이방인, 곧 기독교 이전 고대 시대에 진실로 도덕적인 삶을 살고자 애썼던 사람이다.

이들도 모든 사람에게 미친 원죄에 전염되었고 그 당시 그리스도도 아직 나타나지 않았기 때문에 이 죽음의 운명에서 풀려날 수 없었다. 이들은 이에 대해 직접적인 책임이 있는 것은 아니지만 어쩔 수 없이 영원한 생명에서 제외되었고 지옥으로 넘겨졌다.

이 견해는 이미 이탈리아 르네상스 시기에 사람들에게서 거부감을 일으켰고 따라서 도덕적인 삶을 산 이방인들에게는 특별히 지옥 앞마당(Höllenvorhof)이 마련되어있다는 생각이 생겨나서 지옥 형벌에 대한 거부감은 완화시켰다 (외론外論 5에 실린 단테의 글).

개신교 계몽주의 신학은(4.5) 원죄 교의를 부정하면서 도덕적인 삶을 산 이방인이 영원한 지옥 형벌을 당한다는 교리를 분명하게 거부했다 (에버하르트, 소크라테스를 위한 새로운 변명). 이들의 논증처럼 형벌은 윤리적 회복을 위한 수단이기 때문에 형벌을 당하는 자의 윤리적 자세(Gesinnung)가 변하면 형벌은 더 이상 쓸모가 없게 된다. 이로부터 천국과 지옥이라는 이원론이 아주 원리적으로 거부되고 아우구스티누스 이래로 폐기된 만인구원론이 수용되었다.

아우구스티누스의 종말 이해
1. **하나님 나라 종말론과 거리를 두었다**: 그리스도인은 내세의 구원 완성을 소망한다.
2. **천년설과 거리를 두었다**: 그리스도와 순교자들의 통치(계 20:2-4)는 교회의 시간을 뜻한다.
3. **만인구원론과 거리를 두었다**: 지옥 형벌의 영원함을 강조했다.

14. 2. 2 중세 종말론의 문제점

아우구스티누스의 종말론은 중세 라틴신학에 다음과 같이 거대한 영향을 끼쳤다. 먼저 신앙 안에서 이미 현재적으로 구원에 참여하는 것과 내세에 완성될 구원에 대한 희망 사이의 긴장이 고수되었다.

그 다음에는 그리스도가 최후 심판 이전에 지상에서 통치한다는 천년왕국의 희망이 현재의 교회적 통치로 변형되어 고수되었다. 곧 존속하는 교회를 그리스도의 나라로 일컫는 근본 원리가 보존되었다. 그리고 끝으로 역사에 두 종류의 결말이 있고 죄인이 최종적으로 유기될 것이라는 교리가 고수되었다.

그런데 이러한 견해에 새로운 강조점이 추가되었다. 아우구스티누스가 종합적으로 서술했던 보편 종말론의 사상이 지속적으로 작용했지만, 중세 사유는 교리를 새롭게 형성하는 과정에서 우선적으로 개인 종말론에 집중하기 시작했다. 이것은 특별히 한 개인이 죽은 후에 최후 심판을 위해서 그리스도가 재림할 때까지 어떤 운명에 처하게 되는가의 문제였다.

데살로니가전서 4장에 의해서 제기된 **중간 상태**(Zwischenzustand)에 대한 질문을 해명하는 데 중요한 기여를 한 것은 **연옥**(라. purgatorium)의 교리다. 연옥은 오래도록 고린도전서 3:15에 근거해서 영원한 저주에 던져지지 않았지만 완전히 죄에서 자유로운 삶을 살지 않은 사람을 위한 정화의 장소로 이해되었다.

이 사람들은 구원을 얻도록 정해졌지만 살면서 지은 죄의 형벌을 죽기 전에 완전히 감당하지 않았다. 아우구스티누스도 이러한 사람을 위해 일정 시간 동안 지속될 형벌(라. poenae temporales)을 영원한 지옥 형벌과 구별했다.

중세의 종말론

1. 아우구스티누스의 종말론에서 이루어진 근본 결정을 고수했다.
2. 개인 종말론의 질문에 관심을 가졌다. 개인의 죽음과 최후 심판 사이에 있는 죽은 자의 운명(중간 상태)을 물었다.
3. 연옥 교리가 형성되었다(purgatorium).
4. 중간 상태 시기의 하나님의 관조와 지옥의 고통은 최후 심판 이후의 그것과 동일하다

그러나 어떤 이는 임시적 형벌을 오직 이 생에서 당하고 어떤 이는 죽음 이후에 당하고 또 어떤 이는 현재뿐 아니라 죽음 이후에도 당하는데 이것은 어쨌든 아주 준엄한 최후 심판 이전의 일이다. 그런데 죽음 이후에 임시적 형벌을 당한 모든 자가 최후 심판 때 있을 영원한 형벌에 이르는 것은 아니다.

Sed temporarias poenas alii in hac uita tantum, alii post mortem, alii et nunc et tunc, uerum tamen ante iudicium illud seuerissimum nouissimumque patiuntur. Non autem omnes ueniunt in sempiternas poenas, quae post illud iudicium sunt futurae, qui post mortem sustinent temporales.

아우구스티누스, 『신의 도성』 13 (CChrSL 48.779[41-45줄]).

그리스 정교회가 처음부터 거부했던 연옥 교리는 루터가 불평했던 당시 교회의 교리 및 실천적 폐해의 근본 원인이었다. 그것은 자신이 장차 당해야 할 연옥의 고통을 돈을 지불함으로써 피할 수 있다는 사상이 면죄부 판매의 근거가 되었기 때문이다.

이 교리는 마카비2서 12:40-46에 근거해서 파급되었다. 더 나아가 미사를 통해서 이미 죽은 자의 영혼이 당할 연옥의 고통을 경감시킬 수 있다는 주장 역시 루터가 보건대 미사성제(Messopferlehre) 교리가 빚어낸 부패한 결과 중 하나였다(§ 11.2.3). 개신교는 이러한 교리적 폐단과 성경적 근거의 부재 때문에 연옥 교리를 거절했다.

1340년에는 죽은 자에게 약속된 보상과 형벌이 중간 상태 시기보다 최후 심판 이후에 더 강화되는지에 대한 논쟁이 일어났고, 여기서 개인 종말과 관련된 하나의 교리가 하나 더 형성되었다. 이 문제가 생겨난 데에는 두 가지 이유가 있었다.

(1) 중세의 견해에 따르면 각 사람의 미래적 운명은 개인이 죽은 직후 하나님의 판단에 의해 미리 결정된다.

〈따라서〉 그리스도 재림 이후의 최후 심판은 이 판단을 다시 확증할 것이다. 중간 상태 시기의 인간의 구원 상태는 최후 심판 이후 인간의 구원 상태와 동일하다.

(2) 고대 교회와 중세의 신학은 인간이 몸과 영혼으로 이루어진 존재라는 철학적 규정을 성경적 인간론과 결합시켰다(§ 9.2; § 14.3.2).

이로 인하여 종말론 영역에서는 중간 상태 시기에는 단지 죽은 자의 영혼만이 하나님과의 사귐을 향유하거나 지옥의 고통을 당한다. 이와 달리 최후 심판 이후에는 영혼과 다시 결합할 몸도 지복(至福)을 누리거나 지옥 형벌을 당한다. 구원의 상태는 중간 상태 시기의 구원 상태와 최후 심판 이후의 구원 상태는 동일하지만 사람은 이것을 각 시기에 다르게 경험한다.

지금 묘사한 이 상황에서 선택받은 자의 영혼이 최후 심판 전에 이미 완전한 지복을 향유하게 되는지(라. visio dei beatifica, 행복한 하나님의 관조), 아니면 몸이 부활한 이후에야 이것을 충분히 누리게 되는지에 대해서 질문이 생겨났다. 먼저 교황 요한 22세(Johannes XXII., 재위: 1316-1334)는 이와 같은 차이가 존재한다고 주장했다.

그러나 이와 달리 그의 직접적 후계자인 베네딕트 12세(Benedikt XXII. 재위: 1334-1342)는 『찬미를 받을 하나님』(Benedictus Deus, 1336)이라는 규칙에서 중간 상태 시기의 하나님의 관조와 지옥의 고통은 최후 심판 이후의 그것과 동일하다는 것을 교회의 규범적 교리로 고수했다.

영원히 유효할 이 교황령에 따르고 사도의 권위에 근거해서 확정한다. 〈이것은〉 하나님의 일반적 섭리에 따라서 거룩한 사도, 순교자, 자백자, 동정녀, 거룩한 그리스도의 세례를 받은 후에	Hac in perpetuum valitura Constitutione auctoritate Apostolica definimus: quod secundum communem Dei ordinationem animae [...] sanctorum Apostolorum, martyrum, cofessorum, virginum et aliorum

죽은 다른 신실한 자의 영혼에 대한 것이다. 이 영혼은 그 사람들이 죽고 또 앞에서 언급한 것처럼 이 같은 정화가 필요한 사람들이 정화된 이후에 곧장 신의 본질을 직관적으로 대면하여 보았으며 보고 있다. 이것은 〈부활 때에 있을〉 몸의 회복과 보편적 심판 이전의 일이다. 이뿐 아니라 이와 같이 〈하나님을〉 보고 향유하기 때문에 이미 죽은 사람의 영혼은 참으로 행복하며 영원한 생명과 안식을 소유하고 있다. 이후에 죽을 자의 영혼 역시 보편적 심판 전에 동일한 신의 본성을 보고 향유할 것이다.

fidelium defunctorum post sacrum ab eis Christi baptisma susceptum, [...] mox post mortem suam et purgationem praefatam in illis, qui purgatione huiusmodi indigebant, etiam ante resumptionem suorum corporum et iudicium generale [...] viderunt et vident divinam essentiam visione intuitiva et etiam faciali [...] necnon quod ex tali visione et fruitione eorum animae, qui iam decesserunt, sunt vere beatae et habent vitam et requiem aeternam, et etiam illorum, qui postea decedent, eandem divinam videbunt essentiam ipsaque perfruentur ante iudicium generale.

베네딕트 12세, 규칙『찬미를 받을 하나님』(Benedictus Deus) (DH 1000; NR 901).

외론(外論) 5. 중세 문학과 표현 예술에 표현된 종말론

연옥 교리가 정착되면서 내세는 천국, 지옥, 연옥으로 삼분화되었다. 이것을 시적으로 표현해서 아주 유명해진 작품은 이탈리아 시인 단테 알리기에리(Dante Alighieri, 1265-1321)의『신곡』(Divina Commedia)이다. 단테가 이 시를 1311년과 1321년 사이에 지은 것이 거의 확실하다. 이 시는 지옥(Inferno), 연옥(Purgatorio,) 낙원(Paradies) 세 부분으로 구성되어 있다. 지옥편 맨 앞에 시작하는 노래가 있고 각 편은 33개의 노래로 이루어져 있다. 이 숫자 33은 십자가에 달린 예수의 추정된 나이를 가리킨다. 이 작품은 전체적으로 100개의 노래로 이루어져 있고 이 숫자 100은 단테가 살던 시대에 완성을 상징하는 10의 열 배다.

지구 중심점을 향해 가는, 항아리(Krater)로 묘사된 지옥을 서술하면서 림보(Limbus, 앞마당)를 언급하고 있는 것이 흥미롭다. 이 림보는 지옥의 가장 바깥쪽에 있는 영역으로, 구약의 조상, 기독교 생성 이전 시대에 도덕적으로 산 이방인, 세례를 받지 않고 죽은 어린이의 영혼이 머물러 있다.

단테가 지옥과 연옥을 통과하며 여행할 때 그를 동행했던 사람은 고대 로마의 시인 베르길리우스(Vergil [Publius Vergilius Mar], B.C. 70-19)였다. 베르길리우스는 자신도 속해 있는 도덕적 이방인의 부류에 주어진 형벌을 설명한다. 그것은 그리스도 안에서 나타난 구원을 동경하면서도 이 구원에 도달할 희망없이 사는 것이었다.

그때 스승이 말했다. "네가 어떤 영혼들에게 이르렀는지 알고 싶지 않은가? 계속 가기 전에 나는 밝히고 싶다. 그들은 죄를 짓지 않았다. 하지만 그들에게는 신앙의 문과 출입구가 되는 세례가 없기 때문에 그들의 공로는 충분하지 않다. 그들도 그리스도 앞에 살았다. 그렇지만 그들은 마땅히 해야 할 만큼 그 지존자를 경외하지 않았다. 그리고 나는 이 영혼들을 친구라고 부른다. 다른 어떤 것이 아니라 바로 이것이 우리를 끌어들였다. 우리가 희망 없이 갈망 속에서 산다는 것, 이것이 잃어버린 자인 우리를 위해서 유일하게 선택된 형벌이다."	Lo buon maestro a me: 'Tu non dimandi che spiriti son questi che tu vedi? Or vo' che sappi, innanzi che più andi, ch'ei non peccaro; e s'elli hanno mercedi, non basta, perché non ebber battesmo, ch'è porta de la fede che tu credi; e s'e' furon dinanzi al cristianesmo, non adorar debitamente a Dio: e di questi cotai son io medesmo. Per tai difetti, non per altro rio, semo perduti, e sol di tanto offesi che sanza speme vivemo in disio'.

단테(A. Dante), 『신곡』(Divina Gommedia) 4번째 노래, 31-42
이탈리아 본문 출처: http://www.danteonline.it/italiano/home_ita.asp.

연옥은 정원이 일곱 개인 산으로 묘사되었다. 여기에는 충만한 기쁨으로 자기를 정화하면서 하나님과의 합일을 향해 다가서는 사람들이 있다. 산 위에 있는 각 정원에서는 죽음을 야기하는 일곱 가지 죄가 한 가지씩 정화된다. 일곱 가지의 죄는 교만(이. superbia), 질투(이. invidia), 분노(이. ira), 나태(이. accidia), 인색(이. avarizia), 탐욕(이. gola), 욕망(이. lussuria)이다.

단테의 낙원은 먼저 아홉 개의 하늘로 이루어져 있다. 이 하늘 중 첫 일곱 하늘은 코페르니쿠스 이전 세계상에 비추어 보면 지구를 돌고 있는 행성에 상응한다(달, 수성, 금성, 태양, 화성, 목성, 토성). 항성의 영역과 빛의 하늘은 서로 연결되어 있다. 모든 하늘 영역 저편에 하나님과 복된 자들의 거주지인 최고천(Empyreum)이 있다. 이것이 우주의 가장 바깥 영역이다. 각 행성의 하늘을 걸어서 지나다가 복된 자들의 영상(映像)을 만났다. 각 행성이 지구에서 멀거나 가깝게 떨어져 있는 거리는 복의 정도를 보여 준다.

14/15세기 이래로 중세의 표현 예술 영역에는 종말론의 4가지 핵심 소재를 한데 모아 표현한 작품이 나타났다.

마지막 일들의 4가지 소재는 (1) 개인의 임종, (2) 최후 심판, 내세에 주어질 보상과 형벌의 장소인 (3) 천국과 (4) 지옥이다. 이 주제는 처음에는 세계 심판의 그림 속에 함께 표현되었으나 나중에는 각각 독립적인 작품으로 순서에 따라 그려졌다.

아래 실린 두 장의 그림은 보쉬(Bosch, Hieronymus 대략 1450-1516)가 그린 죽음과 최후 심판이다. 이 두 장은 항상 벽화로 사용된 상판(床板) 위에 그려진 그림의 일부다. 상판의 중앙에는 후광에 싸여 있는 그리스도의 그림이 있고, 죽음을 야기하는 일곱 가지 죄를 상징하는 일곱 개의 그림이 이 후광을 빙 두르고 모여 있다. 그리고 상의 모서리에는 마지막 일들 네 가지가 원형 형태로 그려져 있다.

1. 임종(die Sterbestunde).

왼쪽 가장자리에 서있는 해골이 임박한 죽음의 상황을 보여 준다. 이 순간은 내세의 전체 운명에 중요하여 그리스도를 선택할 것인지 거부할 것

|제2부| 제3장 교의학의 개별 주제   697

그림 6. 보스(Bosch)의 임종("일곱 가지 큰 죄와 네 가지 종말" 중 일부).
구스텔 프랭어(Gustel Fraenger)와 잉에보르크 바이어-프랭어(Ingeborg Baier-Fraenger)가 드레스덴 예술 출판사(Verlag der Kunst Dresden)에서 출판한 프랭어(Wilhelm Fraenger)의 『히에로니무스 보스』(Hieronymus Bosch, 1999, 11판)에서 발췌

인지를 결정하는 상황이다. 침대 머리 위쪽에는 기도하는 친시기, 천사 왼쪽에는 알아보기 힘들 정도로 희미하게 그려진 마귀가 죽은 자의 영혼을 차지하고자 기다린다.

지옥의 고통에 대한 두려움 때문에 죄를 사하는 교회의 성례 행위가 임종의 중심에 자리한다. 전면에는 사제가 십자가상을 들고 있는데 이 십자가상의 전면은 경고하기 위해서 그림 관찰자를 향해 있다. 성직자 왼쪽에는 책상이 있고 그 위에는 초와 성례 집행에 필요한 도구, 곧 봉헌된 성체

를 보관하는 성궤, 병자에게 성체를 줄 때 받침으로 사용되는 성반, 병자(종부)성사를 위한 봉헌된 감람유가 들어 있는 용기가 있다(§ 12.3).

2. 최후 심판(das jüngste Gericht).

마지막 시간에 세계 통치자 그리스도가 죽었다가 부활한 자들과 살아 있는 자들에게 최종적인 판단을 내리게 될 거대한 심판이 성경적 소재를 활용해서 풍부하게 그려졌다.

그림 7. 보스(Bosch)의 최후 심판("일곱 가지 큰 죄와 네 가지 종말" 중 일부).
구스텔 프랭어(Gustel Fraenger)와 잉에보르크 바이어-프랭어(Ingeborg Baier-Fraenger)가 드레스덴 예술 출판사(Verlag der Kunst Dresden)에서 출판한 프랭어(Wilhelm Fraenger)의 『히에로니무스 보스』(Hieronymus Bosch, 1999, 11판)에서 발췌.

그림 한 가운데에는 그리스도가 좌정해 있고 세계는 하나님으로 말미암아 그의 발 아래 놓여있다(엡 1:22). 그리스도의 머리 왼쪽에 있는 백합과 칼(계 1:16)은 세계 심판자의 분노와 은혜를 상징한다. 그리스도를 빙 두르고 일곱 장로와 일곱 처녀가 증인으로 서 있고 나팔을 부는 네 천사도 보인다(마 24:31). 나팔에 달린 깃발에는 수난의 도구가 그려져 있다. 그림 하반부에는 최후 심판을 받기 위해서 죽은 자들이 무덤에서 부활하는 장면이 묘사되어 있다.

이 사상은 구약성경(겔 37:12 이하)에 근거하고, 마태에 의해서 예수의 임종과 결합되었고, 최종적으로 요한계시록에서는 행위에 근거한 종말론적 심판과 결합되었다(마 27:52 이하; 계 20:13).

3. 천국(Himmel, 하늘).

하늘은 단테의 신곡 세 번째 부분에 대한 언급에서 말한 것처럼 전적으로 실제적 장소이며, 행성과 항성의 영역이자, 빛의 하늘 너머에 있는 하나님과 복된 자들의 고향이다. 여기서 얼굴과 얼굴을 맞대고(고전 13:12) 행복하게 하나님을 바라볼 수 있기 때문에(라. visio dei beatifica, 행복한 하나님의 관조) 인간의 모든 동경이 완전하고 지속적으로 충족된다.

4. 지옥(Hölle).

이와 달리 지옥은 그리스도의 부활과 승천이후 죄 가운데 죽은 자들이 구원에 대한 전망을 전혀 갖지 못한 채 지속적으로 상상할 수 없는 고통을 당하는 고통의 장소다(§ 14.2.1). 그리스도가 죽음의 왕국으로 내려갔다는 사상은 『니고데모의 복음서』 중 라틴어로 집필된 17-27장에 근거하고 그리스도가 옛 언약을 믿은 증인을 지옥에서 해방시켜 대천사 미카엘에게 맡겼다는 사상과 결합되었다. 이러한 이해에 근거해서 그리스도의 지옥 순례가 그의 높임의 상태에 속하는 것으로 분류된다(§ 10.3.2).

14. 2. 3 종교개혁의 종말론

종교개혁의 종말론에서 고대 교회와 중세의 전통은 양면적으로 상반되게 평가되었다. 한편으로 종교개혁 종말론에는 그리스도 재림 이후 인간의 운명을 주제로 삼는 미래 종말론의 기본 주제가 보존되어 있다(§ 14.1).

이에 대한 한 가지 좋은 예는 루터가 1528년에 자신의 성만찬 저작에 첨가했던 신앙고백의 결론 부분이다. 여기서 그는 마지막 날에 있을 죽은 자의 부활을 언급하고 만인구원론을 거부하면서 경건한 자에게 주어질 영원한 생명과 악한 자에게 주어질 영원한 죽음을 말한다.

나는 최종적으로 믿는다. 마지막 날에 있을 모든 죽은 자들, 경건한 자들과 악한 자들의 부활을 믿는다. 각 사람은 자신이 한 일의 결과를 몸으로 받을 것이다. 그 다음에 경건한 자들은 그리스도와 함께 영원히 살 것이고, 악한 자들은 마귀와 그의 천사들과 함께 영원히 죽을 것이다. 나는 마귀가 최후에 가서 지복에 이르게 될 것이라고 가르치는 자들의 견해를 따르지 않는다.	Am letzten gleube ich die aufferstehung aller todten am Juengsten tage, beyde der frumen und boesen, das ein iglicher daselbs empfahe an seinem leibe, wie ers verdienet hat, Und also die frumen ewiglich leben mit Christo, und die boesen ewiglich sterben mit dem teuffel und seinen engeln, Denn ichs nicht halte mit denen , so da leren, das die teuffel auch werden endlich zur seligkeit komen.

루터, 『그리스도의 성만찬에 대하여』(Vom Abendmahl Christi)
(WA 26.509.13-18).

다른 한편으로 종교개혁적 종말론은 두 가지 점에서 전통과 거리를 둔다.

첫째, 종교개혁 종말론은 특히 개인 종말론 영역과 관련하여 중세 사유가 새롭게 형성한 견해에 대해서 비판적이다(§ 14.2.2).

칭의론에 의하면 인간 구원의 유일한 근거는 그리스도의 사건이다. 따라서 인간의 행위가 내세의 운명에 영향을 끼칠 수 있다는 사상은 전체적으로 그리고 시종일관 부정되었다(§ 11.2.2). 그래서 특히 연옥 교리가 비판의 대상이 되었다. 왜냐하면 비성경적인 것으로도 비판받아온 이 교리가 저 세상의 형벌로부터 풀려나게 해 준다는 면죄부와 죽은 자들의 형벌을 경감시키기 위한 미사의 근거가 되었기 때문이다.

종교개혁 종말론 (I)

1. 미래 종말을 숙고할 때 원칙적으로 전승된 내용을 고수했다.
2. 개인 종말과 관련하여 중세에 새로 생겨난 교리를 비판했다(연옥, 중간 상태).

미사 때문에 […] 연옥이라는 주제에 몰입하게 되었다. 그리스도가 오직 살아있는 자만들을 위해서 성례를 제정했음에도 불구하고 미사는 거의 전적으로 오직 죽은 자들만을 위해서 거행되었다. 이러한 이유로 연옥, 이것에 속한 관례, 예배, 사업이 지속되고 있지만, 이것들은 단지 마귀의 탈일 뿐이다. 그러므로 이것은 영혼을 구원하는 것은 사람의 행위가 아니라 오직 그리스도라는 제일 항목과 싸우고 있는 것이다.	Missis enim […] irruerunt in purgatorium Sic missa propemodum pro solis defunctis fuit celebrata, cum tamen Christus sacramentum pro solis viventibus instituerit. Quapropter purgatorium et quicquid ei solennitatis, cultus et quaestus adhaeret, mera diaboli larva est. Pugnat enim cum primo articulo, qui docet Christum solum et non hominum opera animas liberare.

루터, 『슈말칼덴 조항』 II 2
(Unser Glaube 455f.(383항)/BSLK 420.16, 18-23).

인간이 연옥에 영향을 끼칠 수 있다는 사상에 대한 비판은 또한 중간 상태에 대한 사변을 거부하는 자세와도 관련되어 있다. 루터는 중간 상태의 시간 동안에는 영혼이 잠을 잔다고 말했다. 영혼은 꿈을 꾸지 않는 잠의 상태에 있어서 죽음과 최후 심판 사이에 어떤 차이도 느끼지 않는다.

칼뱅은 개인의 죽음과 보편적 심판 사이에 영혼이 어디에 있고 어떤 운명을 겪는지 성경이 말하지 않은 것에 주목하면서 이에 대한 주제넘은 가정을 경고했다.

그런데 영혼의 중간 상태에 관하여 과도하게 파고드는 것은 정당하지도 않고 유익도 없다. 성경에 따르면 그리스도는 이들에게 현존하며 이들을 낙원으로 영접한다(요 12:32). 따라서 이들이 위로를 얻는다. 그러나 정죄당한 영혼은 그들에게 합당한 양만큼 고통을 당한다. 그러나 성경은 〈여기서〉 더 나가지 않는다. 하나님이 숨긴 것을 도대체 어떤 스승과 교사가 우리에게 앞서서 드러낼 수 있겠는가?	Porro de intermedio earum[=animarum] statu curiosius inquirere neque fas est, neque expedit. [...] Scriptura, ubi dixit Christum illis praesentem esse, et eas recipere in paradisum, ut consolationem percipiant, reproborum vero animas cruciatus quales meritae sunt perpeti, non ultra progreditur; quis iam doctor aut magister quod deus celavit nobis patefaciet?

칼뱅, 『기독교강요』 III 25.6
(Weber 672/Opera selecta IV 442.14-16, 19-23.

둘째, 종교개혁 신학은 종말론의 현재적 관점을 더 강화시켰다.

곧 하나님의 종말론적 구원이 믿음 안에서 현재한다는 점을 더욱 분명하게 강조했던 것이다. 이 강조는 칭의신학에서 비롯되었다. 루터에 의하면 그리스도를 붙잡는 믿음의 본질은 하나님이 인간에게 약속한 구원이 하나님의 마음에 드는 삶을 사느냐에 의존하지 않는다는 확신이기 때문에 이 확신 안에 사는 그리스도인에게는 미래-피안적인 구원이 이미 실제로 현재-지상적인 것이 되었다.

이와 같이 칭의에 대한 믿음 이전에 스스로 구원을 얻고자 애쓰던 양심은 반드시 다가올 영원한 지옥 형벌을 내다보면서 절망을 당하는데 이 절망이 현재-지상에서 겪는 실제적 지옥으로 이해되었다. 이 이해로 인하여 현재 종말론과 개인-미래 종말론 사이의 경계가 사라지는 경향이 생겨났다.

이에 대한 좋은 예는 부자와 나사로 이야기(눅 16:19-30)에 대한 루터의 해석이다. 이 이야기에 나오는 아브라함의 품(눅 16:22)과 음부(눅 16:23)는 전통적으로 피안의 하늘과 지옥을 가리키는 것으로 이해되어 순수하게 미래-종말론적으로 해석되었다. 그러나 루터는 이것을 동시에 현재-종말론적으로 해석했다.

루터는 아브라함의 품을 칭의의 믿음을 일으키고 인간의 양심을 진정시키며 무조건적인 구원을 약속하는 하나님 말씀으로 해석했고, 지옥을 자신의 죄 앞에서 절망하면서 괴로워하는 양심으로 해석했다. 피안의 지옥의 고통과 하늘의 복에 대한 성경적 진술은 여기서 율법 아래 그리고 믿음 안에 있는 그리스도인의 지상적 상황에 적용되어 해석되었다.

종교개혁 종말론 (II)

3. **내세적 운명과 현재적 실존을 결합시키는 경향**: 신앙 안에서 종말론적 하나님의 구원의 현재성을 강조했다.
4. 이와 함께 각 그리스도인이 신앙의 시험을 겪고 있다는 것과 세상 전체가 구원받아야 할 필요성을 강조했다.

따라서 우리는 지옥을 신앙가 하나님 말씀이 없는 악한 양심이라고 생각한다. 사람이 몸과 영혼을 가지고 실제 육체적 지옥으로 던져질 마지막 날까지 영혼은 이 양심 안에 묻혀 있고 갇혀 있다.

아브라함의 품이 믿는 자들이 마지막 날까지 신앙으로 인하여 쉬고 자고 보호받는 하나님 말씀인 것처럼, 하나님 말씀이

Darumb achten wyr, dieße helle sey das boeße gewissen, das on glawbe und Gottis wortt ist, ynn wilchem die seele vergraben ist unnd verfasset biß an iungsten tag, da der mensch mit leyb und seele ynn die rechte leypliche helle verstossen wirtt.

Denn gleych wie Abrahams schoß Gottis wort ist, darynnen die glawbigen durch den glawben rugen, schlaffen und bewaret

없는 곳은 믿지 않는 자들이 불신앙으로 인하여 마지막 날까지 던져져 있는 지옥이다.	werden biß an den iungsten tag, Also muß yhe widderumb die helle seyn, da Gottis wort nicht ist, darynnen die unglewbigen durch den unglawben verstossen sind biß an iungsten tag:
지옥은 다른 곳이 아니라 텅 비어 있고 불신앙적이고 죄가 있는 악한 양심이다.	Das kan nicht anders denn eynn leer, unglewbig, sundig, boeße gewissen seyn

루터, 『누가복음에 따른 설교』(Ein Sermon secundum Lucam)
(WA 10 III.192.15-23).

방금 서술한 것처럼 루터에게서 현재 종말론과 개인-미래 종말론이 서로 얽혀있지만, 이로 인하여 신앙의 지상적 실존과 피안적 실존 사이의 차이가 완전히 사라지는 것은 아니다. 루터는 죽음을 개인-종말론적 관점에서 숙고하면서 그리스도인의 현재적 삶은 종말론적 구원과는 대조적으로 항상 신앙과 불신앙 사이의 긴장이 주는 영향을 받는다고 강조했다. 믿는 자는 동시에 의인이면서 죄인이다(§ 11.2.2). 또한 마지막 날에 대한 루터의 보편 종말론적 견해는 역사적 실제에서 부분적으로만 실현된 그리스도를 통한 구원이 완성될 것이라는 희망을 반영한다.

(1) 루터가 철학자 에피쿠로스를 하나님을 모르는 사람의 전형으로 생각했는데 이 사람처럼 하나님을 전혀 모르는 자에게 죽음은 매우 위협적인 것이 아니다.

이런 사람들에게 죽음은 모든 살아있는 것이 허무하게 사라지는 것일 뿐이다. 그러나 죽음을 죄에 대한 형벌과(§ 9.2) 하나님 분노의 표현으로 이해하는 그리스도인의 경우는 다르다. 죽음에 대한 공포는 사람들에게 영원한 구원 또는 지옥 형벌을 최종적으로 판결할 하나님 앞에 서는 두려움이다.

시편 90:7 주석에서 인용:

우리는 주의 노에 소멸되며 주의 분내심에 놀라나이다.

참으로 우리의 죽음은 모든 동물의 죽음보다, 또한 다른 사람의 죽음과 불행보다 훨씬 더 소름끼치는 일이다.	Profecto mors nostra omnibus non solum aliorum animantium, sed hominum quoque mortibus et calamitatibus atrotior est.
하나님이 존재한다는 것뿐만 아니라 자신이 당하고 있는 불행조차도 모르는 에피쿠로스가 죽었다면, [이 죽음이 그에게 의미하는 바가 얼마나 크겠는가?]	Quid enim est, quod Epicurus moritur, qui non solum Deum esse nescit, Sed etiam calamitatem suam, quam sustinet, ignorat?
그러나 그리스도인과 하나님을 경외하는 사람은 자신의 죽음을 이생의 다른 불행과 함께 하나님의 분노〈의 표현으로〉 안다. 따라서 이들은 분노의 하나님과 부딪치며 고수해야 할 구원을 위해서 싸울 수밖에 없다.	Sed Christiani et timentes Dei homines norunt mortem suam cum reliquis huius vitae calamitatibus esse iram Dei. Itaque coguntur cum iratio Deo congredi et dimicare de retinenda salute.

루터, 『시편 90편 해설』(Enarratio Psalmi XC) (WA 40 III.544.23-29; 545.9).

율법 아래 있는 사람은 심판하는 하나님의 판단 앞에 서는 것을 죽음의 공포로 느낀다. 그리스도인도 하나님의 마음에 드는 삶이 영원한 구원의 전제라고 생각하면 그에게도 죽음의 공포가 위협해 온다. 기독교적 삶과 구원의 성취를 조건과 결과로 보는 연관은 복음이 말하는 긍휼에 기인하는 의에 대한 믿음 안에서 폐기된다. 따라서 그리스도인이 죽음의 순간에 하나님 말씀을 붙든다면 모든 죽음의 공포에서 해방된다.

그들이 바라보는 것은 심판하는 하나님의 엄정한 판단이 아니라 그리스도와의 연합 안에서 누리는 영원한 생명이다.

요한복음 8:51 주석에서 인용:

진실로 진실로 너희에게 이르노니 사람이 내 말을 지키면 영원히 죽음을 보지 아니하리라.

그리스도인은 죽음을 맛보지 못하고 보지 못한다. 이것은 죽음을 느끼지 못하고 죽음에 놀라지 않고 평안하게 죽지만 죽지 않는 것처럼 부드럽고 고요히 그 안으로 들어가기 때문이다. 그러나 무신론자는 죽음을 느끼고 그 앞에서 영원히 경악한다. [⋯]	[E]yn Christen schmeckt odder sihet den tod nicht, das ist, er fulet yhn nicht, erschrickt nicht so dafur und gehet sanfft und still hyneyn, als entschlieff er und stoerbe doch nicht. Aber eyn gotloser fulet yhn und entsetzt sich dafur ewiglich. [⋯]
이 차이를 일으키는 것은 하나님 말씀이다.	Diesen unterscheyd macht das wort Gotts.
그리스도인은 하나님 말씀을 갖고 있고 죽음에서도 이것을 떠나지 않는다. 그는 죽음을 보지 않고 말씀 안에서 생명과 그리스도를 본다. 따라서 그는 죽음을 느끼지 않는다.	Eyn Christ hats und hellt sich dran ym tode, drumb sihet er den tod nicht, sondern das leben und Christum ym wort. Drumb fulet erden tod auch nicht.
그러나 무신론자는 말씀을 갖고 있지 않다. 따라서 그는 어떤 생명도 보지 못하고 순전히 죽음만 본다. 그러므로 그는 죽음 역시 느낄 수밖에 없다. 그래서 고통스럽고 영원한 죽음이다.	Aber der gotlose hat das wort nicht, drumb sihet er keyn leben, sondern eyter tod, so mus er yhn denn auch fulen, das ist denn der bitter und ewiger tod.

루터, 『사순절 설교집』(Fastenpostille)
(WA 17 II.234.36–39; 235.1–5).

(2) 특히 후기 루터는 최후 심판의 시간이 가까이 왔다고 주장했고 하나님 나라의 도래와 그리스도의 참된 교회의 승리를 본격적으로 고대했다.

최후의 날이 임박했다는 주장은 특히 루터가 당시 교황권을 데살로니가 후서 2:4에 특징적으로 그려진 적그리스도의 화신으로 해석한 것과 관련이 있다. 해당 성경 구절은 이렇다.

그는 대적하는 자라 신이라고 불리는 모든 것과 숭배함을 받는 것에 대항하여 그 위에 자기를 높이고 하나님의 성전에 앉아 자기를 하나님이라고 내세우느니라(살후 2:4).

루터에 의하면 교황은 하나님의 성전에 앉아서 그리스도인에게 복을 받고 싶으면 자신의 권위에 복종하라고 요구하는 자다.

이 교리가 명쾌하게 보여 주는 것은 교황이 자신을 그리스도보다 위에 두고 높이는 적그리스도 자체임이 틀림없다는 점이다. 왜냐하면 그는 자기 권세의 〈승인〉 없이는 어떤 그리스도인도 구원을 받지 못한다고 생각하기 때문이다. 그러나 그 권세는 아무것도 아니다. 하나님이 규정하거나 명령한 것이 아니다.	Haec doctrina praeclare ostendit, papam esse ipsum verum Antichristum, qui supra Christum sese extulit et evexit, quandoquidem christianos non vult esse salvos sine sua potestate, qui tamen nihil est et a Deo nec ordinata nec mandata est.
정확히 말하자면 이것은 바울이 데살로니가후서 2장에서 말하는 것처럼 자신을 하나님 위에 놓고 하나님에게 대적하는 것이다.	Hoc proprie loquendo est se efferre supra et contra Deum, sicut Paulus 2. Thess. 2. loquitur.

루터, 『슈말칼덴 조항』 II 4
(Unser Glaube 466(399항)/BSLK 430.30-32; 431.19f.).

시간적으로 최후의 날이 임박했다는 주장과 관련하여 중요한 것은 루터가 요한계시록 20장을 해석하면서 아우구스티누스와 다르게 이해한 부분이다. 아우구스티누스와 중세신학은 요한계시록 20:2-4에 언급된 그리스도의 천년 통치를 교회의 시간에 관련시킴으로써 천년설과 거리를 두었다(중세와 근대에 일어난 천년설 부흥에 대해서, §14.3.1).

루터는 이러한 해석을 원칙적으로 받아들였지만 그가 세계 및 교회사의 중요한 사건에 대해서 쓴 연대기인 『세상의 시간을 계산함』(Supputatio annorum mundi, 1541)에서 그리스도의 통치 기간이 이미 교황 그레고리오 7세(Gregor VII., 재위: 1073-1085) 때 끝났다고 보았다. 그리고 그 이후 교황권이 공공연하게 세상의 권세를 주장하는 것을 보면서 루터는 이것을 사탄이 풀려난 것으로 해석했다. 요한계시록 20:7-10에 의하면 사탄이 풀려나면서 하나님의 최종적인 승리 전에 있을 참된 그리스도의 교회인 성도에 대한 핍박이 시작된다.

중세 종말론의 정신사적 의미
- J. Fried, Aufstieg aus dem Untergang.

연옥 교리의 생성과 발달
- J. LeGoff, Die Geburt des Fegefeuers.

단테(A. Dante)의 『신곡』(Divina Commedia) 독일어 및 이탈리아어 본문
- http://www.danteonline.it/italiano/home_ita.asp (italienisch)
- http://www.gutenberg.spiegel.de/dante/komoedie/komoedie.htm
  (deutsch; Übersetzung von Karl Steckfuß).

외론(外論) 5에서 언급한 보쉬(H.Bosch)의 작품 전체에 대한 감상
- http://www.ibiblio.org./wm/paint/auth/bosch/7sins/7sins.jpg.

이중 예정과 만인구원론의 관계를 아래 책을 활용하여 알아보시오.
- D. Lange, Glaubenslehre, Band 2, 464-473.

루터의 종말론
- N. Slenczka, Christliche Hoffnung.

루터가 1532/1533년에 고린도전서 15장에 대해서 연속적으로 설교했던 것(WA 36,478-696)을 가지고 서술한 루터의 종말론
- A. Wiemer, Mein Trost, Kampf und Sieg ist Christus.

영혼의 잠(Seelenschlaf)에 대한 루터의 견해를 알아보시오.
- W. Tiede, Nur ein ewiger Augenblick.

📖 📖 죽음(Tod und Sterben)의 문제에 대한 루터의 중요한 본문에 대한 에벨링
(G. Ebeling)의 번역과 해설
- G. Ebeling, Des Todes Tod.
- G. Ebeling, Todesangst und Lebenshoffnung.

14. 3 현대 종말론의 문제점

14. 3. 1 종말론과 역사

종말론은 항상 **지상 역사**와 역사초월적인 **하나님 나라**의 상호관계에 몰입해 왔다. 이 문제와 관련하여 성경이 '하나님 나라는 돌연히 올 것'이라고 언급하고 있음에도 사람들은 언제나 다시 재림의 시간을 계산해 내려고 했다(예, 살전 5:2). 이를 위한 토대로 사용된 본문은 공간복음 묵시록에 들어 있는 마지막 시간의 표징에 대한 언급이다(예, 마 24:3-14/막 13).

이 질문 외에도 중세에는 벌써 질문이 하나 더 생겨났다. 지상의 역사는 그리스도에 의해서 언젠가 끝이 날 것인데, 그 이전에도 현재 기독교 세계를 위한 더 나은 상황이 주어질 것인가의 질문이었다. 그리스도의 지상 통치라는 사상은 천년설을 포기함으로써 (14.2.1) 원칙적으로 거부되었다. 그러나 중세 전성기 이래로 지상적 상태가 잠시 후 더 낫게 변화될 것이라는 희망은 지속적으로 표출되었고, 정치적 변화 및 교회-종교적 각성 운동과 연관되어갔다.

> 이와 관련하여 특히 중요한 의미를 지니는 것은 요아힘 피오레(Joachim von Fiore 대략 1130-1202)가 구상한 역사신학이었다. 그의 구상에 따르면 아버지의 시대는 창조에서 예수 탄생까지이고 이 시대를 아들의 시대가 뒤따른다.

아들의 시대는 사제의 인도를 받은 기독교회의 시간이며 그 후에는 성령의 시대가 온다.

이 성령의 시대는 누르시아의 베네딕트(Benedikt von Nursia 480-547)에 의한 서구 수도원의 시작 이래로 사제들의 교회 안에도 이미 존재해 왔던 수도자들의 교회의 시간이다. 13세기에 들어 프란치스코 아시시(Franz von Assisi 1181/1182-1226)의 등장이 〈잠재해 온〉 성령 시대의 개막으로 주장되었고 이러한 주장은 현존하는 교회의 제반 상태에 대한 비판과 결합되었다. 이로 말미암아 요아힘의 사상은 부활했고 천년설의 생각이 강하게 회복되었다.

근대에 들어 천년설 개념과 관련하여 오늘날 전천년설과 후천년설의 차이에서 드러나는 중요한 구분이 이루어졌다. 전천년설은 그리스도가 이미 천년 시작 전에 가시적인 몸으로 지상에 임할 것이라는 견해이다.

이와 달리 후천년설은 그리스도가 천년왕국의 시작 이후 또는 그 끝에 가서야 가시적 지상 통치를 위해 임할 것이라고 주장한다. 몸으로 재림하기 전에 먼저 성령의 힘 가운데서 통치하는 그리스도의 시기가 있다. 이때가 오면 복음이 성공적으로 전파되고 이에 상응하여 현재 기독교의 상태가 더 나아지며 이것이 이 시기의 표지가 된다. 이 후천년 교리는 이러한 개선에 기여하는 것이 그리스도인의 과제라는 사상과 쉽게 결합되었다.

중세와 근대의 천년설의 부흥
1. 이미 중세에 지상 상황이 더 낳은 상태로 곧 변화될 것이라는 희망이 있었다.
2. 후천년설은 경건주의로 수용되어 기독교의 세계 형성이라는 윤리로 변형되었다.

방금 묘사한 것처럼 천년설이 후천년설의 의미로 독일 개신교에 수용될 수 있었던 것은 경건주의 덕분이었다(4.3). 필립 야콥 스페너(Philipp Jakob Spener)는 로마서 11:25 이하와 요한계시록 18장 이하에 의거하여 지상 교회가 더 나은 상태가 될 것이라는 희망을 이야기했다. 그는 이 약속에서 하나님이 예고한 것을 실현하는 일에 그리스도인이 동참해야 한다는 요구를 이끌어 냈다.

우리가 성경을 살펴보면 하나님이 아직도 현세의 교회에 더 나은 상태를 약속했다는 것을 의심해서는 안 된다. 우리는 바울의 아주 분명한 예언과 바울이 로마서 11:25-26에서 드러내 보인 비밀을 갖고 있다. 이방인의 충분한 수가 들어 온 다음에 이스라엘 전체가 구원을 받을 것이다. 곧 비록 민족 전체는 아니더라도 많은 부분이 그럴 것이고 이들은 아주 뚜렷하게 드러날 것이다. 그래서 지금까지 완강했던 유대인 중 일부가 하나님에게 돌아와야만 할 것이다.	Si scripturam S. inspiciamus, dubitandum non est, quod Deus Ecclesiae in terris conditionem adhuc meliorem pollicitus sit. habemus 1. clarissimum vaticinium Pauli, & ab eo revelatum mysterium Rom. 11/25.26. qoud postquam plenitudo gentium introiverit, totus Israel salvandus sit. Ut ita, si non integra gens, major tamen, & quae valde notabilis sit, pars ejus Judaeorum hactenus ita induratorum ad Deum convertatur.
이 유대인의 구원 말고도 로마 교회의 거대한 추락을 고대해야 할 일이 남아 있다. 비록 교황이 우리 루터에게서 현저한 패배를 당했다 하더라도 그의 영적 힘은 오래 전부터 오늘에까지 크기 때문에 우리는 요한 계시록 18-19장의 예언이 전체석으로 이루어졌다고 말할 수 없다.	Praeter hanc Judaeorum salutem major etiam lapsus Romae Papalis expectandus superest. Quamvis enim a B. nostro Luthero non exiguem cladem ista passa sit, potentia tamen ejus spiritualis longe major est adhuc, quam ut dicamus, vaticinium Apoc 18. & 19. totum impletum.
그러나 우리는 이 성취를 기다리는 동안 그것을 바라는 것만으로 만족해서는 안 된다. 솔로몬도 죽기를 희망하는 자들은 미련하다고 책망했는데 이런 자들과 더불어 바라고만 있어서는 안 된다. 우리에겐 이편에서는 유대인을 개종시키고 교황권을 흔들고 저편에서는 우리 교	Dum vero hanc impletionen speramus, satis esse non debet, eam dumtaxat expectare, & cum illis' quos Salomo stultos arguit, votissuis immori, sed nobis omnibus incumbit, ut quicquid hinc ad conversionem Judaeorum & spiritualem Papatus vel illinc ad Ecclesiae nostrae emendationem

회의 개선을 위해서 뭔가를 해야 할 본분 fieri potest, ipso opere exequi non segnes
이 우리에게 있다. 이러한 사역을 통해서 simus.
〈하나님이 약속한 것을〉 추구하는 일에
게을러서는 안 된다.

스페너, 『경건한 바람』(Pia Desideria),
88.26-33/89.24-30; 90.14-19/91.14-18; 92.15-20/93.12-18.

성공회, 루터교, 개혁교회의 특성을 지닌 종교개혁 신학은 특히 천년설이 종교개혁 좌파 주창자들에게 주는 의미 때문에 그리스도의 지상 통치라는 사상을 분명하게 단죄했다. 따라서 구개신교 정통주의는 스페너에 의한 천년설의 부활을 날카롭게 비판했다.

스페너는 이 논쟁에서 교회에 더 나은 시간이 주어질 것이라는 자신의 환상을 고수하면서도 종교개혁 이래로 단죄되었고 때로는 지상에 하나님 나라를 무력으로 가져와야 한다고 선전하기도 했던 천년설과 거리를 두었다. 따라서 스페너의 견해는 종종 섬세한 천년설이라고 일컬어졌다(라. Chiliasmus subtilis).

하나님 나라 사상과 종교적 진보 신앙

1. 경건주의 안에서 하나님 나라 사상은 윤리적인 세계에 참여할 동기가 되었다. 인간의 행위는 하나님 나라를 촉진한다.
2. 계몽주의의 진보 낙관주의와 문화 개신교의 기독교 이해에 영향을 끼쳤다.

위 인용문에서 볼 수 있는 방식으로 천년설은 스페너에 의해서 기독교의 세계 형성 윤리로 변형되었고 하나님 나라 사상에 대한 새로운 해석과 결합되었다. 정통주의가 오직 그리스도의 왕직과 관련하여 사용했던 하나님 나라 사상은 경건주의 안에서 세계를 향한 윤리적 책임의 동인이 되었다. 기독교 행위의 질은 하나님 나라의 촉진에 얼마나 기여했느냐에 따라서 결정된다(라. promotio regni divini).

어느 한때라도 우리가 얼마나 교육을 받았고, 세상에 우리가 교육받은 신앙을 얼마나 제시했는가를 묻지 않을 것이다. […] 오히려 어떤 신앙으로, 얼마나 순전한 마음으로 하나님의 나라를 촉진하기위해서 노력했는지를 〈물을 것이다.〉 우리 함께 이것을 숙고하자.

Cogitemus, non aliquando quaestionem fore, quam docti fuerimus & eruditionis nostrae fidem mundo fecerimus […]: sed qua fide, quam simplici corde promotioni regni divini studuerimus.

스페너, 『경건한 바람』, 14,20 이하, 25-27/19 이하, 24 이하.

이같이 경건주의 윤리 안에서 생겨나서 하나님 나라 사상과 결합된 역사적 낙관주의는, 성경에서 역사의 목표로 언급되는 하나님 나라를 역사 내적으로, 곧 인류 진보의 목적으로 이해하는 계몽주의 사상의 선구자가 되었다(4,6). 하나님 나라는 이제 세계가 파멸되고 인류 역사가 종말을 맞게 될 것이라는 사상과 분리하여 이해되었다. 이러한 맥락에서 레싱은 『인류의 양육』을 저술했다.

레싱과 비슷한 동기를 가졌던 칸트는 예수가 그의 인격과 행위와 관련하여 주장했던 하나님 나라의 현재성을 윤리적 이성 종교의 공적 확립에서 찾았다. 이것은 교회 신앙이 부분적이지만 종교 신앙으로 전환된 상태를 뜻했다. 하지만 이러한 전환은 아직 보편적으로 성취되지 않았다.

교회 신앙을 벗어나서 보편적 이성 종교로 점진적으로 전환되는 원칙이라도, 그리고 그렇게 지상에서 보편적으로 이루어지는 〈하나님의〉 윤리적 국가로 전환하는 원칙이라도 어디선가 공적으로 뿌리를 내렸다면, 비록 하나님 나라의 실제적 확립이 아직도 우리에게 끝없이 멀리 있다 하더라도 우리는 근거 있게 하나님 나라가 우리에게 왔다고[막 1:15] 말할 수 있다.

칸트, 『이성의 한계 내에서 종교』(Akademie-Textausgabe VI 122,25-30).

19세기 문화 개신교주의는 줄곧 하나님 나라를 하나님·이웃 사랑에 의해서 인도되는 종교-윤리적 공동체로 이해했다(로테에 대한 언급, 5.2). 리츨에 따르면 하나님 아버지의 섭리에 대한 신앙 안에서 하나님 자녀의 권리가 주어졌고 이 권리가 사람들 안에 이 세상에서 하나님 나라를 위해 일할 수 있는 추진력을 일으킨다. 리츨이 보기에 하나님 나라를 위한 사역은 언제나 범위가 좁고 자연적으로 제약된 공동체 안에서 곧 지상적이고 인간적인 삶의 제도인 부부, 가족, 시민 사회, 국가 안에서 실현된다(5.3.1).

> 하나님 나라는 그리스도 안에서 하나님의 계시로 말미암아 세워진 공동체의 보편적 목표이고, 서로를 위한 특정 행위 방식으로 상호 결합하는 공동체 지체의 공동 산물이다. […]
> 기독교 공동체 내의 개별 신자는, 이 은혜의 작용과 이에 상응하는 자발적 행위를 일으킬 자극을 동시에 경험하지 못한다면, 하나님 나라로의 소명, 화해, 하나님의 자녀됨을 자신의 것으로 갖지 못한다. […] 정신적 자유와 세상에 대한 통치에서 하나님의 자녀됨을 실현하고 하나님 나라를 위해 일함으로써 기독교적 삶은 충만해진다. […]
> 세상을 통치해야 할 종교적 과제는 하나님 나라를 위한 윤리적 과제처럼 그 〈하나님 나라〉의 뜻을 위한 수고를 요구하고, 하나님 나라의 윤리적 과제는 종교가 세상에 비해 더 고양되어 있는 상태를 전제한다. 만약 그렇지 않다면 하나님 나라의 사상은 이해될 수 없다. […] 여기서 [하나님의 자녀됨의] 종교적 실현과 [하나님 나라를 위한] 윤리적 사역 간의 상호 작용이 증명된다.
> 만약 이웃에 대한 사랑으로 행위하는 것이 행위의 최종적인 동기일 때 하나님 나라의 윤리적 과제는 기독교 공동체 안에서 가장 보편적인 과제로서 성취된다. 사람들은 이러한 행위를 자연적으로 제한된 좁은 범위의 윤리적

공동체(부부, 가족, 시민사회, 국가) 안에서, 공동체가 서 있는 각 단계에서 유효한 특별한 근본 원리를 따라서 행한다.

리츨, 『기독교 종교에 대한 강의』(Unterricht in der christlichen Religion), § § 5, 27, 55 이하(TKTG 3.15, 30, 49; 문장의 순서를 바꾸었음).

리츨은 예수가 선포한 하나님 나라는 인류가 **역사 안에서** 윤리적으로 발전해서 도달할 목표라고 말했다. 그런데 이 이해 안에서는 성경의 묵시록의 표상 세계(Bildwelt)로부터 다양하게 영향을 받아 형성된 전통적 고전 종말론의 역사 초월적인 주제가 생략되어 사라졌다.

문화 개신교주의 신학자들은 고전적 종말론의 접근 방식이 갖는 해석상의 문제점을 근본적으로 알고 있었다. 예컨대 리츨의 제자 하르낙은 예수의 선포와 관련하여 종말이 임박했다는 묵시 사상의 의미를 분명하게 인정했지만, 이 아주 표면적인 미래에 대한 희망 곧 묵시론의 영향을 받은 임박한 세계 종말 사상이 예수선포의 결정적인 요소는 아니라고 판단했다.

오히려 하르낙이 볼 때 예수 선포에서 결정적인 것은 각 영혼이 하나님과 내적으로 연합하는 것이었다. 그는 이 견해의 근거로 누가복음 17:21과 예수의 비유를 제시했다.

두 나라, 하나님 나라와 마귀 나라에 대한 생각, 이 양자 간의 [현재적] 싸움, 그리고 오래 전 하늘에서 추방된 마귀가 이제 지상에서도 패할 미래의 마지막 싸움에 대한 생각은 예수도 일상에서 그의 동시대인과 공유했다. […] 그러나 하나님 나라가 외적 사건으로 드러나게 오는 것이 아니라 이미 와 있다는 이 직관은 그의 고유한 것이다. […]

하나님 나라와 이 나라의 도래가 예수의 선포에서 무엇을 뜻하는지 알기 원하는 자는 그의 비유를 읽고 숙고해야만 한다. 그러면 이 비유가 무엇을 말하고 있는지 명료해질 것이다. 하나님 나라는 **각 사람**에게 와서 그들의 **영혼** 안으로 들어가고 사람들이 이것을 붙잡는 방식으로 온다. 하나님 나라는 **하나님의 통치**임이 분명하지만, 각 사람의 마음 안에서의 거룩한 하나님의 통치이고 **권능의 하나님 자신**이다. 여기서 외적이고 세계사적인 의미를 가진 모든 극적인 것은 사라졌고 미래에 대한 모든 외적 희망 역시 사라졌다.

하르낙, 『기독교의 본질』, 89 이하.

그러나 신약성경학자 요한네스 바이스(Johannes Weiß, 1863-1914)는 하르낙의 『기독교의 본질』이 출간되기 거의 십 년 전에 처음으로 자기 장인이었던 리츨의 해석이 가진 약점을 〈다음과 같이〉 지적했다. 가능한 한 최대로 재구성된 역사적 예수의 선포 안에서 하나님 나라는 결코 '좁고 자연적으로 제약된 공동체' 안에서 이루어지는 인간 행위의 결과로 묘사되지 않는다. 그것은 오히려 곧 있을 것으로 기대됐던 하나님의 행위의 결과로서 전적으로 초월적인 것이다.

예수의 견해에 따르면 하나님 나라는 이 세상과 철저히 대조적으로 서 있는 전적으로 초현세적인 것이다. […] 이것은 예수의 사유 범위 안에서는 하나님 나라의 세계내적 발전을 이야기할 수 없다는 것을 말한다. 이 결과에 근거해서, 새로운 신학이 하나님 나라 사상에서 종말·묵시적인 의미를 근원적으로 완전히 빼앗아 버리고 이 사상을 교리 및 종교-윤리적으로 사용하는 것이 부당하다는 결론에 이른다.

바이스, 『하나님 나라에 대한 예수의 설교』
(Die Predigt Jesu vom Reiche Gottes), 49 이하.

바이스는 슈바이처와 함께 이른바 **철저한 종말론**(Die konsequente Eschatologie)의 대표자로 간주된다. 슈바이처는 1906년 예수-생애-연구-역사에 대한 서술에서 이 용어를 사용했다(§ 10.4.2). 그는 역사적 예수에 대한 특정 해석 방법을 가리키기 위해 이 용어를 사용했는데, 그것은 임박한 하나님 나라 대망 사상을 철저하게 예수의 가르침의 해석적 토대로 삼는 방식이었다. 이에 비해 **철저하지 않은 종말론**(Die inkonsequente Eschatologie)은 리츨에게서 볼 수 있는 것처럼 예수의 하나님 나라 선포를 현재화하는 해석이다. 그러나 이 해석은 신약성경의 종말 대망 사상과 하나님 나라를 세계내적 발전의 목표로 보는 자유주의 신학 사이의 견해 차이를 간과했다.

바이스 등은 문화 개신교의 하나님 나라 사상이 해석학적 관점의 문제를 갖고 있다고 비판했다. 그리고 제1차 세계대전의 결과로 문화적 낙관주의가 붕괴되면서 비판은 더 거세졌다. 결국 20세기 초기 신학도 기독교 종말론을 윤리적으로 해석하기를 거절했다. 이 과정에서 종교 사회주의가 예수가 선포한 종말론적이고 묵시적인 하나님 나라와 사회 혁명을 유사하게 본 것은 중요한 의미를 지닌다(6.1.2).

이와 달리 불트만은 종말(Eschaton)을 하나님이 마지막 때에 역사 안에서 수행할 행위의 결과로 파악하지 않았다. 종말을 미래적인 것으로 이해하는 것에 견주어서 불트만의 입장을 현재 종말론이라고 특징지을 수 있다. 바울과 요한을 계승하는 측면에서 그는 하나님의 통치에 대한 질문을 현재에 대한 질문으로 이해했다. 이 질문은 사람이 교회의 선포를 통해서 그리스도를 선택할 것인가 거부할 것인가를 결정하는 매 순간마다 일어난다.

결정해야만 할 매 순간은 종말론적 지금이다. 사건 전개로 이해된 역사가 아니라 오직 종말론적으로 지금 드러나는 인간 존재의 역사성이 신학의 관심 대상이다.

[요한복음 7:33은] 계시가 지금이라는 어떤 임의적 시간에 〈사람에 의해서〉 활용될 수 없다는 의미에서도 계시의 일회성과 우연성을 강하게 [주장한다.] 계시는 오직 말씀이 한 사람을 만나는 곳에서만 일어난다. […] 계시하는 자가 이미 와 있는 '지금'은 각각 역사적인 사건으로 일어나는 말씀 선포의 '지금,' 곧 기회의 '지금'과 정확하게 일치한다. 이것은 **순간**이다. […] 말씀을 듣는 각각의 '지금'이라는 순간에 삶과 죽음 사이의 결정이 내려지기 때문에 각각의 '지금'은 **종말론적 '지금'**이다.

불트만, 『요한복음의 종말론』
(Die Eschatologie des Johannesevangeliums), 143 이하.

[바울 서신에서] 이스라엘 민족과 세계의 역사에 대한 관심이 줄어들고 하나의 다른 현상이 발견되는데 바로 인간 존재의 참된 역사성이다. 결정적 의미를 갖는 역사는 이스라엘 및 다른 민족의 역사와 같은 세계사가 아니고 각 사람이 스스로 경험하는 그러한 역사다. 그리고 그리스도와의 만남이 이 역사를 위한 결정적인 사건이 된다. 그렇다. 이 만남은 진실로 각 개인이 종말론적 실존을 시작함으로써 실제 역사적인 실존을 시작하도록 하는 사건이다. […]
역사와 종말의 역설은 종말론적 사건이 역사 안에서 일어났고 설교를 통해서 모든 곳에서 일어난다는 점에 있다. 이것은 진정 기독교적인 이해 속에서 종말은 미래에 있을 역사의 마지막이 아니고 역사가 종말에게 삼켜졌다는 것을 뜻한다.

불트만, 『요한복음의 종말론』, 102, 106.

불트만과 유사하게 알트하우스도 그의 책 『최후의 일들』(Die letzten Dinge, 초판 1922)에서 구원에 대한 확신의 현재성이 기독교 종말론의 결정적 관점이라고 주장했다. 그는 19세기 가치 철학을 따라서 곧 빈델반트(Wilhelm

Windelband, 1848-1915)의 견해에 근거해서 미래의 목적과 관련된 목적론적 종말론에서 가치론적 종말론을 구분했다.

이 종말론에 따르면 전통적 종말론에서 피안적인 미래에 〈주어질 것으로〉 약속된 영원한 생명이 신앙 안에서 현재적 가치로(그. axia)로 경험된다. 그런데 그는 이 책 4판(1933)부터 초기에 거절했던 역사의 종국에 대한 종말 이해를 다시 고려하기 시작했다.

20세기 종말론
1. **문화 개신교**의 하나님 나라 사상은 해석학적 비판(바이스)을 통해서 그리고 1차 세계대전 이후 낙관주의가 시들면서 위기에 처했다.
2. **불트만**: 현재 종말론에 집중. 종말론적 현재에서 인간 존재의 역사성이 드러난다.
3. **몰트만**: 미래 종말론의 갱신. 기독교신학의 핵심 주제는 기독론적으로 규정된 미래다.

20세기에는 독일 개신교가 역사를 재발견한 것과 상응하여(6.3.2) 미래 종말론이 부활했다. 이것은 특히 1964년 출판되고 그 후 여러 판을 거듭하면서 수없이 토론되었던 몰트만의 책『희망의 신학』(Theologie der Hoffnung)에 의해서 이루어졌다(6.3.3.). 이 책은 무엇보다 에른스트 블로흐(Bloch, Ernst 1885-1977)가 세 권으로 쓴『희망의 원리』(Das Prinzip der Hoffnung, 1954-1957)에서 대변된 신마르크스주의와의 논쟁을 통해서 생겨났다. 그리고『희망의 원리』는 요아힘에 의해서 고무된 천년설의 흐름 속에 있다.

몰트만은 종말론의 고전적 대상이었던 '미래'(Zukunft)를 기독교신학의 핵심 주제로 간주했고, 신학이 언급해야 하는 이 미래를 항상 기독론적으로 규정했다. 하나님은 그리스도 사건을 통해서 또 하나의 새로움에 대한 약속을 보장해 주었고, 이 약속은 하나님에게서 유래하는 미래를 향한 희망을 가능하게 한다. 그래서 새로움을 보장하는 이 약속의 빛 안에서 미래를 봐야 한다.

> 기독교는 단지 부차적이 아니라 전적으로 종말론이고, 희망과 전망이며 앞을 향한 지향이다. 그래서 현재의 균열과 변화도 된다. 종말적인 것은 기독교의 어떤 부분이 아니라 기독교 신앙을 전적으로 매개해 주는 것이다. […]
> 따라서 기독교신학에는 그 대상에 의해서 주어진 오직 하나의 실제적 문제만 있는데, 그것은 미래에 대한 문제다. 왜냐하면 우리는 희망을 말하는 성경 증언 가운데 주어진 세계와 지금까지 이루어진 우리의 세상 경험에서 생각하거나 상상할 수 없는 전혀 다른 것을 만나기 때문이다. 이것은 하나의 새로움에 대한 약속과 하나님에게서 유래하는 미래에 대한 희망이다. […]
> 기독교 종말론이 말하는 것은 미래 자체가 아니다. 기독교 종말론은 특정 역사적 현실에서 출발해서 이것의 미래, 미래 가능성, 미래의 힘을 선언한다. 기독교 종말론은 예수 그리스도와 그의 미래를 말한다. […] 따라서 기독교 종말론 안에서는 미래에 대한 모든 진술이 예수 그리스도의 인격과 역사에 근거되어 있는지의 여부가 종말론적이고 이상주의적인 인물을 가늠할 수 있는 시금석이 된다.
>
> 몰트만, 『희망의 신학』, 12 이하.

몰트만에 따르면 기독교의 희망은 저항과 창조적 기대 속에서 세계의 형태를 바꾸도록 격려한다. 하나님의 약속이 아직 성취되지 않은 세상에서 기독교적 동기로 유발된 사회 정치적 변혁을 추구하는 경향은 근본적으로 리츨의 전통이다. 그러나 몰트만의 구상은 이러한 문화 개신교의 하나님 나라 사상을 넘어선다.

그것은 그가 그리스도를 뒤따르는 소명을 현존하는 지상적이고 인간적인 삶의 질서 안에서 수행하는 직업에 국한시키지 않기 때문이다. 오히려 기독교의 희망은 약속된 미래의 〈힘으로〉 현존하는 것들을 불확실한 것으로 만든다.

우리는 부활한 그리스도의 다가오는 통치를 열망하고 기다릴 수만은 없다. 희망과 기대는 사회 역사에서 삶과 행위와 고통에 커다란 영향을 끼친다. 따라서 파송은 단지 신앙과 희망의 확산만이 아니라 삶의 역사적 변혁까지도 의미한다. […]

복음의 희망은 종교와 이념과 논쟁하고 이것들에서 사람을 해방할 뿐만 아니라 사람의 현실적이고 실제적인 삶과 삶이 영위되는 제반 조건에 대해서도 논쟁적이며 여기에서 사람을 해방하고자 한다. […] 실천적 저항과 창조적 새 형성 과정에서 기독교의 희망은 현존하는 것을 의문시하고 이로써 오는 것을 섬긴다. […]

종교개혁이 재발견한 모든 신자의 보편 사제직은 모든 자에게는 복음으로 말미암은 소명이 주어진다는 점을 분명히 했다. […] 기독교의 길은 더 이상 세상에서의 도피나 신앙을 위해서 세상을 포기하는 것이 아니라 세상에 대한 공격이며 세상에 대한 직무에 있다. 다만 종교개혁이 지속되면서 누가 이 지상적 직무를 실제적으로 명할 수 있는가의 질문이 희미해졌다. […]

실제로 […] 그리스도를 따르라는 소명은 어떤 신과 힘에 의해서 항상 주어진 것을 위해서 직업을 신실하고 성의 있게 수행하는 것이 아니다. 이 소명은 그 자체의 목적이 있는데, 그것은 오고 있는 하나님 나라를 위해서 동역하는 것이다. 종교개혁은 소명과 직업을 동일시했는데 이것은 결코 소명을 직업 안에서 폐기하는 것을 뜻하지 않고 정반대로 직업을 소명 안으로 수용하고 변화시키는 것을 뜻한다.

몰트만, 『희망의 신학』, 304이하, 307.

14. 3. 2 종말론과 인간론

종교개혁 이전 전통의 특징이었던 성경적 인간론과 철학적 인간론의 결합은 먼저 루터에 의해서 비판을 받았고(§ 9.2), 20세기 들어서는 루터신학이 이 비판을 받아들여 극단화했다. 이러한 변화 외에도 근대 발전 과정에서 특히 기독교 죄론이 결정적인 변화를 겪었다(§ 9.3.2). 지금 언급한 이 변화들은 현대 종말론 영역에서 인간론과 죄론을 결정하는 근본 요인들과 관련된 주제에 영향을 끼쳤다. 〈예를 들자면〉 영혼의 불멸, 죄와 죽음의 관계가 그런 것이다.

고대 철학은 인간을 허무한 몸과 불멸의 영혼이 결합된 존재라고 규정했는데, 이 인간 규정은 고대 교회 이래로 기독교신학 안에서 철학적으로 명백하며 성경적 인간상과 쉽게 결합될 수 있다고 간주되었다. 하지만 중세 이래로 이러한 인간 규정은 철학적 관점에서 재차 명료하지 않은 것으로 드러났다.

> 논쟁은 중세 전성기 아리스토텔레스 수용과 관련하여 생겨났다(2.2.3). 안달루시아 출신의 아랍계 철학자 이븐 루시드(Averroes[Ibn Rushd], 1126-1198)는 아리스토텔레스의 영혼에 대한 이론과 관련하여 **개체적인** 인간의 인식 능력은 몸과 결합되어 있기 때문에 개별자의 죽음과 함께 분해되지만 **초개인적인** 지성(그. nous)만은 불멸성을 자기 속성으로 갖는다고 이해했다.
> 아리스토텔레스주의자이며 파리 대학 7학 예과(Aristenfakultät)에서 토마스의 동료였던 시제루스(Siger von Brabant, 1284년 이전에 사망)는 영혼에 대한 이 해석을 계승했고 따라서 철학적 가르침과 기독교신학 사이의 모순을 주장했다. 이러한 주장에 반하여 토마스는 그의 저서 『지성의 단일성에 대하여』(De Unitate Intellectus, 1270)에서 아리스토텔레스의 영혼론(論)에 대한 아베로에스의 해석이 근거가 없다는 것을 증명하고자 했다.

|제2부| 제3장 교의학의 개별 주제   723

> **영혼의 불멸?**
> 1. 고대 교회에서 고대 철학적 인간상과 성경적 인간상이 결합되었다.
> 2. 중세 전성기와 근대 초기에 영혼 불멸 교리의 자명성이 문제시 되었다.
> 3. 종교개혁 이후 개신교 안에서 영혼 불멸 교리와 성경적 인간상의 조화 가능성이 부정되었다.

16세기 초 파두아(Padua), 이후 볼로냐(Bologna)에서 가르쳤던 이탈리아 철학자 피에트로 폼포나치(Pietro Pomponazzi, 1462-1525)는 아리스토텔레스의 영혼론(論)에 대한 아베로에스의 해석을 복원했고 개별자의 불멸성을 철학적으로 증명할 수 있다는 견해를 반박했다. 폼포나치의 견해는 파두아대학교에서 심도 있게 토의되고 완성되어 1516년에 『영혼의 불멸성에 대한 논문』(Tractatus de immortalitate animae)으로 출판되었다.

그런데 1513년 제5차 라테란 공의회(5. Laterankonzil)는 폼포나치의 견해를 반대하면서 교황 레오 10세(재위: 1513-1521)에게서 기인한 『사도의 다스림에 대한 교서』(Bulle Apostolici regininis)를 받아들였다. 이 교서는 개별 인간 영혼의 불멸성에 대한 교리가 철학적인 진리라고 강조하면서 영혼이 사멸한다거나 단 하나의 영혼이 모든 사람 안에 있다는 견해를 포기했다.

인류의 옛 원수, 잡초를 뿌리는 자(마 13:25)는 아주 치명적이고 항상 믿는 자에게서 배척된 몇몇 오류를 감히 주님의 밭에 뿌려서 자라나게 했다. 특히 이성을 가진 영혼의 본질에 관해서 〈다음과 같이 말했다.〉 영혼은 분명히 사멸하거나 모든 인간 안에는 통틀어 단 하나의 영혼만 있다. 일부 경솔하게 철학하는 사람은 적어도 철학에 따르면 이것이 진리라고 단언했다. 이와 같은 전염병을 치료할 적절한 치료	Cum [...] zizaniae seminator, antiquus humani generis hostis, nonnullos perniciosissimos errores, a fidelibus semper explosos, in agro Domini superseminare et augere sit ausus, de natura praesertim animae rationalis, quod videlicet mortalis sit, aut unica in cunctis hominibus, et nonnulli temere philosophantes, secundum saltem philosophiam verum id esse asseverent: contra huiusmodi pestem opportuna remedia

제를 활용하기 위해서 우리는 이 거룩하 adhibere cupientes, hoc sacro approbante
고 권위 있는 공의회에 따라 지적 영혼 Concilio damnamus et reprobamus omnes
이 사멸한다고 하거나 모든 인간 안에 asserentes, animam intellectivam mortalem
영혼이 하나 뿐이라고 주장하는 자는 누 esse, aut unicam in cunctis hominibus.
구나 단죄하고 배척한다.

레오 10세,『사도의 다스림에 대한 교서』(Bulle Apostolici regiminis) (DH 1440).

로마가톨릭이 이 견해를 오늘날까지 고수하고 있다는 것을 분명하게 보여 주는 것 중 하나는 특히 1993년 나온『가톨릭교회의 교리문답서』다. 이 교리문답서는 인간의 출산은 단지 몸만 생겨나게 하고 영혼은 하나님에 의해서 각 출산의 순간에 창조되어 물질인 몸에 부과된다는 영혼 창조론(Kreatianismus)을 옹호한다. 신교 개혁파도 이 견해를 선택하고 있는 반면 루터파는 유전설(Traduzianismus) 또는 영혼 출생설(Generatianismus)을 지지한다.

교회는 각 영적인 영혼은 하나님에 의해 Ecclesia docet unamquamque animam
직접 창조되었다고 가르친다. 영혼은 부모 spiritualem a Deo esse immediate creatam -
에게서 생산되지 않았다. 교회는 또 영혼 illa non est a parentibus ‚producta' -; ea nos
이 불사한다고 가르친다. 죽음의 순간에 etiam docet illam esse immortalem; illa non
몸에서 분리될 때에 영혼은 소멸되지 않고 perit cum a corpore separatur in morte, et
마지막 부활 때 다시 몸과 연합될 것이다. iterum corpori unietur in resurrectione finali.

『가톨릭 교회의 교리문답서』(Katechismus der Katholischen Kirche), 366번.

철학적 인간론에 대한 루터의 의구심은 그 내용의 명확성이 아니라 무엇보다 성경적 인간상과의 조화 가능성에 관한 것이었다. 개신교의 현대 종말론은 이러한 루터의 비판과 연계하여 인간 존재가 사후에도 지속된다는 사상을 비판했다.

로마가톨릭 신학은 죽음을 넘어서는 인간의 동일성이 구체적인 인간을 부활시키는 하나님의 행위를 위한 전제라고 간주하는 반면, 알트하우스는 기독교 부활 신앙과 영혼의 불멸성이 서로 철저하게 대립한다고 본다. 그것은 죽음이 '몸-혼-영으로 이루어진 인간 존재의 전(全) 형태'의 부서짐을 뜻하기 때문이다.

> 부활 또는 살려냄(Auferweckung)이라는 개념은 전적으로 실제적인 죽음과 죽음의 상태를 포함하며 이것을 약화시키는 모든 것에 저항한다. 죽는다는 것은 불멸의 영혼이 그의 몸과 분리되어 죽음 가운데서도 자신을 지속하는 것이 아니라, 몸-혼-영으로 이루어진 지금의 인간 존재의 형태가 전체적으로 부서지는 것이다. […] 이 이해에 따르면 죽은 자가 부활할 것이라는 신앙고백은 영혼의 불멸을 주장하는 플라톤·헬라 사상과 철저하게 대립한다. […]
> 이와 같은 이원적 영혼-신앙에 대항하여 기독교 사상은 성경과 더불어 인간의 몸-영혼의 단일성을 강조한다. 죽는 것과 죽음에서 사는 것에 대한 질문에서 구분되는 것은 영혼(또는 영)과 몸이 아니라 인격(Person)과 존재 형태(Daseinsgestalt)다. 죽는다는 것은 인격의 지상적 존재 형태가 전체적으로 부서진다는 것을 뜻하고, 부활은 하나님이 그 인격에게 새롭고 영원하고 죽음을 능가하는 몸-혼의 존재 형태를 준다는 것을 뜻한다.
>
> 알트하우스, 『부활』(Auferstehung)(RGG³ 1), 696 이하.

에버하르트 융엘(Jüngel, Eberhard 1934 생) 역시 신학적 근거 때문에 영혼의 불멸은 없다고 말하면서 영혼 불멸 교리를 철저하게 거부한다. 그러나 융엘은 무엇보다 '이 삶에서 벗어남으로(aus diesem Leben) 구원받는다'는 견해를 비판했다. 죽음과 부활에 대한 융엘의 이해는 여기에서 알트하우스와 다르다.

융엘에 따르면 기독교 부활 신앙은 인간 삶의 시간적 제약성이 피안에서 해소될 것이라는 어떤 희망이 아니다. 오히려 기독교적 희망은 하나님의 생명에 참여함으로써 이루어지는 유한한 삶의 영원화다(Verewigung endlichen Lebens). 왜냐하면 살려냄을 받은 주는 십자가에 못 박히고 거기서 최종적으로 죽었던 자로 전파되었기 때문이다.

여기서 중요한 것은 알트하우스에게서 볼 수 있는 미래적이고 영원하고 죽음을 능가하는 몸-영혼의 존재 형태가 아니고, 우리 각 사람의 개인적 과거(Vergangenheit)가 하나님의 현재 안에서 구원받고 보존되고 영광스럽게 되는 것이다.

> 기독교의 부활에 대한 희망이 인간 삶의 시간적 유한성에 대한 판단을 그릇되게 해서는 안 된다. […] 구원에 대한 희망은 하나님을 향하고 있는 그 만큼 기독교적 희망이 될 수 있다. 그리고 구원은 살았던 이 삶(dieses gelebtes Leben)이 구원을 받는다는 것이지 이 삶으로부터 벗어나는(aus) 구원을 뜻하지 않는다. 다시 말하자면 구원은 살았던 삶이 하나님에 의해서 구원받는 것이고 지상의 유한한 생명이 하나님의 생명에 참여하는 것이다. […]
> 유한한 생명이 유한한 것으로 영원화되지만 바로 무한한 연장(延長)을 통해서가 아니다. 곧 영혼의 불멸이라는 것은 없다. 오직 하나님의 생명에 참여함으로 이루어진다. […] 우리 **인격**은 우리의 **명백한 역사**가 될 것이다.
> 이러한 부활 이해는 위에서 전개된 예수 그리스도의 죽음과 부활에 대한 설명에 근거하고 있다. 거기서 우리에게 결정적인 의미를 지닌 것은 부활한 자가 십자가에 못 박힌 자로서 선포되었다는 바울의 원리였다. […] 그리고 우리에게 결정적인 것은 부활한 자가 죽음과 죽음 안에 수용된 삶의 진리(die Wahrheit des Todes und des im Tode integrierten Lebens)를 알려주었다는 인식이었다.
> 모든 사람의 부활을 이것에 맞게 이해해야 한다. 부활은 살았던 삶에 적용되고 이 삶은 구원받고 명예롭게 될 것이다. […] 구원받은 과거는 하나님의 현재 안에 있는 과거이고 하나님 자신에 의해서 현재화되고 영광스럽게

된 과거다. '영광스럽게 되었다'는 말이 이 문맥에 적합한 말이다. [⋯] 우리는 우리가 진실로 무엇이고 누구였는지 발견하게 될 것이다.

융엘, 『죽음』(Tod), 150-153.

19세기 이래로 자연과학적 근거 위에서 이루어진 영혼 불멸 사상에 대한 비판이 점차적으로 퍼져나갔다는 것을 기억하고 바그너와 포크트 사이에서 벌어진 유물론 논쟁을 참고하라(5.2).

죄와 죽음의 관계에 대한 질문도 신학적 인간론과 연관되어 있다. 전통적으로 인간의 죽음은 (원)죄의 결과로 이해되었고 믿는 자도 이생에서 이 죄의 권세에서 완전히 해방될 수 없다고 이해되었다. 이와 달리 첫 사람은 온전의 상태(status integritatis)를 잃어버리기 전까지는 죽을 필요가 없다고 여겨졌다(§ 9.2).

하지만 이미 슐라이어마허는 고통과 죽음 같은 것을 죄의 직접적인 결과로 간주할 수 없다고 주장했다. 그는 인간 행위에 의존하지 않는 **자연적** 악과 인간 행위에서 초래된 **사회적**(geselig) 악을 구분했다. 이러한 악의 구분은 전적으로 라이프니츠가 했던 물리적 악과 도덕적 악의 구분을 떠올린다(외론[外論] 2).

그러나 라이프니츠와 달리 슐라이어마허는 '객관직 입장에서' 물리적 악을 결코 형벌이 아니라 인간 본성의 자연적 불완전성(natürlich Unvollkommenheit der menschlichen Natur)으로 이해했다. 그것은 죽음, 고통, 이와 유사한 자연적 불균형(Mißverhältnis)이 죄가 없는 곳에도 있기 〈때문이다.〉 하지만 그는 죄와 죽음의 간접적 연관성은 인정했다. 무죄한 인간은 자신의 자연적 불완전성을 악으로 느끼지 않을 것이지만 죄로 말미암아 이 불완전성을 악으로 경험했기 때문에 이 자연적 불완전성은 주관적 관점에서 사회적 악에서 기인한 형벌로 간주될 수 있다.

죄와 죽음의 관계

1. **오늘날 판넨베르크에 의해서 다시 강조된 전통적 견해**: 죽음은 인간 죄에 대한 형벌의 결과다.
2. **슐라이어마허(와 오늘날 상당수의 개신교신학자들)**: 죽음과 죄는 직접적으로 연관되어 있지 않다.

> 만일 우리가 […] 사회적 악을 자연적 악과 구별한다면 그것은 사회적 악만 직접적으로 죄에 근거하기 때문이다. […] 자연적 악과 죄 사이의 연관은 간접적일 뿐이다. 그것은 우리가 죄와 고통이나 적어도 이와 유사하게 한 개인이 그 주변 세계에서 겪는 자연적 불균형을 죄가 없는 곳에서도 찾을 수 있기 때문이다.
>
> 따라서 자연적 악은 객관적으로 볼 때 죄에서 생기지 않는다. 무죄한 인간은 단지 자신의 감각 작용을 방해하는 것을 악으로 경험하지 않았을 것이기 때문에 인간이 이것을 악으로 경험하게 된 것은 죄에 근거되어 있다. 따라서 악은 주관적 관점에서 죄의 형벌이다.
>
> 슐라이어마허, 『신앙론』 제1권 416 이하:§ 76
> (KGA I 13.1, 477.7-9, 477.23-478.2).

오늘날에도 헤를레는 죄와 죽음의 관계에 대한 이러한 해석을 다시 강조하고 있다. 그는 병과 죽음 자체는 지상적 피조물인 인간 존재에 속한 것으로 본다. 요한계시록 20:6 등의 구절에 근거해서 이 죽음과 두 번째 죽음, 곧 죄 때문에 최종적인 좌절의 위협을 경험하는 인간의 죽음을 구별한다.

> 비로소 죄로 말미암아 이 세상에 죽음과 병이 있다는 가정은 […] 이미 해석

상으로도 미심쩍게 된다. 이 가정은 또한 조직신학적 관점에서도 유지될 수 없다. 무엇보다 다음의 논거가 이것을 말하고 있다. 피조 세계는 그 모든 요소 가운데 유한과 덧없음이라는 표식을 갖고 있다. […]

덧없음과 죽음도 다른 생명체처럼 지상적 피조물인 인간 존재에 속해있다. 따라서 이것은 그 자체로 긍정되고 받아들여지고 삶으로 통합되어야만 한다. […]

그러나 죄가 죽음⟨의 의미를⟩ 바꾸어 놓았다. 죄가 없었더라면 죽음이 가지지 않아도 될 고통이 죄로 말미암아 주어진다. 죄가 인간을 지배하는 한 **최종적인** 좌절과 상실의 위협이 병과 죽음과 결합된다. […] 이로써 창조 내재적인 죽음(der kreatürliche Tod)은 다른 것, 파괴적인 두 번째 죽음이 된다. 이 죽음은 직접적이고 실제적인 의미에서 다른 것이 아니라 죄의 결과다. 그러나 이 죽음과 달리 창조 내재적인 병과 죽음에 대해서는 **이와 같이 말할 수 없다**.

헤를레, 『교의학』 487-489.

이와 달리 판넨베르크는 죄와 죽음의 관계에 대한 전통적 견해를 고수한다. 이에 대한 그의 결정적 논거는 슐라이어마허와 헤를레가 고수한 유한과 죽음 사이의 연관을 부정하는 것이다.

그는 인간 피조의 유한성을 덧없음으로 이해할 필요가 없다는 것을 보여 주기 위해서 기독론적 논거 하나를 제시한다. 이에 따르면 부활한 자 안에서는 '그의 인간 존재의 유한성과 함께 영원한 생명'이 존속한다. 그리스도는 '더 이상 죽지 않게 되었음에도 신성과 구별되는 유한한 존재로 남았다.' 바로 이것은 '부활한 자의 새 생명에 참여하게 될 믿는 자들에게도 해당한다.' 판넨베르크에 의하면 유한성과 덧없음 사이에 어떤 필연적 연관이 없기 때문에 죽음이 죄의 결과라는 교리는 고수될 수 있다.

죽음이 인간의 피조적 본성에 속한다는 가정을 뒷받침하는 핵심 논거는 인간 삶의 유한성이다. 그런데 유한성은 인간의 피조성에 속하기 때문에 이 유한성을 벌써부터 죄와 그 결과에 속하는 것으로 볼 수 없다. 따라서 이 같은 말을 죽음에 대해서도 해야 하는 것처럼 보인다.

하지만 유한성이 언제나 덧없음과 죽음과 결합되어 있는가?

만일 그렇다면 부활한 그리스도의 영원한 생명이 그의 인간 존재의 유한성을 삼키고 제쳐두어야만 했을 것이다. 그러나 교회는 단성론(Monophysitismus)에 반대하여 부활한 그리스도 역시 인간이며 따라서 더 이상 죽지 않게 되었음에도 신성과 구별되는 유한한 존재로 남는다고 고백한다. 기독교 희망에 의하면 이것은 동일하게 미래에 부활한 자의 새 생명에 참여하게 될 믿는 자에게도 해당한다. 이로부터 유한성과 덧없음은 반드시 구별되어야 한다는 결론이 나온다. 이로 말미암아 죽음이 유한한 존재인 인간의 본질에 속한다는 명제(These)는 그 명확성을 상실한다.

판넨베르크, 『조직신학』 제3권, 603 이하.

판넨베르크는 유한성과 시간의 관계에 주목하면서 유한성과 덧없음의 차이를 설명한다. 우리가 죄 된 자기 사랑의 영향 아래서 시간을 경험하기 때문에 '나'라는 존재의 종말은 우리에게 나의 죽음으로 닥친다. 그러나 유한 존재의 시간 경험이 반드시 자기 사랑에 의해서만 결정되는 것은 아니다.

말하자면 유한한 내가 하나님과 피조 세계 전체와의 관계 〈안에 머물면서〉 소멸한다면 이 종말은 인간 존재 안으로 통합되고 그래서 존재의 단절을 의미하지 않는다. 따라서 인간의 유한성은 죄에 의해서 비로소 덧없는 것이 된다. 이와 같기에 죽음은 죄의 삯이다(롬 6:23).

유한성, 죄, 죽음의 관계는 비로소 유한성과 시간의 관계를 살필 때 이해될 수 있다. […] 비록 '내'가 외부 지향적으로 실재 전체와 관계하고 적어도 그 안에서 함축적으로나마 실재의 근원인 하나님과 관련되어 있더라도 이 연관성은 실제적으로 자기 사랑(amor sui)의 형태로 실현될 수 있다. 이로 말미암아 우리의 시간 경험의 특별한 형태도 결정된다. 나에 대한 자기 사랑으로 말미암아 나의 현재의 순간은 후속하는 시간의 순간과 분리된다.

이렇게 되면 미래는 우리에게 낯선 것으로 다가와서 우리를 스스로에게서 떼어 낸다. 그래서 지금 막 현재적이었던 것이 우리에게서 빠져나와 과거로 떨어진다. […] 우리의 '나'는 그 존재의 유한성 앞에서도 소위 그가 하나님과 유사하고 영원하다는 〈착각에〉 붙들려 있으므로 '나'라는 존재의 종말이 우리에게 나의 죽음으로 닥친다.

이와 같이 우리에게 유한성이라는 것은 죽음이다. 그러나 만일 우리가 자신의 유한성을 받아들이고 그 안에서 동시에 우리 존재를 다른 모든 피조된 것들과 결합하고 이를 통해서 제한시키는, 우리의 유한성을 초월하는 하나님의 실재와의 관계에 의해 우리의 삶을 전체로 살수 있다면 이와 같지 않을 것이다.

판넨베르크, 『조직신학』 제3권, 605 이하.

아래 책을 활용하여 요한계시록 20:4-6의 해석과 영향사를 알아보시오.
- J. Frey, Das apokalyptische Millennium.

경건주의와 문화 개신교의 연관성
- U. Barth, Aufgeklärter Protestantismus, 149-165.

경건주의의 종말론과 구개신교 정통주의와의 논쟁
- H. Krauter-Dierolf, Die Eschatologie Philipp Jakob Speners.

천년왕국설의 정확한 개념
- M. Mühling, Grundinformation Eschatologie, 199-215.

📖 📖 바이스(J. Weiß)가 리츨의 〈하나님 나라〉교리를 철저하고 비판적으로 평가
- J. Weiß, Die Idee des Reiches Gottes, 110-155.

하나님 나라에 대한 리츨과 바이스의 구상을 비교 연구
- R. Schäfer, Das Reich Gottes bei Abrecht Ritschl und Johannes Weiß.

👓 아래 책으로 종말론과 신정론(외론[外論] 2)의 연관성에 대해 알아보시오.
- G. Ebeling, Dogmatik, Band 3, 509-528 (=§ 41).

📖 제5차 라테란 공의회에서 단죄당한 입장
- P. Pomponazzi, Abhandlung über die Unsterblichkeit der Seele.

📖 신학 원리에 근거해서 불멸과 부활의 관계를 언급
- G. Ruhbach, Unsterblichkeit und Auferstehung.

📖 📖 인간론과 종말론의 관계를 불멸에 대한 질문과 관련하여 서술
- Chr. Herrmann, Unsterblichkeit der Seele durch Auferstehung.

제4장

윤리학

§ 15. 교의학과 윤리학의 관계

📖 기독교 윤리 역사에 대한 중요 문헌 모음
- S. Grotefeld u. a. (Hg.), Quellentexte theologischer Ethik.

📖📖 개신교 관점에서 신학적 윤리를 개관
- W. Lienemann, Grundinformation Theologische Ethik.

15. 1 종교개혁 이전의 기독교가 고대의 덕 윤리(Tugendethik)를 비판적으로 수용하다

15. 1. 1. 기독교 이전의 덕 이론 계승 – 암브로시우스

기독교는 헬레니즘과 로마 황제 시대에 통용되었던 여러 철학적 윤리학의 상이한 흐름을 연구하면서 자신의 윤리적 특성을 발전시켰다. 이 사실은 종교개혁 이전에 형성된 교의학과 윤리학의 관계에 대한 견해를 이해하는 데 중요하다. 이와 관련하여 특히 중요한 의미를 지니는 것은 고대 윤리학에서 형성된 모든 흐름에 상이한 방식으로 결정적인 영향을 끼쳤던 덕 개념이 고대 교회와 중세 시대에 계승되었다는 사실이다.

기독교 역사에서 처음으로 독자적인 윤리학을 저술한 자로 간주되는 사람은 374년 이래 밀라노의 주교였던 교부 암브로시우스(Ambrosius, 대략 339-397)다. 암브로시우스는 저서 『종의 의무에 관하여』(De officiis ministrorum, 386-389)에서 하나님을 아는 것과 하나님과의 사귐 안에 있는 영원한 지복이라는 기독교적 이상을 키케로가 전형적으로 표현한 덕 이론과 결합시켰다. 이 덕 이론은 고대 교회 변증가들이 활용했던, 헬레니즘 철학의 한 흐름인 스토아 윤리로부터 결정적인 영향을 받아 형성되었다(1.1).

암브로시우스는 기독교적 이상과 덕 이론을 결합하는 일에 키케로의 저작 『의무에 관하여』(De officiis)를 직접적인 근거로 삼았다. 그런데 키케로도 단편적으로나마 파나이티오스(Panaitios von Rhodos B.C. 대략 180-대략 100)의 주저 『의무에 관하여』(Peri tou kathekontos)를 기준으로 삼았던 것이다.

암브로시우스는 누가복음 1:23의 표현을 근거로 성경에 근거를 둔 기독교 특유의 의무론〈의 정립〉이 정당하다고 말했다. 이 구절의 라틴어 번역은 제사장의 복무 또는 의무 수행(officium)에 대해서 언급한다.

그러므로 […] 이 명칭[의무론]이 단지 철학 학파에만 적합한 것인지 아니면 신성한 책[성경]에서도 발견할 수 있는 것인지 살펴보자. […]	Ergo […] uideamus […] utrum hoc nomen philosophorum tantummodo scholae aptum sit, an etiam in Scripturis reperiatur diuinis
사가랴가 성전에서 벙어리가 되어 말할 수 없게 되었을 때에 "그의 직무의 날이 다 되었다"[눅 1:8-23]고 한다. 〈그 후〉 그는	[…C]um Zacharias sacerdos obmutuisset in templo et loqui non posset, factum est, inquit, ut impleti sunt dies officii eius; abiit

	in domum suam.
그의 집으로 돌아갔다[눅 1:23].	Legimus igitur officium dici a nobis posse.
따라서 우리가 읽은 바에 따르면 우리는	
직무에 대해서 말할 수 있다.	

암브로시우스, 『의무에 관하여』(De officiis) I 8.25
(CChrSL 15.9f.[1-4, 7-9줄]).

키케로는 옳고 의무적인 행위 전체를 두 부류로 나누었다. 한편에는 의무적인 행위 중에는 평균적이고 일반적인 수준의 의무 행위가 있다. 이것들은 대부분의 사람들 행하는 일상적인 행위다. 다른 편에는 소수의 사람, 곧 현자만 할 수 있으며 모든 면에서 윤리적으로 수준이 높은 행위가 있다. 암브로시우스는 철학적 윤리학에서 유래한 이 차이에 직접 근거해서 기독교적 행위를 상이한 두 단계로 구분했다.

암브로시우의 관점에서 하나님의 계명(라. praecepta)을 지키는 기독교적 삶은 키케로가 생각한 일반 통례적 행위에 해당하고, 이른바 복음의 권고(라. consilia evangelica)를 따르는 삶은 철학적 전통의 완전한 행위에 해당한다.

암브로시우스

1. 독립적인 기독교 윤리를 처음으로 저술했다(『종의 의무에 관하여』)
2. 폭 좁게 로마 윤리에 집중했다(키케로: 『의무에 관하여』)
3. 기독교의 완전성을 두 단계로 구분했는데 이것이 후에 크게 영향을 미쳤다.

〈여기서〉 복음의 권고는 가난, 순결, 복종을 뜻한다. 수도승의 서약에서 표현되는 이 세 가지 의무를 철저하게 수용하는 것은 기독교적 완전성을 평균 이상으로 실현하고 있다는 표시로 간주되었다. 따라서 중세의 수도원적 삶은 평범한 시민적 삶에 비해서 더 확실하게 영원한 지복에 이르는

길로 여겨졌다.

아래 인용문과 뒤 따르는 개요는 올바르고 의무적인 행위를 양분하던 기독교 이전 고대의 윤리적 경향에서 어떻게 종교개혁 이전 기독교 윤리의 특징인 두 단계 윤리(Zwei-Stufen-Ethik)가 생겨났는지를 분명하게 보여 준다.

〈행위에 대해서〉 보통 행위와 완전한 행위를 말할 수 있다. 내 견해로는 완전한 행위를 올바른 행위라고 부를 수 있다. 왜냐하면 그리스인이 이 완전한 행위를 '행복한 완성'(katorthoma)으로, 일반적 행위를 '적당한 실행'(kathekon)으로 부르기 때문이다.
이들은 옳은 행위를 완전한 행위라고 정의하고 보통의 행위를 실행하는 이유가 분명하게 있는 행위라고 부름으로써 이 둘을 구분한다.

Medium quoddam officium dicitur et perfectum. Perfectum officium rectum, opinor, vocemus, quoniam Graeci katorthoma, hoc autem commune officium kathekon vocant.

Atque ea sic definiunt, ut rectum quod sit, id officium perfectum esse definiant; medium autem officium id esse dicunt, quod cur factum sit, ratio probabilis reddi possit.

키케로, 『의무에 관하여』(De officiis) I 8

(라틴어 본문 출처: http://www.thelatinlibrary.com/cicero/off1.shtml).

보통의 의무이든지 아니든지 모든 의무는 완전한 의무다. 이것을 우리는 성경의 권위에 의해서도 동일하게 증명할 수 있다.
복음서 안에 주님의 말씀이 있기 때문이다.
주가 말했다. "네가 생명에 들어가려면 계명들을 지키라."
그 청년이 말했다. "무엇을 지켜야합니까?"
예수가 그에게 말했다. "살인하지 말라, 간음하지 말라, 도둑질하지 말라, 거짓

Officium autem omne aut medium aut perfectum est, quod aeque Scripturarum auctoritate probare possumus.

Habemus etenim in Euangelio dixisse

Dominum: Si uis in uitam aeternam uenire, serua mandata.

Dixit ille: Quae?

Iesus autem dixit illi: Non homicidium facies, non adulterabis, non facies furtum,

증언하지 말라, 네 부모를 공경하라[출 20:12-16], 네 이웃을 네 자신과 같이 사랑하라"[레 19:18]. 이것들은 보통의 의무로서 뭔가를 결여하고 있다.
그러자 그 청년이 예수에게 말했다. "이 모든 것을 내가 〈어려서부터〉 지켰는데, 아직도 무엇이 부족하니이까?"
예수가 그에게 말한다. "네가 온전하고자 할진대, 가서 네 소유를 팔아 가난한 자들에게 주라. 그리하면 하늘에서 보화가 네게 있으리라. 그리고 와서 나를 따르라"[마 19:20 이하]. […]
그러므로 이것이 그리스인들이 '**행복한 완성**'(katorthoma)이라고 부른 완전한 의무다.

non falsum testimonium dices: honora patrem et matrem, et diliges proximum tuum sicut te ipsum. Haec sunt media officia, quibus aliquid deest.
Denique, Dicit illi adulescens: Omnia haec custodiui a iuuentute mea, quid adhuc mihi deest?
Ait illi Iesus: Si uis perfectus esse, uade, uende omnia bona tua et da pauperibus et habebis thesaurum in coelo et veni, sequere me. […]
Hoc est igitur perfectum officium, quod katorthoma dixerunt Graeci.

암브로시우스, 『의무에 관하여』 I 11.36 이하 (CChrSL 15.13f.[1-12, 17-19줄]).

	행위의 구분(divisio officii)	
키케로	평균적 형태의 행위 (officium medium): 일반적으로 대부분의 사람(multi)에게 해당된다.	완전한 형태의 행위 (officium perfectum): 모든 면에서 윤리적으로 높은 수준이며 현자(sapiens)에게만 해당된다.
	↓ 기독교적 변형 ↓	
암브로시우스	계명을 통한 지도(praecepta)	(복음의) 권고를 통한 지도 (consilia evangelica)

15. 1. 2 기독교 이전의 덕 이론에 대한 비판 – 아우구스티누스

기독교 이전 고대 윤리에서 〈네 가지〉 주요 덕목(Kardianltugenden)은 중요한 의미를 지녔다. 이 덕목을 최초로 총괄적으로 언급한 사람은 플라톤이었다. 키케로의 『의무에 관하여』와 암브로시우스의 『종의 의무에 관하여』

도 정의(Gerechtigkeit), 현명/지혜(Klugheit), 용기(Tapfekeit), 절제(Mäßigung)를 주로 다루고 있다. 아래 도표는 이들 주요 덕목의 라틴어와 그리스어 명칭을 보여 준다.

	라틴어 명칭	그리스어 명칭
정의	유스티티아(iustitia)	디카이오쉬네(dikaiosyne)
현명/지혜	프루덴티아/사피엔티아 (prudentia/sapientia)	소피아(sophia)
용기	포르티투도(fortitudo)	안드레이아(andreia)
절제	템페란티아(temperantia)	소프로쉬네(sophrosyne)

§ 15.1.1에서 언급한 것처럼 키케로에게 중요한 영향을 끼쳤던 철학자 파나이티오스는 스토아 철학 학파(스토아주의)로 분류된다. 이 학파의 이름은 아테네 시장에 있는 주랑 현관(Säulenhalle)을 일컫는 그리스 명칭에서 유래했다.

이 학파의 창시자인 제논(Zenon von Kition, 기원전 333-264)이 기원전 300년경에 이 현관에서 가르치기 시작했다. 헬라 철학의 한 흐름인 이 학파는 기원전 1세기부터는 로마 고위층에도 많은 추종자를 얻었다.

스토아 윤리는 이성법(로고스)에 의해 다스려지는 세상에 인간이 적응해야 할 필연성을 강조했다. 세상에의 적응이 성공하면, 사람은 참된 행복에 이른다. 이 행복은 욕망으로부터 해방(Apathie)되어서 외적 사건들 앞에서도 〈가능한〉 현자의 부동(그. ataraxia, 不動)에 도달하는 것이다. 이 부동에 이르기 위해서는 분노, 기쁨, 슬픔 같은 감정의 동요를 이성으로 제어해야만 한다.

욕망으로부터의 해방이라는 스토아의 이상과 주요 덕목의 결합은 파나이티오스에게서 이루어졌고 키케로가 수용하였다. 그런데 아우구스티누스는 양자의 결합을 근본적으로 다음과 같이 비판했다(2.1). 주요덕목이 감정 제어를 위한 수단으로 활용되는 한 이것들은 참된 행복에 이르도록 하는 데에 기여할 수 없다. 왜냐하면 이들의 역할은 인간 내면에 자리한 죄성에서 기인하는 불행과의 희망 없는 싸움에 국한되기 때문이다.

따라서 덕은 불행의 실제적 원인을 제거하지 못하고 오직 이 불행의 증상만을 완화시킬 뿐이다. 아우구스티누스는 이 네 가지 주요 덕목을 다루면서 이 점을 보여 준다.

덕은 스스로 인간 선의 정점이라고 주장하고 있는데 그럼 악습, 지속되는 전쟁, 외적인 것을 논외로 하고, 여기서 덕은 내적인 것을 위해서 무엇을 하는가? […]	Porro ipsa uirtus, […] cum sibi bonorum ic culmen uindicet humanorum, quid hic agit nisi perpetua bella cum uitiis, nec exterioribus, sed interioribus […],
아주 중요한 것은 그리스어로 소프로쉬네(sophrosyne)로 라틴어로 템페란티아(temperantia)라고 일컫는 극기라는 덕이다.	maxime illa, quae Graece sophrosyne, Latine temperantia nominatur, qua carnales frenantur libidines, ne in quaeque flagitia mentem consentientem trahant?
이 덕으로 말미암아 정신을 방탕하게 이끌고자 하는 육체적 욕망이 억제될 수 있는가? […]	[…I]n hac uita […] id saltem in adiutorio Dei facimus, ne carni concupiscenti aduersus spiritum spiritu succumbente cedamus […]
이생에서 우리는 하나님의 도움으로, 적게나마 영이 굴복할 때 일어나는 영과 대립하는 육체적 정욕에 굴복하지 않는다. […]	Quid illa uirtus, quae prudentia dicitur, nonne tota uigilantia sua bona discernit a malis […]?
지혜라 불리는 덕은 그 온전한 경성함으로 선과 악을 구분할 수 있지 않는가 […]?	Quid iustitia, cuius munus est sua cuique tribuere […], nonne demonstrat in eo se adhuc opere laborare potius quam in huius operis iam fine requiescere? […]
각 사람에게 각자의 몫을 분배하는 소임을 맡은 정의라는 덕은 그 자체로 자신이 이 소임의 완성 안에서 쉬고 있지 않고 지금까지 소임을 따라 일하고 있다는 것	Iam uero illa uirtus, cuius nomen est fortitudo, in quantacumque sapientia euidentissima testis est humanorum malorum, quae compellitur patientia tolerare.

을 보여 주지 않는가? […]
그리고 또한 용맹이란 이름의 덕은 아무리 거대한 지혜 가운데 있다 하더라도 인내로써 어쩔 수 없이 참아 내야 할 인간적 악에 대한 아주 분명한 증인이다.

아우구스티누스, 『하나님의 도성』 19.4
(CChrSL 48.665f.[62-69, 76-79, 85f., 92f., 95f., 103-105줄]).

이 덕목은 참된 행복에 이르게 하는데 부적격한 것으로 판명되었는데 아우구스티누스는 그 원인을 행복에 대한 두 가지 그릇된 이해에서 찾았다. 철학적 관점에서 참된 행복은 이 지상적 삶에서 이미 도달할 수 있고 (1) 또 사람이 스스로의 힘으로 실현할 수 있는(2) 선으로 간주된다. 바로 이러한 행복 이해 때문에 철학적 행복론은 곤란을 겪고 있다.

결과적으로 이 행복론은 지상의 악의 극복이 불가능하다는 것을 어쩔 수 없이 부정하지만 이 악을 견딜 수 없는 경우에는 자살할 수 있는 가능성을 허락한다. 이로써 이 행복론은 아래 인용된 스토아주의자들처럼 악을 극복할 수 없다는 것을 인정했다.

나는 스토아 철학자가 이와 같은 악을 악이 아니라고 주장하는 것에 어리둥절한다. 그들은 이 악과 관련하여 만일 현시 견딜 필요가 없다면 자살하고 이생을 떠나도록 강요받는다는 것을 인정한다.

그러나 여기서 최고 선을 소유하고 자기 스스로 행복해질 수 있다고 생각하는 이 사람들 안에 이처럼 커다랗고 교만한 우둔함이 있다. […]
그가 눈이 멀고, 귀가 먹고, 벙어리가 되고, 지체가 마비되고, 고통에 시달릴지

Quae mala Stoici philosophi miror qua fronte mala non esse contendant, quibus fatentur, si tanta fuerint, ut ea sapiens uel non possit uel non debeat sustinere, cogi eum mortem sibimet inferre atque ex hac uita emigrare.

Tantus autem superbiae stupor est in his hominibus hic se habere finem boni et a se ipsis fieri beatos putantibus, ut sapiens eorum, […]
etiamsi excaecetur obsurdescat obmutescat, membris debilitetur doloribus crucietur et, si

라도, 이런 악에 대해서 말하고 생각   quid aliud talium malorum dici aut cogitari
할 수 있는 것이 무엇이든지 간에, 이것   potest, incidat in eum, quo sibi mortem
이 그에게 닥칠 때 자살을 강요받으면서   cogatur inferre, hanc in his malis uitam
도 이 악 안에 놓인 삶을 복되다고 말하   constitutam eum non pudeat beatam uocare.
는 것에 대해서는 부끄러워하지 않는다.

아우구스티누스, 『하나님의 도성』(De ciuitate dei) 19.4
(CChrSL 48.666[105-111, 112-116줄]).

철학적 행복론에 대한 아우구스티누스의 근본적 비판은 기독교적 삶이 우선적으로 내세 지향적이라는 것을 각인시킴으로써 서구 기독교 윤리에 지대한 영향을 끼쳤다. 인간 자신의 힘으로 참된 행복에 도달할 수 없다는 지적은 또한 참된 내세의 행복을 얻기 위해서 인간이 하나님의 은혜에 의존한다는 의식을 반영한다.

따라서 아우구스티누스에 따르면 그리스도인은 주요 덕목과 일치하는 삶을 노력하는 대신에 믿음, 소망, 사랑이라는 신학적 덕의 도움을 받아서 전적으로 내세의 지복을 주는 하나님을 지향해야만 한다.

15.1.3 교리학의 응용 학문인 윤리학

§ 15.1.1-2는 고대신학이 아주 상이한 방식으로 고대 덕 윤리와 관련을 맺었음을 보여 주었다. 덕 윤리가 폭넓게 수용되기도 했고(암브로시우스) 구원론 및 종말론에 근거한 비판으로 덕 윤리를 넘어서기도 했다(아우구스티누스). 그러나 이 두 기본 입장은 중세의 교회적 아우구스티누스주의가(§ 11.2.1) 정착하면서 융합되었다.

근본적인 하나님 은혜의 우위성에도 불구하고 내세의 구원을 얻는 데에 지상적 삶의 방식 또한 결정적인 영향을 끼친다고 여겨졌기 때문에 교회는 이 세상에서 윤리 지향적 삶을 살도록 인간을 지도할 책임을 느꼈다.

이러한 배경에서 특히 중세 중기에는 네 가지 주요 덕목과 세 가지 신학적 덕목을 함께 포괄하는 기독교 윤리가 전개되었다. 여기서 인간이 창조주 하나님과 함께 하는 영원한 삶을 향하여 창조되었다는 것이 근본적으로 전제되었다. 이 이해에 의하면 삶의 안내자가 되어야 할 인간의 규정은 종말론적 하나님의 관조 곧 내세의 지복이다. 그러나 네 가지 주요 덕목〈의 실천에서 볼 수 있는 것처럼〉 자연적으로 인간에게 주어진 도덕적 힘은 이 최종 목적에 이르도록 하기에는 불충분했다. 따라서 반드시 초자연적 하나님의 은혜에서 기인하는 신학적 덕이 부어져야 한다.

이 덕이 부어짐으로써 네 가지 주요 덕목의 방향도 하나님을 향하여 맞추어진다. 이와 같이 은혜로 말미암아 지상에서 이루어지는 인간의 전체 삶이 내세적 지복을 향하여 설정된다. 윤리에 대한 이러한 구상은 고대 교회가 고대 덕 윤리를 다양하게 수용한 것에 근거하고, 중세의 교회적 아우구스티누스주의 안에서 개선의 과정을 거치면서 이루어졌다. 아래 도표는 이 점을 명확하게 한다.

지상의 삶의 방식이 내세의 구원에 중요한 의미를 지니기 때문에 서구 중세 기독교 윤리학은 신학의 교의적 틀 안에서 결정되고 교회가 승인한 기독교 신앙의 규범적 규정에 의해서 관리되었다. 따라서 종교개혁 이전 시대의 기독교 윤리는 교회가 교의학을 삶의 실제에 적용하는 과정에서 그 형태가 정해졌다. 그래서 윤리학은 교의학 옆에 서있는 독립적인 주제가 아니라 교의학의 적용 분과로 여겨졌다.

도표 3

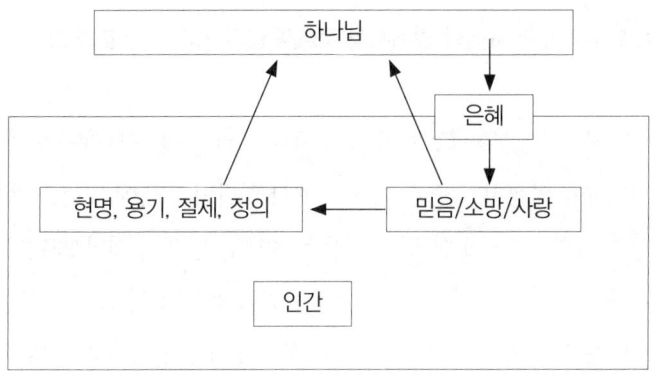

윤리학이 교의적으로 규정되는 경향과 대조적으로 종교개혁에서 계몽주의에 이르는 중간기에는 윤리적 근본 원리가 이미 확고한 교회-종교적 권위로부터 여러 상이한 단계를 거쳐서 독립되어 갔다. 다음 장은 세 가지 예를 통해서 윤리가 교의학에서 독립되어 가는 과정을 보여 준다.

📖　서양 고대 윤리와 초기 기독교 윤리 사이의 복잡한 연관성
    - E. Mühlenberg, Altchristliche Lebensführung zwischen Bibel und Tugendlehre.

📖　중세 윤리의 주요 관점
    - J. Gründel, Ethik VI (TRE 10).

15. 2 종교개혁과 근대의 지평에서의 신학적, 철학적 윤리학

15. 2. 1 종교개혁 윤리학 안에서의 지상적 삶의 가치의 상향 조정

루터의 칭의론에서(§ 11.2.2) 윤리 문제와 구원 문제가 분리되었다. 하나님이 인간에게 약속한 구원은 이 세상에서 하나님의 뜻에 맞는 삶을 사느냐에 달려 있지 않다. 또한 믿는 자들을 하나님 앞에서 선한 행위를 해야 할 강제에서 해방시켜 주는 것이 참된 행위의 전제 조건으로 간주되었다. 이웃을 향한 이런 선한 행위는 더 이상 교회가 규정해 놓은 특정의 요구대로 행해질 필요가 없었다. 그것은 칭의론의 지평에서 볼 때 구원에 이르기 위해서 다른 것보다 더 우월한 특권적 삶의 형태가 없기 때문이다.

이러한 견해를 고려할 때 중세신학이 전반적으로 기독교 완전성의 평균 이상의 수준이라고 높이 평가했던 수도원의 삶을 거절했던 루터를 이해할 수 있다(§ 15.1.1). 루터는 모든 지상적 삶의 형태는 하나님 앞에서 원칙적으로 동일하다고 가르쳤고, 수도원적 삶에 대한 높은 평가는 초기 기독교 및 고대 교회의 이상적 삶과 모순되며 율법주의를 가속화했다고 보았다.

어느 연약한 그리스도인이 옛적 그리스도인의 일반적 수준과 특성을 능가할 정도로 아주 엄격한 방식으로 사는 거룩한 은둔자 또는 수도사에게 듣거나 그를 본다면 거부감을 느끼면서 이 새로운 성자에 비하면 옛적의 모든 그리스도인의 삶은 아무 것도 아니거나 심지어는 세상적이고 위험한 것이라고 생각할 것이다. 이로써 혐오스러운 일이 온 세상에 퍼졌다. 그리스도인인 한 시민이나 농부가 있다. 그는 그리스도에 대한 올바르고 순수한	[W]enn ein schwacher Christ hoeret oder sihet einen heiligen Einsideler oder Muench, der eine sonder strenge weise fueret uber den alten gemeinen Christen stand oder wesen, so stoesset er sich dran und denckt, das gegen diesem neuen heiligen aller alten Christen leben nichts oder gar weltlich und ferlich sey. Daher ist denn eingerissen der greuel in aller welt, das ein Christlicher Buerger oder Baur,

신앙을 갖고 옛 사람들이 올바르고 선하게 여긴 행위를 숙달할 만큼 연습했다. 예를 들면 하나님이 성경 안에서 명령한 겸허, 인내, 온유, 순결, 사랑, 이웃에 대한 신실, 열심, 봉사, 직분, 직업, 신분 안에서 임무를 행했다.

이 사람은 옛 관점에서는 올바른 성인이며 그리스도인이다. 그러나 그는 경멸당해야만 하고 새롭게 등장한 성인과 비교해서 아무것도 아닌 것이 되어야만 한다.
그러나 특별한 옷, 음식, 금식, 숙소, 몸짓 등 새롭고 선한 행위로 치장한 이 성인은 교만하고, 공명심이 강하고, 분노하고, 참지 못하고, 야비하고, 고기를 탐내고, 거만하고 거짓된 그리스도인이다.

der einen rechten, reinen glauben hat an Christo und sich ubet in den rechten alten guten wercken, von Gott in der Schrifft geboten, als in demut, gedult, sanfftmut, keuscheit, liebe und treue gegen seinem Nehesten, vleis und sorge in seinem dienst, ampt, beruff und stand,

Dieser ist ein rechter alter heilige und Christ, Aber er mus stincken und nichts sein gegen dem neuen Heiligen, der unter einem sondern kleide, speise, fasten, lager, geberde und der gleichen neuen guten wercken ein hohmuetiger, ehrsuechtiger, zorniger, ungedueltiger, hessiger, fleischbruenstiger, vermessener, falscher Christ ist.

루터, 『공의회와 교회에 대하여』(Von den Konziliis und Kirchen) (Luther deutsch 6.23f./WA 50.608.5-18).

하지만 루터는 지상에서 어떤 삶을 살아야 할지의 문제를 전적으로 각 그리스도인의 권한에 맡기지는 않았다. 세상적 삶이 교회적 규정에서 풀려났어도 이로부터 곧 자율과 자기 실현의 이상이 생겨나는 것은 아니다.

그는 오히려 그리스도인에게 의무를 지우는, 현실로 주어진 사회적인 법의 힘을 분명하게 강조했다. 그는 현존하는 사회적 세 관계를 인간의 구성력의 결과나 우연의 산물로 보지 않았다. 그는 오히려 이 16세기 사회 질서의 근거를 직접적으로 하나님의 뜻에서 찾았다.

루터에 의하면 하나님 자신이 세 신분, 곧 성직(교회), 군인(세상 통치자), 생산 계급(가정 경제 단일체인 가족)을 창조했다. 이 신분 질서는 신적인 근원을 갖고 있기 때문에 최상의 구속력이 있다. 따라서 무조건적으로 각 그리스도인은 이 세 신분 구조 안에서 자신이 현재 서 있는 위치에 정확하게 매어 있다. 또한 신앙 안에서 얻는 그리스도인이라는 자유가 이 신분 구조에 대한 의무와 대립될 수 없다.

따라서 그리스도인의 실존은 당시 신분 구조 안에서 자신의 위치를 자발적으로 받아들임으로써 실현된다. 루터는 아래 인용문에서 누가복음 2:20을 지시하면서 이 견해를 세운다.

루터

1. 칭의론이 윤리와 구원 문제를 분리시켰다.
2. **결과**: 지상적 삶의 모든 형태는 하나님 앞에서 동등하다. 수도원 생활이 우월하지 않다.
3. 존재하는 지상의 질서 구조는 규범적 가치를 지닌다
    (세 신분: 성직, 군인, 생산계급).

목자들이 깨달음을 얻고 그리스도의 지식에 도달한 이후에 자신들의 직업에 머물고 그렇게 이웃을 섬겼다는 것은 훌륭하고 적철한 교훈이다. 참된 신앙은 외부의 일을 포기하고 수도사가 원하는 것처럼 새로운 삶을 시작하는 사람을 만들지 않기 때문이다.
그리스도는 외부의 것을 바꾸고 자기 세계를 파괴하고 달리 만들기 위해서 오지 않았다. 따라서 사람은 어디서나 그런 것처럼 불가피하게 몸을 입혀야하고 몸에 양식을 제공하고 일하는데 활용해야만 한다. 이것이 하나님의 창조와 질서다. 하나님은 이것을 지속되게 한다. 그는 무엇을 변화시키기 위해서 오지 않았다 […]
[목자들은 지금부터 사막으로 가서 세상에서 사람들에게 어떤 것도 하지 않고 홀로 명상적 삶 속에서 하나님을 금식과 기

Dis ist ein fein, gut lere, quod pastores, postquam sunt illuminati, lauffen nicht jnn die wuesten, quia fides macht nicht solche leute, das man das euserlich leben lasse fahren und hebe ein newes an, Sicut Monachi `putant […]

Christus non venit, das er euserlich ding endere und sein geschoepffe umbsturtze, Man sol den leib kleiden, sein fueter geben, erbeiten etc. Haec est eius creatio. Hanc zu endern ist er nicht komen […]

기도로 섬길 것이라고 말하지 않았다.]
아니다. 이렇게 하는 것은 하나님을 섬기는 것이 아니라 복종에서 벗어나는 것과 너 자신을 섬기는 것을 뜻한다. 그러나 하나님을 섬긴다는 것은 하나님이 너를 세운 그 신분에 머물러 있는 것이다. 곧 남자는 남자로, 여자는 여자로, 황제는 황제로, 시민은 시민으로 머무는 것이다. 자신의 신분 안에서 하나님을 아는 것을 배우고 그를 찬미하는 자, 그가 하나님을 참되게 섬기는 자다.

Non dicunt: Jch wil Gott dienen, jnn die wusten gehen, nichts mehr thun auff erden, allein jnn beschawlickeit leben, Gott dienen mit beten und fasten, Denn das heisst nicht Gott dienen, sed wenn man bleibet ein iglicher jnn seinem stand, dar ein jn Gott gesetzt hat, das ein man ein man, ein weib ein weib etc. bleibe und jnn solchem stande lernen Gott erkennen und jhn preisen, so dienen sie jm recht

루터, 『성 요한의 날의 설교』(Predigt am Tage St. Johannis) (Luther deutsch 8.52–54/WA 37.246.14–17, 23–25; 247.25–30).

15. 2. 2. 윤리와 종교의 분리 – 크리스티안 볼프와 임마누엘 칸트

루터가 세상적 실존의 가치를 신학적으로 재평가하여 높인 사실에서 이미 볼 수 있는 것처럼 윤리는 독자적인 영역이 되어 갔고 이러한 경향은 구개신교 정통주의 말엽부터 더욱 강화되어 갔다. 이미 경건주의는 종교개혁 신학의 내용을 교과서 서술 방식으로 고착화시키면서 기독교적 생활의 실제에서 멀어져 가는 정통주의의 경향에 저항하였다(4.3). 신신학은 성경에 증언된 예수의 선포에 근거를 두고 교의의 권위를 철저하게 비판적으로 상대화함으로써 정통주의에 대한 비판을 강화했다(4.5).

〈이 과정에서〉 오직 기독교 선포가 갖는 윤리적 의미만이 타당한 것으로 인정되었다. 기독교 교리 중에서 오직 윤리적 삶으로 이끌어 가는 데 도움이 되고 덕과 행복의 촉진을 약속하는 것만이 가치를 인정받았다.

교회-교의적 규정뿐만 아니라 모든 종교적 규정에도 의존하지 않고 오직 인간의 실천 이성에만 근거하는 윤리를 세우기 위한 결정적인 과정이 근대철학에서 이루어졌다. 이와 관련하여 볼프가 1721년 7월 12일에 대학에서 행한 축제 연설이 아주 중요하다. 볼프는 이 연설에서 비(非)기독교 민족도 올바른 윤리적 원리에 따라 살 수 있음을 보여 주기 위해서 그 예로 중국의 실천 철학을 거론했다(4.3).

이 주장 때문에 볼프는 신학부 경건주의자의 요구로 2년 후에 할레에서 추방당해야만 했다. 볼프는 1726년에 이 연설문을 직접 출판했다. 1721년 본문을 보완하여 자신을 무신론자로 비난하는 적대자들을 반박하기 위한 수많은 각주와 서론을 추가했다.

볼프는 덕의 행위를 세 부분으로 나누고자 했다.

(1) 맨 먼저 그 원리가 모든 종교에서 자유롭고 오직 인간 정신의 본질에 의해서 일괄적으로 규정되는 행위가 있다. 이 행위를 통해서는 덕의 가장 낮은 단계에 도달한다. 고대 중국인은 이 단계에 있었고 이 단계를 탁월하게 형성하고 세련시켰다.

(2) 두 번째 단계는 그가 1726년에 철학적 덕으로 명명했던 것이다. 여기서는 첫 번째 단계의 내용 규정이 폐지되지 않고 그 외의 다른 동기가 추가됨으로써 더욱 심화된다. 곧 하나님의 존재와 속성, 섭리에 대한 철학적 인식에서 기인하는 행위의 동기들이 추가된다. 이 같은 동기는 1726년 철학적 경건이라고 일컬었던 자연 종교에서 생긴다.

(3) 끝으로 은혜로 주어진 기독교의 초자연적인 진리를 신앙하는 가운데 더 심화된 덕으로 이끌어 줄 행위의 동기가 생겨난다. 볼프는 1726년에 이와 관련하여 신학적 또는 기독교적 덕을 말했는데(virtus theologica seu Christiana), 은혜로 야기된 이 기독교적 동기는 인간의 자연에서 기인한 동기보다 더 강하다.

볼프

1. **1721/1726**: 『중국인의 실천 철학에 대한 연설』
2. **논제**: 윤리적으로 선한 행위는 (신에 대한 신앙과 관계없이) 오직 이성과 덕에 의해서 가능하다
3. 철학적 신(神) 지식과 초자연적 은혜는 이성에 근거한 도덕성을 고양한다.

윤리 문제를 깊이 탐구하는 자는 비록 인간의 행위가 법에 일치한다 하더라도 그 동기가 다양하다는 것을 아주 분명히 알고 있다.
(1) 정신은 어느 행위로 생겨난 인간 내외적 상태의 변화를 드러내거나,

(2) 정신은 최고신(Numen summum)의 속성, 섭리, 나아가 그의 권위를 동기로 활용하기도 한다.
(3) 끝으로 […] [행위의] 동기는 신적으로 계시된 진리에서 오기도 한다.
(1) 결과를 가지고 행위를 평가하는 자는 오직 통솔하는 이성에 의해서 행위를 이끌어 간다. [그래서] 그가 실천하는 덕은 오직 자연의 힘에 기인한다.
(2) 어떤 사람은 오직 이성의 빛 안에서 이루어지는 신적 속성과 섭리에 대한 명상에 의해서 행위하도록 결정된다. 이들의 덕은 자연 종교에서 발생한다.
(3) 끝으로 어떤 사람은 신적으로 계시된 진리에 의해서 행위하도록 추동된다. 이들의 덕은 수용된 은혜의 힘에 기인한다. 세계의 창조자를 알지 못했고 자연 종교를 갖지 않았기 때문에 고대 중국인에게는 더욱 신적 계시에 대한 어떤 기록 문

Qui res morales profundius scrutantur, iis satis superque cognitum ac perspectum, actionum humanarum, etiam si legi conformes sint, varia esse motiva.
[1] Nimirum aut mens sibi repraesentat status humani cum interni, tum externi mutationem, quae ex actione consequitur;

[2] aut motivis utitur attributis ac providentia, immo autoritate Numinis summi;

[3] aut motiva denique praebent veritates divinitus revelatae…
[1] Qui actiones ex eventu aestimant, solo rationis ductu actiones dirigunt, quasque colunt, virtutes solis naturae viribus tribuendae veniunt.

[2] Qui attributorum divinorum ac providentiae Numinis contemplatione solo rationis lumine facta ad agendum determinantur, eorum virtutes a religione naturali ortum ducunt.

[3] Qui denique veritatibus divinitus revelatis … ad actiones impelluntur,eorum virtutes gratiae viribus acceptae ferri debent. Sinenses antiqui … cum nulla universi Autorem ignorantibus esset religio naturalis, multo minus aliqua revelationis divinae

서도 알려지지 않았다. [따라서] 덕의 실천을 촉진시키기 위해서 이들은 오직 모든 종교와 무관한 자연의 힘만을 활용했다.

documenta innotuissent, non aliis quam naturae viribus iisque ab omni religione puris ad virtutis exercitium promovendum uti poterant.

볼프, 『중국인의 실천 철학에 대한 연설』
(Oratio de Sinarum philosophia practica), 24–27(Text von 1721).

볼프는 오직 이성에 의해서 인도되는 윤리와 기독교 종교를 아무 마찰 없이 결합시키는 것에 관심을 두었다. 이와 대조적으로 칸트는 순수하게 이성의 지도를 받는 윤리와 종교에 근거한 윤리를 정밀하게 구분하는데 주력했다.

칸트는 먼저 하나님 개념에 전혀 의존하지 않고 종교와 관련 없는 윤리를 세웠다. 근대 윤리학 발전에 결정적인 의미를 지니는 그의 책 『윤리 형이상학의 정초』(Grundlegung zur Metaphysik der Sitten, 1785)에는 하나님 개념이 거의 언급되지 않고, [언급되는] 곳에서도 도덕법을 위해서 중요한 역할을 하지 않는다. 오히려 정언명령으로 일컬어지는 도덕법의 당위·필연성이 인간의 실천 이성의 적합한 활용에서 귀결된 결과임이 입증되었다.

그런데 칸트는 『실천 이성 비판』에서 하나님을 도덕성과 행복 사이의 [적합한] 상응을 보장하는 자로 생각했고 이로써 이론적으로 충분히 정립될 수 없는 것으로 드러난 하나님의 존재에 대한 가정이 도덕적 행위를 위해서 실천적 의미를 갖고 있음을 인정했다(§ 6.2.1).

그러나 이것은 인간 이성의 자율에 의해서 알려진 도덕법의 효력이 하나님의 개념에 의존해 있음을 뜻하지 않는다. 오히려 칸트가 『이성의 한계 안에서의 종교』(Die Religion innerhalb der Grenzen der bloßen Vernunft, 1793)에서 강조한 것처럼 종교적 교리의 내용은 인간의 실천 이성의 표현으로 해석할 수 있는 조건에서만 자신의 신적 기원을 주장할 수 있다.

> **칸트**
>
> 1. 1785: 『윤리 형이상학의 정초』 종교와 관련 없이 윤리를 세움.
> 2. 1788: 『실천 이성 비판』 – 윤리적 관점에서 신의 존재는 필연적이다(§ 6.2.1).
> 3. 1793: 『이성의 한계 안에서의 종교』 – 윤리는 이론적으로 신의 개념에 의존하지 않고 확립될 수 있음을 강조했다.

윤리가 만약 자유롭고 그래서 자신의 이성으로 자신을 절대적인 법에 묶을 수 있는 그러한 인간 개념에 근거되어 있다면, 이 윤리 [안에서] 인간은 자신의 의무를 알기 위해서 자기보다 상위의 존재를 필요로 하지 않고 또한 그 의무를 행하기 위해서 [도덕]법 외에 다른 동기를 필요로 하지 않는다. […]

따라서 (객관적으로 의지에 대해서 생각하고 주관적으로 능력에 대해서 생각할 때) 윤리는 자신을 위해서 결코 종교를 필요로 하지 않고 단지 순수 실천 이성의 도움만으로 자족한다.

칸트, 『이성의 한계 안에서의 종교』
(Akademie-Textausgabe VI 3.3-7, 11-14.

우리에게 전해진 어떤 교리가 신적 기원을 갖는지는 오직 순수 윤리적이고 이로써 확실한, 우리 이성의 개념에 의해서만 알 수 있다.

칸트, 『학과들의 다툼』(Der Streit der Facultäten)
(Akademie-Textausgabe VII, 48.7-9).

📖 　　근대 윤리의 발전 과정
　　　　– T. Rendtorff, Ethik VIII (TRE 10).

📖 📖 루터의 윤리 저술
- P. Althaus, Die Ethik Martin Luthers.
- M. J. Suda, Die Ethik Martin Luthers.

15. 3 근현대 개신교 내에서 교의학과 윤리학의 관계

윤리가 종교나 교의 규정에서 독립하는 것이 종교개혁 이후 근대 개신교 역사에서는 위험한 것으로 인식되었지만(§ 15.2.1) 근대 철학에서는 이 독립이 철저하게 이루어졌다(§ 15.2.2). 신학적 계몽주의 이래 복음주의 신학의 논쟁을 획기적으로 결정한 것이 바로 이 윤리의 독립이다.

슐라이어마허는 자신의 종교 및 기독교 이해의 지평, 그리고 자신의 기본 개념의 실제적 전개 과정에서 교의학과 윤리학의 관계, 곧 기독교 신앙론과 윤리학의 관계를 정밀하게 규정했다. 루트비히 요나스(Ludwig Jonas, 1797-1859)는 슐라이어마허가 강의했던 기독교 윤리학에 관한 메모와 필사본을 사후에 출간했는데 이제 이것을 근거로 교의학과 윤리학에 대한 슐라이어마허의 관계 규정을 알아보자.

> 1843년에 『개신교회의 원리에 입각하여 여러 주제를 연관시키면서 서술한 기독교 윤리』(Die christliche Sitte nach den Grundsätzen der evangelischen Kirche im Zusammenhang dargestellt)라는 제목으로 출판된 본문은 슐라이어마허의 **교의학** 주저에 상응하는 **윤리**적 저술이다. 이 두 저서가 짝을 이루고 있다는 것은 이미 유사한 책의 구성에서도 분명하다.
> 하지만 윤리학에는 신앙론의 제1부(경건한 자의식 자체)에 상응하는 부분이 없다. 윤리학은 곧장 대조(Gegensatz)에 의해서 결정된 경건한 자의식의 영향을 받아 일어나는 기독교적 행위를 다룬다. 또한 윤리학에는 상대적 복

의 수준(das Stadium relativer Seligkeit)에서 생겨나는 기독교적 행위에 대한 서술이 나오는데 이것에 상응하는 것이 신앙론에는 없다. 아래 도표는 두 저작 사이의 공통점과 차이점을 선명하게 보여 준다.

먼저 슐라이어마허는 기독교 신앙이 근원적으로 동일하게 **지식**(Erkenntnis)과 **행위** 형태로 표현되었다는 것에서 논의를 시작했다. 따라서 신앙론을 토대로 윤리학을 신앙론에 대한 실천적 측면의 보충이나 결론으로 다루는 것은 가능하고 정당할 것이다(§ 15.1.3에서 언급된 시도는 이와 같이 진행한다.) 또한 정반대로 윤리학을 토대로 삼고 신앙론을 단지 윤리학에 대한 이론적 상응으로 다루는 것 역시 가능하고 정당할 것이다.

근현대 개신교의 교의학과 윤리 Ⅰ

- **슐라이어마허**: 경건이 앎과 행위를 위한 추진력을 내놓는다.
  각 영역의 추진력은 상대 영역에서 나올 수 없다.

슐라이어마허에 따르면 이러한 상황에서 기독교 지식과 행위의 근거가 되는 전제는 교의학이나 윤리학과 구별되어야만 한다. 그는 이 전제를 **경건**(Frömmigkeit)이라고 말한다. 이 안에서는 지식으로 인도하는 관심과 행위를 이끄는 **추동력**이 아직 구분되지 않은 채 서로 결합되어 있다. 교의학과 윤리학의 구분은 경건이 자리하고 있는 종교적 자의식의 전제와 결과가 구분됨으로써 생겨난다.

슐라이어마허, 기독교 신앙론(²1830/31)-5.1. 참고

서론(§§ 1-31)	
제1부 경건한 자의식 그 자체 (§§ 32-61)	제2부 죄(불쾌)와 은혜(유쾌)의 대조 아래 있는 경건한 자의식 (§§ 62-169)
결론: 삼위일체(§§ 170-172)	

↓　　　↓

일반 서론(1-96)				
작용하는 행위 (상대적 운동의 단계)		묘사하는 행위 (상대적인 복의 단계)		
정화/재건하는 행위	퍼뜨리고/확장하는 행위			
교회: 교회의 권징, 교회 의 개선(100-217)	교회, 결혼, 가족: 선교, 교육 (330-440)	기독교적 사귐: 협의의 예배, 기독교적 덕 (516-620)	내적 영역 (근거를 세우는 요 소: 기독교적 자세)	
가족, 국가: 가정 교육, 형법, 국가 개선, 전쟁 (217-290)	국가: 문화 개발 (440-501)	자유로운 사회: 예술, 놀이, 사귐 (620-705)	외적 영역 (근거를 세우는 또 하나의 공동 요 소: 시민적 자세)	

슐라이어마허, 『기독교 윤리학』(1843, 요나스가 발행)

인간을 그리스도인으로 만드는 근본 전제(Grundvoraussetzung)가 지식과 행위 방식으로 파악될 수 있고 〈또 이 양자 모두가〉 근원적이며 동일한 비중을 갖고 있다고 이해할 수 있다면, '그 근본 전제는 본질적으로 〈아직〉 이 둘로 나누어지지 않은 채로 있는 어떤 것'이라는 결론이 나온다. […]
그러나 이제 우리는 경건의 상태에서 이 두 요소가 본질적으로 결합되어 있

음을 볼 수 있다. 한편에는 종교적 영역의 대상에 대한 관심이 있다. 그러나 종교적 영역의 관심은 대상에 대한 개념을 아주 다양한 정도로 일으킨다. 다른 한편에는 […] 추동력(Antrieb)이 있다. 이것은 행위로 전환되어야만 하지만 다양한 인간 안에서 다양한 시간에 아주 다양한 정도로 〈표현된다.〉 […]

교의학의 과제는 간명하게 〈다음의〉 질문이다. 자의식의 종교적 형태, 곧 종교적 감정 상태가 있기 때문에 무엇이 있어야만 하는가를 묻는 질문이다. 그리고 윤리학의 과제는 간명하게 〈다음의〉 질문이다. 종교적 자의식이 있다. 이 종교적 자의식에서, 이것으로 말미암아 무엇이 생겨나야만 하는가의 질문이다.

슐라이어마허, 『기독교 윤리, 일반 서론』
(Die christliche Sitte, Allgemeine Einleitung)
(Sämmtliche Werke I 12.18, 22f.).

슐라이어마허에 따르면 경건에서 생겨나는 지식에 대한 관심은 '아주 다양한 정도로 대상에 대한 개념을 일으키고,' 행위를 이끄는 추동력은 '아주 다양한 정도로 다양한 인간들 안에서 다양한 시간들 가운데 표현된다.' 이러한 입장은 슐라이어마허의 종교와 계시 이해에서(§.1.1.3; §3.3) 드러나는 사유의 다원적 성격을 다시 보여 순다.

기독교의 근원적 의식, 기독교의 근원적 신앙은 두 방향을 지향하는데 하나는 사유이고 다른 하나는 행위이다. […] 따라서 우리는 윤리학의 문장을 교의학의 문장이 아니라 그 토대가 되는 것에서 이끌어내야만 한다.

슐라이어마허, 『기독교 윤리, 일반 서론』
(Sämmtliche Werke I 12.24[1826/27년 강의]).

칼 바르트는 스스로 계몽주의 및 자유주의 신학과 철저하게 구별하면서 자신의 신학 개념을 형성해 갔다(6.2.). 이러한 접근 태도와 결합되어 있는 것은 계몽주의 신학에 대한 바르트의 거부였다.

바르트는 개신교 계몽주의 신학이 기독교 교리를 오직 윤리적 삶에 유익하고 덕과 복의 촉진을 약속하는 요소로 축소하는 것을 시종일관 거부했다. 따라서 바르트는 계몽주의 이래로 분명하게 볼 수 있는 신학적 윤리학의 독립하는 경향을 아주 불행하며 그릇된 발달이라고 판단했다. 그것은 이런 과정을 거치면서 더 이상 하나님 말씀이 아니라 스스로를 신성화하는 인간이 인간 실존의 척도로 고양되기 때문이다.

> [교의학과는 독립된 윤리학이 세워진 곳에서] 독립된 윤리학의 역할이 바뀌었다는 것을 고려해야만 한다. 곧 자신을 신학의 근본 학문으로 삼아 교의학의 자리에 세우는 경향을 보였다는 것을 고려해야만 한다. [⋯]
> 독립한 윤리학은 종국에는 언제나 일반적 인간론에 의해서 결정되기 때문에 이것은 결국 교의학과 신학 전체가 응용 인간학이 되었다는 것을 뜻한다. 윤리학의 판단 기준은 더 이상 하나님 말씀이 아니고 그리스도인의 신분에 어울리는 품성에 대한 질문을 결정하고 계시 너머에서 찾고 발견되는 선이라는 이념이다. [⋯]
> [신학적 윤리학의 독립으로 인하여 결국 사고의 방향이 바뀌고 곧 하나님과 인간 사이에서 주체가 바뀌는 치명적이며 불가능한 일이 벌어지고 결국 이것이 신학에서 윤리의 실제적 구성 원리가 된다.
> 　　　　　　　　　　　바르트, 『교회 교의학』 I/2.875 이하, 884(§ 22.3).

바르트는 그의 『교회 교의학』 § 22.2의 제목처럼 '윤리학으로서의 교의학'(Dogmatik als Ethik)을 구상했고, 이 구상이 적합하다고 생각했다. 그것은 신학적 윤리학에서 다루어지는 인간 실존은 기독교적 관점에서 볼 때 오직 그리스도의 계시에서만 드러났고 교의학에서 논의되는 하나님 말씀에 의해 구성되고 형성되기 때문이다.

> 교의학의 대상은 하나님 말씀이고 하나님 말씀일 것이며 다른 어떤 것이 아니다. 그러나 하나님 말씀의 대상은 인간의 실존, 인간의 삶과 원함과 행위다. 하나님 말씀을 통해서 인간 실존이 의문에 부쳐졌고, 곧 이것이 올바른지에 대해서 질문되었고 또한 올바른 가운데로 옮겨졌다. 따라서 이런 의미에서 인간 실존은 그 자신에게 이미 고유하고 미리 결정될 수 있는 어떤 능력 때문이 아니라, **하나님 말씀을 통해서** 신학적 의미를 얻게 된다.
>
> 그러나 바로 하나님 말씀을 통해서 인간 실존이 실제적으로 신학적 의미를 얻는다. 만약 교의학이 윤리학이 되는 것을 끊임없이 거부하지 않는다면, 인간 실존의 문제가 신학과 교의학에 강제하는 힘 때문에 교의학은 결코 신학과 교의학이 될 수 없을 것이다.
>
> 바르트, 『교회 교의학』 I/2,887(§22.3).

근현대 개신교의 교의학과 윤리 II

- **바르트**: 윤리학으로서의 교의학. 하나님 말씀은 인간 실존을 확인하고 수정한다.

바르트가 교의학과 윤리학의 관계를 이해한 것과 원칙적으로 다른 방식으로 양 분과의 관계를 설정하려는 시도가 트루츠 렌토르프(Trutz Rendtorff, 1931년생)에 의해서 이루어졌다. 렌토르프에 따르면 교의학에서 신학적 윤리학의 독립은 근대 의식의 발달을 반영하며 당대 신학이 긍정적으로 수용한 변화 과정의 하나였다.

그의 사고의 출발점은 교회-교의적 진리 독점에서 벗어나는 경향이 종교개혁 및 근대와 함께 시작되었다는 견해다. 또한 객관적 사건 관계를 진실한 것으로 인정하기 위한 전제로서 주관적 확신이 강조되었는데(4.1), 이것이 당시 독립적 경향과 결합되었다. 이로 인하여 예전에 교회직에 의해서 안전하게 보장되었던 교의적 내용은 기독교적 삶을 안내하는 명백한 지도적 기능을 상실했다.

> 교회에서 교직을 맡은 자뿐만 아니라 학문 세계에서 가르치는 자도 스스로는 윤리적 책임 영역을 다 채울 수 없다(ausfüllen). 따라서 근대 윤리학은 종교개혁을 통해 준비된 인간의 자기 책임에 대한 의식의 도움으로 세계관(Weltsicht)과 관련하여 핵심적 자리를 맡게 되었다. […]
> 윤리학은 교의학을 떠나 독립적인 주제가 되었다. 이것은 신학사적 맥락에서 볼 때 교의학적 교리는 윤리학이 필요로 하는, 전제와 지향 목표를 제시할 수 있는 세계관을 더 이상 충분하게 전달할 수 없는 현실과 결정적으로 연관되어 있다.
>
> 렌토르프, 『윤리』(Ethik) 제1권, 42 이하.

근현대 개신교의 교의학과 윤리 III

―렌토르프: 교의학에 대한 윤리학의 우선성은 신학이 현대적 조건에 따른다는 것을 보여 준다.

이러한 이해를 바탕으로 렌토르프는 윤리신학(eine ethische Theologie)을 구상한다. 이 낱말은 그의 관심사가 단지 교의학 앞에서 한 신학 분과로서의 윤리학의 자립을 고수하는 것이 아니라는 것을 분명하게 보여 준다. 근대와 현대에 들어 기독교에 대한 이해의 일치(die Selbstverständigung über das

Christentum)는 교회 및 교의적 영역에서는 갈수록 줄어들면서 〈이제는〉 개인이 책임적으로 참여하는 윤리적 숙고의 영역에서 이루어지고 있다.

이와 같은 이유로 그는 오히려 교의학에 비해서 윤리학을 분명하게 우선시해야 한다고 주장한다. 그는 윤리학의 우선성을 종교개혁적 구상의 진척으로 그리고 동시에 현대 시대의 조건을 고려하는 신학의 표현으로 이해한다.

> 윤리학이 교의학으로부터 자립하는 시기에 근대신학 자체에서, 그리고 특히 역사 분과 안에서 볼 수 있는 것처럼 교의·교회·종파적으로 이해된 신학 개념에서 벗어나는 것이 가능해졌다. 조직신학에서 '윤리학'은 현대의 조건에 따르는 신학을 지칭하는 이름이 되었고 '교의학'은 고전적이며 전근대적 신학 형태의 고수나 그것으로의 회귀를 지칭하는 이름이 되었다.
>
> 렌토르프, 『윤리』 제1권, 43 이하.

📖 교의학과 윤리학의 차이에 대한 근본적 숙고
- D. Lange, Überlegungen zum Verhältnis von Glaubenslehre und Ethik.

📖📖 슐라이어마허의 기독교 윤리를 그의 전(全) 사상 체계 안에서 파악
- H.-J. Dirkncr, Schleiermachers Christliche Sittenlehre.

👓 바르트가 신학적 윤리학을 어떻게 교의학적 틀 안으로 편입시키는지를 아래의 책을 활용하여 알아보시오.
- K. Barth, Kirchliche Dogmatik I/2, 985-988.

📖📖 기독교에 대한 렌토르프의 이론을 상세하게 분석
- M. Laube, Theologie und neuzeitliches Christentum.

참고문헌

Abschließender Bericht , in: Wolfhart Pannenberg/Theodor Schneider (Hg.), Verbindliches Zeugnis III (Schriftverst/ndnis und Schriftgebrauch), Freiburg i. Br./Gcttingen 1998 (DiKi 10), 288–389.

Aland, Kurt: *Hilfsbuch* zum Luther-Studium, Bielefeld [4]1996.

Albani, Matthias/Rcsel, Martin: Theologie kompakt: *Altes Testament* , Stuttgart 2002.

Alberigio, Giuseppe: *Das zweite Vatikanische Konzil* (1962–1965), in: Giuseppe Alberigio (Hg.), Geschichte der Konzilien. Vom Nicaenum bis zum Vaticanum II, Düsseldorf 1993, 414–470.

Althaus, Paul: *Die letzten Dinge*. Lehrbuch der Eschatologie, Gütersloh [10]1970 ([1]1922, [4]1933).

–: *Grundriß der Dogmatik* , Gütersloh [3]1947 ([1]1929).

–: *Die Christliche Wahrheit*. Lehrbuch der Dogmatik, Gütersloh [3]1952 ([1]1947).

–: *Gebot und Gesetz*. Zum Thema ‚Gesetz und Evangelium', Gütersloh 1952 (BFChTh 46/2).

–: [Art.] *Auferstehung* IV: Dogmatisch, in: RGG[3] 1, 1957, 696–698.

–: *Die Theologie Martin Luthers* , Gütersloh [7]1994 ([1]1962).

–: *Offenbarung als Geschichte und Glaube*. Bemerkungen zu Wolfhart Pannenbergs Begriff der Offenbarung, in: ThLZ 87, 1962, 321–330.

–: *Die Ethik Martin Luthers* , Gütersloh 1965.

Ambrosius von Mailand: [Sancti Ambrosii Mediolanensis] *De officiis* [ministrorum] (386–389), in: CChrSL 15.

Andresen, Carl/Ritter, Adolf Martin: *Die Anfänge christlicher Lehrentwicklung* , in: Carl Andresen/Adolf Martin Ritter (Hg.), Handbuch der Dogmen-

und Theologiegeschichte, Band 1: Die Lehrentwicklung im Rahmen der Katholizit/t, Gcttingen ²1999 (¹1982), 1–98.

Aner, Karl: *Die Theologie der Lessingzeit* , Halle 1929.

Anselm von Canterbury: *Proslogion* , in: S. Anselmi Cantuariensis archiepiscopi *Opera omnia*, hg. von Franciscus Salesius Schmitt, *Band 1* , Seckau 1938 (Neudr. Stuttgart/Bad Cannstatt 1968), 89–122.

–: *Cur deus homo*, in: S. Anselmi Cantuariensis archiepiscopi *Opera omnia*, hg. von Franciscus Salesius Schmitt, *Band 2* , Rom 1940 (Neudr. Stuttgart/ Bad Cannstatt 1968), 37–133.

Arquilliüre, Henri Xavier: Augustinisme politique. Essai sur la formation des thories politiques du Moyen Age, Paris ²1972 (¹1934; L'glise et l'tat au moyen-ge 2).

Augustin: *Ad Simplicianum* de diuersis quaestionibus (um 397), in: CChrSL 44, 7–91.

–: *De trinitate* libri quindecim (399–419), in: CChrSL 50, 25–380; 50A, 381–535.

–: *In Iohannis euangelium* tractatus CXXIV (406–420), in: CChrSL 36, 1–688.

–: *De spiritu et littera* ad Marcellinum liber unus (412), in: CSEL 60, 153–229.

–: *De ciuitate dei* libri uiginti duo (413–426/27), in: CChrSL 47, 1–314; 48, 321–866.

Axt-Piscalar, Christine: [Art.] *S/nde* VIII:Reformation undNeuzeit, in: TRE 32, 2001, 400–436.

Banniard, Michel: *Europa*. Von der Sp/tantike bis zum frühen Mittelalter (1989), München/Leipzig 1993.

Barth, Hans-Martin: *Dogmatik*. Evangelischer Glaube im Kontext der Weltreligionen. Ein Lehrbuch, Gütersloh 2001.

Barth, Karl: Der Rcmerbrief.

–: *Das Wort Gottes als Aufgabe der Theologie* (1922), in: Anf/nge der dialektischen Theologie, Teil 1: Karl Barth, Heinrich Barth, Emil Brunner, hg. von Jürgen Moltmann, München 1962, ³1974 (TB 17), 197–218.

–: *Autobiographische Skizze* aus dem Fakult/tsalbum der Ev.-Theol. Fakult/t in Münster(1927), in: Karl Barth – Rudolf Bultmann, Briefwechsel 1911–1966, hg. von Bernd Jaspert, Zürich 1994 (Karl Barth-Gesamtausgabe, Abteilung V: Briefe), 290–300.

–: Die *Kirchliche Dogmatik I/2* , Zürich 1938.

–: Die *Kirchliche Dogmatik II/1* , Zürich 1940.

–: Die *Kirchliche Dogmatik II/2* , Zürich 1942.

–: Die *Kirchliche Dogmatik IV/3* , Zürich 1959.

–: Die *Kirchliche Dogmatik IV/4* : Fragment, Zürich 1967.

Barth, Ulrich: *Religion in der Moderne* , Tübingen 2003.
–: *Aufgeklürter Protestantismus* , Tübingen 2004.
–: *Gott als Projekt der Vernunft* , Tübingen 2006.
Bayer, Oswald: Martin Luthers Theologie. Eine Vergegenw/rtigung, Tübingen 2003.
Bernhardt, Reinhold: *Der Absolutheitsanspruch des Christentums.* Von der Aufkl/rung bis zur pluralistischen Religionstheologie, Gütersloh ²1993 (¹1990).
–: *Was heißt ,Handeln Gottes'?* Eine Rekonstruktion der Lehre von der Vorsehung, Gütersloh 1999.
Beutel, Albrecht: [Art.] *Aufklürung* I: Geistesgeschichtlich, in: RGG⁴ 1, 1998, 929–941.
–: *Causa Wolffiana.* Die Vertreibung Christian Wolffs aus Preußen 1723 als Kulminationspunkt des theologisch-politischen Konflikts zwischen halleschem Pietismus und Aufkl/-rungsphilosophie, in: Ulrich Kcpf (Hg.), Wissenschaftliche Theologie und Kirchenleitung. Beitr/ge zur Geschichte einer spannungsreichen Beziehung für Rolf Sch/fer zum 70. Geburtstag, Tübingen 2001, 159–202.
–: *Aufklürung in Deutschland* (KIG O 2), Gcttingen 2006.
Birkner, Hans-Joachim: *,Offenbarung' in Schleiermachers Glaubenslehre* (1956), in: ders., Schleiermacher-Studien, eingeleitet und hg. von Hermann Fischer, Berlin/New York 1996 (Schleiermacher-Archiv 16), 81–98.
–: *Nat/rliche Theologie und Offenbarungstheologie. Ein theologiegeschichtlicher berblick,* (1961), in: ders., Schleiermacher-Studien, eingeleitet und hg. von Hermann Fischer, Berlin/New York 1996 (Schleiermacher-Archiv 16), 3–22.
–: *Schleiermachers Christliche Sittenlehre* im Zusammenhang seines philosophisch-theologischen Systems, Berlin 1964.
–: *Schleiermachers ,Kurze Darstellung' als theologisches Reformprogramm* (1986), in: ders., Schleiermacher-Studien, eingeleitet und hg. von Hermann Fischer, Berlin/New York 1996 (Schleiermacher-Archiv 16), 285–305.
Blumenberg, Hans: *Die Legitimitüt der Neuzeit.* Erneuerte Ausgabe, Frankfurt/M.²1988.
Bcckenfcrde, Ernst-Wolfgang: *Die Entstehung des Staates als Vorgang der Sükularisation* (1967), in: ders., Recht – Staat – Freiheit. Studien zur Rechtsphilosophie, Staatstheorie und Verfassungsgeschichte, Frankfurt/M. 1991, 92–114.
–: *Geschichte der Rechts- und Staatsphilosophie* : Antike und Mittelalter, Tübingen 2002.
Boff, Leonardo: *Das m/tterliche Antlitz Gottes.* Ein interdisziplin/rer Versuch über

das Weibliche und seine religicse Bedeutung (1979), Düsseldorf 1985.
Bornkamm, Karin: *Christus – Kcnig und Priester*. Das Amt Christi bei Luther im Verh/ltnis zur Vor- und Nachgeschichte, Tübingen 1998 (BHTh 106).
Brandenburger, Egon: *Adam und Christus*. Exegetisch-religionsgeschichtliche Untersuchung zu Rcm.5,12–21 (1.Kor.15), Neukirchen-Vluyn 1962 (WMANT 7).
Braunfels, Wolfgang: [Art.] *Dreifaltigkeit* , in: LCI 1, 525–537.
Brunner, Emil: *Die andere Aufgabe der Theologie* , in: ZZ 7, 1929, 255–276.
Bryner, Erich: *Die Ostkirchen vom 18. bis zum 20. Jahrhundert* , Leipzig 1996 (KGiE III/10).
BSLK: Bekenntnisschriften der evangelisch-lutherischen Kirche, hg. vom Deutschen Evangelischen Kirchenausschuss, Gcttingen 1930, [12]1998.
BSRK: Bekenntnisschriften der reformierten Kirche, hg. von E. F. K. Müller, Leipzig 1903, Neudr. Waltrop 1999 (zwei Teilb/nde).
Buber, Martin: *Zwei Glaubensweisen* (1950), Gerlingen [2]1994.
Büchner, Georg: *Dantons Tod* (1834; *http://gutenberg.spiegel.de/buechner/danton/ danton. htm*).
Bultmann, Rudolf: *Die liberale Theologie und die jüngste theologische Bewegung* (1924), in: ders., Glauben und Verstehen. Gesammelte Aufs/tze, Band 1, Tübingen [9]1993 ([1]1933), 1–25.
–: *Welchen Sinn hat es, von Gott zu reden* (1925), in: ders., Glauben und Verstehen. Gesammelte Aufs/tze, Band 1, Tübingen [9]1993 ([1]1933), 26–37.
–: *Zur Frage der Christologie* (1927), in: ders., Glauben und Verstehen. Gesammelte Aufs/tze, Band 1, Tübingen [9]1993 ([1]1933), 85–113.
–: *Die Eschatologie des Johannesevangeliums* (1928), in: ders., Glauben und Verstehen. Gesammelte Aufs/tze, Band 1, Tübingen [9]1993 ([1]1933), 134–152.
–: *Die Bedeutung des geschichtlichen Jesus f/r die Theologie des Paulus* (1929), in: ders., Glauben und Verstehen. Gesammelte Aufs/tze, Band 1, Tübingen [9]1993 ([1]1933), 188–213.
–: *Die Christologie des Neuen Testaments* (1933), in: ders., Glauben und Verstehen. Gesammelte Aufs/tze, Band 1, Tübingen [9]1993 ([1]1933), 245–267.
–: *Das Problem der ‚nat/rlichen Theologie'* (1933), in: ders., Glauben und Verstehen. Gesammelte Aufs/tze, Band 1, Tübingen [9]1993 ([1]1933), 294–312.
–: *Neues Testament und Mythologie. Das Problem der Entmythologisierung in der neutestamentlichen Verkündigung* (1941), in: Hans-Werner Bartsch (Hg.), Kerygma und Mythos. Ein theologisches Gespr/ch, Hamburg [3]1954 ([1]1948; ThF 1), 15–48.
–: *Ankn/pfung und Widerspruch* (1946), in: –, Glauben und Verstehen, Gesammelte

Aufs/tze, Band 2, Tübingen ⁶1993 (¹1952), 117–132.

–: *Geschichte und Eschatologie im Neuen Testament* (1954), in: Rudolf Bultmann, Glauben und Verstehen. Gesammelte Aufs/tze, Band 3, Tübingen ⁴1993 (¹1961), 91–106.

Busch, Eberhard: *Die große Leidenschaft.* Einführung in die Theologie Karl Barths, Gütersloh 1998, ²2001.

Caesarius von Arles: *Sermo 10* [De fide catholica], in: CChrSL 103, 50–53.

Calvin, Johannes: *Institutio* Christianae Religionis 1559 (Johannis Calvini *Opera selecta* ediderunt Petrus Barth/Guilelmus Niesel, Volumen *III* : Institutio Christianae Religionis 1559 libros I et II continens, München 1928; Volumen *IV*: Institutio Christianae Religionis 1559 librum III continens, München 1931; Volumen *V*: Institutio Christianae Religionis 1559 librum IV. continens, München 1936).

–: *Unterricht* in der christlichen Religion (Institutio Christianae Religionis), nach der letzten Ausgabe übersetzt und bearbeitet von Otto *Weber*, Neukirchen-Vluyn ⁵1988.

Cicero, Marcus Tullius: Vom Wesen der Gctter (*De natura deorum* libri tres), Lateinischdeutsch, herausgegeben, übersetzt und kommentiert von Olof Gigon und Laila Straume-Zimmermann, Zürich 1996.

Communio Sanctorum. Die Kirche als Gemeinschaft der Heiligen, hg. von der Bilateralen Arbeitsgruppe der Deutschen Bischofskonferenz und der Kirchenleitung der Vereinigten Evangelisch-Lutherischen Kirche Deutschlands, Paderborn/Frankfurt/M. 2000.

Courth, Franz: [Art.] *Maria*/Marienfrcmmigkeit III: Dogmatisch, 2: Katholisch, in: TRE 22, 1992, 143–148.

Cottin, Jr me: *Das Wort Gottes im Bild.* Eine Herausforderung für die protestantische Theologie, Gcttingen 2001.

Cramer, Konrad: *Der Gott der biblischen Offenbarung und der Gott der Philosophen*, in: Christof Gestrich (Hg.), Gott der Philosophen – Gott der Theologen. Zum Gespr/chsstand nach der analytischen Wende, Berlin 1999 (BThZ.Beih.1999), 14–30.

Cyprian, Thascius Caecilius: [Sancti Cypriani] *De ecclesiae catholicae vnitate* (251), in: CChrSL 3, 243–268.

–: *Epistvla 73* : Cyprianus Ivbaiano Fratri S. (256), in: CChrSL 3 C, 529–562.

Dalferth, Ingolf Ulrich: *Volles Grab, leerer Glaube?* Zum Streit um die Auferweckung des Gekreuzigten, in: ZThK 95, 1998, 379–409.

–: *Inbegriff oder Index?* Zur philosophischen Hermeneutik von ‚Gott', in: Christof Gestrich (Hg.), Gott der Philosophen – Gott der Theologen. Zum Gespr/chsstand nach der analytischen Wende, Berlin 1999 (BThZ.Beih.1999),

89–132.

Dantine, Wilhelm/Hultsch, Eric: *Lehre und Dogmenentwicklung im Rcmischen Katholizismus* , in: Carl Andresen/Adolf Martin Ritter (Hg.), Handbuch der Dogmen- und Theologiegeschichte, Band 3: Die Lehrentwicklung im Rahmen der kumenizit/t, Gcttingen ²1998 (¹1984), 289–423.

Descartes, Ren: *Meditationes de prima philosophia* , in qua dei existentia et animae immortalis demonstratur (1641), in: OEuvres de Descartes, hg. von Charles *Adam*/Paul *Tannery, Band 7* , Paris 1904, 1–116.

Deuser, Hermann: *Kleine Einf/hrung* in die Systematische Theologie, Stuttgart 1999.

DH: Heinrich Denzinger, Enchiridion symbolorum definitionum et declarationum de rebus fidei et morum/Kompendium der Glaubensbekenntnisse und kirchlichen Lehrentscheidungen, verbessert, hg. von Peter Hünermann, Freiburg i. Br. u. a. ³⁷1991.

[Pseudo-]Dionysios Areopagita: *De divinis nominibus* , in: *Corpus Dionysiacum I* , hg. von Beate Regina Suchla, Berlin/New York 1990 (PTS 33).

–: *De Coelesti Hierarchia* , in: *Corpus Dionysiacum II* , hg. von Günter Heil und Adolf Martin Ritter, Berlin/New York 1991 (PTS 36), 5–59.

–: *De Ecclesiastica Hierarchia* , in: *Corpus Dionysiacum II* , hg. von Günter Heil und Adolf Martin Ritter, Berlin/New York 1991 (PTS 36), 61–132.

–: *Die Namen Gottes* , eingeleitet, übersetzt und mit Anmerkungen versehen von Beate Regina Suchla, Stuttgart 1988 (BGrL 26).

–: *ber die himmlische Hierarchie. ber die kirchliche Hierarchie* , eingeleitet, übersetzt und mit Anmerkungen versehen von Günter Heil, Stuttgart 1986 (BGrL 22).

Döpmann, Hans-Dieter: *Die Ostkirchen* vom Bilderstreit bis zur Kirchenspaltung von 1054, Leipzig 1990 (KGiE I/8).

Drecoll, Volker Hennig: *Die Entstehung der Gnadenlehre Augustins* , Tübingen 1999 (DIITh 109).

Ebeling, Gerhard: *Die Bedeutung der historisch-kritischen Methode* für die protestantische Theologie und Kirche, in: ZThK 47, 1950, 1–46.

–: *Diskussionsthesen* für eine Vorlesung zur Einführung in das Studium der Theologie, in: ders., Wort und Glaube [1], Tübingen 1960, ³1967, 447–457.

–: *Zwei Glaubensweisen?* , in: ders., Wort und Glaube 3 (Beitr/ge zur Fundamentaltheologie, Soteriologie und Ekklesiologie), Tübingen 1975, 236–245.

–: *Dogmatik* des christlichen Glaubens, *Band 1* (Prolegomena. Erster Teil: Der Glaube an Gott den Schcpfer der Welt); *Band 2* (Zweiter Teil: Der Glaube an Gott den Verschner der Welt); *Band 3* (Dritter Teil: Der Glaube an Gott den Vollender der Welt), Tübingen 1979.

–: *Des Todes Tod.* Luthers Theologie der Konfrontation mit dem Tode, in: ZThK 84, 1987, 162–194.

–: Disputatio de homine. Dritter Teil: Die theologische Definition des Menschen (Kommentar zu These 20–40), Tübingen 1989 (*Lutherstudien II 3*).

–: *Todesangst und Lebenshoffnung.* Ein Brief Luthers, in: ZThK 88, 1991, 181–210.

Elert, Werner: *Der christliche Glaube.* Grundlinien der lutherischen Dogmatik (1940), Berlin ²1941.

Elsas, Christoph: [Art.] *Schcpfung* 1: Religionsgeschichtlich, in: EKL³ 4, 1996, 92–97.

Evangelische Bekenntnisse. Bekenntnisschriften der Reformation und neuere Theologische Erkl/rungen, im Auftrag des Rates der Evangelischen Kirche der Union hg. von Rudolf Mau, *Band 1 /Band 2* , Bielefeld 1997.

Evangelische Kirche und freiheitliche Demokratie. Der Staat des Grundgesetzes als Angebot und Aufgabe. Eine Denkschrift der Evangelischen Kirche in Deutschland, Gütersloh 1985 (⁴1990).

Feil, Ernst: *Religio.* Die Geschichte eines neuzeitlichen Grundbegriffs vom Frühchristentum bis zur Reformation, Gcttingen 1986 (FKDG 36).

–: *Religio. Dritter Band*: Die Geschichte eines neuzeitlichen Grundbegriffs im 17. und frühen 18. Jahrhundert, Gcttingen 2001 (FKDG 79).

Feuerbach, Ludwig: Das Wesen des Christentums (1841), Berlin 1973 (Ludwig Feuerbach, Gesammelte Werke, hg. von Werner Schuffenhauer, Band 5).

Fischer, Hermann: *Protestantische Theologie* im 20. Jahrhundert, Stuttgart 2002.

–: *Friedrich* Daniel Ernst *Schleiermacher*, München 2001.

Flasch, Kurt: *Augustin.* Einführung in sein Denken, Stuttgart 1980.

–: *Das philosophische Denken im Mittelalter.* Von Augustin zu Machiavelli, Stuttgart 1986.

Flashar, Hellmut (Hg.): *Die Philosophie der Antike, Band 4* [zwei Halbb/nde]: Die Hellenistische Philosophie, Basel/Stuttgart 1994 (Grundriss der Geschichte der Philosophie, begründet von Friedrich berweg, vcllig neu bearbeitete Ausgabe).

Fleischmann-Bisten, Walter (Hg.): *Papstamt – pro und contra.* Geschichtliche Entwicklungen und ckumenische Perspektiven, Gcttingen 2001 (Bensheimer Hefte 97).

Flogaus, Reinhard: [Art.] *Christologie* II: Dogmengeschichtlich. 3: Orthodoxe Kirchen, in: RGG⁴ 2, 1999, 307–310.

Frey, Jörg: *Das apokalyptische Millennium.* Zu Herkunft, Sinn und Wirkung der

Millenniumsvorstellung, in: Millennium. Deutungen zum christlichen Mythos der Jahrtausendwende. Mit Beitr/gen von Christoph Bochinger, Jcrg Frey, Eberhard Hauschildt, Thomas Kaufmann und Hermann Timm, München1999, 10–72.

Frey, Jörg/Schrcter, Jens: Deutungen des Todes Jesu im Neuen Testament, Tübingen 2005 (WUNT 181).

Fried, Johannes: *Aufstieg aus dem Untergang.* Apokalyptisches Denken und die Entstehung der modernen Naturwissenschaft im Mittelalter, München 2001.

Friedrich, Martin: *Kirche im gesellschaftlichen Umbruch.* Das 19. Jahrhundert, Gcttingen 2006.

Fries, Heinrich: *Fundamentaltheologie* , Graz/Wien/Kcln 1985.

Fulgentius von Ruspe: *Sermo 2* : In natale Domini de dvplici natiuitate Christi vna aeterna ex Patre altera temporali ex uirgine, in: CChrSL 91 A, 897–903.

Gabler, Johann Philipp: Oratio de iusto discrimine theologiae biblicae et dogmaticae regundisque utriusque finibus (30. 03. 1787), in: ders., Kleinere theologische Schriften, hg. von Theodor August Gabler und Johann Gottfried Gabler, Band 2 (Opuscula academica), Ulm 1831, 179–198; dt. bersetzung: Otto Merk, Biblische Theologie des Neuen Testaments in ihrer Anfangszeit. Ihre methodischen Probleme bei Johann Philipp Gabler und Georg Lorenz Bauer und deren Nachwirkungen, Marburg 1972 (MThSt 9), 273–284.

Galilei, Galileo: *Brief an Benedetto Castelli* (21. Dezember 1613), in: ders., *Schriften, Briefe, Dokumente* , hg. von Anna Mudry, *Band 1* (Schriften), München 1987, 168–177.

Gaßmann, Günther: *Die Lehrentwicklung im Anglikanismus.* Von Heinrich VIII. bis zu William Temple, in: Carl Andresen/Adolf Martin Ritter (Hg.), Handbuch der Dogmen- und Theologiegeschichte, Band 2: Die Lehrentwicklung im Rahmen der Konfessionalit/t, Gcttingen ²1998 (¹1984), 353–409.

Gemeinsame Erklürung , in: Wolfhart Pannenberg/Theodor Schneider (Hg.), Verbindliches Zeugnis I (Kanon – Schrift – Tradition), Freiburg i. Br./Gcttingen 1992 (DiKi 7), 371–397.

Gericke, Wolfgang: *Theologie und Kirche im Zeitalter der Aufklürung* , Berlin 1989 (KGiE III/2).

Gesang, Bernward: *Angeklagt: Gott.* ber den Versuch, vom Leiden in der Welt auf die Wahrheit des Atheismus zu schließen, Tübingen 1997.

Gogarten, Friedrich: *Zwischen den Zeiten* (1920), in: Anf/nge der dialektischen

Theologie, TeilII: Rudolf Bultmann, Friedrich Gogarten, Eduard Thurneysen, hg. von Jürgen Moltmann, München 1962, ²1967 (TB 17), 95–101.
Graf, Friedrich Wilhelm: *Der Protestantismus*. Geschichte und Gegenwart. München 2006.
Graf Reventlow, Henning: *Freidenkertum (Deismus) und Apologetik* , in: Die Philosophie des 18. Jahrhunderts, Band 1: Großbritannien und Nordamerika. Niederlande, hg. von Helmut Holzhey u. a., Basel 2004 (Grundriß der Geschichte der Philosophie, begründet von Friedrich Ueberweg, vcllig neu bearbeitete Ausgabe), 177–245.
Grotefeld, Stefan/Neugebauer, Matthias/Strub, Jean-Daniel/Fischer, Johannes (Hg.), *Quellentexte theologischer Ethik*. Von der Alten Kirche bis zur Gegenwart, Stuttgart 2006.
Gründel, Johannes: [Art.] *Ethik VI* : Mittelalter, in: TRE 10, 1982, 473–480.
Grundtexte der neueren evangelischen Theologie , hg. von Wilfried H/rle, Leipzig 2007.
Günther, Horst: *Das Erdbeben von Lissabon* , Berlin 1994.
Gundlach, Thies: *Kulturprotestantismus nach Karl Barth*. berlegungen zur sog. Lichterlehre in der Kirchlichen Dogmatik, in: Arnulf von Scheliha/ Markus Schrcder (Hg.), Das protestantische Prinzip. Historische und systematische Studien zum Protestantismusbegriff, Stuttgart/Berlin/Kcln 1998, 165–180.
Haacker, Klaus: [Art.] *Glaube* II: Altes und Neues Testament, in: TRE 13, 1984, 277–304.
Härle, Wilfried: *Dogmatik* , Berlin/New York ²2000 (¹1995).
Hahn, Ferdinand: [Art.] *Abendmahl* I: Neues Testament, in: RGG⁴ 1, 1998, 10–15.
von Harnack, Adolf: *Das Wesen des Christentums* (1900), herausgegeben und kommentiert von Trutz Rendtorff, Gütersloh 1999.
–: *Marcion*. Das Evangelium vom fremden Gott. Eine Monographie zur Geschichte und Grundlegung der katholischen Kirche, Leipzig ²1924 (¹1923).
Hauschild, Wolf-Dieter: [Art.] *Nicüno-Konstantinopolitanisches Glaubensbekenntnis* , in: TRE 24, 1994, 444–456.
–: *Lehrbuch der Kirchen- und Dogmengeschichte, Band 1* : Alte Kirche und Mittelalter, Gütersloh 1995; *Band 2* : Reformation und Neuzeit, Gütersloh 1999.
–: [Art.] *Christologie* II: Dogmengeschichtlich, in: RGG⁴ 2, 1999, 289–307.
Heine, Susanne: *Wiederbelebung der Gcttinnen?* Zur systematischen Kritik einer

feministischen Theologie, Gcttingen 1987, ²1989.
Heintel, E./Dierse, Ulrich: [Art.] *Glauben und Wissen* , in: HWP 3, 1974, 646–655.
Henning, Christian/Lehmkühler, Karsten (Hg): *Systematische Theologie der Gegenwart* in Selbstdarstellungen, Tübingen 1998.
Henrich, Dieter: *Der ontologische Gottesbeweis.* Sein Problem und seine Geschichte in der Neuzeit, Tübingen ²1967 (¹1960).
Herms, Eilert: *Offenbarung* (1985), in: ders., Kirche für die Welt. Lage und Aufgabe der evangelischen Kirche im vereinigten Deutschland, Tübingen 1995, 168–220.
–: *Luthers Auslegung des Dritten Artikels* , Tübingen 1987.
–: *Gnade* (1987), in: ders., Offenbarung und Glaube. Zur Bildung des christlichen Lebens, Tübingen 1992, 1–19.
–: *Pluralismus aus Prinzip* (1991), in: ders., Kirche für die Welt. Lage und Aufgabe der evangelischen Kirchen im vereinigten Deutschland, Tübingen 1995, 467–485.
–: *Das Selbstverstündnis der Wissenschaften heute* und die Theologie (1993), in: ders., Kirche für die Welt. Lage und Aufgabe der evangelischen Kirche im vereinigten Deutschland, Tübingen 1995, 349–387.
–: [Art.] *Dogmatik* II: Systematisch, in: RGG⁴ 2, 1999, 905–915.
Herrad von Landsberg: *Hortus Deliciarum* (Ende 12. Jahrhundert), hg. von Dr. Otto Gillen, Neustadt 1979.
Herrmann, Christian: *Unsterblichkeit der Seele durch Auferstehung.* Studien zu den anthropologischen Implikationen der Eschatologie, Gcttingen 1997 (FS Th 83).
Hick, John: *An Interpretation of Religion.* Human Responses to the Transcendent, London 1989.
Hinrichs, Carl: *Preußentum und Pietismus.* Der Pietismus in Brandenburg-Preußen als religics-soziale Reformbewegung, Gcttingen 1971.
Hirsch, Emanuel: *Geschichte der neuern evangelischen Theologie* im Zusammenhang mit den allgemeinen Bewegungen des europ/ischen Denkens, Band 1 bis 5 , Gütersloh ³1964 (¹1949).
Holtz, Traugott: [Art.] *Jesus* , in: EKL³ 2, 1989, 824–831.
Honecker, Martin: *Grundriß der Sozialethik* , Berlin/New York 1995.
–: *Die Barmer theologische Erklärung* und ihre Wirkungsgeschichte, Opladen 1995.
–: [Art.] *Schcpfung* IX: Ethisch, in: TRE 30, 1999, 348–355.
Horn, Christoph/Riedweg, Christoph/Wyrwa, Dietmar (Hg.): *Die Philosophie der Antike, Band 5* : Die Philosophie der Kaiserzeit und der Sp/tantike

(Grundriss der Geschichte der Philosophie, begründet von Friedrich berweg, vcllig neu bearbeitete Ausgabe) – in Vorbereitung.

Hornig, Gottfried: *Lehre und Bekenntnis im Protestantismus*, in: Carl Andresen/Adolf Martin Ritter (Hg.), Handbuch der Dogmen- und Theologiegeschichte, Band 3: Die Lehrentwicklung im Rahmen der kumenizit/t, Gcttingen ²1998 (¹1984), 71–287.

Hugo von St. Victor: *De sacramentis* christianae fidei (ca. 1130–1137), in: MPL 176, 173–618.

Hutter, Leonhard: *Compendium locorum theologicorum* ex Scriptura S. et libro Concordiae collectum. Deutsche Ausgabe. bersetzt, eingeleitet und herausgegeben von Wolfgang Schnabel, Waltrop 2000 (ThST 8).

Hutter, Manfred: *Die Weltreligionen*, München 2005.

Isermann, Gerhard: *Widerspr/che in der Bibel.* Warum genaues Lesen lohnt. Ein Arbeitsbuch, Gcttingen 2000

Janowski, Bernd: [Art.] *Schcpfung II* : Altes Testament, in: RGG⁴ 7, 2004, 970–972.

Jeanrond, Werner G./Petzoldt, Matthias: [Art.] *Fundamentaltheologie*, in: RGG⁴ 3, 2000, 426–436.

Jedin, Hubert: *Geschichte des Konzils von Trient, Band 2* : Die erste Trienter Tagungsperiode 1545/47, Freiburg 1957.

Joest, Wilfried: *Fundamentaltheologie.* Theologische Grundlagen- und Methodenprobleme (1974), Stuttgart u. a. ³1988 (Theologische Wissenschaft 11).

–: *Dogmatik, Band 1* (Die Wirklichkeit Gottes), Gcttingen 1984, ³1989; *Band 2* (Der Weg Gottes mit dem Menschen), Gcttingen 1986, ²1990.

Johannes Paul II.: *Enzyklika Fides et Ratio*, 14. September 1998, Bonn 1998 (Verlautbarungen des Apostolischen Stuhls 135).

Jüngel, Eberhard: *Tod*, Stuttgart 1971 (ThTh 8).

–: *Quae supra nos, nihil ad nos.* Eine Kurzformel der Lehre vom verborgenen Gott im Anschluß an Luther interpretiert, in: EvTh 32, 1972, 192–240.

–: [Art.] *Barth*, Karl (1886–1968), in: TRE 5, 1980, 251–268.

–: *Das Evangelium von der Rechtfertigung des Gottlosen* als Zentrum des christlichen Glaubens. Eine theologische Studie in ckumenischer Absicht, Tübingen ⁴2004 (¹1999).

–: [Art.] *Glaube* IV: Systematisch-theologisch, in: RGG⁴ 3, 2000, 953–974.

Jung, Martin H.: *Der Protestantismus in Deutschland von 1815–1870*, Leipzig 2000 (KGiE III/3).

–: *Der Protestantismus in Deutschland von 1870–1945*, Leipzig 2002 (KGiE III/5).

Justin der M/rtyrer: *2. Apologie (‚Appendix'* ; kurz nach 155), in: Edgar J.

Goodspeed (Hg.), Die /ltesten Apologeten, Gcttingen 1914, Neudr. 1984, 78–89.

Kähler, Martin: Der sogenannte historische Jesus und der geschichtliche, biblische Christus (1892), neu hg. von Ernst Wolf, München 1953 (ThB 2).

Käsemann, Ernst: *Begr/ndet der neutestamentliche Kanon die Einheit der Kirche?* (1951), in: ders., Exegetische Versuche und Besinnungen 1, Gcttingen 1960, ⁴1965, 214–223.

–: *Das Problem des historischen Jesus* (1954), in: ders., Exegetische Versuche und Besinnungen1, Gcttingen 1960, ⁴1965, 187–214.

Kallis, Anastasios: [Art.] Christologie 3: C. in der orthodoxen Theologie, in: EKL³ 1, 1986, 727–730.

Kann Gottes Nicht-Sein gedacht werden? Die Kontroverse zwischen Anselm von Canterbury und Gaunilo von Marmoutiers (lateinisch-deutsch), mit einer Einleitung von Kurt Flasch, übersetzt, erl/utert und herausgegeben von Burkhard Mojsisch, Mainz 1989 (excerpta classica 4).

Kant, Immanuel: Beantwortung der Frage: *Was ist Aufklürung?* (1784), in: Kants Werke. *Akademie-Textausgabe* (1902 ff; Nachdr. Berlin/New York 1968) *VIII* 33–42.

–: *Kritik der reinen Vernunft* , 2. Auflage (= B; 1787), in: Kants Werke. *Akademie-Textausgabe* (1902 ff; Nachdr. Berlin/New York 1968) *III.*

–: *Kritik der praktischen Vernunft* (1788), in: Kants Werke. *Akademie-Textausgabe* (1902 ff; Nachdr. Berlin/New York 1968) *V* 1–164.

–: *Die Religion innerhalb der Grenzen der bloßen Vernunft* (1793), in: Kants Werke. *Akademie-Textausgabe* (1902 ff; Nachdr. Berlin/New York 1968) *VI* 1–202.

–: *Der Streit der Facultüten* (1798), in: Kants Werke. *Akademie-Textausgabe* (1902 ff; Nachdr. Berlin/New York 1968) *VII* 1–116.

Katechismus der Katholischen Kirche , München u. a. 1993.

Kaufmann, Thomas: [Art.] Orthodoxie II 2 b): *Reformierte Orthodoxie* , in: RGG⁴ 6, 2003, 702–708.

Kirchengemeinschaft in Wort und Sakrament , hg. von der Bilateralen Arbeitsgruppe der Deutschen Bischofskonferenz und der Kirchenleitung der Vereinigten Evangelisch-Lutherischen Kirche Deutschlands, Paderborn/Hannover 1984.

Kirchner, Hubert: *Reformationsgeschichte von 1532 bis 1555/1556* : Festigung und Reformation/Calvin/Katholische Reform und Konzil von Trient, Berlin 1987 (KGiE II/6).

–: *Die rcmisch-katholische Kirche* vom II. Vatikanischen Konzil bis zur Gegenwart, Leipzig 1996 (KGiE IV/1).

Klauck, Hans-Josef: *Der erste Johannesbrief*, Neukirchen-Vluyn 1991 (EKK XIII/1).
Koch, Ernst: *Das konfessionelle Zeitalter* – Katholizismus, Luthertum, Calvinismus (1563–1675), Leipzig 2000 (KGiE II/8).
Kertner, Ulrich H. J.: *Die Gemeinschaft des Heiligen Geistes*. Zur Lehre vom Heiligen Geist und der Kirche, Neukirchen-Vluyn 1999.
Kompendium Religionstheorie, hg. von Volker Drehsen, Wilhelm Gr/b und Birgit Weyel, Gettingen 2005.
Konersmann, Ralf: [Art.] *Religionskritik*, in: HWP 8, 1992, 734–746.
Krauter-Dierolf, Heike: *Die Eschatologie Philipp Jakob Speners*. Der Streit mit der lutherischen Orthodoxie um die 'Hoffnung besserer Zeiten', Tübingen 2005 (BHTh 131).
Krech, Volkhard: *Religionssoziologie*, Bielefeld 1999.
Krötke, Wolf: *Gottes Klarheiten*. Eine Neuinterpretation der Lehre von Gottes 'Eigenschaften', Tübingen 2001.
Krüger, Friedhelm: *Aufbau, Ziel und Eigenart der einzelnen Bekenntnisse des Konkordienbuches*. Versuch eines Gesamtüberblicks, in: Horst Georg Pehlmann, Torleiv Austad, Friedhelm Krüger (Hg.), Theologie der lutherischen Bekenntnisschriften, Gütersloh 1996, 11–24.
Kruhoeffer, Gerald: *Der Mensch – das Bild Gottes*, Gettingen 1999 (Biblisch-theologische Schwerpunkte 16).
Küchler, Max: Schweigen, Schmuck und Schleier. Drei neutestamentliche Vorschriften zur Verdr/ngung der Frauen auf dem Hintergrund einer frauenfeindlichen Exegese des Alten Testaments im antiken Judentum, Freiburg (Schweiz)/Gettingen 1986 (NTOA 1).
Kühn, Ulrich: *Kirche*, Gütersloh 1980 (HST 10).
–: *Sakramente in der evangelischen Tradition*, in: Paul M. Zulehner u. a. (Hg.), Zeichen des Lebens. Sakramente im Leben der Kirchen – Rituale im Leben der Menschen, Ostfildern 2000, 126–150.
–: *Christologie*, Gettingen 2003.
Kuhlmann, Helga: *Die theologische Ethik Albrecht Ritschls*, München 1992.
Lactantius (Lucius Cae[ci]lius Firmianus): La colere de Dieu (*De ira Dei*, lateinisch und franzesisch), Introduction, texte critique, traduction, commentaire et index par Christiane Ingremeau, Paris 1982 (Sources chretiennes 289).
–: Institutions divines, Livre IV (*Institutiones divinae*, Buch IV, lateinisch und franzesisch), Introduction, texte critique, traduction, notes et index par Pierre Monat, Paris 1992 (Sources chretiennes 377).
Lang, Bernhard: *Die Bibel*. Eine kritische Einführung, Paderborn u. a. 1994.

Lange, Dietz: *Glaubenslehre* , Bd. 1 und 2, Tübingen 2001.
–: berlegungen zum Verh/ltnis von Glaubenslehre und Ethik, in: Systematische Theologie heute. Zur Selbstverst/ndigung einer Disziplin, hg. von Hermann Deuser und Dietrich Korsch, Gütersloh 2004 (VWGTh 23), 157–169.
Laube, Martin: *Theologie und neuzeitliches Christentum*. Studien zu Genese und Profil der Christentumstheorie Trutz Rendtorffs, Tübingen 2006 (BHTh 139).
Lauster, Jcrg: *Prinzip und Methode*. Die Transformation des protestantischen Schriftprinzips durch die historisch-kritische Methode von Schleiermacher bis zur Gegenwart. Tübingen 2004 (HUTh 46).
LDStA: Martin Luther, Lateinisch-Deutsche Studienausgabe, *Band 1:* Der Mensch vor Gott. Unter Mitarbeit von Michael Beyer herausgegeben und eingeleitet von Wilfried H/rle, Leipzig 2006.
Lehmann, Karl/Pannenberg, Wolfhart (Hg.): *Lehrverurteilungen – kirchentrennend?* I: Rechtfertigung, Sakramente und Amt im Zeitalter der Reformation und heute, Freiburg i. Br./Gcttingen 1986 (DiKi 4).
Leibniz, Gottfried Wilhelm: *Essais de Thodice* sur la bont de Dieu, la libert de l'homme et l'origine du mal (1710), in: ders., Philosophische Schriften, Band 2 : Die Theodizee, hg. und übersetzt von Herbert Herring, Frankfurt/M. 1996, 2.1, 1–621; 2.2, 1–269.
–: *Causa Dei* asserta per Justitiam eius cum ceteris ejus Perfectionibus cunctisque Actionibus concilatam, in: ders., Philosophische Schriften, Band 2: Die Theodizee, hg. und übersetzt von Herbert Herring, Frankfurt/M. 1996, Band 2.2, 314–381.
Leicht, Irene/Rakel, Claudia/Rieger-Goertz, Stefanie (Hg.): *Arbeitsbuch Feministische Theologie*. Inhalte, Methoden und Materialien für Hochschule, Erwachsenenbildung und Gemeinde, Gütersloh 2003.
LeGoff, Jaques: *Die Geburt des Fegefeuers* (1981), Stuttgart 1984.
Leinsle, Ulrich G.: *Einflhrung in die scholastische Theologie* , Paderborn u. a.1995.
Leonhardt, Rochus: *Gl/ck als Vollendung des Menschseins*. Die beatitudo-Lehre des Thomas von Aquin im Horizont des Eud/monismus-Problems, Berlin/ New York 1998 (AKG 68).
–: *Zur theologischen Bedeutung moderner Jesusbilder*, in: JMLB 48, 2001, 105–118.
–: *Skeptizismus und Protestantismus*. Der philosophische Ansatz Odo Marquards als Herausforderung an die evangelische Theologie, Tübingen 2003 (HUTh 44).
Lessing, Gotthold Ephraim: *ber den Beweis* des Geistes und der Kraft (1777), in: ders., Werke und Briefe in zwclf B/nden, Band 8: Werke 1774–1778,

hg. von Arno Schilson, Frankfurt/M. 1989, 437–445.

Lessing, Eckhard: *Geschichte der deutschsprachigen evangelischen Theologie* von Albrecht Ritschl bis zur Gegenwart, *Band 1* : 1870–1918, Gcttingen 2000; *Band 2:* 1918–1945, Gcttingen 2004.

–: *Geschichte der deutschsprachigen evangelischen Theologie* von Albrecht Ritschl bis zur Gegenwart, *Band 2* : 1918–1945, Gcttingen 2004.

Lexikon der theologischen Werke , hg. von Michael Eckert, Eilert Herms, Bernd Jochen Hilberath und Eberhard Jüngel, Stuttgart 2003.

von Lilienfeld, Fairy: [Art.] *Orthodoxe Kirchen* , in: TRE 25, 1995, 423–464.

Lindemann, Andreas: [Art.] *Eschatologie* III: Neues Testament, in: RGG[4] 2, 1999, 1553–1560. Link, Christian: *Schcpfung*. Schcpfungstheologie angesichts der Herausforderungen des 20. Jahrhunderts, Gütersloh 1991 (HST 7/2).

Link-Wieczorek, Ulrike: [Art.] *Trinitütslehre* 2: Protestantische Tradition und ckumenische Diskussion, in: EKL[3] 4, 1996, 974–982.

Locke, John: *The Reasonableness of Christianity*, as deliver'd in the Scriptures. Edited with an Introduction, Notes, Critical Apparatus and Transcriptions of Related Manuscripts by John C. Higgins-Biddle, Oxford 1999.

Löhr, Gebhard: *Ist das Christentum f/r die gegenwürtige ckologische Krise verantwortlich?* Das Naturverst/ndnis der Religionen in der gegenw/rtigen Diskussion, in: BThZ 14, 1997, 93–117.

Lohmann, Friedrich: *Die Bedeutung der dogmatischen Rede von der ‚creatio ex nihilo'* , in: ZThK 99, 2002, 196–225.

Lohse, Bernhard: *Dogma und Bekenntnis in der Reformation* : Von Luther bis zum Konkordienbuch, in: Carl Andresen/Adolf Martin Ritter (Hg.), Handbuch der Dogmen- und Theologiegeschichte, Band 2: Die Lehrentwicklung im Rahmen der Konfessionalit/t, Gcttingen [2]1998 ([1]1984), 1–164.

–: *Luthers Theologie* in ihrer historischen Entwicklung und in ihrem systematischen Zusammenhang, Gcttingen 1995.

Lübbe, Hermann: *Religion nach der Aufklürung* , München [4]2004 ([1]1986).

Lüdemann, Gerd: *Die Auferstehung Jesu*. Historie, Erfahrung, Theologie, Gcttingen 1994.

Luther, Martin: *Vorlesung /ber den Rcmerbrief* (1515/1516), in: WA 56, 3–528 (K. Aland, Hilfsbuch, Nr. 646).

–: *Operationes in psalmos* [Zweite Psalmenvorlesung] (1518–1521), in: WA 5, 19–676 (K. Aland, Hilfsbuch, Nr. 594).

–: *Assertio omnium articulorum* M. Lutheri per bullam Leonis X. novissimam damnatorum (1520), in: WA 7, 94–151; LDStA 1, 71–217, bersetzung:

Sybille Rolf (K. Aland, Hilfsbuch, Nr. 41).

–: *Resolutio* disputationis de fide infusa et acquisita (1520), in: WA 6, 88–98 (K. Aland, Hilfsbuch, Nr. 221).

–: *Von der Freiheit eines Christenmenschen* (1520), in: WA 7, 20–38; Luther deutsch 2, 251–274 (K. Aland, Hilfsbuch, Nr. 227).

–: *Von den guten Werken* (1520), in: WA 6, 202–276; Luther deutsch 2, 95–156 (K. Aland, Hilfsbuch, Nr. 761).

–: *Von dem Papsttum zu Rom* wider den hochberühmten Romanisten zu Leipzig (1520), in: WA 6, 285–324 (K. Aland, Hilfsbuch, Nr. 548).

–: *An den christlichen Adel* deutscher Nation von des christlichen Standes Besserung (1520), in: WA 6, 404–469; Luther deutsch 2, 157–170 (K. Aland, Hilfsbuch, Nr. 7).

–: *Vorrede auf die Episteln Sanct Jacobi unnd Judas* (1522/46), in: WA DB 7, 384–387; Luther deutsch 5, 62–65 (K. Aland, Hilfsbuch, Nr. 83/83).

–: *Predigt am Samstag vor Reminiscere* : Von der Liebe, der Frucht des Sakraments (15. M/rz 1522 [Samstag vor Reminiscere]), in: WA 10 III, 55–58; Luther deutsch 4, 89–90 (K. Aland, Hilfsbuch, Nr. 684 [Invokavitpredigten], Pr. 195 = Nr. 773 [Roths Winterpostille, 1528], Po. 189).

–: [*Predigt zur*] *Passionsgeschichte* , beginnend mit Gethsemane, schließend mit ‚Es ist vollbracht' (18. [19.] April 1522 [Karfreitag]), in: WA 10 III, 72–80 (K. Aland, Hilfsbuch, Pr. 201).

–: *Ein Sermon secundum Lucam* am 16. (19–31) von dem verdammten reichen Mann und dem seligen armen Lazarus (22. Juni 1522 [1. Sonntag nach Trinitatis]), in: WA 10 III, 176–200 (K. Aland, Hilfsbuch, Nr. 400 = Nr. 684 [Invokavitpredigten], Pr. 221).

–: *Von weltlicher Oberkeit* , wie weit man ihr Gehorsam schuldig sei (1523), in: WA 11, 245– 281; Luther deutsch 7, 9–51 (K. Aland, Hilfsbuch, Nr. 540).

–: *De instituendis ministris Ecclesiae* ad senatum Pragensem Bohemiae (1523), in: WA 12, 169–196 (K. Aland, Hilfsbuch, Nr. 575).

–: *Fastenpostille* : Joh 8,46–59 (Judica 1525), in: WA 17 II, 231–237 (K. Aland, Hilfsbuch, Nr. 216, Po. 60).

–: *De servo arbitrio* (1525), in: WA 18, 600–787; LDStA 1, 219–661, bersetzung: Athina Lexutt (K. Aland, Hilfsbuch, Nr. 38).

–: *Der Prophet Jona* ausgelegt (1526), in: WA 19, 185–251 (K. Aland, Hilfsbuch, Nr. 348).

–: *Vom Abendmahl Christi.* Bekenntnis (1528), in: WA 26, 261–509 (K. Aland, Hilfsbuch, Nr. 2).

–: *Der kleine Katechismus* (1529), in: BSLK 501–541 (K. Aland, Hilfsbuch, Nr. 365).

–: *Der große Katechismus* (1529), in: BSLK 543–733 (K. Aland, Hilfsbuch, Nr. 364).
–: In epistolam S. Pauli ad Galatas commentarius [*Großer Galaterkommentar*] (1531/1535), in: WA 40 I, 33–688; WA 40 II, 1–184 (K. Aland, Hilfsbuch, Nr. 229).
–: *Predigt am Tage St. Johannis* (im Hause) (27. Dezember 1533), in: WA 37, 245–248 (K. Aland, Hilfsbuch, Pr. 1447).
–: *Ennaratio Psalmi XC* per D. M. Lutherum in schola Wittenbergensi anno 1535 publice absoluta (26. Oktober 1534 bis 31. Mai 1535/1541), in: WA 40 III, 484–594 (K. Aland, Hilfsbuch, Nr. 612).
–: *Propositiones disputatae* Wittenbergae pro doctoratu D. Hieron. Weller et M. Nik. Medler (11. und 14. September 1535), in: WA 39 I, 44–62 (K. Aland, Hilfsbuch, Nr. 759).
–: *Disputatio de homine* (14. Januar 1536), in: WA 39 I, 175–180; LDStA 1, 663–669, bersetzung: Wilfried H/rle (K. Aland, Hilfsbuch, Nr. 292).
–: Die Schmalkaldischen Artikel (*ASm*; Manuskript Dezember 1536, Druck 1538), in: BSLK 405–468 (K. Aland, Hilfsbuch, Nr. 672).
–: Die erste *Disputation gegen die Antinomer* (18. Dezember 1537), in: WA 39 I, 360–417 (K. Aland, Hilfsbuch, Nr. 27).
–: *Ennaratio Psalmi LI* (1538), in: WA 40 II, 315–470 (K. Aland, Hilfsbuch, Nr. 607).
–: *Von den Konziliis und Kirchen* (1539), in: WA 50, 509–653 (K. Aland, Hilfsbuch, Nr. 382).
–: *Vorrede* Luthers zum ersten Bande der Gesamtausgabe seiner lateinischen Schriften. Wittenberg 1545, in: WA 54, 179–187 (K. Aland, Hilfsbuch, Nr. 753).
–: Lateinisch-Deutsche Studienausgabe [*LDStA*], Band *1* : Der Mensch vor Gott. Unter Mitarbeit von Michael Beyer herausgegeben und eingeleitet von Wilfried H/rle, Leipzig 2006.
Luther deutsch. Die Werke Martin Luthers in neuer Auswahl für die Gegenwart, 10 Bd., hg. von Kurt Aland, Registerband, bearbeitet von Michael Welte, Gcttingen 1991.
Luthers *Galaterbriefauslegung* von 1531. Studienausgabe, hg. von Hermann Kleinknecht , Gcttingen 1980.
Mahlmann, Theodor: *Das neue Dogma der lutherischen Christologie*. Problem und Geschichte seiner Begründung, Gütersloh 1969.
–: [Art.] *Prüdestination* V: Reformation bis Neuzeit, in: TRE 27, 1997, 118–156.
Markschies, Christoph: [Art.] *Apostolicum* , in: RGG[4] 1, 1998, 648 f.
–: [Art.] *Enhypostasie/Anhypostasie* , in: RGG[4] 2, 1999, 1315 f.

Marquard, Odo: [Art.] Anthropologie, in: HWP 1, 1971, 362–374.
–: *Der Mensch ,diesseits der Utopie'.* Bemerkungen über Geschichte und Aktualit/t der philosophischen Anthropologie (1991), in: ders., Glück im Unglück. Philosophische berlegungen, München 1995, 142–155.
Marx, Karl: *Zur Kritik der Hegel'schen Rechts-Philosophie* (1844), in: Karl Marx, Friedrich Engels – Gesamtausgabe (*MEGA*) I 2, Berlin 1982, 170–183.
Mau, Rudolf: *Evangelische Bewegung und fr/he Reformation* 1521–1532, Leipzig 2000 (KGiE II/5).
Maurer, Ernstpeter: *Tendenzen neuerer Trinitütslehre* , in: VF 39, 1994, Heft 2, 3–24.
Metz, Johann Baptist: *Zur Theologie der Welt* , Mainz 1968.
Metzler-Lexikon christlicher Denker, hg. von Markus Vinzent, Stuttgart/Weimar 2000.
Mildenberger, Friedrich: *Biblische Dogmatik.* Eine Biblische Theologie in dogmatischer Perspektive, *Band 1* (Prolegomena: Verstehen und Geltung der Bibel), Stuttgart/Berlin/Kcln 1991.
Moeller, Bernd: *Frcmmigkeit in Deutschland um 1500* (1965), in: ders., Die Reformation und das Mittelalter. Kirchenhistorische Aufs/tze, hg. von Johannes Schilling, Gcttingen 1991, 73–85. 307–317.
Möhler, Johann Adam: *Symbolik* oder Darstellung der dogmatischen Gegens/tze der Katholiken und Protestanten nach ihren cffentlichen Bekenntnisschriften (1832), Regensburg [11]1924.
Moltmann, Jürgen: *Theologie der Hoffnung.* Untersuchungen zur Begründung und zu den Konsequenzen einer christlichen Eschatologie, München [12]1984 ([1]1964), (BEvTh 38).
Mühlenberg, Ekkehard: Dogma und Lehre im Abendland, Erster Abschnitt: *Von Augustin bis Anselm von Canterbury*, in: Carl Andresen/Adolf Martin Ritter (Hg.), Handbuch der Dogmen-und Theologiegeschichte, Band 1: Dic Lehrentwicklung im Rahmen der Katholizit/t, Gcttingen [2]1999 ([1]1982), 406–566.
–: *Scriptura non est autentica sine authoritate ecclesiae.* Vorstellungen von der Entstehung des Kanons in der Kontroverse um das reformatorische Schriftprinzip, in: ZThK 97, 2000, 183–209.
–: *Altchristliche Lebensf/hrung zwischen Bibel und Tugendlehre.* Ethik bei den griechischen Philosophen und den frühen Christen, Gcttingen 2006 (AAWG.PH; Folge 3, 272).
Mühling, Markus: *Die theologische Problematik* der Identifikation der gcttlichen Personen am Beispiel der Dreifaltigkeitsikone Andrj Rublj ws (24.12.1999; *http://www.trinitaet.de/ Texte/Rubljow/rublev-text.htm*).

Müller, Peter: *Neue Trends in der Jesusforschung* , in: Zeitschrift für Neues Testament 1, 1998, 2–16.
Neuser, Wilhelm: *Dogma und Bekenntnis in der Reformation* : Von Zwingli und Calvin bis zur Synode von Westminster, in: Carl Andresen/Adolf Martin Ritter (Hg.), Handbuch der Dogmen- und Theologiegeschichte, Band 2: Die Lehrentwicklung im Rahmen der Konfessionalit/t, Gcttingen ²1998 (¹1984), 165–352.
Nowak, Kurt: *Geschichte des Christentums* in Deutschland. Religion, Politik und Gesellschaft vom Ende der Aufkl/rung bis zur Mitte des 20. Jahrhunderts, München 1995.
–: *Vern/nftiges Christentum?* ber die Erforschung der Aufkl/rung in der evangelischen Theologie Deutschlands seit 1945, Leipzig 1999 (ThLZ.F 2).
–: *Schleiermacher.* Leben, Werk und Wirkung, Gcttingen ²2002.
NR: Josef Neuner, Heinrich Roos, Der Glaube der Kirche in den Urkunden der Lehrverkündigung, neubearbeitet von Karl Rahner und Karl-Heinz Wegner, Regensburg ¹¹1983.
Oberdorfer, Bernd: *Filioque.* Geschichte und Theologie eines ckumenischen Problems, Gcttingen 2001 (FS Th 96).
–: *'Was sucht ihr den Lebendigen bei den Toten?'* berlegungen zur Realit/t der Auferstehung in Auseinandersetzung mit Gerd Lüdemann, in: KuD 46, 2000, 225–240.
–: [Art.] *Trinität/Trinitätslehre III* : Dogmengeschichtlich, in: RGG⁴ 8, 2005, 602–612.
Oeming, Manfred: *Biblische Hermeneutik.* Eine Einführung, Darmstadt 1998.
Ogden, Schubert M.: *Gibt es nur eine wahre Religion oder mehrere?* , in: ZThK 88, 1991, 81–100.
Ohme, Heinz: [Art.] *Bilderkult* VI: Christentum, in: RGG⁴ 1, 1998, 1572–1574.
Pannenberg, Wolfhart: *Heilsgeschehen und Geschichte* (1959), in: ders., Grundfragen systematischer Theologie 1, Gcttingen ³1979 (¹1967), 22–78.
–: *Dogmatische Thesen* zur Lehre von der Offenbarung, in: ders. (Hg.), Offenbarung als Geschichte (1961), Gcttingen ²1963 (KuD Beih. 1), 91–114.
–: *Die Krise des Schriftprinzips* (1962), in: ders., Grundfragen systematischer Theologie 1, Gcttingen ³1979 (¹1967), 11–21.
–: *Das Glaubensbekenntnis* ausgelegt und verantwortet vor den Fragen der Gegenwart, Gütersloh ⁶1995 (¹1972).
–: *Wissenschaftstheorie und Theologie* , Frankfurt/M. 1973.

–: *Anthropologie in theologischer Perspektive* , Gcttingen 1983.
–: *Systematische Theologie* , *Band 1* , Gcttingen 1988; *Band 2* , Gcttingen 1991, *Band 3* , Gcttingen 1993.
–: *Die Auferstehung Jesu* – Historie und Theologie (1994), in: ders., Beitr/ge zur Systematischen Theologie, Band 1: Philosophie, Religion, Offenbarung, Gcttingen 1999, 308–318.
–: *Das Wirken Gottes und die Dynamik des Naturgeschehens* , in: Wilhelm Gr/b (Hg.), Urknall oder Schcpfung? Zum Verh/ltnis von Naturwissenschaft und Theologie, Gütersloh 1995, ²1997, 139–152.
–: *Theologie und Philosophie*. Ihr Verh/ltnis im Lichte ihrer gemeinsamen Geschichte, Gcttingen 1996.
–: *Problemgeschichte der neueren evangelischen Theologie in Deutschland*. Von Schleiermacher bis zu Barth und Tillich, Gcttingen 1997.
Pesch, Otto Hermann: *Frei sein aus Gnade*. Theologische Anthropologie, Freiburg i. Br. 1983.
–: *Thomas von Aquin*. Grenzen und Grcße mittelalterlicher Theologie. Eine Einführung, Mainz 1988.
Pesch, Rudolf: *Die Apostelgeschichte* (2.Teilband: Apg 13–28), Neukirchen-Vluyn 1986 (EKK V 2).
Peters, Albrecht, *Kommentar zu Luthers Katechismen, Band 4* : Die Taufe. Das Abendmahl, hg.von Gottfried Seebaß, Gcttingen 1993.
Peters, Christian: *Apologia Confesionis Augustanae*. Untersuchungen zur Textgeschichte einer lutherischen Bekenntnisschrift (1530–1584), Stuttgart 1997 (CThM B 15).
Pico della Mirandola, Giovanni: *Oratio de hominis digitate* – Rede über die Würde des Menschen.Lateinisch/Deutsch. Auf der Textgrundlage der Editio princeps herausgegeben und übersetzt von Gerd von der Gcnna, Stuttgart 1997.
Plasger, Georg: *Die Not Wendigkeit der Gerechtigkeit*, Eine Interpretation zu ‚Cur Deus homo'von Anselm von Canterbury, Münster 1993 (BGPhMA.NF 38).
Plathow, Michael: *Die Engel* – ein systematisch-theologisches Thema, in: ThBeitr 24, 1993, 249–267.
Pöhlmann, Horst Georg: *Schrift und Wort Gottes* , in: Horst Georg Pchlmann, Torleiv Austad, Friedhelm Krüger, Theologie der lutherischen Bekenntnisschriften, Gütersloh 1996, 33–49.
Pomponazzi, Pietro: *Abhandlung /ber die Unsterblichkeit der Seele*. Lateinisch-Deutsch, übersetzt und mit einer Einleitung herausgegeben von Burkhard Mojsisch, Hamburg 1990.

Puster, Rolf W.: *Das sogenannte Theodizee-Problem* , in: Logos NF 6, 1999, 231–248.

Rahner, Karl: *Das Christentum und die nichtchristlichen Religionen* (1961), in: ders., Schriften zur Theologie. Band 5: Neuere Schriften, Einsiedeln 1962 (^{3}1968), 136–158.

–: *Der eine Jesus und die Universalität des Heils* , in: ders., Schriften zur Theologie. Band 12: Theologie aus Erfahrung des Geistes, Einsiedeln 1975, 251–282.

–: *Über die Heilsbedeutung der nichtchristlichen Religionen* (1975), in: ders., Schriften zur Theologie. Band 13: Gott und Offenbarung, Einsiedeln 1978, 341–350.

Raschzok, Klaus: *Christuserfahrungen und k/nstlerische Existenz.* Praktisch-theologische Studien zum christomorphen Künstlerselbstbildnis, Frankfurt/M. [u. a.] 1999.

Ratschow, Carl Heinz: *Jesus Christus* , Gütersloh 1982 (HST 5).

Reformierte Bekenntnisschriften. Eine Auswahl von den Anf/ngen bis zur Gegenwart, hg. von Georg Plasger und Matthias Freudenberg, Gcttingen 2005.

Reformierte Bekenntnisschriften und Kirchenordnungen in deutscher bersetzung, hg. von Paul Jakobs, Neukirchen 1949.

[Reimarus, Hermann Samuel:] Fünftes Fragment. *ber die Auferstehungsgeschichte* (1777), in: Gotthold Ephraim Lessing, Werke und Briefe in zwclf B/nden, Band 8: Werke 1774–1778, hg. von Arno Schilson, Frankfurt/M. 1989, 277–311.

–: *Von dem Zwecke Jesu und seiner J/nger.* Noch ein Fragment des Wolfenbüttelschen Ungenannten, in: Gotthold Ephraim Lessing, Werke und Briefe in zwclf B/nden, Band 9: Werke 1778–1780, hg. von Klaus Bohnen und Arno Schilson, Frankfurt/M. 1993, 224–340.

–: *Apologie oder Schutzschrift f/r die vern/nftigen Verehrer Gottes* , im Auftrag der Joachim-Jungius-Gesellschaft der Wissenschaften Hamburg hg. von Gerhard Alexander, 2 Bd.,Frankfurt/M. 1972.

Reinhuber, Thomas: *Kümpfender Glaube.* Studien zu Luthers Bekenntnis am Ende von ‚De servo arbitrio', Berlin/New York 2000 (TBT 104).

Rendtorff, Trutz: *Ethik.* Grundelemente, Methodologie und Konkretionen der ethischen Theologie, *Band 1* , Stuttgart ^{2}1990 (ThW 13,1).

–: [Art.] *Ethik VIII* : Ethik der Neuzeit, in: TRE 10, 1982, 481–517.

Ritschl, Albrecht: *Unterricht in der christlichen Religion* (1875), hg. von Gerhard Ruhbach, Gütersloh 1966 (*TKTG 3*).

–: *Die christliche Lehre* von der Rechtfertigung und Verschnung. Dritter Band:

Die positive Entwickelung der Lehre, Bonn ³1888 (¹1874, ²1883).
–: *Fides implicita*. Eine Untersuchung über Kchlerglauben, Wissen und Glauben, Glauben und Kirche, Bonn 1890.
Ritter, Adolf Martin: *Dogma und Lehre in der Alten Kirche*, in: Carl Andresen/Adolf Martin Ritter (Hg.), Handbuch der Dogmen- und Theologiegeschichte, Band 1: Die Lehrentwicklung im Rahmen der Katholizit/t, Gcttingen ²1999 (¹1982), 99–283.
Röd, Wolfgang: *Der Gott der reinen Vernunft*. Die Auseinandersetzung um den ontologischen Gottesbeweis von Anselm bis Hegel, München 1992.
Rösel, Martin: *Bibelkunde des Alten Testaments*. Die kanonischen und apokryphen Schriften. Mit Lernübersichten von Dirk Schwiderski, Neukirchen-Vluyn ⁴2004 (¹1996, ²1999; ³2002).
Rogge, Joachim: *Anfänge der Reformation* : Der junge Luther 1483–1521/Der junge Zwingli 1484–1523, Berlin 1983 (KGiE II/3; II/4).
Rogge, Joachim/Zeddies, Helmut (Hg.): *Kirchengemeinschaft und politische Ethik*. Ergebnis eines theologischen Gespr/ches zum Verh/ltnis von Zwei-Reiche-Lehre und Lehre von der Kcnigsherrschaft Christi, Berlin (Ost) 1980.
Rohls, Jan: *Theologie und Metaphysik*. Der ontologische Gottesbeweis und seine Kritiker, Gütersloh 1987.
–: *Theologie reformierter Bekenntnisschriften*. Von Zürich bis Barmen, Gcttingen 1987.
–: *Protestantische Theologie der Neuzeit*, Band 1 : Die Voraussetzungen und das 19. Jahrhundert; *Band 2* : Das 20. Jahrhundert, Tübingen 1997.
Roloff, Jürgen: [Art.] *Kirche* 2.1.: Kirche im NT, in: EKL³2, 1053–1057.
Rosenau, Hartmut: *Auf der Suche* nach dem gelingenden Leben. Religionsphilosophische Streifzüge, Neukirchen-Vluyn 2000.
Ruhbach, Gerhard: *Unsterblichkeit und Auferstehung*. berlegungen zu zwei Grundeinstellungen, in: Friedrich Niewchner (Hg.), Unsterblichkeit, Wiesbaden 1999 (Wolfenbütteler Forschungen 86), 33–43.
Sauter, Gerhard: [Art.] *Rechtfertigung* IV: Das 16. Jahrhundert, in: TRE 28, 1997, 315–328.
–: *Zugünge zur Dogmatik*. Elemente theologischer Urteilsbildung, Gcttingen 1998.
Sch/fer, Rolf: *Das Reich Gottes bei Albrecht Ritschl und Johannes Weiß*, in: ZThK 61, 1964, 68–88.
von Scheliha, Arnulf: *Der Glaube an die gcttliche Vorsehung*. Eine religionssoziologische, geschichtsphilosophische und theologiegeschichtliche Untersuchung, Stuttgart/Berlin/Kcln 1999.

–: *Der Islam im Kontext der christlichen Religion* , Münster u. a. 2004 (Studien zum interreligicsen Dialog 6).

Scherb, Jürgen Ludwig: *Anselms philosophische Theologie. Programm – Durchführung – Grundlagen*, Stuttgart [u. a.] 2000 (Münchener philosophische Studien, NF 15).

Schicketanz, Peter: *Der Pietismus von 1675 bis 1800* , Leipzig 2001 (KGiE III/1).

Schleiermacher, Friedrich: *ber die Religion.* Reden an die Gebildeten unter ihren Ver/chtern (1799), Kritische Gesamtausgabe [= *KGA*], Band *I 2*, 185–326.

–: *Kurze Darstellung des theologischen Studiums* zum Behuf einleitender Vorlesungen (1811; ²1830), *KGA I 6* , 243–315 [¹1811]; *KGA I 6* , 317–446 [²1830]).

–: *Der christliche Glaube* nach den Grunds/tzen der evangelischen Kirche im Zusammenhange dargestellt, Bd. 1, Berlin ²1830; Bd. 2, Berlin ²1831, *KGA I 13,1 / 13,2*.

–: *Die christliche Sitte* nach den Grunds/zen der evangelischen Kirche im Zusammenhange dargestellt. Aus Schleiermacher's handschriftlichem Nachlasse und nachgeschriebenen Vorlesungen hg. von Ludwig Jonas, Berlin 1843 (*Sümmtliche Werke I 12*).

Schmaus, Michael: *Die Denkform Augustins* in seinem Werk ‚De Trinitate', München 1962 (SBAW.PPH 6, 1962).

Schmidt, Josef: *Das philosophieimmanente Theodizeeproblem* und seine theologische Radikalisierung, in: ThPh 72, 1997, 247–256.

Schmidt, Martin Anton: *Die Zeit der Scholastik* (Dogma und Lehre im Abendland, Zweiter Abschnitt), in: Carl Andresen/Adolf Martin Ritter (Hg.), Handbuch der Dogmen- und Theologiegeschichte, Band 1: Die Lehrentwicklung im Rahmen der Katholizit/t, Gcttingen ²1999 (¹1982), 567–754.

Schmidt, Erik: *Hegels System der Theologie* , Berlin/New York 1974 (TBT 26).

Schröter, Jens/Brucker, Ralph (Hg.): *Der historische Jesus.* Tendenzen und Perspektiven der gegenw/rtigen Forschung, Berlin/New York 2002 (BZNW 114).

Schüngel-Straumann, Helen: ‚*Von einer Frau nahm die S/nde ihren Anfang'?* Die alttestamentlichen Erz/hlungen von ‚Paradies' und ‚Sündenfall' und ihre Wirkungsgeschichte, in: Elisabeth Moltmann-Wendel (Hg.), Weiblichkeit in der Theologie, Gütersloh 1988, 31–52.

Schulthess, Peter/Imbach, Ruedi: *Die Philosophie im lateinischen Mittelalter.* Ein Handbuch mit einem bio-bibliographischen Repertorium, Düsseldorf/Zürich ²2000 (¹1996).

Schulze, Gerhard: *Die S/nde*. Das schcne Leben und seine Feinde, München 2006.
Schumann, Johann Daniel: *ber die Evidenz der Beweise f/r die Wahrheit der christlichen Religion* (1777), in: Gotthold Ephraim Lessing, Werke und Briefe in zwclf B/nden, Band 8: Werke 1774-1778, hg. von Arno Schilson, Frankfurt/M. 1989, 355-435.
Schweitzer, Albert: *Geschichte der Leben-Jesu-Forschung* (1906/1913), Tübingen ⁹1984.
Seebaß, Gottfried: *Geschichte des Christentums III*. Sp/tmittelalter – Reformation – Konfessionalisierung, Stuttgart 2006 (ThW 7).
Seebaß, Horst/Reiser, M.: [Art.] *Geist*, in: NBL 1, 1991, 765-773.
Seiffert, Helmut: [Art.] *Historisch/systematisch*, in: Handlexikon zur Wissenschaftstheorie, hg. von Helmut Seiffert und Gerard Radnitzky, München 1989, 139-144.
Seils, Martin: *Glaube*, Gütersloh 1996 (HST 13).
–: *Martin Luthers Gesetzesverst/ndnis*, in: Udo Kern (Hg.), Das Verst/ndnis des Gesetzes bei Juden, Christen und im Islam, Münster/Hamburg/London 2000 (Rostocker Theologische Studien 5), 64-84.
Semler, Johann Salomo: *ber historische, geselschaftliche und moralische Religion* der Christen, Leipzig 1786.
Slenczka, Notker: *Christliche Hoffnung*, in: Luther Handbuch, hg. von Albrecht Beutel, Tübingen 2005, 435-443.
Scll, Georg: *Mariologie*, Freiburg i. Br. 1978 (HDG III/4).
Sclle, Dorothee: *Kirche außerhalb der Kirche* (1965), in: dies., Die Wahrheit ist konkret, Olten ³1967 (Theologia publica 4), 117-129.
Scrries, Reiner: [Art.] *Bilder, Bilderverehrung*, in: EKL³ 1, 1986, 504-509.
Spalding, Johann Joachim: *Religion, eine Angelegenheit des Menschen* (¹1797; ²1798; ³1799; ⁴1806), hg. von Tobias Jersak und Georg Friedrich Wagner (Johann Joachim Spalding, *Kritische Ausgabe I 5*), Tübingen 2001.
Sparn, Walter: [Art.] *Theodizee* V: Dogmengeschichtlich/VI: Dogmatisch, in: RGG⁴ 8, 2005, 228-235.
Spieckermann, Hermann: *Die Verbindlichkeit des Alten Testaments*. Unzeitgem/ße Betrachtungen zu einem ungeliebten Thema, in: JBTh 12, 1997, 25-51.
Splett, Jcrg: *Gotteserfahrung im Denken*. Zur philosophischen Rechtfertigung des Redens von Gott, Freiburg i. Br./München ⁴1995 (¹1973).
Staniloae, Dumitru: *Orthodoxe Dogmatik, Band 1* , Zürich 1985 (Ökumenische Theologie 12).
Stead, G. Christopher: [Art.] *Logos*, in: TRE 21, 1991, 432-444.
Steinbart, Gotthelf [Gotthilf] Samuel: *System der reinen Philosophie oder Gl/*

ckseligkeitslehre des Christenthums. Für die Bedürfnisse seiner aufgekl/ rten Landesleute und andrer die nach der Weisheit fragen eingerichtet, Züllichau ³1786 (¹1778).

Stock, Alex: [Art.] *Christusbilder*, in RGG⁴ 2, 1999, 326–339.

Stock, Konrad: *Annihilatio mundi*. Johann Gerhards Eschatologie der Welt, München 1971 (FGLP 10, 42).

–: Die Theorie der christlichen Gewißheit. Eine enzyklop/dische Orientierung, Tübingen 2005.

Suda, Max J.: *Die Ethik Martin Luthers*, Gcttingen 2006 (FS Th 108).

Swinburne, Richard: *The Existence of God*, Oxford 1979 (*Die Existenz Gottes*, Stuttgart 1987).

–: *Is there a God?*, Oxford 1996 (Gibt es einen Gott?, Frankfurt/M. [u. a.] 2006).

Sykes, Stephen W.: [Art.] *Offenbarung* 2: Systematisch-theologisch, in: EKL³ 3, 1992, 810–818.

Tertullian, Quintus Septimius Florens: [Q. S. Fl. Tertvlliani] *De praescriptione haereticorvm* (um 203), in: CChrSL 1, 185–224.

Tieftrunk, Johann Heinrich: Versuch einer Kritik der Religion und aller religicsen Dogmatik, mit besonderer Rücksicht auf das Christenthum, Berlin 1790.

–: Censur des christlichen protestantischen Lehrbe`griffs nach den Principien der Religionskritik, Band 1, Berlin 1791; Band 2, Berlin 1794; Band 3, Berlin 1795.

Theißen, Gerd/Merz, Anette: *Der historische Jesus*. Ein Lehrbuch, Gcttingen ³2001 (¹1996).

Thiede, Werner: *Nur ein ewiger Augenblick*. Luthers Lehre vom Seelenschlaf zwischen Tod und Auferstehung, in: Luther 64, 1993, 112–125.

Thomas von Aquin: *Sententia super Metaphysicam* (1270–1272), in: *Sancti Thomae Aquinatis opera omnia* (Index Thomisticus. Supplementum), hg. von Roberto Busa, Stuttgart/Bad Cannstatt 1980, *Band 4*, 390–507.

–: *Die Gottesbeweise* in der ‚Summe gegen die Heiden' und der ‚Summe der Theologie', Text mit bersetzung, Einleitung und Kommentar hg. von Horst Seidl, Hamburg 1982.

–: *Summe gegen die Heiden* (1259–1265; lateinisch-deutsch), *Band 1* (Buch I), herausgegeben und übersetzt von Karl Allgeier, lateinischer Text besorgt und mit Anmerkungen versehen von Leo Gerken, Darmstadt ³1994 (Texte zur Forschung 15).

–: *Gottes Dasein und Wesen* (Summa Theologiae I 1–13), Salzburg/Leipzig 1934, Neudr. 1982 (DThA 1).

–: *Glaube als Tugend* (Summa Theologiae II-II 1–16), Heidelberg [u. a.] 1950

(DThA 15).

–: *Summa Theologiae* (1268–1273), Rom ²1987 (¹1962).

Tillich, Paul: *Systematische Theologie* , Band *3* : Das Leben und der Geist. Die Geschichte und das Reich Gottes (1963), Stuttgart 1966.

Tindal Matthew: *Christanity as old as the Creation* : or, the Gospel, a Republication of the Religion of Nature, London 1730, Neudr. (hg. und eingeleitet von Günter Gawlik) Stuttgart/Bad Cannstatt 1967.

Torrell, Jean-Pierre: *Magister Thomas.* Leben und Werk des Thomas von Aquin, Freiburg i. Br./Basel/Wien 1995.

Track, Joachim: [Art.] *Leuenberger Konkordie* , in: EKL³ 3, 1992, 80–82.

Traditionsaufbruch. Die Bedeutung der Pflege christlicher Institutionen für Gewissheit, Freiheit und Orientierung in der pluralistischen Gesellschaft. Eine Studie des Theologischen Ausschusses der Evangelischen-Lutherischen Kirche Deutschlands, hg. im Auftrag der Kirchenleitung der VELKD von Dorothea Wendebourg und Reinhard Brandt, Hannover 2001.

Trilling, Wolfgang: *„Implizite Ekklesiologie'.* Ein Vorschlag zum Thema „Jesus und die Kirche', in: Dienst der Vermittlung. Festschrift zum 25j/hrigen Bestehen des Philosophisch-Theologischen Studiums Erfurt, Erfurt 1977, 149–164 (EThSt 37).

Tröger, Karl-Wolfgang: *Das Christentum im 2. Jahrhundert* , Berlin (Ost) 1988 (KGiE I/2).

Troeltsch, Ernst: *Ueber historische und dogmatische Methode in der Theologie* (1898), in: ders., Gesammelte Schriften 2 (Zur religicsen Lage, Religionsphilosophie und Ethik), Tübingen 1913, 729–753.

–: *Die Absolutheit des Christentums* und die Religionsgeschichte (1902/1912) mit den Thesen von 1901 und den handschriftlichen Zus/tzen, hg. von Trutz Rendtorff in Zusammenarbeit mit Stefan Pautler, Berlin/New York 1998 (Ernst Troeltsch, Kritische Gesamtausgabe [=*KGA*], Band *5).*

–: *Protestantisches Christentum und Neuzeit* (1906/1909/1922), hg. von Volker Drehsen in Zusammenarbeit mit Christian Albrecht, Berlin/New York 2004 (*KGA 7*).

–: *Die Bedeutung des Protestantismus* für die Entstehung der modernen Welt (1906/1911), in: ders., Schriften zur Bedeutung des Protestantismus für die moderne Welt (1906–1913), hg. von Trutz Rendtorff in Zusammcnarbeit mit Stefan Pautler, Berlin/New York 2001 (*KGA 8*), 199–316.

–: *Luther und die moderne Welt* (1908), in: ders., Schriften zur Bedeutung des Protestantismus für die moderne Welt (1906–1913), hg. von Trutz

Rendtorff in Zusammenarbeit mit Stefan Pautler, Berlin/New York 2001 (*KGA 8*), 59–97.

Unser Glaube. Die Bekenntnisschriften der evangelisch-lutherischen Kirche. Ausgabe für die Gemeinde, im Auftrag der Kirchenleitung der Vereinigten Evangelisch-Lutherischen Kirche Deutschlands (VELKD) hg. vom Lutherischen Kirchenamt, bearbeitet von Horst Georg Pchlmann, Gütersloh ³1991 (¹1986).

Wagner, Falk: *Auch der Teufel zitiert die Bibel.* Das Christentum zwischen Autorit/tsanspruch und Krise des Schriftprinzips, in: Richard Ziegert (Hg.), Die Zukunft des Schriftprinzips, Stuttgart 1994 (Bibel im Gespr/ch 2), 236–258.

–: *Zur gegenwürtigen Lage des Protestantismus* , Gütersloh 1995.

Wallmann, Johannes: [Art.] Orthodoxie II 2 a): *Lutherische Orthodoxie* , in: RGG⁴ 6, 2003, 696–702.

Walther, Christian: [Art.] *Kcnigsherrschaft Christi* , in: TRE 19, 1990, 311–323.

Ward, William Reginald: *Kirchengeschichte Großbritanniens vom 17. bis zum 20. Jahrhundert* , Leipzig 2000 (KGiE III/7).

Weiss, Johannes: *Die Predigt Jesu vom Reiche Gottes* (1892, ²1900), Neudr. Gcttingen 1964 (mit einem Gleitwort von Rudolf Bultmann).

–: *Die Idee des Reiches Gottes* in der Theologie, Gießen 1901 (VTKG 16).

Wenz, Gunther: *Einflhrung in die evangelische Sakramentenlehre* , Darmstadt 1988.

–: *Theologie der Bekenntnisschriften* der evangelisch-lutherischen Kirche. Eine historische und systematische Einführung in das Konkordienbuch, *Band 2,* Berlin/New York 1998.

–: *Wolfhart Pannenbergs Systematische Theologie.* Ein einführender Bericht, Gcttingen 2003.

–: *Religion.* Aspekte ihres Begriffs und ihrer Theorie in der Neuzeit (Studium Systematische Theologie 1), Gcttingen 2005.

–: *Offenbarung.* Problemhorizonte moderner evangelischer Theologie (Studium Systematische Theologie 2), Gcttingen 2005.

Wessel, Klaus: *Dogma und Lehre in der Orthodoxen Kirche* , in: Carl Andresen/Adolf Martin Ritter (Hg.), Handbuch der Dogmen- und Theologiegeschichte, Band 1: Die Lehrentwicklung im Rahmen der Katholizit/t, Gcttingen ²1999 (¹1982), 284–405.

Westermann, Claus: *Genesis.* 1. Teilband: Genesis 1–11, Neukirchen-Vluyn 1974 (BK I/1).

White jr., Lynn Townsend: *Die historischen Ursachen* unserer ckologischen Krise, in: M. Lohmann (Hg.), Gef/hrdete Zukunft, München 1970, 20–29 (Hanser Umweltforschung 5).

Wiemer, Axel: ‚*Mein Trost, Kampf und Sieg ist Christus*'. Martin Luthers eschatologische Theologie nach seinen Reihenpredigten über 1.Kor 15 (1532/33), Berlin/New York 2003 (TBT 119).

Wilckens, Ulrich: *Der Brief an die Rcmer* (1.Teilband: Rcm 1–5), Neukirchen-Vluyn ²1987 (EKK VI 1).

Wischmeyer, Oda: [Art.] *Schcpfung IV*: Neues Testament, in: RGG⁴ 7, 2004, 973f.

Wolff, Christian: *Oratio de Sinarum philosophia practica* – Rede über die praktische Philosophie der Chinesen (1721/1726), übersetzt, eingeleitet und herausgegeben von Michael Albrecht, Hamburg 1985.

신학 용어 해설

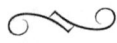

39조항(39 Artikel, 1536년: BSRK 505-522) — →성공회 교리의 토대. 루터신학의 영향을 받았고 →선택과 →성만찬 교리는 개혁교회의 입장에 따라 확립되었다.

70인역(Septuaginta, LXX) — 구약성경의 그리스어 번역본.

가슴신학(Pektoraltheologie) — 가슴에서 일어나는 감정이 하나님과의 관계의 근원이라고 강조한 네안더에게서 유래한 →부흥신학에 대한 명칭.

가시적 말씀(라. verbum visibile) — 아우구스티누스가 →성례를 특징짓기 위해서 사용한 용어.

가치론적 종말론(axiologische Eschatologie) — 전통적으로 미래의 것으로 이해된 영원한 생명을 현재적 가치(그. axia)로 파악하는 →종말론.

가톨릭교회 교리문답서(Katechismus der Katholischen Kirche) — 교황 요한 바오로 2세(Johannes Paul Ⅱ)가 제안하고, 1992년에 승인하여, 1993년에 출간된 교리문답서로 로마가톨릭의 기독교 신앙 이해를 일관되게 서술했다.

가현설(Doketismus) — 양태론적 →단일신론의 한 형태로, 예수가 단지 가상적으로(그. dokesis) 인간이었고 그의 몸이 가상의 몸이었을 뿐이라고 본다.

갈리아 신앙고백서(Confessio Gallicana = Confession de foy; 1559, BSRK 221-232) — 칼뱅의 초안에 근거한 프랑스 위그노파의 신앙고백으로 일원적 교회법과 함께 효력을 발휘했다 (→교회 규범).

개신교(루터파/개혁파)(Protestantismus, lutherischer/reformierter) — 대륙 종교개혁 과정에서 교회의 교리와 실천에 대한 비판으로부터 16세기에 유래한 두 종파. →『로이엔베르크 합의신조』 이래로 양자의 교리적 차이가 더 이상 교회를 분리하지 않는다.

개인 종말론(Individuelle Eschatologie) – 세계의 종말과 그리스도의 재림 이전에 죽는 인간의 피안적 운명에 대한 교리(→종말론).

갱신(이. aggiornamento) – 교황 요한 23세의 뜻을 따라 구체화된 제2차 →바티칸 공의회(II)의 중심 개념.

거듭난 자들을 위한 율법의 사용(라. usus in renatis legis) – →율법의 제3사용.

교회의 거룩성(Heiligkeit der Kirche) – 『니케아–콘스탄티노플 신경』에 따르면 네 가지 →교회의 특성 중 하나. 이 특성은 하나님의 종말론적 구원이 예수의 부활에서 이미 시작되었고 각 그리스도인의 삶과 교회의 사귐에서 나타난다는 기독교의 확신에 근거한다.

견진 성사(Firmung) – 이것은 개신교의 입교(Konfirmation)와 달리 →로마가톨릭 안에서 세례의 은혜를 완성하기 위해서 꼭 필요한 →성례로 간주된다.

결정(라. propositum) – 섭리 교리의 한 요소로 섭리 사역을 행하려는 하나님의 의지의 결정을 가리키며, 섭리 사역에 선행한다.

경건주의(Pietismus) – 1670년경에 →개신교 루터교회와 개혁교회 안에서도 일어난 다층적인 운동이다. 종교개혁 정신으로 개신교를 포괄적으로 갱신하는 것을 목표로 삼았고, 종교개혁의 후계자로 이해되었다.

경세적 삼위일체(Ökonomische Trinität) – 창조와 역사 속에서 계시된 삼위일체. 구원사적 삼위일체라고도 불린다(→삼위일체의 외적 사역).

계명(라. praecepta) – 마 19:17-19과 관련된 특정 계명으로 이것들의 준수가 영원한 삶에 이르는 전제로 여겨졌다. 종교개혁 이전 →윤리에서, 또 어떤 면에서는 오늘날까지도 →로마가톨릭 안에서는 →복음의 권고를 따르는 삶이 계명을 따르는 삶을 능가했고, 능가한다.

계몽주의(Aufklärung) – 17-18세기 유럽의 정신사적 운동으로 인간 이성의 자율을 요구하고, 또 아주 자명하여 더 이상 질문할 필요가 없다고 여겨지는 〈기존의〉 진리주장으로부터의 독립을 요구했다. 계몽주의와 결부되어 전승된 신앙 교리에 대한 이성적·역사적 비판이 생겨났고, 이것은 특히 개신교신학이 교의학적 진술의 여러 영역을 철저하게 개정하도록 강제했다(→과도기 신학, →볼프주의, →신신학, →완전성, →합리주의).

계시(Offenbarung) – 이전에 숨겨져 있던 것이 알려지는 과정. 기독교신학에서는 →성경에 증명되었고 그리스도 사건에서 정점에 이른 →하나님 말씀이 인간 구원에 유의미한 결정적 계시로 간주된다. 그리스도의 계시 이전과 밖에서 일어난 하나님의 자기 표명에 대한 평가, →배타적 계시 이해와 →포괄적 계시 이해, 계시를 통해 얻는 인식 내용과 인간의 이성과의 관계는 이전부터 논쟁의 대상이다(→자연신학, →철학적 신학).

계시된 하나님(라. deus revelatus) - →숨겨진 하나님과 대조적으로 그리스도 안에서 사랑스럽게 인간을 향해 오는 하나님을 가리키는 말.

고교회(영. High Church) - →성공회 안에서 전통을 지향하는 흐름으로 →성공회 가톨릭주의로도 불린다.

높임의 상태(라. status exaltationis) - →기독론에서 예수 그리스도가 →부활함으로써 죽음을 이긴 상황을 가리킨다.

고해 성사(회개, Buße) - 하나님의 →은혜의 약속에 대한 응답으로 인간이 →죄에서 떠나는 것. 사죄(Absolution)는 전통적으로 고해에 근거하고 교회 직분자에 의해서 행해진다. 회개는 →로마가톨릭교회에서 →성례로 여겨진다.

공동 사제직(라. sacerdotium commune fidelium) - 〈제2차 바티칸 공의회〉 규칙인 →『인류의 빛』(Lumen gentium)에서 전개된 개념으로, 이에 의하면 사제와 평신도는 각자 상이한 방식으로 그리스도의 제사장직에 참여한다.

공동 기도서(영. Book of Common Prayer) - →성공회의 일반 예배·기도서. 1549년 크랜머(Th. Cranmer)의 결정적 기여로 생겨났고, 1552년과 1662년 사이에 여러 차례 개정되었다. 오늘날까지 성공회 예배의 공식적 토대다.

공동의 공식 확인(Gmeinsame Offizielle Feststellung[GOF]) - 1999년 가톨릭과 루터교 양자가 행했던 선언으로, 이 선언의 필수적 요소가 부록에 첨부되었다. 이 부록에서 →『칭의론에 대한 공동 선언』을 통해 도달한 일치가 무엇인지 폭넓게 설명했고 이로써 대화 당사자들을 동의로 이끌었다.

공의회(Konzil) - 사도행전 15장에 나오는 이른바 사도회의(Apostelkonzil)를 모범으로 삼아 적합한 신학적 교리를 구속력 있게 확증하기 위한 교회 성직자 모임.

공재설(Konsubstantiation) - 성만찬 요소들 안에 그리스도의 몸과 피가 현존한다는 루터신학의 교리. 이 교리는 그리스도의 몸과 피와 빵과 포도주가 성례의 관점에서 단일성을 이루고 있다고 주장한다(→화체/화체설).

과도기 신학(Übergangstheologie) - →정통주의(c)와 →신신학 사이에 일어났던 개신교신학의 한 사조. 이 사조는 →정통주의(c) 및 →경건주의와의 철저한 결별을 피하면서 동시에 신학적으로 볼프 철학에 대한 광범위한 수용을 준비했다(→신학적 볼프주의).

관계(라. relationes) – →위격의 유래에 근거한 내재적 삼위일체 인격을 서로 구별시키는 귀속(Zuordnungen).

교리 판결-교회 분리적?(Lehrverurteilungen- kirchentrennend?) – 1986년 레만(K. Lehmann)과 판넨베르크가 발행한 개신교와 가톨릭 신학자의 에큐메니칼 분과의 연구 논문으로 →칭의, →성례, →직분을 주제로 다루었다.

교리문답서(Katechismus) – 그리스 낱말을 가지고 만든 라틴어 낱말로, 처음에는 기독교의 핵심 내용을 말로 가르치는 것을 뜻했지만 나중에는 그 내용이 기록된 책을 뜻하게 되었다. 교리문답서의 중요한 본보기로는 루터의 →『대소요리 문답』(1529), →『하이델베르크 교리문답』(1563), →『가톨릭교회 교리문답서』(1993)가 있다.

교부(Kirchenväter) – 고대 교회 시대에 중요했던 신학자들(→교부신학).

교부신학(Patristik) – →교부들의 생애와 신학을 학문적으로 연구하는 분야.

교의(Dogma) – 기독교 →신앙에 대한 사유 안으로 수용된 헬레니즘의 교양어(敎養語)이며, 한 신앙 공동체 안에서 규범적으로 간주되는 교리적 내용 전체를 가리킨다(→교의학).

교의학 서론(Prolegomena zur Dogmatik) – →기초신학.

교의학(Dogmatik) – →종교철학, →윤리학과 함께 →조직신학을 구성하는 한 분야. 교의학의 과제는 기독교 신앙의 중심 내용을 상호 연관 속에서 서술하고 기독교 신앙의 현재적 가치를 전개하는 것이다.

교황의 권력과 통치에 대하여(De potestate ac primatu papae) – 멜란히톤이 교황의 권력과 지배권에 대하여 쓴 논문으로, 1537년 슈말칼덴 집회에서 교황직에 대한 교리적 언급을 하지 않았던 →『아우크스부르크 신앙고백서』와 →『아우크스부르크 신앙고백서를 위한 변증서』와 더불어 루터교의 교리 규범(Lehrnorm)으로 확정되었다.

교황의 무오류성(Infallibilität) – 로마-가톨릭은 교황의 교리결정에 오류가 없다는 것을 1870년에 →『영원한 목자』라는 규칙에서 교의화했고, 1964년에는 →『인류의 빛』이라는 규칙에서 더 정확하게 규정했다.

교회(Kirche) – 기독교 종교의 공동체이며, 기독교 교의학의 →교회론의 대상. 16세기 이래 진행된 →종파화는 유럽 기독교를 여러 형태로 만들었다(→성공회, →로마가톨릭, →개신교).

교회 규범(Discipline Ecclésiastique, 1559: Evangelische Bekenntnisse, Band 2, 195-205) - 프랑스 위그노파의 교회법(→갈리아 신앙고백서).

교회 투쟁(Kirchenkampf) - 나치 시기에 '독일 그리스도인들'(die Deutschen Christen)은 국가 사회주의의 권력 장악을 하나님의 섭리 행동의 표현으로 이해했고 이들의 민족-국가적 표어를 부분적으로 받아들여 종교적으로 고양시켰다. 교회 투쟁은 독일 개신교회(die deutsche evangelische Kirche) 내에서 독일 그리스도인과 고백교회(→바르머 신학 선언) 사이에서 일어난 충돌이다.

교회론(Ekklesiologie) - 교회에 대한 교리로서 종교개혁과 연이어 일어난 종파화의 지평에서 비로소 신학의 독립적 주제가 되었다(→교회의 특성, →혼합된 몸, →참된 몸, →교회의 표지).

교회론의 여러 관점과 관련된 질문에 대한 대답(Antworten auf Fragen zu einigen Aspekten bezüglich der Lehre über die Kirche) - 로마 교황청의 신앙 교리 성성(聖省, die römische Kongregation der Glaubenslehre)이 2007년 7월에 출간한 →교회론에 대한 해설.

교회헌법(프. Ordonnaces ecclesia-stiques, 1541) - 칼뱅(J. Calvin)의 제네바 교회헌법.

교회의 단일성(Einheit der Kirche) - 『니케아-콘스탄티노플 신경』에 의하면 네 가지 →교회의 특성 중 하나. 이것은 예수 그리스도 안에서 자신을 알리고 모든 인간을 위한 구원의 길을 보여 준 유일한 하나님에 대한 공통된 신앙에 근거한다.

교회의 특성(Attribute der Kirche) - 『니케아-콘스탄티노플 신경』은 교회는 '하나이고, 거룩하며, 보편적이고, 사도적인 교회다'라는 말로 교회의 특성을 언급한다(라. una sancta catholica et apostolica ecclesia). 이로부터 교회의 네 가지 특성인 →사도성, →단일성, →거룩성, →보편성이 나온다(→교회의 표지).

교회의 표지(라. notae ecclesiae) - 참된 교회의 실제에서 경험적으로 확인할 수 있는 특징(→교회론). 루터교 관점에서 보면 이것은 복음의 순수한 가르침과 올바른 →성례의 시행이다. →개신교 개혁파에서는 교회의 규칙이, →성공회에서는 역사적 주교직이 추가된다.

교회적 아우구스티누스주의(Kirchlicher Augustinismus) - 중세 기독교 →윤리의 선도적인 견해. 이에 따르면 영혼의 구원을 위해서 인간이 하나님이 주는 은혜를 자유로운 결정으로 받아들이고 선한 행위로써 이 은혜의 과정을 호위하고 지원하는 것이 필요하다.

구개신교(Altprotestantismus) - 종교개

혁과 →계몽주의 사이의 개신교 종교 문화를 가리키는 명칭으로 트뢸취의 영향을 받아 형성되었다(→정통 [c]).

구원(라. redemptio) - 하나님이 나사렛 예수 안에서 인간이 됨으로써 인간을 죄에서 해방하는 것(→삼위일체의 외적 사역 중 두 번째 사역).

구원론(Soteriologie) - 인간이 그리스도에게서 나타난 →은혜를 받아들이는 것에 대한 교리. 구원론은 세부적으로 성령에 대한 교리(→성령론), 죄인의 →칭의에 대한 교리, →예정론을 포함한다.

귀속(歸屬)(Appropriation) - 삼위일체의 외적 사역을 〈셋으로 분류해서〉 삼위의 각 인격에 속하도록 하는 것. 〈한 사역이 한 인격에게 귀속될지라도 항상 이 사역에 대한 나머지〉 두 인격의 참여가 전제되어 있다.

그리고 아들로부터(라. filioque) - 영을 내쉬는 삼위일체의 내재적 사역이 오직 아버지에 의한 것인지 아니면 아버지와 아들에 의한 것인지를 두고 동·서방 교회 사이에서 일어난 성령론 논쟁의 약칭(→삼위일체의 내적 사역).

그리스도를 붙잡는 믿음(라. fides apprehensiva Christi) - 인간이 그리스도 사건의 구원의 힘을 신뢰하고 이로써 그리스도를 붙잡는 믿음(→신뢰로서의 믿음, →신뢰, →칭의/칭의론).

그리스도의 복종(Gehorsam Christi) - 예수 그리스도의 사역에 대한 교리를 다룰 때 예수 그리스도가 아버지 하나님을 향해 취했던 자세를 일컫는 말(→그리스도의 존엄 명칭, →높임의 상태, →그리스도의 직분, →기독론, →비움, →비움의 상태, →사용의 포기, →속성의 교류, →속죄, →신적 속성의 은폐). 복종은 전 존재로 하나님을 지향하는 적극적 복종과 죽음으로써 하나님의 진노를 받아들이는 수동적 복종으로 구분된다.

그리스도의 존엄 명칭(christologische Hoheitstitel) - 신약성경에서 예수의 존엄과 기능과 관련하여 언급된 명칭(예컨대 인자, 주, 하나님의 아들, 그리스도[메시아])이며 부분적으로 기독론 →교의 형성에 중요한 의미를 지다(→기독론).

그리스도의 직분(선지자적, 왕적, 제사장적)(라. officium Christi [propheticum, regium, sacerdotale]) - 그리스도를 구원의 중재자로 특성화하는 명칭. →비움의 상태뿐만 아니라 →높임의 상태에 있는 그리스도에 대해서도 이 세 가지 직분을 말할 수 있다.

그리스도의 편재성(Ubiquität Christi) - 그리스도의 인간적 본성이 편재한다는 것으로, 특히 루터교의 교리인 →속성의 교류에서 도출되었다.

그리스도의 법(Gesetz Christi) - 옛 법(라. lex vetus)에 대립하는 새로운 법(nova lex)으로서 그리스도의 가르침.

긍정신학(Kataphatische Theologie) – 인간의 인식 능력과 하나님의 존재의 충만 사이의 결코 이을 수 없는 거리를 인식하면서도, 하나님의 본질과 속성을 긍정적으로 규정하는 방식으로 인간 언어가 하나님을 향해 접근해가는 것(→부정의 신학, →유비).

기독교의 절대성(Absolutheit des Christentums) – 기독교가 최종적이며 어떤 것에 의해서도 능가될 수 없는 종교사의 정점으로 간주될 수 있다는 입장.

기독론(Christologie) – 예수 그리스도의 인격과 사역에 대한 교리(→양자론, →무인격의 인성, →『칼케돈 신경』, →그리스도의 존엄 명칭, →속성의 교류, →양성 일위 내 합일설(兩性一位內合一說), →그리스도의 복종, →은혜론, →그리스도의 법, →그리스도의 승천, →그리스도의 지옥 순례, →동일본질, →성육신, →중보 기도, →비움, →사용의 포기, →신적 속성의 은폐 →단성론자, →단의론(單意論,) →네스토리우스교도, →그리스도의 직분, →선재, →속죄, →오직 그리스도, →높임의 상태, →비움의 상태, →편재성).

기초신학(Fundamentaltheologie) – 기독교 교의학의 토대에 대한 해명. 기초신학의 주제는 일반적으로 →신학의 학문성, →계시, →믿음, →성경이며, 기초신학은 →교의학 서론으로도 불린다. → 로마가톨릭 신학은 기초신학 단계에서 이미 교회라는 주제를 다룬다.

낯선 의(라. iustitia aliena) – →칭의 때 죄인에게 귀속되지만 죄인의 소유가 되지 않는 그리스도의 의.

내재적 삼위일체(Immanente Trinität) – 창조와 역사 속에서 계시와 관련 없는 신적 삼위일체(→삼위일체의 내적 사역). 본질적 삼위일체로도 불린다.

내포된 믿음(라. fides implicita) – 사람이 직접 알지 못하지만 옳다고 믿는 것과 관련된 믿음(→명백한 믿음).

네 직분에 대한 규정(Vierämterordnung) – 개신교 개혁파 내에서 여러 차례 수용되었던 칼뱅 교회론 특유의 것. 칼뱅은 다양한 직분에 대한 신약성경의 진술에 근거하여 목사, 선생, 장로, 집사의 직분이 그리스도에 의해 제정되었다고 주장했다.

네스토리우스주의자(Nestorianer) – 제3차 에큐메니칼 공의회인 →에베소 공의회에서 단죄를 받은 네스토리우스의 추종자들. 그는 콘스탄티노플의 대주교였으며, 그리스도 안에서 신적 본성과 인간적 본성을 철저하게 분리해야 한다고 주장했다.

니케아 공의회 (I)(Konzil von Nizäa [I]) – 고대 교회의 첫 에큐메니칼 공의회(325)로 특히 삼위일체 교리를 다루었다. →삼위일체.

니케아 공의회 (II)(Konzil von

Nizäa [II]) – 고대 교회의 일곱 번째 공의회(787)로 무엇보다 형상 숭배(Bildverehrung)의 문제를 다루었다.

니케아-콘스탄티노플 신경(Nicaeno-Constantinopolitanum, 381: BSLK 26f; Unser Glaube Nr.3f) – 제2차 에큐메니칼 공의회인 콘스탄티노플 공의회 (I)와 연관된 기독교 신앙의 내용을 확정했다.

니고데모의 복음서(Nikodemus-Evangelium) – 빌라도 보고서라고도 불리는 위작(僞作) 복음. 첫 번째 부분(1-16장)은 4세기에, 두 번째 부분(17-27장: 예수의 →지옥 순례)은 6세기에 생겼다.

다원론적 종교 이론(Pluralistische Religionstheorie) – 모든 종교를 동등하게 대하려는 시도로 영미권에서 시작되었다. 이 이론에 따르면 종교의 다양성은 동일한 초월적 하나님을 상이하게 인식하고 개념화하기 때문에 발생한다.

다의적인/다의성(äquivok/Äquivokation) – 소리는 같지만(라. aequa vox) 의미가 다른 낱말을 일컫는 명칭. 〈예, '은행'은 금융 기관인 '은행'과 은행나무 열매인 '은행'을 뜻하는 다의적인 말이다〉

다중적인 의미(Mehrfacher Schriftsinn) – 성경이 말하는 것의 의미는 문자적 진술에 국한되지 않고, 여러 가지로 세분되는 영적 가치를 가지고 있다.

단성론자(Monophysiten) – →『칼케돈 신경』의 반대자로, 그리스도 안에 두 본성이 있다는 것을 거부하고 신성과 인성의 혼합 또는 결합으로 생겨난 예수 그리스도 인격의 단일성을 강조한다.

단세설(單勢說)(Monenergismus) – 기독론의 한 견해로 성육신한 그리스도와 관련해서 오직 하나의 힘(그. mone energeia), 곧 하나님의 본성만을 말할 수 있다는 기독론의 한 견해로, 여섯 번째 에큐메니칼 공의회였던 제3차 콘스탄티노플 공의회에서 거절당했다.

단의론(單意論)(Monotheletismus) – 성육신한 그리스도와 관련해서 오직 하나의 의지(그. monon thelema), 곧 하나님의 본성의 의지만을 말할 수 있다는 기독론적 견해로, 제6차 에큐메니칼 공의회(680)였던 제3차 →콘스탄티노플 공의회 (III)에서 거절되었다.

단일신론(Monarchianismus) – 하나님의 단일 통치(그. monarchia)를 강조하는 견해를 총칭하는 개념. 유일신론을 중대하게 생각하기 때문에 아들과 성령이 독립적이라는 주장을 →삼신론으로 간주하면서 비판한다(→동력설, →양태론).

단편 논쟁(Fragmentenstreit) – 라이마루스(4.5)에게서 유래했고 레싱이 출판했던『한 익명의 사람이 쓴』(Fragmente eines Unbekannten)을 두고 벌어진 논쟁.

달콤한 정원(라. Hortus deliciarum) –

중세시대에 지상 낙원과 →교회를 가리키는 용어. 12세기 아우구스티누스수녀원장 란츠베르크가 수많은 삽화를 넣어서 만든 종교 지식 요약집의 제목.

대상으로서의 믿음(fides quae [creditur]) - 기독교 교리 내용에 대한 지식(→획득된 믿음, →역사적 믿음, →형성되지 않은 믿음).

대소요리 문답(Kleiner/Großer Katechi-smus: BSLK 499-542/543-733; Unser Glaube Nr.481-564/565-870) - 루터교 신조서에 수용된 루터의 →교리문답서로 그리스도인의 실존을 위해 필요한 핵심적인 신앙과 삶의 지침을 이해하기 쉽게 서술하고 있다.

도나투스주의/파(Donatismus) - 누미디아(numidisch)의 주교 도나투스의 이름을 따서 불린 북아프리카에서 일어난 운동. 〈이 운동의 지지자는〉 디오클레티아누스 박해 때 성스러운 책을 국가 기관에 넘겨준 교회의 고위 성직자는 더 이상 직무를 수행할 자격이 없다고 주장했다.

도덕법(라. lex moralis) - 십계명에 포함되어 있으며 모든 사람에게 규범적인 것으로 이해된 윤리적 규정을 가리킨다. 자연법(라. lex naturae)이라고 부르기도 한다.

도르트레히트 국가주교회의(Dord-rechter Nationalsynode) - 1618/1619에 열린 네덜란드 개혁파 총회. 여기서 결의한 조규(條規, [→정경 〈b〉])는 하나님의 은혜로 일부만 선택받는다는 점을 강조했다(→부분 구원론, →예정론). →『하이델베르크 교리문답』, →『벨기에 신앙고백서』와 더불어 네덜란드 개혁교회 신앙고백서로 인정받았다.

동력설(Dynamismus) - 예수가 →선재하지 않았고 →세례 때 성령과 하나님의 능력을 받았다는 견해로서 →단일신론의 한 형태다.

동의(라. assensus) - 복음의 선포가 진리이며 구체적으로 청자에게 의미를 지닌다는 것을 인간적으로 동의하는 것. 이 동의는 →구개신교 →정통주의 (C)에 따르면 신앙 확립의 두 번째 과정으로 (→지식, →신뢰), 일반적 동의와 특별한 동의로 구분된다.

동의어/동의어의(Univok/Univozität) - 상이한 사물과 관련하여 동일한 것(라. unum)을 말하는 낱말. 예를 들어 물고기와 인간을 동물이라고 부르는 경우에 동물은 동의어다.

동일본질(그. homoousios) →『니케아-콘스탄티노플 신경』에서 하나님 아버지, 그리스도, 성령의 관계를 일컫는 용어. →『칼케돈 신경』에서는 죄가 없다는 점을 제외하고 성육신한 그리스도의 인간적 본질과 우리 인간적 본질의 관계를 일컫는 용어.

동정(라. virginitas [ante partum/in partu/post partum]) - 마리아는 예수의 탄생 전에, 그 과정에, 그리고 그 이후에도 동정녀였다는 말.

두 동의어의 병렬(그. Hendiadyoin) - 두 동의어를 결합시켜서 문장의 표현력을 강화하는 어법.

두 왕국론(Zwei Regimenten-Lehre) - 루터의 정치적 윤리를 가리키는 용어. 루터의 정치 윤리에 의하면 하나님은 칼을 가진 세계 통치자와 말씀을 가진 교회를 통해서 사람들을 다스린다. 결정적인 것은 두 권위를 명확하게 분리하는 것이다. 따라서 세계 통치자들은 자기 신민과 관련하여 〈교회가 관장하는〉 그들의 지복에 관여할 수 없다.

라테란 공의회(Laterankonzilien) - 로마에 있는 성자 요한네스 라테란(Hl. Johannes vom Lateran) 교회에서 개최된 여러 공의회를 말하며 로마 →가톨릭에서는 에큐메니칼 공의회로 인정받았다(1123, 1139, 1179, 1215, 1512-1517).

램버스 회의(Lambethkonferenz) - 성공회 연합 주교의 총회로, 1867년 이래 일반적으로 십 년마다 캔터베리 대주교좌가 있는 런던의 램버스 궁에서 개최된다.

램버스의 네 주춧돌(Lambeth Quadriliteral) - 1888년에 열린 제3회 램버스 회의의 열한 번째 결정문에 언급된 네 가지 요점. 성공회는 이를 교회 재결합의 기초로 이해한다.

로고스 기독론(Logos-Christologie) - 고대 교회에서 하나님의 유일성과 아들의 독립성을 중재하고자 했던, 요한복음 1:1에 근거한 모델이며, → 종속론의 경향을 띤다(→삼위일체/삼위일체론).

로마가톨릭(Der römische Katholizismus) - 유럽 기독교의 →종파화로 말미암아 특히 종교개혁과 그로부터 생겨난 교회(성공회, 개신교)와 거리를 두면서 생겨난 교회 형태로, 스스로를 원시 교회가 제도적으로 구체화된 것이라고 생각한다.

로마 신경(라. Romanum) - 추측컨대 성인 세례 지망자의 신앙 교육 차원에서 생겨난 로마 공동체의 신앙고백이며, 이로부터 →『사도신경』이 생겨났다.

로이엔베르크 교회 연합(Leuenberger Kirchengemeinschaft) - 유럽 개신교회의 연합(GEKE)으로도 불리는 이 연합은 루터교회, 개혁교회, 통합교회(unierte), 감리교회, 후스파 교회에 속해 있는 104개 교회와 이들과 유사한 종교개혁 이전의 발도파(Waldenser) 교회와 보헤미아 형제단(Böhmische Brüder)의 교회로 이루어져 있고, →『로이엔베르크 합의신조』가 이 연합의 신학적 토대다.

로이엔베르크 합의신조(Leuenberger Konkordie 1973: Evangelische Bekenntnisse, Band 2, 281-297) - 기독론, 성만찬, 예정론에 대한 근본적 공통점에 근거해서 합의된 신학 선언으로, 루터교회, 개혁교회, 종교개혁의 전통에 선 다른 교회가 온전한 교회의 연합임을 명백히 했다.

루터 부흥운동(Luther-Renaissance) - 1차 세계대전 이후 →변증법적 신학과 →종교 사회주의와 더불어 일어난 각성 운동이며, 결정적으로 홀(K. Holl)에 의해서 시작되었다. 종교개혁 신학에 대한 역사적 관심이 현재 문제를 해석하고 해결하는 일과 결합되었다.

루터교 신조서(Konkordienbuch/라. Liber Concordiae, 1580, 화합의 책) - 루터교 신앙고백서 모음집. →『아우크스부르크 신앙고백서』, →『교황의 권력과 통치에 대하여』→『대소요리문답』, →『합의 문구』, →『슈말칼덴 조항』.

르네상스(Renaissance) - 중세 말과 근대 초에 이탈리아에서 일어난 운동. 기독교 이전 고대 철학의 권위자를 기준으로 삼아 철저하게 현세를 지향하면서 인간의 세계 장악 능력에 대한 관심을 따른 운동 →인문주의.

림보(Limbus) - 지옥의 앞마당 또는 가장 바깥쪽 경계로, 구약의 조상, 기독교 생성 이전에 도덕적으로 산 이방인, 세례를 받지 않고 죽은 어린이의 영혼이 머무는 곳이다.

마니교(Manichäismus) - 페르시아인 마니의 이름으로 일컬어진 종교로, 영지주의적 특성을 가지고 영향력을 발휘했다. 아우구스티누스도 한동안 이 종교의 추종자였다.

마르키온/마르키온주의(Markion/Markionitismus) - 마르키온에게서 유래했고 여러 측면에서 영지주의와 유사한 운동이었다. 그러나 이 운동은 우선적으로 유대교의 유산에서 기독교를 철거하게 분리해야 한다고 주장한 교회 내적 개혁 운동이었으며 2세기 기독교에 중대한 도전이 되었다.

마리아론(Mariologie) - 로마가톨릭교회 안에서 예수의 어머니 마리아에 대한 교리(→승천[마리아의], →원죄 없는 잉태[마리아의], →평생 동정[마리아의], →하나님의 어머니[마리아]).

마지막 네 가지 사건(Vier letzte Dinge) - →죽음, →최후 심판, →하늘, →지옥.

만돌라(Mandorla) - 기독교 미술에서 그리스도를 두르고 있는 아몬드 형의 후광을 가리킨다.

말씀과 성례 안에서 교회의 연합(Kirhengemeinschaft in Wort und Sakrament) - 가톨릭 독일 주교협의회와 독일 연합 개신교 루터교회(VELKD)의 지도부가 구성한 양측의 연구모임이 1984년 →교회론과 관련하여 첫 번째로 내놓은 문서.

멜란히톤 추종자(Philippisten) – 1546/48년에 생겨난 루터 신학자의 한 무리로, 멜란히톤에 근거해서 자신들의 신학 견해를 〈정립했고〉, 독일 칼뱅주의에 대해서 개방적이었다. 따라서 →순수 루터주의자들은 이들을 →은밀한 칼뱅주의자라고 불렀다.

면죄(라. indulgentia) – →연옥에서 받을 형벌을 →회개 또는 현금 지불에 근거해서 교회가 면제하는 행위. 16세기 면죄부 판매의 오용이 종교개혁 발생의 한 계기가 되었다.

명백한 믿음(라. fides explicita) – 스스로 알고 있는 것에 대한 믿음(→잠재적 믿음)

명시적 교회(Manifeste Kirche) – 틸리히는 그리스도가 나타난 것을 하나님의 영의 결정적 표명으로 인정하는 시대에 사는 영적 공동체를 명시적 교회라고 불렀다(→잠재적 교회).

명제/명제 주석서(Sentenz/Sentenzkommentar) – 명제는 성경과 교부의 저술을 〈원천으로 삼아서〉 정확하고 인상 깊게 표현한 문장이며 중세 초기부터 수집·통합되었다. 이러한 명제집의 절정은 명제의 스승 〈페트루스 롬바르두스〉의 작품이다. 당시 신학 수업에 종사하는 모든 교수는 이 책을 주석해야만 했다. 이 과정에서 생겨난 것이 이른바 명제 주석서다.

명제의 스승(라. Magister sententiarum) – 중세신학의 표준 교과서였던 『네 권의 문장집』을 저술한 페트루스 롬바르두스를 일컫는 말.

모양(라. similitudo) – 창세기 1:26에 나오는 히브리어 데무트(d'mut)의 라틴어 번역. 이것은 고전 →교의학의 신학적 →인간론 안에서 →하나님의 형상 중에서 →죄로 인하여 상실된 부분을 가리킨다.

목적론적 종말론(Teleologische Eschatologie) – 마지막 일을 역사의 미래 목표(그. telos)로 간주하는 →종말론의 한 형태.

몬타누스파(Montanismus) – 프리기아에서 일어난 예언자적 운동으로 그리스도의 재림이 임박했다고 생각하면서 철저한 윤리적 엄격주의를 주장했다.

무에서의 창조(라. creatio ex nihilo) – 마카비2서 7:28에 근거한 기독교 →창조론의 원리로 세계를 창조하는 하나님의 행위가 어떤 것도 전제하지 않았다는 점을 강조한다.

무인격의 인성(anhypostasie) – 예수 그리스도의 인성이 실현되지 않았다는 것을 가리키는 말(→양성 일위 내 합일설 (兩性一位內合一說), 제2차 →콘스탄티노플 공의회 [II]).

묵시(그. apokalypsis, 덮개를 벗김, 드러

냄) - 세계의 종말과 하나님 나라의 도래를 세계 역사 발전의 결말이라고 예언하고, 적극적으로 그 시점을 계산하고 다가오는 역사적 종말의 과정을 환상적 방식으로 서술하고자 노력한 중세 후기의 종교적 사조.

문화 개신교주의(Kulturprotestantismus) - 가끔 →자유주의 신학의 동의어로 사용되기도 하는 이 용어는 →신개신교주의 신학을 가리킨다. 신개신교주의자들은 19세기 개발된 역사적 방법론을 →성경과 신학적 전통에 제한 없이 적용했으며, 〈이 과정과 결과에 근거해서〉 종교와 기독교를 이해했다. 이들은 종교개혁 신학을 →계몽주의의 영향 아래 형성된 현대 문화 안으로 번역하고 이것과 구성적으로 결합시키고자 했다.

물질적인 사람(Hyliker) - →영지주의는 물질에(그, hyle) 얽매여 있어서 구원에서 제외된 사람을 물질적인 사람이라고 부른다(→영적인 사람).

미래 종말론(Futurische Eschatologie) - 미래지향적인 →종말론. 이 견해에 따르면 마지막 사건이 역사의 목표와 끝이다.

미사성제/미사성제론(Messopfer/Mess-opferlehre) - 로마 →가톨릭 →성만찬 교리에 나오는 견해. 이것에 의하면 →성체 성사를 집례하면서 사제는 예수의 십자가의 죽음을 피 흘림 없이 반복한다.

믿음(신앙)(Glaube) - →그리스도를 붙잡는 믿음, →내포된 믿음, →대상으로서의 믿음, →명백한 믿음, →부어진 믿음, →사랑에 의해 형성된 믿음, →신뢰, →신뢰로서의 믿음, →역사적 믿음, →형성되지 않은 믿음, →획득된 믿음.

바르머신학 선언(Barmer Theologische Erklärung, 1934: Evangelische Bekenntnisse, Band 2, 253-279) - 독일 그리스도인들(die Deutschen Christen)의 신학적 견해에 대항하여 선언된 신앙고백으로 신학자 바르트의 영향을 받았고, →교회 투쟁 시기에 고백교회의 신학적 토대가 되었으며, 1945년 이후 독일 개신교회를 재정립하는 데에 중요한 역할을 감당했다.

바티칸 공의회 (I)(Vaticanum [I], 1869/70: DH 3000-3075) - 로마가톨릭은 이 →공의회에서 무엇보다 계몽주의와 거리를 두려는 〈의도를〉 표명했다.

바티칸 공의회 (II)(Vaticanum [II], 1962-1965: DH 4001-4359) - 이 공의회에서 가톨릭 세계교회는 무엇보다 발전한 현대와의 교류를 표명했다.

반박(라. confutatio) - →『아우크스부르크 신앙고백서』에 대한 옛 〈가톨릭〉 신앙인의 답변서. 〈양자간의〉 수많은 일치를 확인하고, 교회의 교리와 실천에서 이탈한 부분에서는 로마 교회의 견해로 돌아오라고 요구했다(→『아우크스부르크 신앙고백서를 위한 변증서』).

방해(라. impeditio) - →주재 섭리의 한 관점이며 하나님은 자신의 목적을 거스르는 행위의 결과를 방해한다는 것을 강조한다.

배타적 계시 이해(Exklusives Offenbarungsverständnis) - 인간이 이성의 도움으로 얻은 하나님의 지식은 그리스도 →계시를 받아들이는 것을 방해한다는 견해(→포괄적 계시 이해).

범신론(Pantheismus) - 존재하는 것과 하나님이 단일성을 이루고 있기 때문에 하나님과 세상은 서로 분리될 수 없다는 견해. 기독교 →창조론은 이 견해를 배제한다(→우연, →유출설).

법정적 칭의 이해(Forensisches Rechtfertigungsverständnis) - 칭의는 심판대 앞에서 하나님의 위로(Zuspruch)라는 견해. 이 견해에 의하면 죄인에게 돌려진 그리스도의 칭의는 그에게 낯선 의로 남는다(→낯선 의, →실제적 칭의 이해, →인간은 의인이면서 동시에 죄인이다).

벨기에 신앙고백서(라. confessio Belgica, 1561: BSRK 233-249) - 귀도 드브레(Guy de Bray)가 쓴 네덜란드 개혁주의 신앙고백서로 북쪽 지역의 독립 이후에는 네덜란드 공화국의 칼뱅주의자에게 중요한 역할을 했다.

변증/변증가(그. apologia) - 기독교에 대해 적대적으로 선전하고 기독교 교리를 철학적으로 비판하는 상황에서 변증가들은 2세기 이래부터 기독교적 입장에서 기독교를 서술했고, 이로써 기독교가 다른 종교 및 세계에 대한 해석보다 더 우월함을 입증하고자 했다.

변증법적 신학(Dialektische Theologie) - →루터 부흥운동과 →종교 사회주의와 더불어 1차 세계대전 이후에 일어난 각성 운동이며, 대체적으로 바르트, 불트만, 브루너, 투르나이젠, 고가르텐이 주도하였다. 1933년 이후에 →자연신학 논쟁의 계기로 와해되었다.

병자 성사(종부 성사)(Kranken-salbung [letzte Ölung]) - 로마가톨릭교회에서 병자의 쾌유와 회복을 위해서 베푸는 →성례로 야고보서 5:14에 근거를 둔다.

보편 사제직(Allgemeines Priestertum der Gläubigen) - 교회의 위계질서에 대한 비판에서 생겨난 종교개혁 →교회론의 한 관점. 이에 의하면 세례받은 각 사람은 근본적으로 성직을 맡을 능력이 있기 때문에 성직자와 평신도 사이에 어떤 질적 차이도 없다.

보편 종말론(Universale Eschatologie) - 세상의 끝과 최후 심판을 위한 그리스도의 재림에 대한 교리(→종말론).

보편 구원론(Heilsuniversalismus) - →부분 구원론과 대조를 이루는 견해로 하나님의 구원 결정이 모든 사람에게 적용된다고 본다.

(교회의) 보편성(Katholizität der Kirche) – 『니케아–콘스탄티노플 신경』이 말하는 네 가지 교회의 특성 중 하나. 이 특성은 보편성에 대한 교회의 주장에 근거를 두고, 참된 기독교 신앙이 모든 시대와 장소에서 동일하다는 것에도 근거한다.

복음의 권고(라. consilia evangelica) – 가난, 순결, 복종을 통틀어 일컫는 말. 종교개혁 이전 →윤리에서처럼 복음의 권고를 따르는 삶은 오늘날까지 로마–가톨릭 안에서는 그리스도인의 완전성을 평균 이상으로 실현하는 것으로 간주된다(→계명).

개신교회와 자유 민주주의(Evangelische Kirche und freiheitliche Demo-kratie) – 독일 개신교회가 1985년에 펴낸 보고서로서 전후 독일 →개신교가 기독교와 민주주의 국가 형태의 관계를 긍정적으로 규정했음을 보여 준다.

부분 구원론(Heilspartikularismus) – 하나님의 구원 결정은 모든 사람이 아니라 (→보편 구원론) 인류의 한 부분에만 적용된다는 견해(→예정론, →이중 예정 →하나님의 영원한 작정).

부어진 믿음(라. fides infusa) – 성령을 통한 사랑의 부음에 근거한 믿음(→사랑에 의해 형성된 믿음).

부정신학(Apophatische[=negative] Theologie) – 하나님이 인간의 모든 인식 노력 너머에 있기 때문에 오직 하나님이 무엇이 아닌지에 대해서만 말하는 신학 방법(→긍정신학).

부정의 방법(라. via negationis/그. hodos aphhaireseos) – 긍정신학의 한 가지 가능한 방법이며 세계적 속성을 부정하는 방식으로 하나님의 특성을 묘사한다.

부활(Auferstehung) – 하나님의 구원 사역에서 하나님이 죽은 예수를 다시 살린 것. 하나님은 →최후 심판 이후에 모든 믿는 자를 이와 같이 살린다(→기독론).

부흥운동/부흥신학(Erweckungsbewegung/Erweckungsbewegungstheologie) – 19세기 국가와 종파를 넘어서서 다양한 형태로 일어난 운동이며, 이 운동의 독일 주창자는 경건주의 전통에 서 있었다. 계몽주의에 대한 비판적인 자세가 이 운동의 특징이다(→마음신학).

불신자의 성만찬 참여(라. manducatio impiorum) – 성만찬에 참여한 불신자에게는 그리스도의 몸과 피가 심판이 된다는 견해.

비신화화(Entmythologisierung(spro-gramm) – 신약성경의 선포를 현대 인간의 실존 이해와 관련시키려는 시도로 불트만에게서 시작되었다(→실존론적 해석).

비움(비하)(그. kenosis) – 빌립보서 2:5 이하와 관련해서 형성된 →기독론 교리의 한 요소로, 그리스도가 성육신에서 하나님의 모습을 벗고 종의 모습을 취했음을 뜻한다(→비움의 상태).

비움의 상태(라. status exinanitionis) – 잉태의 순간부터 무덤에 묻히는 시기까지의 그리스도의 상황을 가리키는 기독론 용어.

사도성(Apostolizität der Kirche) – 『니케아-콘스탄티노플 신경』이 말하는 네 가지 →교회의 특성 중 하나. 이 특성은 →교회가 부활한 그리스도가 사도에게 위임한 것과 성경에 전승된 예수 그리스도에 대한 사도의 증언에 결합되어 있음을 뜻한다.

『사도신경』 논쟁(Apostolikumsstreit) – 1871년 이래로 예배 때 『사도신경』을 사용하는 문제를 두고 독일 개신교 안에서 지속적으로 타오른 논쟁을 가리킨다. 이 논쟁은 1890년대 뷔르텐베르크의 목사인 슈렘프가 해고되면서 한동안 심각해졌다.

『사도신경』(Apostolicum) – 고대의 세례 고백⟨Taufbekenntnis, 『로마 신경』⟩에서 생겨난 신앙고백으로 중세 초기부터 서방 교회 안에서 확고한 지위를 얻었다.

『사도의 다스림』(Apostolici regiminis, 1513: DH 1440f) – →라테란 공의회(제5차)가 채택한 교황 레오 10세(Leo X)의 교서로, 인간 개별 →영혼의 불멸성을 주장하는 철학적 교리를 규범적인 것으로 선언했다.

사도직의 계승(Apostolische Sukzession) – 교회 성직자와 사도의 연속성을 말한다. →로마가톨릭의 견해에 의하면 안수를 통한 →성품 →성례가 사도직의 계승을 가능하게 한다. 이 사도적 계승은 교회를 교회되게 하는 구성적 요소다.

사랑으로 형성된 믿음(라. fides caritate formata) – 성령이 부어준 사랑에 의해서 지탱되는 믿음(→부어진 믿음).

사변신학(라. Spekulative Theologie) – 19세기 독일 →개신교 내에서 무엇보다 헤겔의 사상을 따랐던 신학 사조. 대표자로는 다우프(C. Daub) 마르하이네케(Ph. K. Marheinecke)를 들 수 있다. 이들은 철학적 새 해석 방법을 통해서 기독교의 전통 교리를 보존하고자 했다.

사효적 효력(라. ex opere operato) – 규정대로 실행된 성례는 이미 그 실행으로 인하여 효력을 발행한다는 로마가톨릭의 성례 이해.

삼신론(Tritheismus) – 양태론적 관점에 서있는 자가 아들과 성령의 독립성을 크게 강조하는 견해를 비난할 때 쓰는 말.

삼위일체/삼위일체론(Trinität/Trinitätslehre) - 하나님 아버지, 아들, 성령이 하나(Dreieinigkeit)라는 기독교의 삼위일체 교리는 하나님의 단일·유일성과 아버지 앞에서의 아들과 성령의 독립성을 중재한다(→경세적 삼위일체, →관계, →구원, →기독론, →내재적 삼위일체, →단일신론, →동력설, →로고스 기독론, →무에서의 창조, →삼신론, →삼위일체의 내적 사역, →삼위일체의 외적 사역, →상호 내주, →선재, →성령론, →성부수난설, →성화, →숨의 내쉼, →양태론, →위격, →위격의 유래, →인격의 특성, →종속론, →출생).

삼위일체의 내적 사역(라. opera trinitatis ad intra) - 하나님의 내적 과정(→위격의 유래, →숨의 내쉼, →출생)으로 각 인격에게 독점적으로 속한 것으로 간주되는 내재적 삼위일체의 사역.

삼위일체의 신비(라. mysterium trinitatis) - 인간 사유로 도달할 수 없는 삼위일체 하나님의 내적 삶(→삼위일체).

삼위일체의 외적 사역(라. opera trinitatis ad extra) - 세상과 인간을 위한 →경세적 삼위일체의 세 가지 사역(→창조, →구원, →성화). 신학은 이 세 가지 사역을 삼위의 각 인격에 귀속시키지만 귀속이 독점적인 것은 아니다.

상승의 방법(라. via eminentiae/그. hodos hyperoches) - 긍정신학의 가능한 한 가지 방법으로 세계적 속성을 넘어서는 방식으로 하나님의 특색을 그려낸다.

상호 내주(라. circumincessio/그. perichoresis) - 삼위의 세 인격은 더불어 서로의 안에 있는데, 이것이 하나님의 내적 사랑의 운동이다. 상호 내주는 삼위일체의 이러한 내적 삶을 묘사하는 말이다.

생성하는 창조(라. creatio originans/continua[ta]) - 존재를 있게 하는 하나님의 사역을 가리키는 말. →삼위일체 교리에 따르면 원 →창조는 삼위 하나님의 첫 번째 →외적 사역이다. 이와 달리 지속적 창조는 하나님의 역사적 사역을 지칭하며, →보존 섭리로서 이미 섭리 교리에 속해 있다.

선이해(先理解)(Vorverständnis) - 기독교의 선포가 관계하는 인간의 자기 이해를 가리키는 개념으로 불트만이 사용하기 시작했다. 기독교 선포는 인간의 자기 이해와 내용적으로 충돌하면서 관계를 맺는다.

선재(그리스도의)(Präexistenz [Christi]) - 그리스도(로고스)는 삼위일체의 둘째 인격으로서 영원 전부터, 곧 →창조와 →성육신 이전부터 있었다는 교리.

선정(先定)**론**(Supralapsarisch) - 하나님의 영원한 결정이 이미 낙원의 타락 이전에 인류와 관련되어 있기 때문에 타락은 직접적으로 하나님에 의해서 일어났다는 견해(→후정[後定]론).

섭리(보존, 협력, 주재)(라. providentia, conservatrix, cooperatrix, gubernatrix) – →예지와 →결정을 근거로 →창조 세계와 역사 속에서 수행되는 하나님의 사역으로 존재들을 있게 한 사역의 범위를 넘어선다(→생성하는 창조, →협력). 주재 섭리는 →허용, →지도, →방해, →한정으로 세분화된다.

성경(Bibel) – 구약과 신약 두 부분으로 이루어진 기독교의 거룩한 문서로 그 안에는 그리스도 사건을 정점으로 하는 하나님의 →계시가 결정적으로 기록되어 있다. →계몽주의와의 시간적 연관 속에서 우선 개신교 안에서 자신을 관철시켰던 역사적 성경 비판은 특히 루터교 →구 개신교 안에서 주장되었던 기록된 성경과 →하나님 말씀의 동일성을 폐기했다.

성경 비평(Bibelkritik) – 성경 해석 방법. 루터의 →성경 원리(Schriftprinzip)를 계승하면서 생겨난 →성경 저자의 언어 및 사유 세계에 대한 관심 속에서, 성경 본문을 하나님의 →영감의 산물이 아닌 인간에게서 기원한 역사적 문서로 다루고 분석하는 성경 해석 방법이다(→역사주의). 성경 비판이 독일 →개신교 안에서 관철되는 과정에서 젬러, 가블러, 라이마루스, 바우어, 슈트라우스가 중요한 역할을 했다.

성경 원리(Schriftprinzip) – →성경을 교회의 교리와 선포의 규범적 토대로 간주하는 원리다. 성경 낱말의 의미가 교회의 권위나 전통보다 더 우위의 것인지, 또 성경에 대한 〈최종적〉 해석권이 →교회에 속한 것인지의 문제와 관련하여 종파 내부에 논쟁이 있다. →개신교 루터교의 '오직 성경으로'는 성경이 교회의 권위나 전통보다 우위에 있다는 것을 뜻한다.

성공회 가톨릭주의(Anglokatholizismus) – →고교회(high church).

성공회(Anglikanismus) – 유럽 기독교 종파화 과정 중 영국의 종교개혁에서 생겨난 하나의 교회 형태로 고유한 특성을 가지고 있다(→공동기도서, →39조항, →포괄성, →중도의 방법, →고교회, →저교회, →열린 교회).

성공회연합(Anglikanische Kirchengemeinschaft) – 성공회의 영향을 받아 영국과 과거 영국의 식민지에서 형성된 교회의 연합이다. 오늘날 세계적으로 44개의 회원 교파가 있다.

성령론(Pneumatologie) – '성령에 대한 교리(그. pneuma hagion)로 특히 →삼위일체 교리, →구원론, 부분적으로 →성경 교리, 성례론, →교회론에서 다루어진다.

성례/성례론(Sakrament/Sakramentenlehre) – 라틴어 사끄라멘툼(sacramentum)은 그리스어 뮈스테리온

(mysterion)의 번역어다. →율법과 복음에 대한 설교 외에 →은혜와 →칭의에 이르게 하는 구원의 수단. 아우구스티누스에 따르면 성례 안에서 가시적인 요소는 은혜의 영적(보이지 않는) 실재를 가리킨다(→가시적 말씀). 성례의 수와 작용 방식에 대한 견해는 기독교 종파의 상이한 성례론에서 논쟁이 되고 있다(→견진 성사, →고해 성사[회개], →병자 성사[종부 성사], →사효적 효력, →성만찬, →성품 성사, →세례 성사, →야기하는, →표시하는, →혼인 성사).

성만찬/성만찬 교리(Abendmahl/Abendmahlslehre) - 예수가 그의 제자와 나누었던 마지막 공동 저녁 식사는 동일한 이름으로 일컬어지는 의식(儀式)적 축제의 뿌리가 되었다. 이 축제는 기독교 초기부터 행해졌으며 →성례로 간주되었다. 성만찬 교리는 교회가 행하는 성례의 구원을 전달하는 효과를 다룬다(→공재설, →미사성제, →불신자들의 성만찬 참여, →실재 현존, →편재성, →화체/화체설).

승천(마리아의)(라. assumptio) - 마리아가 육체를 갖고 →하늘에서 받아들여진 것을 뜻한다. 이 견해는 1950년 교황 비오 12세(Pius XII)에 의해서 교의가 되었다(→교의, →지극히 관대한 하나님).

성부 수난설(Patripassianismus) - 양태론적 →단일신론의 한 형태이며, 하나님 아버지(라. pater) 자신이 십자가와 고난(라. passio)을 당했다는 견해다.

성육신(Inkarnation) →삼위일체의 두 번째 인격인 그리스도가 역사적 인물 나사렛 예수 안에서 육체가 된 사건.

성인 세례 지망자(Katechumenen) →세례.

성체 성사(Eucharistie) →성만찬에 대한 →로마가톨릭의 일반적 명칭.

성품 성사(Weihe) - 교회 성직자를 그의 사역을 위해서 세우는 로마가톨릭의 성례. 이 성례로 인하여 성직자에게 지울 수 없는 특징이 새겨진다.

성화(라. sanctificatio) - 삼위일체의 외적 사역의 세 번째 것. 곧 그리스도 사건에 근거한 구원이 성령의 파송을 통해서 각 사람에게 주어지는 것. 이 구원은 의롭게 된 자가 진실로 선한 행위를 할 수 있도록 능력을 준다.

세례(Taufe) - 모든 기독교 종파에서 성례로 간주되는 의식. 세례의 거행은 이를 통해서 기독교 →교회로 받아들여진 사람에게 상징적으로 그리스도의 화해의 사역을 현재화한다.

세미펠라기우스주의(Semipelagianismus) - 북아프리카와 남갈리아의 수도원은 →원죄론에 반대하면서 하나님의 은혜와 그리스도인의 실제적 삶 사이의 연관성을 주장했다. 이 견해는 529년 오랑주 →공의회에서 단죄되었다.

셋이 한 조를 이루는 표현(Triadische

Formeln) – 삼위일체 교리의 성경적 토대로 간주되는 신약 성경 속의 표현.

속성의 교류(라. communicatio idiomatum) – 그리스도 안에서 두 본성의 속성이 교류한다는 →개신교 루터파의 기독론 교리(→편재성).

속죄/속죄설(보상설)(라. satisfactio/satisfactioslehre, 배상, 속죄) →속죄론의 한 요소. 신-인인 그리스도가 십자가에서 인류를 대신하여 →죄로 손상된 하나님의 영광을 회복했음을 뜻함. 안셀모에게서 시작된 이 교리는 거대한 영향력을 발휘했다.

손님 환대(그. Philoxenie) – 삼위일체 묘사의 한 형식. 마므레 상수리 수풀 근처에서 세 남자를 친절히 대접하는 아브라함 이야기(창 18)와 연결되어 있다.

순수 루터주의자(Gnesiolutheraner) – 루터의 본래적 가르침에 의지해서 자신의 신학적 견해를 세우고, 멜란히톤과 그 제자들의 기본 개념에 반대했던 루터교 신학자 무리로 1546/1548년에 생겨났다(→멜란히톤 추종자, →은밀한 칼뱅주의자).

숨겨진 하나님(라. deus absconditus) – 이사야 45:15에 근거하여 형성된 낱말로 우리에게 알려지지 않고 동시에 화로 가득차서 〈인간을〉 경악시키는 하나님의 측면을 가리켰다. 우리는 이 하나님의 비밀을 캐내고자 시도할 수 없다(→계시된 하나님).

숨의 내쉼(라. spiratio) – 아버지 또는 아버지와 아들이 성령을 내쉬는 →삼위일체의 내적 사역(→그리고 아들로부터, →출생).

슈말칼덴 조항(Schmalkaldische Artikel, 1537: BSLK 405-468, 루터교 신조서 360-462번) – 슈말칼덴 회합 준비 과정에서 루터가 쓴 문서로 그의 사후에 규범적 신앙고백서의 지위를 얻었다.

스코틀랜드 신앙고백서(라. confessio Scotica, 1560: BSRK 249-263) – 결정적인 부분은 낙스(J. Knox)에게 기인한 스코틀랜드 개혁파 신앙고백서이며, 17세기 후반 이래로 →웨스트민스터 신앙고백서에 〈밀려〉 그 의미가 축소되었다.

스콜라학(Scholastik) – (a) 중세 서양의 철학과 신학을 총칭하기도 하고, (b) 루터 및 개혁파의 →정통주의를 가끔 개신교 스콜라학이라고 부르기도 한다.

스토아/스토아주의(Stoa/Stoizismus) – 고내 교회 신학에 중요한 〈영향을 끼친〉 헬라철학 사조이며, 이 철학에서 로고스 개념이 결정적인 역할을 맡았다(→로고스 기독론)

승천(Himmelfart) – 누가복음 24:50-53과 사도행전 1:1-11이 보도한 것처럼 부활한 자가 하늘로 올라간 것. 승천은 →높임의 상태에 속함.

신개신교주의(Neuprotestantismus) – 트뢸치는 계몽주의 이래로 적극적으로 현대에 적응해 왔던 개신교 종교 문화를 가리키는 데 이 용어를 썼다.

신경(신앙고백)(라. Symbolum) – 서방 교회는 대략 3세기 이래로 신앙고백을 신경이라고 불렀다.

신뢰(라. fiducia) – 사람이 구원의 선포를 자신을 위한 것으로 받아들이고 그것이 자신의 삶을 결정하도록 허락하는 것. 구개신교 정통주의(c)의 기준에 의하면 믿음이 견고하게 되어가는 세 번째 단계이다(→동의, →지식, →그리스도를 붙잡는 믿음, →신뢰로서의 믿음).

신뢰로서의 믿음(라. fides qua creditur) – 그리스도 사건의 구원의 능력을 믿는 행위, 곧 이에 대한 신뢰(→그리스도를 붙잡는 믿음, →신뢰).

신비(그. mysterion) – 신약성경에서 그리스도 안에서 드러난 하나님의 구원 계획과 그리스도와 교회의 관계를 가리키는 말. 이 낱말 뮈스테리온(mysterion)에 상응하는 라틴어 낱말 사끄라멘툼(sacramentum)은 처음에는 세례와 관련해서 쓰이다가 나중에는 교회의 성례와 관련하여 쓰였다.

신신학(Neologie) – 독일 계몽주의 시대의 개신교신학을 일컫는 말. 이 신학의 관심사는 계몽주의 지평 위에서 기독교 신앙이 삶에 끼치는 가치를 제시하는 데에 있었다. 따라서 성경의 →영감, 고대 교회→교의의 객관적 효력, 종교개혁 →신앙고백서(신경)에 대한 →정통주의(c) 견해에 대해 비판적이었다.

신앙과 이성(라. fides et ratio) – 교황 요한 바오로 2세(Johannes Paul Ⅱ)가 신앙과 이성의 관계에 대해 1998년에 발표한 교서.

신앙 규칙(라. regula fidei) – 사도의 전승을 자유롭게 요약한 것.

의인화(Anthropomorphismus) – 비(非)인간적 대상을 인간의 세계 경험의 틀 안에서 서술하는 방식.

신인 협력설(Synergismus) – 구원의 과정에서 하나님과 인간이 협력한다는 견해. 신인협력적 태도에 대한 책임 추궁은 아우구스티누스의 →은혜와 →원죄론의 적대자와 그의 →이중 예정의 비판자를 향한 비난으로 이어졌다.

신자의 공동체(라. communio Sanctorum) – 가톨릭 독일 주교협의회와 개신교 루터교회의 지도부가 구성한 양측의 연구 모임이 2000년에 출판한 →교회론 문서.

신적 속성의 사용 포기(그. kenosis chreseos) – →비움의 상태에서 예수가 신적 속성을 실제적으로 포기했다는 의미(→신적 속성의 은폐).

신적 속성의 은폐(그. krypsis chreseos) - →비움의 상태에서 사용된 신적 속성은 예수에 의해 은폐되었다는 견해(→선적 속성의 사용 포기).

신정론(Theodizee) - 문자적으로 하나님을 의롭게 하는 것을 뜻한다. 세상의 악 앞에서 하나님의 전능, 선, 전지를 변호하는 것.

신 존재 증명(Gottesbeweise) - 이성적으로 신의 존재를 입증하려는 시도. 고대와 중세에는 →신앙을 확증하는 것으로, 근대에는 세계의 설명을 위한 토대로 이해되었으나, 후에는 칸트의 〈비판에〉 의해서 설득의 기반을 상실했다. 칸트는 신 존재 증명을 존재론적, 우주론적, 물리-신학적으로 구분했다.

신플라톤주의(Neuplatonismus) - 고대와 중세 기독교에 중요한 의미를 지닌 헬라 철학의 한 흐름으로 플라톤의 가르침에 근거하여 다양한 형태를 지녔다.

신학 백과사전(Theologische Enzyklopädie) - 신학의 내적 단일성과 신학 분과의 연관에 대한 서술.

신학의 학문성(Wissenschaftlichkeit der Theologie) - 이것은 →(조직)신학과 비신학적 학문 사이의 관계에 대한 질문이며 통례적으로 →기초신학에서 다루어진다.

신학적 덕목(Theologische Tugenden) - 고린도전서 13:13에서 볼 수 있듯이 셋이 한 단위를 이루는 믿음, 소망, 사랑을 말한다. 이 신학적 덕목은 종교개혁 이전 윤리에서 상이한 방식으로 →주요 덕목과 결합되었다.

신학적 볼프주의(Der theologische Wolffianismus) - 볼프의 철학적 합리주의를 기준으로 삼는 18세기 개신교신학의 한 사조이며, 기독교 교리가 주관적 신앙 경험에 의존하지 않고도 합리성과 자명성을 갖춘 사유 체계라는 것을 증명하려고 했다.

실재 현존(Realpräsenz) - 성만찬의 빵과 포도주 안에 그리스도의 몸과 피가 실제적으로 있다는 견해.

실제적 칭의 이해(Effektives Rechtfertigungs-verständnis) - 인간은 오직 믿음으로 하나님에 의해서 받아들여지며(→칭의), 이 믿음이 그리스도인의 삶에 실제적으로 되어서 믿는 자를 의롭게 해야만 한다는 견해(→법정적 칭의 이해).

실존적 해석(Existentiale Interpretation) - 부분직으로 신회 형태로 표현된 신약성경의 선포를 해석하면서 그 초점을 이 선포 안에 포함되어 있는 인간의 존재 이해에 맞추는 해석 방법이다(→비신화화). 이 해석 방법은 실존철학자 하이데거를 수용한 불트만에게서 기인했다.

실체(Substanz) - 한 존재의 지속적인

것 또는 그 토대가 되는 것으로 상이한 속성을 수용할 때 동일하게 유지되는 것 (→우연) →화체설에서 그리스도의 몸과 피는 빵과 포도주의 속성의 토대로 간주된다.

십계명(그. Dekalog, 열 개의 말) – 출애굽기 20장과 신명기 5장에 전해지는 열 개의 계명이며, 기독교신학에서 →도덕법으로 간주된다.

아우크스부르크 신앙고백서(라. Confessio Augustana, 1530: BSLK 31-137; Unser Glaube Nr.5-79) – 루터교회의 핵심적 신앙고백서로 아우크스부르크 제국의회에서 가톨릭 교도와의 타협에 기여하기 위해서 주로 멜란히톤(Ph. Melanchthon)에 의해서 저술되었다(→『아우크스부르크 신앙고백서를 위한 변증서』, →논박).

아우크스부르크 신앙고백서를 위한 변증서(라. Apologia Confessionis Augustanae, 1530 :BSLK 31-137; Unser Glaube Nr.5-79) – 멜란히톤이 집필한 루터교 신앙고백서로 구 신앙인 〈가톨릭 교도〉의 논박에 대항하여 →『아우크스부르크 신앙고백서』의 진술을 변호하고 근본적으로 더 정확하게 규정했다.

아우크스부르크 신앙고백(Ausburger Bekenntnis) – →『아우크스부르크 신앙고백서』

아타나시우스 신경(Athanasianum) – 서구 기독교에서 →『사도신경』과 →『니케아-콘스탄티노플 신경』 다음으로 중요한 고대 교회 →신경으로 600년 이전에 생겨났을 가능성은 거의 없다.

암시적 교회론(Implizite Ekklesiologie) – 예수와 교회의 관계를 설명하기 위해서 가톨릭 신학자 트릴링(W. Trilling)이 제안한 표현. 이것은 예수가 비록 드러나게 →교회를 설립하지는 않았지만, 자신을 따르라는 그의 부름은 하나의 공동체의 설립을 내포한다는 것을 뜻한다.

야기하는(Exhibitiv) – 성례 의식은 실제로 성례를 받아들인 자 안에서 그것이 지시하는 대로 일으킨다는 →성례론의 한 개념(→표시하는).

양성 일위 내 합일설(兩性一位內合一說)(enhypostasie) – 그리스도의 인성이 하나님의 로고스 안에서 실현(→무인격의 인성)

양자설(Adoptianismus) – 예수는 선재하지 않았고 세례받을 때 비로소 하나님의 아들〈양자〉로 받아들여졌다는 견해.

양태론(Modalismus) – 단일신론의 한 형태로 그리스도와 성령은 한 하나님의 상이한 현현 방식(라. modi)이라고 보는 견해(→가현설, →성부수난설, →양태론).

에베소 공의회(Konzil von Ephesus) – 고대 교회의 세 번째 에큐메니칼 공의회

(431)로 →네스토리우스 교도를 단죄하고 마리아를 →하나님의 어머니로 부르는 것을 승인했다.

에를랑겐 경험신학(Erlanger Erfahrungstheologie) – 19세기 루터교 종파 안에서 형성된 학파로 에를랑겐대학교 루터교 신학부에서 시작되었다. 주요 주창자로는 호프만(J. Chr. K. von Hofmann), 하를레스(A. G. Chr. von Harleß), 토마시우스(G. Thomasius)가 있었다. 이 학파는 루터교 신앙고백에 서술된 구원에 관한 사건의 객관적 효력을 고수하는 것과 신앙 경험이 서로 결합되어야 한다고 주장했다(→종파주의).

여성신학(Feministische Theologie) – 특히 여성의 관점을 고려하는 상황신학으로 형태가 다양하다. 북아메리카 →가톨릭에서 시작되었고, 독일에서는 1970-80년 이래 교회의 실천과 대학 학문 영역에서 점진적으로 수용되었다.

역사적 믿음(fides historica) – 성경 역사의 지식에 국한된 믿음(→획득된 믿음, →형성되지 않은 믿음, →신뢰로서의 믿음).

역사주의(Historismus) – →종교사학파 주창자들이 →성경 본문 연구 방식으로 요구한 것. 〈이 입장에 따르면〉 성경 본문을 보편적인 정신-문화사적 맥락 안에 놓고, 이 맥락에서 이해해야 한다.

연옥(라. purgatorium) – 비록 영원한 저주에 던져지지는 않지만 →죄로부터 완전히 자유롭지 않은 삶을 살았던 사람의 영혼이 정화되는 장소(→하늘, →지옥, →중간 상태).

열광주의자(Schwärmer) – 루터가 경시적인 의미로 사용한 이 용어는 대체적으로 교회 종교개혁의 좌파 신학 사조를 대표하는 자들을 지칭한다. 열광주의자는 영의 소유를 근거로 들면서 부당하게 성경에 기록되어 있는 →하나님 말씀을 무시한다는 비방을 들었다.

열린 교회(Broad Church) – → 성공회 내의 진보적 흐름.

영감(라. Inspiratio) – →하나님 말씀을 선포하라는 위임을 행하기 위해서 필요한 능력이며 성령에 기인한다(→성령론). 기독교신학에서 이 능력은 먼저 성경 저작의 저술과 관련되었고, 성령 하나님을 성경의 실제적 저자로 여겼다(→성경, →축자 영감설).

영벌의 상태(라. status damnationis) – 고전→교의학의 신학적 인간학에서 사후에 불신자가 치히게 되는 지옥의 상황을 가리킨다.

영원한 목자(라. Pastor aeternus, 1870: DH 3050-3075) – 제1차 →바티칸 공의회(I)가 그리스도의 →교회에 관해서 내놓은 교의 규칙.

영적인 사람(Pneumatiker) – 영지주의

의 교리 용어로 자기 안에 영적 세계의 불꽃을 가지고 있어서 물질 세계의 감옥에서 자유롭게 될 수 있는 사람을 가리킨다(→물질적 인간).

영지주의(Gnosis) – 고대 말에 일어난 →혼합주의적 성격을 띤 종교 운동으로 이원론의 영향 아래 형성된 세계상을 갖고 있었으며, 2세기 기독교에 거대한 도전이 되었다(→혼합주의).

영혼 창조론(Kreatianismus) – 인간의 출산은 단지 몸만 생겨나게 하고 영혼은 하나님에 의해서 각 출산의 순간에 창조되어 물질인 몸에 부과된다는 견해(→영혼 출생설).

영혼 출생설(Generatianismus) – 하나님의 직접적인 개입 없이 출산 과정에서 아이의 몸을 이루는 물질과 영혼이 생겨난다는 견해(→영혼 창조론).

영혼의 불멸(Unsterblichkeit der Seele) – 고대 철학에서 기독교 인간론으로 수용된 교리로, 이에 따르면 개별 인간 영혼은 죽음에 굴복하지 않고 최후 심판을 위해서 중간 상태에 머문다. →로마가톨릭은 이 교리를 →교의로 만들었다(→『사도의 다스림』).

영혼의 잠(Seelenschlaf) – 루터는 영혼이 →중간 상태의 시기에 잠을 잔다고 생각했다.

예수 그리스도의 교회에 대한 연구(Die Kirche Jesu Christi) – →로이엔베르크 교회 연합의 제4차 총회에서 통과시킨 연구결과로 유럽→개신교가 처음으로 →교회의 본질과 과업에 대하여 공동의 입장을 표명했다.

예정/예정론(Prädestination/Prädestinationslehre) – 하나님이 선택한 사람을 →구원에 이르도록 미리 →결정했다는 교리. →이중 예정에 따르면 선택받지 않은 자들이 영벌을 받는 것(→영벌의 상태)도 미리 결정되었다(→부분 구원론, →보편 구원론, →하나님의 영원한 작정).

예지(라. praescientia/그. prognosis) – →섭리 교리의 한 요소로 하나님이 자신의 섭리 행위의 결과가 무엇인지를 그 행위 이전에 미리 자기 지성 안에서 아는 것을 가리킨다.

오직 그리스도(라. solus Christus) – 루터교의 칭의론에서 유래한 문구이며, 그리스도의 구원 사역은 어떤 인간적 보충도 필요 없다는 것을 분명히 한다(→기독론).

오직 믿음으로(라. sola fide) – 루터교 →칭의론에서 나온 문구. 이것은 인간이 칭의의 은혜와 영원한 구원을 어떤 사전의 기여 없이 받았음을 분명히 한다.

오직 성경으로(라. sola scriptura) – 이 문구는 루터교의 →칭의론이 오직 성경적 증언을 기준으로 삼는 과정에서 생겨났다는 것, 그래서 오직 성경만이 교회의 교리와 선포의 척도라는 것을 분명히 한다(→성경, →성경 원리).

오직 은혜로(라. sola gratia) - 이 문구는 죄인의 →칭의가 전적으로 은혜에 근거한다는 것을 분명히 한다.

온전의 상태(라. status integritatis) - 고전 →교의학의 신학적 인간학에서 타락 이전의 인간의 구원사적 상황을 가리킨다(→원의[原義]).

완전성(Perfektibilität) - 진보의 여정에 있는 인간은 무엇보다 지성 및 윤리적 측면에서 지속적으로 더욱 완전해질 수 있는 능력을 가지고 있다는 휴머니즘의 이상이며 계몽주의 시대에 널리 퍼졌다. 18세기 독일 개신교신학은 이 이상을 수용하고, 이것을 교의적 고착과 종파적 한계에서 풀려나 항상 윤리적 종교로 전진해 가는 기독교의 발전과 관련시켰다.

왕국신학(Reichstheologie) - 하나님이 기독교와 로마 국가가 단일성을 형성하도록 결정했다는 견해로, 이에 의하면 기독교가 로마 제국 종교로 승격됨으로써 이 규정이 완성되었다.

우연(Kontingenz) - 반드시 있을 필요가 없거나 다르게 있을 수 있는 모든 것은 우연하다(→하나님의 능력). 뤼베(H. Lübbe)에 따르면 종교의 기능은 우연의 문제를 다루고 해결해 나가는 것이다. 기독교 →창조론의 원리인 이 우연의 개념은 →범신론과 →유출설과의 차이를 뚜렷하게 보여 준다.

우연성(Akzidens) - 한 사물에 필연적으로 속하지 않은 성질. →화체설은 우연한 것이 →실체에 〈본래적으로 속하지 않고 그로부터〉 자유롭다는 견해에 근거한다.

원계시(Ur-Offenbarung) - 그리스도 이전과 밖에서 일어난 하나님의 자기 증거를 일컫기 위해서 알트하우스가 도입한 용어. 그런데 이 원 계시만으로는 어떤 →자연신학도 불가능하다.

원의(原義)(라. iustitia originalis) - 고전 교의학이 하나님과의 깨지지 않은 내적 결합에 의해서 형성된 인간의 상태를 일컫는 말(→온전의 상태).

제일원인(causa prima) - 자신의 창조 행위로 세계 내의 모든 인과적 전개를 일으킨 하나님.

제이원인(causa secunda) - 각자 다양한 방식으로 하나님의 세계 내적 행위에 참여하는 모든 피조물(→섭리).

원인의 방법(라. via causalitatis/그. hodos aitias) - 긍정신학의 한 가지 가능한 방법으로 하나님을 세계 완전성의 근원으로 묘사한다.

원죄(라. peccatum originale/originis) - 창세기 3장에 묘사된 아담과 하와의

불순종으로(→죄) 일어난 하나님과의 관계의 왜곡(→정욕). 이것은 아담의 모든 생물학적 후손에게 미치고 인간의 자기 노력으로는 원 질서의 상태로 되돌릴 수 없다. 인간이 원죄의 속박에서 해방되는 길은 오직 하나님이 약속한 →칭의에 의존한다(→은혜론). 원죄 교리의 형성에 중요한 역할을 한 것은 아우구스티누스 신학이다. 원죄 교리는 펠라기우스와 →세미펠라기우스주의의 저항에 맞서 카르타고(418)와 오랑주 공의회(529)에서 관철되었다. 이 원죄 교리는 →계몽주의 도래까지 서구신학의 중요한 부분이었다.

(마리아의) **원죄 없는 잉태**(라. immaculata conceptio) - 마리아가 그의 어머니 안나의 뱃속에서 →원죄로 얼룩지지 않고 잉태되었다는 것. 이 교리는 →로마가톨릭에서 → 『형언할 수 없는 하나님』이란 교서로 교의가 되었다.

웨스트민스터 신앙고백(Westminster Confession 1647: BSRK 542-612) - 영국에서 반성공회적이고 친장로교적 성향을 띤 의회가 통치할 때 스코틀랜드도 참여한 공동 작업을 통해서 완성되었다. 하지만 국가 교회가 복원되고 관용 헌장의 선언이 있고난 후부터 이 신앙고백의 공적 효력은 스코틀랜드에만 국한되었다.

(삼위일체의) **위격**(그. hypostasis, 자립적 실체) - 기독교신학에서 내적 사역과 →외적 사역을 가지고 있는 →삼위일체의 세 인격을 지칭하는 용어. 두 번째 위격 안에서 신적 본질과 인간적 본질이 특별한 방식으로 결합되었다. →무인격의 인성, → 양성 일위 내 합일성(兩性一位內合一說).

위격의 유래(라. processiones) →삼위일체의 내적 삶의 과정인 →출생과 →숨의 내쉼을 가리키는 용어. 이 삶의 과정을 통해서 내적 삼위일체의 관계가 정립되고 이 삶의 과정으로부터 →인격의 특성이 생겨난다.

유물론 논쟁(Materialismusstreit) - 1950년대 생리학자 바그너(F. Wagmer)와, 깊은 지식은 없지만 유물론을 지지하는 지질학자이며 동물학자인 포크트 사이에서 일어난 의식 내용과 뇌 작용의 관계에 대한 논쟁.

유비/유사한(Analogie/anolog) 하나님에 대한 인간적 진술은 (신이 아닌) 피조 영역에서 생겨나지만, 하나님을 향하여 체계화되어 있는 한 그 대상을 놓치지 않는다는 입장이 →긍정신학인데, 유비는 이 긍정신학이 활용하는 특유의 방법이다.

유전설(Traduzianismus) →영혼 출생설.

(유죄를 확증하는) **율법의 입증적 사용** (라. usus elenchticus legis) - 극복할 수 없을 정도로 죄에 얽혀있는 인간의 상황을 분명하게 보여 주는 율법의 기능 (→율법의 신학적 또는 영적 사용).

유출설(Emanatismus) – 모든 사물이 일자(das Eine)인 하나님에게서 특정한 단계적 질서 안에서 유출되었다는 견해로, 기독교 →창조론에서 배제되었다(→우연, →범신론).

유한은 무한을 수용할 수 없다(라. finitum non capax infiniti) – →개신교 개혁주의 신학의 근본 원리로서 예컨대 루터교가 주장하는 그리스도 편재 교리에 맞서는 논거로도 활용된다.

윤리학(Ethik) – 일반적 의미에서 〈인간들 사이에서〉 행해지는 도덕에 대한 이론. 신학적 의미에서는 →종교철학과 →교의학과 더불어 조직신학의 한 분과로서 기독교 신앙의 지평에서 인간 행위의 근거를 묻는다.

율법과 복음(Gesetz und Evangelium) – 성경에서 율법은 →재판법, →의식법, →도덕법의 세 종류로 구분된다. 그리스도 이후에는 오직 마지막 법만이 규범적이다. 종교개혁 신학은 그리스도의 율법이라는 옛 교리를 율법과 복음이라는 교리로 대체했고(→율법의 정치적 사용, →유죄를 확증하는 율법의 사용, →거듭난 자를 위한 율법의 사용), 오로지 하나님 앞에서 인간적 업적을 제시해야만 하는 압박에서 풀려나는 것이 복음이라고 이해했다.

율법의 권고(라. exhortatio) – 의롭게 된 자들이 (선한 일을 하도록 자극하는) 율법의 지속적인 기능을 뜻한다. 개혁파는 →율법의 이 기능을 아주 높이 평가한다(→율법의 제3기능, →중생한 자를 위한 율법의 기능).

율법의 신학적 또는 영적 사용(라. usus theologicus seu spiritualis legis) – 유죄를 확증하는 율법의 사용.

율법의 정치적 사용(라. usus politicus legis) – 정치적 공동체의 외적 질서를 보호하는 율법의 기능.

율법의 제3사용(라. tertius usus legis) – 믿음으로 중생한 자를 위한 율법의 기능.

은밀한 칼뱅주의자(Kryptokalvinisten) – 여러 질문과 관련하여 칼뱅의 입장으로 기울었던 →멜란히톤 추종자를 일컫는 비난 섞인 명칭.

은혜(Gnade) – →인간을 향한 하나님의 사랑을 가리키는 기독교 용어. 인간은 이것을 요구할 수 없지만, 죄를 극복하기 위해서 이것을 필요로 한다.

은혜론(Gnadenlehre) – 하나님에게서 시작되고 그리스도 사건(→기독론)으로 보장된 인간의 →죄의 극복이 구원의 과정에서 인간적 참여와 어떻게 관련되는지를 다루는 교리. 아우구스티누스 이래로 서방 교회에서 정열적으로 확장되었고 종파 안에서 논쟁이 되고 있다(→은혜, →구원론).

은혜의 상태(라. status gratiae) – 고전 →교의학의 신학적 →인간론에서 하나님의 →은혜에 근거하고 →칭의로 말미암아 더 이상 죄의 영향 아래 있지 않고 하나님과의 새로운 관계 안에 있는 구원사적 상황.

은혜의 의자(Gnadenstuhl) – 라틴 교회에서 →삼위일체를 묘사하는 아주 중요한 예술적 표현 형태로 히브리서 9:5에 기인한다.

의식법(라. lex ceremonialis) – 구약성경에 있는 제의의 외적 형태를 위한 규정(→율법).

이단(그. hairesis, 선택) – (a) →성경에 나오는 자립적인 무리(행 5:17), (b) 공동체의 단일성을 위협하는 분파(갈 5:19 이하), (c) 진리를 벗어난 그릇된 가르침(벧후 2:1)을 가리키는 낱말. 고대 이래 신학은 이단이라는 말을 대부분 세 번째 의미로 사용했다.

이설(그. Heterodoxie, 다른 가르침들) – 교회의 규범적 교리에서 벗어나는 견해(→이단, →정통 [a]).

이성적인 동물(라. animal rationale/그. zoon logon echon, 언어를 가진 동물) – 아마도 그리스 철학자 알크마이온(Alkmaion)에게서 유래한 것으로 보이는 인간에 대한 철학적 정의로 고전적 지위를 얻었다

이신론(Deismus) – 계몽주의 이전 또는 초기에 일어난 지성 운동으로 17세기말부터 18세기 중반까지 영국에서 중요한 역할을 했고 또한 유럽 대륙의 종교적 사유에 영향을 끼쳤다. 이신론은 모든 사람에게 명백한 자연 종교를 정립하고자 했다. 유일신 신앙과 윤리적 의무를 중심 원리로 삼았다.

이원론(Dualismus) – 모든 존재하는 것은 대립적인 두 원리에서 유래했다는 견해로 기독교 →창조론에서 제외되었다. 이원론적 사상은 예컨대 →영지주의와 →마르키온에게서 중요한 역할을 했다.

이중 예정(praedestinatio gemina) – 선택되어야 →하나님의 나라에 받아들여지는 것처럼, 선택받지 않은 자의 영벌도 직접적으로 하나님의 의지에 직접 기인한다는 교리(→부분 구원론, →보편 구원론[Heilsurniversalismus], →하나님의 영원한 작정).

이해를 추구하는 신앙(라. fides quaerens intellectum) – 기독교의 핵심 교리를 이성으로 확인하려는 안셀모의 신학적 기획.

익명의 기독교(anonymes Christentum) – 가톨릭 신학자 라너가 고안한 개념으로 기독교적 관점에서 →교회에 속하지 않고 자신의 실존적 경험을 그리스도교의 의미 안에서 명시적으로 해석하지 않는 사람도 구원에 이를 수 있다는 것을 뜻한다.

인간론(Anthropologie) – 인간에 대한 교리. 1800년경이 되어서 철학의 독립 분과로 정착했고, 20세기에 전성기를 누렸다. 신학적 인간론에서는 →하나님의 형상과 →죄가 본질적 요소다(→온전의 상태, →타락의 상태, →은혜의 상태, →영광의 상태, →영벌의 상태).

인간은 동시에 의인이면서 죄인이다(라. simul iustus et peccator) – 루터교 →칭의론에서 나온 문구. 이 문구는 인간이 하나님에 의해 의롭다고 말하지만(→법정적 칭의 이해), 이 주어진 의가 인간 자신의 소유가 아니라는 것을 분명히 보여 준다(→낯선 의).

인간 중심주의(Anthropozentrismus) – 인간을 세계와 →창조의 중심 또는 목적으로 보는 견해로, 창세기 1:28 등 구절의 근거 위에서 유대-기독교 전통에 수용되고 →르네상스와 →인문주의 안에서 재차 강조되었으며, 스콜라 학문에 대한 비판과 결합되었다.

인격의 특성(라. notiones personales) – 삼위일체 →위격의 유래로 이루어지는 내적 사역과 관련된 신적 인격의 다섯 가지 혹은 여섯 가지 독특한 특성.

인류의 빛(라. Lumen gentium, 1964: DH 4101–4179) – 제2차 →바티칸 공의회 (II)가 내놓은 교회에 대한 교의 규칙.

인문주의(Humanismus) – 근대 초기 중부 유럽에서 일어난 운동. 기독교 이전 고대 철학의 권위자를 기준으로 삼고, 철저하게 현세를 지향하면서 인간의 세계 장악 능력에 대한 관심으로 움직인 운동(→르네상스).

단일성의 회복(Unitatis redintegratio, 1964: DH 4185–4192) – 제2차 →바티칸 공의회 (II)의 에큐메니칼 교령.

자연신학(Natürliche Theologie) – 이성의 능력을 넘어서는 초자연적 계시와 관계 없이 오직 이성의 지식에 근거해서 세운 하나님에 대한 교리(→철학적 신학). 바르트(→변증법적 신학)는 그리스도 밖에 있는 신(神) 지식의 각 형태를 자연신학이라고 불렀고, 신학적으로 합당하지 않다고 판단했다.

자유신학(Freie Theologie) – 헤겔과 사변신학을 계승했던 19세기 독일 개신교의 한 흐름이 스스로를 일컬었던 명칭이었다. 이 흐름은 종교와 기독교에 대한 반성 작업에서 외적 교리의 권위에 의해서 주어진 모든 낯선 규정을 거부했다.

자유주의 신학(Liberale Theologie) – 가끔 →문화 개신교주의의 동의어로 사용되기도 하는 이 용어는 →신개신교주의의 신학을 가리킨다. 신개신교주의자는 19세기 개발된 역사적 방법론을 →성경과 신학적 전통에 제한 없이 적용하는 과정 속에서 종교와 기독교를 이해한다. 이들은 종교개혁 신학을 →계몽주의의 영향 아래 형성된 현대 문화에 맞게 해석하려고 했고, 그것과 구성적으로 결합시키고자 했다.

잠재적 교회(Latente Kirche) - 틸리히가 말한 잠재 상태에 있는 이 영의 공동체는 하나님의 영이 그리스도 안에서 명확하게 드러나는 것과 →명시적 교회를 준비한다.

재판법(Judizialgesetz) - 유대 국가 안에서 시민적 삶의 형성을 위한 구약성경의 규정(→율법).

저(低) 교회(Low Church) - →성공회 안에서 복음 전파를 지향하는 흐름.

전천년설(Prämillenarismus) - →천년설의 근대적 이해 중 하나. 이 이해를 따르면 그리스도는 천년이 시작되기 전부터(라. prae) 이미 볼 수 있는 몸으로 이 땅에 온다.

전통(Tradition) - 로마 →가톨릭의 견해에 따르면 →성경과 근원적으로 동일한 구전 전통이 있고, 또 성경을 따르고 성경을 토대로 해석해 온 전통이 있다. 〈그러나〉→개신교는 성경이 인간의 모든 전승보다 우위에 있다고 강조한다.

절대적 속성(라. attributa absoluta) - 세계와의 관련이 아니라 하나님 〈자체에 고유하게〉 속한 성질들.

접촉점(Anknüpfungspunkt) - 인간 세계 및 삶의 현실 안에서 그리스도교 선포를 수용할 수 있는 열린 영역. 슐라이어마허가 처음 사용했던 이 개념은 20세기 들어 →자연신학을 두고 벌어진 논쟁에서 중요한 역할을 했다.

정경(그. kanon, 막대기, 규범, 원칙) - 기독교 내에서 (a) 신앙의 토대로 간주되는 →성경에 통합되어 있는 저서를 일컫는 말, 또는 (b) 이단의 교설에 대하여 교회법적으로 구속력 있고 →파문을 내릴 때 근거가 되는 신앙의 규정(→이설).

정언 명령(Kategorischer Imperativ) - 도덕법의 근거 위에서 각 사람에게 내적으로 의무를 지우는 도덕적 행위에 대한 요구를 일컫는 말. 칸트에게서 유래했고 여러 형태로 표현되었다.

정욕(라. concupiscentia) - 자기중심적 자세에 의해서 결정된 →원죄 상태의 인간 태도.

정치적 아우구스티누스주의(Politischer Augustinismus) - 세계 국가가 행하는 질서 유지 기능에 대한 아우구스티누스의 긍정적 평가를 수용한 중세 기독교 정치 →윤리. 이 윤리는 교회가 관리하는 그리스도인의 내세 지향적 삶을 위한 세상 국가의 봉사적 기능을 강조했다.

정통(Orthodoxie) - (a) 올바른 교리(→이단 [c]), (b) 동방 교회, (c) 종교개혁 이후 계몽주의까지의 루터 및 개혁신학(→스콜라학).

조직신학(Systematische Theologie) -

종교철학, 교의학, 윤리학으로 이루어진 신학 분과.

종교사 학파(Religionsgeschichtliche Schule) - 괴팅겐에 본거지를 두고, 주로 언어학적, 해석학적, 역사적 방식으로, 그리고 경우에 따라는 고고학적 방식으로 연구했던 독일 개신교신학자 집단. 신학 연구를 위하여 철저하게 급진적인 →역사주의를 지지했다.

종교 사회주의(Religiöser Sozialismus) →변증법적 신학과 →루터-부흥운동과 더불어 일어난 각성운동. 예수의 선포를 의로운 사회 질서를 형성하라는 요구로 해석했다.

종교철학(Religionsphilosophie) →교의학, →윤리학과 더불어 →조직신학의 한 분야. 당시 기독교 종파의 모순된 진리 주장에 대해서 이성에 근거한 비판이 일어났고, 이러한 흐름과 결합하여 →계몽주의 초기 이래로 종교철학이 형성되었다. 오늘날 종교철학은 교의학과의 비판적 대화 외에도 폭넓은 방식으로 기독교의 종교적 세계 해석 중 논란의 여지가 많은 문제를 다룬다.

종말론(Eschatologie) - 집회서 7:36에 근거하고 칼로프가 처음 사용한 이 용어는 교의학 마지막 부분을 가리키며, 하나님이 섭리하는 역사 과정에서 마지막으로 일어날 사건을 다룬다(→가치론적 종말론, →개인 종말론, →마지막 네 가지 사건, →목적론적 종말론, →미래 종말론, →우주 종말론, →철저한 종말론, →현재 종말론).

종속론(Subordinatianismus) →삼위일체의 두 번째 인격, 곧 로고스인 그리스도가 아버지 하나님에게 종속되어 있다(하위에 있다)는 견해.

종파주의(Konfessionalismus) - 19세기 루터교신학의 한 흐름으로 →중재신학의 지원 가운데 이루어진 루터파 신자와 개혁파 신자의 연합을 반대하며 루터파의 특성을 띤 종파적 신학을 제창했다. 이 흐름은 경우에 따라서 루터주의, 복원신학이라고도 불린다. 이 종파주의의 특징은 〈새로운〉 주관적 신앙 이해를 〈기존의 것에〉 통합하기 위해서 루터교 신앙고백서를 기준으로 삼은 것, 그리고 에를랑겐(Erlangen)에 신학적으로 혁신적인 학교를 세웠다는 것에서 찾을 수 있다(→에를랑겐 경험신학)

종파화(Konfessionalisierung) - 종교개혁의 결과로 16세기에 초래된 유럽 기독교의 분리 과정. 이로 인하여 각각 고유의 신앙고백을 갖는 상이한 교회 형태가 생겨났다(→성공회, →로마가톨릭, →개신교).

죄(Sünde) - 기독교 관점에서 죄는 자기 중심성과 불순종에 의해 삶이 결정되어서 하나님 앞에서 창조에 적합한 자신의 본래성을 거스르는 인간의 습성이다. →성경 창세기 3장에서 죄는 낙원에 있는 최초의 사람의 불순종에서 시작되었다(→온전의 상태, →타락의 상태). 고전 교의학의 교리에 따르면 이 원죄가 그 이후의 인간 상황을 결정한다(→모양, →원죄, →형상).

죄의 덩어리(라. massa peccati) – →원죄로 인해 →구원에 대한 모든 요구를 상실한 인류를 가리키기 위해서 아우구스티누스가 사용한 용어.

주 예수(라. Dominus Jesus) – 로마 교황청의 신앙 교리 성성(聖省)이 2000년 8월에 발간한 →교회론에 관한 선언.

주요 덕목(Kardinaltugenden) – 인간에게 결정적인 네 가지 덕목의 총괄 개념이며 그 기원은 플라톤까지 거슬러 올라간다. 정의, 지혜, 용기, 절제를 뜻하는 주요 덕목은 고대 교회와 중세의 기독교 →윤리 영역에서 중요한 역할을 했고 다양한 방식으로 →신학적 덕목과 결합되었다.

주의주의(Voluntarismus) – 중세 후기 신학에서 주창된 견해. 이 입장에 의하면 하나님의 의지가 그의 이성보다 우위에 있고, 하나님의 전능은 어떤 이성적 기준도 따르지 않는다. 그래서 창조 및 구원의 실제적 질서는 오직 →우연적인 성격을 갖는다.

죽음(Tod des Menschen) – 인간 생명의 끝인 죽음은 →개인적 종말론의 주제다. 고전적 견해에 의하면 →원죄에 대한 벌로 주어진 죽음은 → 타락의 상태에 있는 인간에게 닥쳤다. →죄와 죽음 사이의 관련성은 →계몽주의 이래로 논쟁이 된다.

중간 상태(Zwischenzustand) – 개인의 →죽음과 →최후 심판 사이에 인간이 처한 상태. 종교개혁 신학이 〈나중에〉 부정했던 →중간 상태에 대한 사유로 →연옥 교리가 생겨났다.

중기 플라톤주의(Mittelplatonismus) – 플라톤과 그의 학파를 계승했고 →신플라톤주의를 준비했던 1–2세기 헬라 철학으로 초기 기독교 →변증가에게 중요한 의미를 지녔다.

중도(라. via media, 가운데 길) →성공회는 하나의 고유한 종파적 형태로서 대륙의 →개신교와 로마 →가톨릭 사이의 중도를 걷고자 시도한다. 중도는 성공회의 이러한 자기 이해를 묘사한다.

중보 기도(라. intercessio) →그리스도의 직분의 한 부분. 높아진 그리스도가 아버지 앞에서 사람을 위해서 행하는 제사장적 중보 기도.

중재신학(Vermittlungstheologie) – 19세기 독일 개신교 내의 이질적 신학 경향. 슐라이어마허를 계승하고 기독교를 현대에 적응시키려는 헌신적 자세로 지식과 신앙을 화해시키고자 노력했다. 그리고 →종파주의와 거리를 두면서 개신교의 두 교회〈루터파, 개혁파〉의 공통점을 부각시켰다. 주창자로는 드베테(W.

H. L. de Wette), 뤼케(Fr. Lücke), 니취(C. E. Nitzsch), 트베스텐(A. Twesten)이 있다.

지극히 관대한 하나님(라. Munificentissimus Deus, 1950: DH 3900-3904) - 교황 비오 12세(Pius XII)가 선포한 사도적 교서로서 마리아의 육체적 →승천을 →교의로 만들었다.

지도(라. directio) - 하나님의 →주재 섭리의 한 관점으로, 인간의 자유에서 시작된 행위가 하나님에 의해서 하나님 자신의 목적에 유용하도록 인도된다는 것을 강조한다.

지성의 희생(라. sacrificium intellectus) - 지성에 의해서 파악될 수 있는지를 묻지 않고 어떤 사실을 옳다고 인정하는 자세.

지식(라. notitia) - 교회의 선포에 근거해서 예수 그리스도의 복음을 아는 상태. 이 상태는 →구 개신교 →정통주의(c)에 의하면 믿음의 확립 과정의 첫 번째 단계다(→동의, →신뢰).

지옥(Hölle) - 고전 →교의학에서 사람이 사후에 가는 세 장소〈→하늘, →연옥, 지옥〉 중 하나. 이곳에서는 그리스도의 →부활과 →승천 이후에 →죄 가운데서 죽은 자가 상상할 수 없는 고통을 끊임없이 당한다(→마지막 네 가지 사건).

지옥 순례(Höllenfahrt Christi) - 마태복음 12:40과 베드로전서 3:19에 근거하고, 후에는 특히 니고데모의 복음서에 의해 확장된 교리다. 이에 따르면 그리스도가 옛 언약의 신자를 →지옥에서 자유롭게 했다. 지옥 순례는 루터파 견해에 의하면 →비움의 상태에 속하고, 개혁파 견해에 의하면 →높임의 상태에 속한다.

찬미를 받을 하나님(라. Benedictus Deus, 1336: DH 1000-1002) - 교황 베네딕트 12세(Benedikt XII)에게서 유래한 규칙(Konstitution)으로 중간 상태 시기의 하나님의 관조와 지옥의 고통은 →최후 심판 이후의 그것과 동일하다는 것을 고수했다(→행복한 하나님의 관조).

참된 몸(라. corpus verum) - 신앙고백서의 의미로 이해된 그리스도의 몸인 →교회, 곧 참으로 믿는 자의 공동체를 가리키는 명칭으로 아우구스티누스 이래 일반화되었다. 이 공동체는 가시적인 교회 안에 있긴 하지만 종말 심판까지 확인할 수 없다(→최후 심판).

창조/창조론(Schöpfung/Schöpfungslehre) - →무에서의 창조, →이원론, →유출설, →우연, →범신론.

천년설(Chiliasmus, 그. chilia ete/라.mille anni) - 그리스도의 재림과 죽은 자의 부활 사이에 메시아 왕국이 천 년 동안 지속된다는 견해로 요한계시록 20장에서 도출되었으며, 항상 주도적 입장에 있던 교회의 정통주의가 거부했다(→전천년설,

→후천년설).

천년왕국설(Millenarismus) - → 천년설.

천사(Engel) - 고전 →교의학에서 순수 영적인 것으로 다루어진 존재로 하나님의 명령을 따르거나, 하나님을 대적하여 독립함으로써 자연과 역사 안에 작용한다(→천사론).

천사론(Angelologie) - →천사의 존재론적 지위와 구원사적 의미에 대한 교리.

철저한 종말론(Konsequente Eschatologie) - 신약성경 해석의 한 입장으로, 임박한 →하나님 나라의 기대가 역사적 예수를 해석하는 철저한 토대로 이해된다.

철학적 신학(Philosophische Theologie) - 철학적 이성의 도움으로 하나님에 대한 교리를 서술하고 이로써 합리적 자명성을 주장하는 신학(→자연신학, →계시).

초자연주의(Supranaturalismus) - 19세기 전반 독일 개신교 내의 한 신학적 사조. → 합리주의에 반대하면서 인간 이성의 인식 능력을 넘어서는 성경적 진술과 관련해서도 성경 저작을 질적으로 계시로 보는 견해를 고수했다. 주창자로는 슈토르(G. Chr. Storr)와 티트만(J. A. H. Tittmann)을 들 수 있다.

최고천(最高天)(그. Empyreum) - 코페르니쿠스 이전 세계상에 의하면 우주의 가장 바깥에 있는 영역으로 하나님과 지복에 이른 자의 거처다.

최후 심판(Jüngstes Gericht) - 재림한 그리스도가 부활한 자와 살아있는 자에 대한 자신의 판단을 말하게 될, 마지막 날에 있을 심판(→네 가지 마지막 사건).

축성(Konsekration) - 사제가 성만찬 제정 보도에 의거하여 그리스도의 말씀과 행위를 반복함으로써 빵과 포도주를 봉헌하는 행위. 로마 →가톨릭 교리에 따르면 축성을 통해서 빵과 포도주가 그리스도의 몸과 피로 변한다(→화체설).

축자 영감설(Verbalinspiration) - 구개신교 정통주의 (c) 안에서 형성된 교리로, 히브리어의 모음 부호를 포함해서 성경의 세부적인 것까지 하나님이 사람으로 하여금 직접 받아쓰게 했다는 견해.

출생(라. generatio) - 내재적 →삼위일체 교리에서 아버지가 아들을 낳는 것을 일컫는다(→삼위일체의 내적 사역).

칭의론에 대한 공동 선언(Gemeinsame Erklärung zur Recht-fertigungs-lehre[GER]) - 루터교 세계 연합(der Lutherische Weltbund)과 교황청 그리스도인의 일치 장려 위원회(der Päpstliche Rat zur Förderung der Einheit der Christen)가 내놓은 칭의론에 대한 문서이며, 1999년 →'공동

의 공식 확인'(Gemeinsame Offizielle Feststellung)에 서술된 이해에 근거해서 통과되었다.

칭의/칭의론(Rechtfertigung/Rechtfertigungslehre) – →칭의의 사건에서 원죄에 매여있는 사람은 아무 선결 사항 없이(롬 4:4 이하), 곧 →오직 은혜에 근거하고, →오직 그리스도 사건의 구원 효력을 →오직 믿음으로써(롬 3:28) 하나님과의 올바른 관계에 놓여진다. 그리스도 사건의 구원 능력을 신뢰하게 하고 이로써 그리스도를 붙잡게 하는 칭의에 대한 믿음은 구원을 위해서 스스로 〈무엇인가를〉 기여해야만 한다는, 이전부터 받아온 압박에서 자유롭게 한다. 종교개혁 신학은 →오직 성경의 증언에 집중함으로써 기독교 신앙과 관련하여 칭의가 차지하는 핵심 의미를 드러냈다. 칭의의 이해는 오늘까지도 논쟁의 대상이다.

칼케돈 공의회(Konzil von Chalkedon) – 고대 교회의 네 번째 에큐메니칼 공의회(451)로 특히 기독론을 다루었다(→『칼케돈 신경』)

(Chalkedonese) – 451년 →칼케돈 공의회가 결정한 교리로 이것에 의하면 그리스도는 참된 인간과 참된 하나님이다.

콘스탄티노플 공의회 (I)(Konzil von Konstantinopel [I]) – 고대 교회의 두 번째 에큐메니칼 공의회로 특히 →삼위일체 교리를 다루었다.

콘스탄티노플 공의회 (II)(Konzil von Konstantinopel [II]) – 고대 교회의 다섯 번째 에큐메니칼 공의회로 특히 →기독론을 다루었다. → 양성 일위 내 합일설(兩性一位內合一說), →무인격의 인성.

콘스탄티노플 공의회 (III)(Konzil von Konstantinopel [III]) – 고대 교회의 여섯 번째 에큐메니칼 공의회로 특히 기독론을 다루었고 →단의론(單意論)을 거부했다.

타락의 상태(라. status corruptionis) – 고전→교의학의 신학적 →인간론에서 →원죄의 영향아래 있는 상황을 가리킨다. 인간은 타락함으로써 이 상황 속으로 떨어졌다(→죄, →죽음).

트리엔트 공의회(라. Tridentinum, 1545-1563: DH 1500-1835) – →로마가톨릭의 종파적 특징을 규정한 공의회.

티구리누스 합의(라. Consensus Tigurinus, 1549) – 개신교 개혁파 안에서 칼뱅과 불링어의 타협에 근거해서 이룩된 →성만찬 교리에 대한 합의. →제2 헬베틱 신앙고백은 이 합의를 계승했다.

파문(그. Anathema) – 갈라디아서 1:9에 기인한 파문 형식으로 →이단 교설의 주창자를 공식적인 절차를 거쳐 추방하는 것(→ 조규[kanon b]).

펠라기우스 논쟁/펠라기우스주의 (Pelagianischer Streit/Pelagian-ismus) - 5세기 펠라기우스 논쟁은 →원죄 교리가 →교의가 되고 아우구스티누스의 은혜론이 문서로 확정되는 것으로 마무리되었다(→카르타고 공의회, 418). 인간의 참여 없이 일하는 은혜만이 죄인인 인간을 하나님에게로 돌이킬 수 있다(→세미펠라기우스주의).

평생 동정(마리아의)(라. aeiparthenia) - 마리아는 예수의 탄생 전, 과정, 그리고 그 후에도 동정녀였다는 교리로 553년 제5차 에큐메니칼 공의회였던 →콘스탄티노플 공의회(II)에서 명시적으로 공인되었다.

포괄성(영. comprehensiveness) - →성공회에서 볼 수 있는 상이한 교회-신학적 경향을 결합하는 능력.

포괄적 계시 이해(Inklusives Offenbarungsverständnis) - 인간이 이성의 도움으로 얻은 하나님에 대한 지식이 그리스도 →계시를 받아들이기 위한 준비 단계가 될 수 있다는 견해(→배타적 계시 이해).

표시하는(signifikativ) - →성례론의 한 개념으로, 의식(儀式)은 성령이 행할 것만을 가리킨다는 의미다(→야기하는).

하나님 나라(그. basileia tou theou) - 하나님의 통치가 가까이 왔다는 선포가 예수 설교의 핵심이다(막 1:15). 하나님 나라 사상은 먼저 종말론적으로 또는 그리스도의 왕직의 맥락에서 이해되었고, →경건주의 안에서 세상에 대한 윤리적 책임이라는 동기와 결합되었으며, →계몽주의의 진보 낙관주의와 →문화 개신교주의의 기독교 이해에 영향을 끼쳤다.

하나님 나라 종말론(Reichseschatologie) - 비록 지상적이지만 기독교적으로 형성된 국가의 실현을 성경이 약속한 종말론적 구원 시대의 시작으로 해석하는 견해(→종말론).

하나님의 능력(절대적인, 현실화된)(라. potentia Dei [absoluta/ordinata]) - 〈하나님의 절대적인 능력과 현실화된 능력 사이의 구분은〉스콜라 후기 주의주의 안에서 이루어졌다. 이들은 하나님의 무제한적 가능성과 하나님이 창조와 구원의 어떤 특정 질서에 자신을 실제적으로 결부시키는 것을 구분했는데, 후자는 항상 우연적이다(→우연, →하나님 말씀).

하나님 말씀(Wort Gottes) - 두 부분으로 된 성경에 들어 있는 하나님 →계시의 증언을 요약적으로 가리키는 기독교 신학의 개념이다. 이 증언은 신약→성경에서 직접적으로 그리스도 사건과 결합되어 있다.

하나님 말씀(라. Dei verbum, 1965: DH 4201-4235) - 제2차 →바티칸 공의회(II)가 통과시킨 하나님 →계시에 대한 교의 규칙.

하나님의 아들(라. Dei filius, 1870: DH 3000-3045) – 제1차 →바티칸 공의회(I)가 통과시킨 가톨릭 신앙에 대한 교의 규칙.

하나님의 어머니(마리아)(그. theotokos, 하나님을 낳은 자) – 제3, 4 에큐메니칼 공의회였던 에베소(431)와 칼케돈(451) 공의회 이래 교회가 인정한 마리아에 대한 존엄 호칭.

하나님의 영원한 작정(라. decretum Dei aeternum) – 이 용어는 하나님이 영원 전에 어떤 사람은 영원한 생명으로 또 어떤 사람은 영원한 지옥 형벌에 이르도록 미리 결정했다는 것을 뜻한다. 이 교리는 →개신교 개혁파에서 수용하였다 (→예정[론]).

하나님의 형상(Gottesebenbildlichkeit) – 특히 창세기 1:26 이하에 근거한 기독교 인간론의 핵심적 용어다. 기독교 인간론에 따르면 하나님의 형상은 창조 세계 안에서 인간의 존엄한 지위를 표현하며, 죄에 의해서 파괴되었다(→모양, →형상).

하늘(Himmel) – 고전 →교의학에서 사람이 사후에 가는 세 장소〈하늘, →연옥, →지옥〉 중 하나인데, 하나님과 복된 →천사가 사는 곳이다. 이들과의 사귐은 최후 심판 때 하나님에 의해 의롭다고 인정받은 사람에게 주어질 것이다(→마지막 네 가지 사건). 하늘은 또한 →승천한 부활의 주와 그 어머니 마리아의 거주지다(→마리아론, →승천).

하이델베르크 교리문답서(Heidelberger Katechismus, 1563: BSRK 682-719; Evangelische Bekenntnisse, Band 2, 133-177) – 중요한 개혁주의 신앙고백서. 멜란히톤의 제자 우르지누스(Z. Ursinus)가 준비하였고, 팔츠(Pfalz)의 선제후 프리드리히 3세(Friedrich III)의 영도 아래 신학자 전문위원회에 의해서 완성되었다. 오늘까지도 독일 개혁파에서 중요한 의미를 지니고 있다.

한정(라. determinatio) – 하나님의 →주재 섭리의 한 관점으로 인간 행위의 영향력이 하나님에 의해 제한되어 있음을 강조한다.

합리주의(Rationalismus) – 19세기 전반 독일 개신교 안에서 신신학을 계승한 신학적 흐름. 성경 및 신학적 전통을 인간 이성과 아무런 마찰 없이 조화시키고자 노력했다. 대표자로는 티프트룽크와 벡샤이더를 들 수 있다.

합의 문구(Konkordienformel/라. Formula Concordiae[FC], 1577: 『루터교 신앙고백서』 735-1100) – 1530년 이래 신학 논쟁의 장에서 →『아우크스부르크 신앙고백서』의 적합한 해설서로 간주되는 루터교 신앙고백서.

해방신학(Theologie der Befreiung) – 제3세계 사회경제적 상황에 뿌리를 둔 상황신학을 가리키는 용어로 『해방신학』(Theologia de la Liberacion,1972) 을 쓴 구티에레스(G. Gutierrez)에게 유래했다. 이 상황신학은 사회경제적으로 소외 받은 자들의 편에 서는 것을 기독교적 삶의 실현으로 이해한다.

행복한 하나님의 관조(visio dei beatifica,지복지관) – 고전 교의학의 용어. →최후 심판 때 의롭다고 인정받은 사람이 하늘에서 하나님을 보고자 고대하는데, 이 하나님을 바라보는 것이 사람의 모든 갈망을 완전하고 지속적으로 충족시킨다는 것을 뜻한다.

허용(permissio) – 주제 →섭리의 한 관점. 하나님은 인간의 자유를 위해서 자신의 목적에 일치하지 않은 많은 것을 허용하면서 다른 방식으로 자신의 의도를 이룬다.

헤겔 좌파(Linkshegelianismus) – 헤겔의 한 부류의 제자를 가리키는 명칭. 이들은 더 급진적인 →성경 비판, 철학적 종교 비판, 혁명적 사회 비판을 위해서 자신들의 철학을 전개했다. 그러나 이 헤겔 좌파라는 명칭은 철학사적으로 그리 명확하지 않은 규정이다.

제2헬베틱 신앙고백서(Confessio Helvetica posterior, 1562: BSRK 170-221) – 불링어(H. Bullinger)가 신학적 증언 형식으로 저술한 신앙고백서로 스위스에서 츠빙글리 개혁파와 칼뱅 개혁파의 통합을 이끌어 냈고 범지역적으로 통용되는 개혁주의 신앙고백으로 간주된다(→티구리누스의 합의)

현재 종말론(Präsentische Eschatologie) – 현재 지향적인 →종말론. 하나님의 통치에 대한 질문을 현재에 대한 질문으로 이해한다.

협력(concursus) 섭리 행위의 하나로 하나님은 →창조 이후에도 →제일원인으로서 세계의 모든 과정을 야기한다는 것을 뜻한다.

형상(라. imago) – 창세기 1:26의 히브리어 낱말 첼렘(zælæm, 그. eikon)의 번역어. 이 형상은 고전 →교의학의 신학적 →인간학에서 →하나님 〈자신의〉 형상으로 이해되었고, →죄에 의해서도 상실될 수 없는 것으로 이해되었다.

형성되지 않은 믿음(fides informis) – 믿음의 내용에 대한 지식에 국한되어 있고(→부어진 믿음, →대상으로서의 믿음), 아직 성령에 의해 지탱되지 않는 믿음을 가리킨다(→사랑에 의해 형성된 믿음).

형언할 수 없는 하나님(Ineffabilis Deus 1854: DH 2800-2804) – 교황 비오 9세(Pius IX)가 선포한 교서로 하나님의 어머니가 원죄에서 자유하다는 것을 교의화했다(→원죄 없는 잉태).

혼인(Ehe) – 에베소서 5:21-33에 근거를 둔 성례. →로마가톨릭의 교리에 따르면 혼인은 두 당사자가 서로에게 주는

→성례다. 그러나 →개신교는 항상 혼인을 성례로 이해하는 교리를 거부했다. 개신교 이해에 따르면 혼인은 창조신학적 성격과 사회 제도로서의 윤리적 성격을 갖고 있고(루터, 슐라이어마허, 리츨), 또 기독론 및 언약적 성격을 갖는다(바르트).

혼합된 몸(corpus permixtum) - 신자와 죄인이 섞여 있는 지상적 기관으로서의 →교회(그리스도의 몸)의 한 측면을 가리키는 일반적 명칭으로 아우구스티누스 이후 일반화되었다.

혼합주의(Synkretismus) - 다양한 종교와 철학의 사상적 요소가 혼합되어 있는 것(→영지주의).

화체/화체설(Transsubstantiation/Transsubstantiationslehre) - →성체 성사 때 그리스도가 현존한다는 로마 →가톨릭의 교리로, 성체 성사에서 빵과 포도주의 실체가 그리스도의 몸과 피의 실체로 변화하며, 이 때 빵과 포도주의 →우연적인 것들은 보존된다.

활동적 속성(attributa operativa) - 세계와의 관계에서 하나님에게 주어진 성질.

획득된 믿음(fides acquisita) - 기독교 교리 내용의 지식에 한정된 믿음(→역사적 믿음, →형성되지 않은 믿음, →대상으로서의 믿음).

후정론(後定論)(infralapsarisch) - 타락 이후에 이루어진 하나님의 작정. 낙원에서 일어난 타락은 결코 하나님의 영원한 작정에 포함되어 있지 않아서 하나님에 의해서 직접적으로 일어난 것이 아니라는 견해(→선정론[先定論]).

후천년설(Postmillenarismus) →천년설의 근대적 이해로 천년이 시작된 이후에 비로소 그리스도가 자기의 가시적 지상 통치를 시작한다는 견해. 그리스도는 몸으로 다시 오기 전에 일정 기간 동안 성령의 권능으로 일한다. →경건주의는 이 이론을 조심스럽게 받아들였고, 이로써 하나님 나라 사상은 세계에 대한 윤리적 책임의 요구와 결합되었다.

주제 색인

39조항 74

ㄱ

가슴신학 152
가치론적 종말론 719
가톨릭교회 교리문답서 372, 373
가현설 394
갈리아 신앙고백서 87, 88, 321
개신교회와 자유 민주주의 674
개인 종말론 684, 691, 700
개혁파 82, 83, 84, 85, 86, 88, 90,
　　　91, 92, 93, 96, 103, 515,
　　　518, 587, 615, 649, 724
갱신 69, 71, 72, 75, 105, 106,
　　　168, 174, 176, 719
견진 성사 608, 614, 626, 627
경건주의 104, 105, 106, 108, 109,
　　　110, 115, 116, 117, 119,
　　　125, 130, 135, 147, 151,

152, 154, 163, 187, 225,
283, 340, 711, 712, 732,
747
계명 106, 149, 299, 311, 476,
557, 565, 574, 591, 601,
675, 735, 736
계몽주의 26, 29, 70, 72, 97, 99,
101, 102, 103, 104, 105,
109, 110, 111, 113, 114,
118, 119, 120, 124, 125,
126, 128, 129, 131, 142,
143, 147, 151, 154, 157,
159, 161, 163, 168, 175,
186, 187, 211, 216, 217,
218, 219, 231, 234, 235,
236, 237, 243, 257, 271,
284, 287, 289, 306, 307,
309, 312, 320, 330, 335,
336, 337, 341, 344, 366,
460, 473, 475, 482, 484,
491, 493, 508, 523, 524,
528, 535, 690, 712, 743,

752, 756
계시된 하나님 182, 269, 280, 566
고교회 75
고해 성사 608, 609, 610, 611, 614, 625, 626, 627
공동 기도서 73, 74
공동 사제직 641
공동의 공식 확인 578, 579
공재설 622
과도기 신학 103, 115, 116, 118, 126, 137, 138, 139, 243, 335
교리문답서 80, 90, 91, 93, 372, 373, 506, 724
교부 34, 40, 48, 50, 60, 62, 85, 143, 175, 202, 203, 327, 333, 495, 496, 499, 601, 734
교부신학 34
교의학 25, 26, 27, 28, 29, 30, 31, 37, 66, 117, 119, 123, 141, 144, 146, 150, 152, 163, 164, 181, 194, 229, 230, 238, 239, 242, 243, 244, 245, 246, 247, 248, 254, 258, 262, 263, 264, 267, 277, 287, 288, 320, 337, 340, 354, 355, 379, 394, 400, 402, 415, 426, 436, 440, 456, 465, 481, 483, 490, 493, 522, 524, 525, 527, 530, 548, 604, 629, 659, 663, 680, 682, 733, 734, 742, 752, 753, 755, 756, 757, 758, 759
교의학 서론 26
교황의 권력과 통치에 대하여 83
교황의 무오류성 639
교회 규범 87
교회론 49, 52, 92, 96, 146, 158, 159, 227, 302, 600, 621, 629, 631, 635, 636, 640, 649, 651, 655, 658, 659, 662, 679, 687
교회의 거룩성 632
교회의 특성 631, 634
교회의 표지 646
교회적 아우구스티누스주의 561, 567, 741
교회 헌법 90
구개신교 52, 97, 102, 103, 105, 106, 109, 130, 144, 166, 168, 169, 220, 271, 284, 303, 335, 336, 384, 440, 475, 521, 658, 659, 684, 689, 712, 732, 747
구원론 146, 159, 226, 288, 477, 479, 527, 548, 549, 554, 559, 580, 585, 682, 683, 688, 690, 700, 708, 741
귀속 548
그리고 아들로부터 47, 51, 55, 56, 407, 422, 554, 555
그리스도를 붙잡는 믿음 300, 302, 702
그리스도의 법 592, 593
그리스도의 복종적 희생 511
그리스도의 세 가지 직분 519

긍정신학 135
기독교의 절대성 166, 167, 218, 220, 287
기초신학 26, 29, 238, 262, 288, 320

ㄴ

낯선 의 570, 614
내재적 삼위일체 400, 401, 402, 403, 407, 415, 419, 420, 490
내포된 믿음 296, 297, 302
네스토리우스 56, 495, 496, 541
네스토리우스주의자 497
네 직분 90
높임의 상태 517, 518, 521, 699
니고데모의 복음서 699
니케아 공의회 46, 56, 395, 398, 500
니케아 신경 46, 77, 396
니케아-콘스탄티노플 신경 46, 47, 48, 49, 76, 79, 397, 407, 540, 631

ㄷ

다원론적 종교신학 230
다의성 265, 331
다의적 381, 382, 383

다중적인 의미 323, 329, 341
단성론 515, 730
단성론자 497
단성론 추종자 499
단의론 499
단일성 54, 76, 78, 85, 95, 218, 240, 297, 577, 632, 634, 637, 638, 639, 647, 653, 654
단일성의 회복 654, 655
단일신론 394, 395, 412
단편 논쟁 127, 308
달콤한 정원 510
대상으로서의 믿음 295, 305
도나투스파 608, 644
도덕법 209, 369, 370, 592, 595, 750
도르트레히트 국가주교회의 89, 589
도르트레히트 주교회의 586
동력설 394, 395
동시에 의인이면서 죄인 570, 599
동의 94, 107, 124, 235, 296, 297, 303, 304, 573, 574
동의어 472
동일본질 495, 496, 500
동정 165, 495, 542, 543, 544, 546
두 왕국론 668, 674, 676, 679

ㄹ

라테란 공의회 467, 723, 732
램버스의 네 주춧돌 76

램버스 회의 76
로고스 기독론 394, 395
로마 신경 44
로이엔베르크 교회 연합 96, 651
로이엔베르크 합의신조 93, 94, 95, 96
루터교 신조서 79, 80, 82, 83, 85, 86
루터 부흥운동 175
루터파 82, 84, 86, 88, 90, 96, 102, 513, 515, 518, 575, 587, 647, 655, 668, 675, 724
르네상스 97, 98, 99, 168, 690
림보 694

ㅁ

마니교 39
마르키온 38, 39, 40, 41, 44, 321, 322, 341
마리아론 541, 547
마리아의 승천 545
마리아의 육체적 승천 546
만돌라 418
만인구원론 123, 688, 690, 700
말씀과 성례 안에서 교회의 연합 622
멜란히톤 추종자 84
면죄 78, 157, 692, 701
명백한 믿음 296, 297
명시적 교회 660
명제 61, 64

명제의 스승 61
명제 주석 61, 64
모양 417, 469, 470
목적론적 종말론 719
몬타누스파 38, 40, 41, 42
무에서의 창조 424, 431
무인격의 인성 498
무 전제의 창조 429
묵시 263, 473, 681, 709, 715, 717
문화 개신교주의 155, 161, 714, 715
물질적인 사람 39
미래 종말론 197, 683, 684, 700, 703, 704, 719
미사성제 70, 83, 91, 618, 619, 620, 692

ㅂ

바르머신학 선언 181, 186, 187, 188, 280, 603
바티칸 공의회 68, 70, 71, 72, 196, 227, 228, 229, 272, 317, 318, 349, 350, 351, 352, 372, 547, 639, 640, 641, 652, 653, 654, 655
반박 81, 83, 91
방해 443, 444
배타적 계시 이해 269, 273, 279
범신론 148, 428
법정적 칭의 이해 570
벨기에 신앙고백서 88, 89

변증 35, 36, 37, 38, 81, 82, 83, 86, 146, 218, 219, 220, 221, 244, 247, 308, 528, 537, 734
변증법적 신학 143, 174, 176, 177, 182, 183, 184, 185, 186, 188, 194
병자 성사 608
보편 사제직 169, 647, 721
보편성 633, 634, 637
보편 종말론 691
복음의 권고 735
본질적 삼위일체 400
부어진 믿음 296, 300, 301
부정신학 48, 49, 378
부정의 방법 379
부흥신학 151, 152, 153, 484
부흥운동 75, 151, 158, 175
비신화화 188, 189, 192, 193
비움 516, 517, 518, 521, 522
비움의 상태 517

ㅅ

사도성 633, 637
사도신경 27, 28, 44, 49, 76, 77, 79, 80, 165, 297, 316, 317, 426, 435, 540, 631, 635, 682
사도신경 논쟁 165
사도의 다스림 723
사랑으로 형성된 믿음 300

사변신학 153, 154, 155, 160, 409, 526
사효적 효력 608, 611, 627
삼신론 393, 412
삼위일체론 104, 146, 386, 387, 402, 403, 405, 407, 409, 410, 411, 412, 413, 415, 490, 492, 548, 555
삼위일체의 내적 사역 400, 401
삼위일체의 신비 402
삼위일체의 외적 사역 402, 403, 426, 427
상승의 방법 379
상호 내주 398, 419
생성하는 창조 441
선이해 189
선정론 586
섭리 71, 128, 185, 228, 229, 311, 425, 432, 440, 441, 442, 444, 445, 447, 580, 581, 584, 586, 589, 602, 680, 693, 714, 748, 749
성경 원리 339, 340, 345, 353
성공회 67, 73, 74, 75, 76, 77, 651, 712
성공회 연합 78
성령론 527, 549, 555, 556
성례론 52, 69, 608, 627, 628
성만찬 교리 92, 616, 620, 625
성부 수난설 393
성육신 59, 490, 493, 494, 498, 501, 513, 517, 547, 636
성인 세례 지망자 44
성체 성사 70, 608, 618, 619, 626,

627
성품 성사 608, 626, 627, 636, 657
성화 75, 146, 403, 404, 422, 490, 548, 572, 579, 626, 653
세미펠라기우스주의 560, 561, 562, 567, 574
속성의 교류 513, 623
속죄 123, 158, 193, 421, 502, 503, 504, 505, 506, 508, 521, 522, 524, 564, 619, 621
속죄설 501, 503, 506, 507, 509
손님 환대 418
순수 루터주의자 84
숨겨진 하나님 583, 589
슈말칼덴 조항 82, 83, 547, 701, 707
스코틀랜드 신앙고백서 89, 93, 651
스콜라학 57
스토아 35, 734, 738, 740
승천 391, 517, 518, 699
신개신교주의 168, 169
신뢰 290, 291, 292, 293, 294, 296, 297, 299, 300, 302, 303, 304, 306, 308, 315, 316, 317, 376
신뢰로서의 믿음 295, 305, 314
신비 317, 328, 376, 387, 402, 415, 422, 498, 583, 657
신신학 103, 104, 113, 114, 115, 117, 118, 119, 120, 122, 123, 124, 125, 126, 127, 128, 130, 137, 138, 139, 140, 141, 150, 157, 160,

211, 217, 313, 335, 337, 409, 483, 522, 747
신앙과 이성 318, 319
신앙 규칙 41, 42, 44
신인 협력설 560
신자의 공동체 644
신적 속성의 사용 포기 519
신적 속성의 은폐 519
신정론 445, 446, 447, 448, 449, 450, 451, 453, 455, 732
신 존재 증명 101, 102, 129, 130, 131, 162, 213, 252, 355, 356, 357, 358, 360, 361, 362, 364, 366, 367, 368, 369, 371, 372, 374, 375, 377, 503
신펠라기우스주의 562
신플라톤주의 49, 63, 247, 270, 271, 378, 607
신학 백과사전 240, 243, 246, 247, 262, 397
신학의 학문성 255, 257, 258, 260, 262, 287
신학적 덕목 742
신학적 볼프주의 103, 116, 117, 118, 137, 138, 139, 140, 141
실재 현존 91
실재 현존설 92
실제적 칭의 이해 572
실존적 해석 189
실체 399, 404, 405, 406, 496, 657
십계명 80, 297, 592, 593, 675

ㅇ

아우크스부르크 신앙고백서 74, 79, 80, 82, 83, 85, 90, 94, 477, 506, 517, 568, 590, 618, 646, 647
아우크스부르크 신앙고백서를 위한 변증서 81, 82, 83, 86, 568, 610, 611, 618, 628, 646, 647
아타나시우스 신경 47, 49, 79, 398
암시적 교회론 629, 635
야기하는 608, 613, 627
양성 일위 내 합일설 498, 508
양자설 394
양태론 393, 394, 395, 414, 415
에를랑겐 경험신학 158
에베소 공의회 47, 55, 56, 495, 497, 542
여성신학 196, 198, 199, 200, 339, 485, 488
역사적 믿음 213, 296
역사주의 166, 530
연옥 691, 694, 695, 701, 708
열광주의자 81, 85, 168
열린 교회 75
영감 103, 105, 116, 118, 120, 123, 124, 125, 196, 220, 287, 323, 324, 330, 335, 346, 549
영벌의 상태 476
영원한 목자 639, 640
영적인 사람 39
영지주의 38, 39, 41

영혼의 불멸 148, 309, 310, 466, 683, 723, 725, 726
영혼의 잠 709
영혼 창조론 467, 724
영혼 출생설 468, 724
예수 그리스도의 교회에 대한 연구 96, 651
예정 580, 582, 584, 585, 587, 588, 645, 665, 708
예정론 52, 74, 86, 89, 94, 454, 560, 580, 581, 585, 589
예지 441, 584, 585, 587
오직 그리스도 218, 219, 252, 264, 265, 567, 588, 604, 621, 632, 651, 701
오직 믿음으로 300, 568
오직 성경으로 326, 331
온전의 상태 475, 727
완전성 146, 185, 368, 379, 447, 448, 450, 523, 524, 525, 637, 735, 744
왕국신학 664, 669
우연 64, 236, 237, 309, 373, 404, 405, 406, 427, 428, 429, 430, 440, 455, 624, 718, 745
원계시 277
원의 475
원인의 방법 379
원죄 104, 123, 124, 163, 473, 474, 475, 476, 477, 478, 482, 483, 484, 544, 545, 547, 559, 560, 582, 689, 690

원죄 없는 잉태 544, 547
원죄 없이 잉태 545
웨스트민스터 신앙고백서 89
위격 399, 401, 497, 498, 500
위격의 유래 401
위-아타나시우스 신경 399
유물론 논쟁 148, 727
유비 227, 379, 381, 382, 383, 402, 541, 553
유전설 468, 724
유출설 428
유한은 무한을 수용할 수 없다 514, 527
윤리학 25, 26, 29, 52, 135, 146, 238, 239, 245, 481, 527, 733, 734, 735, 741, 742, 744, 750, 752, 753, 755, 756, 757, 758, 759
율법과 복음 91, 181, 386, 591, 593, 594, 598, 602, 604
율법의 권고 601
율법의 논증적 사용 595
율법의 신학적 사용 595
율법의 정치적 사용 595, 670
율법의 제3사용 600
은밀한 칼뱅주의자 84
은혜론 52, 64, 559, 560, 561
은혜의 상태 476
은혜의 의자 420, 421
의식법 592
의인화 381
이단 41, 43, 78, 88, 98, 170, 409, 499, 534, 618, 652
이설 41

이성·감각·육체적 동물 471
이성적인 동물 465
이신론 104, 111, 112, 113, 114, 115, 117, 118, 127, 130, 136, 144, 157, 205, 206, 207, 216, 217, 231, 306, 335, 337
이원론 38, 41, 430, 463, 467, 690
이중 예정 581, 582, 584, 708
이해를 추구하는 신앙 358
익명의 기독교 227
인간론 181, 278, 455, 471, 477, 479, 480, 489, 693, 722, 725, 727, 732, 756
인간 중심주의 98, 462, 463
인격의 특성 400
인류의 빛 71, 227, 228, 229, 640, 641, 642, 653, 654, 661
인문주의 586

ㅈ

자연신학 181, 186, 187, 191, 249, 255, 267, 269, 271, 274, 277, 278, 280, 281, 282, 283, 357, 358, 364, 367, 376, 463, 480, 602, 603
자유신학 160
자유주의 신학 155, 160, 177, 194, 460, 717, 756
잠재적 교회 659, 660, 662
재판법 592

저교회 75
전천년설 710
절대적 속성 384
접촉점 183, 184, 185, 191, 271, 274
정경 41, 88, 325, 340, 341, 342, 343, 348, 566
정언 명령 234, 369
정욕 477, 563, 739
정치적 아우구스티누스주의 663, 668
정통 38, 41, 48, 52, 56, 97, 102, 103, 104, 105, 106, 108, 109, 114, 115, 116, 118, 119, 120, 123, 125, 130, 132, 133, 134, 135, 136, 137, 138, 139, 144, 158, 220, 252, 271, 284, 303, 330, 333, 335, 336, 340, 345, 384, 440, 444, 445, 475, 508, 513, 517, 518, 521, 547, 658, 684, 689, 712, 713, 732, 747
제2헬베틱 신앙고백서 92
제이원인 441, 442, 580
제일원인 162, 382, 383, 435, 441, 442, 580
조직신학 25, 26, 29, 145, 160, 200, 229, 238, 239, 243, 245, 246, 248, 249, 253, 254, 260, 262, 319, 375, 376, 428, 439, 482, 509, 534, 660, 661, 729, 730, 731, 759

존엄 명칭 492, 493, 497
종교사 학파 166, 170
종교 사회주의 108, 174, 175, 177, 717
종교철학 25, 26, 29, 112, 131, 141, 146, 202, 207, 213, 217, 231, 285, 373, 375
종말론 28, 52, 146, 156, 191, 197, 324, 455, 533, 539, 548, 551, 629, 632, 664, 680, 681, 683, 685, 690, 691, 693, 696, 699, 700, 702, 703, 704, 708, 709, 715, 717, 718, 720, 722, 725, 732, 741
종속론 395, 412
종파주의 154, 158, 159, 168, 204, 205, 648
종파화 26, 66, 67, 97, 204, 205, 218, 634, 635, 669
죄의 덩어리 582
주 예수 656
주요 덕목 737, 738, 741, 742
주의주의 64, 463
중간 상태 691, 692, 693, 701, 702
중도 73, 75
중보 기도 522
중재신학 154, 155, 157
지극히 관대한 하나님 546
지도 443, 444
지성의 희생 315
지식 303, 304
지옥 123, 124, 165, 458, 467, 517, 518, 563, 564, 580,

582, 584, 585, 596, 673, 683, 688, 689, 690, 691, 693, 694, 696, 699, 702, 703, 704
지옥 순례 165, 517, 518, 699

ㅊ

찬미를 받을 하나님 693, 694
참된 몸 644, 645
창조론 27, 403, 429, 432, 433, 436, 437, 438, 439, 440, 455, 467, 550, 724
천년설 128, 686, 690, 707, 709, 710, 711, 712, 713
천년왕국설 732
천사 385, 422, 456, 457, 458, 459, 461, 468, 502, 511, 596, 689, 697, 699, 700
천사론 49, 457, 460, 461
철저하지 않은 종말론 717
철저한 종말론 717
철학적 신학 247, 248, 249, 250, 252, 270, 273, 356, 375
초자연주의 149, 150, 151, 153, 169
최고천 696
최후 심판 522, 614, 682, 683, 686, 691, 692, 693, 696, 698, 702, 706
축성 620
축자 영감설 104

출생 401, 402, 405, 408, 419, 467, 473, 474, 495, 518, 541, 542, 724
칠십인역 321, 344, 390, 492
칭의 69, 94, 155, 226, 281, 302, 446, 549, 556, 557, 560, 562, 564, 566, 567, 570, 572, 573, 574, 575, 576, 577, 581, 590, 595, 597, 601, 613, 614, 626, 629, 631, 658, 702, 703
칭의 교리에 대한 공동 선언 579
칭의론 69, 81, 176, 275, 300, 557, 560, 562, 573, 576, 577, 593, 701, 744, 746
칭의론에 대한 공동 선언 577, 578, 579, 655
칭의신학 657, 702

ㅋ

칼케돈 공의회 47, 48, 54, 56, 494, 495, 496, 497, 500
칼케톤 신경 496, 497, 499, 515
콘스탄티노플 공의회 46, 395, 396, 497, 499, 500, 543, 550, 554
콘스탄티노플 신경 45, 396, 426
콘스탄티노플 신앙고백 46, 55, 456

ㅌ

트리엔트 공의회 68, 69, 71, 72, 98, 333, 334, 339, 348, 349, 477, 478, 573, 574, 576, 577, 601, 608, 613, 618, 619, 620, 627, 628
티구리누스 합의 92

ㅍ

파문 54, 55, 272, 478, 498, 542, 544, 574, 601, 627, 628
펠라기우스 논쟁 52, 559
편재성 379, 623
평생 동정 542, 543, 544, 546
포괄성 76
포괄적 계시 이해 115, 268, 269, 270, 273, 279, 355
표시하는 615, 627

ㅎ

하나님 나라 131, 155, 162, 163, 166, 174, 175, 197, 311, 388, 580, 601, 629, 665, 668, 669, 670, 706, 709, 712, 713, 714, 716, 719, 721, 722, 732
하나님 나라 종말론 685, 690
하나님 말씀 71, 103, 104, 118, 122, 176, 180, 183, 184, 187, 191, 241, 242, 244, 272, 330, 335, 336, 345, 349, 350, 351, 352, 391, 392, 395, 432, 433, 493, 498, 513, 515, 577, 591, 594, 603, 613, 615, 636, 675, 703, 705, 706, 756, 757
하나님의 능력 63
하나님의 말씀 594
하나님의 아들 272, 317, 318, 328, 394, 396, 472, 492, 507, 515, 524, 525, 541, 551, 585, 602, 637
하나님의 어머니 495, 513, 541, 543, 544, 546, 547
하나님의 형상 180, 372, 456, 462, 468, 469, 470, 471, 472, 476, 479, 482, 490, 559
하늘 40, 42, 107, 234, 325, 385, 390, 396, 426, 429, 439, 469, 504, 515, 543, 545, 546, 623, 643, 667, 673, 681, 683, 687, 688, 696, 699, 703, 716, 737
하이델베르크 교리문답서 90, 93, 506
한정 284, 443, 444, 659
합리주의 104, 114, 115, 117, 118, 119, 129, 130, 149, 150, 151, 152, 153, 157, 158, 160, 210, 231, 409, 536

합의 문구 82, 84, 85, 102, 513,
　　　　 523, 584, 585, 587, 588,
　　　　 605
해방신학 196, 197, 198, 199, 547
행복한 하나님의 관조 693, 699
허용 443, 444, 450, 584, 586
헤겔 좌파 231
현재 종말론 682, 683, 703, 704,
　　　　 718, 719
협력 174, 422, 441, 442, 464,
　　　　 557, 560, 573, 574, 586
형성되지 않은 믿음 296, 297, 301,
　　　　 302, 303
형성된 믿음 300, 302
형언할 수 없는 하나님 544, 545
혼인 73, 608, 627
혼합된 몸 644, 645
혼합주의 38, 39
화체설 92, 619
활동적 속성 384
획득된 믿음 295, 299, 301, 302
후정론 587
후천년설 710, 711

조직신학 연구 방법론
Grundinformation Dogmatik

2018년 1월 31일 초판 발행
2022년 3월 30일 초판 2쇄 발행

지은이 | 로후스 레온하르트
옮긴이 | 장경노

편   집 | 변길용, 권대영
디자인 | 서민정, 전지혜
펴낸곳 | 사)기독교문서선교회
등   록 | 제16-25호(1980. 1. 18)
주   소 | 서울시 서초구 방배로 68
전   화 | 02) 586-8761~3(본사) 031) 942-8761(영업부)
팩   스 | 02) 523-0131(본사) 031) 942-8763(영업부)
홈페이지 | www.clcbook.com
이메일 | clckor@gmail.com
온라인 | 기업은행 073-000308-04-020, 국민은행 043-01-0379-646
        예금주: 사)기독교문서선교회

ISBN 978-89-341-1765-0 (94230)
ISBN 978-89-341-1764-3 (세트)

* 낙장·파본은 교환해 드립니다.

이 도서의 국립중앙도서관 출판시 도서 목록(CIP)은 서지정보유통지원시스템 홈페이지(http://seoji.nl.go.kr)와 국가자료공동목록시스템(http://www.nl.go.kr/kolisnet)에서 이용하실 수 있습니다. (CIP제어번호: CIP2018000492)